On trouve encore dans les bureaux du Siècle :
HISTOIRE DES DEUX RESTAURATIONS (DE 1813 A 1830), par ACHILLE DE VAULABELLE
Huit volumes in-8°. — Prix : 40 fr., et 35 fr. seulement pour les abonnés du journal LE SIECLE.
HISTOIRE DE LA RÉVOLUTION DE 1848, par Garnier-Pagès.
Onze volumes in-8°. — Prix : 58 fr., et 30 fr. seulement pour les abonnés du journal LE SIECLE
Ajouter 75 c. par volumes pour recevoir franco par la poste.
N. B. — Afin de faciliter aux abonnés l'acquisition de l'un ou l'autre de ces ouvrages importants, il leur sera loisible de se les procurer par partie de deux volumes chaque, au prix de 5 fr. pour la Révolution de 1848 et 6 fr. 25 pour les Deux Restaurations, pris aux bureaux du journal, 91, rue Chauchat, et 75 c. en plus par la poste.

Hector Malot.

LA BOHÊME TAPAGEUSE

PREMIÈRE PARTIE

RAPHAËLLE

I

Peu de rues à Paris comptent autant d'hôtels, anciens ou nouveaux, que la rue de Lille : hôtel de Montmorency, de Choiseul-Praslin, de Noailles, de Mortemar, de Bentheim, de Lauraguais, de Rouault, d'Humières, d'Ozembray, hôtel de l'ambassade de Prusse, palais de la Légion d'honneur et dix autres.

Au-dessus de la porte d'entrée d'un de ces hôtels d'assez médiocre apparence, bien que cette porte d'ordre dorique flanquée de chaque côté de colonnes accouplées ait des prétentions au style,—on lit sur une plaque de marbre noir :

HOTEL DE CONDRIEU — R.

Cette inscription tire d'autant mieux l'attention qu'elle est unique dans cette rue, les autres hôtels ne se signalant au dehors par rien de particulier, pas même par un écusson avec armoiries.

Mais ce R tout court la frappe encore bien plus vivement.

Que veut dire ce R séparé du nom par un trait d'union ?

La plaque de marbre a-t-elle été trop courte pour écrire le nom tout entier ?

Pour peu que celui qui se pose ces questions ait ouvert un dictionnaire biographique, un livre de mémoires ou un roman historique, il sait que ce nom de Condrieu est écrit à chaque page de l'histoire de France, et s'il n'a jamais entendu parler de Condrieu le Barbu, qui fut tué à Poitiers ; de François de Condrieu, qui fut tué à Pavie ; de Louis de Condrieu, l'un des chefs de la Ligue ; de Gaston de Condrieu, l'ambassadeur de Henri IV ; de Guy de Condrieu l'ami de Louis XIII, il connaît au moins la belle marquise de Condrieu, la maîtresse de Louis XIV, qui obtint que son royal amant érigeât le marquisat de Condrieu en duché-pairie en faveur de son mari, non moins complaisant et non moins âpre au gain que M. de Soubise, et il se dit que ce R tout seul indique assurément une branche de cette grande famille des Condrieu.

En effet, n'y avait-il pas sous le second empire un sénateur du nom de Condrieu-Revel qui portait le titre de comte ?

Cet hôtel était le sien, sans aucun doute, et ce Condrieu-Revel ne pouvait être qu'un membre de la famille des Condrieu ; Revel était là comme Nivelle, Laval, Fosseux, Tancarville s'est trouvé à la suite du nom de Montmorency.

Il fallait être bien au courant des hommes

Que faire ?

La situation était d'autant plus difficile que son honneur et son ambition n'étaient pas seuls en jeu : par la naissance de ce second enfant, la fortune de son fils aîné allait se trouver diminuée de moitié. On n'était plus au temps où l'aîné seul recueillait la fortune paternelle, et où cadets et filles, ne comptant pour rien, étaient jetés à Malte ou dans l'Eglise ; maintenant ce second enfant devait, avec la complicité de la loi, voler la part de son aîné.

C'était là, à ses yeux, une abomination plus horrible que la faute même de sa femme ; car, si grande que fût son ambition, elle était plus grande encore, plus âpre, plus dévorante pour son fils que pour lui.

Lui n'était qu'un fils de parvenu ; mais son fils aurait des ancêtres et il pourrait fonder une maison solidement établie sur de grands biens.

C'était là le but de sa vie, et ce but il l'avait poursuivi par tous les moyens, même les plus chimériques, arrangeant tout, disposant tout : mariages, héritages, naissances, morts, pour qu'à un moment donné les diverses fortunes auxquelles il pouvait avoir un droit se réunissent en un seul bloc sur la tête de ce fils unique.

C'était chez lui une idée fixe, une manie à laquelle il croyait si fermement, qu'il était convaincu que tous les membres de sa famille, comme tous ceux de la famille de sa femme, devaient mourir un jour exprès et à point pour que son fils en héritât.

Comment sa femme, qui connaissait ses combinaisons, se permettait-elle d'avoir un second enfant ? Qu'elle aimât le marquis de Varages, cela était de peu d'importance ; mais comment osait-elle être enceinte ?

Cependant il ne l'avait pas tuée, ayant trouvé une solution plus pratique et surtout moins dangereuse.

Un soir il s'était enfermé avec elle et, de sa voix lente, en répétant ses mots selon sa prudente habitude, il lui avait adressé ce petit discours :

— Je pourrais vous tuer, oui, je le pourrais, je le devrais peut-être. Rassurez-vous, je n'en ferai rien ; mais c'est à une condition, condition formelle, condition expresse, qui est que vous vous arrangerez pour que la naissance de l'enfant dont vous êtes enceinte ne nuise en rien à mon fils. Quant à votre amant, que je pourrais aussi tuer, je le pourrais, je laisse ce soin à sa maladie, qui s'en acquittera sûrement avant peu, avant peu, je l'espère. Mais, de ce côté, je pose aussi ma condition, qui est que vous preniez vos dispositions pour qu'il lègue sa fortune à votre enfant. C'est le seul moyen d'empêcher cet enfant d'être dans la misère, qui serait son lot, je vous le jure. Né d'un père poitrinaire, cet enfant aura de grandes chances pour mourir jeune, très-jeune, et dans ce cas, ce sera son frère aîné qui héritera de lui, — ce qui sera justice... justice de Dieu pour le père et pour l'enfant.

La justice de Dieu avait réalisé les espérances de M. de Condrieu-Revel ; à quatre ans, Mlle Éléonore-Gaëtane de Condrieu s'était trouvée légataire pour cent mille francs de rente de son parrain, le marquis de Varages. Mais où M. de Condrieu-Revel avait mal spéculé, c'avait été en comptant que cette fille de poitrinaire devait mourir très jeune ; elle avait vécu au contraire, se développant chaque année en beauté ayant pris à son père et à sa mère, si charmants l'un et l'autre, ce qu'ils avaient de mieux.

Cette beauté avait exaspéré M. de Condrieu et il ne s'était un peu calmé qu'en se disant que, si elle n'était pas encore morte, tuée par la maladie de son père dont elle portait le germe, elle pouvait au moins mourir pour le monde et à vie civile en entrant au couvent, après avoir abandonné à son frère une fortune dont elle n'avait pas besoin.

La mort de la comtesse de Condrieu ayant facilité la mise à exécution de ce plan, on avait entouré la jeune fille, restée sans appui et sans affection, de gens pieux qui avaient incliné son esprit vers les choses de la religion : prêtres, moines, dévots, sœurs, évêques, petits et grands, chacun était venu lui livrer un assaut ; mais elle avait résisté à tout et à tous, et, en édifiant chacun par sa piété, elle avait persisté fermement dans sa résolution de ne pas entrer au couvent.

Evidemment c'était sa beauté dont elle tirait vanité qui la fortifiait dans cette obstination, et M. de Condrieu, à l'exemple d'un duc de Mazarin qui ne voulait pas que ses filles fussent trop belles, avait pensé à lui faire arracher ses dents de devant.

Faudrait-il donc la marier ou la laisser se marier, car elle était de caractère à trouver et à prendre un mari sans attendre qu'on lui en donnât un.

Heureusement un esprit fertile en ressources comme le sien ne restait jamais à court, et un dessein avorté était aussitôt chez lui remplacé par un autre : s'il fallait subir ce mariage, on devait au moins s'arranger pour qu'il fût stérile ; si elle n'était pas morte à quinze ans, elle mourrait à vingt-cinq, et alors ce serait toujours son frère qui hériterait d'elle.

Au moment où elle allait atteindre l'âge légal où une fille peut forcer son père de consentir à son mariage, un jeune pair de France, pair par voie d'hérédité, le duc de Naurouse, était venu occuper sa place dans le palais du Luxembourg, à côté de M. de Condrieu.

Ce duc de Narouse n'avait pour lui que sa naissance et sa fortune, qui, à la vérité, étaient l'une et l'autre des plus belles ; pour tout le reste, un véritable avorton, dernier rejeton d'une race épuisée jusqu'à la moelle : petit, laid comme un singe, mal bâti, il semblait n'avoir que le souffle ; avec cela un tremblement général qui indiquait clairement la paralysie et le ramollissement. M. de Condrieu, en l'examinant, s'était dit qu'un pareil homme était bien certainement incapable d'avoir des enfants et qu'il était condamné à une mort prochaine, sans appel possible ; c'était donc le gendre qu'il lui fallait.

— Plaisez au duc de Narouse, avait-il dit à sa fille, faites sa conquête et je vous le donne pour mari, puisqu'il vous en faut un.

Si malheureuse, si désespérée elle était, qu'elle avait accepté.

De son côté, le duc de Narouse était si peu habitué au sourire d'une femme, qu'il avait été fasciné par cette belle jeune fille qui ne se moquait pas de lui et ne lui tournait pas le dos avec mépris. Aimé ! il sera aimé !

Le mariage s'était accompli.

Mais les prévisions du comte de Condrieu-Revel avaient reçu un démenti terrible : l'impossible s'était réalisé, la beauté de la jeune duchesse de Narouse avait fait un miracle, un fils était né de ce mariage.

Pour M. de Condrieu, quel effondrement !

Mais la justice ! — la justice de Dieu lui devait une consolation, une compensation : deux ans après la naissance de son fils, le duc de Narouse était mort d'une attaque de paralysie, et, quatre ans après, la duchesse avait succombé à la maladie de poitrine qui la minait.

Orphelin à six ans, le jeune duc Roger s'était trouvé placé sous la tutelle de son grand-père.

III

Le temps avait marché.

Le jour était arrivé où le jeune duc Roger de Narouse allait atteindre sa majorité, et où son grand-père devait lui rendre son compte de tutelle.

Pour cela, le notaire de la famille, Mᵉ Le Genest de la Crochardière, avait été mandé à l'hôtel de Condrieu-Revel, et le comte l'attendait dans son grand salon du rez-de-chaussée ; le notaire devait arriver à midi, et le duc de Narouse à midi et demi seulement.

Bien qu'il eût dépassé soixante-quinze ans, le comte était aussi solide, aussi vert qu'à soixante ; l'âge semblait avoir glissé sur lui sans l'atteindre, la vieillesse lui ayant été plutôt favorable que contraire en atténuant, en supprimant presque, les défauts de la jeunesse : ainsi sa taille voûtée qui, à trente ans, lui donnait un aspect ridicule, ne choquait plus maintenant ; de même ses manières lourdes, sa démarche hésitante, ses gestes gauches, étaient maintenant tout naturels ; de jaunes qu'ils étaient, ses cheveux avaient passé au blanc, et ses yeux, en pâlissant, avaient perdu leur dureté.

Enveloppé dans une redingote noire trop longue et assis près de la cheminée, dans laquelle brûlait un grand feu qu'activait un vent glacial de décembre, il feuilletait des dossiers qu'il prenait les uns après les autres sur une table placée à portée de sa main, et qu'ils couvraient complètement de leurs chemises jaunies, bariolées de titres en écriture bâtarde ou ronde, avec çà et là des annotations plus fines : *Terre de Naurouse, Forêt de Montvalent, Ferme de Roc-de-Cor, Mines de Fabrèges, Compte particulier de M. le duc de Naurouse.*

Puis, en les reposant sur la table, il avait un étrange sourire narquois, et, avant d'en reprendre un nouveau, il promenait çà et là ses regards dans le salon en se frottant les mains doucement, comme un homme dont les articulations sont endolories par des nodosités goutteuses.

Éclairé par quatre fenêtres donnant sur un jardin dont on voyait les arbustes couverts d'une couche de neige pointillée de noir de fumée, ce salon était vaste et de belle ordonnance avec un air de dignité raide qui tenait pour beaucoup à son mobilier, datant des beaux jours du premier empire : meubles carrés en bois doré, tendus d'une étoffe de soie verte à médaillons réguliers ; rideaux de même étoffe aux plis élimés ; lustres en cristal ; appliques et garniture de cheminée en bronze doré ; aux murs un seul tableau, un portrait de femme en pied plus grand que nature, occupait le panneau qui faisait face aux fenêtres ; sur un cartouche appliqué contre la large bordure de ce portrait on lisait : HYACINTHE RIGAUD, et au-dessous en caractère plus fort : DUCHESSE DE CONDRIEU, 1637-1709.

C'était en effet le portrait de la belle marquise, la maîtresse de Louis XIV, avec son air de grandeur, avec sa beauté royale que Rigaud avait admirablement saisis et rendus dans cette œuvre, une de ses meilleures.

Pourquoi ce portrait se trouvait-il à la place d'honneur et tout seul dans le salon de réception du comte de Condrieu-Revel, qui, ainsi que son père l'avait reconnu, n'avait pas la prétention d'être le descendant des marquis de Condrieu, devenus ducs et pairs par la grâce de Louis XIV ?

Était-ce comme portrait de famille qu'il occupait cette place ?

Était-ce simplement comme œuvre d'art ? La façon dont le cartouche était rédigé permettait les deux interprétations ; M. de Condrieu-Revel pouvait aussi bien être un dévot du peintre Rigaud que de la belle marquise.

Il en était de ce cartouche comme du R qu'on lisait au-dessus de la porte d'entrée. Ceux-là seuls qui étaient capables d'aller au fond des choses étaient en état de l'expliquer clairement ; quant au vulgaire admis dans ce salon, il se disait que de cette marquise de Condrieu descendait incontestablement le maître de la maison. Comment en douter ? Cela allait de soi, semblait-il.

Un valet en petite livrée ouvrit un des battants de la porte du salon et annonça, comme le dernier coup de midi sonnait :

— M. Le Genest de la Crochardière !

C'était le notaire qui arrivait avec son exactitude ordinaire.

Dès la porte il salua en s'inclinant à plusieurs reprises ; mais, de la main et sans se lever, le comte lui fit signe d'abréger les cérémonies :

— Vous êtes le bienvenu, mon cher notaire ; asseyez-vous près du feu, je vous prie.

Cela fut dit d'un ton glorieux, quoique avec un air affable.

— Approchez, approchez.

Puis, tout de suite, montrant les dossiers étalés sur la table :

— Je vous remercie de m'avoir envoyé ces pièces à l'avance ; j'ai jeté les yeux dessus et j'ai trouvé vos résumés d'une clarté parfaite. J'espère que mon petit-fils n'aura rien à dire.

— N'en doutez pas, monsieur le comte ; d'ailleurs il a dû voir avec quelle rectitude nous avons procédé ; car je l'ai averti du dépôt des pièces dont il m'a envoyé récépissé.

— Il n'a rien, et n'a pas pris connaissance de ces pièces ; aussi n'ai-je pas votre superbe confiance, non, vraiment, je ne l'ai pas, car je connais mon petit-fils mieux que vous ne pouvez le connaître ; pour le malheur de ma vieillesse, je le connais.

Et M. de Condrieu poussa un profond soupir.

— Il est si jeune, essaya le notaire sur le ton de la consolation.

Il est aujourd'hui ce qu'il sera dans cinq ans, dans dix ans, si Dieu lui accorde dix années d'existence.

Et le nouveau soupir qu'il poussa fut plus profond encore, plus douloureux que le premier.

— Ah ! je suis désolé, accablé, mon cher notaire. Le malheur frappe sur ma maison et sur moi à coups redoublés ; à coups redoublés, oui, vraiment ; la mort m'a arraché mon fils en qui j'avais mis tant d'espoirs orgueilleux, elle m'a pris ma fille, elle m'a pris mon gendre, et je la vois depuis vingt ans suspendue au-dessus de mon petit-fils, le duc de Naurouse.

A ne faire attention qu'aux paroles mêmes du comte, on pouvait croire que c'était une douleur semblable que lui avait fait éprouver la mort de son fils et de sa fille ; mais le ton avec lequel il avait dit : « La mort m'a arraché mon fils », ne ressemblait en rien à celui avec lequel il avait dit : « Elle m'a pris ma fille et elle est suspendue au-dessus de mon petit-fils. » Dans l'un il y avait un cri déchirant, un sanglot parti du cœur ; dans l'autre, il n'y avait rien, rien que des mots alignés pour finir une phrase. C'est que la mort de ce fils avait été un coup effroyable qui avait terrassé, écrasé M. de Condrieu-Revel en anéantissant tout le travail et toutes les espérances de sa vie ; tandis que la mort de sa fille—c'est-à-dire de la fille de sa femme et du marquis de Varages — avait été un soulagement en même temps que la réalisation d'une combinaison impatiemment attendue.

Continuant son rôle de consolateur, après un moment de silence qu'il crut ne pas devoir laisser se prolonger trop longtemps, le notaire reprit la parole :

— Si la santé de M. le duc de Naurouse peut vous inspirer des craintes qui, pour moi, n'ont rien de fondé, j'en suis convaincu, vous pouvez au moins avoir toute sécurité pour celle de vos autres petits-enfants ; M. votre fils, mort victime d'un déplorable accident de chasse, était d'une santé magnifique qu'il a transmise à ses enfants. Son fils, M. le vicomte Ludovic, est solide comme un paysan ; Mlle Christine, que je viens de rencontrer dans le vestibule, bien que plus frêle et plus délicate que son frère, comme cela doit être, a un air de fraîcheur, une exubérance de vie qui font plaisir à voir.

Au nom de Ludovic, un sourire avait éclairé le visage de M. de Condrieu :

— Oui, oui dit-il, Ludovic est, Dieu merci, un vrai Condrieu pour tout, pour la santé comme pour le reste. Si je ne l'avais pas eu, bien certainement je n'aurais survécu à mon fils ; sans lui j'aurais succombé au désespoir... sans lui et sans Christine, bien entendu ; c'est pour lui que je tiens à la vie... et aussi pour Christine. C'est de lui que désormais, de lui seul, j'attends quelque satisfaction en ce monde. Il y aurait injustice à ne pas reconnaître qu'il m'en a déjà donné de grandes : à vingt ans, Ludovic est aussi raisonnable, aussi calme, aussi froid qu'on l'est généralement à quarante; je n'ai pas une folle de jeune homme à lui reprocher. Avec cela, appliqué au travail, intelligent, noblement ambitieux, économe, ce sera un homme remarquable, j'en suis certain, et qui réalisera les espérances que j'avais fondées sur son père. Christine est aussi une excellente petite fille, moins raisonnable, il est vrai, moins calme, mais douée d'une qualité féminine, à mes yeux la première de toutes : le dévouement. Par amitié pour son frère, elle entrera au couvent et renoncera à sa part de fortune en faveur de Ludovic... et aussi par piété, par vocation, car, si elle n'avait pas la vocation, vous comprenez que je ne voudrais pas qu'elle fût religieuse, non, je ne le voudrais pas; mais elle a cette vocation, certainement elle l'a, très-certainement, j'en suis convaincu.

— Elle est bien jeune.

— Dix-sept ans; c'est précisément l'âge des résolutions enthousiastes, et vous sentez qu'il est sage de ne pas les contrarier. Une fois dans la route, la bonne route, on ne revient pas en arrière, on ne revient pas.

A ce moment, celui dont on venait de parler, le vicomte Ludovic, entr'ouvrit la porte du salon et, après un court moment d'hésitation, il entra en se dirigeant vers son grand-père.

C'était un grand garçon long et osseux, aux épaules remontées, avec une tête anguleuse ; pas de barbe encore ; des cheveux jaunes comme l'avaient été ceux de son grand-père, qui se montrait très-satisfait de cette ressemblance, estimant qu'il valait mieux avoir l'air d'un Condrieu, que d'avoir les plus beaux cheveux du monde.

Après avoir salué le notaire, il s'approcha de son grand-père.

— Je ne vous savais pas déjà en affaire et, avant de partir pour l'École de droit, j'avais voulu vous demander si vous n'aviez rien à me dire.

— Non, rien. A quelle heure rentreras-tu
— A quatre heures.
— Au revoir.

Puis, comme il s'éloignait, M. de Condrieu le rappela :

— Si, par hasard, tu rencontrais ton cousin Roger dans la cour ou à la porte, sois aimable avec lui, n'est-ce pas.

— Assurément ; mais si j'ai été toujours aimable avec Roger, lui n'a jamais été aimable avec moi.

IV

— Ah! pourquoi Roger ne ressemble-t-il pas à son cousin, s'écria M. de Condrieu-Revel d'une voix désolée et en levant les bras au ciel lorsque Ludovic eut refermé la porte du salon ; oui, pourquoi, je me demande pourquoi.

— Le fait est qu'on ne saisit pas facilement entre eux l'air de famille, dit le notaire d'un air bonhomme.

— Dites qu'il n'y a entre eux aucun point de ressemblance, et c'est bien là ce qui cause mon chagrin. J'ai foi dans l'avenir de Ludovic ; intelligence, raison, santé, il a tout ; on peut bâtir sur lui comme sur un roc solide ; l'édifice qu'on aura pris la peine d'élever ne s'effondrera pas. Mais Roger ? A-t-il un avenir seulement ; en a-t-il un ? Quelques années, quelques jours ?

Lorsque M. de Condrieu-Revel parlait de choses qui lui étaient agréables il s'exprimait sans se reprendre et sans se répéter; au contraire, lorsque le sujet était pénible ou bien quand la matière était délicate, lorsqu'il fallait être prudent, se tenir sur la réserve et ne pas s'engager, il ânonnait, en répétant ses mots, de manière à porter son attention sur ceux qu'il allait employer et non sur ceux qu'il prononçait machinalement. Lorsqu'il parlait de son petit-fils Ludovic il allait droit; mais aussitôt qu'il s'agissait de son petit-fils Roger, il commençait à balbutier.

— C'est non seulement le chagrin qui me tourmente, continua-t-il, c'est encore le remords, la responsabilité de ma faute, de mon imprudence au moins, oui, mon imprudence. Je n'aurais pas dû consentir au mariage de ma fille, ma pauvre fille, ma chère fille, avec le duc de Naurouse, car j'avais des doutes sur la santé du duc. Ma pauvre fille s'était prise d'amour pour lui ; non qu'il fût beau, il s'en fallait de tout, mais il avait de l'esprit, du cœur, de grandes manières, la naissance, la fortune. J'eus la faiblesse de consentir pour ne pas peiner ma fille, j'eus cette faiblesse et je ne tardai pas à voir combien j'avais été coupable : un père devrait être inflexible, il le devrait. Un vrai moribond, le duc, affligé de toutes les maladies : au cerveau, au poumon, dans le sang. Vous l'avez connu, et votre prédécesseur me fit à son sujet de sages observations que, pour notre malheur, je n'écoutai point. A vivre près de lui, ma pauvre fille, qui était d'une santé excellente, devint poitrinaire, oui, elle le devint, positivement. Quelle peut être la constitution d'un enfant né d'un tel père ? Détestable, n'est-ce pas ?

— Les tempéraments ne se transmettent pas fatalement par voie d'hérédité.

— Sans doute, mais vous conviendrez qu'il y a bien des chances pour que Roger ait pris au moins une des maladies de son père, et c'est bien assez pour justifier mes craintes. Au reste, les premières années de l'enfant ont été mauvaises : toujours malade. Plus tard, il s'est raffermi; mais j'avais tant de craintes, des craintes si grandes, que je n'ai osé ni le contrarier ni le faire travailler ; l'élever, je ne pensais qu'à cela, et, pour le laisser se développer, se fortifier, je lui évitais les chagrins et les fatigues d'esprit : c'était tout mon souci, je n'en avais pas d'autres. Je me disais qu'il vive, c'est l'essentiel, qu'il vive. Je voulais aussi l'aguerrir, retremper sa misérable santé, et, tout en ménageant ses efforts intellectuels, je lui faisais faire certains efforts physiques qui, selon moi et d'après l'avis des médecins que je consultais, devaient le régénérer. J'ai obtenu les résultats les plus déplorables, tout à fait déplorables ; il n'a rien appris et il a gagné toutes les maladies que peuvent avoir les enfants, toutes. Je me rassurais pour son ignorance en espérant que plus tard il travaillerait ; mais ce plus tard n'est jamais venu, malheureusement. Aujourd'hui Roger, qui atteint sa majorité, ne sait rien. Quel différence entre lui et mon cher Ludovic, si assidu au travail. S'il avait été inintelligent, je serais peut-être sans excuses d'avoir suivi ce système. Mais, intelligent, il l'est ; son esprit est vif ; quand il veut s'appliquer il saisit les choses du premier coup ; ses réparties sont instantanées ; il juge les choses et les gens aussi sûrement que promptement ; rien de ce qui se passe autour de lui ne lui échappe ; plus d'une fois il m'a interloqué, oui, interloqué, moi. Le voyant ainsi je pensais que quand il le voudrait, il regagnerait le temps perdu. Le malheur est qu'il ne l'a jamais voulu, jamais, jamais ! C'est ainsi qu'il est arrivé à dix-huit ans et que nous avons dû nous séparer. Si je vous dis tout cela, mon cher monsieur, c'est que j'ai pour vous une haute estime, une très haute estime, et que je ne veux pas que vous puissiez ajouter foi aux propos du monde, à certains propos du monde.

— Soyez assuré que je n'aurais pas permis qu'on en tînt devant moi sur une personne telle que vous, monsieur le comte.

— Je connais vos sentiments, mon cher notaire, mais enfin vous avez pu néanmoins entendre certaines personnes s'étonner que j'aie donné la liberté à un jeune homme de dix-huit ans, en lui permettant de se séparer de moi. Je dois donc vous dire pourquoi j'ai agi ainsi ; non pour vous, vous n'avez pas besoin, je suis sûr, que je me justifie, mais pour ceux auprès de qui vous pouvez être appelé à plaider ma cause, car je suis de ceux qui ont le respect de l'opinion publique ; j'ai ce respect, cette religion ; et puis Roger peut tout à l'heure se livrer à des récriminations, et je tiens à ce que vous soyez à l'avance en état de les apprécier à leur valeur, car vous pensez bien que je ne m'abaisserai pas à y répondre ou à les discuter avec lui ; non, certes, je ne les discuterai pas. Je ne vous ai parlé que de la santé de Roger et de son intelligence ; je ne vous ai rien dit de son caractère. Toujours en vertu du principe que je devais lui éviter toute peine, j'avais laissé ce caractère se développer librement, et par malheur il s'était développé du mauvais côté : violent, emporté, poussant la personnalité jusqu'à l'extrême, incapable de supporter la contradiction la plus légère. Quand il grandit, cela rendit les relations difficiles, pénibles entre nous ; d'autant plus pénibles qu'il a le cœur dur et qu'il était peu reconnaissant de ce que j'avais fait, de ce que je faisais chaque jour pour lui. Enfant, je l'avais tant bien que mal dompté ; mais, devenu jeune homme, je trouvai en lui une énergie diabolique, diabolique, infernale. Ce ne furent plus des difficultés qui surgirent entre nous, ce furent des scènes, des scènes violentes qui s'élevèrent. Roger eût été mon seul petit-fils, j'aurais tout supporté de lui ; mais la mort de ma belle-fille et de mon fils a mis sous ma garde mes autres petits-enfants : Ludovic et Christine. J'avais cru que je pourrais élever ces trois enfants comme frères et sœur, sous le même toit, dans une même affection. Quelle consolation pour ma vieillesse! quelle joie! quelle tranquillité! Mais le caractère de Roger rendit cette union impossible. Quels exemples détestables, déplorables ne donnait-il pas à son cousin et à sa cousine, lui, qui ne voulait rien faire, lui qui jetait l'argent à pleines mains, lui qui... Vous voyez que je ne pouvais le laisser en contact avec Ludovic et Christine sous peine de perdre ceux-ci et sous peine aussi de compromettre mon autorité de chef de la famille, que Roger bravait ou insultait à chaque instant. Qu'auriez-vous fait ?

— Mais, monsieur le comte... dit le notaire qui jugeait prudent de ne pas répondre franchement.

— Je vous en prie.

— Ne me disiez-vous pas que M. le duc de Naurouse touchait à ce moment à ses dix-huit ans.

— C'est lorsqu'il a atteint ses dix-huit ans que nous nous sommes séparés.

— Vous auriez pu le faire émanciper.

— Émanciper un jeune homme qui a plus

de cinq cent mille francs de rente, qui est un prodigue. Vous n'y pensez pas, mon cher notaire, vous n'y pensez pas; mais il eût gaspillé sa fortune.

— Ne va-t-il pas la gaspiller maintenant?

— Cela est grandement à craindre; mais maintenant la situation n'est pas la même : la majorité n'est pas facultative, c'est la loi qui la donne ; tandis que l'émancipation est un acte volontaire de la famille. Nous n'avons pas voulu émanciper Roger, le livrer à lui-même ; de là sa fureur contre nous, contre moi particulièrement, car il voulait être émancipé ; c'était chez lui une idée fixe. Je suis, vous le savez, un homme de conciliation, un homme de paix, n'ayant d'autre but en cette vie que d'être agréable, que de rendre service aux miens. La colère de Roger pouvait me peiner, elle ne pouvait pas changer mes sentiments envers lui, car, quoi qu'il fasse, je l'aime toujours le malheureux enfant. Il voulait la liberté. J'ai tâché de concilier son désir avec ce qui était raisonnable. Je lui ai donné la liberté pour sa personne; mais je ne la lui ai point donnée pour sa fortune. C'est-à-dire que je l'ai autorisé à quitter cette maison pour vivre à sa guise, où il voudrait, comme il voudrait ; mais j'ai gardé la tutelle et l'administration de ses biens, lui faisant seulement la pension, la grosse pension que vous connaissez. C'était chose grave que cette résolution, je le savais à l'avance ; je savais à quels dangers allait se trouver exposé un jeune homme de dix-huit ans, passionné pour le plaisir, ne connaissant ni bornes, ni mesures, et qu'on savait riche, très riche. Mais j'ai cru que c'était une épreuve que je devais risquer. J'ai voulu qu'il ne passât point brusquement de ma direction à la liberté. J'ai voulu qu'il s'habituât pendant les trois années qui s'écouleraient entre ses dix-huit ans et sa majorité à une demi-liberté. J'ai pensé que ce serait une sorte d'apprentissage. La transition n'étant pas brusque serait moins périlleuse, me disais-je. Ai-je eu raison ? C'est ce que nous allons voir.

M. de Condrieu continua :

— Si j'avais laissé Roger entièrement libre, j'aurais commis une grave imprudence; d'autant plus grave, que je ne pouvais plus le surveiller moi-même, puisqu'il est sorti d'ici en déclarant qu'il ne remettrait jamais les pieds dans cet hôtel et que, par conséquent, je ne pouvais aller chez lui. Il fallait donc que je fisse exercer cette surveillance sur lui par un tiers. Pendant les derniers temps qu'il était sous ma direction, Roger s'était lié, et malgré moi, avec le vicomte de Mautravers. Ce Mautravers, dont vous connaissez le nom...

— Grand nom...

— Grand nom assurément, mais triste personnage. Que les Mautravers en soient arrivés à être représentés aujourd'hui par un homme qui vit d'expédients, pour en pas dire davantage, cela est triste; mais enfin cela est, malheureusement, et personne ne peut s'en affliger plus que moi, qui ai pour la religion de la noblesse, la foi, le culte. Quelle désolation de voir ce nom, qui a brillé entre ceux de Turenne et de Condé, s'étaler aujourd'hui dans les petits journaux et faire tapage à côté des filles en vue, leur disputant la célébrité ! C'est cette célébrité tapageuse qui avait lié Roger avec Mautravers, pour lui un modèle attrayant, un type à imiter, à égaler. Est-ce drôle qu'il y ait des gens bien nés qui mettent leur gloire à assourdir le public comme s'ils étaient des comédiens ou des artistes. Je crains que Roger ne soit infecté de cette maladie honteuse. Ce qu'il y a de certain, c'est qu'il fut entraîné dans le rayonnement de Mautravers et qu'il devint l'élève, l'ami de celui-ci. J'avais certains moyens d'action sur Mautravers. J'allai trouver; mais, bien entendu, je ne mis pas ces moyens en jeu ; je les tins seulement en réserve, car je pense qu'il est d'une bonne politique de demander comme une grâce ce qu'on peut exiger comme un droit, oui, cela est d'une bonne politique, très bonne, dont je me suis toujours bien trouvé. C'est votre avis aussi, n'est-ce pas ?

Le notaire répondit par un sourire affirmatif.

— Je représentai à Mautravers, poursuivit M. de Condrieu, les dangers qui allaient envelopper Roger, et je lui demandai de me prévenir le jour où ils deviendraient menaçants pour sa santé ou son honneur. Il entra dans mes vues et me promit son concours : il a rempli sa promesse, il l'a remplie fidèlement, exactement. Depuis trois ans, j'ai été tenu au courant de ce que faisait Roger ; j'ai connu ses relations avec ses amis, ses maîtresses ; j'ai appris ses folies, ses imprudences ; j'ai su le chiffre des dettes qu'il contractait ; je l'ai suivi... de loin, de loin. Ah ! mon cher notaire, quel chagrin pour moi ! quel désespoir ! Aujourd'hui, Roger ne vaut pas mieux que Mautravers.

— Oh ! monsieur le comte ! un duc de Naurouse !

— Il ne vaut pas mieux, pas mieux, pas mieux, tout duc de Naurouse qu'il soit. La seule différence qu'il y ait entre eux, c'est que Roger sait qu'il peut payer les dettes qu'il fait, tandis que Mautravers n'en sait rien ; l'un compte sur sa fortune, l'autre sur sa chance.

— Et ces dettes de M. le duc de Naurouse, sont-elles considérables ?

— Hélas! la première année, elles ont dépassé cent mille francs; la seconde, deux cent cinquante mille; la troisième, trois cent mille. Vous voyez la progression.

— Elle est effrayante.

— Comment en serait-il autrement avec le genre de vie qu'il a adopté, avec les amis qui sont les siens. Les chevaux, les femmes, le jeu dévorent sa vie et son argent; autour de lui ses amis en font autant, s'ils ne font pas pire : le prince Savine, qui a hérité, il y a deux ans, d'une des plus grandes fortunes de la Russie; le prince de Kappel, qui ne se souvient qu'il est fils de roi que quand il est ivre; le marquis de Sermizelles, qui a gaspillé en trois ou quatre ans les trois ou quatre millions qui lui venaient de son père; Mautravers et autres..... autres Mautravers. Vous voyez qu'elle peut être cette vie à outrance; et si vous avez une idée des désastres qu'elle peut amener dans la fortune, vous devez imaginer aussi quels effets déplorables elle peut produire dans la santé. Roger, avec son mauvais tempérament et sa faible constitution, avait besoin d'une existence régulière, de repos, de régime, et c'est justement le désordre, la fatigue, les excès de tout genre, les veilles, la fièvre du jeu, qui sont sa règle. Si encore il n'avait pas d'énergie, il serait vite à bout; mais justement l'énergie est chez lui extraordinaire. Il se fatigue peut-être plus vite qu'un autre; mais, comme il veut résister à cette fatigue, il lutte plus longtemps qu'un autre; on le trouve debout encore quand ses amis sont depuis longtemps épuisés, accablés, écrasés. J'avais voulu avoir un médecin près de lui, afin d'être renseigné sur sa santé comme je suis renseigné par Mautravers sur sa conduite, et pour cela j'avais compté sur le docteur Patras, le vieux médecin de notre famille. Mais il a quitté Patras, il l'a même congédié et il a pris pour le soigner un jeune médecin, un certain docteur Harly.

— J'en ai entendu dire grand bien.

— Je ne conteste pas son savoir, je ne le conteste nullement. J'ai seulement des raisons de croire que c'est un intrigant. En tout cas, il ne me rend pas les mêmes services que Patras. Je me suis adressé à lui, et, tout en me répondant convenablement, — je le reconnais, convenablement, c'est le mot, — il s'en est tenu à des réponses vagues, comme s'il voulait se renfermer dans le secret professionnel. Le secret professionnel avec moi, comprenez-vous cela? Je ne sais même pas la vérité sur l'état de mon petit-fils.

Ce fut d'une voix tremblante que M. de Condrieu prononça ces derniers mots, et l'émotion lui coupa la parole.

Quelques secondes s'écoulèrent avant qu'il reprît :

— Fatigué, épuisé, endetté, ayant contracté l'habitude de tous les excès, voilà comment il arrive à sa majorité. Que va-t-il faire maintenant qu'il va être entièrement libre : libre d'emprunter, libre de vendre, libre de se ruiner en quelques années, en quelques mois, s'il le veut? N'est-ce pas terrible? Qu'il dissipe sa fortune, je veux dire celle qui lui vient de son père, cela est un crime et ce n'est pas sans un serrement de cœur que je pense que cette terre de Naurouse quoj'administre, que j'améliore depuis quinze ans, peut-être vendue et passer en des mains étrangères; mais enfin cette fortune est la sienne, jusqu'à un certain point la sienne, et il n'y a pas de Naurouse qui aient des droits sur elle. Tandis que s'il dissipe la fortune qui lui vient de sa mère, de ma pauvre fille, il y a des Condrieu, il y a mon petit-fils Ludovic de Condrieu qui a des droits sur elle. Croyez-vous que je puisse me résigner à l'idée que la terre de Varages, qui appartenait en propre à ma fille pour lui avoir été léguée par son parrain, notre bon et cher amie marquis de Varages, peut échapper à Ludovic? Ne lui appartient-elle pas, je vous le demande?

— Peut-être vos craintes sont-elles exagérées, monsieur le comte.

— Elles ne sont que trop fondées, que trop justes, par malheur.

— On voit des jeunes gens faire des folies dans leur jeunesse et s'arrêter ensuite.

— Est-ce à vingt ans qu'on s'arrête, alors surtout qu'on est entraîné par des habitudes prises; non, non, il ne s'arrêtera pas.

— Si les choses allaient jusqu'au point que vous redoutez, on pourrait en tout cas l'arrêter, s'il ne s'arrêtait pas de lui-même: la loi a prévu le cas de prodigalité et, si c'est elle qui fixe la majorité comme vous le disiez, si c'est elle qui donne la liberté, elle met à notre disposition des moyens pour corriger ce que cette liberté peut avoir d'excessif : au prodigue, elle donne un conseil judiciaire. Des dépenses voluptuaires en festins, au jeu, en chevaux, en présents frivoles ou honteux, de folles profusions peuvent donner lieu à la nomination d'un conseil judiciaire sans lequel le prodigue ne peut ni emprunter, ni recevoir un capital mobilier, ni aliéner, ni grever ses biens d'hypothèques. Donc, si M. le duc de Naurouse se livrait aux folles profusions que vous redoutez et à la dissipation de sa fortune, vous pourriez lui faire nommer ce conseil; vous savez cela comme moi, monsieur le comte.

— Je le sais, cela est vrai; mais c'est une idée à laquelle je n'ai jamais pu m'habituer quand elle s'est présentée à mon esprit : un Naurouse, mon petit-fils, pourvu d'un con-

seil judiciaire, quelle honte, mon cher notaire!
— Sans doute, cela serait fâcheux ; mais le devoir parle quelquefois plus haut que le sentiment : si M. le duc de Naurouse jouit d'une longue existence votre devoir est de lui conserver sa fortune pour le moment où la raison sera venue ; s'il meurt, votre devoir est de la conserver pour vos petits-enfants, ses héritiers naturels.

— Je me suis dit cela cent fois, cent fois; mais, je vous le répète, je n'ai jamais pu me faire à cette idée. Ce n'est pas la loi qui nomme le conseil judiciaire, c'est le tribunal ; il y a procès. J'ai horreur des procès et des tribunaux. Vous ne sauriez vous imaginer à quel point ce sentiment est violent chez moi ; ainsi, en ce moment, je suis menacé du procès le plus ridicule qu'on puisse voir, et si injuste qu'il serait perdu d'avance pour ceux qui me l'intenteraient. Eh bien! telle est mon horreur, que je cherche des moyens de donner satisfaction à la demande qu'on m'adresse. Il est vrai que je n'en trouve aucun. Et vous n'en trouverez pas plus que moi, je pense, quand vous la connaîtrez : le duc de Condrieu veut m'interdire le droit de conserver le nom de Condrieu, que nous portons publiquement et paisiblement depuis plus de deux cents ans.

— Comment cela?

Mais M. de Condrieu n'eut pas le temps de donner les explications qui lui étaient demandées; la porte du salon venait de s'ouvrir brusquement et, d'une voix retentissante, un domestique annonçait:

— M. le duc de Naurouse.

V

Le duc de Naurouse entra vivement dans le salon, tenant d'une main son chapeau et de l'autre une petite canne à pomme d'or ciselée.

Bien qu'il portât un costume du matin, la tenue était d'une correction irréprochable et telle que la mode de cette saison l'exigeait : veston court en étoffe anglaise de couleur claire, boutonné d'un seul bouton; gilet long, pantalon large tombant sur des bottines lacées qui modelaient sans le serrer un pied petit, fin et cambré ; la main, soigneusement gantée, était petite aussi, étroite, avec les doigts allongés ; en tout, des pieds à la tête, dans sa personne, dans son vêtement, dans ses manières, un type d'élégance aisée. Mais ce qui frappait surtout en lui c'était cette tête elle-même. Un peu petite pour le corps qui était d'assez grande taille, elle était cependant charmante, faite d'un mélange de grâce et de distinction le hasard ayant permis qu'il fût le fils de sa mère, non de son père, et que celle-ci le créât à son image. C'était sa mère en effet qui lui avait transmis ce front plein et large, mais peu élevé, couronné de cheveux royaux aux mèches noires frisées ; — ces sourcils dessinés d'un trait arqué au-dessus de deux yeux noirs pleins de flammes violentes ou de molles langueurs ; — ce nez mince aux narines frémissantes ; — cette bouche aux lèvres sensuelles qui découvraient souvent les dents avec un sourire de dédain ; — enfin c'était de sa mère encore qu'il tenait ce caractère de beauté délicate qui, chez un homme de trente ans, eût eu quelque chose de trop efféminé ; mais qui, chez un jeune homme de vingt ans, était vraiment séduisante.

M. de Condrieu et le notaire s'étaient levés : M. de Condrieu en faisant quelques pas en avant, le notaire restant debout près de son fauteuil.

Arrivé à une certaine distance de son grand-père, le duc de Naurouse s'inclina poliment, mais sans prononcer une seule parole; puis, se tournant à demi vers le notaire, il le salua de la main.

— Vous vous faites annoncer chez moi, dit M. de Condrieu, chez moi, annoncer...

Roger regarda son grand-père pendant quelques secondes en face, et ses lèvres s'agitèrent comme si elles murmuraient tout bas quelques mots inintelligibles; cependant il ne lui dit rien et ce fut au notaire qu'il s'adressa :

— Monsieur le notaire (il prononça m'sieu), vous m'avez écrit pour me fixer un rendez-vous ici, aujourd'hui ; me voici.

— Vous n'avez chargé personne de vous assister ? demanda le notaire.

— Pourquoi faire ?

— Mais pour entendre le compte de tutelle dont il va vous être donné lecture et pour le discuter, si besoin est.

— C'est monsieur le comte de Condrieu qui a dressé ce compte de tutelle ? demanda Roger en regardant son grand-père.

— Non, monsieur le duc, c'est moi qui ai eu cet honneur, dit le notaire.

— Pas tout seul, n'est-ce pas ?

— Avec mes clercs.

— Je veux dire que vous avez fait votre travail sur des pièces qui vous ont été fournies par M. le comte de Condrieu.

— Sans doute.

— Eh bien, alors, pourquoi voulez-vous que je me fasse assister par quelqu'un ? Le plus malin des hommes d'affaires que j'aurais pu choisir n'en verrait pas plus que moi.

M. de Condrieu fit un mouvement ; mais Roger continua en levant la tête :

— D'ailleurs, eussé-je des observations à

présenter, je les tairais ; il ne me convient pas d'engager des discussions à ce sujet, le jour où je suis maître de moi.

Il déboutonna le gant de sa main droite :

— Que faut-il signer ?

— Nous n'en sommes pas là, monsieur le duc ; avant de signer vous devez savoir ce que vous signez.

— A quoi bon ?

— C'est une quittance que vous allez donner. J'ai eu l'honneur de vous informer que j'avais déposé, il y a dix jours, votre compte de tutelle détaillé, avec pièces justificatives à l'appui, chez M. votre grand père, en vous priant d'en prendre connaissance. Je regrette que vous ne l'ayez pas fait, bien que vous ayez signé le récépissé de ces pièces.

— J'avais mes raisons pour cela.

— Il ne m'appartient pas d'examiner la valeur de ces raisons, je tiens seulement à vous faire remarquer que je me suis scrupuleusement conformé aux prescriptions de la loi, qui veut que l'oyant-compte...

— Pardon...

— C'est moi, monsieur le duc, qui vous demande pardon d'employer un mot de métier ; je veux dire que la loi exige que le mineur qui reçoit son compte de tutelle, — vous êtes l'*oyant* M. votre grand-père est le *rendant*, — la loi exige que le mineur soit éclairé et qu'on le force en quelque sorte d'examiner ce compte et de ne pas l'accepter les yeux fermés, *non visis tabulis nec dispunctis rationibus*.

Le duc de Naurouse était resté debout, comme un homme qui espère bien ne pas perdre son temps et échapper au plus vite à une corvée qui l'assomme. Au premier mot latin prononcé par le notaire, il posa vivement son chapeau sur une table et, attirant à lui un fauteuil, il s'allongea dedans, jetant sa jambe droite par-dessus son genou gauche et faisant sauter sa canne dans sa main. Jamais Acaste dans la scène des deux marquis du *Misanthrope*, disant :

J'ai du bien, je suis jeune, et sors d'une maison
Qui se peut dire noble avec quelque raison.

n'avait eu plus de désinvolture et de noble aisance.

— Vous pouvez aller, m'sieu le notaire, je vous écoute, dit-il ; puisque je suis l'oyant et que je dois être éclairé, éclairez-moi... s'il n'y a pas moyen de faire autrement ; mais qu'il soit bien entendu, n'est-ce pas, que je suis résolu d'avance à ne rien contester ?

— Il est vraiment étrange... commença lentement M. de Condrieu.

Mais le duc ne le laissa pas continuer :

— Ce qui serait vraiment étrange, dit-il, ce serait que, le jour précisément où j'acquiers le droit de faire ce que je veux, je ne le fisse point. Ainsi pas de contestations ; mais, pour les observations, c'est autre chose : je ne m'interdis pas d'en présenter.

— C'est votre droit, monsieur le duc, dit le notaire.

— Et j'en userai.

C'était un notaire qui avait l'habitude des affaires et l'usage du monde, que M° Le Genest de la Crochardière ; on ne le troublait pas facilement, et partout il savait se mettre à son aise. Cependant, entre ce grand-père et ce petit-fils, il se sentait inquiet.

C'est qu'aussi la situation était telle, qu'un rien, un mot, un regard, pouvaient faire éclater les sentiments vrais qui animaient ces deux hommes l'un contre l'autre.

Si le notaire avait écouté, sans l'interrompre et sans manifester la plus légère incrédulité, le comte de Condrieu parler de sa tendresse pour son petit-fils, son cher petit-fils le duc de Naurouse, il savait parfaitement ce que valait cette tendresse. Notaire des familles de Condrieu et de Naurouse depuis vingt ans, il savait aussi, soit par lui-même, soit par les traditions de l'étude, comment la fortune du marquis de Varages avait été léguée à Mlle de Condrieu et à quel titre. Aussi n'avait-il pas été dupe des élans d'affection du comte, pas plus qu'il ne l'avait été de ses angoisses et de sa douleur. En réalité, le grand-père haïssait le petit-fils, c'est-à-dire l'enfant que la loi et non la nature avait fait son petit-fils ; il attendait sa mort avec impatience et, en voyant la majorité arriver avant la mort, il cherchait les moyens de pourvoir le duc d'un conseil judiciaire, afin d'empêcher celui-ci de dissiper une fortune qui devait revenir un jour à son autre petit-fils, le vrai celui-là, celui qui était son sang, celui qu'il aimait.

Quant aux sentiments du petit-fils pour le grand-père, il ne les pouvait pas connaître aussi bien, ne sachant rien ou presque rien de ce jeune homme qu'il avait à peine entrevu à de longs intervalles, sans échanger avec lui autre chose que de banales paroles de politesse ; mais il n'y avait qu'à le regarder, il n'y avait qu'à voir son attitude hautaine, sa mine rogue, son sourire dédaigneux, il n'y avait qu'à écouter le ton avec lequel il parlait sans s'adresser directement à M. de Condrieu pour comprendre que les sentiments du petit-fils pour le grand-père ne différaient guère de ceux que le grand-père éprouvait pour le petit-fils.

Que les sentiments du grand-père fussent tels, on se les expliquait jusqu'à un certain point, quand on savait que le comte de Condrieu avait connu la liaison de sa femme avec le marquis de Varages.

Mais ceux du petit-fils?

Le duc de Naurouse savait-il que M. de Condrieu n'était son grand-père que de nom?

Cela n'était guère vraisemblable.

Qui lui eût appris la vérité sur sa filiation?

A coup sûr, ce ne pouvait pas être M. de Condrieu, qui avait un intérêt capital à lui laisser croire qu'il était son grand-père.

C'était en mettant son dossier en ordre que le notaire se posait ces questions. Il allait commencer la lecture du compte de tutelle, dont il venait d'ouvrir la minute, quand le duc de Naurouse fut pris d'un accès de toux.

Cette toux était sèche, précipitée, et les efforts qu'elle faisait faire amenaient une rougeur assez vive aux pommettes.

Pendant que son petit-fils toussait ainsi, M. de Condrieu ne le quittait pas des yeux, l'examinant des pieds à la tête, se penchant même en avant par un mouvement instinctif comme pour mieux voir.

— Vous êtes souffrant? dit-il quand la toux se calma.

Ce fut au tour de Roger de le regarder, ce qu'il fit de haut :

— Je vous remercie, dit-il enfin après quelques instants d'un silence que son attitude rendait gênant; je suis touché de votre sollicitude, mais elle est trop prompte... à s'alarmer. Je ne suis nullement souffrant; un peu de rhume seulement. Cette toux doit vous rassurer. Au reste, puisque vous avez bien voulu vous inquiéter de ma santé auprès du docteur Harly, il a dû vous dire que vos craintes n'avaient pas de raison d'être; je suis bien portant et j'espère vivre.. longtemps.

Puis, se tournant vers le notaire, il tira sa montre et regarda l'heure en homme pressé d'en finir.

VI

Me Le Genest de la Crochardière commença sa lecture :

« Par devant Me Le Genest de la Crochardière et son collègue, notaires à Paris,
» A comparu :
» M. le comte Pierre-Narcisse-Etienne de Condrieu-Revel, sénateur, commandeur de la Légion d'honneur, président honoraire de l'Académie philotechnique, membre des Académies d'Aix, de Bordeaux, de Nantes, de Toulouse, etc., etc., demeurant à Paris, rue de Lille,
» Lequel, dans le but de rendre compte de la tutelle qu'il a eue de la personne et des biens de

» M. François-Roger de Charlus, duc de Naurouse, son petit-fils, demeurant de droit rue de Lille, chez son grand-père, et résidant de fait rue Auber,
» Expose préalablement ce qui suit. »

Le duc de Naurouse avait pris une attitude résignée, mais en même temps attentive, et il était évident qu'il écoutait cette lecture sans en perdre un mot, le menton appuyé sur sa canne, les yeux mi-clos, sans un geste.

De l'exposé que lisait le notaire d'une voix monotone, sans rien détacher, sans faire valoir un mot plus que l'autre, il résultait :

Que M. de Condrieu s'était trouvé investi de la tutelle de son petit-fils, le duc de Naurouse, à la suite de la mort de sa fille, la duchesse de Naurouse ;

Qu'il avait été fait à ce moment un inventaire, lequel avait constaté que le mineur se trouvait propriétaire d'une fortune immobilière et de valeurs mobilières;

La fortune immobilière se composait : — de la terre patrimoniale de Naurouse, consistant en château, jardin anglais, parc, écuries, remises, forêt, fermes ; — de la terre de Varages, consistant aussi en château et dépendances ; — des mines de Fabrèges, situées dans les Cévennes ; — de la forêt de Montvalent ;

La fortune mobilière se composait de meubles, de valeurs et de créances :

Les meubles, à l'exception de ceux qui garnissaient les châteaux de Naurouse et de Varages avaient été vendus ;

Les valeurs, titres de rentes françaises et étrangères, actions, obligations avaient été vendues aussi ;

Et avec le montant du tout on avait payé une partie des dettes qui chargeaient la succession;

Mais ce montant avait été insuffisant pour solder ces dettes ;

De sorte que le tuteur s'était trouvé dans l'obligation de payer lui-même de ses deniers les plus urgentes, et de prendre des arrangements pour éteindre successivement, avec les revenus de son pupille celles qui pouvaient attendre.

Si le duc de Naurouse avait été attentif pour la première partie de cet exposé rétrospectif, il le devint bien plus encore lorsqu'il vit son tuteur apparaître; son attitude se modifia : il était assis carrément dans son fauteuil, il se pencha en avant.

Le notaire continuait et expliquait que l'extinction des dettes avait absorbé non-seulement la totalité des créances et des valeurs mobilières, ainsi que cela était constaté par les pièces annexées, mais encore la plus grosse part des revenus de la propriété immobilière pendant plusieurs années, et que c'était seulement quand le mineur atteignait ses treize ans que ces revenus s'étaient affranchis de toutes charges.

Si le duc de Naurouse suivait le notaire, M. de Condrieu suivait sur le visage et dans l'attitude de son petit-fils les divers sentiments que cette lecture provoquait en lui. Lorsqu'on arriva au passage qui parlait de l'affranchissement des revenus, il vit le front de Roger, jusqu'à ce moment contracté, se détendre, et alors une sorte de sourire moqueur plissa ses paupières et entr'ouvrit ses lèvres; évidemment Roger s'était trop tôt réjoui à la pensée que, de treize à vingt-un ans, ses revenus s'étaient accumulés et qu'il allait pouvoir toucher une grosse part de ces revenus économisés pendant près de sept ans, c'est-à-dire plus de trois millions, les intérêts compensant assurément plus que la pension qui lui avait été servie.

Le notaire avait poursuivi sa lecture et le front de Roger, un moment éclairci, s'était de nouveau assombri.

C'est qu'en effet il n'était nullement question d'une accumulation de six ou sept années de revenus, loin de là. Pendant tout le temps qu'on avait dû employer les revenus à payer les dettes, on n'avait pu faire aucunes réparations aux propriétés; les châteaux, les fermes, les divers bâtiments étaient dans un état de délabrement déplorable; les chemins d'exploitation dans les forêts étaient défoncés. Il avait fallu faire ces réparations; puis après, il avait fallu entreprendre des améliorations indispensables, construire de nouveaux bâtiments, percer de nouveaux chemins dans les forêts, ouvrir de nouvelles galeries dans les mines de Fabrègues.

Le notaire ne s'interrompait de lire que pour prendre sur la table, où elles étaient rangées, les pièces, qui justifiaient de ces dépenses et pour les présenter à Roger; mais de la main celui-ci les refusait.

— Veuillez continuer, disait-il.

Et le notaire reprenait sa lecture.

Lorsqu'il arriva aux améliorations, ce fut Roger qui l'interrompit:

— Je ne veux pas contester ces dépenses, dit-il.

— Les pièces justificatives sont là, répliqua vivement M. de Condrieu.

— J'en suis convaincu, comme je suis convaincu qu'elles sont extraordinairement justificatives; mais ce n'est pas sur la justification des dépenses que porte mon observation, c'est sur la justification de l'urgence de ces dépenses; et cette justification, on ne la fait pas, on ne fait même pas celle de leur utilité.

— Cette justification, au cas où elle serait nécessaire, ne se trouverait pas à sa place dans ce compte de tutelle, dit le notaire.

— Si vous entendez contester ces dépenses, dit M. de Condrieu, je prouverai leur utilité devant les tribunaux.

— Vous savez bien, monsieur le comte, que j'entends ne rien contester du tout, répliqua Roger froidement, j'ai eu l'honneur de vous le dire en commençant; mais en même temps je vous ai dit aussi que je me permettrais des observations, et j'en fais une à propos de l'utilité et de l'urgence de ces dépenses, en réalité considérables. Utiles, je veux bien admettre qu'elles l'aient été, quoique cela ne me soit pas du tout démontré; mais urgentes, c'est une autre affaire, et je crois qu'elles pouvaient attendre le moment où, majeur, je déciderais moi-même si je voulais ou ne voulais pas les entreprendre. Il est vrai qu'à attendre cette majorité, il y avait un inconvénient.

Il parlait si doucement, que M. de Condrieu se laissa prendre à son calme:

— Vous voyez bien, dit-il.

— Je vois que, si on avait attendu ma majorité, mes revenus se seraient accumulés et il aurait fallu me les remettre aujourd'hui, de sorte que j'aurais pu les dépenser... demain. Tandis qu'en les employant, on m'a mis dans l'impossibilité de les dépenser ainsi; maintenant, si je venais à mourir demain ou bientôt, on les retrouverait sur mes propriétés. Comme calcul d'héritier, c'est assez bien trouvé. Seulement, pour que ce calcul soit bon jusqu'au bout, il faut que je meure, — ce dont je n'ai nullement envie, — et que je meure sans avoir fait mon testament, ce qui n'est pas du tout probable.

Disant cela, il lança un regard de défi à son grand-père, puis tout de suite il continua:

— Pardonnez-moi cette observation... longue, j'en conviens, mais qui avait son utilité. M'sieu le notaire, je vous serai reconnaissant de continuer.

Et le notaire continua, car il n'était pas au bout de sa minute; il en était arrivé au chapitre des frais de gestion de la tutelle. Lorsqu'il aborda les déboursés du tuteur, le duc de Naurouse, au lieu de repousser les pièces qui lui étaient présentées, comme il l'avait fait jusqu'à ce moment, en prit quelques-unes et se mit à les feuilleter.

Puis, presque aussitôt, il s'interrompit et se tourna vers son grand-père:

— J'ai grandement à vous remercier, dit-il, pour la façon dont vous avez compté vos déboursés.

Un sourire accompagnait ces paroles prononcées d'un ton doux; cependant il était difficile de croire à leur sincérité, car sous ce sourire il semblait y avoir un ricanement ironique, de même que dans la voix il y avait un léger tremblement.

Il continua :

— Dans ces déboursés, je vois un voyage de Paris à Naurouse porté à six cent quarante francs. Le prix de la place en première classe étant de quatre-vingts francs pour le trajet simple, cela indique que pour l'aller et le retour vous avez fait usage d'un coupé-lit, taxé au prix de quatre places ordinaires.

Il était dans la nature et dans les habitudes de M. de Condrieu de ne jamais se laisser emporter lorsqu'un mot échappé à la colère pouvait compromettre son intérêt. Or son intérêt présentement était que ce compte de tutelle ne fût pas contesté, et il n'avait fallu rien moins que cette toute-puissante raison pour lui fermer les lèvres jusqu'à ce moment et lui faire tolérer l'attitude et les paroles de son petit-fils; mais, à ces mots, il ne fut pas maître de se contenir plus longtemps :

— Il est inouï vraiment, s'écria-t-il, que vous osiez...

Mais Roger poursuivit :

— Il serait inouï, n'est-ce pas, qu'un Naurouse marchandât ses dépenses. Si c'est là ce que vous voulez dire je suis tout à fait de votre avis. Je ne les marchande pas, rassurez-vous. Loin de là, je suis bien aise que vous les ayez faites. Au moins, je n'aurai pas le remords de me dire que ma tutelle vous a été onéreuse. Je vous assure que c'était avec inquiétude que je pensais à cela. Cette inquiétude était d'autant plus grande, que je me rappelais le temps de mon enfance où, quand je vous accompagnais en chemin de fer, nous ne voyagions que de nuit pour qu'on ne vous reconnût pas et qu'on ne sût pas que M. le comte de Condrieu-Revel prenait les trois èmes classes. J'avais peur que vous n'eussiez fait pour moi ce que vous faisiez pour vous. Heureusement il n'en est rien, ces frais de coupé-lit souvent répétés en sont la preuve. Je vous remercie.

Il y eut quelques secondes d'un silence terrible : M. de Condrieu poignardait Roger de son regard. Cependant sa colère n'éclata pas; il pria le notaire d'en finir.

Ce fut avec un vrai soulagement que Me Le Genest de la Crochardière reprit sa lecture. De tempérament flegmatique, il détestait les querelles, même comme simple témoin, et il avait eu sérieusement peur qu'une lutte s'engageât entre ses deux clients. Qu'eût-il fait ? Si grand ami qu'il fût de la neutralité, il aurait été obligé d'intervenir. En faveur de qui ? Assurément ce jeune homme si dédaigneux, si insolent, avait ou semblait avoir tous les torts de son côté; mais cependant il n'était peut-être pas juste de le condamner sans se dire que, chez un jeune homme

de vingt-un ans, ce calme glacial, cette cruelle ironie, cette raillerie à froid, cette hauteur dans le dédain, cette puissance sur soi ne pouvaient être que le résultat de précoces souffrances qui avaient dû le dessécher et le bronzer avant l'âge. Et, pour être logique jusqu'au bout, il était injuste aussi de ne pas se demander quelles avaient été ces souffrances et qui les avait causées.

Heureusement il touchait à la fin de son travail, c'est-à-dire à la balance du compte de recettes et de dépenses.

Pour la première fois, le duc de Naurouse, en entendant la lecture de cette balance, eut un franc sourire, car elle se soldait en sa faveur par le chiffre de neuf cent soixante-dix-sept mille cinq cent quarante francs.

M. de Condrieu, qui savait à l'avance le moment précis où le notaire devait, après de nombreuses opérations, arriver à ce chiffre, guettait l'effet qu'il allait produire sur son petit-fils.

En voyant ce sourire, il ne fut pas maître de ne pas respirer un peu haut; un poids lourd lui était enlevé de dessus la poitrine; les contestations qu'il redoutait ne se produiraient pas; pour toucher immédiatement cette somme « qui, disait l'acte, allait lui être à l'instant même versée en billets de banque », Roger signerait tout ce qu'on voudrait lui faire signer. Évidemment, pendant cette longue lecture, Roger, si calme qu'il voulût se faire, si froid, si indifférent, avait éprouvé des émotions contradictoires, selon que les idées avec lesquelles il était arrivé, selon que ses espérances s'étaient ou ne s'étaient point réalisées. Ainsi, au moment où le compte avait constaté que les dettes de la succession avaient absorbé les valeurs mobilières et les revenus pendant plusieurs années, son front s'était rembruni; au contraire, lorsqu'il avait été dit que, les dettes éteintes, les revenus s'étaient trouvés affranchis de toutes charges, il s'était éclairci; puis il s'était contracté de nouveau quand il avait été question des réparations et des améliorations qui avaient dû être entreprises sur ses propriétés, et alors il avait bien certainement pensé qu'il n'y aurait point de reliquat en sa faveur et qu'il ne toucherait rien. Ce gros chiffre de 977,840 francs, amené comme un coup de théâtre à la fin d'une scène bien préparée et bien filée, l'avait ébloui, et les mots « versés à l'instant même en billets de banque » avaient fait le reste.

M. de Condrieu ne se trompait pas; à peine le notaire avait-il achevé les derniers mots de formule, que Roger se leva :

— Que dois-je signer ? et où dois-je signer? dit-il vivement.

Mais M. de Condrieu n'était pas homme à laisser les choses aller de ce train. Justement!

parce qu'il était sûr de les voir arriver où il avait voulu, il pouvait maintenant sans danger faire appel à la prudence :

— Un moment, dit-il, il me semble qu'il serait sage de procéder moins vite ; rien ne presse, et puisque vous n'avez pas voulu examiner ce compte à l'avance, il me semble qu'il serait prudent maintenant de faire cet examen à tête reposée, à tête reposée.

Pour toute réponse, Roger prit la plume du notaire :

— Où ? dit-il.

Et, légèrement, il signa et parapha tous les feuillets que le notaire lui indiqua.

— Et maintenant ? dit-il lorsqu'il eut fini.

— Maintenant, il me reste à vous verser votre reliquat de compte, dit M. de Condrieu.

Et, se levant lourdement, il alla soulever un tapis qui recouvrait une table : sur cette table étaient entassées des liasses de billets de banque.

— Si vous voulez vérifier, dit-il, il y a 97 liasses de dix mille francs, plus 7,840 francs à part.

Roger se mit à rire :

— Ah ! mon Dieu, s'écria-t-il, comment porter ça jusqu'à ma voiture.

— J'ai pensé qu'une valise vous serait nécessaire, dit M. de Condrieu, et j'en ai fait préparer une.

En effet, il tira une petite malle en cuir de derrière un fauteuil, et en peu de temps Roger, aidé du notaire, y entassa les billets de banque.

Depuis que M. de Condrieu avait son compte approuvé, il trouvait que le moment était venu de faire respecter son autorité de chef de famille et de répondre enfin comme il convenait aux insolences de son petit-fils.

— Maintenant que je ne suis plus votre tuteur, dit-il gravement, maintenant qu'il ne peut plus y avoir de discussions entre nous, puisque vous êtes maître de votre personne et de votre fortune, je veux croire que les raisons qui vous empêchaient de venir dans cette maison n'existent plus. Vous n'avez jamais trouvé en moi qu'une affection profonde...

— De l'affection ! s'écria Roger avec un visage stupéfait.

— ... Profonde, continua M. de Condrieu, une affection, une tendresse de père. Vous l'avez méconnue. Je vous promets d'oublier les griefs, les justes griefs que votre conduite a provoqués depuis trois ans, et de ne pas me souvenir que vous êtes entré ici tout à l'heure en me défiant par votre attitude, en raillant, en insultant mes cheveux blancs par vos paroles... inconsidérées, inconsidérées ; je veux le croire. Était-ce ainsi que vous deviez payer les soins que j'ai eus pour vous ; les fatigues, les tracas que je me suis imposés dans votre intérêt, dans votre unique intérêt, par amitié pour vous ? Je vous le demande, Roger ?

Il s'établit un moment de silence avant que le duc de Naurouse répondit à cette interrogation : il se tenait la tête baissée, les yeux attachés sur la table et ses deux mains se contractaient par des mouvements convulsifs. Tout à coup il releva la tête :

— Puisque vous m'adressez cette question, dit-il, puisque vous me provoquez à parler, puisque vous mettez en avant votre affection, votre tendresse, vos soins, vos fatigues, mon intérêt défendu par vous, puisque vous voulez que je m'explique, que j'explique mon attitude et mes paroles, je vais le faire ; aussi bien cela vaut mieux.

— Monsieur le duc, essaya le notaire, qui voyait avec désespoir éclater la scène qu'il avait cru conjurée ; monsieur le duc, je vous en prie...

— Non, monsieur, non ; puisque vous avez été témoin de l'insulte, vous devez entendre ce qui la justifie ou tout au moins ce qui l'explique.

Une transfiguration venait de se faire dans ce jeune homme : la passion, une passion violente, désordonnée, furieuse, se montrait dans son visage empourpré, dans son front aux veines gonflées, dans ses yeux enflammés, dans tout son corps frémissant de la tête aux pieds, et il était bien évident que le calme et la froideur qu'il avait gardés pendant la lecture du compte avaient été voulus chez lui ; c'était une attitude qu'il s'était imposée en entrant et qu'il n'avait pu maintenir que par un puissant effort de volonté, bien extraordinaire à son âge.

— On vous a parlé d'affection, dit-il avec véhémence, oui, je reconnais que mon grand-père est capable d'affection, d'une affection profonde, immense, pouvant l'entraîner jusqu'au crime ; mais cette affection n'existe que pour un seul de ses enfants, Ludovic de Condrieu, en faveur de qui les autres doivent être sacrifiés. Quand je suis entré dans cette maison, à six ans, n'ayant plus ni père ni mère, j'avais justement besoin, un grand besoin d'affection et de tendresse ; mais on a trouvé que j'avais encore plus grand besoin de l'air salubre de la campagne, et l'on m'a envoyé à la Girardière, dans la Dombes. L'air salubre, je l'aurais trouvé à Naurouse, à Varages ; à la Girardière, au milieu des étangs, je trouvai la fièvre. On m'y laissa quatre ans, quatre ans à trembler, à claquer des dents, à souffrir. Cependant la fièvre ne me tua point. Il fallut me faire revenir à Paris, puisque je n'avais pas voulu mourir. Pour me guérir de la fièvre, on me soumit à une série d'exercices violents qui me causèrent deux fluxions de poitrine et une pleurésie, mais qui n'arrivèrent pas non plus à me tuer. On avait soigné mon corps, on voulut s'occuper de mon intelligence et l'on me choisit un précepteur ivrogne, menteur, débauché, misérable, qui ne m'apprit rien, parce que je ne voulus pas apprendre l'ivrognerie et le mensonge. Mon cousin Ludovic suivait les cours du collège; moi, je restais à l'hôtel dans la compagnie de ce digne maître, auquel on adjoignit, quand j'eus quelques années de plus, une femme de chambre spécialement attachée à mon service. Elle ne me tua pas non plus, et je déclare, pour que cela lui soit compté, que ce ne fut pas sa faute. Malgré l'habileté des combinaisons employées pour que ma succession s'ouvrît naturellement, j'avais échappé. On essaya de la liberté, et à dix-huit ans on me mit à même de faire toutes les folies, toutes les fautes que je voudrais. J'échappai encore et me voici arrivé à ma majorité, libre de ma personne, libre de ma fortune. Et maintenant on parle de tendresse paternelle, d'affection; on m'ouvre les bras. Je les repousse avec autant d'horreur que de frayeur. Voilà ce qui explique mon attitude : l'horreur pour ce que vous avez fait ; la peur de ce que vous voulez faire encore. Pour me tuer, vous avez tout tenté. Pour m'abêtir, vous n'avez rien négligé. Me tuer ; vous avez échoué, et les moyens que vous avez employés m'ont plutôt fortifié qu'affaibli. M'abêtir ; vous avez réussi : vous m'avez tenu dans l'ignorance ; vous avez encouragé ma paresse ; vous avez fait de moi un être inutile, déplacé dans le monde, car nous ne sommes plus au temps où la naissance et la fortune suffisent à un gentilhomme. Mais, si ignorant que je sois, j'ai su au moins ouvrir les yeux et les oreilles. J'ai vu, j'ai entendu. J'ai compris que j'avais des héritiers, non une famille. Et voilà comment je sors de cette maison pour n'y rentrer jamais. Adieu, monsieur le comte. Monsieur de la Crochardière, au revoir.

VII

Roger était sorti si violemment, qu'il n'avait point pensé à la valise pleine de billets de banque : c'était bien d'argent qu'il avait souci, emporté, affolé par la colère.

Enfin, il avait donc pu jeter tout haut et devant témoins les paroles que depuis plusieurs années il s'était si souvent répétées tout bas ; non toutes, mais quelques-unes de celles qui lui serraient le cœur le plus cruellement.

Ce fut seulement en se trouvant dans le vestibule que l'idée des billets de banque lui revint.

Il s'arrêta instinctivement, mais cependant sans faire un pas en arrière, sans même se retourner pour rentrer dans ce salon.

Un domestique se tenait debout à côté de la porte du perron, prêt à l'ouvrir.

— Allez donc, je vous prie, dit Roger, me chercher une valise en cuir que j'ai laissée dans le grand salon et portez-la dans ma voiture.

Le domestique s'empressa de faire ce qui lui était demandé ; mais Roger au lieu de continuer son chemin et de monter en voiture s'arrêta au milieu du vestibule.

— Le vieux coquin, murmura-t-il à mi-voix, est capable de ne pas vouloir donner la valise.

Mais l'idée lui vint aussitôt que le notaire était encore là et que, devant un pareil témoin, son grand-père n'oserait pas faire ce que seul il eût pu très-bien tenter.

Il n'avait donc pas besoin d'attendre, et il pouvait gagner sa voiture.

Mais au moment même où il allait sortir le bruit d'une porte le fit se retourner à demi : dans l'entrebâillement de cette porte venait d'apparaître une jeune fille blonde, aux yeux effarés, à la respiration haletante.

— Christine !
— Roger !

Et vivement il alla vers elle les mains tendues, tandis qu'elle accourait à lui.

Elle mit ses deux mains dans celles qu'il lui tendait, et, durant quelques secondes, ils restèrent ainsi se regardant sans parler.

— Tu pars donc? dit-elle enfin.
— Sans doute.
— Ah !

Il y avait de la surprise dans cette exclamation, mais plus encore du chagrin.

— Tu vas revenir? demanda-t-elle avec une hésitation craintive.
— Non.
— Grand-père ne te l'a donc pas demandé?

Le domestique, qui avait été dans le salon chercher la valise, venait de rentrer dans le vestibule, tenant cette valise à la main.

— Portez cela dans ma voiture, dit Roger.

Le domestique sortit sans détourner la tête, bien qu'il fût fort surpris de trouver le duc de Naurouse et Mlle de Condrieu en tête-à-tête debout au milieu du vestibule, les mains dans les mains, parlant vivement à voix basse ; mais c'était un homme correct qui n'eût pas commis l'inconvenance de laisser paraître l'étonnement ou la surprise sur le visage compassé qu'il se donnait en tenue de service. Et cependant cet étonnement était des plus vifs. Comment le jeune duc de Naurouse, qui détestait son grand-père et qui traitait de haut son cousin le vicomte de Condrieu, à qui il avait fait, disait-on, une étrange algarade un jour que celui-ci avait voulu lui donner la main en public, comment le jeune duc, qui n'était pas venu à l'hôtel depuis plusieurs années; était-il si bien avec Mlle Christine de Condrieu ? Cela était au moins bizarre. Et tout en marchant gravement en balançant la valise d'un air négligent sans se douter de ce qu'elle renfermait, il se dit qu'il allait toucher deux mots de cette bizarrerie au cocher du duc; peut-être les gens du duc sauraient-ils à ce sujet des choses qu'on ignorait à l'hôtel. En tous cas, rien que d'avoir vu le duc tenir dans ses mains celles de Mlle Christine, c'était déjà assez drôle; et quand le soir il raconterait cela à sa femme, qui connaissait bien le duc pour avoir été attachée à son service avant leur mariage, ils riraient bien tous les deux.

— Qu'a dit grand-père ? insista Christine parlant avec une fiévreuse vivacité.

— Qu'il me promettait d'oublier les griefs... les justes griefs, — il imita le ton lent et majestueux de son grand-père, — que ma conduite avait provoqués, si je voulais rentrer dans cette maison.

— Et tu as répondu ?

— J'ai répondu... cela serait trop long à te répéter, et inutile d'ailleurs.

— Et tu pars ?

— Pour ne revenir jamais.

Elle dégagea ses mains et les joignit, les tordit vivement par un geste de douleur et de prière.

— Ah ! Roger tu n'es pas juste pour notre grand-père.

— Pas juste !

— Mon grand-père a pu te faire de la peine...

— De la peine.

— Te faire souffrir; mais c'était dans une bonne intention, dans ton intérêt...

— Ma pauvre Christine !

— Je t'assure qu'il t'aime et qu'il n'a jamais parlé de toi qu'avec tendresse; vous ne vous entendez pas, c'est là qu'est le mal; quand il avait l'autorité d'un tuteur sur toi, cela pouvait amener des discussions pénibles entre vous, mais maintenant ?

— Ne me parle pas de ton grand-père.

— Ah ! Roger, tu es terrible.

Il recula de deux pas et la regarda durement.

— Tu prends parti entre nous; tu me donnes tort ?

— Non; ni à toi, ni à lui; à personne; je ne pense pas à cela; je ne pense qu'à toi, à moi, à nous; nous ne nous verrons donc plus !

— Non.

— Comme tu dis cela !

— Avec chagrin, avec désespoir; je n'ai jamais oublié, pas un seul jour depuis que nous sommes séparés, ce que tu as été; une brave fille au cœur loyal, à l'âme tendre, une bonne petite sœur; dans ma triste vie, tu as été mon unique consolation; il n'y a qu'en toi que dans cette maison maudite j'ai trouvé sympathie, affection et tendresse; c'est dans tes yeux si doux, si bons que j'ai repris bien souvent courage quand j'étais désespéré; c'est ta petite main qui bien souvent a rafraîchi, a guéri ma fièvre; quand tu étais près de moi, quand tu me regardais d'une certaine façon, tiens, comme en ce moment, avec ces yeux mélancoliques, j'oubliais le chagrin présent, ma misérable vie; j'oubliais que j'étais seul; je me sentais une famille, toi, Christine. Ah ! si tu n'étais pas une Condrieu.

— Que veux-tu dire !

— Rien, rien. Ne parlons pas de cela. Parlons de toi. On m'a dit que tu allais entrer au couvent. Est-ce vrai ?

— C'est vrai.

— Pour être religieuse.

— Oui.

— Librement ?

— Très librement.

— Ce n'est pas ton grand-père qui te pousse, qui te contraint ?

— Personne ne me contraint.

— Alors, pourquoi veux-tu être religieuse ?

— Parce que c'est ma vocation.

— Spontanée ?

— Spontanée et réfléchie.

— Que feras-tu de ta fortune ?

— Je l'abandonnerai à Ludovic, ce qui lui permettra de tenir plus dignement son rang de chef de la famille.

— Ah ! voilà bien ce que je pensais, ce que je craignais; on te pousse au couvent pour que tu te dépouilles en faveur de ton frère.

— Roger, je t'en prie, ne parle pas ainsi; ce n'est pas digne de toi, et tu me fais de la peine, beaucoup de peine.

— Pauvre enfant !

— Ne me plains pas; je ne suis pas à plaindre.

— Les martyrs non plus ne se trouvent pas à plaindre; heureusement tu n'as que dix-sept ans; tu as encore quatre ans avant d'atteindre ta majorité, et en quatre ans bien des choses peuvent se produire. Mais puisque tu dois entrer au couvent, pourquoi me demandais-tu de revenir ici.

— Je n'entre pas au couvent tout de suite.

— Quand ?

— Dans quelques mois: nous nous serions vus.

— Christine, écoute-moi et crois-moi.

Disant cela, il se rapprocha d'elle et lui reprit les deux mains, qu'elle lui abandonna.

— Tu es la seule personne que j'aime, la seule qui m'ait fait du bien, la seule qui m'ait aimé; j'ai pour toi, ma petite Christine, ma petite cousine, la tendresse la plus vive, la plus profonde que jamais frère ait eue pour sa sœur. Si je te dis qu'il m'est impossible de rentrer dans cet hôtel où je te verrais, tu dois donc me croire sans m'en demander davantage. D'ailleurs je ne pourrais te donner les raisons qui me font agir qu'en accusant ton grand-père...

— Roger!

— ..... et je ne le ferai pas; je ne veux pas que mes lèvres prononcent un seul mot qui puisse te peiner. Il m'est impossible de faire ce que tu tu me demandes, et cela m'est un chagrin assez cruel pour que tu n'insistes pas. Je voudrais te voir, non-seulement pour te voir, pour le plaisir d'être avec toi, mais encore parce que je pourrais sans doute t'être utile. Cependant nous ne nous verrons pas....., au moins ici.

— Que veux-tu donc?

— Où vas-tu à la messe?

— A Sainte-Clotilde.

— Eh bien je te verrai à la messe le dimanche quelquefois, quand je pourrai; je ne te parlerai pas, mais je te verrai. Veux-tu?

— Ah! Roger ce n'était pas cela que j'avais espéré.

— Et moi ce ne serait pas cela que je voudrais; mais il y a une terrible fatalité entre nous, ma pauvre enfant, contre laquelle ni toi ni moi ne pouvons rien. A la grand'messe le dimanche; c'est entendu, n'est-ce pas. Maintenant il faut que je te quitte; ton grand-père peut sortir du salon pour conduire le notaire jusqu'ici, et je ne voudrais pas qu'il me vit avec toi. Adieu.

Il lui serra les deux mains longuement, à plusieurs reprises.

Et comme elle tenait sur lui ses yeux pleins de larmes :

— Ne me regarde pas, dit-il, tu me ferais pleurer. Adieu, adieu.

Et se détournant brusquement il sortit à grands pas.

En arrivant à sa voiture il trouva le domestique qui avait porté sa valise en grande conversation avec son cocher.

VIII

Si le jeune duc de Naurouse avait fait les grosses dettes dont son grand-père avait parlé, il n'avait pas cependant toujours gaspillé son argent en pure perte : l'équipage qui l'attendait à la porte de l'hôtel était un modèle de correction et d'élégance.

— Vivement, dit-il en montant.

Et les chevaux, deux trotteurs russes à la robe noire, détalèrent grand train, libres et dégagés dans leur allure rapide, sûrs du pied, comme si une épaisse couche de neige glacée, après avoir commencé à fondre, n'avait pas recouvert le pavé.

Il n'était point dans le caractère de Roger de Naurouse de revenir sur une chose faite pour examiner s'il avait eu tort ou raison de la faire ; ce qui était fini n'existait plus pour lui. Cependant, enfoncé dans un coin de son coupé et courant rapidement vers la rue Auber, son esprit n'avait point quitté l'hôtel de Condrieu-Revel, et c'était avec inquiétude, avec anxiété, qu'il se demandait s'il n'eût pas été plus sage à lui, plus prudent d'agir autrement.

A l'égard de son grand-père il n'éprouvait pas le plus léger remords ; il avait été avec lui ce que depuis longtemps il voulait être ; ne lui disant qu'une faible partie de ce qui, depuis dix ans, s'était jour par jour amassé dans son cœur.

Mais, à l'égard de Christine, il n'éprouvait pas la même tranquillité de conscience.

Dans cette entrevue avec son grand-père, il avait cédé à des considérations égoïstes, ne pensant qu'à lui-même, à ses souffrances, à ses justes griefs, à sa vengeance ; il avait oublié Christine.

Christine était une victime de M. de Condrieu comme lui-même en était une ; on voulait la fortune de Christine pour Ludovic comme on avait voulu la sienne. Avec lui on avait compté sur la mort ; avec Christine on comptait sur le couvent.

Il eût dû la défendre, non-seulement parce qu'elle était menacée avec lui, mais encore parce qu'il était son seul protecteur; et pour la défendre il n'y avait qu'une chose efficace : rester près d'elle ; lui montrer qu'on la trompait, qu'on l'aveuglait ; lui faire toucher du doigt le but auquel on la conduisait et qu'elle ne voyait pas, abusée qu'elle était par les belles paroles dont on l'enveloppait : le rang de la famille, la gloire des Condrieu. Avec sa naïveté de petite fille, elle croyait cela et c'était de tout cœur qu'elle se dévouait.

Pauvre chère petite Christine!

Si elle avait été sa seule amie, en lui seul aussi elle avait trouvé affection et tendresse, opprimée par son grand-père, qui la traitait comme un animal domestique dont on ne retire aucun profit ; rudoyée, brutalisée par son frère, qui ne manquait pas une occasion de lui lancer de dures paroles ou de lui jouer quelque mauvais tour en s'appuyant sur la supériorité que lui donnait son droit d'aînesse.

Et comme elle était charmante cependant, non d'une beauté éclatante, mais douce et touchante, avec des yeux limpides et profonds qui laissaient voir la bonté et la générosité de son âme.

Ne fallait-il pas qu'elle fût une charmeuse pour qu'il se fût laissé aller à l'aimer, alors qu'elle appartenait à cette famille exécrée!

Ah! si elle n'était pas une Condrieu!

Et tout cela, beauté, charme, bonté, générosité, irait se dessécher dans un couvent, se perdre inutilement pour que ce grand dadais de Ludovic, digne fils de son grand-père, fît belle figure dans le monde avec la fortune de sa sœur.

Quel plaisir c'eût été de le priver de cette fortune qu'il escomptait déjà!

Quelle noble satisfaction c'eût été de sauver cette petite Christine!

Mais l'eût-il pu sauver en restant près d'elle? Était-il de force à lutter avec son grand-père? De quelles armes eût-il pu se servir? N'eût-il pas été arrêté à chaque pas par la crainte de blesser Christine elle-même?

Il arriva rue Auber avant d'avoir pu examiner ces questions, qui se heurtaient dans son esprit troublé.

Plus tard il verrait, il chercherait. Il n'y avait pas urgence immédiate, puisqu'il ne pouvait pas dès maintenant rentrer à l'hôtel de Condrieu et, d'un mot de regret, effacer les paroles qu'il venait d'adresser à son grand-père.

Prévenu par la sonnerie du concierge, son valet de chambre se tenait, l'attendant, la porte ouverte.

— Eh bien? demanda Roger.
— Ils sont là.
— Tous?
— Oh! pour sûr.
— Que disent-ils?
— Ils commencent à trouver que M. le duc se fait attendre.
— Vraiment.
— M. le duc m'avait dit de les convoquer pour deux heures, et il est plus de quatre heures.
— Croient-ils donc que je ne veux pas les payer? dit Roger avec hauteur.
— Cela, non... mais...
— Mais quoi?
— Je ne sais...
— Allons donc!
— J'ai traversé le salon plusieurs fois et j'en ai entendu un dire que... que M. le duc ne toucherait peut-être pas tout ce qu'il espérait toucher, parce que...
— Parce que?
— Parce que M. le comte de Condrieu devait avoir arrangé les affaires pour ne remettre à M. le duc que peu d'argent comptant.

— Et qui a dit cela? fit Roger avec un geste de colère.
— M. Carbans.
— C'est bien, je m'expliquerai avec Carbans. Maintenant, allez me chercher une valise qui est dans ma voiture, vous la monterez dans ma chambre. Les comptes sont prêts?
— Ils sont en ordre sur la table.
— Bien. Quand vous m'aurez apporté la valise, vous appellerez les gens qui sont dans le salon et vous les introduirez un à un dans l'ordre que je vous dirai.

Tandis que le domestique descendait chercher la valise, Roger entra dans sa chambre directement par une porte de dégagement et sans passer par le salon.

Elle était curieusement disposée, cette chambre: tendue de drap garance fin, comme celui qu'emploient les officiers français, avec des bordures de drap bleu; le lit, très large et bas, était recouvert de la même étoffe; aux murs étaient accrochés quelques portraits de chevaux de course, et, sur la cheminée ainsi que sur une console, se montraient dans des cadres en cuir de Russie ou en argent niellé des photographies de femmes de théâtre plus ou moins déshabillées; au milieu d'une large table étaient entassés des mémoires et des comptes: leur masse était moins épaisse que celle que Roger venait de voir sur la table de son grand-père, mais elle était encore considérable.

Roger s'assit devant cette table et, quand son valet de chambre revint avec la valise, il la fit placer à côté de lui.

— Maintenant, dit-il, appelez M. Carbans.

L'usurier qui avait ruiné tant de jeunes gens entra en saluant humblement et le sourire aux lèvres.

Roger tenait un compte à sa main et le lisait:

— Faites-moi un reçu de 170,500 francs, dit-il, on va vous payer; je pourrais vous demander de réduire votre compte et vous y consentiriez, j'en suis certain, car vous savez que les 3,300 hectolitres de vin que vous m'avez livrés en place d'argent au prix de 80 fr. l'hectolitre n'ont pu être revendus par moi que 20 fr. l'hectolitre, leur prix réel, ce qui vous a donné un honnête bénéfice de près de 100,000 francs.

— Si M. le duc avait attendu, il aurait vendu les vins plus de 60 francs; je lui en donne ma parole.

— Je ne discute pas, pas plus que je ne marchande; je constate que vous m'avez vendu 80 francs ce que je n'ai pu revendre que 20.

Puis se tournant vers son domestique:

— Ouvrez cette valise, prenez-y dix-huit

paquets de dix mille francs et donnez-les à monsieur, qui vous rendra 500 francs.

A la vue de la valise ouverte et pleine de liasses, de billets, Carbans se pencha en avant, irrésistiblement attiré.

— Ce serait dommage de toucher à la collection, dit-il; si M. le duc voulait, on pourrait attendre.

— J'ai trop attendu; emportez vos billets; cependant, si vous n'êtes pas trop pressé, ne partez pas, j'aurai un mot à vous dire tout à l'heure.

— Toujours heureux d'être à la disposition de M. le duc.

Après Carbans, on appela M. Tom-Brazier.

— Je trouve sur votre facture, dit le duc, une paire de boucles d'oreilles, émeraudes et diamants, marquée 22,000 francs.

— Ce sont celles que M. le duc a bien voulu offrir à Mlle Balbine.

— Précisément. Trois mois après, elles ont été revendues à la vente de Balbine 6,000 fr. seulement.

— Je ne sais pas, monsieur le duc.

— Je sais moi. Plus loin, je vois un bracelet marqué 14,000 fr.

— Le bracelet de Mlle Flora?

— Oui. Flora, comme Balbine, a fait une vente, et le bracelet n'a été vendu que 5,000 francs.

— Ah! je me souviens parfaitement : jamais moment n'avait été plus mauvais; une débâcle à la Bourse.

— Il suffit : on va vous payer.

La vue de la valise produisit sur Brazier le même effet qu'elle avait produit sur Carbans.

— Si monsieur le duc le désire, dit-il obséquieusement, on pourrait examiner à nouveau la facture; tout le monde peut se tromper.

Comme il l'avait fait pour Carbans, Roger prévint Tom-Brazier de ne pas partir, parce qu'il aurait quelque chose à lui dire.

Puis le défilé des créanciers se continua : marchands de chevaux, marchands de fourrages, carrossiers, tapissiers, couturiers, chemisiers; chacun reçut des mains du valet de chambre la somme qui lui était due et retourna prendre place dans le salon pour attendre le duc.

Quand le dernier créancier fut sorti, Roger, ayant renvoyé son valet de chambre, compta ce qui restait dans la valise : quinze liasses seulement, 150,000 fr.—820,000 fr. avaient été payés.

Sans s'attarder à vérifier ce compte, Roger passa dans son salon, où se trouvaient réunis ceux de ses fournisseurs à qui il avait annoncé une communication; ils étaient là, causant entre eux joyeusement, unanimes à approuver les façons de payer du duc de Naurouse, qui était vraiment grand seigneur, un peu hautain peut-être, mais loyal.

A son entrée chacun se tourna vers lui :

— Messieurs, dit-il, je vous ai retenus tous ensemble dans ce salon, parce que ayant tous agi avec moi de la même manière, je veux vous dire à tous en même temps ce que je pense : vous m'avez égorgé; je ne crie pas, je ne me plains pas, mais je vous préviens qu'à l'avenir je ne m'adresserai jamais à vous. Adieu.

Il y eut quelques exclamations, quelques protestations; mais elles se firent timidement. Seul, Carbans se détacha du groupe et vint vers Roger :

— Vous avez peut-être raison de trouver, dit-il, que les commissions ont été un peu fortes; mais si vous étiez mort avant votre majorité, comment croyez-vous que M. le comte de Combrieu eût payé vos dettes? Il ne les eût pas payées du tout. Il y avait de gros risques à faire des affaires avec vous; et le risque, ça se paie.

Roger, si fier, si dédaigneux en parlant haut quelques minutes auparavant, baissa la tête et rentra brusquement dans sa chambre avant que les fournisseurs fussent sortis du salon.

IX

C'était un petit coup de théâtre que le duc de Naurouse avait préparé depuis longtemps.

Indigné, exaspéré d'être volé par ses créanciers, tout en étant obligé de supporter en silence leurs voleries, parce qu'il avait besoin d'eux, il s'était promis de leur dire leur fait quand il pourrait élever la voix librement, c'est-à-dire le jour de sa majorité.

Cela rentrait dans le programme complet qu'il s'était tracé pour ce jour fameux.

Les créanciers après le grand-père.

Il leur cracherait au visage ce qu'ils méritaient :

« Vous êtes tous des canailles ! »

Les payer intégralement et leur dire cela, ce serait crâne.

Il n'avait point eu cette crânerie, et voilà qu'au moment de lâcher ce gros mot une pudeur juvénile l'avait retenu sur ses lèvres.

Mais, ce qui était beaucoup plus grave, voilà qu'au lieu de sortir la tête basse, les créanciers, grâce à l'intervention de Carbans, l'avaient relevée; tandis que, de son côté, il a baissé.

Évidemment Carbans avait raison : son grand-père n'aurait rien payé de ses dettes pas un sou; il se serait abrité derrière la loi.

Quand on appartenait à une pareille famille, il fallait mettre une sourdine à sa fierté, et, quoiqu'on fût Naurouse, ne pas oublier qu'on était en même temps Condrieu.

Quelle honte !

Cette fatalité de naissance pèserait donc toujours sur lui : quoi qu'il fît, ce boulet resterait donc toujours rivé à sa jambe.

Il n'aurait une famille que pour souffrir par elle.

C'était en s'habillant pour le dîner qu'il réfléchissait à cela tristement ; lorsque sa toilette fut achevée il se fit conduire rue Le Peletier et monta au second étage d'une maison d'assez modeste apparence.

A son coup de sonnette, une femme de chambre simplement habillée vint lui ouvrir la porte.

— M. le docteur Harly ? demanda le duc.

— Il est dans son cabinet. Si monsieur veut me dire son nom.

— Est-il seul ?

— Oui, monsieur.

— Alors il est inutile que vous m'annonciez.

Et, sans faire attention aux observations de la femme de chambre, qui ne le connaissant pas, essayait de protester contre cette façon sommaire de procéder, le duc se dirigea vers une petite porte à demi dissimulée dans la boiserie du vestibule et par laquelle, après la consultation, sortaient les clients pour ne pas traverser de nouveau le salon d'attente.

Discrètement, il frappa à cette porte, et aussitôt sans attendre une réponse, il l'ouvrit ; mais au lieu d'entrer il resta immobile durant quelques secondes.

Le cabinet de travail était éclairé par une lampe posée sur un bureau chargé de livres et de papiers : penché sur ce bureau, sous l'abat-jour vert de la lampe, le docteur Harly écrivait rapidement. Il était si bien absorbé dans son travail, que l'ouverture de la porte ne l'avait pas distrait ; sa main courait sur le papier, que ses yeux ne quittaient pas.

Il était assis tout au bord d'un grand fauteuil large et profond, et derrière lui, dans le fond, les jambes ballantes sous un des bras du fauteuil, la tête posée sur l'autre, une petite fille de quatre ou cinq ans dormait, le visage renversé, à demi caché par des cheveux blonds, frisants.

C'était le tableau que formaient le père et la fille dans le même fauteuil, celui-ci travaillant, celle-ci dormant, qui avait arrêté le duc dans le cadre de la porte entr'ouverte : ce centre lumineux au milieu de cette pièce pleine d'ombres était si bien disposé, qu'on ne pouvait ne pas en être frappé, l'esprit charmé, le cœur ému.

Avec précaution, le duc poussa la porte sans la fermer, pour ne pas faire de bruit, et, marchant doucement sur la pointe des pieds, il s'approcha du bureau ; mais une feuille du parquet ayant craqué sous ses pas, le docteur Harly releva la tête pour regarder qui venait ainsi le déranger.

Le duc prévint ses questions :

— Chut ! dit-il à voix basse, ne réveillez pas l'enfant, ne parlez pas, ne bougez pas.

Noyé dans la lumière de la lampe, le docteur Harly n'avait pas distingué les traits du duc de Naurouse, enveloppé d'ombres ; ce fut seulement au timbre de la voix qu'il le reconnut :

— Comment, vous, mon cher duc !

— Ne parlez donc pas.

Mais la recommandation n'avait plus de raison d'être : le mouvement qu'avait fait son père et le bruit des paroles avaient éveillé la petite fille, qui ouvrait les yeux d'un air effaré.

— Comme je suis fâché d'avoir réveillé votre fille, dit Roger en tendant la main au médecin ; elle dormait si bien et cela était si gracieux de la voir et si doux.

— Claire avait voulu travailler avec son papa, dit Harly en prenant sa fille dans son bras, et elle s'est endormie.

— Me pardonnez vous, mademoiselle, de vous avoir éveillée ? dit Roger en lui embrassant la main.

Elle le regarda un moment sans répondre. Peu à peu son visage s'empourpra et, dégringolant de dessus les genoux de son père, elle se sauva sans se retourner ; ce fut seulement en arrivant à la porte qu'elle cria :

Je vais voir maman.

Et elle claqua la porte avec fracas.

— Eh bien, je lui ai fait une belle peur, dit Roger ; elle m'aura pris sans doute pour le diable.

— Elle est sauvage, dit Harly, ne lui en veuillez pas ; cela tient à la vie étroitement renfermée qui est la nôtre ; elle ne voit personne ; sa mère et moi, voilà le monde entier pour elle.

— Et elle est bien heureuse.

— C'est vous qui dites cela, mon cher duc ?

— Mais parfaitement ; croyez-vous que je ne suis pas sensible à la vie de famille, à l'intimité, au repos, à la paix ? Plus que personne, peut-être ; précisément parce que j'ai été privé des joies que donne cette existence, que j'admire chez vous et... que j'envie ; car je vous envie.

Harly eut un sourire.

— Oh ! ne riez pas, continua Roger, c'est sérieusement que je parle ; c'est en me comparant à vous que j'éprouve ce sentiment d'envie. Voyez la différence entre nous. Vous êtes l'enfant de gens modestes....

— De pauvres gens ; vous pouvez dire de gens très pauvres, des boulangers. Mon père et ma mère n'avaient rien que leur travail.

— Vous avez été élevé durement.

— Plus que durement, misérablement, et

si vous saviez tout ce que j'ai eu à souffrir, vous ne l'envieriez pas.

— J'envie au moins ce que je sais : les journées d'hiver où pour n'avoir pas trop froid, vous travailliez sur la hutte du four de votre père en rentrant du collège de votre petite ville, où vous étiez externe ; et aussi les nuits sombres où, étant étudiant en médecine, vous couriez les rues de Dijon pour assommer un chat qui ferait votre principale nourriture pendant une partie de la semaine. Voilà qui trempe un caractère et fait un homme. Cela vaut mieux que de naître avec un grand nom et une belle fortune, si l'on doit être élevé... comme j'ai été élevé. Vous n'aviez pas de nom en entrant dans le monde, vous n'aviez pas vingt francs à vous, et voilà qu'à trente-cinq ans vous êtes un des meilleurs médecins, je dirais le meilleur des jeunes médecins de Paris si je ne m'adressais pas à vous ; voilà que la fortune vous sourit...

— Si peu.

— ...Et voilà que, malgré le travail, la peine, les privations que vous vous êtes imposés, vous avez trouvé moyen d'assurer votre bonheur, de vous créer une famille, d'avoir une femme que vous aimez, une petite fille charmante qui adore son papa et que son papa gâte et cajole. N'ai-je pas raison de vous envier quand je regarde ce que vous êtes et ce que je suis moi-même ?

— Vous avez vingt ans, mon cher duc.

— Vingt et un, ne l'oubliez pas, je vous prie ; cela a son importance, une importance capitale ; car à partir d'aujourd'hui, jour de ma majorité, je vais pouvoir être moi, et cela vaudra sans doute mieux que d'être ce que j'ai été jusqu'à présent. C'est précisément cette majorité qui m'amène ici. Depuis longtemps je m'étais promis de régler tous mes comptes ce jour-là.

Disant cela, il posa sur le bureau une enveloppe fermée.

— Vous ne savez pas ce que vous me devez, dit Harly.

— C'est-à-dire que je ne sais pas ce que vous me demanderiez si vous me demandiez quelque chose, ce que vous n'avez jamais fait depuis deux ans que vous voulez bien me soigner ; mais, moi, je sais ce que je vous dois, et c'est ce que j'estime vous devoir, comme honoraires seulement, bien entendu, qui se trouve dans cette enveloppe. Est-ce que ce n'est pas le malade qui devrait fixer lui-même, d'après sa conscience, ce qu'il doit à son médecin, et non le médecin qui devrait taxer son malade

— Cela serait quelquefois un peu aventureux, dit Harly en riant.

— Peut-être, mais pas toujours, je pense. Maintenant, mon jour de majorité n'est pas encore arrivé à sa fin. Pour le terminer, je

réuni quelques amis à dîner au café Riche. Voulez-vous être des nôtres ? Vous trouverez là votre client, le prince Savine, le prince de Kappel, le duc de Carami et Cara, Montrevault, Poupardin, le marquis de Sermizelles et deux ou trois femmes, une entre autres, qui arrive de la Russie, où elle a tourné toutes les têtes, et que Mautravers a promis de nous amener ; il n'y a encore que lui et Savino qui la connaissent : elle s'appelle Raphaëlle.

Harly secoua la tête.

— Vous me feriez grand plaisir en venant, dit Roger, je vous en prie. Pourquoi ne voulez-vous pas venir ?

— D'abord, parce j'ai à travailler, et puis... et puis, vraiment, croyez-vous que ma place soit là ?

— Mais...

— Vos invités ne sont pas des personnes de mon monde... trop hautes, ou trop basses pour moi.

— Oh ! oh !

— Pardonnez-moi si je réponds si mal à votre gracieuse invitation ; quand vous voudrez que nous dinions en tête-à-tête, prévenez-moi, et il faudra que je sois retenu par une raison bien grave pour ne pas accourir aussitôt et avec plaisir.

Roger resta un moment silencieux ; la réponse du médecin avait fait passer un nuage sur son front, et bien évidemment il en avait été blessé ; mais, après quelques secondes, il lui tendit la main :

— Vous avez raison, dit-il, pardonnez-moi et mon invitation, qui était une maladresse, et mon mouvement de mauvaise humeur.

Il voulut se lever, mais Harly lui retint la main dans les siennes.

— Vous m'avez parlé tout à l'heure avec une sympathie qui me touche vraiment, dit le docteur Harly.

— C'est plus que de la sympathie qui m'attire vers vous, c'est de l'estime, c'est une amitié respectueuse.

— Mon cher duc...

— Oh ! je vous en prie, puisque nous en sommes là, supprimons, je vous le demande, tout ce cérémonial ; que je sois Roger pour vous, votre cher Roger, si vous le voulez bien, et, pour moi, soyez mon cher ami.

— Eh bien ! mon cher Roger, c'est précisément ce rôle d'ami que je voudrais prendre avec vous, d'ami raisonnable, raisonneur, mais aussi sincère. Si vous avez été sensible à quelques qualités qui vous ont plu en moi, je n'ai pas été, de mon côté, indifférent à la générosité de votre nature et à la noble droiture de votre caractère. C'est notre métier qui nous fait observateurs, nous autres médecins ; et puis nous voyons les hommes dans des circonstances où même les plus forts sont forcés de se montrer tels qu'ils sont. Il ne m'a donc pas été difficile de découvrir que, sous le gentilhomme brillant et bruyant qui éblouit le *high-life* et dont les aventures, le succès sur le turf, les folies, les mots drôles, spirituels ou caustiques fournissent de la copie aux chroniqueurs, il y avait un second personnage inconnu du public, inconnu même de ses camarades, homme de cœur celui-là, et même... n'allez pas rougir... homme de sentiment, capable de tendresse, d'émotion, d'enthousiasme, sensible à ce qui est bon. Le gentleman, je l'aurais soigné avec le dévouement qu'un médecin doit à ceux qui lui font l'honneur de l'appeler. Mais à l'homme de cœur je me suis peu à peu attaché par des liens plus intimes et plus étroits, et voilà comment je suis heureux de vous dire aujourd'hui « mon cher Roger. »

Visiblement ému, le duc de Naurouse voulut interrompre; mais Harly continua vivement:

— Les choses étant ainsi, permettez-moi d'entrer tout de suite dans mon rôle d'ami... d'ami raisonneur, et de vous demander comment — voulant être vous, ce qui vaudrait mieux que d'être ce que vous avez été jusqu'à présent, c'est vous qui l'avez dit il n'y a que quelques minutes — vous n'avez rien trouvé de mieux pour fêter votre majorité qu'un dîner avec Mlle Raphaëlle et deux ou trois autres femmes du même genre?

— Et qui vouliez-vous que j'eusse pour convives à ce dîner? Ma famille? Je n'ai pas de famille, vous le savez; j'ai des héritiers. Vous avez une fille, et pour lui laisser un héritage, vous accomplirez des miracles; voilà le beau de la famille. Moi, j'ai un grand-père, et pour recueillir mon héritage, il est prêt à commettre tous les crimes; voilà... voilà la famille sous une autre face. Oui, l'homme de sentiment dont vous parliez eût été heureux que sa majorité fût fêtée tout simplement en famille; mais, n'ayant pas de famille, il a invité ceux qui voulaient bien lui en tenir lieu. Ne le blâmez pas; plaignez-le plutôt. Vous parliez d'un homme de sentiment tout à l'heure, capable de tendresse et d'émotion; vous avez oublié d'ajouter : et de mélancolie. Je vous assure qu'elle est profonde quelquefois, et que sous cet homme bruyant et brillant on trouverait, si l'on regardait bien, un désespéré. Qu'ai-je eu de bon dans la vie? Pas d'enfance, pas une de ces joies que je ne connais que par les livres. Maintenant, qu'ai-je de bon dans ma jeunesse?

Il se fit un silence; puis il continua:

— Vous réprouvez mon genre d'existence; vous trouvez que cette existence est vide, qu'elle ne mène à rien, qu'elle est nuisible...

— Comme médecin je vous ai dit vingt fois qu'elle était des plus dangereuses pour vous; comme ami je vous dis aujourd'hui qu'elle est pernicieuse.

— Et croyez-vous que je l'ai faite telle librement et de parti-pris? Croyez-vous qu'à l'avance je me suis dit je ferai ceci et je serai cela? Quand j'ai quitté la maison de mon grand-père je n'ai été sensible qu'à une seule chose : la liberté. Mais on se fatigue vite de la liberté quand on n'en sait que faire. Et c'était mon cas. L'ennui, la fatigue sont venus. Je n'étais pas dans la situation de la plupart des jeunes gens qui ont des parents ou des amis. De parents, je n'en avais point. D'amis ou de camarades, je n'en avais pas davantage, puisque j'avais été élevé à peu près seul chez mon grand-père. Je n'ai trouvé qu'une main à la portée de la mienne, celle de Mautravers, avec qui, malgré la différence d'âge, je m'étais lié à l'hôtel de Condrieu; comme un noyé qui se cramponne à ce qu'il peut saisir, j'ai pris la main de Mautravers, et son monde, sa vie, ses habitudes, ses plaisirs sont devenus les miens. Que cette vie ne m'ait pas bien souvent inspiré la lassitude et le dégoût, il ne serait pas vrai de le dire. Que je ne me sois pas promis, que je ne me sois juré de l'abandonner, cela ne serait pas vrai non plus.

— Que ne l'abandonnez-vous alors au plus vite.

— Laquelle prendre en place? Je ne veux pas retomber dans le vide où je m'suis trouvé, quand mon grand-père, qui savait ce qu'il faisait, m'a donné la liberté pour que j'en abuse; j'y retomberais, si, brusquement je rompais avec mes habitudes. D'ailleurs me serait-il possible de les rompre si je n'étais pas aidé et soutenu? L'aide et le soutien, je ne pourrais les trouver qu'en dehors de moi. Quand je pensais à abandonner la vie que je mène depuis trois ans, je me disais que je quitterais Paris...

— Quittez-le.

— Comme cela, tout à coup, sans raison: j'y reviendrais demain. Non, j'avais bâti un plan; j'en avais même bâti plusieurs qui devaient, me semblait-il, réussir. Vous savez peut-être que mon grand-père, le duc François de Naurouse, a occupé les plus hautes situations dans la diplomatie et qu'il a laissé au ministère des affaires étrangères des souvenirs qui ne s'oublient pas. Dans mon plan c'était sur lui que je m'appuyais; s'il y a des grands-pères qui sont nuisibles, il y en a qui peuvent être utiles. Je me servais du mien. Je me faisais présenter à l'empereur et je lui demandais de m'envoyer comme attaché n'importe où; n'ayant pas de titres à faire valoir, j'invoquais ceux de mon grand-père.

— Mais c'est là une idée excellente...

— Détestable, absurde, irréalisable, un rêve

enfantin. J'ignore complètement ce qu'on demande à un attaché; mais, si peu que ce soit, je suis absolument incapable de ce peu.

— Vous apprendrez.

— Pour apprendre il faut déjà savoir, et je ne sais rien, mon cher docteur. Je puis bien l'avouer devant vous, qui, d'ailleurs, avez dû vous en apercevoir plus d'une fois, je ne sais absolument rien. J'ai la parlotte, le jargon du monde, mais c'est tout. Si encore mon ignorance était complète, si c'était celle d'un paysan, j'irais à tort et à travers sans peur et sans reproche, lâchant les plus grosses balourdises avec un front d'airain. Mais ce n'est pas mon cas, et j'en ai assez appris pour connaître les dangers que je brave quand je parle comme quand j'écris. Sans jamais me faire sérieusement travailler, mon précepteur, qui était bien obligé d'employer son temps à quelque chose, m'a parlé de grammaire, d'histoire, de géographie et de quelques autres sciences. Je sais qu'il y a un art qui s'appelle l'orthographe; mais je ne sais pas l'orthographe. Je sais qu'il y a des mots qui s'écrivent avec des doubles lettres; mais je ne sais pas quels sont ces mots. Je sais qu'il y a des mots qui sont des participes; mais j'ignore la règle ou les règles qui gouvernent les participes. De là les précautions que je prends quand je parle pour ne pas appuyer sur certaines terminaisons que je considère d'instinct comme dangereuses, sans savoir si elles le sont en réalité. De là l'écriture que je me suis faite pour escamoter la fin des mots et aussi quelquefois le milieu, quand je ne sais pas s'il faut deux p, deux m, deux l. Et les temps de verbes, quels casse-cou; j'aime mieux sauter la banquette irlandaise de Vincennes.

— Vous avez bien appris à sauter la banquette irlandaise sans vous casser le cou, vous apprendrez bien l'orthographe quand vous voudrez.

— Il est trop tard.

— A votre âge! J'ai un client âgé de quarante ans qui, il y a cinq ans, était ouvrier teinturier, ne sachant rien ou presque rien; il s'est mis à travailler, et, il y a un mois, il a passé avec succès son baccalauréat ès-sciences. Aujourd'hui il dirige le laboratoire de chimie de la maison où il a été vingt ans simple ouvrier. Ce qu'un ouvrier a pu, ne le pouvez-vous pas? ce qu'un homme de quarante ans a fait, ne le feriez-vous pas, vous qui en avez vingt?

— Votre client est doué d'une énergie et d'une volonté que je n'ai pas, par malheur; et puis il n'avait pas le sou, et moi j'ai une belle fortune; et puis il s'appelle Pierre ou Paul, et moi je suis duc de Naurouse. Voulez-vous que le duc de Naurouse, dont les journaux s'occupent si souvent, s'en aille à l'école. Mais ce serait un éclat de rire général. Ah! mon tuteur a bien conduit les choses et il m'a mis dans un chemin où je dois aller quand même jusqu'au bout sans pouvoir revenir en arrière ou même m'arrêter.

— Et pourquoi iriez-vous à l'école. Qui vous empêche de travailler seul?

— Moi?

— Qui vous empêche de travailler avec un homme intelligent que vous pouvez avoir près de vous ostensiblement comme secrétaire, en réalité comme professeur? J'ai cet homme, si vous le voulez, et je vous affirme qu'en lui donnant seulement quelques heures tous les matins il pourra en peu de temps combler les lacunes dont vous vous plaignez.

— Dites les gouffres.

— Enfin, lacunes ou gouffres, essayez; quand ce ne serait que pour démolir les combinaisons que vous prêtez à votre grand-père.

— Ça, c'est une raison.

— Il y en a d'autres; il y a celles que l'ami pourrait faire valoir, mais que je passe parce que vous avez été au-devant en disant vous-même que la vie qui est la vôtre depuis trois ans vous avait inspiré la lassitude; puis il y a celles que le médecin a tant de fois développées en vous disant que cette vie ruinait votre santé, qui a besoin de calme et de ménagements.

— Oh! pas de médecine, je vous prie; je ne veux pas que le médecin me fasse peur aujourd'hui : c'est l'ami que j'écoute.

— Eh bien! laissez-vous toucher par ce qu'il dit.

— Nous verrons, nous reparlerons de cela; il faut se faire à cette idée. Avoir un précepteur à mon âge, l'écouter, lui obéir, apprendre des règles de grammaire, c'est là une médecine dure à avaler.

Il se leva.

— Il faut que je vous quitte d'ailleurs; j'étais venu pour quelques instants, et en causant le temps a passé vite. Mes convives m'attendent; je me sauve, je ne suis déjà que trop en retard.

— Je vous enverrai mon homme.

— Ne faites pas cela.

— Demain matin, si je le trouve ce soir; en tous cas, après-demain. Giozat, retenez son nom; d'ailleurs, il se présentera de ma part.

X

Quand le duc de Naurouse arriva au café Riche et entra dans le salon qui lui avait été réservé, il y fut salué par un concert d'exclamations.

— Une demi-heure de retard.

— Naurouse abuse de sa majorité.

— La majorité donne le droit de faire des dettes à de bonnes conditions, non celui de manquer à ses engagements.

Cette réflexion pratique était du vicomte de Mautravers, qui avait été le premier à serrer la main de Roger.

Tous les convives, hommes et femmes, étaient arrivés : les femmes assises auprès de la cheminée ou en face, sur un divan; les hommes debout, groupés çà et là, les uns causant, les autres regardant par les fenêtres le défilé des voitures qui tournaient le coin de la rue pour se rendre à l'Opéra, avec leurs glaces closes et leurs cochers emmitouflés de fourrures raides sur leur siège, les bras tendus, attentifs à bien tenir leurs chevaux, qui glissaient sur la neige glacée.

Les femmes : — la vieille Esther Marix, un vrai pastel, mais superbe encore avec son galbe aux lignes pures ; — Cara, tout de blanc habillée, en vierge de théâtre, simple, austère, mais avec un collier de perles au cou qui valait plus de trois cent mille francs ; — Balbine, qui n'avait jamais pu jouer un rôle de vingt lignes et qui cependant était une célébrité parisienne pour les épaules ; — enfin Raphaëlle, la curiosité, l'attraction de la soirée: une Parisienne pur sang, un minois avec des yeux parlants, sans gorge, sans hanches, mais pleine de vie, de vivacité, toujours en mouvement, rebelle à toutes les fatigues, le sommeil comme l'ivresse, ce qu'elle avait victorieusement prouvé dans un séjour de trois années en Russie, où elle avait obtenu des succès étourdissants par la façon délurée dont elle savait se servir de l'argot poissard en l'appliquant à l'émoustillement de la vieille noblesse russe et à l'émancipation de la jeune.

Les hommes : — le prince de Kappel, venu là comme il allait partout, sans se soucier de rien, ennuyé seulement de n'avoir pas faim pour dîner et vexé aussi de ne pas éprouver le plus léger désir à la vue de Raphaëlle qu'on lui avait vantée et qui se mettait en frais de coquetterie pour lui, au point de faire des phrases en lui parlant, peine qu'elle ne se donnait ordinairement pour personne; — le duc de Cirami, que dix années de vie parisienne à outrance, sans repos et sans relâche ni de jour ni de nuit, avaient exténué et qui allait partir pour Madère où les médecins l'envoyaient demander un miracle; — le prince Savine, venu de l'Oural à Paris pour faire parler de lui et rendre célèbres dans le monde entier sa noblesse, sa fortune, sa générosité, sa bravoure, son esprit, ses goûts artistiques, toutes les qualités en un mot dont il se croyait plus richement doué qu'aucun mortel, mais qui restait continuellement tiraillé entre deux sentiments contraires : l'orgueil de faire étalage de sa richesse et la peur qu'on voulût exploiter cette richesse quand on la connaîtrait, si bien que toutes les fois que, dans un mouvement de vanité, il s'était laissé entraîner à une dépense, aussitôt son avarice ingénieuse s'appliquait à diminuer cette dépense ou, si c'était impossible, à se rattraper pour une autre ; — le baron de Montrévault, sans qui il n'y avait pas de dîners, pas de soupers, pas de duels possibles et qui jugeait tout d'un mot, toujours le même : « Ça, c'est correct; » — le marquis de Sermizelles, qu'on n'avait pas vu depuis deux ans au régiment de chasseurs à cheval dans lequel il était lieutenant; — Poupardin, qui cherchait intrépidement toutes les occasions de jeter son argent à pleines mains, afin qu'on oubliât qu'il était le fils de Jacques Poupardin, de la *Participation Poupardin, Allex et C°*, qui a gagné une énorme fortune dans la construction des lignes de chemins de fer ; — enfin le vicomte de Mautravers, l'ami, le compagnon, l'inséparable du duc de Naurouse, et en même temps le confident, l'homme de confiance de M. de Condrieu-Revel.

— Je craignais que vous n'eussiez cassé les jambes à vos chevaux, dit le prince de Kappel, qui avait le cœur très sensible pour les bêtes.

— Non, dit Roger sans s'excuser, je me suis attardé dans la conversation d'un honnête homme et j'y ai trouvé un tel intérêt que j'ai oublié la marche du temps.

— Toujours sentimental, ce bon Roger, s'écria Mautravers d'un ton goguenard ; il est superbe avec son honnête homme: quelque crève-la-faim qui lui a tiré cinq louis.

— Pas tout à fait.

— Le chiffre ne signifie rien; ce qui est grave, c'est de s'emballer ainsi à la suite de n'importe qui. Pour moi, j'ai un principe dont je me suis toujours bien trouvé: c'est de ne m'intéresser qu'à ce qui me touche dans la satisfaction immédiate de mes besoins, et de ne m'inquiéter que de ce que je peux utiliser, que de ce qui doit servir à ma consommation, argent ou plaisir ; voilà.

— Je vous remercie, dit Roger en riant.

— Et moi, je ne vous remercie pas, dit Savine; vous nous faites perdre notre temps, et cela me touche dans la satisfaction immédiate de mon appétit.

Comme on n'attendait que l'arrivée du duc de Naurouse pour servir, la porte qui faisait communiquer le petit salon avec le grand, où la table était dressée, fut ouverte à deux battants par le maître-d'hôtel.

Roger avait voulu que le dîner qu'il donnait pour fêter sa majorité ne se passât point dans une salle banale de restaurant, et, comme il ne pouvait pas en faire construire une spéciale pour cette circonstance, il avait au moins essayé que celle où il recevait ses convives eût quelque chose de particulier et de personnel: pour cela, il avait fait recouvrir les murs de tapisseries et de tentures, et, aux quatre coins de la pièce, on avait disposé quatre grandes jardinières triangulaires à gradins, sur lesquelles, dans un tapis de mousse et de lycopode, on avait dressé des pyramides de plantes et d'arbustes, non de ces plantes et de ces arbustes à feuillage ornemental qu'on peut pendant tout un hiver envoyer en ville, de maison en maison, donner des représentations, mais des plantes fleuries, délicates et fragiles, qui ne restent guère qu'une soirée dans leur éclatante fraîcheur : des violettes de Parme, des jacinthes, des jonquilles, des roses, des épiphyllum en cascades rosées, des poinsettia aux collerettes éclatantes, des lilas blancs, tout cela harmonieusement groupé, sans s'étouffer et pour que les couleurs se fissent valoir les unes les autres par contraste.

L'effet était délicieux et rendu plus charmant encore par l'impression de froid, de neige et de glace qu'on apportait du dehors.

— Ça, c'est correct, dit Montrevault.

Le mot passa inaperçu, l'attention étant attirée par un petit cerisier qui avait été placé au milieu de la table en guise de corbeille de fleurs.

Il était dans un pot entouré de mousse et il formait une pyramide parfaite qui montait jusqu'au plafond; aussi, pour lui faire place, avait-on dû enlever le lustre, qu'on avait remplacé par quatre candélabres qui l'enveloppaient de lumière et par des appliques avec miroirs formant réflecteurs posées sur les tapisseries et les tentures.

Au milieu de son feuillage d'un vert sombre lustré, se montraient de belles cerises bien rouges et arrivées juste au point de la maturité.

— Oh! le joli cerisier, s'écrièrent les femmes.

Et l'une d'elles, Balbine, qui s'était dirigée vers la table, étendit la main pour cueillir un fruit.

Mais, doucement, le duc de Naurouse l'arrêta :

— Un moment, dit-il.

Puis, se tournant vers le maître-d'hôtel, qui se tenait à distance respectueuse, les bras arrondis, les pointes en dehors, le visage souriant, incliné en avant, flottant à droite et à gauche dans l'attitude d'un artiste satisfait de son ouvrage et qui attend modestement les compliments qui lui sont dus :

— Qui a eu l'idée de ce cerisier? demanda-t-il.

— Moi, monsieur le duc; on nous l'a offert ce matin, et il était si joli, si bien réussi avec son feuillage et ses fruits mûrs, que j'ai cru que monsieur le duc serait satisfait de le voir sur sa table. Alors....

— Alors vous avez fait une sottise; je suis bien aise de voir sur ma table ce que j'ai commandé ; rien de moins, rien de plus. Emportez ce cerisier.

Le maître-d'hôtel ne répliqua pas ; il s'inclina et, se retournant, il fit un signe aux garçons, qui se tenaient immobiles aux quatre coins de la salle.

Ceux-ci se détachèrent de la muraille, où ils semblaient appliqués ni plus ni moins que des personnages de la tapisserie, et, s'approchant de la table, ils enlevèrent le cerisier avec précaution, s'arrêtant, se reprenant lorsque les fruits se balançaient trop fortement au bout de leurs queues allongées.

Pendant ce temps, Roger désignait à ses convives les places qu'ils devaient occuper : Raphaëlle à sa gauche, Cara à sa droite, le prince de Kappel en face de lui, les autres où ils voulaient.

— Si j'avais les mines de notre ami Savine, dit-il lorsque chacun fut assis, ou bien si j'appartenais à la *Participation Poupardin, Allen et C°*, je serais heureux de vous offrir ce cerisier ; mais dans ma position, ce serait de la folie.

— Quelle bêtise ! dit Sermizelles.

— Moi, je trouve ça très chic, cria Poupardin ; Naurouse se met au-dessus des préjugés, c'est crâne. Vive Naurouse !

— Bravo! mes compliments, appuya le prince de Kappel.

— Quand c'était l'argent des usuriers qui sautait, continua Roger, c'était parfait ; mais maintenant que c'est le mien qui est en jeu, il est temps de compter.

— Ça va durer? demanda Montravers.

— Je l'espère.

Et, sans plus s'inquiéter des exclamations, approbations ou critiques qui s'échangeaient autour de la table, il tira un carnet de sa poche et, tranquillement, il se mit à écrire quelques mots sur une carte de visite; puis, faisant un signe au maître-d'hôtel, il lui donna cette carte après lui avoir dit quelques mots à voix basse et à l'oreille.

— Savez-vous ce que le duc vient d'écrire sur sa carte et de dire au maître-d'hôtel? s'écria Cara, qui, pendant que Roger écrivait, avait regardé par-dessus son bras.

— Non.

— Qu'a-t-il écrit?

— Une adresse, l'adresse d'une femme. J'ai lu: « Mademoiselle, » et il a dit: « Faites porter cela. »

— Il envoie le cerisier à une femme! s'écria Esther Marix.

— Quelle femme? demandèrent dix voix.

— Je n'ai lu que : « Mademoiselle, » répondit Cara.

— Mais c'est une infamie cela.

Sans rien dire Mautravers guettait le maître-d'hôtel; lorsque celui-ci, faisant le tour de la table pour sortir et s'acquitter de ce que le duc lui avait demandé, fut arrivé à sa portée, il saisit vivement la carte et la lui arracha.

— Je tiens la carte, cria-t-il.

— Le nom, le nom ? crièrent toutes les voix curieuses.

— Mautravers ! dit Roger.

Mais, sans avoir égard à cette protestation, Mautravers, qui était myope, avait frotté le bout de son nez pointu sur la carte; il lut :

« Mademoiselle Claire Harly, 10, rue Le Peletier. »

— Comment Claire Harly, s'écria Savine; mais c'est la fille du docteur Harly, mon médecin et le médecin de Naurouse : une petite fille de cinq ans.

— C'est justement à Claire Harly que j'envoie ce cerisier, dit le duc.

— Eh bien ! il est précoce, Naurouse, dit Poupardin.

— Dites qu'il n'est qu'un enfant, répliqua Mautravers, il envoie ces cerises à sa petite camarade.

— Justement, dit le duc en riant, pour faire la dinette avec elle, demain.

XI

— Mes enfants, dit Mautravers, lorsque le maître-d'hôtel fut sorti accompagnant le cerisier, l'esprit d'économie qui se révèle dans le duc de Naurouse, devenu tout à coup amoureux de son argent, me fait peur pour notre dîner; veut-il nous laisser mourir de faim ?

— Faut voir le menu, dit Raphaëlle.

— Voilà une parole pratique, dit le duc de Carami, d'une voix rauque.

Mais Cara, placée à côté de lui, lui posa un doigt sur les lèvres, car tel était son état de faiblesse et d'épuisement, qu'il lui était interdit de parler.

— Voyons le menu ! crièrent quelques voix.

Déjà Mautravers avait pris le petit carré de bristol placé devant lui et il lisait :

HORS-D'ŒUVRE

Huîtres impériales.
Crevettes rouges de Cherbourg.
Caviar d'Odessa.
Filets de sproot à la hollandaise.
Coquilles d'Isigny.

POTAGES

Bagration.
Crème d'écrevisses.

RELEVÉ ET ENTRÉES

Dalles de truites de torrent à la Riche.
Noisettes de présalé à la Soubise.
Filet de chamois à la niçoise.
Blanc de poularde à la Toulouse.
Aileron de bécasse à l'essence.

— Je demande que tout jugement contre Naurouse soit suspendu, interrompit Sermizelles.

— Cela paraît juste.

Mautravers poursuivit :

Sorbets au vin de Porto.

RÔTI

Cuisses de vigne.
Ortolans des Landes.
Timbale de truffes à la Périgord.
Ecrevisses de la Meuse.

ENTREMETS

Salade de cœur de romaine.
Haricots verts nouveaux.
Artichauts à la hollandaise.
Rocher de fruits glacés à la Russe.

— Consultez le tribunal, dit Poupardin, qui avait le travers de continuer les plaisanteries commencées et de les prolonger indéfiniment en appuyant dessus.

— Tout à l'heure, dit Savine, il n'est pas encore temps.

Mautravers continuait sa lecture :

DESSERT

Fromage.
Raisin en branches.
Ananas de serre.
Fruits.
Petits fours.

VIN

— Attention ! interrompit Montrévault, qui se croyait le droit de prendre partout le rôle d'arbitre pour décider si c'était ou ce n'était pas correct.

Sauterne, Château-d'Yquem 1847, aux hors-d'œuvre.

— Bravo.

Salerne San-Donato 1838, au potage.
Château-de-la-Houringue 1810, aux entrées.
Château Laffitte, La Romanée Saint-Vicant, au rôti.

Vin de Constance, au dessert.
Rœderer glacé, au courant du dîner.

Les exclamations se mêlaient aux applaudissements, tandis que Mautravers, qui avait perdu du temps à lire, se hâtait d'attaquer ses huîtres.

— Je vote pour l'acquittement, criait Poupardin.

— Ce n'est pas assez, il faut lui voter des compliments.

— Des remerciements.

— Nous ne mourrons décidément pas de faim.

— Ni de soif.

— Il s'agit de savoir quand ce menu a été composé, dit Mautravers, qui, ayant regagné une partie du temps perdu, voulut bien s'interrompre.

— Il y a quatre jours, répondit Roger.

— Ah ! voilà.

— Voilà quoi ?

— Il y a quatre jours, c'était avant la majorité de notre ami, qui ne date que d'aujourd'hui ; or, il y a quatre jours, c'était l'argent des usuriers qui sautait, comme il dit, tandis que maintenant c'est le sien.

— Je n'ai pas payé d'avance probablement.

— Non ; mais vous avez commandé ayant encore l'habitude de faire sauter l'argent des usuriers sans le compter ; il y a quatre jours vous n'auriez pas renvoyé le cerisier ; on ne commence à être avare que quand on a de l'argent dans sa poche.

— Oh ! Naurouse avare, dit Poupardin, elle est bien bonne celle-là.

— Alors pourquoi a-t-il renvoyé le cerisier ? Et, ce qu'il y a d'admirable, c'est que quand ces idées d'av..., disons d'économie, lui passent par la tête, il a un million dans sa poche.

— Celle-là ? s'écria Raphaëlle en se tournant tout à fait du côté de Roger.

— Celle-là ? fit Cara, non moins vivement et avec le même geste.

— Où est-elle cette poche ? demanda Balbine.

Ces trois exclamations partirent si bien ensemble qu'il y eut un éclat de rire général, auquel le duc de Carami seul ne prit pas part.

— Ne vous emballez pas, mes belles petites, dit le prince de Kappel avec son calme ordinaire, vous voyez bien que Mautravers plaisante.

— Moi ! mais pas du tout ; c'est très-sérieusement que je parle.

— Alors en quoi est-il le million ? demanda Raphaëlle.

— En billets de banque, et comme je tiens à prouver que je parle sérieusement, — on peut retourner au Château-d'Yquem, n'est-ce pas, demanda-t-il en s'interrompant pour tendre son verre, — comme je tiens à prouver ce que j'avance, je précise le chiffre qui n'est pas tout à fait d'un million, comme je le disais, mais qui est de 977,000 francs.

— Et qui vous a dit cela ? demanda Roger surpris.

— Vous voyez, s'écria Mautravers.

— Alors, c'est donc vrai ? demandèrent plusieurs voix.

— Rien n'est plus vrai.

— Et de qui tenez-vous vos renseignements ? répéta Roger.

— De votre tuteur, que je viens de voir par hasard chez mon oncle et qui m'a raconté qu'il venait de compter 977,000 francs à notre ami. Et dans quel état d'angoisse je l'ai laissé, ce pauvre comte de Condrieu ! Quand il a su que nous devions dîner ensemble ce soir, il voulait à toutes forces que je lui promisse de veiller sur son petit-fils ou plutôt sur les 977,000 fr. Vous, qui avez de l'expérience, me disait-il, ne laissez pas le duc de Naurouse faire des folies ; c'est un enfant.

Depuis que Mautravers parlait du comte de Condrieu, Roger, qui s'était assis à table le visage joyeux, les lèvres souriantes, les yeux pleins de gaieté, s'était brusquement assombri, et il lançait à son ami des regards de mécontentement auxquels celui-ci ne paraissait pas prêter attention, pas plus qu'il ne paraissait remarquer le pli qui avait relevé la lèvre supérieure du duc, signe cependant bien connu de la colère chez lui.

— C'est un enfant, répéta Mautravers en imitant le parler lent de M. de Condrieu ; empêchez-le de jouer, empêchez-le de gaspiller son argent pour des... — il s'arrêta — je ne peux pas dire le mot dont il s'est servi.

— Ah çà ! vous prenez donc maintenant le rôle des raisonneurs ? demanda Cara.

— C'est justement ce que j'ai répondu au comte en lui disant que le rôle qu'il voulait me donner n'était ni de mon âge ni de ma nature. Mais, j'ai eu beau faire, j'ai eu beau dire, il ne démordait pas de son idée : il voulait que je me fisse le Mentor de Roger. N'obtenant rien, il m'a lancé mon oncle ; alors tous deux se sont mis sur moi.

— Mautravers, vous ne mangez pas, interrompit le duc impatienté et se contenant difficilement ; ce chamois ne vous plaît pas ?

— Au contraire, excellent ; mais je peux très bien parler en mangeant.

— Avaler, dit Montrévault.

— Non, manger et savoir ce que je mange, le goûter et le juger. Si vous croyez que pour bavarder je n'ai pas été sensible à ce Château-de-la-Houringue, vous vous trompez.

Il tendit son verre et, l'ayant vidé, il continua, s'adressant à tout le monde, mais, semblait-il, plus particulièrement à Roger, en face de qui il s'était placé.

— Si je reviens au comte de Condrieu...

— N'y revenez pas, interrompit le prince

de Kappel, qui avait remarqué le mécontentement du duc de Naurouse.

— Si je reviens au comte de Condrieu, poursuivit Mautravers comme s'il n'avait pas entendu cette interruption, c'est que ses prières étaient vraiment touchantes, et si j'avais été un homme sentimental comme Roger je me serais bien certainement laissé empaumer; mais ça ne mord pas sur moi, les prières; j'ai écouté le bonhomme jusqu'au bout, je lui ai dit tout simplement : « Roger est mon ami, monsieur le comte, et je ne vais pas m'exposer à me fâcher avec lui ou à le contrarier pour 977,000 francs; d'ailleurs, connaissant Roger comme je le connais, j'estime que ce serait un mauvais moyen pour le retenir que de se mêler de ses affaires; ce serait plutôt le pousser en avant et lui faire faire par exaspération ce que précisément on voudrait l'empêcher de faire. » Et je lui ai tourné le dos.

— Vous auriez bien du commencer par là, dit le duc de Carami.

— Si je ne l'ai pas fait, c'est que j'avais une envie, une curiosité qui était de savoir pourquoi le comte de Condrieu tenait si vivement à empêcher son petit-fils de dépenser sa fortune. Est-ce qu'il pense toujours hériter de vous? A la rigueur, cela était jusqu'à un certain point possible quand vous étiez un enfant maladif; mais maintenant! Est-ce drôle la folie de l'héritage! Quand je le reverrai maintenant, je lui conterai l'histoire du cerisier, cela le rassurera.

Déjà plusieurs fois les amis de Roger avaient voulu interrompre Mautravers, le prince de Kappel, le duc de Carami; mais il avait continué imperturbablement comme s'il ne comprenait pas.

— Est-ce que vous avez juré d'exaspérer le petit duc? demanda Carami en regardant Mautravers en face; laissez-le donc tranquille avec son grand-père.

— Bravo, Cara! vous avez raison, dit Savine, Mautravers nous ennuie.

— Puisqu'il est enfin débarrassé de son tuteur, laissez le l'oublier; ce n'est pas le jour de le lui rappeler.

— Ma foi, ce n'est pas ma faute, dit Mautravers avec bonhomie, mais le comte de Condrieu m'a tant et tant parlé de son petit-fils, qu'il m'en a empli, et maintenant ça déborde; mais, comme je ne veux pas plus exaspérer Roger, qui me regarde avec des yeux furieux, que vous ennuyer tous, je me tais et je mange.

— Ça vaudra mieux, dit Roger.

Ce fut son seul mot; mais à la façon dont il le jeta, on pouvait sentir à quel degré d'exaspération violente les paroles de Mautravers l'avaient poussé.

XII

Le dîner s'acheva sans qu'on parlât de nouveau du comte de Condrieu, si bien qu'après un certain temps le mécontentement du duc de Naurouse se calma, puis s'effaça ; il ne pensa plus à son grand-père ni à ce qu'avait dit Mautravers.

D'ailleurs ses deux voisines, celle de droite comme celle de gauche, Cara aussi bien que Raphaëlle, semblaient prendre à cœur de le distraire et de l'occuper sans lui laisser une minute de repos ou de distraction ; l'une ne se taisait pas que l'autre, se haussant à son oreille, l'accaparât aussitôt ; il y avait des moments où toutes deux, se penchant en avant, croyant la place libre, se trouvaient nez à nez, tandis que Roger qu'elles enveloppaient ne savait à laquelle des deux répondre; alors toutes deux en même temps prenaient des airs de dignité ou de froideur, et c'étaient les seuls instants où il adressât quelques mots à ses convives. Mais ces instants duraient peu; tantôt celle-ci, tantôt celle-là saisissait l'occasion, et de nouveau il était repris, accaparé.

Cela était si évident, si frappant, que chacun en riait autour de la table, — à l'exception du duc de Carami, dont le nez, déjà mince et long, s'amincissait et s'allongeait en voyant sa maîtresse se faire si coquette pour le duc de Naurouse.

— Elles cherchent la poche au million, dit Balbine, qui, par la place éloignée qu'elle occupait, ne pouvait pas pour le moment se livrer au même travail.

— Cara est bien habile.

— Raphaëlle a pour elle le mérite d'être inconnue.

— Il faudra voir.

— Je trouve Roger bien calme.

— Pas tant que ça; il commence à se laisser allumer; voyez comme ses yeux flambent et comme ses pommettes rougissent.

Bien que les vins eussent été servis avec une largesse qui démentait l'accusation d'économie mise en avant par Mautravers, personne n'était gris : tout ceux qui s'étaient assis autour de cette table savaient boire; les langues étaient déliées, les esprits étaient montés, les yeux tournoyaient, mais chacun se tenait.

On se leva enfin de table pour passer dans le salon où l'on devait servir le café.

Mais, contrairement à ce que chacun pensait, Raphaëlle ne prit point place à côté du duc de Naurouse sur le canapé où celui-ci s'était assis : ce furent Cara et Balbine qui le flanquèrent de chaque côté.

Restant en arrière, Raphaëlle attendit

Mautravers au passage et ils allèrent se mettre dans l'embrasure d'une fenêtre, le nez collé contre la vitre comme s'ils prenaient un extrême intérêt à regarder les voitures se croiser sur la chaussée et les passants courir sur le trottoir, le cou enfoncé dans leur paletot et les mains dans leurs poches.

— Eh bien? demanda Mautravers.
— Cara s'est jetée à travers.
— Il n'y a pas à s'inquiéter de Cara, c'est de l'histoire ancienne; elle ne serait pas assez maladroite d'ailleurs pour lâcher le certain; elle part dans deux ou trois jours pour Madère avec Carami, qui lui fera son testament.
— Cela n'empêche pas qu'elle s'est positivement jetée sur le petit duc.
— Je vais lâcher Carami sur elle, cela l'arrêtera; le million lui fait perdre la tête.
— Alors c'est vrai, ce million?
— Rien n'est plus vrai; seulement, au lieu d'être dans la poche comme je l'ai dit en plaisantant, il est rue Auber; celle qui couchera cette nuit rue Auber a des chances pour en emporter une bonne part et pour obtenir le reste avant peu.
— Que faites-vous donc là? demanda Poupardin en s'approchant.
— C'est Raphaëlle qui s'amuse à regarder le mouvement du boulevard.
— Il y a si longtemps que je ne l'ai vu.

Et Poupardin, qui ne s'intéressait pas du tout au mouvement du boulevard, leur tourna le dos.

— Pour qui crois-tu que j'ai agacé Naurouse pendant le dîner? demanda Mautravers à mi-voix.
— Dis donc que tu l'as exaspéré; il en tremblait.
— Eh bien, tant mieux; il est maintenant à point et, rien que pour se venger de son grand-père, tout prêt à donner son million à celle qui aura l'adresse de le prendre. Seras-tu celle-là? Soigne ton début. Si tu commences par le duc de Naurouse, ta fortune est faite; Paris est à toi.

Et là-dessus il la quitta pour aller dire à voix basse quelques mots au duc de Carami, qui, mélancoliquement adossé à la cheminée, se chauffait les mollets en regardant sa maîtresse faire la roue devant Roger, puis doucement il sortit du salon.

On fut assez longtemps sans remarquer son absence, et, au moment où l'on se demandait s'il était parti, il rentra, accompagné de deux jeunes gens, qui furent salués par des exclamations joyeuses:
— Sainte-Austreberthe!
— D'Espoudeilhan!

Et les mains se tendirent vers les nouveaux venus.

— Ils dînaient en bas, dit Mautravers, j'ai été les chercher.
— Mautravers, je vous remercie, dit Roger avec un sourire qui voulait être aimable.

Mais il le réussit assez mal, ce sourire, car il n'éprouvait que de l'antipathie pour Sainte-Austreberthe, presque de la répulsion, et ce lui était une contrariété que Mautravers eût amené celui-ci.

Alors il se produisit un moment de froid, comme cela a lieu toujours lorsqu'un nouveau venu tombe à l'improviste au milieu d'une réunion d'amis qui se sont peu à peu montés ensemble et sont arrivés à un même diapason : les conversations s'arrêtèrent, puis elles reprirent, puis elles s'arrêtèrent encore et il y eut de ces silences gênants où l'on sent qu'une dislocation s'opère; dans un coin, le duc de Carami faisait une scène à Cara, et Balbine, installée auprès de Roger, ne permettait pas à Raphaëlle de s'asseoir tandis que celle-ci, obligée de rester debout vis-à-vis de Naurouse, ne permettait pas à Balbine de dire à celui-ci un seul mot intime.

Au milieu d'un de ces silences on entendit la voix de Mautravers.
— Si nous faisions un bac?

Il y eut des cris d'approbation et des protestations.

— Du moment que Sainte-Austreberthe entrait ici, dit Savine, on devait s'attendre à ce qu'on parlerait jeu; c'est à croire qu'il apporte des cartes avec lui.

Cependant les marques d'approbation l'emportèrent sur les protestations.

— Très bien, dit Roger, que ceux qui veulent jouer jouent, que ceux qui ne veulent pas jouer ne jouent pas.

Mautravers ouvrit la porte de la salle à manger; par un miracle de rapidité assez extraordinaire s'il n'avait pas été demandé, la table était déjà desservie, le tapis balayé et tout en ordre.

En peu de temps les joueurs se groupèrent autour de la table recouverte d'un tapis; mais Roger ne quitta pas son divan, ayant à sa droite Balbine et devant lui Raphaëlle debout.

— Vous ne jouez pas? demanda Mautravers.
— Non, j'aime mieux écouter des histoires de Russie très drôles.

Tandis que le plus grand nombre des joueurs s'installaient dans la salle à manger, le duc de Carami et Savine s'asseyaient en face l'un de l'autre dans le petit salon pour jouer à l'écarté.

C'était Raphaëlle, toujours debout, qui racontait ces histoires, dans lesquelles, bien entendu, elle jouait toujours un rôle: ce n'était pas volontairement qu'elle avait quitté la Russie, on l'avait expulsée à cause de la trop grande influence qu'elle avait prise sur un jeune grand-duc, à qui elle avait enseigné les délicatesses de la langue française. Une nuit, la police était entrée chez elle, avait fait une minutieuse perquisition, brisant tout, déchiquetant tout pour trouver la correspondance du jeune grand-duc, pillant les fourrures, s'emparant aussi des bijoux, mais ne trouvant pas la correspondance, par cette excellente raison qu'elle avait été envoyée à Paris lettre par lettre, où elle se trouvait en sûreté. Toute la nuit avait été employée à cette perquisition. Le matin, le chef de la police, furieux, lui avait dit de s'habiller. Puis on l'avait mise en voiture, flanquée de deux agents. La voiture s'était rendue à la gare. Là on l'avait fait monter dans un compartiment réservé avec ses deux agents, qui ne l'avaient quittée qu'à la frontière prussienne en lui remettant un billet de première classe pour Paris, où elle était arrivée sans un sou, sans autre robe que celle qu'elle avait sur le dos. Heureusement elle avait les lettres.

— J'aimerais mieux des billets de banque, dit Balbine.

— Et que voulez-vous en faire? demanda Savine, qui, tout en jouant, avait prêté l'oreille à ce récit, — ce qui lui avait coûté cinquante louis.

— Tiens, vous écoutez donc? demanda Raphaëlle en tournant la tête à demi dédaigneusement.

— Non, j'entends sans écouter.

— C'est un don, ça.

— Et c'est parce que j'ai entendu que je vous demande ce que vous voulez faire de ces lettres?

— Je veux m'en faire cent mille francs de rente, et, puisque vous êtes curieux, je consens à vous dire mon procédé : je loue une encoignure de muraille sur le boulevard, et là, comme font les professeurs d'écriture ou les photographes, j'accroche un cadre surmonté des armes de Russie, quelque chose de bien doré, éblouissant, épatant, et dans ce cadre, sous verre, j'affiche deux lettres avec simplement une petite inscription au-dessous ainsi conçue : *Leçons de français pour les étrangers; devoir du dernier élève; le professeur demeure......* Ici mon nom et mon adresse; et vous verrez quel succès quand on lira la langue que parle mon élève : le mot, rien que le mot, mais le mot... propre.

Roger et le duc de Carami se mirent à rire; mais Savine garda son sérieux :

— La police ne vous laissera pas faire cela.

— Ah! vraiment. Eh bien! alors, si elle m'interdit l'affichage, j'irai à domicile.

— Voulez-vous me vendre ces lettres? dit Savine en se tournant vers elle entièrement.

— Pour que vous les revendiez en gagnant sur moi. Non, j'aime mieux traiter directement.

A ce moment, on entendit des exclamations, des cris et des applaudissements dans la pièce voisine; puis, presqu'aussitôt, quelques joueurs rentrèrent dans le petit salon.

— Eh bien! qu'est-ce qu'il y a? demanda Balbine.

— C'est Poupardin qui vient de perdre deux mille louis contre Sainte-Autreberthe.

— Venez donc, Roger, dit Mautravers, vous allez voir Poupardin s'emballer.

— Non, j'aime mieux causer.

Mais il dit cela faiblement, car ce n'est pas impunément que le joueur entend le flic-flac des cartes et le bruit des louis qui sonnent les uns contre les autres; il y a pour lui dans ce bruit un appel, une sorte de fascination.

— Moi j'y vais, dit Balbine, qui décidément désespérait de reprendre son ancienne influence sur Roger.

Elle céda donc la place à Raphaëlle, mais celle-ci ne la prit pas :

— Si nous y allions aussi, dit-elle avec câlinerie.

— Est-ce que vous désirez jouer? demanda Roger.

— Je jouerais volontiers si...

Il ne la laissa pas achever.

— Vous jouerez pour moi, dit-il, je serai votre banquier.

Elle lui prit vivement le bras et l'entraîna dans le grand salon.

— Un moment, cria-t-elle dès la porte.

XIII

— Naurouse s'est décidé, cria Montravers, Bravo!

Mais ce ne fut pas le duc qui prit place à la table, ce fut Raphaëlle; pour lui, il resta debout derrière elle, appuyé sur le dossier de sa chaise.

C'était Poupardin qui avait les cartes en mains et il criait très haut, la tête renversée en arrière, glorieusement :

— Je tiens tout ce qu'on voudra.

En réalité, à l'exception de Sainte-Austreberthe, qui, depuis une heure était de son côté, jouait gros jeu, il n'avait pas grand-chose à tenir, les mises étant assez modérées, et même celle d'Esther Marix était honteuse : un louis, qu'elle risquait timidement, avec émotion, en comptant, par un rapide mouvement de pouce, les dix ou douze pièces d'or qu'elle tenait dans sa main gauche, sachant bien par expérience qu'elle avait passé l'âge où les femmes peuvent emprunter avec certitude de n'être pas refusée plus ou moins durement.

En venant du petit salon dans le grand, Roger avait glissé dans la main de Raphaëlle une liasse de billets de banque.

— Que faut-il mettre? demanda-t-elle en se haussant jusqu'à l'oreille de son associé et à voix basse.

— Ce que vous voudrez, dit-il en se penchant vers elle.

Elle hésita un moment, tâtant, palpant dans sa main la liasse de billets qu'elle n'avait pas vue et tâchant de l'estimer au toucher.

— Eh bien? demanda Poupardin en la regardant.

Elle n'hésita plus et, bravement, elle mit la liasse sur le tapis, entière et roulée.

Que lui importait. Si elle perdait, c'était le petit duc qui payait; au contraire, si elle gagnait, elle partageait avec lui.

— Il y a? demanda Poupardin, qui, malgré ses prétentions à jouer grandement et noblement, voulait savoir au juste ce qui était mis au jeu sur cette liasse, de façon à ne pas payer mille louis s'il perdait et à en toucher dix s'il gagnait.

Raphaëlle, surprise par la question, se tourna à demi vers Roger:

— Cinq cents louis, dit celui-ci.

— Très-bien.

— Ah! si le grand-père voyait cela, dit Mautravers à mi-voix, mais de manière cependant à être distinctement entendu par le duc de Naurouse.

— Que dites-vous donc? demanda Roger, agacé.

— Je dis que vous rachetez le cerisier, répliqua Mautravers avec un calme parfait.

— Taisez-vous donc, crièrent quelques voix impatientes.

— On ne s'entend pas, dit Poupardin, un peu nerveux.

Le jeu recommença.

Raphaëlle gagna.

Elle n'hésita plus; vivement, elle fit un tas des billets que Poupardin lui jeta en le réunissant à celui qui était devant elle et, d'une voix vibrante, les yeux flamboyants:

— Tout va! dit-elle.

Elle gagna encore.

Mais cette fois, poussant un cri de triomphe, elle empoigna les billets à deux mains et, les serrant sur sa poitrine, elle quitta la table.

— J'en ai assez, dit-elle, bonsoir.

Il y eut une explosion de protestations; mais, sans les écouter, elle s'assit dans un coin et, là, faisant deux parts égales de ses billets elle en remit une à Roger et fourra l'autre dans sa poche en la tassant bien.

C'était là une façon assez originale de compter: avec les dix mille francs qui lui avaient été remis par Roger elle avait gagné une première fois dix mille francs et une seconde vingt mille, en tout trente mille; elle aurait donc dû remettre tout d'abord à son associé les dix mille francs apportés par celui-ci, puis ensuite partager avec lui les trente mille qu'ils avaient gagnés, ce qui aurait fait vingt-cinq mille francs; elle trouva ingénieux, faisant abstraction de la mise de fonds, de partager le tout par moitié, de sorte qu'elle empocha cinq mille francs en plus de sa part.

Roger ne fut pas dupe de cette arithmétique; mais, loin de le fâcher, elle le fit rire.

D'ailleurs, il avait à répondre à Poupardin, qui l'interpellait:

— Naurouse, donnez-moi ma revanche, mon cher? C'est contre vous que j'ai joué. Que Raphaëlle fasse charlemagne, c'est bien, c'est féminin. Il n'y a rien à dire. Mais vous pensez bien que, si j'avais cru ne jouer que contre elle, je n'aurais pas tenu ces coups-là; c'eût été trop bête.

— Vous savez, Naurouse, que je n'ai pas pris l'engagement de veiller sur vous, dit Mautravers en plaisantant.

C'en était trop. Roger revint à table, ayant encore dans les mains les billets de banque que Raphaëlle venait de lui remettre, et, attirant une chaise, il s'assit en face du banquier.

Si jusqu'alors il avait refusé de jouer, ce n'était pas qu'il fût dans ses habitudes de ne point jouer. Tout au contraire, il était joueur, joueur passionné. Jusqu'à ce jour, il avait joué toutes les fois que l'occasion lui en avait été offerte, tantôt pour le plaisir, tantôt pour gagner, pour se procurer l'argent qu'il n'avait point et qu'il demandait au jeu. Mais, dans le programme qu'il s'était tracé pour le jour de sa majorité, il s'était dit qu'il ne jouerait point; c'était une promesse qu'il s'était faite. Ce jour était son jour de fête. Jamais personne ne lui avait souhaité sa fête; il s'en donnait une, la première de sa vie; il ne voulait pas qu'elle pût être attristée par un mauvais souvenir, ce qui pourrait très bien arriver s'il se risquait à jouer.

Donc, fidèle à la promesse qu'il s'était donnée à lui-même, il n'avait pas joué; il n'avait plus besoin de gagner et il avait besoin de ne pas perdre.

C'était en s'appuyant sur ce raisonnement, c'était en se rappelant son engagement qu'il avait résisté aux invitations dont on l'avait pressé aussi bien qu'aux railleries de Mautravers.

Mais ces railleries n'avaient pas été sans le piquer, sans l'émouvoir, et c'était sous les coups de leur aiguillon qu'il avait remis aux mains de Raphaëlle cette liasse de billets de banque qu'il avait emportée après son compte avec ses créanciers, bien plutôt pour le plaisir d'avoir de l'argent à lui dans sa poche que pour l'employer. Puisqu'on l'accusait d'avarice, il répondait en affichant la prodigalité.

L'appel de Poupardin et le dernier sarcasme de Mautravers achevèrent de lui faire oublier raisonnements et engagements.

On invoquait sa délicatesse ; d'autre part on se moquait de sa réserve. Il se jetait dans la bataille ; qu'elle dût être heureuse ou désastreuse, il n'en prenait plus souci : en avant !

Il tenait deux liasses de billets de banque. Il en jeta une sur la table :

— Cinq cents louis, dit-il.

Le banquier lui donna l'une après l'autre deux cartes et s'en donna deux à lui-même. On sait que le jeu de baccarat consiste à chercher le point de neuf ou tout au moins le chiffre le plus rapproché de ce point; on peut demander une nouvelle carte ou s'en tenir à celles qu'on a déjà : les figures et les dix ne comptent pas.

Roger ne demanda pas de carte; Poupardin s'en donna une. On compta les points : Roger avait une figure et un trois ; Poupardin deux figures et un deux.

Ce fut une explosion de cris :

— On ne joue pas avec cette imprudence.
— Naurouse est fou.
— C'est de la démence.
— On ne s'en tient pas à trois.
— Vous voyez bien que si, dit Roger ; on s'y tient et on gagne.

Mautravers, qui jusque-là avait poursuivi Roger de ses railleries, changea brusquement d'attitude et de langage.

— Bravo ! Naurouse, dit-il en applaudissant, ce que vous avez fait est crâne, je vous rends mon estime ; voilà comme on joue quand on a de l'estomac ; on a foi dans sa chance et l'on ne s'inquiète pas du reste.

Les joueurs d'écarté, attirés par les cris, avaient quitté le petit salon pour le grand, et tous les convives se trouvaient réunis autour de la table comme pour le dîner, avec Sainte-Austreberthe et d'Espoudeilhan en plus.

Des mains de Poupardin, le talon passa dans celles de Sainte-Austreberthe et le jeu continua.

Roger laissa sa mise doublée par son gain et gagna encore, cette fois avec un quatre et toujours sans prendre de carte.

— Vous voyez bien qu'on gagne avec l'audace, cria Mautravers; Naurouse, vous êtes un brave.

L'ivresse du jeu est plus prompte encore que celle du vin à troubler la raison et à anéantir la volonté. Quand les cartes arrivèrent aux mains du duc de Naurouse, il avait perdu tout sang-froid et toute réflexion.

— Comment, Savine, vous ne vous intéressez pas à ma banque, dit-il, étonné que le prince, seul de tous les convives, n'eût pas encore pris part au jeu.

— Non, cela m'empêcherait de vous bien voir.

En réalité ce qui empêchait le prince Savine de jouer, c'était une superstition de joueur unie à une réflexion d'homme prudent : voyant le duc de Naurouse gagner, il se disait qu'un jour de majorité on devait avoir la veine; mais, d'autre part, en voyant la façon téméraire dont il menait le jeu, il se disait que, malgré tout, la veine devait tourner, de sorte qu'il n'osait ni jouer avec lui ni jouer contre lui.

Le jeu continua et, de partie en partie, il devint plus emporté, plus violent ; à l'exception de Sainte-Austreberthe, toujours maître de soi, toutes les têtes étaient affolées, et le plus passionné était le duc de Naurouse.

Ce que le prince Savine avait prévu se réalisa : la veine changea. Autant elle avait été favorable à Roger, autant elle lui devint contraire; il perdit coup sur coup et tout ce qu'il avait gagné s'en alla.

Alors sa foi dans la bonne chance chancela ; il voulut bien jouer, raisonner, calculer.

Mautravers, qui le suivait de près, vit tout de suite ce changement de système :

— Ne jouez plus, dit-il amicalement, vous n'allez faire que des sottises.

Dans les dispositions où se trouvait Roger, ce conseil ne pouvait avoir pour résultat que de le pousser plus avant dans la bataille et de lui faire faire les sottises qu'on lui prédisait.

Il joua follement, non en joueur, mais en homme qui n'a peur ni de perdre ni de faire des sottises.

Voyant cela, tout le monde joua contre lui, Savine comme les autres, mais plus gros jeu que les autres.

A une heure du matin, le duc de Naurouse perdait huit cent mille francs, représentés par des cartes qui portaient, écrit au crayon le chiffre de ses dettes envers chacun : 300,000 fr. à Sainte-Austreberthe, 200,000 au prince Savine, 100,000 à Balbine, 2,000 à Esther-Marix, etc.; seule, Raphaëlle n'avait pas joué contre lui et, au moment où il s'était trouvé sans argent, elle lui avait apporté les vingt mille francs qu'elle avait tassés avec tant de soin au fond de sa poche.

Ayant perdu le dernier coup qu'il s'était

fixé, Roger se leva avec calme en repoussant sa chaise :

— Qui prend ma place, dit-il en regardant autour de lui, je la cède avec plaisir?

Personne ne répondit.

Le coup perdu, Raphaëlle s'était tournée vers une des jardinières et là elle cassait des branches de lilas pour s'en faire un bouquet. Bien qu'elle parût absorbée dans cette occupation, elle ne perdait rien de ce qui se passait et de ce qui se disait ; elle vit venir le duc à elle et sentit qu'il se penchait au-dessus de son épaule.

— Etes-vous femme à consoler un vaincu? dit-il à voix basse en lui effleurant l'oreille.

Elle tourna à demi la tête et, le regardant dans les yeux :

— En l'admirant... oui, dit-elle.

XIV

Le lendemain matin, vers dix heures, le duc de Naurouse entrait dans l'étude de M⁰ Le Genest de la Crochardière.

Lorsqu'il eut poussé la porte et qu'il se trouva dans une grande pièce où, derrière des bureaux isolés et sur des tables à pupitres en bois noirci, travaillaient huit ou dix clercs, il y eut parmi ces clercs un mouvement de curiosité et de surprise.

Il n'était cependant jamais venu chez son notaire, où son nom s'étalait en ronde sur une série de cartons verts; mais plusieurs des clercs, parmi ceux qui étaient jeunes et qui fréquentaient les courses et les théâtres, avaient eu l'occasion de le voir bien souvent, — celui-ci à Longchamps, à Vincennes ou à la Marche, en casaque de soie de telle ou telle couleur, — celui-là dans une avant-scène de petit théâtre en tenue de soirée, le gardenia à la boutonnière.

Le premier qui le reconnut murmura son nom à voix basse, et aussitôt ce nom courut de bouche en bouche:

— Le duc de Naurouse !

Toutes les têtes se levèrent et en même temps toutes les mains s'arrêtèrent, les unes sur le papier qu'elles étaient en train de noircir, les autres suspendues au-dessus de l'encrier.

Le second clerc, qui dirigeait cette étude, quitta vivement son bureau et accourut au-devant de Roger.

Ce que désirait celui-ci? Voir M. Le Genest de la Crochardière aussitôt que possible.

— Je vais aller m'informer s'il peut recevoir.

Et le second clerc disparut dans le cabinet du premier clerc pour aller frapper à la porte du notaire lui-même; puis, presque aussitôt, il revint chercher Roger.

Le notaire vêtu de noir et cravaté de blanc vint au-devant du duc jusqu'à la porte de son cabinet ; sa mine était encore plus cérémonieuse, plus grave que sa tenue.

Ce fut seulement quand Roger se fut assis qu'il prit place lui-même dans son fauteuil de maroquin devant son bureau ministre, sur lequel tout était rangé, dossiers, lettres, papiers, avec un ordre parfait.

— En vous disant hier au revoir, commença Roger, je ne croyais pas devoir vous faire aussi promptement visite; mais une imprudence que j'ai commise cette nuit m'oblige à vous demander votre concours.

Il débita ce petit discours préliminaire légèrement, presque gaiement, comme s'il s'agissait d'une affaire de peu d'importance.

— Monsieur le duc, je suis tout à votre disposition, dit le notaire gravement.

— J'ai perdu cette nuit huit cent mille francs, continua Roger, et je viens vous prier de me les faire prêter.

— Je connaissais cette catastrophe.

— Et comment cela ?

— Pour en avoir lu le récit ce matin dans un journal.

— Mais c'est impossible.

— C'est aussi ce que je me suis dit en lisant ce récit dans lequel vous n'êtes pas nommé; mais où vous êtes si clairement désigné qu'on ne peut pas ne pas vous reconnaître. Tout d'abord j'ai douté, je n'ai pas voulu croire; mais, en relisant cet article, la vérité s'est fait jour malgré toute résistance, et, je vous l'avoue, mes cheveux s'en sont dressés sur ma tête.

C'était là une image empruntée plutôt à la rhétorique qu'à la réalité, car le crâne de M. Le Genest de la Crochardière manquait des éléments nécessaires à l'horripilation; mais enfin elle disait assez bien jusqu'où avait été son émotion.

— C'est cette nuit, à une heure, que j'ai perdu cette somme, dit Roger; comment peut-on en parler déjà dans un journal?

— Cela, monsieur le duc, je l'ignore ; mais ce qu'il y a de certain, c'est qu'on en parle.

Disant cela, le notaire prit une pile de journaux placée sur la cheminée, et, en ayant ouvert un, le tendit au duc.

En tête des *Echos de Paris* on lisait:

» Cette nuit, un de nos plus brillants gent-
» lemen, que chacun nommera quand nous
» aurons dit qu'il a tout pour lui : la fortune,
» l'esprit, la distinction de la personne et du
» nom, et qu'il est une des physionomies les
» plus attractives du monde parisien, réu-
» nissait dans un dîner quelques-uns de ses
» amis pour fêter sa majorité. Après le dî-

» ner on a tout naturellement taillé un bac, » et le jeune duc de... (nous allons le nom- » mer) a perdu huit cent mille francs. On » nous dit qu'il est impossible d'être plus » beau joueur que ne l'a été ce jeune homme » qui, hier encore, était un enfant. »

Le duc ne continua pas l'entrefilet qui se terminait par l'éloge de la façon brillante dont il savait perdre.

— Cela est ridicule, dit-il en jetant le journal sur un fauteuil ; je ne sais vraiment qui a pu commettre une pareille indiscrétion ; je n'appartiens pas au public, il me semble, ni aux journaux.

Puis, se passant la main sur le front comme pour effacer les contractions qui l'avaient plissé.

— Mais c'est pour vous parler affaire que je suis ici ; ne nous occupons donc que de cela. Je viens vous demander de me prêter, je veux dire de me faire prêter ces huit cent mille francs ?

— Mais on vous a versé neuf cent soixante-dix-sept mille francs hier ! s'écria le notaire.

— J'avais des dettes, cette somme a servi à les payer.

— Dix huit cent mille francs en un jour ! Ah ! monsieur le duc !

Suffoqué, le notaire ne put pas en dire davantage.

— Pas tout à fait, dit Roger en souriant, j'ai mis trois ans à faire les dettes que j'ai payées hier.

— Enfin c'est près de deux millions engloutis ! Pardonnez-moi ces exclamations, monsieur le duc, c'est la surprise, c'est le chagrin qui me les arrache et non la pensée de vous adresser des remontrances.

— Celles que vous pourriez m'adresser et que j'écouterais la tête basse ne pourraient pas être plus vives que celles que je m'adresse moi-même. Mais ce qui est passé est passé, et il n'y a pas à y revenir autrement que pour y prendre une leçon. C'est du présent qu'il s'agit à cette heure : j'ai perdu, je dois payer. Pour cela il me faut huit cent mille francs ce soir ou, au plus tard, demain matin.

— Mais c'est impossible.

— Je ne puis pas, maintenant que je suis majeur, trouver huit cent mille francs à emprunter en donnant une propriété en gage ?

— Je ne dis pas cela, je dis seulement que l'impossible c'est de trouver une pareille somme instantanément : il faut les prêteurs d'abord ; d'autre part, il y a des formalités à remplir qui exigent des délais, délais pour obtenir les états d'inscriptions dans les différents bureaux dont dépendent vos propriétés, délais pour expertiser si nous nous adressons au Crédit foncier.

Roger se leva.

— Qu'allez-vous faire, monsieur le duc ? s'écria vivement le notaire.

— Chercher autre part ce que j'espérais trouver chez vous.

— Ah ! monsieur le duc, n'agissez pas à la légère, n'aggravez pas votre situation. Vous me disiez, il n'y a qu'un instant, une parole qui m'a touché : vous me disiez que vous écouteriez mes remontrances. Je ne vous en veux point faire ; mais je vous demande au moins d'écouter mes avertissements et mes conseils, qui ne sont dictés, croyez-le bien, que par la sympathie.

— J'en suis convaincu, dit Roger, ému par l'accent de ces paroles, et d'avance je vous remercie.

— En dépensant une somme de près de deux millions en une soirée et le jour même où vous atteignez votre majorité, vous vous êtes exposé, monsieur le duc, à ce qu'on formule contre vous l'accusation de prodigalité.

— Peu importe, je n'ai pas souci des accusations du monde.

— Ce n'est pas au monde que je pense, c'est à votre famille.

— Je n'ai plus de famille, vous le savez bien.

— Vous avez un grand-père, des cousins, des cousines ; légalement vous avez une famille, et c'est de cette famille légale que je parle, c'est elle qui, vu les faits de prodigalité, pourrait demander qu'il vous fût nommé un conseil judiciaire. C'est là une mesure grave...

— Odieuse ! s'écria Roger, mais qu'on ne peut pas prendre envers moi, je l'espère bien, quoique ma famille soit capable de tout. Qu'on nomme un conseil judiciaire à un jeune homme qui ruine son père, à un homme qui réduit sa femme et ses enfants à la misère, cela se comprend. Mais je n'ai pas de père, je n'ai pas de femme, pas d'enfants ; ma fortune est à moi, à moi seul ; je suis libre, il me semble, libre d'en faire ce que je veux, même de la gaspiller ; je jouis de ma raison, je ne suis pas fou.

— Le fou, on l'interdit ; au prodigue on nomme un conseil judiciaire ; c'est la loi, la loi qui ne considère pas le prodigue comme jouissant de toute sa raison, surtout de sa volonté ; pour la loi, le prodigue n'est pas libre, il subit des entraînements, des surprises, et c'est pour le protéger contre ces surprises et ses entraînements qu'elle intervient, — et en cela elle agit non-seulement dans l'intérêt du prodigue pour le protéger contre lui-même, mais encore dans l'intérêt de la famille, à la charge de laquelle il pourrait tomber et qui, d'ailleurs, ne doit pas se voir frustrée de légitimes espérances par des dissipations désordonnées.

Roger se frappa le front.

— Ah! voilà, voilà le mot de la situation, s'écria-t-il; la famille frustrée de légitimes espérances. Maintenant je comprends votre avertissement: le comte de Condrieu veut me faire nommer un conseil judiciaire, n'est-ce pas ?

— N'accusez pas injustement votre grand-père, monsieur le duc; hier, comme il me parlait de vos dettes, il me disait qu'il craignait que vous en contractiez de nouvelles, mais qu'il ne pourrait jamais se faire à l'idée de demander aux tribunaux de vous nommer un conseil judiciaire, — ce qui était une honte à ses yeux.

— Vous ne connaissez pas M. de Condrieu. S'il vous a dit qu'il ne voulait pas de conseil judiciaire pour moi, c'est que précisément il en veut un, il l'espère, il le prépare, il le travaille; s'il vous a dit que c'était une honte à ses yeux, soyez sûr qu'il veut m'en salir.

— Monsieur le duc!

— En quoi consiste au juste ce conseil judiciaire, je vous prie.

— Le prodigue ne peut ni plaider, ni transiger, ni emprunter, ni recevoir un capital mobilier, ni grever ses biens d'hypothèques, ni les aliéner, sans l'assistance de son conseil.

— Ni emprunter, ni aliéner, c'est bien cela; c'est le moyen qu'on va employer pour conserver intacte ma fortune jusqu'au jour où on compte en hériter.

Il se leva vivement:

— Monsieur le duc, que voulez-vous faire? s'écria le notaire.

— Agir au plus vite, trouver n'importe comment, n'importe à quel prix ces huit cent mille francs; il n'est que temps. Déjà peut-être la demande est-elle formée; demain je ne pourrais plus payer.

— Au cas où l'on demanderait ce conseil judiciaire, je vous affirme que les choses ne peuvent pas marcher avec cette rapidité. Nous vous trouverons cet argent.

— C'est tout de suite qu'il me le faut, et c'est tout de suite que je vais le chercher. Bien entendu cela ne doit pas vous empêcher de vous le procurer régulièrement; je rembourserai alors celui que je vais emprunter aujourd'hui.

— Mais...

Roger s'était dirigé vers la porte, il se retourna:

— Je n'ai rien oublié de ce que vous m'avez dit: je l'ai compris; tout cela est juste, je le sais, je le sens; mais il me faut cet argent; à tout prix il me le faut. Mon honneur est engagé, et quand l'honneur parle, sa voix fait taire toutes les autres.

XV

Il fallait que cette voix de l'honneur fût bien puissante pour obliger le duc de Naurouse à réaliser l'idée qui s'était présentée à son esprit quand le notaire lui avait expliqué qu'on ne pouvait obtenir ces huit cent mille francs qu'après l'accomplissement de certaines formalités et d'assez longs délais, — car cette idée consistait à aller demander cette somme à un homme qu'il avait chassé la veille en lui marquant tout son mépris, c'est-à-dire à Carbans.

Il les avait encore sur les lèvres ses paroles de la veille: « Je ne m'adresserai jamais à vous »; et voilà qu'il devait se donner un démenti; voilà qu'après avoir parlé haut il devait parler bas; voilà qu'il devait subir l'humiliation de reprendre des relations avec cette canaille.

Oui, cela était dur; mais il serait plus dur encore de ne pas payer.

Il n'y avait donc pas à hésiter; il courut chez Carbans, éperonné par la peur de ne pas le trouver chez lui.

Carbans habitait depuis trente ans une maison de la rue Saint-Marc dont il était propriétaire et qu'il louait à diverses entreprises dans lesquelles il avait une part d'associé: au rez-de-chaussée, au coin de la rue Vivienne, un comptoir de change; immédiatement après, une boutique d'agence de courses; puis, joignant cette boutique, mais s'en séparant bien nettement par toutes sortes d'artifices de moulures et de peintures, une façade de couleur sombre avec des persiennes toujours closes et une petite porte bâtarde qui était celle d'une maison de filles dirigée, disait-on, par la propre sœur de Carbans.

Que cela fût ou ne fût pas vrai, ces trois entreprises étaient en tous cas la personnification réunie de Carbans et disaient bien clairement dans quel monde et par quels moyens il avait gagné sa fortune.

C'était au second étage, sur la cour, dont la grande porte s'ouvrait entre le comptoir de change et l'agence de courses, qu'il demeurait, occupant là un modeste appartement qu'il n'avait jamais pu louer parce que la cuisine n'avait pas de cheminée.

Roger le connaissait bien le pied-de-biche graisseux qui pendait à la porte de cet appartement; ce fut avec un mouvement de dégoût répulsif, un serrement de dents qu'il le prit et le tira.

M. Carbans n'était pas sorti, mais il était occupé.

Sans en écouter davantage, Roger entra vivement et trouva Carbans à table, déjeunant au milieu d'une épaisse fumée de côtelettes qui, de la cuisine, rabattait dans la salle à manger.

A la vue du duc, Carbans se leva d'un saut et vint au devant de lui, tenant d'une main sa robe de chambre et de l'autre sa calotte de velours pressée sur son cœur.

— Monsieur le duc, j'attendais un mot de vous, dit-il en souriant, mais je ne comptais pas sur l'honneur de votre visite ; veuillez donc vous asseoir, je vous prie.

— Et pourquoi donc attendiez-vous un mot de moi ?

— Dame, relativement à la partie de cette nuit.

— Vous avez lu ?

— Oui, et alors je me suis dit : M. le duc de Naurouse va penser à Carbans.

— Ah !

— Je sais que vous avez eu un mouvement de vivacité qui n'a pas été très agréable pour nous ; mais quoi, il ne faut pas se rappeler les mauvais souvenirs. Si on avait de la rancune, il n'y aurait plus d'affaires possibles ; je vois avec plaisir que c'est votre manière de sentir, comme c'est la mienne.

Un flot de sang empourpra le front et les pommettes du duc ; mais il se tut, ne pouvant pas protester.

— Elle était jolie, votre valise, continua Carbans ; mais, quoique je n'aie pas compté les liasses, j'ai bien vu qu'après que vous auriez payé ce que vous deviez il n'en resterait pas beaucoup, pas assez, bien sûr, pour payer la perte de cette nuit. Mauvaise veine, hein ! Comment donc cela s'est-il fait ?

— J'ai perdu ! dit Roger sèchement.

— Vous avez perdu et vous voulez payer, c'est ce que je me suis dit. Alors vous venez me demander l'argent que vous m'avez rendu hier et que je voulais vous laisser. Eh bien ! monsieur le duc, il est à votre disposition. Je vous l'ai proposé hier ; je n'ai que ma parole, comme cela se doit entre honnêtes gens, et, bien que depuis hier je lui aie trouvé un placement tout à fait avantageux, une petite fortune, quoi ! je vais vous le remettre. Vous verrez que vous avez eu tort de me dire ce que vous m'avez dit. Et vous savez, comme cette fois il n'y a pas d'intermédiaires et que l'affaire se fait directement entre nous, sans déplacement de fonds, vous n'aurez rien à me reprocher, cela sera au plus juste prix.

Il fit un mouvement pour se lever ; mais Roger le retint :

— Ce n'est pas deux cent mille francs que je viens vous demander, c'est huit cent mille !

— Huit cent mille francs !

— Ce que j'ai perdu.

— A moi ?

— Je vous donnerai toutes les garanties que vous exigerez.

— Il ne s'agit pas de garanties.

— Je payerai ce que vous demanderez.

— Il ne s'agit pas de payement, il ne s'agit pas de payement... pour le moment. Il s'agit de la somme que je n'ai pas..., vous devez bien le penser.

— Trouvez-la.

— Où ? chez qui ? Croyez-vous qu'ils soient nombreux les gens qui ont huit cent mille francs dans leur caisse, attendant qu'on vienne les leur emprunter ?

— Si vous ne les trouvez pas chez une seule personne, cherchez-les chez deux, chez dix.

Carbans ne répondit pas et, pendant plusieurs minutes, il resta absorbé dans sa réflexion ; enfin, relevant la tête :

— Avant tout, monsieur le duc, il me faut une parole : êtes-vous résolu, ce qui s'appelle décidé, bien décidé ?

— Décidé à quoi ?

— Décidé à faire les sacrifices nécessaires.

— Je suis décidé à tout pour payer ce que je dois sans qu'on attende une heure, une minute.

— A tout ; c'est un mot ; on dit cela avant, et puis après c'est autre chose, patati, patata.

— Monsieur Carbans !

Cela fut dit d'un ton si raide que Carbans fut interloqué.

— Pardonnez-moi, monsieur le duc ; dites-moi que vous êtes décidé et je n'insiste pas ; dites-le pour ma responsabilité. Vous comprenez que, si j'hésite, je marchande, le temps se passera.

— J'approuve d'avance ce que vous ferez, tout ce que vous ferez.

— Eh bien ! alors, c'est dit, monsieur le duc ; je me charge de l'affaire. Comment la ferai-je et à quel prix ? Je n'en sais rien ; mais je vous donne ma parole qu'elle sera faite. Maintenant assez causé ; il faut se mettre en chasse et le plus tôt sera le mieux.

Disant cela, il se débarrassa de sa robe de chambre.

— Pour vous, monsieur le duc, rentrez chez vous et ne sortez pas de la journée, je vous prie, pour que je sois sûr de vous trouver quand j'aurai besoin de vous, car je ne ferai rien sans vous consulter ; je veux dire je ne terminerai rien.

— Il est bien entendu que c'est de l'argent qu'il me faut et non du vin ou autres marchandises.

Carbans se mit à rire avec bonhomie :

— Il n'y a pas de danger, monsieur le duc ; ces balançoires-là, c'est bon pour un commençant ; mais monsieur le duc connaît maintenant les affaires ; et puis monsieur le duc ne peut payer ses dettes de jeu avec des marchandises : c'est de l'argent que je porterai à monsieur le duc, il peut avoir confiance en moi.

Avant de rentrer rue Auber, Roger passa chez le docteur Harly. Il était midi, Harly devait être rentré pour déjeuner.

Il était rentré en effet.

— Je viens vous prier de m'envoyer votre homme, dit Roger en interrompant les remerciements mêlés de gronderies que Harly lui adressait à propos de l'envoi du cerisier.

— Quelle bonne parole vous me dites là, mais je ne l'avais pas attendue pour agir; j'ai trouvé Crozat hier soir; il a dû passer chez vous ce matin. Vous êtes donc sorti de bien bonne heure?

— Oui... sans doute.

— Enfin, je vois avec plaisir que cela ne vous a pas empêché de réfléchir à ce que nous avons dit hier soir.

— Vous ne lisez pas les journaux?

— Si... quelquefois.

— En tous cas, vous ne les avez pas lus ce matin; vous auriez vu qu'il y a une chose qui a aidé mes réflexions.

En quelques mots il raconta sa perte de la nuit et sa visite à son notaire.

En écoutant ce récit, Harly se montra inquiet.

— Comme moi, vous avez peur, dit Roger; évidemment, j'ai fait une folie et elle pourra me coûter cher; connaissant mon grand-père comme je le connais, j'aurais dû me tenir sur mes gardes et ne pas lui donner prise; mais je ne pensais pas à ce conseil judiciaire; je me croyais libre. Voilà les bêtises que vous fait commettre l'ignorance. Maintenant je ne vois qu'un moyen de conjurer le danger: c'est de suivre le conseil que vous me donniez hier. Si le comte de Condrieu me fait un procès, je dirai aux juges : « C'est vrai, j'ai été cela; mais voilà ce que je suis maintenant. » Voyez-vous autre chose à faire?

— Non, certes, et, quoi qu'il arrive, vous n'aurez qu'à vous louer d'avoir pris cette résolution virile.

— Virile... Ce qu'on fait par peur n'est guère virile, il me semble.

— Ce qui est viril, c'est de ne pas s'abandonner, c'est de lutter.

— Eh bien ! j'essayerai; si je faiblis, vous me tendrez la main, n'est-ce pas?

— Je suis à vous de tout cœur.

— A bientôt; embrassez votre petite fille.

Roger rentra chez lui et attendit Carbans.

A une heure et demie, celui-ci arriva la tête basse, l'air déconcerté.

Il n'avait pas réussi, il n'avait pu trouver que 150,000 francs, et encore était-ce des valeurs qui étaient en baisse; il ne désespérait pas, mais enfin il croyait devoir prévenir M. le duc; s'il obtenait le reste de la somme ce serait cher, très-cher.

A deux heures un quart il revint de nouveau, et, cette fois encore, la tête basse.

Il avait une promesse pour tout.

Roger respira.

— Seulement ce n'était pas de l'argent, c'étaient encore des valeurs qu'il fallait vendre au cours du jour et que le prêteur ne voulait céder qu'au cours des achats qu'il en avait fait; or, entre ces deux cours, il y avait des écarts importants et, pour certaines valeurs, considérables... si considérables que lui, Carbans, ne conseillait pas d'accepter cette affaire; s'il la proposait, c'était parce qu'il lui avait été impossible d'en négocier une meilleure.

Et, rapidement, le crayon en main, il se mit à énumérer ces valeurs avec la perte qu'il y avait à subir sur chacune.

— Ah ! si l'on pouvait attendre !

Mais justement, il était impossible d'attendre.

Il avait additionné toutes les valeurs au cours du jour et au cours d'achat : pour obtenir les six cent mille francs qui, avec les deux cent mille francs qu'il prêtait, formeraient le total de huit cent mille francs, il fallait en vendre pour près de neuf cent mille francs.

Dépenser trois cent mille francs pour s'en procurer six cent mille, ce serait de la folie; il ne pouvait pas se prêter à une pareille opération; il se retirait donc en priant M. le duc de l'excuser pour le temps qu'il lui avait fait perdre; s'il n'avait pas espéré réussir, il ne s'en serait pas mêlé; mais l'argent était difficile à trouver sur la place, presque impossible; le mieux était de s'adresser à un notaire; il est vrai qu'il faudrait attendre.

Ce fut Roger qui dut le retenir.

Alors l'affaire fut bâclée en quelques minutes : M. le duc de Naurouse prenait l'engagement de rembourser cette somme de onze cent cinquante mille francs, — les cinquante mille francs étaient pour les commissions — en trois ans : 400,000 fr. la première année; 400,000 fr. la seconde ; 350,000 fr. la dernière, avec les intérêts d'usage, comme de juste.

XVI

Malgré les difficultés, les impossibilités qu'il y avait « à trouver de l'argent sur la place, » Carbans revint le soir même à sept heures, apportant les huit cent mille francs en billets de banque.

— Je ne vous demande pas de reconnaissance... dit Carbans.

— Ah !

— ... Puisque vous m'avez payé une commission ; mais, c'est égal, je peux me vanter d'avoir fait un tour de force, et un fameux.

Roger trouva que le tour de force c'était de lui avoir extrait trois cent cinquante mille francs sans le faire crier, mais il n'en dit rien : après tout, Carbans ne se posait pas en bienfaiteur et il fallait lui savoir gré au moins de sa discrétion.

Carbans parti, Roger fit différentes parts des billets : trente paquets pour Sainte-Austreberthe, vingt pour Savine, quinze pour Poupardin, trois pour Cara, un pour Balbine. A mesure qu'il comptait les liasses de billets, son valet de chambre les attachait ou les mettait dans une enveloppe, puis il écrivait dessus le nom que le duc lui dictait.

Ce travail fini et son valet de chambre sorti, Roger resta assez longtemps absorbé dans la contemplation de la table sur laquelle les douze paquets étaient rangés.

Ainsi c'était à ce résultat qu'avait abouti cette journée qu'il avait si vivement désirée, si impatiemment attendue.

Un million dépensé.

Une arme donnée à son grand-père.

Et — ce qui était plus important que l'argent gaspillé, plus grave que la faute commise, plus douloureux, plus troublant — une croyance, une illusion perdue.

Comme ses amis s'étaient jetés sur lui pour le dépouiller lorsqu'ils l'avaient vu dans une mauvaise veine.

Que Sainte-Austreberthe, que d'Espoudeilhan eussent profité de la chance qui s'offrait à eux, il n'y avait pas à leur en vouloir, ils avaient fait leur métier de joueurs.

Mais Savine, Mautravers, Poupardin, qui étaient ses camarades, ses amis, ils s'étaient rués sur lui comme des chiens qui font curée ; c'était cela qui l'avait troublé, affolé ; il n'avait plus joué, il s'était battu avec colère, avec rage, et tout naturellement il avait été vaincu, écrasé, comme le sont toujours ceux qui perdent leur sang-froid.

Ce n'était pas tout.

Cette journée, qui avait été si bien commencée pour si mal finir, lui avait apporté une révélation plus triste encore peut-être.

Parmi ces amis, il y en avait un qui le trahissait.

Car il n'y avait qu'une trahison qui pût expliquer la note du journal dans laquelle on racontait sa perte de la nuit : si bien informés que soient certains journaux, ils ne racontent pas dans leur numéro qu'on met sous presse à deux ou trois heures du matin ce qui s'est passé à une heure, alors surtout que le fait dont ils s'occupent n'a pas été public. Pour que ce fait eût été imprimé, il fallait donc qu'un de ceux qui en avait été témoins l'eût porté en toute hâte au journal en sortant du café Riche.

Qui ?

Ce qu'on avait évidemment recherché, c'était une preuve contre lui, un argument à invoquer en justice : « Le jour même de sa majorité, le duc de Naurouse perdait au jeu huit cent mille francs ; voici le numéro du journal qui raconte ce fait qu'on n'a pas démenti. » L'arme serait formidable aux mains de son grand-père.

Qui la lui avait donnée ?

C'était, assis dans un fauteuil devant le feu, qu'il réfléchissait ainsi ; pendant assez longtemps il resta penché en avant, tisonnant les bûches, mais dans les tourbillons d'étincelles que faisaient envoler ses pincettes il ne voyait pas sur qui les soupçons pouvaient se poser avec certitude.

Mautravers, il est vrai, avait eu une attitude assez étrange pendant le dîner, comme s'il avait intérêt à le pousser au jeu ; mais comment suspecter Mautravers, son ancien ami, le premier qui lui eût témoigné de la sympathie, son compagnon de tous les jours depuis trois ans ? Dans quel but, à quelle intention Mautravers se serait-il fait le complaisant, l'instrument du comte de Condrieu ? Il connaissait celui-ci, il le voyait quelquefois ; mais était-ce là une raison sur laquelle on pouvait appuyer et bâtir une accusation raisonnable. D'ailleurs la façon même dont il s'était conduit dans cette soirée ne plaidait-elle pas en sa faveur, et ne semblait-il pas vraisemblable de croire que, s'il avait agi pour le compte de M. de Condrieu, il n'aurait pas commencé par avouer les propositions qui lui avaient été adressées. Il eût certes manœuvré moins maladroitement, ce qui lui eût été facile, habile et délié comme il l'était.

Si ce n'était pas Mautravers qui avait porté cette indiscrétion au journal, quel autre pouvait en être coupable ?

Il ne le voyait pas.

Les femmes peut-être ; mais encore cela n'était-il guère admissible. En tout cas, pour l'une d'elles, pour Raphaëlle, cela était absolument impossible, puisqu'il ne l'avait pas quittée.

Longtemps il chercha ainsi, allant de l'un à l'autre, mais sans pouvoir s'arrêter à aucun : celui-ci pour telle raison, celui-là pour telle autre.

Et cette incertitude lui était une souffrance nouvelle : fixé sur tel ou tel et chargeant celui-là de tout son mépris, il eût trouvé des circonstances atténuantes à plaider en faveur de ceux qui l'avaient exploité au jeu, tandis que dans l'état d'irritation où il restait, tout se mêlait, le mépris contre le traître, la colère contre les exploiteurs, pour produire en lui un sentiment général d'indignation.

C'étaient là ses amis, ses seuls amis, ceux qui lui avaient tenu lieu de famille.

Il serait donc toujours seul.

Il n'aurait donc jamais personne à aimer, personne en qui il pourrait se fier.

Quelle existence triste et vide que la sienne !

Et on l'enviait.

La faim lui rappela que les heures s'étaient écoulées dans ces réflexions mélancoliques.

Alors l'idée lui vint de manger chez lui, dans sa chambre, au coin du feu, ne voulant point aller au club avant le moment où il y avait certitude d'y rencontrer ceux qu'il devait payer et ne voulant pas davantage dîner au restaurant, où il porterait une figure maussade qui pourrait donner à croire qu'il était sous le coup de sa perte de la veille. L'argent à la main, il serait sûr de lui, il resterait le duc de Naurouse qu'on était habitué à voir insouciant et dédaigneux, ce qu'il ne pourrait point être pendant tout le temps que durerait un dîner. Ce n'était pas maintenant qu'il déposerait son masque et se montrerait à nu.

C'était la première fois que la fantaisie lui prenait de manger chez lui et, bien que son appartement comprît une salle à manger et une cuisine, jamais on n'avait servi un plat sur la table de cette salle et jamais casserole n'avait chanté sur le fourneau de cette cuisine. A vrai dire, jamais casserole n'était même entrée dans cette cuisine, dont toutes les planches sur lesquelles on range habituellement les ustensiles culinaires étaient occupées par une collection qu'on ne rencontre pas souvent en pareil lieu : des bottines de toutes formes et de toutes couleurs rangées là en bon ordre et attendant le moment d'être assorties à la toilette du jour.

Quand Roger parla à son valet de chambre de dîner au coin du feu, celui-ci se montra consterné.

Avec quoi? Comment? Ce qu'on apporterait du restaurant serait froid et exécrable.

Mais Roger tint bon et, bien que le dîner qu'on lui servit fût ce que le valet de chambre avait prévu, il le trouva excellent, éprouvant là dans sa chambre silencieuse, les pieds sur les chenets, un sentiment de bien-être, de calme, de tranquillité qui lui était inconnu.

Mais il avait autre chose à faire que de se laisser engourdir dans ce calme : ses comptes à régler. Pour les femmes, son valet de chambre porterait chez elles ce qu'il leur devait; pour les hommes, il les paierait lui-même.

Avant de se rendre au club, il passa rue de la Paix, chez un joaillier, — qui n'était point Tom Brazier, — où il acheta un très-beau coffret en argent bruni et en lapis dans lequel il plaça la somme que Raphaëlle lui avait prêtée, et il l'envoya immédiatement chez celle-ci par son domestique.

On avait parlé de lui toute l'après-midi au club, et sa perte au jeu avait fait le sujet de toutes les conversations.

— Il va bien le petit Naurouse.
— Qu'est-il devenu?
— Personne ne l'a vu.
— Avez-vous vu Naurouse?

Ce fut par cette question que chacun s'aborda dans la soirée.

Quand il arriva, il y eut quelques exclamations de surprise.

— Le voilà.
— Justement on parlait de vous.

Il avait le visage souriant et jamais il n'avait montré plus de légèreté. A le regarder, on pouvait croire qu'il était l'homme le plus satisfait du monde.

Les compliments ne lui manquèrent pas ; plus d'une main serra la sienne avec chaleur.

— Beau joueur.
— De l'estomac.

C'était lui le vainqueur.

Ceux de ses amis qui n'étaient pas là arrivèrent successivement, Mautravers le dernier.

En l'apercevant, celui-ci prit un visage peiné, tandis que Roger, faisant taire ses soupçons, l'accueillait avec le sourire qu'il s'était mis sur le visage et qu'il s'était juré de garder toute la soirée.

— J'ai à vous parler, dit Mautravers, l'emmenant dans un petit salon où il n'y avait personne.

Là il prit les mains de Roger et, les lui serrant chaleureusement :

— Mon cher, lui dit-il, vous voyez un homme désolé, car j'ai commis hier une imprudence que vous me pardonnerez, parce que vous êtes un brave garçon, mais que moi je ne me pardonnerai pas. Après votre départ je me suis en allé avec Sermizelles et, juste sur le trottoir, nous avons rencontré Charles Oudin qui se rendait à son journal. Nous avons causé un moment, et comme j'étais encore tout à votre déveine incroyable, je lui ai raconté votre perte.

— Ah! c'est vous!

— Oui, c'est moi, et je mérite tous vos reproches pour mon imprudence. J'ai été un sot. Mais comment supposer que cet animal irait raconter cela dans son journal. Ces gens-là sont capables de tout ; ils n'ont pas le moindre sentiment des convenances; c'est inimaginable. En tous cas, c'est une leçon qui me profitera.

— Allons, tant mieux.
— Vous m'en voulez ?
— Je trouve que vous avez été un peu naïf.

Leurs regards se croisèrent : celui du duc était toujours souriant, celui de Mautravers inquiet.

Mais il était trop maître de sa volonté pour se laisser troubler longtemps.

— Je comprends votre irritation, dit-il ; cependant il ne faut pas oublier que la chose ne pouvait pas rester secrète et que, si je n'en avais point parlé à Charles Oudin comme un étourneau, on l'aurait apprise par d'autres.

— J'aurais préféré cela.

Ce fut son dernier mot ; il quitta Mautravers et partit.

Il n'avait point trouvé le prince de Kappel et il voulait le voir le soir même, non pas tant pour le payer,—il ne lui devait que 250 louis, le prince étant le seul qui n'eût pas joué gros jeu contre lui, — que pour lui demander un service.

En effet, pour réaliser le dessein qu'il avait arrêté, il lui fallait un appui, un concours amical, et il ne trouvait autour de lui que le prince à qui il pût s'adresser.

XVII

L'habitude, dans notre société bourgeoise, est, quand on a besoin de voir les gens, d'aller les trouver chez eux.

Avec le prince de Kappel, prince royal, héritier d'un trône, ce n'était point ainsi qu'il fallait procéder, et si on voulait le voir, ce n'était point dans la maison du boulevard des Italiens où il avait son appartement qu'il fallait lui écrire pour lui demander une audience, pas plus que ce n'était là qu'il fallait se présenter pour être admis près de lui.

D'audiences, il n'en accordait point, et l'unique travail de l'aide-de-camp qu'on avait attaché à sa personne était de répondre aux quelques lettres ayant un caractère public qu'on lui adressait de temps en temps et qu'il ne lisait jamais, — que le prince ne pouvait pas recevoir.

Quant à être admis près de lui, il n'était besoin d'aucun cérémonial, pourvu qu'on fût de son intimité ou simplement pourvu qu'on eût quelques relations avec lui ou avec ses amis. Si on voulait le voir ou l'entretenir, il n'y avait tout bonnement qu'à se promener le soir, après minuit, devant le café Riche, et on était sûr de le trouver là ou bien de ne pas tarder à le voir arriver. Zut au cérémonial des cours : pour trône une chaise en bois noir de la terrasse de Bignon, pour royaume le boulevard, pour sujettes les fleurs de l'asphalte. Aimable, bon garçon, avenant, autorisant toutes les familiarités et se les permettant lui-même, il avait l'air d'un grand collégien échappé, débarrassé de toute surveillance, heureux de pouvoir parler, agir, remuer, s'asseoir en liberté, les mains dans les poches, sans tenue, naturellement. Et les saluts qu'on lui adressait, il les rendait ; les mains qu'on lui tendait, il les serrait dans une camaraderie banale et facile qui ne s'inquiétait pas de savoir ce qu'étaient, ce que valaient réellement, d'où venaient, où allaient ceux que le hasard plaçait sur son chemin : bohèmes, viveurs, hommes de talent, aventuriers, gens du monde, bourgeois vaniteux qui le recherchaient pour se donner la gloriole de parler « de leur ami, le prince de Kappel. » Peu lui importait s'ils étaient boulevardiers comme lui.

En sortant du club, ce fut donc au café Riche que le duc de Naurouse se rendit, assuré de le trouver là.

Le prince n'était pas arrivé ; mais il ne tarda pas à paraître, et en apercevant Roger, il vint à lui d'un mouvement empressé, sans s'arrêter pour répondre aux signes et aux sourires qu'on lui adressait sur son passage, marchant à grands pas, tout en abaissant le collet de loutre du paletot fourré dans lequel il était enveloppé.

Le premier mot du prince fut celui dont Roger avait déjà été salué au club :

— Qu'êtes-vous donc devenu aujourd'hui, qu'on ne vous a pas vu ?

— J'ai cherché l'argent nécessaire pour payer ma perte d'hier.

— Et vous l'avez trouvé ?

— A preuve.

Et Roger tendit au prince une petite liasse de billets.

— J'espère que ce n'est pas pour me remettre ça que vous êtes venu ce soir ?

— Non.

— A la bonne heure ! je ne vous le pardonnerais pas ; je suis déjà bien assez ennuyé d'avoir pris part à ce jeu.

— Et pourquoi donc ? Soyez assuré que la délicatesse avec laquelle vous avez joué et que votre discrétion à vous retirer quand vous m'avez vu m'emballer follement m'ont vivement touché, — non pas sur le moment peut-être, mais plus tard, par réflexion et surtout par comparaison. Je suis d'autant plus heureux de cela que j'ai un service à vous demander, ce que je n'oserais pas faire si j'avais le plus léger grief contre vous.

— Un service tout à vous ; dites, dites vite.

— C'est que voilà, justement cela ne peut se dire si vite, ni ici ; si vous n'en êtes pas empêché, nous pourrions faire un tour sur le boulevard.

— Cela presse? demanda le prince d'un air un peu embarrassé.

— Mais non, pas du tout; quand vous voudrez.

— Eh bien, à tout à l'heure alors; j'aperçois Quinsac là-bas, et je voudrais lui demander s'il connaît la petite femme avec laquelle Charmont était caché ce soir, aux Variétés, dans le fond d'une baignoire; personne ne sait qui elle est. Nous avons eu beau chercher, beau demander: rien. Au reste, c'est le jour des surprises: en sortant des Variétés, je suis entré un instant à l'Opéra, et à la sortie nous avons vu Pompéran qui se sauvait avec une femme si bien emmitouflée que personne n'a pu voir qui c'était. Est-ce drôle, hein?

Et il s'en alla à la table de Quinsac pour tâcher de savoir quelle pouvait être la femme avec laquelle le duc de Charmont se trouvait aux Variétés: question pleine d'intérêt pour lui et bien faite pour piquer la curiosité. Une femme qu'il ne connaissait pas, est-ce drôle, hein? Deux femmes même: une aux Variétés, l'autre à l'Opéra. Quelle affaire!

Il resta assez longtemps éloigné, car, après Quinsac, il alla interroger un autre de ses amis; puis, après celui-là, un autre encore: l'enquête ne pouvait être faite avec trop de soin; cela en valait la peine évidemment.

Enfin il revint.

— On ne sait pas, dit-il désappointé, mais Quinsac cherchera; je suis maintenant tout à vous.

Ils sortirent. La pluie, qui avait tombé pendant toute la journée, avait adouci le temps, et l'on pouvait causer en se promenant sans souffrir du froid; les passants étaient assez rares et assez pressés de rentrer pour qu'on n'eût pas à craindre les oreilles indiscrètes.

— Vous chassez demain avec l'empereur à Saint-Germain, n'est-ce pas? commença Roger en passant son bras sous celui du prince.

— Ne me parlez pas de cette corvée.

— Ce qui est une corvée pour vous peut être une heureuse chance pour moi.

— Comment cela?

— Si vous voulez bien me présenter à l'empereur.

— Vous présenter à l'empereur! demain! dans une partie de chasse! moi! Vous plaisantez, n'est-ce pas, mon cher Roger!

— Je n'ai jamais parlé plus sérieusement; c'est pour expliquer mes raisons que je vous ai entraîné sur ce boulevard.

— Si bonnes que soient vos raisons, elles ne feront pas qu'il soit correct de vous présenter à l'empereur dans une partie de chasse à laquelle vous n'êtes pas invité. Si vous avez des raisons pour entretenir l'empereur, il faut suivre la marche ordinaire: audience, etc., et, bien entendu, je me charge de vous faire obtenir cette audience.

— Si je suis la marche ordinaire, je ne réussirai point dans ce que je désire; écoutez-moi et vous allez le comprendre; en même temps vous verrez que ce que je demande, si insolite que cela puisse paraître, est en réalité la seule voie à prendre pour arriver à mon but.

Le prince s'arrêta et, avec un visage grave, presque chagrin, il dit en secouant la tête:

— Il faut vraiment que ce soit vous pour que je vous écoute; si c'était un autre que vous qui fût venu me chercher pour m'amener dans ce lieu désert et humide, après minuit, soyez sûr que je me serais déjà sauvé et au plus vite en criant au secours. Mais c'est un guet-apens, cela.

Roger fit un mouvement pour dégager son bras; le prince le retint en le serrant doucement?

— Vous allez me parler d'affaire... de politique, peut-être, vous, Roger, en qui j'avais confiance.

— D'affaire, oui; de politique, non.

— Merci au moins pour cette bonne parole.

S'il y avait eu un mouvement de contrariété dans les premières réponses du prince, il parlait maintenant sur le ton de la plaisanterie.

Ce fut sérieusement, tristement, que Roger lui répliqua:

— L'affaire dont je veux vous entretenir et pour laquelle je demande votre concours va décider mon avenir; d'elle dépend mon repos, mon honneur peut-être.

— Mais alors cela est tout à fait grave; et si j'avais peur de vous tout à l'heure, c'est de moi que je vais avoir peur maintenant.

— Rassurez-vous, votre responsabilité ne sera pas bien lourdement chargée, surtout elle ne le sera pas pour longtemps, puisque ce que je réclame de votre amitié c'est une simple présentation.

— N'allez pas croire au moins que j'hésite à faire ce que vous demandez; j'ai peur de ne pas le réussir, voilà la vérité. Vous invoquez mon amitié et vous avez pleinement raison; cette amitié est vive, sincère, et c'est pour cela justement qu'elle s'inquiète; je voudrais ne pas échouer dans une chose dont dépend votre honneur, et je crains que vous ne vous soyez pas adressé à celui qui peut le mieux vous servir. Sachez bien que je n'ai aucune influence sur l'empereur, ni sur lui, ni sur son entourage. La politique me fait inviter de temps en temps; la politique m'oblige à accepter, et c'est tout. Je vais là à regret, sûr à l'avance de m'ennuyer et d'être obligé de faire des efforts inouïs pour cacher mon ennui. J'y réussis mal. Aussi n'est-on guère bien disposé pour moi. On m'en veut de ma vie indépendante; on trouve que je manque de prestige et que je déconsidère la royauté. Quels cris ne va-t-on pas pousser en me voyant, dans une chasse, faire la présentation en règle d'un de mes amis, même quand cet ami porte un des grands noms de la France. Ce n'est pas l'empereur, il est là-dessus d'une bonhomie de roi de féerie; mais c'est l'entourage. Sans compter que, le lendemain, je recevrai la visite de Son Excellence notre ministre qui fera respectueusement remarquer à mon Altesse Royale que..... un déluge. Si je me sauve pas, j'en gagnerai une migraine.

Roger hésita une minute, marchant silencieusement, sans répondre.

— Eh bien, renonçons à mon idée, dit-il enfin, je ne veux pas vous entraîner dans tous ces ennuis.

— Pas du tout, n'y renonçons pas, car il est bien évident que si vous réclamez mon aide, c'est que vous avez de puissantes raisons pour cela. Voyons donc ces raisons, et alors nous examinerons s'il faut persister dans votre idée ou bien s'il ne vaut pas mieux l'abandonner pour une autre plus sûre. Je vous écoute.

Ils étaient arrivés à la Madeleine; ils revinrent sur leurs pas par le boulevard désert.

— Vous savez, dit le duc de Naurouse, que pour tout parent j'ai un grand-père; vous savez aussi, n'est-ce pas, pour m'en avoir entendu parler quelquefois et surtout pour avoir entendu les propos du monde, quel est ce grand-père et quels sont ses sentiments à mon égard, — ceux d'un héritier? Comme je suis né d'un père maladif et d'une mère morte jeune, mon grand-père s'est imaginé que je ne pouvais pas, que je ne devais pas vivre, et que, par conséquent, il hériterait de moi un jour.

— Ce sont les petits-fils qui héritent des grands-pères et non les grands-pères qui héritent des petits-fils.

— C'est la loi naturelle; mais, dans ma famille, on ne s'en tient pas à des combinaisons aussi simples. Mon grand-père est un homme d'imagination dont l'esprit inventif est toujours en quête de savantes combinaisons pour augmenter sa fortune et accroître l'influence de sa maison. On peut dire sans exagération qu'il n'a vécu que pour cela et qu'il a tout ramené à ce but poursuivi par lui avec une ardeur extraordinaire. Quand on est ainsi féru d'une idée unique, quand on est possédé d'une manie, on est très-fort. D'autre part, quand on veut passionnément une chose, on est ni difficile ni délicat sur les moyens à employer. S'étant habitué à l'espérance que je devais mourir jeune, mon grand-père avait bâti ses calculs là-dessus, et, comme, en sa qualité de tuteur, il administrait mes biens, il avait pris l'habitude aussi de considérer ces biens comme lui appartenant déjà. Un jour ou l'autre je devais mourir, et, bien que je ne mourusse point, il n'en persistait pas moins dans son idée : ce serait pour demain; d'ailleurs, employant mes revenus à son gré, surtout pour améliorer les propriétés dont il était sûr d'hériter, un retard de quelques années dans ma mort était sans importance. Ce qu'on fit pour amener cette mort et aider la nature nous entraînerait trop loin; il est probable que si je vous disais tout vous m'accuseriez d'exagération. Enfin, comme je ne mourais point naturellement et qu'on ne pouvait pas me tuer assez habilement pour détourner les accusations, mon grand-père eut l'idée ingénieuse de faire faire par moi ce que lui n'avait pas pu faire, c'est-à-dire d'arranger les choses pour que je me tue moi-même. A dix-huit ans il me donna ma liberté;
— liberté de personne bien entendu et non de fortune. Ce qu'il attendait de moi, me connaissant bien, c'était que je ferais assez de folies pour en mourir. Et ce qu'il y a de curieux, c'est que, sachant parfaitement ce qu'il espérait, j'agis de façon à réaliser ces espérances. Depuis le moment où je m'étais aperçu qu'on comptait sur ma mort, j'en étais arrivé moi-même à croire que ma mort était prochaine et certaine. Chose originale, la conviction de mon grand-père avait passé en moi; je devais mourir jeune, mon grand-père ne pouvait pas se tromper, cela était sûr. Que cette idée fût gaie et consolante, non. J'ai eu, vous pouvez l'imaginer, des heures, des journées, des nuits surtout, de tristesse affreuse, d'autant plus terrible que j'étais seul. Si je m'étais abandonné à ces idées, il est probable que j'aurais donné raison à mon grand-père; mais je réagis contre et je me dis que, puisque je n'avais que quelques mois à vivre, je devais les passer gaiement.

— Ce fut ce qui vous sauva.

— Justement. En voyant que je ne mourais point, j'en vins à douter de la justesse des calculs de mon grand-père; je pris confiance en moi; je me soignai; je suivis les conseils de mon médecin — au moins en partie — et je gagnai ma majorité, c'est-à-dire le moment où je pouvais soustraire ma fortune à mon grand-père, n'ayant que l'embarras du choix entre les moyens : soit en la dépensant si tel était mon bon plaisir, soit en me mariant...

— Ah! misère!

— ...Soit en la léguant par testament à

qui je voudrais. Quel soulagement de tromper l'âpreté de cette famille exécrée. Mais en raisonnant ainsi je me trompais.

— Et comment ?

— Vous allez le voir et vous allez voir en même temps comment votre concours m'est nécessaire. En croyant que j'étais libre de dépenser ma fortune, j'avais compté sans un article de loi qui permet à une famille de faire nommer un conseil judiciaire à celui de ses membres qui donne des preuves de prodigalité. Ces preuves, je les ai données l'autre nuit en perdant huit cent mille francs au jeu, et aujourd'hui mon grand-père va demander à la justice de m'enlever la disposition de ma fortune en me nommant un conseil judiciaire.

— Aïe !

— Et sa demande a de grandes chances d'être accueillie, vous devez le comprendre, non-seulement parce qu'elle peut paraître juste, mais encore parce que mon grand-père dispose de puissants moyens d'influence. De mon côté, je n'ai qu'une chance de la combattre. La voici.

Et il expliqua son désir de demander à l'empereur d'être attaché au ministère des affaires étrangères : on accusait sa vie, il répondait en prouvant qu'il l'avait changée ; enfant il avait fait des folies, jeune homme il devenait sérieux.

— Maintenant, continua-t-il, vous comprenez, n'est-ce pas, qu'il est indispensable que j'adresse ma demande à l'empereur tout de suite et à l'improviste? Si je prenais la marche ordinaire, mon grand-père en serait informé, et il s'arrangerait pour que l'audience ne me fût pas accordée. D'un autre côté, si je ne pouvais adresser ma demande que dans quelques jours, l'action en justice contre moi serait déjà déposée, et cette demande n'aurait plus l'air que d'être une réplique, un moyen de chicane conseillé par un avoué malin. Tandis qu'en agissant dès demain, je prends les devants : mon grand-père ne peut rien contre moi, et j'arrive devant les juges avec des armes pour me défendre. Voilà pourquoi j'ai pensé à réclamer votre aide, qui, vous le voyez, peut me sauver, et pourquoi j'ai eu l'idée de vous charger d'une démarche dont je suis le premier à reconnaître la bizarrerie.

— Eh bien ! vous avez eu raison, mon cher Roger, et, si bizarre que soit en effet cette démarche, je m'en charge. Vous donner un conseil judiciaire, mais c'est pire que nous imposer un conseil de ministres, à nous autres ! Je ne veux pas de cela pour vous, et vous pouvez compter absolument sur moi. Si l'empereur me marque quelque surprise, je lui conterai la vérité et je serais bien surpris si je ne le gagnais pas à votre cause,—ce qui ne serait pas une mauvaise affaire. Donc, vous vous rendrez demain matin, avant neuf heures, à la Muette, au centre de la forêt de Saint-Germain, et là, au débotté, je vous présente. Pendant que vous expliquerez votre affaire, je regarderai le nez de l'entourage, cela sera drôle. Au reste la chose se prépare bien, car justement le ministre des affaires étrangères, le duc d'Arverres, est un des invités, et le duc pourra tout de suite vous recommander à lui. Votre grand-père, quoiqu'il fasse, arrivera trop tard.

Cela avait été dit avec une certaine chaleur ; il revint au ton de la plaisanterie, qu'il ne quittait guère.

— C'est égal, si on m'avait dit ce matin que vous auriez l'idée de vous faire diplomate, j'aurais bien ri, et si l'on m'avait dit que je vous aiderais à cela j'aurais ri plus fort encore. C'est que, vraiment, c'est trop drôle : vous, Roger, « notre petit duc, » comme disent nos amies, sérieux et compassé, pesant ses paroles et s'appliquant à ne rien dire. Ah ! non, je ne vous vois pas du tout dans ce rôle-là.

— Qui sait, je serai peut-être ambassadeur résidant près de Votre Majesté quand elle sera montée sur le trône de ses pères.

— Ça, je le voudrais de grand cœur ; mais, pour que ce fût possible, il faudrait que j'eusse un trône, et cela n'est guère probable du train dont vont les choses. Soyez sûr que mon pays aura été absorbé, annexé, avant que je prenne possession de ce trône ; si je ne reste pas dans la bataille, je serai un roi *in partibus* et je n'aurai pas d'ambassadeurs résidant près de Ma Majesté. Cela est ma conviction et c'est ce qui fait que j'enrage des entraves qu'on m'oppose à chaque instant. Si vous saviez...

Il s'arrêta :

— Mais ne parlons pas de cela, dit-il avec colère, car je ne peux même pas parler à cœur ouvert avec un ami. Et il y a des niais qui nous envient.

Ils allaient quitter le boulevard des Capucines pour passer sur le boulevard des Italiens.

— Voulez-vous que je vous mette chez vous? demanda Roger.

— Chez moi ! Mais, mon bon Roger, je n'ai pas couché chez moi depuis que j'habite Paris ; je ne sais même pas si je trouverais des draps à mon lit.

Son mouvement d'humeur était passé ; il se mit à rire.

— Et vous, dit-il, voulez-vous que je vous mette chez Raphaëlle : rue Drouot, n'est-ce pas ?

— Je ne vais pas chez Raphaëlle ce soir.

— Ah bah !

Et il le regarda en riant.

— Est-ce que, hier soir ?...

— Hier soir était hier soir et aujourd'hui est aujourd'hui.

— Alors il faut en rabattre de ce qu'on dit ?

— Pas du tout.

— Un vice rédhibitoire, une peau de bête quelque part ?

— Au contraire.

— Alors je n'y comprends rien, puisqu'elle est libre.

— Je ne veux pas la revoir, voilà tout et c'est bien simple.

— Elle ne vous plait point ?

— Elle me plait, au contraire; elle me plait beaucoup, et c'est justement pour cela que je tiens à en rester là avec elle. Elle me fait peur. Hier je ne la connaissais pas, aujourd'hui elle pourrait m'entraîner beaucoup plus loin que je ne voudrais aller. Pourquoi ? comment ? Je n'en sais rien. Mais enfin cela est ainsi. Sans doute sa nature est en sympathie avec la mienne. En tout cas, je sens que je ferais pour elle quelques grosses sottises, et je dois être prudent. Ce n'est pas quand je sens la main de mon grand-père suspendue au-dessus de moi que je peux me risquer. Et je risquerais beaucoup si je la revoyais.

— Mais c'est effrayant.

— Il y a des gens heureux qui savent s'arrêter à temps. Je ne suis pas de ceux-là. Je ne m'arrête pas quand un désir me pousse, même quand je sais que sa réalisation doit me coûter cher. Il y a deux ans, quand j'étais malade, combien de fois Harly m'a-t-il dit : « Ne faites pas cela, vous pouvez en mourir, » sans que ces menaces que je savais fondées pussent me retenir. Avec Raphaëlle, si je la revoyais, j'agirais ainsi. Je saurais à l'avance que mon grand-père est derrière moi, prêt à tirer parti de mes imprudences, et je commettrais ces imprudences.

— Vraiment si dangereuse que cela ?

— Pour moi, au moins.

— Alors vous avez bien raison de ne pas vous exposer; mais a-t-elle idée de l'influence qu'elle pourrait exercer sur vous ?

— J'espère que non.

— C'est que, dans ce cas, elle pourrait bien vouloir en profiter.

— Je me tiendrai sur mes gardes.

— Ça n'a jamais servi à rien de se tenir sur ses gardes, au contraire. Enfin nous en reparlerons. Pour ce soir, il est l'heure d'aller dormir, car il faudra se lever de bonne heure. Adieu. Soyez exact. N'oubliez pas la Muette et prenez par le pont de Bezons et de Maisons. J'arriverai avec l'empereur.

XVIII

Bien que le duc de Naurouse n'eût jamais parcouru la route qui conduit de Paris au pavillon de la Muette, il ne fut pas obligé de s'arrêter pour demander des renseignements : des gendarmes des chasses, échelonnés de place en place, lui tracèrent son chemin : évidemment l'empereur allait passer par là.

Ces jalons vivants lui permirent de ne pas perdre de temps et de ne pas se laisser rattraper par les postiers de l'empereur.

Cependant, au pont de Bezons, il eut une inquiétude en voyant, dans le brouillard matinal, deux cavaliers courir au galop devant lui, un lieutenant de gendarmerie et un garde général, qui, de loin, lui paraissaient donner des ordres pour faire retirer les gendarmes échelonnés sur la route : l'empereur était-il déjà passé ?

Il s'arrêta un court instant pour adresser cette question à un bourgeois qui se tenait devant la porte de sa maison, les mains dans ses poches, en curieux.

— Non, pas encore, dit le bourgeois.

— Cependant les gendarmes s'en vont.

— Ils s'en vont pour que l'empereur ne les voie pas; il paraît que ça l'ennuierait de se savoir gardé. Quand on aperçoit sa voiture, on fait retirer les gendarmes; alors il se figure qu'il se promène librement comme vous et moi.

— Merci, monsieur.

Et il se remit en route tranquillisé ; il n'avait pas à craindre que sa jument se laissât dépasser : c'était une bête de sang, à la poitrine large, à l'épaule longue et inclinée, au rein court, qui avait autant de rapidité que de durée. Elle allait régulièrement, sans fatigue, sur la route mouillée, faisant sauter les flaques de boue autour du cabriolet ; il n'avait pas besoin de presser son allure ; si on entendait les lourdes voitures de l'empereur, elle prendrait les devants facilement et les garderait.

De Maisons à la Muette la route est droite à travers bois et la distance est courte ; elle fut rapidement franchie. En approchant du pavillon, il aperçut un grand rassemblement de gens : une centaine de cuirassiers de la garde en petite tenue, sans sabre, cinquante ou soixante gardes, une vingtaine de paysans en blouse. Il remarqua qu'avec les cuirassiers se trouvaient des trompettes et que les paysans étaient armés de bâtons.

Soit qu'on le prît pour un invité, soit tout autre raison, on le laissa arriver au pavillon sans rien lui demander. Là il descendit de cabriolet en disant à son groom de promener la jument aux environs.

Personne ne vint lui parler ; mais il y eut des personnages à l'air important qui le regardèrent avec curiosité ; deux hommes vêtus de noir, gantés, armés d'une canne et ressemblant à des comparses de théâtre chargés de représenter des « seigneurs de la cour », vinrent tourner autour de lui, mais sans lui adresser la parole.

Tout à coup il se fit une légère rumeur ; chacun s'empressa, se mit en position ; les personnages coururent à droite et à gauche, et Roger, ayant regardé dans l'avenue droite qu'il venait de parcourir, aperçut une confusion de chevaux, de postillons et de voitures.

C'était l'empereur qui arrivait en daumont de poste, suivi d'un char-à-bancs attelé de quatre chevaux de poste qui contenait les invités, parmi lesquels Roger aperçut le prince de Kappel. Celui-ci lui fit un signe de main. L'empereur était vêtu d'un costume de velours marron et coiffé d'un chapeau de feutre à plume ; les invités portaient des costumes de fantaisie, originaux peut-être et gracieux, mais qui se rapprochaient un peu trop des chasseurs du *Freyschütz* et de *Lucie* par les bottes et les plumets multicolores.

Aussitôt qu'il fut descendu de voiture, le prince de Kappel vint à Roger :

— J'ai parlé de notre affaire, dit-il. Il paraît qu'il n'y a pas moyen de vous présenter ce matin, parce que nous sommes en retard ; mais cela sera très-facile au déjeuner qui se fera en forêt, dans deux heures. Suivez la chasse de loin ; on va donner des instructions pour qu'on ne vous en empêche pas. Tout ira bien. On m'assure que l'empereur sera satisfait de votre démarche. A bientôt.

Et il s'éloigna au plus vite pour rejoindre le groupe des invités.

En effet, il n'y avait pas de temps à perdre ; pendant que Roger était attentif à l'arrivée des voitures et à ce que lui disait le prince de Kappel, les cuirassiers, les gardes, ainsi que les paysans, avaient disparu et les invités s'étaient groupés autour de l'empereur comme pour prendre leur poste.

Une sonnerie de trompettes sonna « En avant, » et l'on se mit en marche.

Roger vit alors ce que les cuirassiers, les gardes et les paysans étaient devenus : ils s'étaient éparpillés à droite et à gauche, et, avec des bâtons, ils battaient les buissons de manière à faire partir le gibier.

Les chasseurs étaient alignés sur une seule file, dont l'empereur occupait le centre, ayant à sa droite et à sa gauche ses invités. Derrière lui marchait son porte-arquebuse, tenant un fusil à baguette — les fusils à bascule offrent moins de garantie ; — puis six sous-officiers de cuirassiers portant chacun un fusil qu'ils devaient remettre au porte-arquebuse; puis deux vieux brigadiers-gardes qui chargeaient ces fusils; puis enfin un armurier qui, au moyen d'une baguette introduite dans chaque canon du fusil, vérifiait la charge et s'assurait de sa régularité.

Les coups de fusil commencèrent sur toute la ligne, massacrant le gibier : faisans, perdrix, lapins, lièvres, chevreuils, que les rabatteurs faisaient partir ; c'était une véritable fusillade, comme celle qu'eût pu entretenir une petite troupe.

Roger, qui n'avait rien de mieux à faire en suivant la chasse à distance que de regarder autour de lui et surtout devant lui, remarqua que les coups de fusil étaient beaucoup plus fréquents au centre de la ligne, c'est-à-dire auprès de l'empereur, qu'à ses deux extrémités, comme si le gibier eût été là plus abondant et plus facile à tirer.

Cela était assez bizarre, puisque les chasseurs s'avançaient dans une jeune vente où le gibier, qu'on avait dû, la veille, rabattre là de tous les coins de la forêt, ne pouvait être qu'également réparti dans un layon aussi bien que dans l'autre.

Comment expliquer cela ?

Une corde dans laquelle il se prit les jambes l'amena à trouver l'explication qu'il cherchait : cette corde, qui avait une quinzaine de mètres de long, était attachée à une boîte cachée sous une cépée; en passant, un garde de battue tirait de loin cette corde, qui levait une trappe, et aussitôt un ou deux faisans, prisonniers dans cette boîte depuis la veille s'envolaient, effrayés par le bruit, et passaient devant l'empereur, qu'on avait soin d'avertir en criant : « Coq à l'empereur. »

Pour les perdrix, qui ne peuvent se mettre à l'avance dans des boîtes, il vit les paysans rabatteurs aller les prendre dans la voiture à gibier qui suivait la chasse ; puis, les cachant sous leur blouse, ces paysans revenaient en courant vers le layon de l'empereur et, lorsqu'ils étaient à bonne portée, ils lâchaient leur gibier en criant : « Querrot ! »

Alors il comprit comment certains chasseurs avaient l'occasion de tirer plus de coups de fusil et de tuer plus que d'autres, le vol d'un faisan échappé d'une boîte n'étant pas bien rapide.

La chasse continua pendant deux heures environ ; puis la sonnerie de trompettes avertit les rabatteurs de s'arrêter. On était arrivé à une clairière dans laquelle étaient dressées des tables en X entourées de pliants ; à une courte distance, au milieu d'un taillis, était, à demi cachée, une voiture dans laquelle les cuisiniers du froid et du chaud avaient préparé le déjeuner que de nombreux maîtres-d'hôtel, revêtus de l'habit marron, se préparaient à servir.

Roger, considérant que le moment favorable à sa présentation serait plutôt celui qui suivrait le déjeuner que celui qui le précédait, se tint à l'écart, sans même chercher à approcher son ami. Et en se promenant il ne tarda pas à voir qu'il n'était pas le seul à attendre : deux paysans endimanchés se tenaient immobiles dans l'attitude de figures de cire au pied d'un arbre, le maire d'une commune voisine et son adjoint, venus là pour offrir l'hommage de leur respect à leur souverain... et lui demander un secours pour leur commune.

Ce fut seulement quand, après un temps assez long bien suffisant pour déjeuner, Roger vit un domestique venir les chercher qu'il s'approcha de la clairière.

En l'apercevant, le prince de Kappel, qui le cherchait des yeux, vint à lui.

— Voilà le moment, dit-il, l'empereur est de très bonne humeur ; allons-y.

Mais, après avoir fait quelques pas, ils s'arrêtèrent : un homme, un paysan, le bras en écharpe, se tenait devant l'empereur, qui, s'adressant au grand veneur, paraissait demander quelque chose, car celui-ci fouillait dans ses poches en se tâtant.

— C'est un rabatteur qui a été blessé à la dernière chasse, dit le prince de Kappel à mi-voix, l'empereur veut lui donner quelques louis et le grand veneur fait semblant de n'avoir pas d'argent sur lui, car il paraît que l'empereur ne rend jamais l'argent qu'il emprunte ainsi, soit qu'il oublie son emprunt, soit qu'il trouve qu'il donne assez à ces gens-là.

Pendant ce temps, le grand veneur était enfin parvenu à extraire trois louis des profondeurs de son gilet et il les avait offerts avec un geste qui disait clairement qu'il était à sec.

C'était maintenant le tour du maire et de son adjoint ; mais au lieu d'avancer, ils restaient pétrifiés, coude contre coude, comme pour se soutenir mutuellement, bouche close, roulant des yeux apoplectiques. Voyant qu'ils ne se décidaient point, l'empereur vint à eux en souriant de son sourire éteint et, d'un ton de bonhomie :

— Si je vous gêne, dit-il, je puis me retirer.

Ce ne fut pas lui qui se retira ; ce furent les deux paysans, qui reculèrent avec force génuflexions sans avoir pu trouver une parole.

— A nous maintenant, dit le prince.

Et ils s'avancèrent vers l'empereur, Roger tête nue.

Alors le prince le présenta dans les termes dont il avait parlé, en insistant sur son amitié pour le duc de Naurouse et aussi sur le jour de majorité — cause unique de cette dérogation aux convenances.

Le visage de l'empereur, qui s'était aux premiers mots assombri, s'éclaircit aux derniers :

— Mon cousin, dit-il, je vous remercie de m'avoir présenté M. le duc de Naurouse ; je serai heureux de faire pour lui ce que vous désirez.

A son tour Roger prit la parole qu'un signe de main venait de lui donner, et, en quelques mots brefs, il expliqua sa demande en rappelant le souvenir de son grand-père, le duc François de Naurouse, légèrement et sans insister.

— Ceci regarde le duc d'Arvernes, dit l'empereur avec bienveillance, je vais vous recommander à lui.

Et, appelant le duc, il lui présenta Roger.

— Vous m'obligerez en accordant à la demande de M. le duc de Naurouse toute l'attention qu'elle mérite.

XIX

Roger revint à Paris enchanté : enchanté de l'empereur, plus enchanté encore du ministre.

Ce n'était pas seulement avec attention que celui-ci avait écouté sa demande, c'était avec un empressement sympathique, et c'était par une promesse formelle, par un engagement précis qu'il y avait répondu.

Or, s'il était bon d'avoir obtenu la bienveillance de l'empereur, mieux encore valait l'appui du ministre, qui était maître dans son ministère et qui exerçait une influence considérable dans le gouvernement.

Sans doute, on devait faire la part de ce qui était politesse et langage de cour ; mais, si large qu'on fît cette part, il eût fallu être aveugle pour ne pas voir qu'il y avait dans cet accueil autre chose qu'une banale politesse. Le duc n'eût pas fait davantage pour le fils de son meilleur ami, lui donnant la promesse de l'attacher à son cabinet et, du même coup, l'invitant aux jeudis de la duchesse d'Arvernes.

Sans cette invitation Roger se fût assurément demandé ce qui lui méritait une pareille faveur, si prompte et si extraordinaire ; mais les jeudis de la duchesse lui parurent l'expliquer suffisamment. En effet, il n'était personne du monde parisien qui ne sût que le duc d'Arvernes, fils d'un petit notaire du Dauphiné, nommé tout simplement Janelle et devenu duc par la grâce de Napoléon III, payant les services rendus au prince Louis, proscrit ou prisonnier aussi bien qu'à l'empéreur, vivait dans l'admiration et l'adoration de tout ce qui portait un grand nom et appartenait à la vieille noblesse. C'était là chez lui une religion d'enfance, qui s'était, il est vrai, singulièrement refroidie quand, jeune homme, il avait été offrir ses services actifs au prince Louis-Napoléon Bonaparte au lieu de porter ses hommages platoniques au comte de Chambord, mais qui s'était réveillée ardente et passionnée le jour où, devenu duc, il s'était cru noble lui-même. Il lui fallait des représentants de la vraie noblesse autour de lui ; c'était une manie, une maladie. De là l'invitation aux jeudis.

Assurément cela n'avait rien pour plaire à Roger : la duchesse d'Arvernes, avec son visage pâle, ses airs de sphinx prêt à dévorer celui qui ne la devinerait point et ses yeux violents qui regardaient les hommes avec une expression de curiosité profonde comme s'ils se demandaient : « Serait-ce celui-là ? » ne lui disait rien d'attrayant ; et s'en aller faire le duc dans son salon le jeudi pendant une heure ou deux n'aurait rien de récréatif.

Par malheur, il n'avait plus sa liberté et, s'il voulait se défendre contre son grand-père, il fallait bien qu'il on achetât et qu'il en payât les moyens.

Et, tout en revenant grand train sur la route qu'il avait parcourue le matin, il ne pensa plus qu'à cette lutte : il aurait une arme ; il pourrait répondre : qui pouvait savoir si son grand-père, en apprenant ce qui s'était passé — ce qui ne tarderait pas — ne renoncerait pas à la demande du conseil judiciaire. Cela était possible, M. de Condrieu ayant l'habitude de ne se risquer que lorsqu'il était sûr à l'avance du succès.

Il rentra chez lui satisfait et de belle humeur : il n'avait pas perdu sa journée.

Mais là une mauvaise nouvelle effaça cette heureuse impression : en belle place, sur la table de sa chambre, se trouvait le coffret qu'il avait envoyé la veille à Raphaëlle.

La clef était accrochée autour ; il la prit et ouvrit le coffret : il était vide. Rien ; ni les billets de banque qu'il y avait mis la veille pour rembourser Raphaëlle, ni lettre, ni billet, ni carte.

Il interrogea son valet de chambre, et celui-ci raconta qu'il avait porté le coffret la veille, comme cela lui avait été commandé, rue Drouot. Mlle Raphaëlle était chez elle, et il lui avait remis le coffret à elle-même. Elle l'avait ouvert devant lui et, après en avoir retiré les billets de banque, elle avait paru y chercher une lettre. N'en ayant point trouvé, elle lui avait demandé si M. le duc ne lui en avait point donné une. Il avait répondu négativement et il s'était retiré sans qu'elle lui adressât d'autres questions. Cependant il était facile de voir qu'elle n'était pas contente ; elle avait paru hésiter comme pour le questionner ; puis, tout à coup, se ravisant, elle n'avait rien dit. Elle n'avait même pas regardé le coffret.

— Et quand l'a-t-on rapporté ?
— Il y a une heure environ.
— Qui ?
— Une espèce de monsieur sans être un vrai monsieur ; plutôt un sous-officier retraité : cinquante ans environ, décoré, tournure militaire, les épaules larges et effacées, les cheveux coupés en brosse, moustache grisonnante et impériale, parler bref.
— Il a parlé.
— Vous remettrez ça à M. le duc de Naurouse quand il rentrera. — De la part de qui ? lui ai-je demandé. — Quand il déballera la chose (le coffret était dans sa boîte), il le verra ; tout de suite quand il rentrera, voilà la consigne. — Et il a voulu que je dise quand rentrerait M. le duc. Je lui ai répondu que je n'en savais rien et je lui ai tourné le dos, ses manières ne me convenant pas. Quand il a été parti, j'ai déballé la chose, comme il disait, et j'ai vu que c'était le coffret, que j'ai porté dans la chambre de M. le duc.

Et Bernard regarda le coffret avec admiration ; il avait la prétention de se connaître en œuvres d'art et bien évidemment il se demandait comment une femme avait été assez maladroite pour renvoyer ce coffret, qui non-seulement était une belle chose, mais qui, de plus, était une chose de valeur dont on pouvait se débarrasser facilement à bon prix.

Quant à Roger, il ne se demandait rien, les quelques mots de son valet de chambre lui ayant fait comprendre ce qui s'était passé et à quel sentiment Raphaëlle avait obéi en renvoyant ce coffret.

Si elle avait paru chercher une lettre, c'est qu'elle avait été surprise qu'il lui envoyât ce coffret au lieu de venir l'offrir lui-même.

Si elle avait voulu questionner Bernard, c'était pour que celui-ci parlât de son maître, dît où il était, ce qu'il faisait.

Si, après quelques secondes de réflexion, elle avait renoncé à cet interrogatoire c'était parcequ'elle s'était dit que le maître lui-même ne pouvait pas manquer de venir dans la soirée et que, s'il avait à l'avance envoyé ce coffret, c'était simplement pour se faire annoncer, ce qui valait mieux qu'une lettre. Elle avait donc bien certainement passé sa soirée à attendre et ce n'était qu'elle lendemain qu'elle s'était décidée à renvoyer ce coffret.

Enfin, si l'espèce de monsieur avait insisté qu'on lui dît quand lui, Roger, rentrerait, c'était parce que Raphaëlle, bien convaincue qu'en trouvant ce coffret il le prendrait et le porterait lui-même, avait voulu savoir à l'avance combien de temps elle aurait à attendre cette visite.

Tout cela était assez facile à reconstituer; mais pour être facile cela n'en était pas moins désagréable.

Et le sentiment de contrariété qu'éprouva Roger devint d'autant plus vif qu'il ne pouvait pas ne pas s'avouer que, si les choses prenaient cette tournure, c'était sa faute.

Qu'il eût porté lui-même le coffret chez Raphaëlle et qu'il se fût expliqué nettement, avec ménagement, mais aussi avec précision, la situation eût été tranchée.

En garde contre lui-même, il ne l'avait point fait; il avait esquivé cette explication, il avait reculé devant cette visite, et voilà que maintenant cette situation se compliquait.

Bien certainement Raphaëlle se rendait compte de l'effet qu'elle avait produit sur lui et, dans une certaine mesure, elle estimait le degré d'influence qu'elle avait acquise. Cela résultait clairement de la confiance avec laquelle elle l'avait attendu la veille et aussi du renvoi de ce coffret, qu'elle ne rendait que pour qu'on le lui offrît à nouveau et, cette fois, directement, de la main à la main, les yeux dans les yeux, non par l'entremise d'un domestique.

Cela était mauvais et dangereux, car Raphaëlle, qui arrivait à Paris ruinée, misérable, ayant besoin de refaire sa vie, voudrait sans doute exploiter cette influence. Comment se défendrait-il contre elle? Il ne s'agissait point d'une indifférente, pas plus qu'il ne s'agissait d'une femme craintive, ignorant ce qu'elle peut oser.

Il sentait qu'il pouvait être faible.

Elle savait qu'elle était forte.

Si les choses étaient ainsi, et il y avait bien des chances pour qu'il raisonnât juste, le mieux était d'aller bravement au-devant du danger et de ne pas le laisser grossir.

Il reporterait donc le coffret et en même temps il s'expliquerait de manière à détruire les espérances qu'elle avait pu fonder: il ne voulait pas de maîtresse.

Depuis trois ans, il avait eu plus d'une fois à se débarrasser de femmes qui voulaient s'imposer et exploiter fructueusement sa jeunesse; il agirait avec Raphaëlle comme il avait agi avec elles: en une nuit il n'avait pas dû se laisser prendre de manière à ne pas pouvoir rester maître de sa volonté.

Il sonna son valet de chambre et lui ordonna d'emballer le coffret dans sa boîte.

En recevant cet ordre, Bernard regarda son maître d'un air étonné, mais sans se permettre la moindre observation.

— Quand vous aurez fini, continua le duc, vous direz qu'on attelle le coupé.

Alors à l'étonnement succéda sur le visage du domestique un léger sourire: il devinait dans quel but on lui faisait emballer le coffret et où devait aller le coupé.

Cependant, tout en s'habillant, Roger s'affermissait dans sa résolution: il serait net; il dirait ceci, puis cela, et ce serait fini.

Mais tout à coup, en nouant sa cravate devant un grand miroir en pied, ce ne fut pas lui qu'il vit dans cette glace, ce fut Raphaëlle elle-même, telle qu'il l'avait vue la veille, au matin, lorsqu'au moment de partir elle avait, d'un tour de main, relevé ses cheveux devant cette glace, et alors un frisson le secoua de la tête aux pieds, une commotion, une vibration venait de passer dans ses nerfs et de les réchauffer comme si elle était encore là devant lui, le regardant les lèvres entr'ouvertes.

Si, absente, elle avait rien que par le souvenir tant de pouvoir sur lui, que serait-ce lorsqu'il se trouverait en face d'elle?

Décidément, mieux valait ne pas reporter le coffret et s'exposer à la revoir.

Plus tard.

Avec le temps, ces vibrations qui couraient encore dans ses nerfs s'éteindraient peu à peu.

Alors le danger serait moins grand; une surprise ne serait plus à craindre.

Mais ce ne fut pas sans un vif mouvement de contrariété et sans colère contre lui-même qu'il se décida à cette reculade... trop sage et trop prudente pour son caractère.

Il n'avait même pas eu une journée de cette liberté qu'il avait si ardemment désirée, si impatiemment attendue, ce conseil judiciaire n'existait encore qu'à l'état de menace, et déjà il le paralysait, déjà il lui imposait une lâcheté.

XX

— Il y a là un monsieur qui veut voir monsieur le duc; il s'est déjà présenté hier; il vient de la part de M. le docteur Harly.

Ce fut par ces mots que Bernard réveilla son maître le lendemain matin.

Son professeur Roger l'avait entièrement oublié, son esprit n'étant point habitué à se porter sur de pareils sujets; mais le nom du docteur Harly lui rappela de quoi il s'agissait.

— M. Crozat, n'est-ce pas? dit-il.

— Justement.

— Eh bien, priez-le d'attendre un moment; je vais le recevoir.

Bernard eut un geste qui semblait dire qu'avec ce monsieur il n'y avait pas besoin de tant de cérémonies, et qu'on pouvait très-bien le recevoir au lit; mais il ne se permit pas franchement cette observation.

Roger n'en jugea point ainsi. S'étant levé et ayant vivement passé un pantalon et un veston de molleton blanc, il entra dans le salon où Crozat l'attendait.

C'était un homme de grande taille, à cheveux plats grisonnants tombant droit comme des chandelles, à large tête, avec un gros n... et des lèvres épaisses, soigneusement ra... s près comme un prêtre ou un comédien, vêtu d'un habit noir lustré aux coutures, ayant une seule main gantée d'un gant de couleur indicible; en tout l'air d'un maître d'étude ou d'un homme de lettres travaillant à des dictionnaires, mais avec quelque chose d'ouvert et de bon enfant qui, tout de suite, prévenait en sa faveur.

— Monsieur le duc, dit-il, d'une belle voix pleine et sonore, le docteur Harly m'a dit que vous aviez besoin d'un secrétaire et je viens vous offrir mes services.

Roger se mit à sourire :

— Notre ami le docteur Harly, dit-il, a mis trop de délicatesse dans ses paroles ; il m'a trop ménagé. Ce n'est pas d'un secrétaire que j'ai besoin, c'est d'un professeur ; ce qu'il me faut, ce n'est pas quelqu'un à qui je dicte mes lettres, c'est quelqu'un qui me dicte les miennes en me les épelant pour que je ne fasse pas de fautes de dictée.

Cela fut dit très-franchement et en se tenant aussi loin de l'humilité que de la forfanterie : les choses étaient ainsi et il les annonçait telles qu'elles étaient.

— Alors le docteur Hardy se serait rendu coupable d'un euphémisme, dit Crozat en riant d'un rire puissant.

— C'est-à-dire ?

— C'est-à-dire qu'il se serait servi d'un mot trop doux.

— Justement, et vous voyez combien il est mauvais de ne pas se servir du mot vrai ; si le docteur Harly l'avait employé, toutes ces explications seraient inutiles et je n'aurais pas à vous expliquer moi-même que j'ai besoin d'un professeur qui m'enseigne ce que je ne sais pas.

— Et que voulez-vous apprendre, monsieur le duc ?

— Tout, puisque je ne sais rien.

— Oh ! oh ! ceci, monsieur le duc, est de l'hyperbole ; si le docteur Harly a atténué les choses, il me semble que, de votre côté, vous les exagérez.

— Malheureusement non.

— Ah ! permettez, on n'a pas le droit de soutenir qu'on ne sait rien quand on s'exprime comme vous : le don de bien dire vaut mille fois mieux que l'art de s'exprimer grammaticalement.

— Et, si au don on joint l'art, cela n'est-il pas désirable ?

— Assurément.

— Eh bien, c'est cet art que je vous demande de m'enseigner. Mais s'exprimer bien ou correctement n'est pas tout, il me semble ; il faut aussi, n'est-ce pas, il faut surtout connaître les choses dont on parle soi-même et dont on entend couramment parler ? Ces choses, je les ignore, je les ignore toutes ; vous voyez donc que votre tâche est considérable.

— Je ne verrai cela que quand vous aurez bien voulu me dire ce que vous avez appris.

— Un peu de tout, rien de complet ; je sais des commencements, mais seulement des commencements. En rien je n'ai été loin. Mon précepteur, car, bien qu'il n'y paraisse guère, j'ai eu un précepteur, — mon précepteur devait me faire faire mes classes comme on les fait au collège, et nous avons commencé chaque année au mois d'octobre ce que pendant ce mois on apprend dans les classes des collèges. Jamais nous n'avons redoublé une classe. De la huitième j'ai été en septième, de la septième en sixième, et ainsi de suite régulièrement jusqu'en troisième, où je me suis arrêté.

— Alors nous aurions à reprendre depuis cette classe de troisième ?

— Oh ! pas du tout, nous aurions à reprendre depuis la huitième ; mais si nous faisions cela, nous pourrions dans chaque classe supprimer ce qu'on enseigne dans le mois d'octobre ; cela, je l'ai appris.

— Voilà qui est curieux, par exemple.

— Vous allez voir que cela est bien simple. Quand l'élève et le maître sont aussi paresseux, aussi négligents l'un que l'autre, ils ne vont pas vite, n'est-ce pas ? A la rentrée, nous commencions : mon précepteur m'en enseignait le moins qu'il pouvait ; moi, de mon côté, j'en apprenais moins encore qu'il ne m'en enseignait ; de sorte que nous mettions dix mois à faire ce qu'on fait au collège en un, et encore comment le faisions-nous !

— Je comprends.

— C'est ainsi qu'en grammaire latine je sais Rosa et Bonus, en grammaire française je connais le substantif et sais que œil fait yeux au pluriel ; mais on ne m'a jamais parlé de l'adjectif ni des autres mots. En histoire sainte, j'ai suivi Joseph jusqu'au moment où il est jeté dans la citerne, mais je l'ai laissé dans cette position fâcheuse et j'ignore absolument s'il s'en est tiré. En histoire de France, je connais des rois qui se nomment Pharamond, Mérovée, Clodion ; mais il ne faut rien me demander après Clovis. J'ai, il est vrai, entendu parler de Henri IV, de Louis XIV, de Napoléon, mais incidemment ; en réalité, je devrais croire que Napoléon III a succédé à Clovis.

Crozat se prit à rire.

— Bien certainement, cela est très drôle,

continua Roger; mais c'est encore plus triste.... pour moi.

— Ce qui me fait rire, monsieur le duc, c'est moins la chose en elle-même que la bonne humeur avec laquelle vous la contez, le tour que vous lui donnez. Il est vrai que tout cela est, au fond, fort triste pour vous; mais vous ne devez pas vous en trop inquiéter. Je vous donne ma parole qu'en peu de temps nous comblerons ces lacunes qui existent dans vos connaissances; vous ne sauriez croire combien, avec de l'application, on peut apprendre vite. Seulement, avant de nous mettre au travail, vous voudrez bien me dire dans quel sens nous devons l'entreprendre ?

— Je ne comprends pas.

— Ainsi prenons l'histoire, si vous le voulez bien, pour nous servir d'exemple : quelle histoire voulez-vous que je vous enseigne ?

— Comment quelle histoire? Mais l'histoire.

— Mais il y en a plusieurs : l'officielle ou la libre ; la traditionnelle ou la vraie ; l'utile à savoir pour faire son chemin, l'utile à savoir pour soi. Laquelle voulez-vous ?

Le duc le regarda avec surprise, réfléchissant.

— Vous m'avez dit, continua Crozat, que vous avez commencé à apprendre l'histoire sainte; devons-nous continuer cette histoire d'après la Bible, livre sacré, ou bien devons-nous l'étudier d'après les travaux de la critique moderne en n'accordant à la Bible d'autre valeur que celle d'être un recueil de légendes, de traditions recueillies et mises bout à bout tant bien que mal par Esdras pour donner une loi au peuple juif et le ramener dans la patrie après la captivité de Babylone?

Le duc resta un moment silencieux avant de répondre :

— Les ducs de Naurouse, dit-il enfin, ont toujours été élevés et ont toujours vécu dans la foi catholique; je désire garder la religion de mes pères.

— Très-bien, monsieur le duc; c'est justement pour être fixé à ce sujet que je vous ai adressé ma question.

— Au reste, continua Roger, il me semble qu'avant d'en venir à ces graves questions, nous en avons d'autres plus élémentaires et plus simples à étudier. Ainsi en est une qui, pour moi, est une cause d'humiliations incessantes par les sottises qu'elle me fait faire aussi bien que par les hésitations qu'elle m'impose; elle m'agace, m'irrite, me paralyse et me rend vraiment malheureux comme le ferait une infirmité honteuse.

— Et laquelle donc ?

— Celle de l'orthographe.

— Pour cela encore rassurez-vous, monsieur le duc. Je comprends que ce soit un tourment pour un homme qui a toutes les élégances; mais il ne faut pas vous exagérer les difficultés de l'orthographe et de la grammaire. Vous verrez qu'en peu de temps, en très-peu de temps, ces difficultés s'aplaniront : en causant, en lisant, quand un mot qui demande explication se présentera, je vous dirai la règle qui régit ce mot et vous la retiendrez sans avoir eu besoin de l'apprendre.

— N'ayez pas trop grande confiance en votre élève si vous ne voulez pas emporter des déceptions.

— Je ne crains rien, et ce mot apprendre, précisément, va vous montrer que j'ai raison d'avoir confiance : apprendre peut s'écrire de deux manières, n'est-ce pas, par un A ou par un E, et l'on peut hésiter là-dessus ?

— Oh ! certes.

— Eh bien ! quand je vous aurai dit que de tous les verbes en *endre*, tels que : apprendre, comprendre, défendre, descendre, entreprendre, étendre, fendre, prendre, rendre, vendre, etc., il n'y en a que deux, épandre et répandre, qui prennent un A, vous n'oublierez pas cette observation et vous ne serez plus embarrassé.

— Mais c'est vrai ! s'écria Roger, émerveillé de la règle autant que de la façon magistrale dont Crozat avait énuméré ses verbes en *endre*, c'est charmant, rien n'est plus facile.

— Ce qui est facile pour ce mot le sera pour beaucoup d'autres, et vous verrez comme tout se simplifiera vite. Quand voulez-vous que nous commencions ?

— Mais tout de suite, si cela vous est possible.

— Tout de suite alors. Seulement, avant, je vous prie de me montrer votre bibliothèque.

— Je n'ai pas de bibliothèque.

— Vous avez bien quelques livres ?

— Bien peu.

— Mais encore?

— Ce que j'en ai doit se trouver dans une armoire de la salle à manger ; allons voir.

En effet, ils étaient où ils devaient se trouver ; mais la revue en fut vite faite : quelques volumes du *Stud-Book*, quelques *Calendriers des courses*, l'*Almanach de Gotha*, un *Annuaire de la noblesse*, trois ou quatre romans nouveaux, et c'était tout.

— Cela ne sera pas tout à fait suffisant, dit Crozat.

— Je le pense. Je passerai aujourd'hui à la Librairie nouvelle et donnerai des instructions pour que vous puissiez faire envoyer ici tout ce que vous choisirez.

Les heures que Roger employa à travailler avec Crozat eurent cela de bon pour lui que pendant ce temps, il ne pensa pas à Raphaëlle, — dont le souvenir depuis la veille l'avait poursuivi, quoiqu'il fît pour le chasser.

Mais il ne pouvait pas travailler toute la

journée, et il arriva un moment où Crozat se leva pour s'en aller.

— A demain, n'est-ce pas? dit Roger.

— Assurément; vous avez montré trop d'application, monsieur le duc, pour que je ne sois pas heureux d'avoir un élève tel que vous... je veux dire pour que je ne sois pas heureux d'être votre secrétaire.

— Allons donc.

— J'entends ostensiblement; il me semble qu'il vaut mieux que telle soit ma situation près de vous en public, c'est l'avis du docteur Harly, et j'estime qu'il est bon.

— Notre ami Harly me croit trop sensible à l'opinion publique; si je n'ai rien appris, la faute en est à ceux qui m'ont élevé; mais je ne veux pas ne pas suivre son avis; au revoir donc, mon cher secrétaire, à demain matin.

Crozat parti, Roger fut tout surpris de se trouver l'esprit occupé; ce qui s'était dit dans cet entretien s'imposait à lui; son souvenir l'évoquait, sa raison l'examinait; il n'eut pas une minute pour penser à Raphaëlle.

Ce fut seulement le soir, lorsqu'il rentra chez lui, qu'il revint à elle en entrant dans sa chambre et en apercevant sur une console le coffret ciselé; encore est-il vrai de dire qu'il la vit bien plutôt qu'il ne pensa à elle; ce fut quelque chose de matériel dont il eut nettement conscience, une image qui se dressa devant ses yeux, la femme elle-même dans sa séduction provocante, comme si elle avait laissé son ombre dans cette chambre.

Et cette vision le troubla, le secoua profondément.

Quelle niaiserie !

Qu'avait-elle de plus qu'une autre?

Cela, il ne le voyait pas, et même il voyait plus facilement en quoi elle était inférieure à d'autres qui avaient été ses maîtresses.

Cependant celles-là avec leurs qualités n'avaient point produit sur lui l'effet que produisait celle-ci avec ses défauts.

Il en avait eu de plus belles, de plus brillantes, cela était certain, et cependant... cependant c'était Raphaëlle qu'il revoyait partout dans cette chambre où elle n'avait fait que passer, dans cette glace, sur ce divan, au coin de cette cheminée, sur cet oreiller.

Avec bien plus de netteté encore il la revit dans le sommeil, et comme alors il ne pouvait pas se défendre par telle ou telle raison, avec charme.

Quand il lui arrivait de faire quelquefois son examen de conscience, c'était le matin, aux heures tranquilles où il restait au lit; ce matin-là il s'éveilla tout mélancolique et fâché contre lui-même.

Vraiment cette obsession était insupportable, et il était ridicule de ne pas faire un effort pour s'en dégager. Rester ainsi dans l'attente était misérable. D'ailleurs il paraissait bien certain maintenant qu'à laisser aller les choses ainsi, elles ne s'amélioreraient pas. Qu'importait qu'il oubliât Raphaëlle le jour, si c'était pour revenir à elle la nuit. Ce n'était certes pas là le moyen d'échapper à son influence. Eh bien! il le ferait cet effort. Il la verrait. Et quoi qu'elle tentât, quoi qu'il ressentît, il ne se laisserait pas prendre. Il voulait rester libre; il saurait gagner cette liberté.

Cette résolution prise, il se leva, et Crozat, en arrivant à l'heure dite, le trouva de belle humeur.

— Vite, au travail, dit-il gaiement.

— J'espère n'être pas en retard, dit Crozat.

— Certes non.... c'est moi qui suis en retard, en retard de dix ans.

La leçon commença.

Comme elle touchait à sa fin, le valet de chambre entra timidement.

— Je ne veux pas être dérangé, dit Roger sèchement.

— C'est M. le vicomte de Mautravers, je n'ai pas pu...

— Eh bien, qu'il attende quelques minutes.

Mais Mautravers entrait dans la chambre.

— Si j'avais su vous déranger, dit-il en tendant la main à Roger, je ne serais pas monté.

Et, d'un coup d'œil rapide, il regarda Crozat, qui s'était mis à écrire; puis ses yeux coururent sur les livres et les cartes qui encombraient la table.

— Nous avons fini, dit Roger.

— Ah! vous travaillez le matin, maintenant?

— Oui... vous voyez.

Ce ne fut pas sans un certain embarras que Roger fit cette réponse; Crozat, qui, sans en avoir l'air, était attentif à ce qui se passait, remarqua l'embarras de cette réponse, de même qu'il avait remarqué la curiosité de Mautravers, et il crut devoir venir au secours de son élève en jouant ostensiblement son rôle de secrétaire.

— Si monsieur le duc veut bien signer cette lettre, dit-il en se levant pour aller présenter une feuille de papier à Roger.

Mais au moment où celui-ci, qui faisait face à Mautravers, allait prendre cette feuille de papier, Crozat la retint :

— Ah! pardon, dit-il, quelle distraction, je vois que j'ai écrit cravate avec deux t et il n'en faut qu'un, n'est-ce pas?

Roger le regarda stupéfait.

— Je prie monsieur le duc de m'excuser, continua Crozat avec un calme imperturbable, je recommencerai la lettre et, comme elle n'est pas pressée, je la présenterai demain à la signature de monsieur le duc.

Puis, faisant un paquet de tout ce qui se

trouvait sur la table, il l'emporta pour le soustraire à la curiosité de Mautravers.

— Vous avez donc un secrétaire? demanda Mautravers lorsque Crozat eut refermé la porte; moi, si j'en prenais un, je voudrais qu'il fût plus sûr de son orthographe que ne l'est le vôtre.

Roger ne répondit rien; alors la conversation s'engagea sur d'autres sujets.

Elle se prolongeait depuis assez longtemps déjà, lorsque tout à coup Mautravers s'interrompit :

— A propos, dit-il, je viens de rencontrer Raphaëlle.

— Ah !

— Comme vous dites cela.

— Que voulez-vous que je dise?

— Vous savez qu'elle est dans un état violent.

— Pourquoi donc ?

— Comment pourquoi donc? Vous êtes vraiment superbe avec votre flegme. Pour votre abandon.

— Oh ! mon abandon !

— Le mot n'est pas de moi, il est d'elle. A la façon dont vous aviez pris feu, comme une allumette, Raphaëlle avait cru que vous éprouviez pour elle autre chose qu'un caprice, qu'une fantaisie de quelques heures, et elle avait bâti toutes sortes de combinaisons là-dessus. Pour une fille qui arrivait de Russie ruinée et qui tomba tout de suite sur le duc de Naurouse, majeur, maître d'une belle fortune, le rêve était séduisant.

— Elle vous a dit cela.

— Ah ! pas du tout; c'est moi qui explique ainsi son désespoir. Pour elle, c'est, vous avez dû vous en apercevoir, une drôle de fille, excentrique, originale, qui ne fait rien comme les autres. Et son désespoir, qu'elle crie très haut, elle l'explique en disant qu'elle s'est toquée de vous, comme cela, à première vue, en quelques heures. Après tout, cela est bien possible.

Roger ne répondit pas, mais Mautravers remarqua un léger trouble dans son regard, qui se détourna.

— Je me suis d'abord moqué d'elle, dit-il en continuant, mais à la fin elle m'a positivement fait pitié. Alors vous ne voulez pas la revoir?

— Je n'ai pas dit cela.

— Enfin vous ne l'avez pas revue ?

— Pas encore.

Mautravers attendit un moment, mais Roger ne continua pas : bien évidemment il ne voulait pas se livrer.

— Après tout, continua Mautravers, vous avez peut-être raison d'être prudent. Raphaëlle est fille à mener loin l'homme qui tomberait sous son influence. Je crois bien que si j'étais à votre place je ferais comme vous; et cependant, si j'avais encore une fortune à dépenser, je lui en donnerais à croquer une bonne part avec plaisir.

— Moi, je veux garder la mienne, dit Roger.

— Vous nous l'avez dit l'autre jour, mais je ne voulais pas le croire.

— Eh bien, vous aviez tort.

— Alors c'est tout simplement parce que vous avez peur que Raphaëlle vous fasse faire des folies que vous ne voulez pas la revoir; si la pauvre fille savait cela, ce serait au moins une consolation pour elle. Elle s'imagine qu'elle vous a déplu; tandis qu'au contraire elle vous a trop plu et vous avez peur d'elle.

— Vous êtes beaucoup trop prompt à tirer des conclusions sur ce que je veux ou ne veux pas, sur ce que je ferai ou ne ferai pas.

— Cela vient sans doute de ce que vous ne dites rien.

— Si je ne dis rien, cela vient peut-être de ce que je n'ai rien à dire.

Il était difficile de continuer l'entretien sur ce ton; Mautravers ne l'essaya pas.

Si Roger n'avait rien à dire, c'est qu'il ne voulait pas s'expliquer; en réalité, les paroles de Mautravers l'avaient frappé et ému. Jusque là, en pensant à Raphaëlle, il ne s'était occupé que de ce qu'il éprouvait pour elle et pas du tout de ce qu'elle éprouvait pour lui. L'idée ne lui était même pas venue qu'elle voulût éprouver quelque chose. Qu'elle voulût être sa maîtresse en vue des avantages qu'elle pouvait tirer de cette position, cela il l'avait admis, mais sans aller plus loin et sans s'imaginer qu'un sentiment quelconque pouvait se mêler à ce calcul.

« Toquée de lui, » disait Mautravers.

Cela était-il possible?

N'avait-elle point dit cela à Mautravers pour que celui-ci le répétât?

Ou bien avait-elle parlé sincèrement?

Mautravers prétendait qu'elle lui avait fait pitié, et cependant il n'était guère sensible.

Était-ce vrai?

Quelles raisons pour en douter?

Était-il raisonnable de croire que Mautravers serait venu lui raconter cet entretien et parler de sa pitié si tout cela n'avait pas été vrai ?

Dans quel but?

Le résultat de ces questions, qu'il se posait sans leur trouver de réponses raisonnables, fut de le ramener malgré lui à Raphaëlle et en même temps de le rejeter dans ses irrésolutions.

La femme à laquelle il pensait maintenant n'était plus celle qui l'avait tant occupé depuis deux jours.

« Toquée de lui. »

XXI

Ce jour-là Roger devait voir le duc d'Arvernes, qui lui avait dit de venir au ministère des affaires étrangères vers quatre heures, afin de donner une forme régulière à sa demande.

Comme quatre heures sonnaient, il descendit de voiture à la grille du quai d'Orsay. On le fit attendre un quart d'heure environ ; puis un huissier majestueux l'introduisit dans le cabinet du ministre.

Le duc d'Arvernes l'accueillit comme un ami, en lui tendant la main ; il était impossible de montrer plus d'affabilité, plus de bienveillance ; c'était la continuation de la présentation dans les tirés de Fromainville.

Ce fut seulement après une grande demi-heure de conversation intime sur les sujets les plus divers : les chevaux, les femmes, la politique, que le ministre parut se rappeler que ce n'était pas seulement une visite de politesse que le duc de Naurouse lui faisait.

— A propos, dit-il, et vos pièces ?

Roger, déconcerté, resta un moment sans répondre.

— Quelles pièces ? dit-il enfin.

— Les pièces qui doivent être jointes à votre demande.

— Mais je ne sais même pas quelles sont ces pièces ; pardonnez-moi mon ignorance j'ignorais qu'après avoir obtenu l'agrément de Votre Excellence des pièces quelconques pouvaient m'être demandées.

— Ce sont de simples formalités : ainsi la justification que vous jouissez d'un revenu de 6,000 francs.

Roger, qui avait été effrayé par cette demande de pièces se mit à sourire :

— Je tâcherai de me procurer cette justification, dit-il.

— Vous y joindrez votre diplôme de bachelier, continua le ministre, ou simplement la quittance de votre première inscription à l'école de droit et tout sera dit, je ferai faire le reste.

Un diplôme de bachelier ! une inscription à l'école de droit ! Roger fut abasourdi.

Mais il n'était pas dans son caractère de rester aplati sous les coups qui le frappaient.

Ce fut le sourire aux lèvres qu'il se redressa pour répondre :

— Je n'ai pas tout cela sur moi, dit-il presque gaiement.

— Je le pense bien : réunissez donc ces pièces et, quand vous les aurez, apportez-les-moi ; les règlements qui régissent les conditions d'admission au département des affaires étrangères exigent que les candidats soient licenciés en droit, mais ce grade n'est pas de votre âge. Aussi, pour les jeunes gens qui se trouvent dans votre condition, avons-nous été obligés de faire fléchir les règlements ; aussitôt qu'ils sont inscrits à l'école de droit, nous les admettons à se préparer aux travaux diplomatiques dans une direction bien calme, celle des archives par exemple, et de ce moment ils sont attachés au ministère des affaires étrangères.

L'entretien en resta là et le duc de Naurouse prit congé de Son Excellence le ministre des affaires étrangères en promettant de revenir bientôt.

— En tous cas, à jeudi, dit le ministre, vous êtes annoncé et attendu.

Roger, voulait en sortant du ministère, aller faire un tour, au bois ; mais il rentra chez lui directement et ce fut un miracle que, malgré son habileté à conduire, il ne brisât pas vingt fois son phaéton contre les voitures qu'il croisa ou dépassa, tant sa préoccupation était grande.

Que s'était-il passé entre la présentation à Saint-Germain et cette réception ?

Si jeune qu'il fût, il ne l'était pas assez pour ne pas sentir qu'il y avait quelque chose sous les paroles affables du ministre.

Qu'était ce quelque chose ?

D'où venaient tout à coup ces exigences de pièces et de diplômes qu'il ne pouvait pas fournir ? On ne les avait pas demandés à d'autres candidats qu'il connaissait, et ceux-là avaient été attachés au ministère bien qu'ils fussent aussi ignorants que lui et même plus encore peut-être.

Était-ce là une machination de son grand-père ?

Cela était possible, cela même paraissait usqu'à un certain point probable ; mais comment le savoir au juste ?

Devant cette question il restait impuissant à la résoudre, passant alternativement de l'exaspération à l'accablement.

Un diplôme de bachelier ! Comment voulait-on qu'il en fournît un.

Ah ! le coup était habilement porté par une main sûre, et si bien assuré, qu'il avait brisé l'arme qu'il avait eu tant de peine à trouver pour se défendre ; avant même qu'il eût pu se servir de cette arme, elle lui était arrachée des mains et il n'avait qu'à rester impuissant. Maintenant, quoi qu'il fît, quoi qu'il voulût, son grand-père était maître de la situation.

En supposant que c'était M. de Condrieu qui avait suggéré au ministre cette exigence de diplôme, Roger devinait juste.

La veille, à une séance du sénat, M. de Condrieu-Revel s'était jeté sur le duc d'Arvernes et il l'avait accablé de remerciements pour l'insigne faveur qu'il accordait à son cher petit-fils, le duc de Naurouse, en attachant celui-ci au département des affaires étrangères.

— Ce n'est pas à moi que vos remercîments doivent s'adresser, mon cher comte; ils doivent remonter jusqu'à Sa Majesté.

— Oui, je sais la part que Sa Majesté a daigné prendre dans cette faveur, je sais, je sais, car on ne parle que de la démarche de mon petit-fils, mon cher petit-fils, qui a été vraiment divinement inspiré en agissant ainsi. Le jour même de sa majorité demander à servir Sa Majesté, se vouer pour ainsi dire, cela a quelque chose de délicat et de grand tout à la fois, bien digne, au reste, de son caractère chevaleresque, car il est chevaleresque, je l'ai toujours dit, et il l'a bien prouvé en cette circonstance où il n'a voulu l'appui de personne, pas même le mien que j'aurais été si heureux, si fier de lui accorder. Ah! je comprends que l'empereur ait été touché. Pour moi, quand j'ai appris cela, les larmes m'en ont monté aux yeux, oui, positivement aux yeux, aux yeux.

Et, du doigt, il parut chercher s'il n'avait point encore une de ces larmes restée au coin de sa paupière; mais il ne la trouva point.

Ce fut seulement après quelques instants donnés à son émotion paternelle qu'il continua :

— Ah! c'est pour moi une grande consolation de voir mon petit-fils, mon cher petit-fils, embrasser la carrière diplomatique, où son grand-père, le duc François, a laissé de si glorieux souvenirs et ce m'est un espoir bien doux de penser qu'il va faire ses premiers pas sous la direction de Votre Excellence. Ah! j'ai eu, je puis l'avouer maintenant, de sérieuses inquiétudes en voyant comme il se laissait facilement entraîner ; j'ai cru qu'il allait donner un démenti à mes espérances et, en apprenant cette perte au jeu, de huit cent mille francs en une nuit, j'ai été accablé. Cependant je n'ai pas voulu désespérer de lui et quand des membres de notre famille ont parlé de lui faire nommer un conseil judiciaire, je m'y suis opposé de toutes mes forces, de toutes mes forces, toutes mes forces. Je n'ai pas voulu, pas voulu. J'ai plaidé les circonstances atténuantes ; il faut comprendre la jeunesse, n'est-ce pas, et pardonner un moment d'entraînement!

— Sans doute.

— N'est-ce pas? Je suis heureux d'avoir votre approbation. Une perte au jeu en une nuit, si grosse qu'elle soit, ne constitue pas une habitude de prodigalité. S'il s'agissait de dépenses continues, même moins fortes, ce serait différent, car s'il faut comprendre la jeunesse, il faut aussi la protéger. Vous voyez que j'ai eu raison dans mon indulgence paternelle, car, au moment même où l'on agitait cette question du conseil judiciaire, mon petit... mon cher petit-fils réparait noblement sa faute et se montrait, par sa démarche auprès de Sa Majesté, décidé à l'expier. Oh! je suis fier, je l'avoue, de cette résolution virile et je suis convaincu que vous n'aurez pas à regretter de lui avoir accordé votre bienveillance.

— N'en doutez pas, monsieur le comte.

— Si j'osais, je ferais encore un appel à cette bienveillance. Sans doute, je suis heureux de le voir entrer dans la diplomatie; mais je voudrais — pardonnez à mon ambition... paternelle — je voudrais que ce fût par la grande porte.

Le duc d'Arvannes le regarda avec surprise.

— Je vais m'expliquer, monsieur le duc, continua M. Condrieu. Mon petit-fils a fait son éducation non sous ma direction — mon temps est pris par le service de mon pays — mais dans ma maison, avec un précepteur. Ses études ont été très-bonnes, très-bonnes. Cependant il n'a point passé ses examens. Pour l'habituer peu à peu à la liberté je lui avais permis de quitter ma maison et de vivre en jeune homme. Eh bien! il a un peu abusé de cette liberté et il a négligé — ce qui cependant lui eût été facile et ne lui eût demandé que peu de travail — de prendre ses diplômes. Voici une occasion excellente de l'obliger à passer ses examens, c'est de ne pas faire fléchir en sa faveur les règlements d'admission à votre ministère. En ce moment rien n'est plus facile pour lui que de passer ces examens ; plus tard, il sera trop tard, et alors cela pourra le gêner dans sa carrière, que je voudrais belle et glorieuse, digne de celle de son grand-père, le duc François de Naurouse. Un mot de vous, et il s'y conformera ; ce sera un retard de quelques semaines, d'un mois peut-être, et, pour ce retard insignifiant, vous lui aurez rendu un service important, considérable, car, ces premiers examens subis, il n'hésitera pas à faire son droit et à les subir tous successivement jusqu'au dernier.

— C'est que ce règlement d'admission dont vous parlez, mon cher comte, a été si souvent violé qu'il serait difficile de l'appliquer dans toute sa sévérité au duc de Naurouse. Ainsi un de mes prédécesseurs, pour faire entrer au ministère son fils qui n'avait pas pu passer ses examens du baccalauréat, a bouleversé ce règlement. Il est vrai que celui qui l'a remplacé — et il n'aimait pas les fautes d'orthographe celui-là — a remis en rigueur ce règlement de 1853. Mais malgré sa juste sévérité, on a trouvé toutes sortes de moyens ingénieux pour le tourner, et vous pouvez rencontrer de par le monde des attachés au département des affaires étrangères qui n'ont jamais mis le pied au ministère. Cependant je sens si bien la force des raisons qui inspirent votre demande que je veux vous venir en aide. Je vais donc étudier ce qu'il y a à faire pour obliger le duc de Naurouse à passer ses examens, et cela sans qu'il puisse être blessé de nos exigences.

C'était ainsi que M. de Condrieu avait obtenu que son petit-fils, son cher petit-fils, n'entrât au ministère des affaires étrangères que par la belle porte, — celle par laquelle il lui était impossible de passer.

XXII

Rentré chez lui Roger s'était jeté dans un fauteuil, et là, devant le feu, seul, au milieu du calme et du silence, sans autre lumière que celle que donnait capricieusement la flamme du bois, n'étant plus troublé par le mouvement et les bruits de la rue, il avait tâché de faire ce qui lui avait été impossible depuis qu'il avait quitté le ministère, — c'est-à-dire d'envisager sa situation froidement, raisonnablement.

Mais le calme et la froideur ne s'imposent pas par un effort de volonté quand on est un passionné; ce ne sont pas ceux qui disent raisonnons qui raisonnent, ceux-là sont les esclaves de leurs nerfs et se laissent emporter par leurs émotions.

— Il faut réfléchir, se disait Roger en se prenant la tête à deux mains, il faut voir.

Et il se le disait avec une ferveur d'autant plus grande qu'il sentait que c'était de lui seul qu'il pouvait prendre conseil et qu'il n'avait personne autour de lui à qui s'adresser en cette conjoncture décisive.

Mais, au moment où il se croyait maître de sa volonté et capable de suivre une idée jusqu'au bout ou de peser le pour et le contre d'une résolution, un mouvement de colère le secouait de la tête aux pieds et le soulevait sur son fauteuil.

Et c'était le père de sa mère !

Pourquoi le poursuivre ainsi dans sa vie, dans son repos, dans son honneur ?

Pour un intérêt d'argent.

Pour sa fortune.

Alors il se disait que, s'il avait cette fortune entière sous la main, en billets de banque, il la jetterait au feu.

Au moins il serait libre.

Pauvre, il eût peut-être été aimé par ce grand'père qui ne pensait à lui que pour échafauder des combinaisons sur sa mort.

Mais il ne l'avait pas sous la main, cette fortune; on ne brûle pas des maisons, des fermes, des forêts, la loi s'y oppose; il fallait donc la défendre.

Et en même temps il fallait se défendre soi-même.

Comment ?

C'était sur ce point qu'il importait de ne se décider qu'après réflexion.

Mais, toujours au milieu de ces réflexions, l'image de son grand'père se présentait à lui, et alors la colère l'exaltait.

Pour réfléchir, il eût fallu précisément qu'il pût écarter cette image, et, quels que fussent ses efforts, il ne pouvait pas y parvenir : ou qu'il portât ses yeux, il le voyait avec sa grande taille voûtée, sa mine bénigne et son geste hésitant; depuis qu'il se rappelait ses impressions, deux images l'avaient ainsi poursuivi et obsédé : — petit, quand il entendait répéter autour de lui qu'il ne devait pas vivre, celle de la Mort avec sa faux; plus grand, quand il avait commencé à comprendre la vie, celle de son grand'père, qui, pour n'avoir pas de faux à la main, n'était pas la moins effrayante.

N'échapperait-il donc jamais à cette vision ?

Un léger bruit lui fit tourner la tête vers la porte, c'était Bernard qui entrait tenant une lampe.

— Je n'ai pas besoin de lumière, dit Roger.

— C'est que mademoiselle Raphaëlle demande à voir monsieur le duc.

Instantanément il se leva.

— Vous avez dit que j'étais là ?

— Je ne savais pas que monsieur le duc ne voulait pas recevoir.

Son premier mouvement, en effet, avait été de ne pas voir Raphaëlle, car jamais moment n'avait été plus mal choisi pour avoir avec elle l'entretien qu'il avait décidé; mais la réflexion lui fit tout de suite sentir que cela était impossible. Refuser de la recevoir quand elle venait chez lui, c'était la chasser. Qu'avait-elle fait pour cela ? Quels torts avait-elle envers lui ?

— Faites entrer, dit-il.

Et, lentement, il se dirigea vers la porte en tâchant de se composer un visage.

Ce fut en marchant lentement aussi que Raphaëlle fit son entrée, et avec une attitude grave.

Durant quelques secondes ils restèrent en face l'un de l'autre ne disant rien; puis, pour échapper à l'embarras et au ridicule de cette attitude, Roger lui avança un fauteuil.

Elle s'assit posément et ce fut posément aussi qu'elle releva sa voilette.

Après un moment d'hésitation, Roger s'était décidé; il allait prendre la parole, mais elle le prévint :

— Monsieur le duc, dit-elle, je viens pour que vous me payiez.

Il s'attendait à des reproches; il resta abasourdi.

— Vous m'avez prise comme on prend une fille, payez-moi comme on paie une fille.

— Mais...

— Oui, vous m'avez envoyé un coffret, cela est vrai, mais ce n'est pas avec cette monnaie qu'on paie les filles. Qu'est-ce que vous voulez que j'en fasse de votre coffret? Que je le garde comme un souvenir? Ah! non, le souvenir serait trop triste. Que je le vende? Je ne connais pas la valeur de ces choses-là et je le perdrais trop dessus. Et vous savez bien que je n'ai pas le moyen de perdre, puisque j'arrive à Paris ruinée. J'ai besoin d'argent. Donnez-m'en. Oh! je ne vous fixe pas une somme. Donnez-moi ce que vous estimez que j'ai gagné; — ce que je vaux. Je ne vous taxe pas, seulement je réclame ce qui m'est dû. Payez-moi, je m'en vais.

Elle avait débité ce petit discours à mots heurtés, d'une voix saccadée, sans regarder Roger.

A ce moment elle leva les yeux sur lui; leurs regards se rencontrèrent, et tout ce qu'il avait arrêté, ce qu'il s'était promis de dire, même ce qu'il venait d'entendre, fut oublié.

Irrésistiblement il lui tendit la main.

Au lieu de lui donner la sienne, elle le regarda encore longuement:

— C'est une main vide que vous m'offrez? dit-elle.

— Vos plaintes sont justes...

— Ah! vous trouvez.

— J'aurais dû vous reporter ce coffret depuis longtemps déjà.

— C'était l'apporter que vous voulez dire, et alors je l'aurais reçu avec une joie bien douce, je l'aurais gardé comme le souvenir le meilleur de ma vie. Mais me l'envoyer sans un mot, sans rien, en paiement; je n'en veux pas de votre paiement ou j'en veux un autre.

— Ce n'était point un paiement, c'était un souvenir, et si je ne vous l'ai pas porté moi-même, c'est qu'il m'en coûtait, il m'en coûtait beaucoup de vous dire que nous ne devions pas nous revoir.

— Ah!

Elle porta la main à son cœur, mais par un geste discret et sans s'abandonner.

— Alors pourquoi nous sommes-nous vus? demanda-t-elle.

Il ne répondit pas.

— Pourquoi m'avez-vous demandé si j'étais femme à consoler un vaincu? Cette parole, vous ne l'adresseriez pas à une fille, n'est-ce pas? Je venais de vous voir si brave, si fier, si chevaleresque dans votre lutte contre vos amis que j'avais été émerveillée. Je me disais que vous deviez être si malheureux de l'attitude de ces amis qui, tous, s'étaient jetés sur vous, empressés à profiter de votre déveine et de votre entraînement, que j'avais été touchée au cœur. Voilà comment j'ai mis mes mains dans les vôtres quand vous me les avez tendues. Cela était-il d'une fille?

Ce fut fièrement qu'elle prononça ces derniers mots et en le regardant en face.

Puis elle continua:

— En quoi avais-je mérité la façon dont vous m'avez traitée. Vous m'avez envoyé un cadeau... de prix, je le crois; mais qu'importe le cadeau, qu'importe le prix que vous avez pu le payer. Vous n'êtes pas venu; vous ne m'avez pas envoyé un mot me disant pour quelle raison vous ne veniez pas; et depuis que je suis ici, si vous m'avez dit que vous ne vouliez pas me revoir, vous n'avez pas daigné m'apprendre pour quelle raison. Voyons, que vous ai-je fait? De quoi vous plaignez-vous?

— Je ne me plains pas; je n'ai aucun reproche à vous adresser.

— Alors vous avez une maîtresse?

— Je n'en ai point.

— Je vous en prie, soyez dur, soyez impitoyable, mais soyez franc..... Je vous déplais!

Elle dit cela en hésitant, les lèvres tremblantes, le regard éperdu, comme si elle attendait son arrêt de mort.

— Vous!... Ah! certes, non!

Elle respira en fermant les yeux, et un profond soupir de soulagement s'échappa de ses lèvres entr'ouvertes.

Puis, vivement, attirant son fauteuil de manière à se trouver en face de Roger et à le frôler de ses genoux, tandis qu'elle le tenait sous son regard:

— Alors ce que j'ai imaginé serait donc possible!..... Je ne voulais pas le croire, je n'osais pas l'espérer. Mais ce cri... ce cri involontaire m'ouvre les yeux. Si vous ne voulez pas me voir parce que je vous déplais, c'est donc... parce que je vous plais. C'est parce que vous aviez peur de moi que vous n'avez pas osé m'apporter ce coffret magnifique, choisi avec tant de goût, avec... amour; c'est parce que vous aviez peur que vous n'avez pas osé me le rapporter.

Elle fit une pause, mais sans le quitter des yeux, l'enveloppant de son geste câlin, qui, sans qu'elle le touchât, lui donnait la sensation d'une caresse.

— Cette idée, je l'avais eue, continua-t-elle, mais sans pouvoir m'y arrêter, tant elle me paraissait absurde. Peur, le duc de Naurouse, allons donc! Et puis, pourquoi peur? De quoi peur? Peur pour son argent, lui qui perd huit cent mille francs en quelques minutes avec un visage souriant? Et puis, est-ce que je lui avais parlé d'argent? Est-ce que je lui en demandais? Est-ce qu'en venant à lui, entraînée, éblouie, fascinée, troublée, éperdue, poussée par une irrésistible émotion, par une toute-puissante fascination, je m'étais montrée femme d'argent ?

Peu à peu sa parole, de plus en plus pressée, avait passé par toutes les gammes de l'attendrissement à l'émotion passionnée ; en disant ces derniers mots elle se laissa glisser de son fauteuil sur le tapis et, jetant ses deux bras autour des épaules de Roger, qui s'était penché vers elle :

— Oh ! mon cher petit duc, s'écria-t-elle, ce n'est pas ta fortune que je veux, c'est toi, toi que j'aime, toi que je veux pour t'aimer, pour t'adorer, pour être ton esclave, ta servante, pour te rendre heureux comme tu voudras et seulement tant que tu voudras, un jour si tu ne veux qu'un jour, ma vie entière si tu le permets.

Et, se haussant encore un peu, tandis qu'avec ses deux bras elle l'attirait doucement, elle se suspendit à ses lèvres, les aspirant dans un long baiser.

XXIII

Elle ne voulut pas dîner au café Riche, il y était trop connu.

Ce qui lui plaisait, c'était le mystère : un endroit écarté où on les prendrait pour mari et femme.

Comme cela serait charmant ; ils dîneraient côte à côte et non en face l'un de l'autre ; ils se diraient vous ; elle était sûre que, sans savoir qui il était, rien que sur son air, le maître-d'hôtel lui dirait : « Monsieur le duc, » ou : « Mon prince. » C'était cet air-là qui tout d'abord l'avait frappée, cet air de noblesse, de dédain, de fierté, avec quelque chose de bon et de généreux, — implacable pour les méchants ou les imbéciles, tendre pour les faibles et les bons.

— Et les bêtes, les pauvres bestioles du bon Dieu, les aimes-tu ?

Quand il eut répondu qu'il les adorait, elle le pomponna comme une jeune mère eût fait pour son bébé.

Oh ! son cher petit duc !

Il fut convenu qu'ils iraient dîner chez Magny, « là-bas, bien loin, vers le Luxembourg ; » amais Roger n'avait mangé dans ces contrées sauvages, mais il avait entendu dire que des voyageurs égarés y avaient trouvé assez bonne chère. On pouvait en essayer ; en tous cas, il avait la certitude d'y être aussi inconnu que s'il la conduisait en Laponie ou chez les nègres.

— Quel bonheur ! Au moins nous ne rencontrerons pas tes amis. Je les ai en horreur. Moi qui ne jouais pas, je les ai vus se jeter sur toi, et j'ai vu aussi les mauvais sourires qu'ils échangeaient quand ils ont été certains que tu t'emballais. Ce Savino, quel avare ! Il n'y avait que M. de Mautravers...

— Ne parlons pas de cela.

— Tu as raison ; ne parlons que de nous, que de toi.

Et puis ce qu'il y avait de charmant à aller dîner chez Magny, c'était la distance ; on serait longtemps ensemble, pelotonnés l'un contre l'autre.

Le « là-bas bien loin » fut beaucoup plus près que Roger ne croyait.

— Déjà arrivés, dit-il, lorsqu'on ouvrit la portière.

Pour ce mot elle lui serra la main tendrement.

— Tu vois, dit-elle, je te fais oublier le temps.

Ce n'était pas le temps seulement qu'elle lui faisait oublier, c'était tout : ses déceptions, ses inquiétudes — son grand-père.

Il est des amants aux aspirations idéales qui ne comprennent pas qu'une femme mange. Roger n'était point de ceux-là ; il fut ravi du bel appétit de sa maîtresse, ravi aussi et plus encore peut-être de sa gaieté.

— Tu vois, disait-elle, que j'aurais fait un bel emploi de l'argent que je venais te demander.

Puis, tout de suite, se penchant dans son cou et le regardant avec des yeux noyés :

— Quand je pense que j'avais trouvé cela pour en arriver à te dire des injures, et que cet argent que je réclamais je voulais te le jeter à la face. Sais-tu que maintenant je suis fière que tu aies eu peur de moi : tu m'aimais donc bien.

Oui il l'aimait.

Il l'aimait pour les luttes qu'il avait soutenues contre elle.

Il l'aimait parce qu'elle lui parlait, lui souriait, le charmait.

Il l'aimait parce qu'il était seul, sans parents, sans amis, et que, dans son isolement, il avait besoin de croire à une parole de tendresse.

Elle voulut revenir chez lui, et une partie de la nuit se passa à faire des projets.

Si Roger n'avait pas voulu s'expliquer avec elle franchement lorsqu'elle l'avait poussé à donner les raisons pour lesquelles ils ne devaient plus se voir, ils n'étaient plus dans les mêmes conditions vis-à-vis l'un de l'autre : ce n'était plus une femme avec laquelle il voulait rompre qu'il avait devant lui, c'était une femme avec laquelle il venait de renouer, c'était une femme qui l'aimait, — sa maîtresse.

Sans entrer dans des explications précises, sans parler de son grand-père et des desseins de celui-ci, il avait dit comment la menace du conseil judiciaire, qu'il n'avait connue que le matin après leur séparation, l'avait arrêté.

— Pourquoi ne m'as-tu pas dit cela ?

— Parce que... cela n'était pas facile à dire.
— Tu me le dis bien maintenant.
— Maintenant les circonstances ne sont plus les mêmes.
— Maintenant tu sens que tu m'aimes, tu sais que je t'aime, ou alors tu ne le sentais pas, tu ne le savais pas. Est-ce cela ?
— Oui. Et puis il y a autre chose aussi. Ne voulant pas te revoir je me préparais à la lutte contre ceux qui ont intérêt à m'imposer ce conseil judiciaire ; je voulais être sage, je voulais répondre au reproche de prodigalité par des preuves d'ordre.
— Et maintenant ?
— Maintenant j'ai renoncé à cette lutte comme j'ai renoncé à l'ordre. J'ai la conviction que, quoi que je fasse, on réussira à me donner ce conseil judiciaire, et je ne veux plus me gêner, je ne veux plus me contraindre. A quoi bon ? Pour qui ? Si je dépense ma fortune pour ceux que j'aime, cela n'est-il pas plus raisonnable que de la garder pour ceux que je hais ?

Elle claqua des mains en applaudissant gaiement.

— Bravo ! le voilà retrouvé le brillant duc de Naurouse ! Lui, retenu par la peur ! Lui, vivant petitement, bourgeoisement, comptant avant de dépenser ! Allons donc ! cela n'était pas vraisemblable, personne n'aurait voulu le croire. Sois tranquille, mon cher petit duc, si tu veux dépenser ta fortune, si tu veux vivre grandement, si tu veux faire du tapage en ce monde en éblouissant les gens, je t'aiderai, et tu verras que je te ferai honneur. Le Paris bête et bourgeois, nous l'éclabousserons, nous l'écraserons. Et tu verras quelle course parmi les imbéciles qui voudront nous suivre : les Savine, les Poupardin. Et maintenant, que la fête commence, comme on dit dans les féeries ; en avant ! hip ! hip !

Elle lui jeta les bras autour du cou, en riant d'un rire de théâtre.

— Mais il nous faut un décor, continuat-elle, où plaçons-nous la scène ? Dans l'hôtel de Mlle Raphaëlle, n'est-ce pas, car la maîtresse du duc de Naurouse ne peut pas habiter autre chose qu'un hôtel lui appartenant ? Et où le plaçons-nous, cet hôtel ? La maîtresse du duc de Naurouse ne peut pas demeurer autre part qu'aux Champs-Élysées. Quel est l'équipage qui fait la plus belle figure sur le pesil ? C'est celui de la maîtresse du duc de Naurouse.

Tout en parlant, elle le regardait, observant l'effet de ses paroles. Tout à coup elle s'arrêta :
— Tu trouves que c'est trop, n'est-ce pas ? demanda-t-elle.
— Je trouve qu'il n'y a rien de plus bête que de dépenser sa fortune pour donner un spectacle aux curieux, aux imbéciles.

— Et tu as bien raison ; aussi ce que je disais, c'était tout simplement un jeu. Mais si je dis que la maîtresse du duc de Naurouse doit habiter un appartement convenable du boulevard Haussmann, trouves-tu que c'est trop ?
— Certes, non.
— Si je dis qu'il lui faudrait un coupé avec deux chevaux, un petit coupé peint en noir et garni de drap bleu ; les chevaux, des anglo-arabes, — trouveras-tu que c'est trop ?
— Non.
— Si je dis qu'il lui faudrait un cheval de selle, un pur-sang dressé pour dame ; qu'il lui faudrait aussi un crédit illimité chez Faugerolles pour ses toilettes, trouveras-tu que c'est trop ?
— Non, assurément, non.
— Non, n'est-ce pas ? C'est bien non que tu dis : l'appartement du boulevard Haussmann avec son ameublement, le coupé noir, les anglo-arabes, le pur-sang, le crédit illimité, tu es prêt à me les offrir ?
— Pourquoi donc tiens-tu tant à faire tes conditions ? dit-il avec un certain mécontentement.
— Réponds-moi d'abord, je te répondrai ensuite.
— Je suis prêt à t'offrir tout ce qui peut t'être utile, tout ce qui peut t'être agréable.
— Bien vrai, tu me le promets ?
— Mais sans doute.

C'était accroupie devant lui qu'elle parlait, légèrement penchée en avant, la chemise tombée de dessus l'épaule, la gorge nue : vivement elle se coula contre lui et, l'enserrant dans ses deux bras :

— Oh ! mon cher petit duc, s'écria-t-elle, que tu es bêbête malgré tout ton esprit. Tu ne vois donc pas que je ne parle pas sérieusement et que tout ce que je t'ai dit n'avait d'autre but que de savoir ce que tu étais prêt à faire pour moi. Je l'ai vu, cela suffit. Non-seulement je ne veux pas de l'hôtel des Champs-Élysées, mais je ne veux pas davantage de l'appartement du boulevard Haussmann, je ne veux pas du coupé noir, je ne veux pas des anglo-arabes, je ne veux pas du pur-sang, je ne veux pas du crédit chez Faugerolles ; je ne veux rien que ton amour. Comment, tu as pu t'imaginer que j'allais me faire la complice de tes aimables parents pour t'imposer un conseil judiciaire ? Non, mon cher petit duc, non. Que le duc de Naurouse compte avant de dépenser quand il est libre, cela serait misérable ; mais qu'il ne compte pas quand il sait que sa famille doit profiter de ses dépenses pour lui faire nommer un conseil judiciaire, ce serait bête. Et nous ne serons pas bêtes, mon petit duc ; ce n'est pas moi qui te pousserai à des folies ou à des dépenses. Je t'interdis les deux. Mais comme la maîtresse du duc de Naurouse ne doit pas faire triste figure sous peine que sa médiocrité humilie ou ennuie son amant, personne ne saura que je suis ta maîtresse. Je quitterai Paris, j'irai où tu voudras ; que m'importe, pourvu que je t'aie. Plus tard nous nous rattraperons. Pour le moment nous devons n'avoir qu'un souci : échapper au conseil judiciaire, et nous y échapperons si tu m'écoutes. Où veux-tu que j'aille me cacher ?

Ce fut la question qu'ils discutèrent.

Elle proposa l'île aux Loups, dans la Marne, sous le viaduc de Nogent ; elle n'avait jamais mis le pied dans cette île, mais elle l'avait vue et admirée en passant sur le viaduc quand, petite fille, elle s'en allait le dimanche en chemin de fer avec sa mère chez ses parents d'Emerainville, et, pour elle, c'était l'idéal de la campagne : un chalet, des arbres, la rivière avec un bateau.

Roger fit observer qu'en décembre et janvier un chalet dans une île où montent les grandes eaux cela ne serait peut-être pas très confortable.

Alors ils cherchèrent autre part ; puis, ne trouvant rien qui répondît entièrement à leur désir, ils remirent au lendemain l'examen de cette grave affaire.

Il n'y avait pas urgence ; un retard ne signifiait rien maintenant ; l'essentiel était qu'ils fussent d'accord, — et ils l'étaient bien d'accord, de cœur et d'esprit.

XXIV

Le matin, la discussion reprit au point où elle avait été interrompue.

Roger proposa Choisy-au-Bac, un village sur les bords de l'Aisne, au milieu des deux forêts de Laigue et de Compiègne ; on serait perdu là comme dans un pays de sauvages et cependant on ne serait pas sans distractions : on pourrait faire des promenades à cheval dans la forêt ; on pourrait aussi chasser.

La perspective de se servir d'un fusil et surtout de s'habiller en homme, avec des bottes molles et un chapeau à plumet, transporta Raphaëlle.

Mais avant de penser à s'installer à Choisy-au-Bac, il fallait savoir si la maison que Roger avait en vue était à louer, et ce n'était point une question qui se pouvait décider au lit : il allait envoyer une dépêche à un entraîneur qu'il connaissait dans les environs et, si la réponse était satisfaisante, il irait prendre Raphaëlle pour aller avec elle à Compiègne, d'où ils se feraient porter à Choisy.

Il n'y avait que peu de temps que Raphaëlle était partie lorsqu'on apporta à Roger ses lettres et ses journaux.

Parmi ces lettres s'en trouvait une lourde et volumineuse enfermée dans une assez grande enveloppe. Ce fut celle-là qu'il prit tout d'abord ; l'adresse était d'une écriture qu'il connaissait — celle de Christine.

Était-ce possible ! Christine lui écrivait ! Pourquoi ?

Vivement il l'ouvrit :

« Prends garde à toi, mon cher Roger, tu
» te perds. En apprenant la catastrophe, mon
» effroi n'a pas été ce qu'il est devenu depuis,
» ce qu'il est maintenant. Tu es riche ; l'aventure
» était déplorable, il est vrai ; cependant
» j'espérais, moi qui connais ta droiture
» et tes nobles sentiments, qu'au premier
» appel de la raison tu t'arrêterais et que
» cette grosse perte te serait une leçon
» pour t'empêcher de gaspiller la fortune
» d'une si misérable façon. Mais lorsque j'ai
» vu le désespoir de notre grand-père j'ai
» compris le péril : tu donnes des armes terribles
» contre toi. Ceux qui t'aiment vont
» être impuissants à te défendre.

» Faut-il te dire la vérité ? Il y a des membres
» de notre famille qui, épouvantés par
» ton avenir, veulent te faire nommer un
» conseil judiciaire ; notre grand-père seul
» s'y oppose ; seul il te défend. Lui, mon
» cher Roger, lui que tu redoutes, il t'excuse.
» Quelle consolation dans mon chagrin
» d'avoir la preuve que tu lui tiens
» au cœur autant que moi, autant que de moi !
» Moi j'étais là, je l'ai entendu parler de toi,
» et ce qu'il a dit je l'aurais dit moi-même,
» si on m'avait permis de prendre la
» parole. Avec sa douce indulgence, avec
» son amitié pour toi, il a su trouver des
» mots persuasifs et éloquents pour te soutenir.
» Il croit à un accident, il dit que tu
» as été entraîné et il n'admet pas que on
» condamne un jeune homme pour une imprudence ;
» il demande qu'on attende avant
» de le juger. Mais, quoi qu'il ait dit, j'ai bien
» vu qu'il était horriblement inquiet. Tu
» t'es si peu laissé connaître par lui ; tu t'es
» toujours si bien appliqué à lui cacher ce
» qu'il y avait de meilleur en toi.

» Cela a été un tort que je ne me suis jamais
» expliqué ; mais, si tu as commis cette
» faute, tu dois maintenant montrer à tous
» le Roger que je connais, moi, le Roger qui
» ressemble si peu au duc de Naurouse dont
» s'occupe Paris.

» Si ta mésaventure, t'inspirant un retour
» sur toi-même, te faisait renoncer à l'existence
» qui est la tienne depuis que tu
» nous as quittés, je la bénirais et j'en remercierais
» Dieu, Dieu que j'ai tant prié
» pour qu'il t'éclaire ; car tu sais bien, n'est-
» ce pas, que j'ai été cruellement affligée de
» te voir t'abandonner à cette vie mondaine

» que je connais mal, que je ne connais pas,
» cela est vrai, mais que je sais cependant per-
» nicieuse pour les âmes les mieux trempées.
» Que de fois, lorsque je remontais au
» temps de notre enfance et me rappelais ta
» bonté, ta douceur pour moi, la tendre af-
» fection qui faisait de nous un frère et une
» sœur étroitement unis, que de fois me
» suis-je désespérée de la résolution qui
» nous séparait et qui te tenait si loin de
» nous, si loin moralement surtout! Où étais-
» tu? que faisais-tu? qui t'entourait? Et la
» maison, si vide depuis que tu étais parti,
» me semblait plus déserte encore; la tris-
» tesse me gagnait et alors j'avais l'instinct,
» j'avais une vision vague des dangers qui
» te menaçaient. Les événements, hélas! ne
» m'ont donné que trop raison et mes crain-
» tes n'étaient pas exagérées.
» Tu m'aimes trop pour prendre mal ce
» que je te dis et, j'en suis sûre, tu ne te ré-
» volteras pas contre mes paroles. Ce n'est
» pas un sermon que je t'adresse; cela n'est
» pas de mon âge; et puis tu sais bien que
» je suis plus disposée à subir ton influence
» qu'à t'imposer mes idées; mais il faut que
» tu reviennes à toi, que tu réfléchisses; il
» faut que tu m'écoutes. J'ai trop prié pour
» toi, j'ai trop pleuré sur toi pour n'avoir
» pas le droit de te dire que tu es dans le
» mauvais chemin. Je t'en conjure, ne mets
» pas derrière toi un passé indigne dont les
» fautes seraient ineffaçables, dont les sou-
» venirs deviendraient un remords pour ta
» conscience. Tu te marieras, tu auras des
» enfants, des héritiers de ton nom, songe à
» eux. Tu leur dois l'exemple d'une belle
» vie. Comment pourrais-tu leur parler de
» devoir et de vertu, si tu n'es pas toi-même
» irréprochable? Comment pourrais-tu les
» élever dans l'amour de notre sainte reli-
» gion, si tu n'as pas le respect de Dieu? Si
» ta fortune est à eux, ton nom intact et
» honoré doit être leur gloire; c'est un bien
» moral dont tu es dépositaire comme du
» patrimoine que tes pères t'ont légué; tu
» dois leur garder les deux comme tu dois
» aussi ne pas les isoler d'une famille qui
» sera la leur et dont plus tard ils peuvent
» vouloir demander l'appui ou l'affection.
» Tiens, imagine ce qu'aurait été le jour de
» ta majorité célébré au milieu de nous, chez
» ton grand-père, nos sourires répondant aux
» tiens, nos cœurs battant avec ton cœur
» d'une même émotion, tous heureux de
» cette fête. Quels souvenirs dignes tu au-
» rais conservés de cette journée qui devait
» dater, mais pas comme elle datera! Tu te
» la serais rappelée plus tard avec la satis-
» faction que donne le devoir accompli, et
» si tu t'étais moins amusé avec nous tu n'au-
» rais pas eu ce réveille terrible qui, quoi

» que tu fasses et quelles que soient tes
» résolutions pour l'avenir, ne pourra pas
» ne pas être un regret douloureux, même
» une gêne.
» Ah! que ne suis-je pour toi, mon cher
» Roger, mieux qu'une petite cousine sans
» grande valeur, sans grande intelligence,
» sans autorité! que n'ai-je des qualités su-
» périeures ou seulement que ne suis-je ta
» sœur. Tu m'écouterais peut-être autrement,
» car je n'ose me flatter que mes paroles, si
» profondément sincères qu'elles soient, te
» porteront tout de suite le coup qui doit
» te transformer; alors tu sentiras qu'il n'y
» a de bonheur pour toi que dans une exis-
» tence remplie et non au milieu de ces vi-
» veurs au cœur sec qui ne peuvent ni t'ap-
» précier ni t'aimer.
» Cependant tu y réfléchiras à ces pa-
» roles, n'est-ce pas, et quand je me rappelle
» ce que tu étais autrefois, je ne peux pas
» ne pas croire que tu n'en seras pas touché.
» Peut-être, lorsque quelques jours se se-
» ront écoulés et que l'impression qu'elles
» auront produites s'effacera, peut-être me
» trouveras-tu bien ennuyeuse, et, pis que
» cela peut-être, en viendras-tu à penser que
» je t'aime moins parce que j'aurai critiqué
» ta conduite.
» Il ne faut pas que cela soit, Roger; il ne
» faut pas que tu doutes de ce que j'ai souf-
» fert à t'écrire comme je viens de le faire,
» moi qui n'aurais jamais voulu formuler
» un blâme sur toi, si léger qu'il fût, et qui,
» au contraire, aurais si ardemment souhaité
» n'avoir qu'à t'admirer, comme lorsque nous
» étions enfants et que, pour moi, mon cou-
» sin Roger était la perfection en ce monde.
» Il faut que tu saches bien que mon af-
» fection est aujourd'hui ce qu'elle était alors,
» aussi vive, aussi grande, et que si je gémis
» de ton égarement, rien ne portera, rien ne
» peut porter atteinte aux sentiments que je
» t'ai voués.
» Je vais implorer Dieu avec plus de fer-
» veur encore pour qu'il te guide et ne se
» désintéresse pas de toi comme d'un indi-
» gne; mais tu trouveras toujours en moi
» une indulgence sans bornes pour tes er-
» reurs et un pardon toujours prêt pour tes
» folies.
» Pourtant, s'il arrivait que cette lettre te
» touchât et que la lumière se fît en toi, sa-
» che, Roger, que tu auras fait de moi la
» créature la plus heureuse de la terre, et que
» dans une seule minute de repentir tu peux
» me payer cent fois les heures douloureu-
» ses pendant lesquelles j'ai tremblé pour
» toi.
» Je vais attendre dimanche avec une
» cruelle impatience pour savoir quel effet
» cette lettre a produit.

» Ton regard me le dira.

» Dimanche dernier, j'ai tâché de te faire
» exprimer par mes yeux tout ce que je viens
» de te dire; mais j'ai bien vu que tu ne com-
» prenais rien à leur langage, et que le seul
» résultat que j'obtenais était de t'inquiéter.
» C'est pourquoi je me suis décidée à t'écri-
» re cette longue lettre, — décision terrible
» à prendre et bien difficile aussi à exécuter;
» mais il s'agissait de toi, de ton repos, de
» ton bonheur, de ton honneur, et je ne me se-
» rais pas pardonnée de n'avoir pas parlé,
» moi ta camarade, ton amie, ta cousine, ta
» sœur.

» CHRISTINE. »

XXV

Cette lettre causa à Roger l'émotion la plus forte, la plus profonde qu'il eût jamais ressentie.

Comme il fallait que Christine l'aimât pour s'être décidée à lui écrire ainsi :

« Moi qui n'aurais jamais voulu avoir à formuler un blâme sur toi, si léger qu'il fût, et qui, au contraire, aurais si ardemment souhaité n'avoir qu'à t'admirer comme lorsque nous étions enfants et que mon cousin Roger était la perfection en ce monde. »

Il n'avait point été gâté sous le rapport de la tendresse pas plus que sous celui de l'admiration.

Christine, il est vrai, lui avait toujours témoigné une très-vive affection pendant les années où ils avaient vécu ensemble comme deux camarades, — car, malgré la différence d'âge, c'était bien une camaraderie fraternelle qui s'était établie entre eux à cette époque. Isolés, abandonnés l'un et l'autre, privés de soins l'un comme l'autre, égaux tous deux devant l'indifférence ou les mauvaises paroles de leur grand-père, qui n'avait de cœur que pour Ludovic, son cher, son très-cher petit-fils celui-là, l'espoir et l'ambition de sa vieillesse, elle était venue à lui comme il avait été à elle, naturellement; elle se faisant plus grande, lui se fa sant plus petit pour être de même taille, et c'était dans une union étroite qu'ils avaient passé ces dures années d'enfance, — unis pour jouer sous l'ombrage des deux grands ormes du jardin de la rue de Lille, autour d'une statue de Pomone, sur laquelle ils avaient si souvent écrit leurs deux noms, — unis pour se soutenir contre les méchancetés tyranniques de Ludovic, fort de l'appui de son grand-père et très-inventif d'ailleurs en mauvais tours; — unis pour se consoler ou s'égayer selon que la journée était au chagrin ou à la joie; elle, dans les heures mauvaises, toujours plus résignée, plus douce ou plus calme, lui porté à la révolte et à la bataille, mais, en fin de compte, se laissant toucher ou assagir par la bonté ou la raison qu'elle lui inspirait.

Mais de cet attachement enfantin à la tendresse ardente qui jaillissait de chaque ligne, de chaque mot de cette lettre, la distance était grande et telle que, jusqu'à cette heure, il n'avait point imaginé qu'elle pût être franchie.

Quand il avait quitté l'hôtel de Condrieu, Christine n'était qu'une petite fille de quatorze à quinze ans, il est vrai, mais petite fille pour lui précisément parce qu'ils avaient grandi ensemble; petite fille, il l'avait quittée, petite fille elle était restée, et leur court tête-à-tête, le jour de la reddition du compte de tutelle, de même que leur entrevue à l'église Sainte-Clotilde, n'avait guère modifié chez lui cette impression faite de souvenirs certains et solides; mais voilà que tout à coup la lecture de cette lettre avait allumé une lumière dans son esprit comme dans son cœur et qu'il voyait que celle qui avait tenu ce langage ce n'était plus une petite fille, c'était une femme; ce n'était plus une camarade, c'était...

C'était?

Après un temps assez long donné à la réflexion, il prit la lettre et la relut lentement en pesant chaque mot.

Ah! certes, non, ce n'était point là l'expression d'une amitié banale et ordinaire.

Non, l'impression de ces paroles ne s'effacerait point au bout de quelques jours.

Non, il ne les trouverait point ennuyeuses. Elles étaient au contraire les plus douces qu'il eût jamais entendues, les plus fortifiantes et telles qu'un mouvement de fierté lui faisait lever la tête en pensant au sentiment qui les avait inspirées et dictées.

Quel était au juste ce sentiment? Où prenait-il sa source? De quel nom fallait-il le nommer?

C'était là une question devant laquelle il s'arrêtait, trop ému pour l'examiner froidement, et d'autre part malhabile à l'analyser.

Mais, quel que fût ce sentiment, qu'il se fût exprimé d'une façon consciente ou inconsciente, franche ou voilée, disant tout ou partie seulement de ce qu'il voulait dire, il ne pouvait provoquer qu'une réponse, il ne pouvait susciter qu'une idée : faire sa femme de celle qui venait de lui donner ce témoignage de tendresse passionnée. Où en rencontrerait-il jamais une plus ferme, plus fière, plus noble, plus honnête? Où en trouverait-il jamais une qui l'aimât ainsi?

Ah! si elle n'était pas une Condrieu!

Mais telle était la fatalité de leur situation qu'entre eux se trouvait leur grand-père.

Jamais jusqu'à ce jour il n'avait pensé au mariage, ni pour se dire qu'il se marierait à telle époque, ni, comme tant de jeunes gens de son âge qui n'ont pas peur de se donner des démentis, pour se dire qu'ils ne se marieraient point; mais en soi le mariage n'avait rien qui lui déplût ou l'effrayât. Une enfance abandonnée comme l'avait été la sienne, une jeunesse privée des joies de l'intimité et des plaisirs du chez soi comme celle que son isolement lui faisait, l'avaient plutôt disposé à envier le bonheur de ceux qui peuvent goûter ces joies et ces plaisirs qu'à le dédaigner.

Jamais non plus jusqu'à ce jour il n'avait regardé Christine avec d'autres yeux que ceux d'un camarade ou d'un frère; mais cette lettre venait de faire pour les yeux ce qu'elle avait fait quelques instants auparavant pour l'esprit. Ce n'était plus une petite fille qu'ils voyaient, c'était une jeune fille, belle d'une beauté douce et discrète, qui non-seulement charmait le regard, mais qui encore parlait au cœur et l'emplissait d'émotion.

Et cependant, tout disposé qu'il fût par la beauté de Christine, si profonde que fût l'émotion qui venait de l'atteindre en apprenant à la connaître, il ne pouvait pas penser à en faire jamais sa femme.

Il ne le pouvait pas pour lui, — par cette raison décisive que ce serait se livrer à son grand-père.

Il ne le pouvait pas davantage pour elle, — et par une raison plus impérieuse encore.

Depuis qu'il avait commencé à comprendre quels étaient les desseins de M. de Condrieu-Revel, il les avait soigneusement étudiés pour les bien connaître; or, le but poursuivi si âprement n'était pas que la fortune des Naurouse allât aux Condrieu, il était qu'elle allât au chef seul de la famille Condrieu, c'est-à-dire à Ludovic de Condrieu, et c'était pour cela que Christine devait entrer au couvent. Il fallait que ce fût Ludovic tout seul qui eût cette fortune et non pas Ludovic et Christine qui en héritassent pour chacun une moitié. Qu'au lieu d'entrer au couvent Christine devînt sa femme, et, par le fait seul de ce mariage, elle devenait ce qu'il était lui-même: une mine à héritage. Tous deux mari et femme étaient confondus dans une même haine, tout deux étaient en butte aux mêmes coups. Il l'entraînait avec lui. S'ils avaient des enfants, ils entraînaient ces enfants avec eux.

Il savait par lui-même jusqu'où pouvait aller la haine d'un Condrieu quand elle était excitée et entretenue par l'intérêt, et, n'étant pas plus fort qu'il n'était, n'ayant pas plus foi en sa santé qu'il n'avait, pouvant mourir jeune, c'eût été un crime à lui d'exposer sa veuve ou ses enfants en bas-âge aux dangers et aux tortures qu'il avait eu à supporter.

Quel moyen de les mettre à l'abri de ces dangers et de les protéger contre cette haine? Il n'en voyait aucun : un grand-père n'est-il pas le tuteur de ses petits-enfants? un oncle, de ses neveux? et cela de par la loi. M. de Condrieu pouvait mourir, il est vrai, mais Ludovic le continuerait, cela ne pouvait pas faire de doute quand on le connaissait. D'ailleurs, n'avait-il pas été habitué à la considérer comme sienne, cette fortune de Naurouse?

Qu'il l'aimât, cette chère petite Christine; qu'elle l'aimât, elle ne pouvait donc pas être sa femme, et cette réponse à la lettre qu'elle avait écrite qui se présentait tout naturellement, qui s'imposait : « Si tu veux que je sois sauvé, sauve-moi », il ne pouvait pas la faire.

Ni celle-là ni aucune autre de nature à entretenir en elle le sentiment de tendresse trop vive qu'elle venait de révéler à son insu et sans savoir, dans sa pureté virginale, jusqu'où il l'avait entraînée.

Qu'adviendrait-il si elle savait qu'elle pouvait aimer son cousin d'un autre amour que d'un amour fraternel?

Qu'adviendrait-il si elle comprenait qu'elle pouvait être aimée par lui, aimée et épousée?

C'était enveloppée dans ce voile de pureté virginale intact et immaculé qu'elle devait entrer et s'enterrer au couvent.

Et, pour cela, il fallait qu'il y eût un obstacle entre eux, non pour elle, cet obstacle, mais pour lui, de façon à l'empêcher de revenir en arrière et de peser à nouveau, pour la balancer, la résolution qu'il venait de prendre.

Raphaëlle serait cet obstacle.

Sans doute ce n'était guère suivre les conseils de cette lettre; mais était-ce bien sa faute?

Était-ce sa faute si la tentative qu'il avait faite avait si misérablement échoué devant quelque savante combinaison de M. de Condrieu?

Ce genre de vie que Christine lui reprochait, il avait voulu l'abandonner; pourquoi l'y ramenait-on malgré lui?

Ce qui l'avait suffoquée, cette chère petite Christine, c'était la perte des huit cent mille francs; eh bien, de ce côté, il lui donnerait satisfaction et il ne s'exposerait point à ce qu'elle entendît parler de pareille catastrophe, comme elle disait.

Si Raphaëlle était sincère — et il n'avait pas de raison pour admettre qu'elle ne le fût pas — il n'y avait pas à craindre qu'elle l'entraînât dans de grandes dépenses — dont il saurait bien se défendre, d'ailleurs, au cas où elles se présenteraient.

Par là, encore, Christine aurait satisfaction.

Et, plus tard, avec l'aide de Crozat, il pourrait lui en donner d'autres plus sérieuses et plus réelles, s'il ne faisait point d'elle la créature la plus heureuse de la terre.

XXVI

La réponse de l'entraîneur à qui Roger avait télégraphié pour la maison de Choisy-au-Bac fut que cette maison était à louer et pour le moment inoccupée.

Ils partirent aussitôt ; mais, en arrivant à Compiègne, l'heure était trop avancée pour se mettre en route, et ils passèrent la soirée et la nuit à l'*Hôtel du Grand-Monarque*.

Ce fut une déception, mais ce ne fut pas un ennui.

Raphaëlle appartenait à cette variété de Parisiens qui s'imaginent qu'ils entrent en plein carnaval toutes les fois qu'ils sortent des fortifications, si bien que toutes les excentricités de paroles comme de costume sont de saison ; il faut sauter, danser, crier, ohé, ohé.

Quoi de plus amusant que d'écouter les casseroles en cuivre chanter sur le fourneau d'ancien système où le charbon de bois lançait des bouquets d'étincelles, et de regarder le cuisinier barder de lard les perdreaux qu'il allait embrocher ? Qu'il était beau à voir avec ses trois mentons, ses grosses joues ballonnées par la graisse, enluminées par le vin, lustrées par le feu, et sa majestueuse bedaine sanglée du tablier blanc. Elle voulut le plaisanter, il avait bon bec ; sans se familiariser, il se défendit en ripostant, et de rire : c'était le carnaval.

Ils voulurent dîner dans leur chambre, une grande pièce à trois fenêtres dans laquelle eût tenu un appartement parisien tout entier ; mais comme la soirée était froide, il fallut faire du feu et Raphaëlle voulut qu'on lui montât de grosses bûches non sciées qu'elle entassa dans une immense cheminée en maintenant du vide entre elles avec d'autres morceaux de bois de longueur ordinaire ; quand ce bûcher fut embrasé, cela forma un petit incendie dont les lueurs prirent un développement si intense qu'on s'arrêta devant les fenêtres du *Grand Monarque*, croyant qu'il y avait le feu. Effrayé, le maître-d'hôtel accourut en montant l'escalier quatre à quatre ; mais Raphaëlle le reçut en riant :

— N'ayez pas peur, dit-elle ; d'ailleurs, si la maison brûle, vous la mettrez sur la carte.

La maison ne brûla pas, mais eux se rôtirent quand ils furent à table, de sorte que, de cinq minutes en cinq minutes, ils étaient obligés de changer de place pour exposer à la chaleur un côté refroidi, et dans les dispositions où ils étaient, cette rôtisserie leur fut une nouvelle occasion de rires.

Le lendemain matin une voiture attendait à la porte du *Grand-Monarque*, et par la route de Soissons, qui longe le parc du château, ils partirent pour Choisy-au-Bac. Il faisait une telle matinée d'hiver, froide, mais claire et sèche, à souhait pour une promenade, et c'était plaisir d'être tassés l'un contre l'autre sous une chaude couverture, au milieu de la forêt, tandis que deux bons chevaux les entraînaient d'un trot rapide sur la route sonore.

La maison que Roger avait en vue était un ancien prieuré se trouvant entre Choisy et Francport, dans une situation assez pittoresque, adossé à la forêt de Laigue, et ayant en face la forêt de Compiègne, dont elle n'était séparée que par le lit de l'Aisne ; avec ses murs revêtus de lierre et son toit moussu elle avait belle apparence ; en tous cas, c'était bien l'endroit solitaire et caché que Raphaëlle avait désiré ; point d'habitations aux environs, les deux forêts et la rivière, partout des arbres.

Cependant, lorsqu'ils l'eurent visitée, Raphaëlle, très-franchement, déclara qu'on ne pouvait pas la louer : d'abord elle n'était pas meublée et acheter des meubles serait une dépense qu'elle n'autorisait pas.

— Des meubles de campagne.

Les meubles de campagne coûtent cher et la dépense s'élève d'autant plus qu'il y a un grand nombre de pièces immenses à meubler, et puis, autre inconvénient sérieux, il n'y pas de calorifère dans cette maison ; pour l'échauffer il faudrait brûler plusieurs stères de bois par jour, et le bois coûte très-cher ; tu verras comme j'entends l'économie.

Ce qu'il vit pour le moment, c'est que la maison ne lui plaisait point, et il n'insista pas, se contentant des raisons qu'elle lui donnait.

Toutes ne furent pas de la force de celle qui s'appuyait sur l'économie, et il y en eut une qu'elle développa longuement.

— Quand tu m'as parlé de Compiègne, je n'ai pas pensé à la distance : Compiègne est un mot qu'on est habitué à entendre et il semble que c'est une dépendance de Paris, mais en réalité c'est au diable. Pour moi, cette question de distance n'est rien, puisque je ne veux pas sortir ; mais, pour toi, elle est importante. Il ne faut pas que tu ne puisses pas aller à Paris facilement. Je te veux ; mais, d'autre part, je n'entends pas t'enlever à tes relations, te séparer de tes amis. Moi, quand tu me désireras; tes amis, quand tu auras assez de moi. Je veux la liberté pour toi. Pour moi, qui, une fois installée, ne bougerai plus, je resterai à la disposition de mon seigneur et maître. A lui, en m'efforçant de lui plaire quand il sera près de moi ; à lui encore, en l'attendant quand il sera absent ; à lui toujours, son esclave, sa chose, comme en Orient. Je trouve cela très-beau. La femme n'a qu'un rôle à remplir : rendre heureux celui qu'elle aime ; le bonheur pour elle est de réussir.

C'était serrée contre lui, le tenant dans son bras qu'elle lui avait passé autour des épaules, qu'elle parlait ainsi, lentement, d'une voix vibrante, lui effleurant l'oreille de ses lèvres fraîches, lui chatouillant la joue des poils de sa toque fourrée ; quand un cahot faisait pencher la voiture, elle pesait de tout son poids sur lui, s'abandonnant mollement.

Ils revinrent donc à Paris très gaiement et en gardant de cette excursion le meilleur souvenir : du cuisinier aux trois mentons, de la belle flambée du *Grand-Monarque*, de leur promenade en voiture et même de la maison de Choisy, qui, si elle n'était pas bonne à habiter, avait été au moins belle à voir sous son manteau de lierre.

Qu'ils n'eussent point trouvé ce qu'ils voulaient, cela avait peu d'importance ; ils chercheraient ailleurs, chacun de son côté ou ensemble. Il n'y avait pas une urgence immédiate, puisqu'en attendant ils pouvaient se voir soit rue Auber, soit rue Drouot. Il est vrai que l'appartement qu'elle occupait rue Drouot et qu'elle louait tout meublé était peu confortable ; mais, pour quelques jours, elle espérait que son petit duc voudrait bien être indulgent.

Le lendemain, comme Roger arrivait rue Drouot, il remarqua qu'elle le recevait d'une façon embarrassée, comme si, ayant été surprise, elle avait quelque chose à lui cacher : devant un petit bureau, une chaise était à demi poussée, et sur le bureau lui-même se trouvait un buvard ouvert ; l'encrier était débouché, la plume était pleine d'encre liquide ; évidemment elle venait d'écrire, cela sautait aux yeux. Pourquoi s'en cachait-elle ?

Il ne le lui demanda point, mais il la regarda et alors elle détourna les yeux avec confusion, puis presque aussitôt elle revint à lui franchement.

— Tu ne veux pas me demander pourquoi je me cache de toi, dit-elle, eh bien, tu as tort, c'est trop d'indulgence ; tu n'es pas de ceux qu'on peut tromper. J'ai suivi tes regards inquiets, ils ont vu la plume pleine d'encre et alors tu as compris que j'écrivais quand tu as sonné, que j'ai été suprise et que j'aurais voulu que tu ne susses point que j'écrivais. Cela est vrai, je l'avoue : oui, j'aurais voulu te cacher que j'écrivais ; mais, puisque tu l'as vu, je dois te dire maintenant à qui j'écrivais et ce que j'écrivais, car je ne veux pas que le doute effleure ton esprit... même pendant une minute.

Disant cela, elle alla vivement au bureau et prit plusieurs feuilles de papier à lettre commencées :

— Tiens, dit-elle, lis ; il y en a plusieurs, car ce que j'ai à dire est si difficile que je m'y suis reprise trois ou quatre fois.

Il voulut repousser les feuilles de papier :
— Lis.

« Je vous suis bien obligée, cher monsieur,
» pour votre invitation, mais je ne puis
» l'accepter ; vous ne trouverez pas mau-
» vais... »

La lettre s'arrêtait sur ce mot.

— A qui cette lettre s'adresse ? continuait-elle, à Poupardin. L'invitation que je refuse ? celle de visiter avec lui, demain, à trois heures, un appartement, boulevard Malesherbes, qu'il m'offre.

Un geste de colère échappa à Roger.

Vivement elle lui prit la main, qu'elle baisa.

— Pourquoi te fâcherais-tu, dit-elle, et contre qui ? Contre moi ? Je refuse ; cette lettre et les autres qui ne sont que des brouillons le prouvent. Contre Poupardin ? Il ne sait pas que je suis ta maîtresse.

— Il a vu...

— Il a vu et puis ensuite il a su, car dans votre monde tout se sait : il a vu et en venant à moi, ce n'est donc pas à ta maîtresse qu'il a cru s'adresser, c'est à ton ancienne maîtresse, ce qui est bien différent. Et il faut bien dire que c'est cette qualité d'ancienne maîtresse du duc de Naurouse qui a déterminé l'attention dont il veut bien m'honorer. A ton dîner il ne s'est même pas aperçu que j'existais ; nous ne nous trompons pas là-dessus, nous autres femmes, et tout de suite nous voyons l'homme sur qui nous produisons de l'effet, qui sera ou qui ne sera jamais à nous. Je n'ai produit aucun effet sur Poupardin. Mais nous sommes partis ensemble toi et moi, et les conditions ont aussitôt changé : Raphaëllo ne méritait pas un regard, la maîtresse du duc de Naurouse devenait désirable. Il est ainsi fait, votre ami Poupardin : il ne voit pas lui-même ; mais ce que les autres ont découvert, il le lui faut à tout prix ; il n'a pas de plus grande joie que l'emporter sur ceux qu'il remplace. Oh ! je le connais bien ; il met sa gloire à faire plus qu'on a fait avant lui ; ça le hausse à ses propres yeux et il s'imagine qu'il humilie ceux qu'il écrase de son argent. A-t-il été assez bête avec le prince de Kappel en disant toujours : « Vous ne tenez pas ça, moi je le tiens. » Enfin, pour en revenir à moi, il s'est aperçu que je devais avoir toutes sortes de mérites puisque tu m'en trouvais, et il s'est dit que je servirais sa gloire. Tu penses si j'étais en disposition de l'écouter. Naturellement mes refus l'ont enflammé. Il a insisté; j'ai persisté. Alors, devant la difficulté, il s'est entêté et il en est venu à m'offrir l'appartement, le coupé, les chevaux dont je parlais l'autre jour en plaisantant et encore bien d'autres choses avec. C'est ainsi qu'il m'a écrit pour que nous visitions ensemble, demain, l'appartement où il voudrait m'installer.

— Et...

— Comment et? Crois-tu donc qu'entre Poupardin, avec tous ses millions, et mon cher petit duc, en ce moment à sec, j'ai pu hésiter un instant. Assurément, les millions de Poupardin, dans la situation où je suis, sans un sou, logée au troisième, en garni, me seraient bien utiles, et je crois qu'on lui en extrairait assez facilement quelques-uns; — mais je n'aime pas Poupardin, tandis que mon petit duc, je l'adore, de sorte que j'écris : « Je vous suis bien obligée, cher monsieur, pour votre invitation; mais je ne puis l'accepter. » Et voilà.

Disant cela, elle prit Roger dans ses bras et le serra passionnément.

Raphaëlle s'était si bien laissé entraîner par la lettre de Poupardin, qu'elle en avait oublié d'annoncer à Roger que la maison qu'ils cherchaient était peut-être trouvée.

C'était par son coiffeur qu'elle avait entendu parler de cette maison; il était en même temps le coiffeur de la maîtresse d'Adrien Sébert, le directeur du Théâtre National, et par celle-ci il avait appris que Sébert voulait louer une maison qu'il venait de faire construire à Saint-Prix dans la forêt de Montmorency. Cette maison était une merveille de confortable et d'élégance; rien n'y manquait: serres, écuries, remises; Sébert avait fait des folies et maintenant il était obligé de louer cette maison qu'il avait construite et meublée pour lui et qu'il n'avait habitée que pendant quelques mois.

Ils partirent pour Saint-Prix.

En chemin de fer Raphaëlle insista sur les avantages qu'il y aurait à louer cette maison — si elle leur convenait, bien entendu. Furieux d'avoir été repoussé, Poupardin allait chercher les raisons de son échec, pour lui assurément inexplicable, et il ne tarderait pas à découvrir la vérité, c'est-à-dire que son rival préféré et aimé était le duc de Nayrouse. Alors que ne dirait-on pas. Que de cris, que de commentaires. Installés à Saint-Prix, ils échappaient aux recherches. Il fallait donc profiter de cette occasion, — si réellement c'en était une aussi bonne qu'on le disait.

C'était tout au haut du village, dans des terrains retranchés de la forêt, que s'élevait cette maison, et si Sébert n'en avait pas fait une merveille, au moins en avait-il fait une curiosité. C'était en effet une construction dans laquelle on rencontrait tous les styles: le roman, l'ogival, la Renaissance, l'italien, l'anglo-saxon; le vestibule était mauresque, la salle à manger chinoise, le salon turc, l'escalier tournait dans une tour à machicoulis et à créneaux, dont les murs intérieurs étaient décorés d'armes et d'armures ébréchées, bosselées ou pourfendues par un long et glorieux service dans plusieurs drames moyen-âge. Ces souvenirs de théâtre ne se montraient pas seulement dans l'intérieur de la maison; ils s'affirmaient d'une façon encore bien plus originale dans le jardin. Après avoir joué quelques drames, Sébert s'était exclusivement consacré à la féerie; il n'avait plus voulu que des trucs, des changements à vue, des apothéoses, de la lumière électrique; cela était devenu chez lui une passion, une manie qu'il avait portées dans tout, si violentes et si absorbantes qu'ayant à faire la décoration de son jardin, il avait dédaigné es arbres, les arbustes, les plantes et les fleurs. Les arbres, ceux de la forêt, il les avait rasés; les arbustes et les fleurs, il ne les avait point plantés; mais, traçant trois allées qui partaient du perron de la maison comme les branches d'un éventail et allaient en s'écartant, il avait fait dresser à l'extrémité de ces trois allées, se détachant sur la verdure sombre de quelques sapins, des groupes de statues, de femmes en carton-pierre, groupées et pyramidant de façon à former des apothéoses comme celles avec lesquelles il terminait les féeries de son théâtre.

Raphaëlle trouva tout charmant: le vestibule mauresque, la salle à manger chinoise, le salon turc, même les apothéoses qu'elle déclara « très-originales. »

Il n'y avait donc plus qu'à passer le bail, ce qui fut fait le jour même en l'étude du notaire de Montlignon, où fut dressé un acte par lequel Mlle Françoise Hurpin, propriétaire, déclarait prendre à bail, de M. Adrien Sébert, directeur de théâtre, une propriété sise à Saint-Prix, et ce, pour une période de trois années, moyennant la somme de dix mille francs par an, payable un terme d'avance, ce qui avait eu lieu à l'instant même en billets de banque comptés et délivrés en présence du notaire soussigné, — dont quittance.

Elle eût voulu entrer immédiatement en possession de sa maison; mais il y avait une chose qui lui répugnait: c'était d'avoir dans leur chambre — pour cette pièce seulement — un mobilier qui, à peu près neuf qu'il fût, avait déjà servi et, ce qui était plus grave encore, servi à des gens de théâtre, des comédiens, des comédiennes. Cette idée seule lui donnait des frissons de dégoût.

Il fut donc convenu que Roger ferait meubler cette pièce par son tapissier — quelque chose de simple, très simple. Elle ne tenait pas au luxe, loin de là ; elle demandait seulement d'être la première à poser sa tête sur l'oreiller de son lit et d'être la première aussi à s'asseoir dans le fauteuil où elle rêverait au coin du feu ; plus tard, elle pourrait garder ces meubles, qui, pour elle, seraient des reliques d'amour.

Dès lors qu'il s'agissait de reliques, Roger ne pouvait pas prendre les premiers meubles venus. Il fallait choisir. Pour trente-cinq mille francs, son tapissier, qui était un homme de goût, lui meubla du jour au lendemain une chambre charmante, tout à fait simple : le meuble en bois d'Amboine, l'étoffe en satin havane uni ; puis, comme le cabinet de toilette n'était plus en harmonie avec la chambre, il le meubla aussi de façon à ce qu'il y eût accord entre les deux pièces, et il y eut accord aussi, bien entendu, entre les deux mémoires, celui de la chambre et celui du cabinet de toilette.

Quelle joie pour Raphaëlle d'entrer dans sa maison, leur maison !

Quelle joie de s'endormir sur son oreiller, où jamais tête ne s'était posée !

Quelle joie de sortir le lendemain matin dans la forêt, librement, la main dans la main, au milieu du silence, sans craindre les curieux !

Il verrait comme elle marchait bien ; chaque jour ils feraient une longue promenade, et, les uns après les autres, ils parcourraient tous les chemins de la forêt.

La matinée était douce et les routes, séchées par un grand vent qui avait soufflé pendant les derniers jours, n'étaient point trop molles sous le pied ; d'ailleurs elles étaient presque partout recouvertes d'une épaisse couche de feuilles mortes, qui leur faisaient comme un tapis de couleur rousse.

Cependant Raphaëlle ne put pas aller aussi loin qu'elle se l'était promis, même en s'appuyant sur le bras de Roger.

Alors elle se dépita, se fâcha contre elle-même.

— Quelle mauvaise marcheuse elle faisait, elle qui, dans sa jeunesse, était infatigable ; alors elle avait l'habitude des longues courses, tandis qu'en Russie elle avait perdu cette habitude, ne sortant jamais à pied, mais toujours à cheval ou en voiture. Quel malheur d'être obligée de renoncer à ces promenades dont elle s'était à l'avance fait si grande joie.

Elle pleura presque, car elle sentait bien qu'elle ne pourrait pas, du jour au lendemain, reprendre cette habitude de la marche ; elle partirait pleine d'entrain et puis tout à coup elle s'arrêterait ; cela ne serait-il pas exaspérant pour lui ; elle eût tant voulu ne pas l'ennuyer ou l'entraver, elle eût tant voulu s'associer à tous ses plaisirs, avoir des souvenirs communs. Mais non, elle était trop faible.

Il fallut rentrer à la maison ; mais, contrairement à ce qui arrive bien souvent après une déception, elle ne témoigna aucune mauvaise humeur, au contraire.

— Je ne suis point de celles qui font payer aux autres leurs fautes ou leurs infirmités, dit-elle à plusieurs reprises.

Deux jours après, en passant le matin dans son cabinet de toilette pour s'habiller, elle trouva, étalée sur un divan, une robe en drap à longue jupe ; à côté étaient posés un petit chapeau rond en feutre et une cravache.

Elle regarda Roger, il souriait.

— Qu'est-ce que cela signifie ? demanda-t-elle.

Au lieu de lui répondre, il la prit par la main et l'amena à la fenêtre dont il souleva le rideau.

En face de cette fenêtre, à une certaine distance, dans le jardin, se trouvaient les écuries : deux chevaux étaient tenus en main par un groom, l'un sellé d'une selle d'homme, l'autre d'une selle de femme.

Elle resta un moment hésitante, regardant les chevaux, regardant Roger.

— Puisque tu ne peux pas marcher, dit-il, il nous faut des chevaux ; j'ai écrit à mon marchand qui t'envoie ceux-ci ; j'ai demandé aussi une voiture pour les jours où nous ne pourrons pas sortir à cheval, mais elle n'est pas arrivée.

Elle lui jeta les bras autour du cou.

— Je devrais te gronder, dit-elle, car ce que tu fais là c'est de la folie ; mais je suis trop heureuse, je te gronderai plus tard.

— C'est cela ; habille-toi vite.

Elle revint en effet plus tard à la gronderie, et raisonnablement, sagement, elle lui représenta combien une pareille dépense était contraire à leurs conventions ; puis elle lui dit que, si c'était là sa manière d'agir, elle saurait bien l'empêcher de faire des folies ; pour cela elle ne manifesterait plus jamais aucun désir : la chambre, le cabinet de toilette, les chevaux, la voiture, c'est trop, beaucoup, dix fois trop.

Et de fait elle parut s'appliquer à ne pas dire une seule parole qui pût indiquer une envie ; tout était parfait ; elle ne manquait de rien.

Il y avait huit jours à peine qu'ils étaient installés dans leur maison, lorsqu'un matin, pendant qu'ils étaient à déjeuner, le jardihier demanda à leur parler : sa figure, lorsqu'il entra, trahissait une émotion violente :

— Eh bien ! qu'y a-t-il ? demanda Raphaëlle, qui, seule, commandait dans la maison, sa maison.

Il y avait qu'on venait d'apposer sur un des piliers de la grille d'entrée une affiche annonçant la vente, après saisie, du mobilier garnissant la maison.

Une affiche ! une saisie !

Ils pressèrent le jardinier de questions, mais ils n'en purent pas tirer grand'chose de précis : il savait bien que M. Sébert devait beaucoup ; il savait bien qu'un huissier était venu saisir avant l'arrivée de monsieur et de madame ; mais, pour le reste, il ne savait rien ou ne voulait rien dire.

Laissant là le déjeuner, ils firent atteler et coururent chez le notaire de Montlignon, qui expliqua la situation : Sébert avait promis de donner des acomptes à ses créancier ; il ne l'avait pas fait ; la saisie allait avoir lieu ; puis ensuite viendrait la vente de la maison ; Sébert était perdu ; il avait lutté jusqu'au bout pour conserver cette maison qu'il aimait, qui l'avait ruiné ; maintenant, il fallait la vendre.

— Et mon bail ? dit Raphaëlle.

— Vous aurez droit à une indemnité.

Une indemnité ! La belle affaire ! Ce qu'elle voulait, c'était la jouissance tranquille de la maison qu'elle avait louée.

— Le meilleur moyen pour obtenir cette tranquillité, dit le notaire, le seul, serait d'acheter la maison et le mobilier qui la garnit : le tout a coûté plus de quatre cent mille francs ; mais, vu les circonstances, on l'aurait, je crois, pour cent cinquante mille ; ce serait une bonne affaire.

Hélas ! cette affaire n'était point faisable : il faudrait donc ou bien abandonner la maison ou bien la meubler à neuf.

Abandonner leur maison ! En revenant, Raphaëlle pleura tout à fait, — non la maison elle-même, bien qu'elle lui tînt à cœur, mais son bonheur perdu, ses souvenirs, leurs amours : ils avaient été si heureux là, le seraient-ils ailleurs ?

Malgré le chagrin dans lequel il la voyait, Roger la quitta pour aller à Paris, et ce fut trois jours après seulement qu'elle eut l'explication de ce voyage par le notaire, qui vint lui faire signer l'acte d'acquisition de la maison, moyennant cent cinquante mille francs.

XXVII

Pendant plus de deux mois, Roger n'alla à Paris qu'une seule fois par semaine, le dimanche.

Bien avant que Raphaëlle ne fût levée, il quittait Saint-Prix et se rendait à Ermont, où il montait en chemin de fer. Arrivé à Paris, il commençait par passer chez lui, où Bernard lui remettait les lettres arrivées depuis huit jours ; puis il gagnait la rive gauche, entrait à l'église Sainte-Clotilde et tâchait de se placer à une certaine distance des prie-Dieu occupés par Christine et la gouvernante de celle-ci, de façon à rencontrer les yeux de sa cousine lorsqu'elle les levait. Si cela lui était impossible, il s'arrangeait au moins pour se trouver sur le passage de Christine à la sortie ; ils échangeaient un regard rapide, mais intense comme un éclair, et aussitôt il s'en revenait à Saint-Prix, sans que Raphaëlle une seule fois, lui demandât pourquoi il allait à Paris régulièrement tous les dimanches, à la même heure, ce dont il lui savait grand gré, car il eût été fort gêné pour répondre, ayant horreur de mentir, et, d'autre part, ne pouvant pas parler de sa cousine à sa maîtresse.

Si Raphaëlle ne s'inquiétait pas de savoir ce que Roger allait faire à Paris, à Paris on se demandait où était et ce que faisait le duc de Naurouse, qu'on ne voyait plus nulle part et qui avait disparu sans prévenir personne.

Plus de duc de Naurouse au club, au salon des courses, aux premières, aux avant-scènes des petits théâtres, sur le boulevard, au bois, cela était inexplicable ; on cherchait là où d'ordinaire on était accoutumé à le voir, et en n'apercevant point sa tête fière, sa mine un peu dédaigneuse et ennuyée qu'on était habitué à voir au premier rang partout où se réunissent les quelques personnes qui croient être tout Paris, on parlait de lui, on s'interrogeait ; cela faisait un vide et par là il devenait un sujet de conversation même pour ceux qui n'avaient jamais échangé une parole ou un salut avec lui.

— On ne voit plus le duc de Naurouse.

— Qu'est-il donc devenu ?

— Je lis bien exactement les déplacements dans le *Sport*, je n'ai pas vu qu'il fût en déplacement de chasse.

— Il n'a pas quitté Paris ; on l'a vu à Sainte-Clotilde.

— Il y entend régulièrement la messe le dimanche.

— Ça, c'est drôle.

— Pourquoi donc ? les Naurouse ont toujours donné l'exemple de la piété.

Il y avait à ce moment un journal qui affichait la prétention, pleinement justifiée d'ailleurs, d'être lu par le high-life parisien et dont le chroniqueur en vedette prenait plaisir à dire à son public les vérités les plus dures ; dans un de ses articles, ce chroniqueur, qui apprenait les bruits du monde par les échos des théâtres, s'occupa de la disparition du duc de Naurouse :

« Ils sont là quelques gentilshommes dont toute la gloire consiste à abattre huit au baccarat ou à sauter la banquette irlandaise beaucoup plus témérairement, mais aussi beaucoup moins habilement qu'un jockey de profession. Dans ce monde, pour lequel je professe une admiration que je n'hésite pas à qualifier de phénoménale, il vient de se faire un vide qui m'inquiète : il paraît que nous allons manquer de gentilshommes. »

Après cet article cette disparition était devenue un événement non-seulement parisien, mais même provincial et universel ; le public est si bon enfant pour avaler tout ce qu'on lui montre avec un morceau de drap rouge dessus, qu'il y avait de braves gens de Tarbes comme de Douai qui se demandaient avec curiosité ce qu'était devenu ce gentilhomme qu'ils n'avaient jamais vu, mais qu'ils savaient parfaitement être le duc de Naurouse ; il y eut même des jeunes filles sentimentales autant qu'ambitieuses qui le pleurèrent, ayant depuis longtemps caressé leur rêve de se faire épouser par lui, — rêve longuement et amoureusement poursuivi le soir en croquant du sucre dans leur lit ou le matin en cirant les souliers du père et des frères.

Une disparition ! Un mystère ! Quel aliment pour la badauderie ! Que d'histoires !

Il est vrai que cette disparition, coïncidant avec celle de Raphaëlle, pouvait s'expliquer pour ceux qui étaient au courant de ce qui se passait dans un certain monde, et particulièrement pour le prince de Kappel, Mautravers, Sermizelles, Savine, Poupardin et quelques autres qui avaient assisté à l'enlèvement de Raphaëlle par Roger ou qui, comme le prince de Kappel, avaient reçu quelques confidences.

Mais arriver de déduction en déduction à une conclusion plus ou moins logique, n'est pas du tout la même chose que savoir ou que voir.

Il était logique d'admettre que le duc de Naurouse avait disparu tout à coup pour aller passer quelque part une lune de miel avec Raphaëlle.

Mais où était ce quelque part ?

Comment les choses s'étaient-elles passées ?

Pourquoi ne revenait-il pas ?

Autant de questions qui entretenaient la curiosité et alimentaient les bavardages.

Chacun avait son opinion qu'il défendait avec des arguments plus ou moins plausibles et en s'appuyant sur des suppositions plus ou moins vraisemblables.

Seul, parmi les amis de Roger, Mautravers ne disait rien, se contentant de répondre quand on l'interrogeait :

— Je ne sais pas.

Et il se moquait de ceux qui faisaient des suppositions.

— Pourquoi n'admettez-vous pas tout simplement que Naurouse s'est retiré à la campagne pour faire des économies, disait-il en riant ; après l'histoire du cerisier, cela est tout aussi raisonnable à croire que d'imaginer qu'il a été se cacher quelque part avec Raphaëlle ; on ne fait pas d'économies avec Raphaëlle. Et puis on ne va se cacher qu'avec une femme qui a quelque chose à craindre, et ce n'est pas le cas de Raphaëlle ; pourquoi ne seraient-ils pas restés à Paris ?

Par les fournisseurs du duc de Naurouse : son marchand de chevaux, son carrossier, son tapissier, le couturier Faugerolles, on obtint quelques indices qui mirent les curieux sur la bonne piste, mais cependant sans que ces indices assez vagues révélassent entièrement la vérité, ces fournisseurs montrant une réserve qui bien certainement avait été recommandée.

Carbans aussi parla du jeune duc dans des termes à faire supposer qu'il avait fait des affaires avec lui en ces derniers temps ; mais Carbans était un homme ténébreux qui ne disait jamais que des choses sans importance, les arrangeant toujours, les dénaturant à plaisir, à ce point que, lorsqu'il racontait qu'il était rentré chez lui en passant par la rue Vivienne, on pouvait parier presque à coup sûr qu'il avait pris par la rue Richelieu ou la rue Montmartre.

Questionnés, les gens du duc de Naurouse ne purent dire que ce qu'ils savaient : le duc venait rue Auber tous les dimanches régulièrement, le matin ; il prenait ses lettres et s'en allait ; on ne le revoyait pas. Où était-il ? Ils l'ignoraient. Il ne se servait ni de ses chevaux, ni de ses voitures, ni de son cocher, qui étaient restés à Paris.

Quelques-uns de ses amis lui écrivirent, entre autres Harly en son nom et au nom de Crozat, inquiet d'avoir perdu son élève ; il ne répondit pas.

Et cependant les lettres lui parvenaient sûrement, puisqu'il se donnait la peine de venir les chercher lui-même.

Dans la belle saison il n'eût pas pu vivre

ainsi deux jours à Saint-Prix ni aller une seule fois à la gare d'Ermont sans que tout le monde eût su que le duc de Naurouse habitait Saint-Prix avec sa maîtresse ; mais au mois de janvier et de février les propriétaires des nombreuses villas et des châteaux d'Eaubonne, d'Andilly, de Margency, de Montlignon, ne viennent pas à leur maison de campagne, et les paysans de Saint-Prix, pas plus que les pépiniéristes de Montlignon ou les bucherons de la forêt, n'avaient souci du duc de Naurouse.

Ils voyaient bien passer dans les rues de leurs villages ou dans les chemins les plus déserts de la forêt une amazone, le visage enveloppé dans un voile bleu et, l'accompagnant toujours, un cavalier tout jeune, au teint pâle, à la tournure hautaine, qui montait à cheval avec autant d'élégance que de hardiesse ; mais ce n'était pas là pour eux un sujet de curiosité bien intéressant. On disait que cette amazone était une Russe qui avait acheté la maison Sébert ; on racontait qu'elle était très riche, qu'elle fumait des cigarettes, et généralement on s'en tenait là, les conversations se portant plutôt sur la femme qui, ayant acheté et payé une maison, était une personne sérieuse, que sur l'homme qui ne payait rien, qui ne commandait à personne et qu'on appelait tout simplement M. Roger, — un amant qu'elle entretenait, bien sûr.

Ils vivaient donc dans une liberté parfaite comme s'ils eussent été à cent lieues de Paris, et chaque jour, sans jamais apercevoir un visage connu, ils faisaient de longues promenades à travers la forêt et dans les villages environnants : Domont, Moisselles, Maffliers, Taverny, Mériel, passant même quelquefois de la forêt de Montmorency dans celle de l'Isle-Adam.

A cheval, Raphaëlle se montrait infatigable.

D'ailleurs, quand la course était trop longue, ils s'arrêtaient dans quelque auberge de bonne apparence et s'y faisaient servir à déjeuner.

Les choses eussent pu continuer ainsi longtemps encore, peut-être même jusqu'à la saison où les Parisiens envahissent la campagne, si une lettre de Savine, que Roger trouva chez lui un dimanche matin, n'était venue changer leur cours tranquille.

XXVIII

Ce fut seulement après être remonté en voiture pour aller à Sainte-Clotilde qu'il ouvrit cette lettre :

« Mon cher Roger,

» Je me suis présenté chez vous aujourd'hui samedi. On me dit que vous viendrez sûrement à Paris demain matin. Voulez-vous me faire l'amitié de passer chez moi ; je vous attendrai toute la matinée. Je suis menacé d'un duel avec le duc d'Arcala et je veux vous demander d'être mon témoin.

» C'est un service que vous ne refuserez pas à

» Votre ami

» WLADIMIR. »

Le premier mouvement de Roger fut de se dire que Savine aurait bien pu s'adresser à un autre ; mais le service qu'on lui demandait n'étant point de ceux qui se peuvent refuser, il se rendit chez le prince aussitôt la messe finie.

Il n'était pas ordinairement très expansif, le prince Savine, ni affable raide, au contraire, gonflé, glorieux, important, toujours préoccupé de rappeler à ceux qui l'abordaient qui il était, ce qu'on lui devait, et leur disant par sa tenue, sa prestance, son port de tête haut et rengorgé, son sourire suffisant, son geste arrondi comme celui du comédien : « N'oubliez pas ma noblesse, ma fortune, ma générosité, mon esprit, ma bravoure, mes goûts artistiques ; je suis le prince Savine. »

Mais, en apercevant Roger, son accueil fut tout différent. Plein d'élan, d'émotion, d'attendrissement, il accourut à lui les deux mains tendues.

— Enfin vous voilà.

— J'arrive à Paris.

— Oh ! je savais bien qu'il n'y avait qu'à vous adresser un appel ; vous êtes un homme de cœur, un homme d'honneur ; vous êtes, de tous nos amis, celui pour qui je ressens le plus d'estime, le plus d'amitié.

— Que se passe-t-il donc ? demanda Roger, surpris par ces éloges si extraordinaires dans la bouche de Savine, qui habituellement et sous prétexte de franchise s'appliquait à ne dire à ses amis que des choses désobligeantes.

— Une chose inouïe, scandaleuse : le duc d'Arcala me provoque...

— Le duc d'Arcala n'est-il pas le frère aîné d'Inigo de San-Estevan ?

— Précisément, et c'est à propos d'Inigo que vient cette provocation. Vous connaissez l'aventure d'Inigo ?

— Non.
— Vous ne lisez donc pas les journaux ?
— Non.
— Je comprends votre ignorance alors, car les journaux ont raconté l'aventure d'Inigo, et c'est cette indiscrétion qui est cause de tout ce qui arrive. Je vous demande un peu pourquoi y a-t-il des journaux ?

C'était la première fois que Savine se posait cette question, car, jusqu'à ce jour, tout en affectant en public un certain dédain pour les journalistes, qu'il accablait de compliments et de flagorneries en particulier, il avait trouvé que les journaux étaient très utiles les jours où ils s'occupaient de lui pour signaler ses offrandes aux souscriptions tapageuses (les seules auxquelles il donnât), pour parler de ses chevaux, pour annoncer les achats d'objets d'art qu'il faisait dans les ventes célèbres, pour chanter sur tous les tons sa générosité, son goût, son luxe, enfin pour entretenir le public de sa personnalité glorieuse et faire du bruit autour de son nom.

— Mais cette aventure ? demanda Roger.
— Je vais vous la conter. Mais asseyez-vous, car nous en avons pour longtemps, et je vous garde à déjeuner.

Cette invitation ne pouvait pas plaire à Roger, déjà en retard pour rentrer à Saint-Prix. Il voulut s'en défendre, mais Savine se récria :

— Comment, vous, mon ami, vous voulez m'abandonner dans une pareille circonstance ; vous ne me laisserez pas seul ; d'ailleurs j'ai besoin de vous.

Cette exclamation partit si spontanément, l'accent en fut si vibrant, que Roger éprouva un mouvement de confusion qui lui fit monter le rouge au visage.

Aurait-il peur ?

Mais, non, cela était impossible ; c'était là une mauvaise pensée qui n'aurait pas dû effleurer son esprit. Un homme comme Savine, vigoureux, habile à l'épée, de première force au pistolet, ne pouvait pas avoir peur d'un duel ; c'était une impression nerveuse, un agacement, qui lui faisait redouter de rester seul ; il ne voulait pas penser au duel ; ce n'était, ce ne pouvait être que cela. Il n'avait pourtant pas l'air bien nerveux, Savine ; mais enfin tout est possible.

— Vous savez ce qu'on dit d'Inigo, commença Savine en faisant asseoir Roger en face de la cheminée et en se plaçant lui-même de façon à ne pas recevoir la chaleur en plein visage, vous savez ce qu'on raconte et les bruits qui courent le monde. Sont-ils ou ne sont-ils pas fondés ? Ce n'est pas l'affaire ; ce qu'il y a de certain, c'est qu'ils existent et qu'en voyant cette figure imberbe, en écoutant cette voix de fausset, on est porté à les admettre. Ce qu'il y a de certain aussi, c'est qu'ils rendent les relations désagréables avec lui. On n'aime point à entendre dire : — « Tiens, on vous voit toujours avec Inigo ; » — et cela surtout quand on est poursuivi comme je l'étais par ce magot, qui, positivement, m'accablait de son amitié. Vous avez dû le voir ?

— Il est vrai.

— Vous allez savoir ce qui me valait cette faveur. Pour comprendre ce qui va se passer, il faut que je vous dise que depuis longtemps je voulais me débarrasser de lui.

— Vous aviez peur qu'il vous fît un emprunt.

— Un peu ; et puis il m'ennuyait, il me gênait. Mais il n'est pas facile de se débarrasser de quelqu'un qui ne veut rien comprendre, alors surtout que ce quelqu'un est de votre monde, lié avec tous vos amis et que, comme le comte de San-Estevan, il appartient à une grande famille. Enfin j'avais toujours échoué avec lui. Les choses en étaient là lorsqu'il y a quinze jours nous nous trouvons réunis chez Saint-Austreberthe. On joue, et Inigo me gagne deux cents louis au baccarat. J'avais remarqué que, lorsqu'il perdait, il me donnait un billet de cent francs plié en quatre et que, lorsqu'il gagnait, il me présentait un billet de mille francs plié de la même manière pour que j'eusse à lui payer cinquante louis. Cela m'avait paru assez étonnant, mais sans exciter autrement mon attention et encore moins mes soupçons.

— Est-ce que... ?

— Vous allez voir. Nous avions joué une partie de la nuit ; au moment de nous retirer, le duc de Charmont me prend dans un coin et me demande si j'ai remarqué la façon de jouer d'Inigo. Je lui dis ce que j'ai vu. — Alors vous n'avez rien vu, me dit-il, Inigo est un habile escamoteur ; il y a longtemps que je me défais de lui ; je l'ai surveillé ; je l'ai vu opérer ; sa méthode est très simple : elle consiste à substituer un billet de banque à l'autre, et comme il a les doigts longs, effilés, déliés, malgré les différences qui existent entre les billets, il pratique ce tour dans la perfection. — Tout d'abord je ne voulais pas croire ; mais Charmont insista et me donna sa parole d'honneur qu'il était sûr de ce qu'il affirmait. Puis il me demanda si je ne trouvais pas que l'occasion était bonne pour nous débarrasser enfin de San-Estevan. Je répondis affirmativement. — Eh bien ! alors, laissez-moi faire, dit-il, je vais prévenir d'Espondeilhan, Virrieux, Poupardin ; nous partirons tous à pied, et, en chemin, nous procéderons à l'exécution. Je commencerai. Si lâche qu'il soit, et il l'est terriblement, il faudra bien qu'il se fâche. — Les choses s'arrangèrent comme Charmont l'avait proposé: nous partîmes tous les quatre, emmenant Inigo, qui avait voulu monter en voiture. — Non, dit Charmont, nous aurons à vous parler. — Il était entre trois et quatre heures du matin, c'est-à-dire que l'avenue des Champs-Elysées était entièrement déserte; pas une voiture, pas un passant, la nuit belle. Nous marchons quelques pas. — Qu'avez-vous donc à me dire? demanda Inigo, qui, bien certainement, ne se doutait pas qu'il avait été vu trichant. De son air indifférent et nonchalant, Charmont se tourne vers lui et le regardant en face: — Vous êtes donc féminin jusqu'au bout des doigts? dit-il. — Là-dessus Inigo se trouble; cependant il tâche de se remettre: — Que signifie cela? dit-il, la tête haute. Ce mouvement m'exaspère. — Cela signifie que vous m'avez volé deux cents louis, dis-je, et que vous allez me les rendre. Roger, qui avait écouté sans bouger, laissa échapper un geste de surprise.

— Oui, j'ai eu tort, continua Savine, mais la colère m'avait emporté. Inigo voulut protester. — On vous a vu escamoter les billets, dis-je. — Et qui m'a vu? cria Inigo. — Moi, dit Charmont. Alors tout le monde tomba sur l'Espagnol, qui se défendit comme un diable, nous accusant de le calomnier. Ce fut un brouhaha de cris. Nous arrivâmes ainsi au rond-point, où d'Espondeilhan devait nous quitter pour rentrer chez lui; avant qu'il partît je voulus régler devant lui la question de la restitution et je pris Inigo au collet en lui demandant mes deux cents louis. Il se défendit de plus belle, disant qu'il ne pouvait pas rendre un argent qu'il avait loyalement gagné; que le restituer c'était reconnaître qu'il l'avait volé, ce qui était impossible. Une fois encore l'exaspération m'entraîna: — Eh bien! lui dis-je, je vous les donne, mais avec le devoir de vous donner une correction. — Je le saisis dans mes bras et, l'enlevant de terre, je le portai, malgré ses cris et ses efforts pour se débattre, jusqu'au bassin et le jetai dedans, tandis que Charmont, Poupardin, Virrieux et d'Espondeilhan se tordaient de rire. Le tapage avait enfin attiré deux sergents de ville; tandis que l'un procédait au sauvetage de l'Espagnol, l'autre nous demandait nos noms. En les entendant, il voulut bien croire que ce qui venait de se passer était une simple plaisanterie, et, après avoir mis Inigo dans un fiacre qui regagnait son dépôt, nous rentrâmes chez nous. Le lendemain j'attendais la visite des témoins du comte de San-Estevan; je n'en reçus point et personne ne revit l'Espagnol. Je croyais l'affaire finie et même oubliée, malgré le tapage des journaux, lorsqu'hier, au club, un petit homme noir, chétif, vint à moi gravement et me dit: — Je suis le duc d'Arcala, le frère du comte San-Estevan; je viens vous demander réparation de l'injure que vous avez faite à mon nom. — Là-dessus je lui répondis que l'injure s'adressait à son frère et non à lui, que je n'avais pas l'honneur de connaître, et que, si je devais une réparation, c'était à son frère, non à lui. — Mais en quelques mots brefs il persista dans son rôle de chef de famille: — J'arrive de Madrid exprès pour vous demander réparation et je ne quitterai point Paris que vous ne me l'ayez accordée. — Je ne vous dois rien, je ne vous accorderai rien. Il ne s'emporta pas, mais avec la même gravité il me tendit une carte: — Si demain vos témoins ne se sont pas entendus avec les miens, dont voici les noms, lundi ce sera vous, prince, qui aurez à me demander raison de l'injure que je vous ferai. » Les choses en restèrent là, et aussitôt je passai chez vous, où je vous écrivis le mot que vous avez trouvé. C'est à vous, mon ami, que je remets mon affaire, car, malgré votre jeunesse, j'ai en vous une confiance que personne ne m'inspire au même point: vous êtes calme, raisonnable; vous savez vous posséder; eux pousseraient tout de suite aux extrêmes, Sermizelles, parce qu'il est militaire Montrévault, parce que tout doit être correct; Kappel est impossible par son rang, Poupardin par son nom; je n'ai confiance qu'en vous et qu'en Mautravers, et en vous plus qu'en lui; c'est pour cela que je vous ai appelé et que je n'ai parlé de l'affaire à personne avant de vous l'avoir soumise; après déjeuner nous irons prendre Mautravers et vous vous concerterez avec lui.

Ils passèrent dans la salle à manger.

Seul de tous les jeunes gens de son groupe, le prince Savine avait une maison montée, un hôtel rue Jean-Goujon dont il avait hérité et qu'il avait conservé, non comme un souvenir du parent qui le lui avait légué, mais parce que c'était une des demeures les plus somptueuses de Paris et que, par la décoration de ses appartements, copiée sur celle des grands appartements de Versailles, par le luxe de son ameublement, par la richesse de ses collections de tableaux, de statues, d'armes, d'objets d'art, par ses curiosités de toutes sortes, elle le servait puissamment dans son besoin de briller et de faire parler de lui, étant une enseigne, une réclame qui travaillait pour sa gloire sans qu'il eût rien à faire personnellement, ce qui lui plaisait fort.

De vaste dimension, avec un plafond à voussures et une frise en bois sculpté au-dessus, cette salle à manger était une des pièces les plus luxueusement décorées de l'hôtel; mais ce qui faisait son originalité et sa richesse, c'était la malachite, cette matière lasse que le Savine qui avait fait construire l'hôtel avait eu le bon goût de prodiguer sans profusion, mais avec art : la cheminée monumentale était en malachite, les consoles, les dressoirs, les buffets, les candélabres étaient aussi en malachite ou avec appliques de malachite encadrées de bronze qui donnaient à toute la salle un ton d'un vert pâle tout à fait doux et gai aux yeux.

Deux couverts étaient mis sur une table carrée placée à l'une des extrémités de la salle, près des fenêtres, et non vis-à-vis de la cheminée dans laquelle brûlait un beau feu.

— J'espère que vous n'aurez pas froid ? demanda Savine d'un ton qui voulait dire : « Vous savez que vous ne devez pas avoir froid. »

— Assurément non, répondit Roger, habitué à l'air de la campagne.

— Alors tant mieux ; nous n'aurons pas besoin de faire rapprocher la table du feu, ce qui me serait contraire.

Roger ne fit pas tout d'abord attention à cette parole ; il s'était mis à table avec l'appétit d'un homme qui arrive de la campagne et qui s'est levé de bonne heure, et il mangeait sans distraction.

Cependant il remarqua bientôt que Savine mangeait peu et qu'il choisissait les mets dont il se servait après d'assez longues réflexions ; plusieurs fois même, avant de se décider, il consulta un petit carnet qu'il tira de sa poche.

A un certain moment on servit des côtelettes sur une purée, et Savine, qui était tout à son récit du bain d'Inigo qu'il recommençait, en prit une ; mais, prêt à la couper, il la regarda, et aussitôt il s'arrêta.

— Qu'est-ce cela ? demanda-t-il au domestique.

— Côtelettes de chevreuil.

— Comment, du chevreuil !

Et, vivement, il atteignit son carnet, qu'il consulta de nouveau.

— Enlevez-moi cela, dit-il d'un ton dur, et une autre fois tâchez de vous rappeler la note qui vous a été remise avant de me servir.

Roger le regarda tout surpris, puis, se mettant à rire :

— Que diable cherchez-vous donc dans ce livre ? demanda-t-il.

— Ce que je dois ou ne dois pas manger.

— Vous êtes souffrant ?

— Je veux me maintenir en bonne santé ; la vie de Paris m'avait fatigué, je me suis mis au régime qui m'a été prescrit par Harly et dont je me trouve bien.

— C'est Harly qui vous défend le chevreuil ?

— Le chevreuil et bien d'autres choses. Tenez, voulez-vous voir ; cela peut vous être utile ?

Et il tendit son carnet à Roger : quatre pages d'un bristol souple et résistant étaient couvertes d'une écriture serrée, mais cependant parfaitement lisible ; sur la première et en tête on lisait :

« Conseils médicaux pour S. Exc. M. le prince Wladimir Savine.

» Article 1er. Le prince devra manger lentement en mâchant avec soin ses aliments, qui se composeront surtout de viandes rôties, d'œufs, de légumes frais et de fruits. Les viandes que le prince doit préférer sont : le bœuf, le mouton, le veau, la volaille de basse-cour ; excepté le canard et le pigeon : il ne mangera qu'exceptionnellement le blanc de la perdrix et de la caille. Les viandes dont il doit s'abstenir sont celles du faisan, du lièvre, du chevreuil, du sanglier, du porc. Il ne mangera ni charcuterie, ni anchois, ni olives, ni conserves, ni pâtisseries, ni fromages fermentés. Il peut prendre des glaces aux fruits, mais non aromatisées.

» Article 2. Le prince ne devra pas rester dans une salle où se trouveraient beaucoup de personnes. Il ne se mettra jamais en face d'un foyer. Après ses repas il fera un peu d'exercice dans ses appartements : billard, visite aux objets d'art, etc. »

Roger sauta plusieurs articles et il arriva au 10e, ainsi conçu :

« Le prince se souviendra des conseils donnés verbalement à propos des émotions sensuelles. Il devra éviter l'exercice intellectuel prolongé. Il se défendra contre toute émotion, de quelque nature qu'elle soit. »

— Comment ! s'écria Roger, vous vous conformez à cela ?

— Mais certainement.

— A vingt-sept ans, fort et vigoureux comme vous l'êtes, assez pour porter un homme et le jeter dans un bassin ?

— Je veux conserver cette vigueur.

— Au prix de toutes ces privations ?

— Au prix de toutes les privations.

— Ne pas manger ceci ou cela, c'est très-bien et de peu d'importance ; mais les émotions ! Vous dites à une femme : « Ne me dis pas cela, ne me regarde pas de cette manière, ne me.... tu vas me donner une émotion. »

— Depuis que nous ne nous sommes vus, j'ai pris Balbine pour maîtresse, et elle a très-bien compris ces prescriptions qui, en somme, sont pleines de sagesse.

— Eh bien ! vous devez joliment vous amuser.

Et Roger se mit à rire franchement sans se contraindre.

Puis, s'interrompant :

— Et les chagrins, c'est aussi une émotion. Vous êtes donc condamné à voir mourir ceux qui vous aimez d'un œil sec et le cœur tranquille. Et les duels ? Je ne vois pas d'article sur le duel : je vois bien que quand vous montez à cheval, vous ne devez pas aller contre le vent; mais aller sur le pré est encore plus malsain et plus périlleux, il me semble. Il n'y a pas d'article qui vous interdise le duel; c'est là une source d'émotions cependant.

— Vous plaisantez.

— Ah! certes, non. Moins que personne j'ai le droit de plaisanter à ce sujet. Je vous jure que, quand j'ai eu l'année dernière le malheur de tuer ce pauvre Renout, j'ai éprouvé une terrible émotion. Quand j'ai senti mon épée s'enfoncer dans la chair et qu'en la retirant j'ai vu une tache rouge sur la chemise, j'ai ressenti un coup au cœur comme si l'épée de mon adversaire m'avait frappé là.

Et Roger s'arrêta, frissonnant à ce souvenir lugubre que le hasard avait évoqué.

Pour Savine, il se montra peu sensible à l'émotion qu'on pouvait éprouver à la vue d'un adversaire frappé ou tué, et il fit remarquer que sans pousser les choses à l'extrême, on pouvait être justement troublé en se voyant menacé d'un duel, ce qui était son cas.

— Non-seulement troublé, s'écria-t-il, mais exaspéré. Assurément, je ne suis pas sensible à la peur et vous me connaissez assez, mon cher Roger, pour ne pas douter de mon courage si je vous avoue franchement que ce duel me tourmente fort. Ce n'est pas de gaîté de cœur qu'un homme dans ma position expose sa vie. Que cet Espagnol, un crève-la-faim, tout duc qu'il est, fasse le sacrifice de sa peau, ça se comprend. Mais moi, je vous le demande, est-ce que les risques sont égaux? Qu'a-t-il à perdre lui?

Et il leva un œil attendri, presque larmoyant, sur les dressoirs chargés d'une merveilleuse argenterie.

— Il a quarante-cinq ans au moins, j'en ai vingt-sept; il est petit, chétif, moi je suis solide; c'est un avorton, je suis un homme.

Il s'en fallut de peu qu'il dît : « Je suis un bel homme; » mais la façon dont il promena ses yeux sur toute sa personne fut plus éloquente que ne l'aurait été cet adjectif.

Il reprit en s'animant de plus en plus :

— Je soutiens que dans ces conditions le duel est une iniquité, une monstruosité. Si le duc d'Arcala était dans ma situation, il n'aurait pas l'idée de venir me provoquer; il penserait à ce qu'il risque. Belle affaire de montrer de la témérité quand on n'a rien; si tous ces fumeurs de cigarettes économiques ne crevaient pas la faim, soyez sûr qu'ils ne feraient pas sonner si haut leur honneur à propos de tout. Moi aussi, je tiens à l'honneur; mais je ne tiens pas qu'à l'honneur en ce monde. Aussi, mon cher Roger, mon bon Roger, je compte sur vous pour mener cette affaire avec dignité, mais aussi avec sagesse, avec prudence. Je ne refuse pas de me battre, non, certainement je ne refuse pas.... seulement, je ne consentirai à me battre que si ce duel ne peut pas être évité. Je n'ai rien fait, rien dit au duc d'Arcala; je ne lui dois rien : cela est bien simple, et juste. Si je lui devais quelque chose, je serais prêt à payer; mais que je paye sans devoir, ce serait bête. C'est en ces termes que je vous remets mon affaire, mon bon Roger, plein de confiance en vous. On est fort pour parler, pour faire entendre la voix de la raison quand on a eu le malheur de tuer un adversaire. C'est cette voix que je vous demande d'élever. Ah! si j'avais eu cette chance.

Roger ne releva point cette étrange contradiction qui transformait en chance pour Savine ce qui avait été malheur pour lui.

— L'occasion se présente, dit-il.

— Et soyez certain que je ne la laisserai point perdre si elle m'est favorable. Que la poitrine du duc d'Arcala se trouve devant mon épée, et je la creverai, je vous le jure, de belle façon. Au moins, ce sera fini à jamais; je pourrai ne plus me battre, jamais, jamais.

Ce fut avec une violence sauvage qu'il jeta ces quelques mots : ses lèvres frémissantes et relevées montraient ses dents pointues, ses yeux s'étaient injectés de sang.

Il se remit assez rapidement cependant.

— Mais c'est là une extrémité à laquelle il faut tâcher de ne pas arriver, dit-il, et c'est sur vous que je compte pour cela, mon ami... Vous modérerez Mautravers s'il se laissait entraîner. Je n'ai pas en lui la confiance que j'ai en vous. Rien que pour la gloriole d'être témoin dans un beau duel,— car un combat entre le duc d'Arcala et le prince Savine ne peut être qu'un duel fameux,— il serait homme à pousser à une rencontre alors même qu'on pourrait l'éviter; tandis que vous, mon ami, vous n'êtes point de ce caractère. Je suis sûr que toutes les concessions possibles, vous les accorderez... avec fermeté.

Roger avait cru que, le déjeuner terminé, ils se rendraient chez Mautravers; mais il n'en fut rien.

— Si vous voulez, dit Savine en se levant de table, nous allons nous promener dans les galeries; il n'y a rien de meilleur pour la digestion que de tourner autour de quelques statues: on s'assoit, on se relève, on marche, on cause, c'est un très bon exercice

— Et Mautravers?

— Je lui ai fait demander de vouloir bien se trouver au club entre deux et trois heures; nous avons encore du temps devant nous.

Et, marchant lentement, à petits pas, tout en fumant leur cigare à travers les salons, les galeries, la bibliothèque, ils tournèrent, selon l'expression de Savine, autour des statues, des panoplies, des vitrines; ils passèrent devant les tableaux, les estampes de cette collection célèbre dans le monde entier et que tant d'amateurs, d'artistes, de critiques, de gens de goût, eussent été heureux d'admirer religieusement si on avait bien voulu leur faire la grâce de leur ouvrir les portes de cet hôtel soigneusement fermées, — grâce qui ne s'accordait qu'exceptionnellement, parce que les visites dérangeaient les exercices hygiéniques du propriétaire et aussi parce que plus ces visites étaient rares, plus elles étaient précieuses et, par là, plus elles servaient la gloire du prince.

Ce dont Savine parlait le plus volontiers, en tournant autour de ses statues ou en passant devant ses tableaux, c'était du prix qu'ils avaient coûté; sur ce point, ses souvenirs étaient d'une précision vraiment extraordinaire, et il n'y avait pas un bronze, pas un émail, pas un vase de sa collection dont il ne sût exactement le prix.

— Quel excellent marchand vous auriez fait, dit Roger.

— N'est-ce pas, répliqua Savine, qui voulut bien prendre cette parole pour un compliment et s'en montra satisfait.

Et leur promenade continua.

De temps en temps Savine s'arrêtait devant une œuvre de grande valeur et, poussant un soupir :

— Vous croyez, disait-il, qu'on peut s'habituer à l'idée de laisser cela à des héritiers? Non, mon cher, non, décidément ce duc d'Arcala est un coquin comme son frère : l'un m'a volé mon argent, l'autre veut me voler ma vie.

— Vous la défendrez.

— Sans doute, sans doute.

Mais c'était du bout des lèvres seulement qu'il disait « ce sans doute; » bien évidemment, au fond du cœur, il se disait qu'au lieu de défendre sa vie il vaudrait mieux, et serait plus sage, de ne pas la risquer.

Ils trouvèrent Mautravers qui les attendait au club; au courant de ce qui s'était passé la veille entre le duc d'Arcala et Savine, il savait pourquoi celui-ci lui avait donné rendez-vous.

— Cet hidalgo mérite une petite leçon, dit-il, il faut la lui donner; nous vous aiderons à cela, Naurouse et moi. Comptez sur nous.

Ce n'était point ainsi que Savine comprenait les choses; il expliqua ce qu'il voulait... des concessions faites avec fermeté.

— Si le duel ne peut pas être évité, vous battez-vous? demanda Mautravers d'un ton un peu goguenard.

— En doutez-vous?

— Je vous le demande.

Savine prit son air le plus glorieux.

« Assurément; mais, dans ce cas, ce ne sera pas une petite leçon que je donnerai au duc d'Arcala, je le tuerai tout simplement, que cela soit bien entendu.

— Cela sera entendu, dit Mautravers.

Il n'y avait plus qu'à se mettre en rapport avec les témoins du duc d'Arcala.

Mais pendant cette conférence Savine ne voulut pas rester au club.

— Vous me retrouverez chez Balbino, dit-il, seulement vous aurez soin de ne parler de rien devant elle; il n'y a pas besoin de l'inquiéter, la pauvre fille.

— Voilà un garçon, dit Mautravers à Roger lorsque Savine les eut quittés, qui nous fera quelque farce sur le terrain; il se meurt de peur, à ce point qu'il n'ose pas rester seul.

— Il n'y a qu'à ne pas aller sur le terrain.

— Oui, mais cela serait-il possible : on m'a dit que ce duc d'Arcala était un homme plein de résolution, et ce qu'il y a d'admirable, c'est qu'il n'a jamais tenu un fleuret, m'a assuré l'attaché militaire à l'ambassade, qui le connaît parfaitement : c'est un homme sombre, chagrin, qui vit renfermé dans une sorte de tour, où il passe sa vie couché sur des coussins et fumant.

— Pourquoi n'avez-vous pas dit cela à Savine? Vous l'auriez rassuré, s'il a peur comme vous le pensez.

— Je vous dis qu'il en meurt; mais s'il avait su que le duc d'Arcala n'a jamais tenu un fleuret en main il aurait exigé de lui des excuses et nous aurait imposé une mission impossible; d'ailleurs je me réserve cela pour le moment où je le verrai tout à fait abattu, ce qui ne peut manquer d'arriver, ça le relèvera. Mais vous, parlons donc un peu de vous, cher ami, vous voilà retrouvé.

Roger répliqua sèchement qu'il n'avait point été perdu, et Mautravers ne s'arrêta dans ses questions, ce qu'il fit d'ailleurs très-facilement, en homme qui ne tient pas à apprendre ce qu'il demande soit parce que cela n'a pas d'intérêt pour lui, soit parce qu'il sait à l'avance ce qu'on peut lui dire.

Les témoins du duc d'Arcala n'avaient été chargés par leur ami que de traiter deux points avec les témoins du prince Savine: l'arme, le lieu. Pour tout le reste ils refusèrent d'entrer en explication: il n'y avait point de concessions à discuter; le duc n'accepterait même pas des excuses publiques.

Pour l'arme il ne se présenta point de difficulté: l'épée fut choisie d'un commun accord.

Mais pour le lieu, le duc de Naurouse et le vicomte de Mautravers durent en référer au prince Savine. Quant au duc d'Arcala, il déclarait à l'avance qu'il n'avait point de préférence pour tel ou tel endroit et que le moins éloigné serait pour lui le meilleur.

Dans l'état d'agitation nerveuse où il se

trouvait, le prince Savine n'avait pas su se contenir, et Balbine, qui avait vaguement entendu parler du duc d'Arcala, lui avait arraché l'aveu du duel dont il était menacé.

Alors il avait eu à supporter une scène déchirante qui l'avait profondément ému et troublé; car, si Balbine était une actrice détestable au théâtre, elle était chez elle une comédienne de grand talent, surtout pour le pathétique.

Au bout d'un quart d'heure ils pleuraient dans les bras l'un de l'autre.

Puis, après ce moment de faiblesse donné à la nature humaine, elle l'avait, par des paroles sages autant que viriles, relevé.

Que deviendrait-elle si elle le perdait? Il fallait penser à l'avenir. Il fallait faire œuvre de reconnaissance et de tendresse. Il fallait qu'il la mît généreusement en situation de pouvoir le pleurer, retirée du monde, n'ayant plus d'autre soin en cette vie que d'aller prier sur son tombeau, qu'elle entretiendrait de fleurs, pieusement, jusqu'au jour où elle le rejoindrait, ce qui, bien certainement, ne tarderait pas longtemps.

Et, dans un élan de générosité succédant brusquement à un accès de défaillance, il avait fini par écrire quatre ou cinq lignes de testament qui léguaient à Mlle Balbine Molu une somme de douze cent mille francs.

Balbine venait de serrer ce testament lorsque Roger et Mautravers arrivèrent.

— N'est-ce pas, s'écria Balbine en courant à eux, qu'il ne se battra pas? Vous ne le laisserez pas se battre. Un duel, cela s'arrange. Parlez, mais parlez donc? vous voyez bien que vous me faites mourir d'angoisse.

Si ce n'était pas de l'angoisse qu'elle éprouvait, au moins était-ce une ardente curiosité, une poignante impatience de savoir.

En voyant que Savine avait parlé, ils racontèrent ce qui s'était passé, n'ayant point à garder une discrétion qu'il n'avait point eue.

Savine fut atterré; évidemment il avait cru que Roger arrangerait l'affaire. Comment? Il ne l'avait pas imaginé, s'en tenant à une espérance vague, se disant qu'en sa faveur devaient s'accomplir des miracles.

Lorsqu'il revint à lui son premier mouvement fut la colère, la fureur contre celui qu'il accusait d'avoir trompé son espérance!

— Vous n'avez donc pas, s'écria-t-il, représenté aux...

Mais Mautravers lui coupa nettement la parole:

— Nous n'avons eu rien à représenter, dit-il de sa voix brève et avec son geste cassant, nous avons eu à écouter.

Et de nouveau il expliqua que les témoins du duc d'Arcala n'avaient admis la discussion que pour l'arme et le lieu; c'était donc pour décider ce lieu, le jour et l'heure, qu'ils revenaient à lui.

— Le plus près possible de Paris, dit Savine, ramené au sujet et forcé de répondre. D'Aulot m'a autrefois proposé les tirés de Saint-Germain si j'avais jamais un duel; je vais m'entendre avec lui: nous choisirons l'endroit le plus rapproché de la ville, parce que le transport est toujours douloureux, souvent dangereux pour un blessé.

— Tu le tueras! s'écria Balbine.

— Quand? demanda Mautravers. Demain, n'est-ce pas?

— Non, pas demain, s'écria vivement Savine.

— Le mieux est d'en finir au plus vite, dit Mautravers, impatienté.

En finir, le mot était cruel pour Savine.

— Tu le tueras, répéta Balbine.

Cette parole, qui, ainsi répétée, prenait pour lui l'importance d'un oracle, le releva un peu; cependant il ne voulut pas accepter le lendemain: il parla du mercredi et il fallut presque lui imposer le mardi.

Le voyant ainsi, Roger voulut lui venir en aide et il raconta ce que l'attaché militaire à l'ambassade d'Espagne avait dit à Mautravers du duc d'Arcala, qui n'avait jamais tenu un fleuret.

Mais cela ne produisit pas l'effet qu'il espérait:

— Cela serait bon, s'écria Savine, si ces canailles de maîtres d'armes ne s'étaient pas avisés d'enseigner aux gens qui n'ont jamais tenu un fleuret le moyen de se servir d'une épée sur le terrain. Vous savez bien comme moi que ces imbéciles-là ont l'infamie de préparer un homme la veille d'une rencontre. Est-ce que ce n'est pas la négation de l'escrime? A quoi bon tirer pendant dix ans si celui qui n'a jamais touché un fleuret est en état de me tenir tête sur le terrain?

— Ne dites donc pas de niaiseries, interrompit Mautravers, il n'est pas en état de vous tenir tête, si vous avez votre tête; il est en état de se tenir à peu près, et encore.

— Ces gens-là sont les plus redoutables; ils vous déconcertent par l'imprévu.

On ne discute pas avec un homme qui est dans ces dispositions. Roger et Mautravers l'abandonnèrent aux consolations de Balbine — très inquiets pour la journée du mardi.

On s'était mis d'accord pour prendre le train de 8 heures 33 minutes du matin. A huit heures, le duc de Naurouse, qui avait été passer la journée et la nuit du lundi à Saint-Prix, arriva à la gare Saint-Lazare.

Dans la salle des Pas-Perdus, il ne trouva ni Savine, ni Mautravers, ni les témoins du duc d'Arcala; mais il reconnut le duc lui-même, bien que ne l'ayant jamais vu jusqu'à ce jour, qui allait d'un bout à l'autre de la salle, lentement, à pas comptés, boutonné dans un pardessus. C'était bien le petit homme noir et chétif dont Savine avait parlé; mais, en s'en tenant là, le portrait tracé n'était ni exact ni complet, l'essentiel était oublié : deux yeux ardents, brûlants, qui lançaient des flammes et qui révélaient une énergie d'une intensité extraordinaire. Si le corps était faible, le caractère assurément était puissant. Ce que Savine avait oublié aussi, c'étaient les manières, le port de tête, la démarche, le regard, les plus nobles que jamais Roger eût vus, avec cela de remarquable qu'ils étaient pleins d'aisance et de naturel.

A le regarder aller et venir si calme, si maître de soi, Roger comprit que Savine pût avoir peur d'être déconcerté quand il serait sous le feu de ces yeux sombres.

Mais il ne put pas l'examiner longtemps : successivement arrivèrent les témoins du duc, Savine et Mautravers ensemble; puis Harly, accompagné d'un personnage de haute taille qui, en tout, avait l'air d'un médecin et à qui Harly témoignait une respectueuse déférence.

En apercevant le duc de Naurouse, Harly vint à lui vivement, les mains tendues.

— Vous voilà; que je suis heureux de vous revoir enfin.

Et, tout en montant à la salle d'attente, ils échangèrent quelques paroles affectueuses, mais sans que Harly se permît la plus légère question ni rien qui ressemblât à une insinuation curieuse.

Ce fut au contraire Roger qui le questionna, intrigué de voir le personnage qui avait l'air d'un médecin causant librement, presque joyeusement, avec Mautravers.

Harly ralentit le pas, et lorsqu'ils furent assez éloignés pour qu'on ne pût pas les entendre, il répondit :

— Carbonneau, le grand chirurgien; le prince a voulu à toutes forces que je l'amène. Carbonneau ne voulait pas; ça été toute une affaire.

— Avez-vous vu Savine ce matin ?

Sans répondre, Harly regarda Roger.

— Il me fait peur, dit celui-ci.

Alors Harly se décida :

— Moi aussi.

— Il faudrait le distraire, l'empêcher de penser.

— Appliquons-nous à cela dans le wagon.

Ils s'y appliquèrent en effet, s'aidant réciproquement; mais, malgré leurs efforts pour empêcher le prince de s'absorber dans ses réflexions, il y avait des moments où il restait immobile, affaissé, les bras ballants, les yeux sans regard, la face blême, comme s'il était frappé de paralysie.

Dans d'autres, au contraire, il se mettait à parler fiévreusement, le plus souvent interrogeant Carbonneau et Harly.

Ce fut ainsi qu'il leur demanda si, quand on se battait, on ne devait pas toujours être à jeun; il avait entendu dire que, quand l'estomac était plein et qu'il recevait une blessure, les aliments pouvaient s'épancher et amener la mort d'une manière sûre et rapide. Cela était effrayant. Etait-ce vrai ?

Il fallut que Carbonneau lui fît sur ce sujet une dissertation, qu'il écouta, mais bien évidemment sans la comprendre.

Enfin on arriva à Saint-Germain : des voitures commandées à l'avance les attendaient devant la porte de la gare, et un brigadier des gardes se tenait là pour se mettre aux ordres de M. le prince Savine et le conduire à l'endroit choisi.

On partit : le duc d'Arcala et ses témoins dans une voiture, les médecins dans une autre, Savine avec Roger et Mautravers dans la troisième, sur le siège de laquelle monta le brigadier. Ce fut celle-là qui prit les devants par la route de Poissy, et, pour regarder ce défilé, les passants se rangèrent le long des maisons, échangeant leurs observations et se disant que, si ces gens qui s'allaient battre avaient pour les conduire un garde qui, au contraire, aurait dû les arrêter, il fallait qu'ils fussent de puissants personnages. Qui ? La ville fut en émoi.

La matinée était douce, et de chaque côté de la route qu'ils suivaient, sous les hauts arbres, dans les branches des tilleuls que çà et là verdissait une tige volubile de chèvrefeuille, on entendait les oiseaux chanter; de place en place, dans l'herbe tendre des fossés et sur les talus veloutés, éclatait une petite fleur jaune de primevère.

Mais Savine n'avait point d'oreilles pour le chant des oiseaux, pas plus qu'il n'avait d'yeux pour les fleurs du chemin ou de narines pour les odeurs printanières de la forêt; se penchant de côté, il regardait devant la voiture, au loin, ou bien, baissant la tête, il paraissait étudier la route elle-même.

— C'est bien loin, dit-il à mi-voix, et la route est pavée.

Après ce qu'il avait dit lorsqu'il avait été question de choisir le lieu de la rencontre, ces paroles n'avaient pas besoin d'être expliquées; elles trahissaient la pensée qu'il suivait : « Si je suis blessé, il y aura bien de la route à faire, et le pavé sera bien dur. »

— Est-ce que c'est encore loin ? demanda-t-il au garde.

— Nous arrivons.

En effet, les voitures abandonnèrent la grand'route et prirent un chemin à travers bois, dont l'un des côtés était bordé d'une palissade enclosant une réserve ; à une courte distance elles s'arrêtèrent devant une barrière que le garde sautant, à terre, ouvrit avec une clef. Sans un mot, le képi à la main il fit passer les huit personnes qu'il avait amenées ; puis, ayant refermé la barrière, il s'adossa contre, restant là pour attendre, mais ne devant pas regarder ce qui allait se passer.

Une large allée partait de cette barrière s'enfonçant droit sous bois : ils la prirent et la suivirent pendant quelques instants.

— N'allons pas loin, dit Savine, qui regarda derrière lui pour mesurer la distance parcourue.

Mais Mautravers et Roger voulurent une place plus nette, et ce fut seulement quand ils arrivèrent à un terrain résistant, uni, sans pierres et sans herbes, qu'ils s'arrêtèrent.

Le duc d'Arcala et ses témoins, qui les suivaient de près, les rejoignirent.

Alors Roger, qui n'avait presque pas quitté Savine des yeux et qui avait vu sa pâleur augmenter en même temps qu'il ouvrait et fermait fréquemment la bouche, voulut faire une dernière tentative de conciliation, et il s'avança vers le duc d'Arcala.

Mais aux premiers mots celui-ci l'arrêta :

— Monsieur le duc, je ne suis pas venu de Madrid chercher des excuses à Paris, mais une réparation.

La démarche avait coûté assez cher à Roger pour qu'il ne voulût pas la prolonger ; il se retira pour presser les préparatifs, car, dans l'intérêt de Savine, il importait de se hâter.

Bientôt les deux adversaires furent en face l'un de l'autre, l'épée à la main.

Pour qui connaissait l'escrime, il était évident que ce qu'on avait dit du duc d'Arcala était vrai : jamais il n'avait tenu une épée, et cependant son attitude était pleine d'assurance et de résolution. Quel contraste ne faisait-elle pas avec celle du prince Savine. Le petit homme chétif était superbe, le bel homme pitoyable.

Les épées avaient été engagées.

En dehors de toute règle, le duc d'Arcala avait fondu sur son adversaire, et celui-ci, déconcerté par cette manière insolite, troublé par le regard que le duc attachait sur lui, paralysé par son émotion, avait rompu pour prendre le temps de se remettre et de tâter le fer du duc. Mais il n'eut pas ce temps : une nouvelle attaque eut lieu, et il ne put, pour une prompte riposte, que faire dévier l'épée du duc, qui lui passa au-dessus de l'épaule.

— Je suis blessé... je suis blessé... je suis blessé.

Cette exclamation, trois fois répétée, ne l'avait pas été de la même manière ni sur le même ton : la première, jetée tout bas d'une voix rauque, était un cri de terreur ; la deuxième, une parole de raisonnement ; la troisième, un cri de joie qui voulait dire clairement : « Ma blessure, qui n'est pas bien grave, l'est assez cependant pour que nous en restions là. »

Le duc d'Arcala avait abaissé son épée, tandis que les médecins s'empressaient autour du prince Savine.

L'épaule, mise à nu, montra une légère éraflure qui avait à peine écorché la peau.

— Ce n'est rien, dit Carbonneau.

Mais Harly ne fut pas de cet avis et se permit de contredire son illustre maître.

Sans doute la blessure était légère, mais elle avait atteint le muscle deltoïde, ce qui pouvait amener de la gêne dans les mouvements du bras et, par là, rendre inégales les chances du combat.

Une discussion s'engagea : il fut question de clavicule, de sous-scapulaire, d'acromion, de sus-épineux, de petit rond, de grand rond, de triceps, de tubérosités de l'humérus, d'apophyse coracoïde, de veine céphalique, et Carbonneau, qui avait commencé par répéter plusieurs fois : « Ce n'est rien, ce n'est rien, » finit par dire que la gêne des mouvements était possible... à la rigueur.

— Messieurs, dit vivement Harly, le duel ne peut pas continuer.

Et tout de suite il procéda au pansement.

Pendant ce temps, le duc d'Arcala se rhabilla ; puis, après avoir salué les médecins ainsi que Mautravers et Roger, il passa, suivi de ses témoins, devant Savine en le regardant avec l'expression d'un suprême dédain.

Savine n'eut pas besoin qu'on le portât à sa voiture, il put marcher lentement, le bras en écharpe ; mais, en montant sur le marchepied, il laissa échapper un léger cri étouffé : sa blessure le faisait souffrir.

Cependant il ne voulut pas rentrer à Paris tout de suite, et tandis que Carbonneau reprenait le train, il emmena Harly et ses témoins au *Pavillon d'Henri IV* ; il essaya, il est vrai, de retenir Carbonneau, mais celui-ci ne voulut pas rester :

— Vous avez le docteur Harly, dit-il, il vous suffira... amplement.

Jamais blessé ne fut plus gai, jamais déjeuner ne fut plus largement, plus dispendieusement ordonné, ce qui était rare quand le prince Savine commandait.

Tout d'abord il voulut manger à peine, à cause de sa blessure ; mais, peu à peu, il se laissa aller, trouvant sans doute que c'était niaiserie de laisser ses amis manger ce qu'il payait.

Puis, enhardi par le vin, il expliqua comment il avait pu se laisser blesser par cet avorton.

— Voilà ce que c'est que d'écouter la pitié : je voulais choisir une bonne place pour lui donner un joli coup d'épée, et c'est moi qui en ai reçu un vilain ; c'est une leçon.

En arrivant à Paris, dans la gare, ils trouvèrent Balbine qui attendait là depuis quatre heures ; en les apercevant, elle poussa un cri.

— C'est mon bras, dit Savine, qui portait son bras comme s'il eût été fracassé, la pauvre fille !

Et pendant qu'il allait à elle vivement, Roger fit remarquer à Mautravers que pour une simple blessure Balbine se montrait bien profondément désolée :

— Parbleu, c'est son testament qu'elle pleure.

Savine voulut que ses témoins et Harly le reconduisissent jusque chez lui : il souffrait, il se plaignait, il gémissait.

Il voulut aussi que Harly lui fît un nouveau pansement et lui promit de venir le voir trois fois par jour.

— Demain, vous me direz si je puis recevoir.

— Vous pouvez recevoir aujourd'hui.

— Oh ! non, demain ou après-demain.

Et il pria Harly de faire disposer un registre pour que les visiteurs pussent s'inscrire.

XXIX

Mautravers, chargé de faire publier une note dans les journaux, n'était point resté à l'hôtel de la rue Jean-Goujon ; mais Savine avait tenu à garder Roger pour gémir devant lui pendant le pansement.

Il fallait qu'on crût à sa blessure, et comprenant que la joie qu'il avait manifestée au *Pavillon d'Henri IV* était maladroite, il tenait à l'expliquer en atténuant le mauvais effet qu'elle avait pu, qu'elle avait dû produire.

— Sur le premier moment, disait-il, je n'ai pas été sensible à la douleur ; mais maintenant l'épaule me fait cruellement souffrir. Je crois bien qu'un autre, à ma place, pousserait des cris.

Pour lui, courageux, il se contenait et ne poussait que des gémissements qu'il étouffait avec une figure stoïque.

Ce qui le tourmentait, c'était de penser que dans la fièvre il pourrait se plaindre comme une femme ; voilà pourquoi il n'avait pas voulu recevoir.

Et il demandait à Harly de lui expliquer les effets de la fièvre qui se déclare à la suite des blessures. Combien de temps après la blessure se déclare-t-elle ? Combien de temps dure-t-elle ?

Enfin, quand il crut avoir assez fait pour convaincre Harly aussi bien que le duc de Naurouse de la réalité aussi bien que de la gravité de sa blessure, il déclara qu'il avait grand besoin de repos et ils purent le quitter ; tout était à point pour la comédie qu'il allait jouer, et qu'il se jouait pour lui-même : le pansement qui cachait la blessure, le bras en écharpe, les tasses à tisane en belle place apparente, le registre dans le vestibule.

— Et tout cela pour avoir eu pitié d'un misérable avorton, car sans cela vous pensez bien, mon cher, que je l'aurais tué comme un chien ; j'ai voulu choisir ma place et me voilà dans ce fauteuil. N'est-ce pas que c'est drôle ?

Lorsque Roger et Harly furent sortis, ils marchèrent assez longtemps côte à côte sans parler. Que dire de Savine ? Cela les eût entraînés trop loin : il était l'ami de l'un, le client de l'autre. Avant le duel ils avaient pu se communiquer leurs craintes ; après il n'était pas séant d'échanger leurs impressions pas plus que les réflexions qui en découlaient.

— Où allez-vous ? demanda Roger.

— Chez moi. Et vous ?

— De ce côté.

Ils n'en dirent pas davantage et, pendant quelques instants ils marchèrent silencieux, regardant machinalement sans les voir les promeneurs qui, par cette belle après midi printanière, remontaient l'avenue des Champs-Elysées tout ensoleillée, où les voitures passaient dans des nuages de poussière.

Ils allaient sur le trottoir bras dessus bras dessous, remontant le courant des promeneurs qui se dirigeaient vers l'Arc-de-Triomphe et le bois, et sur leur passage il y avait des gens qui se retournaient, tandis que dans certaines voitures tapageuses des têtes de femmes aux cheveux ébouriffés curieusement se penchaient en avant.

— Vous faites sensation, dit Harly, c'est votre rentrée ; on vous reconnaît et l'on se demande si vous revenez à Paris pour de bon.

Le sujet que tout d'abord ils avaient voulu éviter étant abordé, Roger ne crut pas pouvoir l'esquiver plus longtemps : cela n'était pas dans son caractère, il eût cru faire injure à Harly.

— A ceux qui m'adresseraient cette question, je ne saurais trop que répondre, si ce n'est que cela ne dépend pas de moi... au moins entièrement.

Et en peu de mots il dit que depuis qu'il avait quitté Paris il s'était retiré à Saint-Prix avec une femme.

— Il me semble qu'à Saint-Prix on n'est pas très-bien caché.

— Mais nous ne cachons nullement.

— Pardon, je m'imaginais que c'était une femme qui tenait à se cacher.

Dans les termes où il était avec Harly, Roger se trouvait assez gêné du silence qu'il avait gardé à son égard ; il lui semblait qu'il y avait là comme un manque de confiance dont le médecin pouvait se blesser justement ; il crut donc à propos de profiter de l'occasion qui s'offrait pour se débarrasser de ce sujet pénible.

— Il s'agit d'une femme dont je vous ai parlé, dit-il, et avec laquelle j'ai voulu vous faire dîner quand elle arrivait de Russie.

— Raphaëlle ?

— Justement.

— Ah !

Ils étaient arrivés à la place de la Concorde ; ils la traversèrent en se dirigeant vers la grille des Tuileries sans échanger une seule parole ; mais en entrant dans le jardin Harly prit sous son bras le bras de Roger.

— Voilà une nouvelle existence qui ne ressemble guère à celle dont nous avions parlé, dit-il, et que je voulais pour vous.

— Que je voulais moi-même, mais dont j'ai été détourné malgré moi ; si vous voulez que je vous dise comment, vous verrez qui doit porter la responsabilité de ce changement. En même temps vous verrez aussi pourquoi j'ai renoncé aux leçons du brave garçon que vous m'aviez envoyé.

Et il raconta sa présentation à l'empereur, l'accueil que lui avait fait le ministre, puis enfin les exigences de celui-ci en ce qui touchait le diplôme de bachelier.

— C'était l'écroulement de mes espérances, et il n'était que trop facile de voir d'où venait le coup qui me frappait. Une femme me tendait la main dans ce naufrage, je l'ai prise, je m'y suis cramponné. Près d'elle j'ai trouvé un refuge. Je l'aime, elle m'aime et fait tout pour me rendre heureux. Vous comprenez, n'est-ce pas, que j'ai besoin d'oublier, de ne pas penser à certaines choses ou à certaines personnes et que je dois être reconnaissant envers celle qui m'entraîne et... m'étourdit ?

Pendant quelques instants ils marchèrent côte à côte, dans l'allée déserte où ils s'étaient engagés, sans que Harly répondît, réfléchissant à la façon dont il devait profiter de cette ouverture et cherchant des ménagements qui ne pussent pas trop blesser ni le duc ni celle qui était sa maîtresse ; enfin il se décida :

— C'est un travers assez commun de trouver que nos amis ne sont pas aimés comme ils devraient l'être ou bien qu'ils aiment des femmes indignes d'eux. Je n'aurai point ce travers pour toutes sortes de raisons dont la principale est que je ne connais pas votre maîtresse. Cependant vous me permettrez bien de vous demander si le genre de vie que vous avez adopté convient à un duc de Naurouse.

Roger redressa la tête, mais Harly le regarda en face avec une fermeté douce :

— Vous avez commencé par où l'on finit bien souvent avec une vieille maîtresse dans la dépendance de laquelle on est tombé. Le monde est indulgent pour un jeune homme qui a une maîtresse ; mais il est impitoyable dans son blâme ou son mépris pour celui qui vit avec cette maîtresse dans cet état que la loi a qualifié d'un bien gros mot laid et honteux que je vous prie de me pardonner : — le concubinage. Et cet état est le vôtre ; il faut bien le dire tout haut et regarder la situation en face, franchement. Je vous le demande une fois encore, cela convient-il à un duc de Naurouse ?

Roger s'était rebiffé, et par les mouvements nerveux de son bras Harly avait senti qu'il le blessait et le fâchait ; mais, cette blessure, il la croyait utile et il avait continué, agissant en médecin qui fait souffrir pour guérir. Arrivé là, il se tut, attendant.

Alors Roger expliqua pour quelles raisons ils avaient été vivre à la campagne ; il le fit longuement en insistant sur le désintéressement de sa maîtresse.

— Et vous avez réalisé ces économies ? demanda Harly.

— Pas trop, répondit Roger en riant ; il y a eu des frais d'installation, mais maintenant......

— Maintenant, c'est-à-dire dans deux ou trois mois, vous allez être en butte à la curiosité des Parisiens en villégiature, et c'est alors que vous serez exposé à ce blâme, à ce mépris du monde dont je parlais tout à l'heure. Vous savez comme moi que ce n'est pas du tout la même chose de dire : « C'est le duc de Naurouse qui vient voir sa maîtresse, » ou bien : « C'est le duc de Naurouse qui vit chez sa maîtresse. » Entre les deux il y a pour le monde un abîme. Avec votre nom pouvez-vous vous mettre au-dessus de ces propos du monde? n'est-ce pas là un genre de vie indigne de votre rang et qui compromet votre avenir ?

— Je n'ai pas d'avenir ; laissez-moi avoir au moins un présent.

— Je ne puis pas vous laisser dire que vous n'avez pas d'avenir ; vous en auriez un si vous vouliez.

— N'ai-je pas voulu ?

— Un échec est-il donc capable de vous abattre et de vous décourager ? Je ne l'aurais pas cru. Je ne sais si le rôle que vous attribuez à votre grand-père a été ce que vous imaginez...

— Soyez-en certain.

Eh bien ! si cela est, ne sentez-vous pas que ce genre de vie est la réalisation de ses espérances ? Comment vous résignez-vous à lui donner cette joie ? Est-ce de vous ?

— Et que voulez-vous donc que je fasse ?

— Que vous luttiez. Cela est-il si difficile ? Il me semble que non. Et ne pensez pas que je veuille vous demander de quitter votre maîtresse ; je ne suis pas de ces moralistes sévères. Vous me dites qu'elle vous rend heureux, qu'elle vous donne un présent ; pour cela elle est à l'abri de mes attaques et pour cela aussi elle mérite de vous être chère... quelle qu'elle soit. Non, je ne vous demande pas ce sacrifice. Je vous demande tout simplement de renoncer à cette vie à deux à la campagne. Revenez à Paris l'un et l'autre : elle chez elle, vous chez vous, ce qui n'empêchera pas de vous voir et de vous aimer. Ce retour ne serait dangereux que si elle devait vous entraîner dans des dépenses qui vous placeraient sous le coup de ce conseil judiciaire qui vous a si fort épouvanté ; mais vous vantez son désintéressement ; il n'y a donc rien à craindre de ce côté. A Paris vous échappez aux propos du monde, à ses railleries ; si l'on s'occupe de votre maîtresse, on ne s'en occupera pas plus que de celles des jeunes gens qui sont dans votre position. Enfin à Paris, — c'est là que je veux en venir, — à Paris vous pouvez reprendre le travail avec ce bon Crozat, et dans quelques mois vous obtenez le diplôme qu'on vous demande et que vous allez porter au ministre. Croyez-vous que ce ne serait pas une cruelle déception pour votre grand-père — et pour vous un beau triomphe ?

Harly jugea qu'il en avait assez dit ; plus d'une fois, pendant qu'il parlait, il avait vu l'effet que produisaient ses paroles : le mécontentement, la colère, l'embarras, la confusion.

Il n'eût pas été habile d'appuyer davantage et mieux valait en rester là pour le moment, en laissant à la réflexion le temps d'agir.

— Permettez-moi de vous quitter, dit-il ; il faut que je pense maintenant à mes malades.

Et ils se séparèrent : Harly pour rentrer chez lui, Roger pour revenir à Saint-Prix.

XXX

La modération des paroles d'Harly fit leur force.

Moins mesurées, moins vagues, plus dures, plus précises, plus personnelles, elles n'eussent point été écoutées jusqu'au bout ; et, l'eussent-elles été, le sentiment d'exaspération violente qu'elles auraient produit eût empêché plus tard la réflexion : lorsqu'elles se seraient représentées à l'esprit, la colère les aurait aussitôt étouffées sous ses emportements.

Roger avait pu les entendre avec embarras ou mécontentement lorsqu'elles lui avaient été adressées en face et, sous l'irritation immédiate qu'elles lui causaient, regimber ; mais, seul, se les rappelant, les évoquant et les examinant, il ne pouvait point s'en fâcher : désagréables, oui ; blessantes, non.

En réalité, Harly n'avait rien dit contre Raphaëlle : « Puisqu'elle vous rend heureux elle est à l'abri de mes attaques et mérite de vous être chère, quelle qu'elle soit. » Ce « quelle qu'elle soit » était assurément peu aimable ; mais il ne fallait pas y attacher trop d'importance, puisque Harly avait commencé par déclarer qu'il ne la connaissait pas ; il avait parlé d'après des propos en l'air, voilà tout.

En somme, ses observations ne portaient que sur le blâme, sur le mépris et les railleries du monde.

Le blâme, Roger n'en prenait pas souci, et même, à vrai dire, il ne lui déplaisait pas de le braver.

Mais le mépris, mais les railleries, il n'en était pas ainsi, et ni son caractère, ni son âge, ni sa nature n'osaient se mettre au-dessus.

Le blâme d'honnêtes gens se plaçant pour le condamner à certains points de vue le laissait parfaitement indifférent.

La pensée que quelques imbéciles pouvaient se moquer de lui le troublait.

Sans doute il avait eu des raisons déterminantes pour accepter ce genre de vie, mais le monde ne les connaissait pas, ces raisons ; il voyait ce qui était et ne jugeait que cela.

Qu'on vint lui raconter, à lui Roger, qu'un de leurs amis s'était retiré à la campagne et vivait là caché avec sa maîtresse, chez cette maîtresse, il rirait de cet ami.

Pourquoi ne ferait-on pas pour lui ce que lui ferait tout le premier pour un autre ?

Ce n'est pas quand on a pour amis les Mautravers, les Savine, les Kappel, les Sermizelles, les Montrévault, les Sainte-Austreberthe, ce n'est pas quand on a pendant plusieurs années partagé les habitudes et les plaisirs de la plupart de ceux qui tiennent la tête du Paris élégant ou tapageur qu'on est insensible à la peur du ridicule : habitué à faire envie, on ne se résigne pas à faire pitié.

Évidemment, dans tout ce que Harly avait dit pour justifier un retour à Paris, il y avait beaucoup de vrai et beaucoup de bon

Et même il n'avait pas tout dit. Ainsi les raisons d'argent qui, quelques mois auparavant, avaient une si grave importance et l'obligeaient à se tenir en garde du côté de sa famille, paraissaient avoir perdu de cette importance: son grand-père n'avait rien fait depuis son intervention auprès du duc d'Arvernes qui pût donner à croire qu'il poursuivait toujours son idée de conseil judiciaire. Bien certainement cette idée n'était point abandonnée: M. de Condrieu ne renonçait jamais à un projet; mais pour la mettre à exécution il attendait quelque circonstance favorable; et avec un peu d'adresse, un peu de prudence, il ne devait pas être impossible d'empêcher ces circonstances de se présenter. On n'avait pas eu comment il s'était procuré l'argent nécessaire à l'installation de la maison de Saint-Prix ; en manœuvrant bien on ne saurait pas comment il se procurerait maintenant l'argent nécessaire à l'installation de Raphaëlle à Paris. Que faudrait-il pour cette installation? Pas une bien forte somme. Raphaëlle n'était pas une femme d'argent ; depuis deux mois elle l'avait amplement prouvé et de toutes les manières, évitant avec soin de manifester jamais le moindre désir, refusant ce qui lui était offert, n'acceptant ce qui lui était donné qu'après qu'on lui avait fait violence.

Il arriva à Saint-Prix décidé à aborder avec Raphaëlle cette question d'une installation nouvelle à Paris; mais avant d'en avoir pu dire un seul mot il se vit arrêté et empêché.

Raphaëlle, qui l'avait vu rentrer, accourut au-devant de lui dans le jardin :

— Enfin te voilà, arrive, arrive.

Elle paraissait troublée, sous le coup d'une vive émotion.

— Que se passe-t-il ?

Elle lui prit le bras et doucement elle se serra contre lui, sans répondre, par une sorte de mouvement instinctif, comme si elle avait peur.

— Eh bien ? demanda-t-il en insistant.

— Viens, viens, je vais le dire.

Et, l'entraînant, elle le fit asseoir sur un banc en se plaçant près de lui, tout contre lui. Le soleil disparaissait à l'horizon dans un couchant rouge, mais la soirée était assez douce pour qu'on pût rester dehors.

— Il y a une chose, commença-t-elle, que je ne t'ai pas cachée, mais que, cependant, je ne t'ai pas dite. D'abord, parce que cela n'avait pas une importance immédiate. Ensuite, parce que j'éprouvais une crainte vague qui me faisait écarter cette idée et m'empêchait de me fixer dessus.

— Parle, mais parle donc sans toutes ces préparations.

— Eh bien ! en arrivant de Russie et avant de te connaître, j'ai signé un engagement au théâtre de l'opérette avec un dédit de cent mille francs : on vient de m'apporter un billet de répétition qui m'a été adressé rue Drouot.

Ces paroles répondaient trop bien aux pensées de Roger pour qu'il n'en voulût pas profiter ; c'était le retour à Paris que Raphaëlle lui proposait elle-même.

Il allait répondre ; elle lui coupa la parole:

— Ne va pas me dire qu'il faut payer le dédit : cela je n'y consentirai jamais. Ce serait une folie que je ne te laisserai pas faire. Et cela pour deux raisons. Oui, pour deux raisons ; depuis que j'ai reçu ce billet de répétition j'ai assez réfléchi pour pouvoir voir à peu près clair dans la situation. La première se rapporte à toi : je ne veux pas t'entraîner dans une pareille dépense, tu serais assez généreux, assez prodigue pour la faire ; moi, je suis assez sage pour ne pas te le permettre de la faire. La seconde se rapporte à moi, mais celle-là est plus difficile à dire.

Elle se serra plus fortement contre lui en l'enlaçant.

— Tu es bien certain que je t'aime, n'est-ce pas ? Moi, de mon côté, je suis bien certaine que tu m'aimes aussi, je le vois, je le sens. J'ai foi en toi. Mais enfin je sens bien aussi que le paradis dans lequel nous vivons ne durera pas toujours. Je sens bien que notre bonheur ne peut pas être éternel. Non, tu ne veux pas me quitter, Cela n'arrivera pas...... de longtemps...... de très-longtemps ; dis moi de longtemps.

— Mais assurément. Pourquoi te laisses-tu aller à ces mauvaises pensées ?

— Parce que, quand je suis seule, je réfléchis, et aujourd'hui j'ai été seule. Au moins sache bien que je ne t'accuse pas. Le jour où tu me quitteras ce ne sera pas ta faute, ce sera celle de nos deux situations: tu es le duc de Naurouse ; je ne suis qu'une pauvre femme bonne pour être ta maîtresse, pour t'aimer, te rendre heureux, rien de plus. Eh bien, le jour où tu me quitteras pour te marier ou bien... enfin, quand tu me quitteras, je veux pouvoir être fidèle à ton souvenir, car, ce jour-là je t'aimerai encore, moi, je t'aimerai toujours. Le théâtre me sauvera, j'y trouverai un gagne-pain. Tu vois maintenant pourquoi je ne veux pas que tu paies le dédit ; si je refusais de jouer, plus tard je ne pourrais plus me faire un nom. Et puis, d'autre part encore, qui sait ? c'est peut-être un moyen de te plaire davantage et plus longtemps: la comédienne sera une femme nouvelle.

— Je n'ai pas besoin de cela.

— Je ne parle pas pour le présent; je parle pour l'avenir, dont j'ai une peur effroyable.

Je pense donc que tu me permettras de remplir mon engagement, et c'est là ce que je viens te demander.

— Alors il faut rentrer à Paris.
— Oh! cela, non, non.
— Cependant...
— Pourquoi rentrer à Paris?
— Mais tu ne peux pas jouer aux Bouffes et demeurer ici.
— Pourquoi cela? Je reviendrai tous les soirs, il y a un train de minuit et demi; le coupé viendra me chercher à Ermont, cela est très-facile.
— Cela est impossible.
— Impossible pour une autre, pas pour moi; je n'ai peur ni du froid ni de la fatigue, ni... ni de rien. Est-ce que tu t'imagines qu'avec la pensée que je reviens près de toi j'aurai d'autre souci que toi?
— Cela, quoi que tu dises, me paraît impraticable.

Elle se pencha vers lui pour le bien voir en face, car l'ombre du soir s'était épaissie.

— Voyons, dit-elle, pour qui parles-tu ainsi? Pour toi? Pour moi? Est-ce parce que tu t'ennuies ici et que tu veux profiter de cette occasion pour rentrer à Paris? Alors je n'ai rien à répondre, je n'ai qu'à pleurer mon pauvre Saint-Prix et mon bonheur perdu. Est-ce de moi seule que tu prends inquiétude, au contraire? Est-ce pour m'épargner une fatigue? Alors rassure-toi : cette fatigue, qui ne sera pas si grande d'ailleurs, ce sera avec joie que je la braverai pour revenir ici. Tu n'as donc jamais compris combien je suis attachée à cette maison : ce n'est pas de l'attachement, c'est une religion, c'est une superstition; c'est là que j'ai été heureuse. C'est là que ma vie a commencé; ce serait là que je voudrais qu'elle finît. Si nous la quittons, ce sera comme une rupture, et n'en serait-ce pas une en réalité? Il me semblera que mon bonheur sera perdu. Et, si cela devait être, je te dirais tout de suite : Paie les cent mille francs de mon dédit, et moi, de mon côté, je renonce au théâtre. Tout sacrifier, tout à notre amour, n'est-ce pas ce que tu penses? Dis, n'est-ce pas ce que tu veux?

Que répondre?

Que c'était pour lui aussi bien que pour elle qu'il parlait de revenir à Paris. Mais alors les craintes qu'elle venait de manifester ne l'exaspéreraient-elles pas? Pourrait-il lui faire entendre raison?

Il ne trouva qu'une chose :

— Qu'il soit fait comme tu voudras, dit-il.

Et, par une étreinte passionnée, elle le remercia de cette parole qu'elle attendait et qu'elle voulait.

XXXI

La pièce dans laquelle Raphaëlle avait un rôle était une opérette mythologique : *Les Compagnons d'Ulysse*, qui eût porté pour sous-titre, si la mode avait été encore aux sous-titres : « *Ou les hommes changés en bêtes par l'amour* ». Ce rôle, qui n'avait pas grande importance, était celui d'une des pensionnaires de la Circé, nommée Nélée; Ralbine jouait une autre de ces nymphes, Byblis.

Quand Raphaëlle arriva au théâtre, la répétition était commencée depuis quelques instants déjà. Ce fut une affaire pour elle d'arriver jusqu'à la scène. La concierge ne la connaissait pas : que demandait-elle? où allait-elle? Il fallut répondre, parlementer; mais comme sa toilette était élégante, comme ses bijoux étaient riches, ce ne fut pas trop rudement qu'on l'interpella; on voyait tout de suite que ce n'était pas une pauvre comédienne, mais une cocotte, et il fallait garder avec elle un certain respect. Enfin elle put monter l'escalier sombre, aux marches usées, et arriver tant bien que mal sur la scène à peine éclairée, au milieu de laquelle brûlait un bec de gaz dont la flamme était rabattue par un réflecteur. Venant du grand jour, ne sachant pas trop où elle se trouvait, il lui fallut un certain temps pour se remettre, surtout pour se reconnaître. Le rideau était levé, et par-dessus la rampe on voyait un vide noir, la salle; à l'avant-scène, il y avait un fauteuil et deux chaises en paille; puis, devant le trou du souffleur, une autre chaise : dans le fauteuil Raphaëlle reconnut son directeur; sur les deux chaises placées près de lui elle devina les auteurs, sur celle voisine du trou, le souffleur lui-même qui, un manuscrit à la main, le haussait de temps en temps sous le réflecteur et suivait la répétition. Ça et là, sur la scène vide, des hommes et des femmes allaient et venaient avec un manuscrit à la main, tandis que d'autres se tenaient groupés, causant à voix étouffée, dans le fond ou de chaque côté, à demi noyés dans l'ombre ou bien éclairés d'une façon bizarre par un rayon de soleil qui, pénétrant à travers une fenêtre et se frayant un passage au milieu des toiles de fond, des rideaux, des tapis enroulés dans les cintres, tombait là rapide et capricieux comme un éclair.

« Ah çà voyons, elles sont toutes dehors, disait Circé moitié de mémoire, moitié en lisant sur son manuscrit, pas une ne rentre; que font-elles donc? Si cela continue, je n'aurai bientôt plus de bêtes à l'engrais. Enfin, voilà Byblis. »

— Mlle Balbine, cria une voix.
— Où donc est-elle ?
— Balbine, mais c'est vous Byblis ; allons donc, en scène, cria le régisseur en la poussant devant lui.

Et Balbine s'avança tenant son rôle roulé dans sa main : elle portait une toilette du matin, mais dont la fraîcheur, l'élégance et la richesse contrastaient étrangement avec les vieux châles, les vieux manteaux, les vieux paletots défraîchis, usés, fripés, tachés, qui formaient le vêtement des comédiens et des comédiennes qu'on voyait sur la scène; autour de ses doigts dégantés brillaient des diamants sertis de pierreries, et sur ses deux mains tombaient plusieurs bracelets qui jetaient des feux blancs, verts, rouges.

— Eh bien, que dois-je faire ? demanda-t-elle nonchalamment.
— Comment ce que vous devez faire ?
— Oui, moi je ne sais pas.
— Elle n'était pas à la lecture, dit le directeur d'un ton indulgent.
— Quand Lajolais a dit : « Enfin, voilà Byblis » vous entrez là par le fond, doucement, en vous retournant pour voir si on vous suit et vous dites... Allez donc.
— Allez donc, répéta Balbine.

Le régisseur tapa du pied, tandis que les auteurs s'agitaient sur leurs chaises avec une mauvaise humeur manifeste.

Voyant que Balbine tenait son rôle roulé dans sa main, le régisseur s'écria :
— Elle n'a même pas ouvert son rôle.

Puis, s'adressant au souffleur :
— Monsieur Pogé, qu'est-ce qu'elle dit ?

Haussant le manuscrit, le souffleur lut :
« Bon, il s'en va ; je croyais cependant le bien tenir. »
— Eh bien ! y sommes nous ? demanda le régisseur.

Balbine était remontée, mais elle ne bougeait pas.
— C'est donc un pot-au-feu à remuer, cette fille-là, s'écria un des auteurs, exaspéré.

Mais le directeur, se penchant à demi vers lui, le fit taire en lui représentant qu'on ne traitait pas de pot-au-feu la maîtresse en titre du prince Savine.

Pendant ce temps Balbine avait descendu la scène et, sur son rôle, qu'elle s'était décidée à dérouler, elle avait lu la phrase dite par le souffleur.

« — Et Nélée ? demanda Circé.
» — Elle me suit. »
— Mademoiselle Raphaëlle, cria une voix.
— Ce n'est pas la peine de l'appeler, dit le directeur, on ne sait pas où elle est.
— Me voici, dit Raphaëlle, sortant de l'ombre qui l'enveloppait et descendant en scène en se dirigeant vers son directeur.

Mais d'un signe de main celui-ci l'arrêta et d'une voix grincheuse qui ne ressemblait guère à celle qu'il avait prise pour parler à Balbine il dit :
— Qu'est-ce que vous venez faire à cette heure-ci ?
— Mais répéter.
— Vous avez votre rôle ?
— Non.
— Eh bien, alors, comment voulez-vous répéter ? Vous allez nous embrouiller et nous faire perdre notre temps à tous ; attendez que nous ayons dégrossi cette scène ; Pogé va lire votre rôle ; allez, Pogé, dépêchons ; attention, Lajolais, n'est-ce pas et vous aussi, mademoiselle Balbine.

Et il se rencogna dans son fauteuil d'un air maussade, tandis que Raphaëlle, exaspérée, sortait de la scène pour se retirer dans le fond, où l'on entendait les chuchottements et les ricanements provoqués par cette algarade chez ses bons petits camarades qui ne la connaissaient que de réputation et qui cependant se réjouissaient de cet heureux début.

Pendant ce temps le souffleur lisait son rôle, c'est-à-dire qu'il en disait seulement les premiers et les derniers mots pour donner la réplique à Circé et à Byblis.

On recommença la scène deux fois sans qu'elle marchât beaucoup moins mal la seconde que la première ; puis le directeur, quittant son fauteuil, vint enfin à Raphaëlle et l'emmena à l'écart.

— Vous savez qu'on vous a mis à l'amende, dit-il sur le même ton de mauvaise humeur.

Raphaëlle dédaigna de se défendre et d'expliquer pour quelles raisons elle n'avait pas pu venir aux premières répétitions.
— Très bien, dit-il, je paierai.
— Il ne s'agit pas de payer, il s'agit d'être exacte. Est-ce que le théâtre est possible avec des femmes qui décampent sans dire où elles vont?

Et il continua sur ce ton, la secouant brutalement.

En réalité, il était furieux ; seulement ce n'était pas parce qu'elle avait décampé comme il disait, mais bien parce qu'elle était revenue au moment même où il allait lui faire un procès pour l'obliger à payer les cent mille francs de son dédit, dont il avait le plus grand besoin et sur lesquels il commençait à compter un peu.

Quand un directeur engage des comédiennes comme Raphaëlle, Balbine et autres du même genre, ce n'est point pour leur talent, mais seulement pour le luxe de leurs toilettes, pour la clientèle des gilets en cœur qu'elles amènent aux avant-scènes et aussi pour les dédits qu'on peut avoir quelquefois la bonne chance de leur faire payer ; de là l'exagération absurde de ces dédits ; les appointements sont de trois ou quatre mille francs, les dédits sont de cinquante ou de cent mille francs. Et celle de qui on exige une aussi grosse somme ne se révolte pas ; quelquefois même elle est flattée de voir à quel prix on l'estime, et elle signe. Au fond, elle sait bien que ce ne sera pas elle qui paiera jamais ce dédit ; si quelqu'un le fait pour elle, eh bien, cela n'aura rien que de flatteur et de rassurant ; on peut attendre beaucoup d'un homme qui commence par vous acheter cent mille francs.

Quand ce gros dédit avait été stipulé dans l'engagement de Raphaëlle, le directeur de l'Opérette ne s'était point dit qu'il le toucherait sûrement un jour ; à ce moment cette exigence n'avait été pour lui qu'une simple mesure de précaution, une pierre d'attente qui servirait ou ne servirait pas et qu'il était sage de poser. Mais à la suite des indiscrétions qui peu à peu s'étaient répandues sur le compte de sa pensionnaire, l'idée lui était venue que cette clause du dédit pourrait peut-être ne pas rester à l'état théorique : — Raphaëlle a disparu. — Raphaëlle a acheté la maison de Sébert. — Raphaëlle renonce au théâtre pour jouer dans la vie réelle les rôles de dame châtelaine. Tout cela donnait à supposer que celui qui payait la maison de campagne et la vie de châtelaine pourrait bien aussi payer le dédit. Pourquoi pas, s'il la voulait pour lui seul ? Et comme il était sous le coup de terribles échéances, il s'était bercé de cette idée ; si la chance lui avait toujours été cruelle, elle pourrait bien lui être favorable une fois : avec ces cent mille francs qu'il tenait déjà, il ferait ceci, il ferait cela, tout le poème de la laitière. L'arrivée de Raphaëlle avait fait tomber la cruche ; de là sa fureur.

Ce fut avec un visage calme qu'elle écouta toutes les mauvaises paroles qu'il lui prodigua : reproches, injures, sottises ; ne se fâchant pas, ne répliquant pas, ne bougeant pas.

Quand il se tut enfin, étant arrivé au bout de son rouleau, elle le regarda en face :

— Est-ce que vous me supposiez assez bête pour vous payer mon dédit ? demanda-t-elle doucement.

— Mais...

— Quand j'aurais eu l'idée de redevenir libre, est-ce que je ne sais pas que je le serai dans deux mois... mettons trois mois, si vous êtes sûr d'obtenir des délais jusque-là ; voyons, franchement, est-ce que je vais racheter trois mois cent mille francs ?

Il lui lança un regard de fureur, mais elle ne baissa pas les yeux.

— Il y a des femmes qui connaissent les affaires, dit-elle, on les renseigne.

A ce moment on vint les interrompre.

— Restez là, dit-il, attendez.

Il revint au bout de dix minutes, son visage avait changé d'expression.

— Allons, dit-il, je ne vous en veux pas, et pour vous le prouver je lève vos amendes.

XXXII

Le Parisien porte si loin le goût du théâtre qu'il prend intérêt aux faits les plus insignifiants, s'ils touchent les comédiens. Qu'un grand personnage arrive à Paris ou quitte Paris, cela ne mérite pas qu'on s'en occupe ; mais qu'un comédien revienne d'Asnières ou de Nogent à Paris, et voilà que cela est une affaire. Le lendemain de cette répétition, les journaux bien informés annoncèrent que Mlle Raphaëlle, qui aussitôt après son retour de Russie avait disparu sans qu'on sût ce qu'elle était devenue, s'était présentée la veille au théâtre de l'Opérette pour prendre son rôle dans les *Compagnons d'Ulysse*. « Absente de Paris, la charmante transfuge n'avait point reçu ses bulletins de répétition tout simplement ; il ne s'agissait donc point d'une renonciation au théâtre, comme quelques-uns de nos confrères (toujours mal informés quand ils ne nous prennent pas nos renseignements) l'avaient annoncé : les *Compagnons d'Ulysse* lui serviront de pièce de début et lui offriront un rôle tout d'espièglerie et de malice dans lequel elle trouvera l'occasion de se révéler au public parisien et de montrer ses qualités de finesse et d'entrain qui lui ont valu de beaux succès en Russie. »

Cet article, ainsi que d'autres du même genre, avait paru dans certains journaux du matin. Le soir, vers quatre heures, c'est-à-dire au moment où se terminent habituellement les répétitions, Poupardin se présentait dans la loge de la concierge du théâtre de l'Opérette, encombrée de comédiens et de comédiennes, de vieilles femmes, de garçons de journaux, de commissionnaires, qui attendaient là pour savoir si on avait fait droit à leurs demandes de billets de faveur, déposées dans la journée. Dans le couloir, des petits clercs jouaient entre eux aux billes, attendant aussi des places demandées par leur étude et montrant, par leur seule présence en cet endroit, que le directeur du théâtre de l'Opérette avait pour son malheur des relations suivies avec les agréés, les avoués et les huissiers.

Quand Poupardin parut, il se produisit chez la plupart de ceux qui étaient là un mouvement de curiosité, et chez la concierge un empressement obséquieux qui était bien extraordinaire chez elle, car c'était une personne considérable qui tenait à faire sentir à chacun « qu'elle avait vu d'autres jours. »

C'est que Poupardin, pour les gens de théâtre, était une sorte de prince de féerie, non pas un prince Charmant, mais, ce qui lui valait plus de respect, ce qui inspirait plus d'envie, un prince Payant.

Depuis que la mort de son père avait laissé à sa disposition une très-grosse fortune, l'ambition de Poupardin, son désir et son occupation étaient d'avoir toutes les femmes que le théâtre mettait en vue. Qu'elles eussent ou n'eussent pas de talent, qu'elles fussent ou ne fussent pas belles, peu lui importait ; dès là que, pour une raison quelconque, justifiée ou non, elles étaient en passe de devenir une étoile, si petite qu'elle fût, il s'accrochait à elle.

Mais ce qu'il voulait c'était les avoir et non les garder ; jamais on ne lui avait connu une maîtresse en titre.

Quand il pouvait dire d'une femme en vue : « Connaissons, » cela suffisait à sa gloire.

Pour cela il n'épargnait rien, temps, peine ou argent ; ses bouquets étaient célèbres dans tous les théâtres, à ce point qu'en voyant arriver un beau bouquet le premier mot que le concierge disait au porteur était : « De la part de M. Poupardin, n'est-ce pas ? — Parbleu ! — Pour qui ? »

Si le nom de celui qui offrait était toujours le même, le nom de celle à qui on offrait changeait presque chaque fois, car Poupardin, qui était un homme pratique, n'abusait pas longtemps des fleurs, considérant que c'était de l'argent perdu ; à un certain moment psychologique qu'il connaissait bien, il faisait intervenir des arguments plus sérieux sous la forme d'une belle et solide bijouterie qui, au Mont-de-Piété aussi bien qu'en vente publique, pouvait se présenter avec des garanties de valeur réelle.

Et puis, la victoire obtenue, il disparaissait ; plus de fleurs, plus de bijouterie. Rien, rien qu'un souvenir qu'il gardait et qui amenait un sourire sur ses lèvres quand certains noms de femmes étaient prononcés : « Connaissons. »

Plus d'une avait voulu le fixer et le retenir ; aucune n'avait réussi jusqu'à ce jour.

Il avait pour principe qu'il fallait changer de femme comme de cravate : celle du temps gris n'était plus celle qui convenait par un jour de beau soleil ; il en fallait une pour l'été, pour l'hiver ; l'une n'était possible que le matin, l'autre la nuit seulement.

Et comme son cœur ne s'était jamais laissé prendre, il avait pu ne jamais faire d'accroc dans cette ligne de conduite, ce dont il n'était pas médiocrement fier. « Quand je commence à penser à une femme avant de penser à moi, c'est qu'elle devient dangereuse et que le moment est arrivé de la lâcher ; et je la lâche ; je ne revois que celles qui me sont indifférentes. »

Et généralement ce n'était pas de son propre mouvement qu'il les revoyait, celles-là, mais seulement lorsqu'elles avaient poursuivi et accablé de lettres. Si une de ces lettres provoquait en lui un mouvement de sympathie ou réveillait un désir, aussitôt il la jetait au feu ; celle qui l'avait écrite était dangereuse, il fallait se tenir en garde contre elle. Mais si elle ne provoquait que la pitié, il daignait quelquefois en prendre note ; il verrait un jour qu'il n'aurait rien de mieux à faire, un jour qu'il pleuvrait ou bien que le soleil luirait, selon que c'était une femme des jours de pluie ou de soleil.

Ce qu'il avait de curieux en lui, c'était qu'il s'imaginait, en employant de pareils moyens, avoir ce qu'il appelait « des femmes neuves. » — Moi, disait-il, je les lance. C'est-à-dire qu'il les prenait au moment où, après plusieurs années de misère et d'apprentissage, elles arrivaient à sortir de la foule, émergeant par une qualité quelconque ou tout uniment par hasard et à l'ancienneté. Cela, bien entendu, lui donnait une triste idée de la femme : « C'est drôle comme les femmes sont vicieuses ; si neuves que je les choisisse, elles sont déjà faisandées. »

Lorsque Poupardin était entré dans la loge, la concierge s'était levée pour le recevoir et écouter sa demande.

— Mlle Raphaëlle ?
— Elle répète.
— Vous en êtes sûre ?
— Je pense ; mais je vais aller voir, de peur de me tromper.

Tout le monde se regarda avec stupéfaction ; jamais on n'avait vu si grande marque de faveur.

Ce ne fut pas tout : elle voulut que Poupardin entrât et s'assît dans la loge, ce qu'il fit volontiers ; et quand il la vit revenir il se mit à caresser le chat qui dormait sur l'appui de la fenêtre.

Elle ne s'était pas trompée, Mlle Raphaëlle répétait, mais la répétition touchait à sa fin.

En effet, au bout de dix ou douze minutes, un torrent parut se précipiter dans l'escalier descendant du théâtre : c'étaient les comédiens qui se sauvaient au plus vite.

Raphaëlle parut une des dernières ; quand elle toucha la dernière marche, Poupardin lui tenait la main :

— On vous trouve donc, enfin.
— Dame, en venant me chercher.
— Je vous aurais cherchée depuis longtemps si j'avais su de quel côté.

Elle se mit à rire.

— Où allez-vous? demanda Poupardin.

Elle hésita une seconde.

— A la gare de l'Est.

— Voulez-vous que je vous conduise? J'ai ma voiture.

— Volontiers.

Lorsqu'ils furent installés il lui prit les deux mains :

— Voyons, soyez franche, dit-il, est-ce vrai que vous êtes avec Naurouse?

Elle le regarda un moment sans répondre :

— Je vous en prie, dit-il en insistant.

— Eh bien... oui.

— Et où vous cachez-vous?

— Ça c'est notre secret.

— Et pourquoi vous cachez-vous?

— Pour être libre de mieux nous aimer, car nous nous aimons; il m'aime à la passion, et moi......

— Et vous?

— Moi, je l'adore.

— C'est dur ce que vous me dites là, en face, en souriant.

— Pourquoi me le demandez-vous? Vous voulez que je sois franche: je suis franche. D'ailleurs, c'est dans mon caractère de dire toujours la vérité.

— Celle-là est cruelle... vous le savez bien.

— En tout cas il vaut mieux qu'elle soit dite.

— Et pourquoi cela?

— Mais pour que notre position soit bien nette.

— Cela empêchera-t-il que je vous aime?

— Je l'espère.

— Vous l'espérez... je vous déplais donc bien?

— Faut-il être franche encore?

— Oui, jusqu'au bout.

— Eh bien, non, vous ne me déplaisez pas du tout, au contraire, et si je n'avais pas aimé Roger je n'aurais pas répondu à vos lettres comme je l'ai fait.

Le visage de Poupardin s'épanouit.

— Mais je l'aime... je l'adore. Maintenant je veux bien ajouter, puisque vous dites que je suis cruelle en parlant ainsi, que si je ne trompais jamais, il me semble qu'il n'y a qu'avec vous que cela serait possible.

— Ah!

— Mais je ne le tromperai point, soyez-en sûr, d'abord parce que je l'aime et puis parce que, s'il y a en vous bien des choses qui me plaisent, et je vous assure qu'il y en a beaucoup qui m'attirent, il y en a une qui me déplaît et m'éloigne.

— Laquelle donc? demanda-t-il, assez étonné.

— Votre manière d'être avec les femmes... en un mot votre inconstance, vos goûts changeants. Tout le monde sait que vous ne prenez une femme que pour la quitter.

— C'est que je n'en ai jamais trouvé une qui ait su me retenir.

— Est-ce bien sûr? En tous cas, pour moi, je ne voudrais pas m'exposer à pareille aventure, et si jamais...

— Eh bien?

— Eh bien, c'est que vous m'auriez à l'avance donné des gages sérieux de solidité.

Je vous les donnerai.

— ... rais; dites je vous les donnerais, car tout cela est en l'air : j'aimerais mieux mourir que de tromper Roger. Mais nous voici arrivés. Laissez-moi descendre.

— Pas encore.

— Il faut que je prenne le train.

— Au moins nous nous reverrons.

— Quand vous voudrez. Votre voiture est excellente; c'est plaisir d'être porté dedans..., près de vous.

— A demain, alors.

— Si vous voulez.

Et, quand elle eut vu la voiture de Poupardin disparaître dans le boulevard, par les escaliers qui sont à gauche de la gare de Strasbourg, elle gagna la rue de Dunkerque et la gare du Nord.

XXXIII

La veille, en rentrant à Saint-Prix, Raphaëlle avait longuement raconté son entretien avec son directeur, ce qui avait beaucoup amusé, ce qui avait émerveillé Roger : « Quelle femme de tête tu es! » disait-il.

Ce soir-là, en rentrant, elle raconta tout aussi longuement la visite de Poupardin, car il était dans ses habitudes de tout dire... au moins en arrangeant les choses et en leur donnant la tournure qui convenait.

Mais Roger ne se montra ni amusé ni émerveillé.

Et cependant elle n'avait jamais été si drôle qu'en imitant les mines passionnées de Poupardin, en singeant ses yeux blancs et sa bouche en cœur.

— Non, disait-elle en riant, si les hommes pouvaient voir une seule fois combien ils sont grotesques lorsqu'ils peignent leur flamme à une femme qui pense à autre chose qu'à ce qu'ils disent, ils se tairaient. Quand la femme les écoute, c'est bien : elle ne voit rien ; mais quand elle les regarde! Et je le regardais, ton ami Poupardin ; quel magot ! Si tu savais comme il dit admirablement : « Je vous déplais donc bien. » Au théâtre, ça lui vaudrait une fortune... dans les comiques. Ce qui est magnifique, c'est le mélange d'étonnement et d'humiliation qu'il éprouve en étant obligé de reconnaître qu'il peut déplaire, lui! lui, Poupardin! Ça c'est tout un poème. J'ai vu des gens infatués, vaniteux, orgueilleux, abrutis par la naissance et la puissance, mais ils n'approchaient pas du gonflement que donne le seul argent. Mais ce qui est vraiment extraordinaire, c'est que, tenant tout de l'argent, il est arrivé à un tel point, il est monté à un tel degré, qu'on lui ferait en ce moment dépenser sa fortune.

— Il t'amuse, Poupardin?
— Oui et non.
— Eh bien! si tu n'y tiens pas plus que moi, laissons-le là.
— Si tu veux. Au reste. Poupardin n'est pas la seule bête curieuse que j'ai rencontrée aujourd'hui : Balbine, pour être d'une autre espèce, n'est pas moins intéressante. Elle vient aux répétitions dans des toilettes impossibles. Un luxe à faire une révolution dans les rues. Lajolais me disait aujourd'hui qu'elle avait pour plus d'un million de bijoux sur elle, et Lajolais s'y connaît : elle en a assez vendu. Avec cela un coupé attelé de deux chevaux splendides qui l'attend à la porte du théâtre tant que dure la répétition; cela fait sensation. C'est à ce point qu'on ne peut plus avoir ni garçons d'accessoires, ni machinistes; ils sont à admirer le cocher et le valet de pied de Balbine. En voilà une gueuse! Et tout cela pour éviter les émotions à Savine. Je crois que c'est la première fois aujourd'hui que j'ai eu plaisir à monter dans une voiture : juste au moment où Balbine sortait, Poupardin me tenait ouverte la portière de son coupé, — tu sais, il est très-chic, son coupé, — je me suis installée en faisant bouffer ma robe comme si l'équipage était à moi. Il est vrai qu'il n'était pas à moi; mais au moins j'avais la satisfaction de ne pas m'en aller à pied, retroussant ma robe, tandis que cette grue de Balbine m'éclaboussait en me souriant d'un air de pitié. Quel bonheur de vivre à la campagne! A Paris, on se sent devenir mauvaise, capable de vilains sentiments de toute sorte : l'envie, l'orgueil, la jalousie.

Puis, comme si elle venait d'être reprise d'un de ces vilains sentiments, elle se crispa les mains :

— C'est qu'aussi cette chance de Balbine est exaspérante. Voyons, qu'a-t-elle pour elle, cette grosse poularde? Je peux bien te demander cela, à toi.

Comme il ne répondait pas, elle continua :
— C'est pour ne pas m'humilier que tu ne veux pas faire de comparaisons.
— Non, dit-il, impatienté, il ne viendra à l'idée de personne de faire des comparaisons entre Balbine et toi; en tous cas, tu sais bien que si l'on en faisait elles seraient toutes à ton avantage.
— Alors, je vaux mieux qu'elle? Dis-moi cela seulement ou plutôt ne me dis rien, donne-moi ton bras. La lune brille, allons faire un tour dans le jardin en amoureux.

Et, se pressant contre lui à plusieurs reprises, comme si elle revenait toujours à sa pensée, elle répéta :

— Qu'on est heureux de ne pas vivre à Paris.

Si heureux qu'on fût de ne pas vivre à Paris, il arriva un moment où Saint-Prix devint difficile à habiter.

Tant qu'il avait ou sa maîtresse près de lui, Roger n'avait pas eu le temps de trouver la campagne ennuyeuse ou monotone : ils étaient ensemble, leurs heures étaient remplies; peu lui importait que ce fût là ou ailleurs.

Mais quand elle le quitta le matin pour ne rentrer que le soir, les choses changèrent; les heures ne furent plus remplies; vides au contraire et terriblement longues. Il eût été chez des amis ou dans ses terres, à Naurouse, à Varages, il eût chassé, monté à cheval, visité ses voisins. Mais, à Saint-Prix, que faire? Il ne pouvait pas chasser. Il ne pouvait pas davantage visiter ses voisins. Il ne pouvait plus se promener dans les bois, dont les moindres sentiers lui étaient connus.

Alors?
Rêver.
Ou bien aller à Paris.

Six ou sept heures de rêveries, c'est bien long, surtout quand toutes les rêveries auxquelles on se laisse entraîner ne sont pas agréables. Et parmi les pensées qui traversaient son esprit lorsqu'il restait ainsi seul, il y en avait de pénibles; une entre autres qui revenait, qui s'imposait, quoiqu'il voulût l'écarter, car chaque soir en rentrant Raphaëlle, par un mot, toujours le même, la provoquait.

— J'ai encore vu Poupardin; il n'y a pas moyen de s'en débarrasser.

Il ne voulait pas montrer de jalousie et il restait assez maître de sa volonté pour n'en point laisser paraître en sa présence; mais, lorsqu'elle était partie et qu'il avait six heures à l'attendre, ce mot, avec toutes les pensées qu'il pouvait engendrer, lui revenait. Alors ces heures étaient éternelles. Que de questions! Si parfois elle était en retard d'une heure ou deux, ce qui se produisait assez souvent, que d'angoisses! Était-ce la répétition seule qui la retardait? Était-ce?...

L'exaspération devenait trop vive, et à son tour il s'en allait à Paris passer quelques heures avec ses anciens amis, qui ne manquaient jamais de le plaisanter sur sa disparition et sa réclusion.

— Ne voyez-vous pas qu'il fait des économies, disait Mautravers.
— Justement.

Mais si chaque matin Raphaëlle allait à

Paris, si chaque après-midi il y allait lui-même, de sorte qu'ils vivaient en réalité à Paris chacun séparément, pourquoi rester à Saint-Prix ? Ne valait-il pas mieux, dans ces conditions, être à Paris ensemble ?

Les difficultés et les ennuis de la vie à Saint-Prix, compliqués des voyages à Paris, augmentèrent : les *Compagnons d'Ulysse* avaient été montés avec cette activité dévorante qu'on ne rencontre que dans les théâtres menacés de la faillite, quand les comédiens ont intérêt à empêcher cette faillite, et comme la pièce en représentation ne faisait pas un sou de recette, on l'avait abandonnée pour répéter le soir. De onze heures du matin à minuit, les comédiens devaient être au théâtre.

La première fois, Raphaëlle put se sauver assez tôt pour prendre encore le train de minuit trente minutes; mais ce fut à grande peine qu'elle arriva. Aussi déclara-t-elle en rentrant qu'elle coucherait le lendemain à Paris, chez elle, rue Drouot.

C'était seulement pour qu'il ne fût pas exposé à attendre, à s'exaspérer ; d'ailleurs il ne s'agissait que de quelques nuits ; la pièce était prête, et, sans les auteurs « qui faisaient leur tête », on pourrait la jouer ; mais ils voulaient beaucoup de relâches, parce que cela leur donnait de l'importance.

Il ne répliqua rien, et quand le matin elle voulut qu'il lui promît d'être bien sage, il lui fit toutes les promesses qu'elle exigea : « Il aurait confiance ; il ne s'inquiéterait pas ; il penserait combien elle l'aimait ».

Mais lorsqu'elle fut partie il s'en alla derrière elle à Paris, et vers minuit, après avoir passé sa soirée au club, où il se montra désagréable et impatient, il se fit conduire devant l'entrée des artistes du théâtre de l'Opérette.

Deux coupés étaient déjà arrêtés devant cette entrée et, aux lumières que lançaient les lanternes d'argent, Roger reconnut de loin que voitures, chevaux et cocher, étaient aussi irréprochables de tenue les uns que les autres : l'un était le coupé de Poupardin; l'autre celui de Balbine, sans doute.

Vivement Roger sauta à terre sans trop savoir ce qu'il faisait et s'approcha des voitures ; mais elles étaient vides ; Poupardin sans doute était entré dans le théâtre.

Roger, qui ne jouissait pas de la notoriété et des faveurs acquises dans les théâtres par Poupardin, n'essaya même pas de franchir le seuil de l'entrée ; d'ailleurs il n'était pas dans son plan d'aller chercher Raphaëlle jusque sur la scène et de l'enlever triomphalement en vertu de ses droits. Il remonta dans son coupé et, ayant baissé la glace du côté du théâtre, il attendit ; quand elle paraîtrait il serait temps de se montrer.

Les minutes s'écoulèrent, personne ne sortait ; enfin il se fit un brouhaha, on entendit une confusion de voix et de cris. Quelques personnes commencèrent à sortir à la file, rapidement, les hommes, le collet du paletot retroussé jusqu'aux oreilles ; les femmes tassées dans des châles et des manteaux, regardant ces voitures.

De nouveau, Roger descendit et se plaça devant la portière faisant face au théâtre.

Il n'eut pas longtemps à attendre. Bientôt Raphaëlle parut suivie de Poupardin, qui lui parlait par-dessus l'épaule.

En apercevant Roger, elle accourut à lui sans avoir eu un moment d'hésitation ou d'embarras.

— Toi ici ? dit-elle en lui prenant les deux mains.

— Je viens te chercher.

Poupardin, un moment interloqué, s'était décidé à faire deux pas vers Roger et à lui tendre la main.

— En voilà une surprise ! dit-il.

— Pour moi agréable, dit Roger en souriant.

— Et pour moi, donc !

Il s'était remis.

— J'avais proposé à madame de la reconduire chez elle, dit-il.

— Merci, répondit Roger. Jo l'emmène chez moi. Au revoir.

Et il monta auprès de Raphaëlle, déjà installée dans la voiture.

Au moment où la voiture s'ébranla, elle se pencha un peu de côté :

— Regarde donc Poupardin, dit-elle ; a-t-il une bonne tête, là, sur le trottoir ?

— Il espérait donc mieux ?

— Il espérait pouvoir travailler de son métier de cocher : c'est une vocation chez ce garçon-là, et il ne demande pas de pourboire.

Puis, se serrant contre lui et l'enlaçant dans ses deux bras :

— Comme tu as bien dit, lui murmura-t-elle à l'oreille, « je l'emmène chez moi. » Jamais je ne t'ai vu si beau !

XXXIV

Une explication était nécessaire ; elle eut lieu le lendemain matin, et ce fut Raphaëlle qui l'entama :

— Il est bien certain, dit-elle, qu'il faut renoncer à Saint-Prix ; j'aime mieux prendre les devants et te le dire moi-même, sans attendre que tu m'en parles ; il me semble que cela me sera moins cruel ; une idée de femme ; nous sommes si faibles. Les *Compagnons d'Ulysse* vont tomber à plat ; c'est idiot d'un bout à l'autre, pas de mots, pas de situations, pas d'effets pour les comédiens ; ça va être une chute fameuse. Il va falloir monter autre chose à la hâte, et il paraît que je serai de cette machine-là ; les répétitions vont donc recommencer, du matin au soir je serai prise au théâtre ; je ne veux pas que tu restes seul à Saint-Prix à t'ennuyer ; au moins en restant à Paris nous pourrons nous voir à l'heure du dîner. Il faut donc rentrer à Paris.

— Eh bien, rentrons à Paris.
— Oui, mais comment ?
— C'est bien simple...

Elle l'interrompit vivement :

— C'était bien simple hier ; tu rentrais chez toi et moi je me réinstallais dans mon petit appartement de la rue Drouot, bien suffisant pour Mlle Raphaëlle du théâtre de l'Opérette. Mais voilà que, par ton intervention, les conditions sont changées. Poupardin va parler aujourd'hui ; ce soir tout Paris saura que je suis ta maîtresse. Voilà ce que c'est que d'agir crânement.

— Tu le regrettes.

— Pour moi, certes non, j'en suis heureuse et fière, il ne pouvait pas m'arriver de plus grand bonheur ; mais pour toi cela est bien différent, nous voilà revenus au point où nous étions avant d'aller à Saint-Prix.

— A peu près, si ce n'est que nous avons Saint-Prix et ses souvenirs.

— Pour cette parole il faut que je t'embrasse ; mais, enfin, il n'en est pas moins vrai, au seul point de vue des affaires, que la situation est la même qu'au moment de notre départ. Et même elle est plus mauvaise, puisque tu as fait de gros frais pour notre installation à Saint-Prix. Si cet argent n'avait pas été dépensé, il pourrait nous servir maintenant, et bien utilement.

— Ne prends pas souci de cela.

— Comment, que je n'en prenne pas souci ! Mais n'est-ce pas ta tranquillité, ta liberté qui sont en jeu. Il est vrai que si la famille ne s'est pas fâchée après ces dépenses, c'est qu'elle n'est peut-être pas aussi disposée à se fâcher qu'on te l'avait fait craindre ; car enfin il y avait bien de quoi demander ce conseil judiciaire, surtout après ta perte au jeu. Voyons, franchement, est-ce que tu ne crois pas que tu as eu peur un peu trop vite ? Hein ?

Cela fut dit d'un ton affectueux et câlin. Cependant il regimba.

Alors elle l'enlaça doucement, tendrement :

— Oh ! ne crois pas que je t'en fasse un reproche ! Non, mille fois non. En tous cas, si tu avais peur, c'était pour ton nom, pour ton honneur, et rien n'était plus respectable. Qu'un duc de Naurouse ne veuille pas être exposé à ne pas pouvoir payer ses créanciers, cela se comprend. Mais je crois bien que tu n'as plus ce danger à craindre ; la famille a sans doute reconnu qu'elle ne réussirait pas dans sa demande, si elle la formait, et elle te laisse tranquille. Seulement il ne faut pas l'exaspérer de nouveau ; aussi je te prie de ne pas faire de folies dans cette nouvelle installation à Paris. Si j'osais, je te demanderais de m'en charger.

— Laisse-moi ce soin.

— Je sais bien pour toi, que pour nous il vaut assurément mieux qu'il en soit ainsi : tu as en fait d'élégance et de confort des idées si personnelles, des goûts si nettement arrêtés qu'en choisissant une chose j'aurais toujours peur qu'elle ne te plût point ; tandis que moi je trouverai toujours admirable ce que tu choisiras. Cependant, dans les circonstances présentes, ce sera à une condition : tu ne prendras que le plus simple. C'est là une loi que je t'impose, non-seulement pour toi, afin de ne pas t'entraîner dans des dépenses dangereuses, mais encore pour moi. Tu n'as pas, comme tant de jeunes gens de ton monde, une maîtresse pour qu'elle fasse du tapage par son luxe autour de ton nom. Qu'on ne dise rien de moi, ni dans le sens de la misère, ni dans le sens du luxe, c'est là le point à obtenir, il me semble. Et alors cette maîtresse, au lieu de t'être nuisible, peut te devenir utile : elle te réhabilite dans l'opinion bourgeoise ; à ceux qui t'accusent d'être un prodigue on peut répondre en leur montrant la maîtresse. Ah ! mon cher petit duc, si je pouvais t'être bonne à quelque chose, si peu que ce fût, comme je serais heureuse.

Et, longuement, ils discutèrent cette simplicité : la simplicité du vestibule, la simplicité de la salle à manger, la simplicité du salon, la simplicité du boudoir, la simplicité de la chambre à coucher, la simplicité du cabinet de toilette. Pour chaque pièce Roger avait des idées originales que Raphaëlle combattait, mais qu'on fin de compte elle était bien forcée de subir : « Il aimait ça. » Comment lutter contre une pareille raison ? Sa règle en tout n'était-elle pas de chercher à lui plaire ?

Mais après s'être mis d'accord sur ces différents points il en restait un à décider : où prendraient-ils cet appartement ?

Alors elle se rapprocha de lui, elle l'enserra, elle l'enlaça. D'ordinaire, lorsqu'elle désirait une chose assez facile à obtenir, elle la demandait avec toutes sortes de cajoleries d'intonations, de gestes, et, bien qu'elle fût sûre de son pouvoir, elle n'eût jamais procédé tout simplement en disant : « Cela me fait envie, donne-le moi ? » de pareilles manières n'étant ni dans son caractère, ni dans ses habitudes. Mais lorsque cette chose était difficile ou tout au moins lorsqu'elle jugeait qu'elle pouvait l'être, ces cajoleries de la parole, des yeux ou de la mimique n'étaient plus pour elle suffisantes ; il lui fallait plus, quelque chose de matériel, qui agit mystérieusement d'une façon toute-puissante sans laisser place au raisonnement et à l'hésitation : c'était alors qu'elle le prenait dans ses bras et, avec une souplesse serpentine de la tête aux pieds se serrait, se pressait contre lui, ajoutant à toutes les séductions de la voix et du regard celles toutes physiques, toutes magnétiques de la chair qu'elle savait irrésistibles.

Longtemps elle resta ainsi sans parler, les efforts qu'il faisait pour la décider ne parvenant pas à triompher de la répugnance qu'elle mettait, bien malgré elle, à s'expliquer.

— Tu sais bien que je n'ai rien à te refuser, disait-il.

— Il n'agit pas de cela.

— Alors de quoi s'agit-il ?

— De moi il n'est pas de toi. Ce qui m'embarrasse, ce n'est pas ce que j'ai à te demander, — car cela est si simple, si naturel et si juste, que tu ne peux pas me le refuser, — c'est ce que j'ai à te dire, les explications que j'ai à te donner.

Enfin elle se décida :

— Ce que j'ai à te demander, c'est de me laisser choisir moi-même l'appartement que je dois habiter ?

— Cela bien volontiers; choisis ce que tu voudras, où tu voudras.

— A l'avance j'étais bien certaine de ce que serait ta réponse, et si j'ai tant tardé à te faire ma demande c'est que je dois t'expliquer ce qui l'inspire.

— N'explique rien.

— Il le faut. Tu sais que j'ai ma mère, ma mère que j'aime tendrement; mais, ce que tu ne sais pas, c'est que j'ai aussi mon père... un père naturel, mais enfin mon père. Alors que je n'étais qu'une petite fille et que je voyais ma mère peiner pour que nous ne mourions pas de faim, je lui disais : « Quand je serai grande et que je serai riche, nous demeurerons ensemble pour que tu n'aies plus à souffrir. » Chaque jour, en grandissant, je lui ai répété cela. Me voici grande et si je ne suis pas riche, au moins je ne suis plus dans la misère; je ne veux donc pas, au moment où je vais avoir une maison à moi, ne pas réaliser la promesse que j'ai faite à ma mère.

Roger ne répondit rien, mais il ne fut pas maître de retenir un mouvement.

— Oh! ne crains rien, dit-elle vivement, il n'est pas question que ma mère se place entre nous. Ma mère n'est pas de ton monde, je ne veux pas te l'imposer. C'est justement pour cela que cet appartement doit être choisi dans de certaines conditions, c'est-à-dire qu'il doit être en communication avec une ou deux pièces dans lesquelles ma mère s'installera et où je pourrai la voir facilement quand je serai seule. Elle sera chez elle, je serai chez moi; mais je n'aurai qu'une porte à ouvrir pour la voir. Il ne s'agirait de ma mère toute seule, que rien ne serait plus facile, car la pauvre femme se contente de peu; mais...

Elle hésita un court moment en se serrant plus fortement contre Roger.

— ... Mais il s'agit aussi de mon père. Mon père, qui ne s'est pas occupé de moi quand j'étais petite et qui a abandonné ma mère, nous a retrouvées à mon retour de Russie. Il était dans la garde de Paris, il venait d'avoir sa retraite, et on apprenant qu'il avait une fille qui ne lui demandait rien, il s'est aperçu qu'il avait des entrailles de père. Cela n'est pas très-beau, j'en conviens; mais enfin il me témoigne maintenant beaucoup d'affection. Des personnes pieuses sont intervenues entre lui et ma mère et l'ont amené à l'idée d'un mariage qui, pour ma pauvre mère, est une réhabilitation. Tu vois maintenant quelle est la situation et pourquoi j'hésitais à te l'expliquer, car il y a dans tout cela des choses que j'aurais voulu tenir cachées. Si j'ai parlé, c'est que tu dois tout savoir, non-seulement pour le présent, mais encore pour l'avenir. Que dirais-tu si, en arrivant chez moi, tu ne me trouvais pas et si tu me voyais arriver par une porte que tu ne devrais pas franchir. Car, cette porte, tu comprends que ni toi ni eux vous ne la franchires jamais; tu ne peux pas plus aller chez eux, qu'ils ne peuvent venir chez moi. Mon père est un ancien soldat; il est décoré; il ne s'inquiètera pas de ce que fera sa fille, la comédienne, comprenant que nous devons avoir une liberté entière; mais il ne supporterait pas de voir que sa fille est notoirement la maîtresse du duc de Naurouse.

Le soir même elle avait trouvé l'appartement qu'il lui fallait, celui qui répondait aux exigences de sa position : le vestibule, la salle à manger, le salon, le boudoir, la chambre, le cabinet de toilette qui lui étaient nécessaires ; puis, en communication avec le boudoir, par une porte qu'on pouvait cacher sous des tentures, trois pièces pour sa mère et son père. Il est vrai qu'à la rigueur elle n'en avait besoin pour eux que de deux; mais elle prit cependant la troisième, se la réservant pour son usage exclusif : située tout à l'extrémité de l'appartement, avec une porte qui ouvrait directement sur l'escalier, cette pièce lui serait très commode pour assurer sa liberté; elle se réfugierait là quand elle voudrait échapper à certaines visites, et elle n'admettrait près d'elle que ceux à qui elle dirait le secret de la porte de l'escalier. Quant à ceux qui ne connaîtraient pas ce secret, comment viendraient-ils la déranger? Pour cela, il faudrait traverser l'appartement des parents.

XXXV

Il y avait juste huit jours que Raphaëlle était installée dans son appartement du boulevard Haussmann, lorsqu'un matin, en rentrant chez lui, Roger trouva son bijoutier qui l'attendait.

En l'apercevant, son premier mouvement fut la contrariété : il n'était point en fonds, et sans doute c'était de l'argent qu'on venait lui demander; il allait falloir discuter, prendre des arrangements, fixer des termes, souscrire des billets, toutes choses qu'il avait en horreur.

Mais il n'était point dans son caractère de reculer devant les difficultés et de chercher à les esquiver :

— C'est de l'argent que vous venez chercher ? dit-il. Je suis fâché d'avoir à vous répondre qu'en ce moment je n'en ai point.

— Non, monsieur le duc, ce n'est point de l'argent que je viens vous demander.

Et il resta un moment assez embarrassé, cherchant évidemment ce qu'il voulait dire et ne le trouvant pas.

— Alors ? demanda Roger, rasséréné.

— Ah! monsieur le duc, je crains bien que nous n'ayons fait une sottise!

— Mais quoi? Expliquez-vous, je vous prie.

— Monsieur le duc, m'avez-vous fait demander votre facture?

— Ma facture?

— Oui, avant-hier?

— Pas du tout. Pourquoi faire aurais-je demandé cette facture? Je n'ai pas d'argent à vous donner.

— Alors je ne me trompais pas.

De nouveau l'inquiétude avait repris le duc de Naurouse.

— Parlez donc, dit-il.

— Avant-hier, comme j'étais absent, un monsieur, une espèce d'homme d'affaires, portant une serviette noire sous le bras, avec des papiers dedans, s'est présenté chez moi comme venant de votre part.

— De ma part?

— Au moins il l'a dit. Il s'est adressé à ma femme et lui a demandé un relevé de votre facture. Ma femme a répondu que ce relevé n'était pas fait et qu'on vous l'enverrait. Mais il a insisté en disant qu'il avait mission de vous de réunir différentes factures, parce que vous étiez sur le point de partir pour un assez long voyage et que

vous vouliez avant régler différents comptes. Il s'est montré si pressant que ma femme s'est décidée à la fin à faire faire ce relevé de compte.

— Que vous avez donné?

— Qu'elle lui a donné, oui, monsieur le duc, et qu'il a emporté dans sa serviette. Le soir, lorsque je suis rentré, ma femme m'a raconté la visite de ce personnage qui, par ses allures comme par ses paroles, avait produit sur elle une mauvaise impression, assez mauvaise même pour qu'elle eût conscience d'avoir commis une faute en lui remettant cette facture. Bien entendu, je la confirmai dans cette crainte, car tout cela me paraissait louche. Cependant, comme il était possible que ce voyage et ce règlement de compte fussent vrais, je ne vins pas vous trouver et je laissai passer la journée d'hier, attendant votre argent. C'est en ne le voyant pas arriver que je me suis décidé à venir vous parler de cette visite. Je vois que j'ai eu raison, puisque vous ne m'avez pas fait demander votre facture. Je prie monsieur le duc de me pardonner de l'avoir donnée; mais comment supposer qu'on oserait se présenter faussement en son nom?

Évidemment une pareille supposition n'était guère admissible et Roger ne pouvait pas accuser ceux qui n'avaient point eu l'idée de la faire.

Ce ne fut point un reproche qu'il adressa au bijoutier, ce fut un remerciement.

— Je vous suis reconnaissant, dit-il, de l'empressement que vous avez mis à me prévenir; il y a là-dedans un mystère que je vais tâcher d'éclaircir.

— Si monsieur le duc veut bien passer à la maison, ma femme lui donnera le signalement exact de cet homme d'affaires : rasé, voûté, trop poli.

Mais Roger avait pour le moment autre chose à faire que de s'inquiéter de cet homme, qui, bien certainement, n'était qu'un agent, un instrument aux mains de quelqu'un, qui l'avait mis en avant, se tenant prudemment dans la coulisse. Ce quelqu'un, il n'y avait pas à le chercher; le doute, l'hésitation n'étaient pas possibles pour lui : c'était M. de Condrieu qui poursuivait son projet de conseil judiciaire et, avant de former sa demande devant la justice, s'entourait de tous les documents propres à l'appuyer et à la faire triompher.

La démarche qu'il avait fait faire auprès du bijoutier, il avait dû la tenter auprès d'autres fournisseurs, de façon à arriver devant le tribunal avec un certain nombre de factures : « J'accuse mon petit-fils de prodigalité, voilà qui prouve cette prodigalité. »

Vivement, Roger se fit conduire chez son tapissier, qui, pour avoir meublé Saint-Prix et l'appartement du boulevard Haussmann, était un de ses plus gros créanciers.

En le voyant entrer dans son magasin, le tapissier vint au-devant de lui en souriant :

— Oh! monsieur le duc, il ne fallait pas vous presser, j'aurais attendu.

Comme son mémoire était très long, le tapissier ne l'avait pas donné détaillé à l'homme d'affaires qui était venu le lui demander « de la part de M. le duc; » mais il avait donné les totaux pour chacune des pièces qu'il avait eu à meubler à Saint-Prix et à Paris, non en demande, mais au plus juste prix, celui qui lui était bien légitimement dû.

Chez le marchand de chevaux, chez le carrossier, chez le couturier Faugerolles, ce fut la même réponse: « Un homme d'affaires était venu demander les mémoires de la part de M. le duc qui partait en voyage. »

Roger s'attendait à cette répétition; cependant il y avait un fait jusqu'à un certain point inexplicable pour lui: comment son grand-père connaissait-il tous ses fournisseurs? Cela était étrange, pour ne pas dire plus.

De tous ses créanciers, le plus important était Carbans; il courut chez Carbans, qu'il trouva en train de déjeuner, enveloppé comme toujours dans un nuage de fumée de viande grillée qui emplissait et infectait la salle.

— Si on est venu me demander ce que vous me devez. Oui, monsieur le duc. Mais vous pensez bien que je n'ai pas été assez naïf pour le dire.

Roger respira.

— On ne fait pas causer l'ami Carbans, c'est lui qui fait causer les autres quand ça l'intéresse.

— Alors ?

— Alors, monsieur le duc, on veut vous pourvoir d'un conseil judiciaire, et pour cela on cherche à ramasser toutes vos dettes; c'est clair, clair comme de l'eau de roche. Au reste, ce que je vous dis là, je l'ai déjà dit à celui qui a voulu me tirer les vers du nez.

— Un homme d'affaires rasé, voûté, trop poli.

Carbans se renversa sur sa chaise pour mieux rire et laisser son ventre sauter librement.

— Au moins c'est ainsi qu'on m'a dépeint celui qui s'est présenté chez plusieurs de mes fournisseurs, dit Roger.

— Eh bien, celui qui s'est présenté chez vos fournisseurs et celui qui a voulu m'empaumer, ça fait deux. Chez vos fournisseurs on a envoyé le premier venu, quelque pauvre diable; pour moi, c'est Gommart lui-même qui m'a entrepris. Ça me flatte, savez vous, parce que Gommart, c'est le tombeur des malins; mais pas rasé, pas voûté, pas trop poli, oh! pas du tout; pas assez même. Enfin, tout tombeur qu'il est, il ne m'a pas tombé. Voulez-vous que je vous dise comment les choses se sont passées entre nous.

— Je vous le demande.

— Au fait, ça peut vous servir. C'est avant-hier que je l'ai rencontré à la Bourse.

— C'est avant-hier aussi que l'autre homme d'affaires a fait ses démarches auprès de mes fournisseurs.

— Cela prouve qu'on est pressé d'agir, puisqu'on met tout le monde en mouvement en même temps. J'ai donc rencontré Gommart qui, bien entendu, ne m'a pas parlé de vous comme ça tout de suite ; ça n'aurait pas été fort. Non, il m'a proposé une affaire qu'il m'a longuement expliquée, en me montrant les avantages qu'elle pouvait offrir. Ils étaient superbes. Je ne l'ai cependant pas acceptée. Alors, il a paru surpris, un peu trop surpris, ce qui m'a mis sur mes gardes. Longtemps il a tourné, je vous passe ses finesses, et à la fin il m'a demandé si mon refus ne tenait pas aux grosses affaires que j'avais faites avec le duc de Naurouse. Là-dessus j'ai entrepris votre éloge : charmant jeune homme, l'honneur même, etc.; je ne peux pas vous répéter ça.

— C'est inutile.

— Parfaitement, ce que j'en dis c'est seulement pour vous indiquer la marche. Comme je répondais toujours à côté de ce qu'il me demandait, il a été obligé d'avancer en tâchant de me faire dire combien vous me deviez. J'étais sur mes gardes, j'ai été fixé et j'ai vu que c'était vous, monsieur le duc, l'affaire qu'il avait à traiter avec moi. Au profit de qui? De quelqu'un à qui vous vouliez emprunter? Ou de votre famille? Il ne m'a pas fallu bien des heures pour deviner que c'était au profit de votre famille, qui voulait vous donner un conseil judiciaire. Et alors vous pensez, monsieur le duc, si je me suis amusé à rouler mon Gommart; j'en ris encore.

Et de fait il se renversa sur sa chaise, riant aux éclats.

— Ainsi, monsieur le duc, je n'ai rien dit, d'abord parce que vous êtes mon client et que ce n'est pas à moi à conter vos affaires, ensuite parce que je n'aime pas qu'on ait le toupet de vouloir me tirer les vers du nez. Mais vous devez bien penser que cela n'empêche pas votre famille de savoir le plus gros de ce que vous me devez, à moi ou à mes amis ; pour cela elle n'a eu qu'à lever un état des inscriptions qui grèvent vos propriétés. Tout ce que j'ai pu cacher, c'est ce qui est représenté par vos billets, et de cela, bien entendu, je ne parlerai pas. Mais, quoi que je dise ou ne dise pas, je crois bien que vous ne pourrez pas lutter contre votre famille. Vous avez été un peu trop vite, monsieur le duc, un peu trop vite. Aussi, à votre place, moi, je m'arrangerais avec elle et j'accepterais le conseil judiciaire de bonne volonté.

Roger se leva brusquement.

— Vous êtes jeune, monsieur le duc, vous vous laissez entraîner facilement ; un conseil judiciaire ne vous serait peut-être pas mauvais pendant trois ou quatre ans. Songez donc comme c'est commode de ne pas pouvoir s'engager légalement : la signature ne valant pas mieux que la parole, c'est à considérer.

— Merci, dit Roger, qui s'était dirigé vers la porte.

— Pensez-y, monsieur le duc ; plus tard vous me direz que je vous ai donné un bon conseil.

XXXVI

L'enquête était plus que suffisante, il était inutile de la pousser plus loin ; quand il irait chez tous ses fournisseurs les uns après les autres, à quoi bon ? Partout, sans doute, on lui ferait la même réponse : « Nous avons remis notre facture parce qu'on est venu nous la demander de la part de M. le duc. »

Mais s'il n'avait rien à apprendre de ceux qui avaient remis ces factures, il n'en était pas de même vis-à-vis de celui qui les avait fait demander, c'est-à-dire vis-à-vis de M. de Condrieu.

Sorti de chez Carbans, il était resté un moment sur le trottoir, ne sachant de quel côté tourner, irrésolu, sans idées ; il se dirigea vers la place de la Bourse, et, montant dans une voiture, il dit au cocher de le conduire rue de Lille.

Qu'allait-il dire à son grand-père ? Il n'en savait rien. Mais il verrait ce que les circonstances lui inspireraient ; pour que cette demande de conseil judiciaire ne fût pas déposée, il était prêt à tout.

Comme il traversait la cour de l'hôtel, il se trouva en face de son cousin, Ludovic de Condrieu, qui, une serviette de maroquin sous le bras, descendait le perron, se rendant sans doute à l'Ecole de droit.

Les deux cousins s'aperçurent en même temps, et chez tous deux, instantanément, il y eut un mouvement d'arrêt ; mais Roger se remit le premier et tendit la main à son cousin qui, ses longs bras collés contre son corps, gardait une contenance embarrassée.

— J'ai un service à te demander, dit Roger.

— Toi ?

— On veut me faire nommer un conseil judiciaire, je viens demander à ton... à notre grand-père de ne pas persister dans cette mesure. J'ai des raisons à faire valoir, de bonnes raisons. Entre avec moi, tu m'entendras les expliquer, tu les appuieras ; ton grand-père t'écoute. S'il ne se laisse pas toucher par moi, il aura égard à tes paroles. Veux-tu ?

Cela fut dit franchement, les yeux levés, dans un élan instinctif ; mais cela fut écouté avec les yeux baissés, les bras ballants, avec une gêne visible.

Cependant, comme il fallait bien répondre, Ludovic, à la fin, se décida en balbutiant comme M. de Condrieu :

— Tu sais, dit il, que notre grand-père ne permet pas qu'on intervienne dans ses affaires.

— Ce ne sont pas ses affaires, ce sont les miennes.

— Vraiment, je n'oserais pas ; et puis je suis déjà en retard, il faut que j'aille à l'école ; au revoir.

Puis, s'arrêtant et se retournant :

— Si tu as de bonnes raisons à faire valoir, sois sûr que grand-père les écoutera, c'est la justice même.

Roger ne répondit rien ; mais, levant les yeux, il les promena autour de lui, allant d'une fenêtre à l'autre, cherchant Christine. Ah ! si elle avait été là, la chère petite, il lui eût adressé son appel et elle fût venue se ranger près de lui ; elle n'eût point craint de se mêler des affaires de son grand-père, elle ne se fût point sauvée pour n'être point en retard : bravement elle lui eût apporté le secours de sa tendresse et de sa vaillance.

Mais il eut beau chercher, il ne l'aperçut point ; elle n'était point là sans doute.

Alors il se tourna vers Ludovic qui allait sortir et courant après lui :

— Je ne puis pas te laisser partir sans te dire que je regrette ce que tu viens de faire.

— Ah !

Et sans en dire davantage, tendant le dos, serrant sa serviette sur son cœur, il continua son chemin.

Roger revint au perron ; dans le vestibule il trouva un valet qui l'introduisit dans le grand salon, celui où se trouvait le portrait de la duchesse de Condrieu.

Le comte n'était pas là : Roger dut attendre quelques instants ; enfin M. de Condrieu arriva, traînant les pieds, la taille voûtée, la tête enfoncée dans les épaules, digne et paterne tout à la fois.

Pendant quelques instants le grand-père et le petit-fils restèrent en face l'un de l'autre ; mais tandis que le duc de Naurouse tenait ses yeux levés sur le comte de Condrieu, celui-ci regardait de tous côtés, rapidement, sans s'arrêter, sans se fixer, comme s'il n'était pas chez lui.

Ce fut Roger qui, le premier, prit la parole :

— Monsieur le comte, dit-il, la gorge serrée par l'émotion, je vous demande la permission de vous adresser une question ?

— Vous ?

— Je vous prie de passer sur les raisons de convenances, la gravité de la question que j'ai à vous poser l'exige.

— Alors parlez.

— On me dit que vous voulez me faire nommer un conseil judiciaire, est-ce vrai ?

Le comte s'était assis lourdement, les yeux baissés ; il ne les releva point.

— Ce qu'on vous a dit n'est pas exact, répondit-il.

— Ah !

— En ce sens que ce n'est pas moi, c'est votre conseil de famille qui croit devoir, dans votre intérêt, recourir à cette mesure préservatrice.

— La distinction a peu d'importance.

— Je vous demande pardon, elle a une importance considérable, considérable pour moi qui tiens à marquer nettement les situations. J'ai été opposé à cette mesure, ceux de nos parents qui composent votre conseil de famille pourront vous le dire, ils vous diront certainement si vous les interrogez.

Roger resta un moment déconcentané ; il connaissait bien cette manière de se défendre habituelle à son grand-père ; mais, malgré l'envie qu'il en avait, il ne pouvait pas dire à celui-ci que cette explication était mensongère et que c'était lui, lui seul, qui avait préparé et poursuivi l'exécution de cette mesure : il était venu rue de Lille pour arranger les choses, non pour les exaspérer.

— Je suis heureux, dit-il, d'avoir à vous remercier du concours que vous avez bien voulu me prêter, et puisqu'il en est ainsi....

— N'en doutez pas.

— ... Je viens vous prier de me le continuer. Ce conseil de famille, le mien, dont je ne connais pas la plupart des membres, je suis sans influence sur lui, et même il me paraît bien sévère pour moi ; tandis que vous, monsieur le comte, par votre position, par votre autorité, vous pouvez sans doute beaucoup pour lui. Eh bien, je viens vous demander... je viens vous prier d'user de cette autorité pour le faire revenir sur cette mesure.

— Mais...

— Je sais tout ce qu'on peut dire sur les dépenses auxquelles je me suis laissé entraîner, et les reproches qu'on peut m'adresser à ce sujet sont en partie fondés.

— En partie ?

— En partie, car, pour être juste, il faudrait entendre les explications que j'ai à donner pour faire comprendre comment j'ai subi cet entraînement, dans quelles conditions particulières j'étais placé, comment il m'était plus qu'à tout autre difficile d'y résister. Mais je passe condamnation sur ces points. J'ai été coupable, je le reconnais. Ce que je veux, ce n'est point faire innocenter le passé, c'est offrir des garanties pour le présent, pour l'avenir. Ces garanties, je les donnerai aussi grandes, aussi complètes qu'on voudra. Mon revenu est d'environ cinq cent mille francs : sur ces cinq cent mille francs on en prendra quatre cent mille, plus s'il le faut, pour éteindre mes dettes, et cela pendant tout le temps nécessaire à cette extinction. Vous voyez que ce que j'ai en vue ce n'est point un intérêt d'argent. Je ne viens pas défendre mes revenus, puisque je les abandonne. Je viens défendre mon honneur, le nom de mon père, mon nom, sur lequel je ne veux pas que, par ma faute, jaillisse une tache. Voilà ce que je vous prie de présenter à mon conseil de famille pour qu'il ne prenne pas cette mesure.

— Mais elle est prise.

— Eh bien, alors pour qu'il revienne sur sa résolution, ce qu'il consentira à faire, j'en suis sûr, si, vous, vous voulez bien plaider ma cause en insistant sur les engagements que je suis prêt à prendre.

— Et quelle garantie offrez-vous que ces engagements seront tenus ?

Roger leva la tête fièrement et, posant sa main sur son cœur :

— Ma parole, dit-il d'une voix vibrante.

— Oui, oui, sans doute ; mais on pourra m'objecter que vous êtes jeune et que vous paraissez disposé à céder facilement à des entraînements pour vous irrésistibles.

— Si jeune que je sois, je sais la valeur d'un engagement pris librement ; d'ailleurs toutes les garanties légales, s'il en existe, ce que j'ignore, je les donnerai ; tout, je suis prêt à tout pour ne pas subir ce conseil judiciaire, et je vous demande en grâce de me l'épargner : si je ne porte pas votre nom, monsieur le comte, je suis au moins le fils de votre fille...

— Sans doute, sans doute, interrompit vivement M. de Condrieu.

— Eh bien ! j'évoque le nom et le souvenir de ma mère pour que vous évitiez cette flétrissure à son fils.

M. de Condrieu parut ému et, par un geste qui lui était familier, lentement, du bout de son doigt, il parut vouloir sécher une larme qui se serait arrêtée dans les rides qui plissaient ses joues.

— Voilà, dit-il, des paroles qui me remuent doucement le cœur — sa voix trembla — et qui en rachètent d'autres dont je ne veux plus garder souvenir. Elles n'auront point été prononcées en vain. Et ce n'est point en vain que vous aurez fait appel à mon..... à ma..... à ma tendresse, à ma tendresse. Quand votre conseil de famille verra que de vous-même vous êtes disposé à prendre les arrangements qu'il voulait arriver à vous imposer, je suis convaincu..... convaincu qu'il ne persistera pas dans cette demande de conseil judiciaire. Que voulons-nous, je veux dire que voulait-il ? Une seule chose : vous protéger contre vous-même et sauver votre fortune intacte le jour où vous serez d'âge à en faire l'usage qui convient à votre nom et à votre rang. Oui je plaiderai votre cause, je la plaiderai et la ferai triompher.

Puis tout à coup, se frappant le front, comme un homme qui vient d'être illuminé :

— Je veux la plaider tout de suite, dit-il, devant vous, c'est-à-dire que je veux que vous m'accompagniez chez les membres de votre conseil de famille, au moins chez quelques-uns, les plus influents, et là, devant vous, je répéterai, j'appuierai les paroles..... les nobles paroles que vous venez de prononcer. J'allais me rendre au sénat, la voiture est attelée, partons.

XXXVII

Roger n'avait pas été dupe de l'émotion de son grand-père et il n'avait pas cru à la larme arrêtée dans les rides des paupières ; il connaissait si bien ce geste pour l'avoir vu en sa jeunesse, qu'il ne s'y était point laissé prendre.

Mais, par contre, il avait cru à la sincérité de M. de Condrieu quand celui-ci lui avait proposé d'aller plaider sa cause auprès des membres du conseil de famille.

En réalité, quel but poursuivait M. de Condrieu ? Un seul : la conservation de la fortune des ducs de Naurouse, de manière à ce que cette fortune revînt un jour à Ludovic.

Que cette conservation se fît par un conseil judiciaire ou par tout autre moyen, cela devait lui importer peu.

Puisque lui, Roger, prenait l'engagement de laisser administrer et gérer cette fortune jusqu'à l'extinction de ses dettes sans pouvoir y toucher et la diminuer, cet engagement devait lui suffire.

Et même il semblait qu'il y avait avantage pour lui à s'en contenter : il faisait montre de sentiments généreux, et par là il pouvait espérer amener un rapprochement entre lui et son petit-fils, ce qui, au point de vue du résultat final qu'il poursuivait, pouvait avoir un intérêt réel.

Dans ces conditions, Roger crut donc qu'il pouvait attendre avec confiance la nouvelle délibération de son conseil de famille ; par la résolution vigoureuse qu'il avait prise d'abandonner ses revenus et par sa démarche auprès de son grand-père, il avait dû détourner le coup qui avait failli l'atteindre.

Sans doute il lui serait assez difficile de vivre avec les cent mille francs qui allaient lui rester, surtout quand il aurait prélevé dessus les cinquante ou soixante mille qui étaient nécessaires à Raphaëlle ; mais il saurait se restreindre ; tout plutôt que de conseil judiciaire.

Au reste, cette attente ne fut pas longue. Cinq jours après les visites faites aux membres du conseil de famille, M. de Condrieu l'envoya chercher « pour une communication importante, » dit le valet chargé de la commission.

Roger courut aussitôt rue de Lille, n'ayant qu'un souci : comment remercierait-il son grand père ?

Il était bien évident qu'un remerciement était commandé.

Dans quelle forme devait-il avoir lieu ? Jusqu'où devait-il s'étendre ?

Fallait-il accepter le service rendu comme s'il l'avait été sans arrière-pensée ?

Fallait-il au contraire marquer légèrement, d'un mot et sans insister, qu'on voyait le dessous des cartes ?

La situation était délicate pour quelqu'un qui ne savait pas feindre.

Et ce qui la compliquait encore c'était la pensée de Christine.

Il n'avait qu'un mot à dire pour la voir ce jour même et ensuite la revoir tant qu'il voudrait. Quelle joie pour elle, la chère petite, et pour lui quelle satisfaction!

Mais ce mot, qui ne serait pas sincère, pouvait-il, devait-il, le prononcer ?

Cela était-il honnête ?

Pour l'avenir cela était-il sage ?

Il arriva rue de Lille sans avoir résolu ces questions qui se pressaient, qui se heurtaient dans son esprit troublé.

Il trouva son grand-père l'attendant, la figure grave, la mine affligée, l'œil attendri, et tout de suite il comprit qu'il s'était trop facilement laissé entraîner par l'espérance.

Aussi, instantanément, se mit-il sur la réserve ; ce n'était plus de remerciement qu'il s'agissait. Il fallait voir, écouter, observer.

M. de Condrieu ne se leva pas du fauteuil dans lequel il était assis ou, plus justement, affaissé ; mais il tendit sa main décharnée et tremblante, en allongeant la tête :

— Mon cher petit-fils... mon cher petit-fils, dit-il en bégayant un peu plus que de coutume, je... je vous ai fait mander pour.... pour vous communiquer une bien triste nouvelle... bien triste, bien triste pour vous, mais encore combien plus pour moi, votre avocat, votre garant en cette affaire.

— Le conseil de famille... s'écria Roger, incapable de se maîtriser.

— Oui... précisément, le conseil de famille, oui, il n'a pas eu confiance, pas confiance dans ma parole. C'est extraordinaire, oui, incompréhensible, inexplicable, pas confiance.

— Alors ?

— Alors son avis est que vous devez être pourvu d'un conseil judiciaire qui vous protège contre vous-même, attendu que vous êtes une nature passionnée, incapable de modération, et même sous le coup d'une émotion vive de raisonnement.

— Mais...

— Ce que j'ai pu dire, ce que vous avez dit vous-même dans les visites que nous avons faites, les engagements que vous consentez à prendre, les garanties que vous offrez, tout cela... oui, tout cela a été inutile. Individuellement, les membres de votre conseil de famille ont pu être touchés; collectivement, ils n'ont été sensibles qu'à des raisons juridiques : vous vous êtes laissé entraîner dans de grosses, de très-grosses dépenses ; vous pouvez vous laisser entraîner encore; il faut prendre les mesures que la loi indique pour que cela ne puisse pas se renouveler. J'ai voulu...

— Il suffit, dit Roger, se levant.

— Que voulez-vous faire ?

— Me défendre.

— Comment ?

Durant quelques secondes ils se regardèrent en face.

Un moment déconcerté par la surprise, Roger s'était raffermi.

M. de Condrieu avait pris son air paterne le plus compatissant et le plus affectueux.

Roger avait déjà fait un pas pour sortir; il revint vers son grand-père, le regardant toujours, le tenant sous ses yeux.

— Vous demandez comment je veux me défendre? dit-il.

— Sans doute.

— M'offrez vous votre concours ?

— Mais...

— En un mot, vous rangez-vous de mon côté ou bien du côté du conseil de famille ?

— Vous savez bien que je n'approuve pas cette mesure, je l'ai combattue une première fois lorsqu'on l'a agitée, et devant vous j'ai dit ce que je croyais à propos pour la faire abandonner.

— Ce n'est pas ce que je demande, je sais ce que vous avez dit... devant moi. Je demande si vous êtes disposé à me prêter votre concours et à m'assister au tribunal?

— Ce n'est pas là une marche régulière, pas du tout.

— Il ne s'agit pas de régularité.

— Cependant...

— Je précise et je vous prie de préciser votre réponse. Oui ou non, voulez-vous m'assister ?

— Vous aider, oui, de tout cœur, mon cher enfant, comme cela se doit, puisque je trouve cette demande de conseil judiciaire injuste.

Malgré les efforts qu'il faisait pour se contenir, Roger eut un mouvement d'impatience, car il voyait les tentatives de son grand-père pour s'esquiver, sans trouver un moyen pour l'obliger à répondre nettement.

— Ce que je désire savoir, dit-il, c'est si vous êtes disposé à répéter devant le tribunal ce que vous venez de dire: vous trouvez cette demande de conseil judiciaire injuste ?

— Mais je n'aurais pas qualité pour paraître devant le tribunal.

— Eh bien, si vous ne pouvez pas le dire, écrivez-le; écrivez-moi là, à l'instant, une lettre dans laquelle vous me donnez votre appui, parce que vous jugez injuste cette demande de conseil judiciaire.

— Certainement je suis disposé à vous aider; mais vraiment c'est me faire violence que vouloir...

Roger, dans ses mouvements d'irritation, avait à plusieurs reprises déboutonné un de ses gants, que, machinalement, nerveusement, il tiraillait dans tous les sens. En entendant cette phrase, il le boutonna lentement, comme pour se donner le temps de la réflexion ; puis, cela fait, il étendit la main par un geste si brusque et si résolu, que M. de Condrieu s'arrêta interloqué.

— C'est moi, dit Roger, c'est moi, monsieur le comte, qui me fais violence depuis dix minutes pour ne pas éclater et vous dire que ces réticences et ces faux-fuyants sont inutiles ; j'ai compris. Insister davantage ne serait pas sérieux. Je vous ai dit que je voulais me défendre. Vous m'avez demandé comment. Vous me croyez donc bien simple d'imaginer que je vais me livrer à vous pieds et poings liés, à vous qui... Si cette idée s'est présentée à votre esprit parce que je suis venu réclamer votre concours pour faire abandonner la demande de conseil judiciaire, vous avez eu tort de ne pas comprendre la raison qui me faisait agir. C'était un marché que je venais vous proposer, rien qu'un marché, auquel j'ai eu le tort, je le reconnais, de donner une forme polie. Ce que je venais vous dire, c'était ceci : « Vous avez peur que je dissipe une fortune que vous espérez voir arriver aux mains de votre fils : eh bien, je prends l'engagement de conserver cette fortune intacte pendant un certain nombre d'années. » J'ai cru que vous m'aviez compris et que, satisfait de cet engagement, vous pouviez rendre aussi étroit que possible, vous renonciez à ce conseil judiciaire, devenu inutile au succès de vos plans. Vous, de votre côté, vous avez cru que j'étais touché par la tendresse dont vous me parliez et la larme que vous tâchiez de me montrer. Nous nous sommes trompés l'un et l'autre. L'engagement que je vous proposais ne vous a pas paru suffisant ; vous n'avez pas eu confiance dans ma parole ; vous n'avez pas eu confiance dans les moyens légaux que les gens d'affaires pouvaient trouver ; vous avez poursuivi la demande du conseil judiciaire dans un intérêt que je ne devine pas, mais qui doit être certain, plus solide à coup sûr et plus considérable pour vous que celui qui se trouvait dans la combinaison que je vous proposais. Eh bien, je me défendrai. Je ne sais si je réussirai, car vous êtes bien puissant et bien habile, tandis que je suis faible, ignorant, isolé ; mais si vous parvenez à me faire nommer ce conseil judiciaire, votre but ne sera pas encore atteint. Vous pourrez par là m'empêcher de dissiper ma fortune de mon vivant, mais vous ne pourrez pas m'empêcher d'en disposer après moi. Vous ne pourrez pas m'empêcher de la donner. Et je vous jure que votre fils n'en aura pas un sou.

Sur ce mot, il fit une courte inclinaison de tête et sortit, frémissant, aveuglé.

XXXVIII

Se défendre.

Roger eût été vraiment bien embarrassé de dire à M. de Condrieu comment il entendait se défendre.

Se défendre, il le voulait.

Mais les moyens à employer pour cela, il les ignorait, ne sachant même pas s'il y en avait à sa disposition et se disant que si son grand-père avait entrepris ce procès, ce ne pouvait être qu'après avoir mis toutes les chances de son côté.

Il rentra chez lui fort abattu, non découragé, mais perplexe, se demandant ce qu'il devait faire et ne trouvant pas de réponse aux questions qu'il se posait.

La porte fermée, Bernard lui remit plusieurs feuilles de papier timbré qu'un huissier venait d'apporter.

Roger passa vivement dans sa chambre pour examiner ces papiers ; mais, soit émotion, soit mauvaise écriture, il ne put pas tout d'abord les lire.

Enfin, s'étant un peu calmé et ayant renoncé à l'idée de vouloir lire tout d'un coup d'œil, depuis le premier mot jusqu'au dernier, il put, tantôt devinant, tantôt épelant, déchiffrer à peu près ces paperasses, au moins dans les passages qui étaient « de fait » et non « de style » :

« A MM. les président et juges composant la chambre du conseil de la première chambre du tribunal civil de première instance de la Seine.

» M. le comte Pierre-Narcisse-Etienne de Condrieu-Hevel, sénateur, commandeur de la Légion d'honneur, président honoraire de l'Académie philotechnique, membre des académies d'Aix, de Bordeaux, de Toulouse, de Nantes, etc., demeurant à Paris, rue de Lille,

» Ayant M⁰ Lucotte pour avoué,

» A l'honneur de vous exposer… »

Ainsi, c'était bien son grand-père qui, malgré ses protestations, introduisait lui-même cette demande de conseil judiciaire.

Après un premier moment donné à l'indignation, il continua sa lecture, autant pour savoir ce que contenaient ces papiers que pour chasser cette pensée de trahison :

« M. François-Roger de Charlus, duc de l'Aurouse, son petit-fils, qui, depuis quelques mois seulement, a atteint sa majorité, lui donne les plus vives inquiétudes par des prodigalités qui ne tendent à rien moins qu'à gaspiller une fortune considérable, de telle sorte qu'il se voit, à son grand regret, obligé d'accomplir un pénible devoir en s'adressant au tribunal pour obtenir des mesures de protection qui puissent sauvegarder cette fortune.

» M. le duc de Naurouse est né du mariage de… »

Roger sauta ce passage, n'ayant rien à apprendre sur sa généalogie.

« M. le duc de Naurouse, placé sous la tutelle de son grand-père, a montré dès son enfance un caractère indiscipliné, ennemi de la règle et de l'ordre ; aussitôt qu'il a eu de l'argent à sa disposition, il a pris plaisir à le gaspiller en des dépenses futiles, semblant rechercher les occasions de faire ostentation de prodigalité, sans raison, rien que pour la vaine et coupable gloriole de jeter l'argent à pleines mains.

» Ayant quitté la maison de son grand-père et disposant d'un revenu considérable, il ne s'est pas contenté de la pension qui lui était allouée, et il a contracté des dettes énormes qui n'étaient nullement en rapport avec les besoins de son âge et de sa position.

» Il y a trois mois, M. le duc de Naurouse a atteint sa majorité et il a été mis en possession de la fortune qu'il avait recueillie dans la succession de ses père et mère, et par les soins de son tuteur il lui a été versé une somme de 977,517 francs, provenant de la balance de son compte de tutelle.

» Ce jour même, cette somme était dépensée et le soir M. le duc de Naurouse perdait huit cent mille francs au jeu. C'était ainsi qu'il fêtait sa majorité par une dépense insensée de dix-huit cent mille francs.

» Ce fut alors que sa famille conçut la pensée de le pourvoir d'un conseil judiciaire; mais M. le comte de Condrieu-Revel parvint à faire abandonner cette mesure en représentant à ceux des parent du jeune duc de Naurouse qui s'étaient justement émus qu'il ne convenait pas de se laisser effrayer par ce premier acte de prodigalité, si considérable que fût cette prodigalité; qu'elle pouvait être le résultat d'un moment d'entraînement, d'égarement passionné, et qu'avant de s'adresser à la justice il était sage d'attendre pour voir si elle ne serait pas une leçon.

» Ni un avertissement ni une leçon, car, trois semaines après, M. le duc de Naurouse consentait sur ses propriétés, au profit de divers, une hypothèque de onze cent cinquante mille francs.

» Depuis, ses prodigalités et ses dettes ont subi la même progression déplorable, et on l'a vu donner un libre cours à ses goûts de dépense.

En même temps il contracte une liaison, aussi dangereuse pour sa fortune que pour sa santé, et dès lors il semble qu'il soit atteint d'une véritable manie de prodigalité.

» Sans entrer dans des détails dont le récit ne doit point trouver place ici, on peut dire qu'il se livre à des acquisitions de chevaux, de voitures, de meubles et même de propriétés dont il n'a nul besoin. C'est ainsi qu'il devient acquéreur, sous le nom d'une tierce personne et moyennant une somme de cent cinquante mille francs, d'une maison de campagne dont il n'a que faire, puisqu'il est déjà propriétaire de deux châteaux, Naurouse et Varage, où il ne va jamais.

» Mieux que de longues explications, l'énumération de quelques-unes des dettes qu'il a contractées depuis sa majorité fera comprendre dans quelle voie déplorable il est entraîné et où il doit être arrêté sous peine de voir sa fortune complètement dévorée avant peu de mois: à Baillou, bijoutier, rue de la Paix, il doit pour coffrets, bagues, bracelets, bijoux de différentes sortes, 67,000 francs; à Bouwer, carrossier, 24,000 francs; à Isaac, marchand de chevaux, 14,000 francs; au couturier Faugerolles, pour robes, costumes, manteaux, 18,000 francs; à Lobel, tapissier, 248,000 francs; à Thomson, sellier, 3,000 francs; à Marette, chapelier pour dames; 1,200 francs; à Jourdan, tailleur, 3,000 francs; à Schiller, bottier, 800 francs.

» Si l'on additionne ces différentes sommes on trouve près de 380,000 francs, qui, ajoutés au 150,000 francs de la maison de campagne, aux 1,150,000 francs d'hypothèques et aux 977,517 francs, reliquat du compte de tutelle, forment un total général de près de deux millions sept cent mille francs (2,676,517) dépensés en moins de trois mois, — et cela sans parler d'autres dettes contractées de ci, de là, quelques-unes considérables, dont il a été impossible de se procurer le chiffre exact.

» Dans ces conditions, c'est un devoir douloureux pour l'exposant de s'adresser au tribunal pour lui demander d'ordonner des mesures qui fassent cesser un pareil état de choses et qui protègent le duc de Naurouse contre des entraînements qui le conduiraient rapidement à une ruine complète;

» Pour quoi le requérant demande au tribunal que, vu les articles 513 et suivants du code Napoléon et 890 et suivants du code de procédure,

» Dire et ordonner que le conseil de famille de M. le duc de Naurouse sera assemblé pour donner son avis sur la demande en nomination de conseil judiciaire; dire et ordonner également que M. le duc de Naurouse sera interrogé dans la chambre du conseil aux jour et heure qu'il plaira au tribunal.

» Et ce sera justice. »

Après cette lecture il resta un moment immobile, réfléchissant. Bien évidemment, sur un pareil exposé, tout tribunal le condamnerait: deux millions sept cent mille francs. Il n'avait jamais voulu fixer son esprit sur ce chiffre; jamais il n'avait voulu faire cette addition, la plus formidable accusation qu'on pût porter contre lui; et encore, comme le faisait habilement remarquer la requête, ce n'était pas tout. Que dire pour sa défense? Qu'une partie de cette somme avait servi à éteindre d'anciennes dettes; mais le reste, c'est-à-dire plus de seize cent mille francs!

Cependant il n'était pas arrivé au bout de la lecture de ses paperasses; il continua: ordonnance du président du tribunal prescrivant que cette requête serait communiquée au procureur impérial et nommant un juge pour faire un rapport; conclusions du procureur impérial déclarant qu'avant de faire droit le conseil de famille devait donner son avis; délibération du conseil de famille décidant qu'il y avait lieu à nommer un conseil judiciaire; enfin citation à comparaître devant le tribunal pour y subir un interrogatoire. Et tout cela il lo lui d'un bout à l'autre, ne distinguant pas ce qui n'était que simple phraséologie de palais de ce qui était vraiment sérieux et donnant à tout la même importance, même aux distinctions honorifiques qui accompagnaient longuement les noms des juges.

Alors une question se posa:
— Que faire?
La réponse était facile.
Se défendre.
Mais comment?
C'était là que la difficulté se dressait de-

vant lui comme un mur dans lequel il ne voyait pas de portes.

Dans une aussi mauvaise position que la sienne, contre une accusation aussi habilement disposée, quels moyens employer pour se défendre ?

S'il avait été embarrassé lorsqu'il s'était posé cette question en revenant de chez M. de Condrieu, combien plus l'était-il maintenant, après avoir lu les articulations formidables de cette requête.

Ce n'était plus dire d'une façon vague : « Je me défendrai, » c'était se défendre d'une façon précise qu'il fallait et contre des faits précis qui, pour la plupart, ne laissaient point place à une défense sérieuse. Comment l'interrogerait-on ? Si on lui demandait : « Ce fait est-il vrai ? » Il faudrait bien qu'il répondît avec sincérité.

Parmi ses amis il n'y en avait aucun à qui, en pareille circonstance, il pût demander conseil. Ce n'était pas à Savine, encore moins à Mautravers, ni au prince de Kappel, car, chose étrange qui pour la première fois le frappa, de tous ceux qu'il voyait et qu'il fréquentait, avec qui il était en relations, il n'y en avait pas un seul qui fût en état de lui tendre une main ferme, capable de le guider.

Quel vide autour de lui pour tout ce qui n'était pas distraction mondaine !

Alors le nom de Harly lui vint sur les lèvres.

Aussitôt, ramassant ses paperasses, il se rendit rue Le Peletier.

XXXIX

Ce n'était pas sans un certain embarras que Roger, tout en se dirigeant vers la rue Le Peletier, pensant aux observations que Harly allait pouvoir faire en lisant l'énumération de ses dettes, dans la copie de la requête présentée au tribunal.

Ces dettes, il fallait bien se l'avouer, se conciliaient assez mal au premier abord avec l'esprit d'ordre et le caractère désintéressé qu'il avait loués chez Raphaëlle, lorsqu'il avait parlé de celle-ci à Harly ; il faudrait des explications pour faire comprendre comment elles avaient été successivement contractées, et pour ainsi dire fatalement, sans le vouloir, par une sorte d'entraînement nécessaire.

Mais, ces observations qu'il attendait, Harly ne les fit point.

— Que voulez-vous ? demanda-t-il après avoir lu la requête.

— Me défendre.

— Comment ?

— Je n'en sais rien, et c'est ce que je viens vous demander.

— Mais, je ne connais pas les choses de la loi.

— Et moi, donc.

Harly resta un moment sans répondre, réfléchissant.

— Le conseil que vous me demandez, dit-il, je ne puis vous le donner ; je suis médecin et non avocat ou avoué, mais au moins je puis vous conduire chez un de mes amis, capable de vous guider, et en qui j'ai toute confiance.

— Qui ?

— Un avoué, un ancien camarade de travail et de misère, Nougaret.

— Quand pouvons-nous le voir ?

— Tout de suite ; je vais vous conduire chez lui.

En chemin, tandis que la voiture roulait rapidement vers la rue Sainte-Anne, Harly expliqua quel homme était son ami Nougaret.

Un fils de paysan, venu à Paris à douze ans, sachant à peine lire, et qui tout en gagnant son pain de chaque jour, s'était instruit en suivant les cours gratuits qui se font le soir : A vingt-quatre ans, il avait passé son examen du baccalauréat ; à trente ans, il avait été reçu avocat ; à trente-cinq ans, on lui avait vendu, bien qu'il n'eût pas un sou pour la payer, une des bonnes études d'avoué de Paris.

— Vous m'avez dit, continua Harly, que je vous avais inspiré un peu de sympathie pour les souffrances et la misère de ma jeunesse, si vous connaissiez celles de Nougaret, ce serait de l'admiration que vous auriez pour lui : c'est un homme ; il n'y a que ces fils d'une race neuve pour avoir cette persistance d'énergie ; malheureusement, cette énergie, ils la consomment à leur profit, et leurs fils ne sont que des avortons ou des crétins.

— Ce n'est pas de son fils que j'ai souci pour le moment, c'est de lui.

— Parfaitement, c'était en médecin que je parlais ; vous, vous parlez en plaideur.

L'avoué était dans son cabinet ; il reçut, aussitôt qu'on les lui eut annoncés, Harly et le duc de Naurouse.

En quelques mots, Harly exposa l'affaire, pendant que Roger examinait l'avoué avec l'angoisse du malade qui étudie le grand médecin, de qui il attend un miracle ; cet examen lui inspira confiance. A regarder la tête intelligente de l'avoué, son œil perçant, son attitude calme et résolue, il se sentit rassuré de penser qu'il allait l'avoir pour défenseur.

— Vous avez la requête, monsieur le duc ? demanda l'avoué, coupant court aux explications de Harly.

— La voici.

Harly avait mis presque autant de temps que Roger à lire ces papiers ; en deux ou trois minutes, l'avoué les eut parcourus, ne s'attachant qu'à l'essentiel.

— Qu'y a-t-il de vrai dans tout cela? demanda-t-il.

— Beaucoup de choses.

— Les dettes? Le détail en est exact?

— A peu près.

— Cela est grave.

Cependant les 977,000 francs provenant du compte de tutelle n'ont point été inutilement dépensés; ils ont servi, en grande partie, à payer les dettes que j'avais faites avant ma majorité.

— Ça, c'est quelque chose. Mais il reste encore plus de quinze cent mille francs dépensés en trois mois.

Roger baissa la tête.

— Alors que voulez-vous faire, monsieur le duc?

— Empêcher qu'on m'impose ce conseil judiciaire, non-seulement parce que ce me sera une entrave, mais surtout parce que c'est une tache sur mon nom.

— Cela sera difficile.

— Difficile ou impossible? demanda Roger que cette réponse avait ému et effrayé.

— J'ai dit difficile et je ne dois pas vous cacher que vous avez bien des chances contre vous. Aussi, à votre place, je n'hésiterais pas à tout faire pour éviter que l'affaire aille devant le tribunal.

— Je suis prêt à tout.

— Même à abandonner une grosse part de vos revenus pour éteindre vos dettes, même à...

— J'ai proposé cet abandon à mon grand-père et aux membres de mon conseil de famille, il n'a pas été accepté.

— Ah!

— C'est qu'on veut davantage.

— Quoi donc?

— Ma fortune entière.

Et Roger expliqua la situation telle qu'il la voyait, en insistant sur les espérances de M. de Condrieu.

Il fit ce récit longuement, clairement, d'une façon saisissante.

Et il remarqua qu'à mesure qu'il parlait, l'avoué devenait plus attentif et l'écoutait avec plus d'intérêt, plus de sympathie.

C'est que tout d'abord Nougaret, qui connaissait le duc de Naurouse de réputation, avait cru n'avoir affaire qu'à une demande toute simple de conseil judiciaire provoquée justement par les prodigalités et les folies d'un jeune homme à la mode; mais, en écoutant ce récit, il comprit qu'il y avait un drame de famille sous cette demande; que les choses n'étaient pas aussi simples qu'il se l'était imaginé; que ce jeune homme valait mieux que sa réputation tapageuse, et qu'il y avait des raisons pour expliquer, peut-être même pour excuser les entraînements auxquels il avait cédé.

— Vous voyez, dit Roger en terminant, que j'ai besoin d'un défenseur aussi habile que dévoué, car j'ai dans mon grand-père un adversaire terrible, qui vous effrayerait, j'en suis sûr, si vous le connaissiez.

— Je le connais.

— De réputation?

— Mieux que cela, car je suis en ce moment son adversaire dans un procès qui me l'a fait connaître et qui m'a montré quelle était sa force, son audace, son habileté, sa persévérance; je veux parler de l'affaire en usurpation de nom que poursuit contre lui M. le duc de Condrieu, mon client.

— Comment! une usurpation de nom? demanda Roger.

— M. le duc de Condrieu, représentant de la grande famille des Condrieu, prétend que M. le comte de Condrieu-Revel n'a pas le droit de porter ce nom de Condrieu qui ne lui a jamais appartenu, attendu que son grand-père s'appelait tout simplement Coudrier, et que c'est le général, père de M. le comte de Condrieu-Revel, qui a changé ce nom de Coudrier en Condrieu, afin de se rattacher à l'illustre famille des Condrieu.

— Mais c'est impossible, s'écria Roger, rouge de honte.

— C'est la prétention de mon client que je vous expose, et, si je vous en parle, c'est pour que vous compreniez que je connais M. le comte de Condrieu-Revel, car si les prétentions de mon client sont fondées, il faut pour que M. le comte de Condrieu-Revel ait pu maintenir cette usurpation de nom jusqu'à ce jour et faire accepter cette fraude par tous, par les divers gouvernements qu'il a servis, par le monde, par les écrivains qui ont publié des livres sur la noblesse française, il faut vraiment que ce soit... que ce soit l'homme terrible dont vous parliez.

Roger resta un moment anéanti, car, malgré les sentiments de répulsion qu'il éprouvait pour son grand-père, il ne pouvait pas oublier qu'il était le petit-fils de celui qu'on accusait de cette fraude, et que, dans ses veines, il y avait du sang de ce Condrieu, ou plutôt de ce Coudrier. Ce que l'avoué venait de raconter était-il donc possible! Devant cette question, sa fierté se révoltait outragée et indignée.

Il put rester sous l'oppression de cette pensée d'autant plus longtemps, que l'avoué ne parlait plus; il s'était posé les deux coudes sur son bureau et la tête enfoncée dans ses mains, il restait là réfléchissant comme s'il eût été seul : de temps en temps on entendait ses cheveux rudes et durs crier entre ses doigts qui s'ouvraient et se refermaient machinalement.

Tout à coup il abaissa ses mains et, relevant la tête, il se tourna vers Harly.

— A-t-on pu croire, demanda-t-il, que M. le duc de Naurouse portait en lui le germe héréditaire de la maladie dont est mort son père ou de celle qui a tué sa mère ?

— On a pu le croire, autrefois, l'enfance de M. le duc de Naurouse ayant été difficile, répondit Harly; mais maintenant ces inquiétudes sont dissipées : M. le duc ne porte pas en lui le germe de l'une ou de l'autre de ces maladies.

— Enfin, on a pu le croire, dit l'avoué; cela suffit.

Puis tout de suite se tournant vers Roger:
— Quels sont vos parents dans la ligne paternelle ? dit-il.

— Je n'en ai plus.

— Ah ! dans la ligne maternelle, c'est M. de Condrieu-Revel, n'est-ce pas, représenté au besoin par son fils et sa fille, qui sont vos héritiers les plus proches ; et cette fille, dites-vous, doit entrer au couvent pour grandir la position de son frère ?

— Oui.

— Maintenant, autre question, vous avez bien proposé à M. Condrieu-Revel, n'est-ce pas, d'abandonner vos revenus tout le temps nécessaire à l'extinction de vos dettes ?

Cette question avait si peu de rapports avec la précédente que Roger resta quelques secondes sans répondre.

— Oui, dit-il enfin.

— Et il a repoussé cet arrangement ?

— Oui..., mais que voulez-vous donc dire ?

— Je cherche si le but poursuivi par M. de Condrieu-Revel peut être celui que vous pensez.

— Soyez-en sûr.

— Je cherche aussi s'il n'a pas pu se compliquer ; mais ce qui se présente à mon esprit est si étrange, si ténébreux, que je ne sais si je dois l'admettre.

— Quoi donc ? Je vous en prie, parlez.

— Eh bien ! je cherche si le procès intenté par la famille de Condrieu à M. le comte de Condrieu-Revel n'aurait point inspiré à celui-ci l'idée et l'espérance de faire passer par substitution le titre de duc de Naurouse sur la tête de M. Ludovic de Condrieu devenu Coudrier. Mais cela, je le répète, est si ténébreux que je n'ose le croire, bien que dans l'affaire d'usurpation de nom, j'aie la preuve que M. de Condrieu-Revel a machiné et réussi des combinaisons plus ténébreuses encore, et à plus longue échéance que celle-ci. Enfin ce n'est pas de cela qu'il s'agit pour le moment, c'est de votre défense immédiate, de votre opposition au conseil judiciaire. Je vous promets que nous allons organiser cette défense avec activité et que nous la soutiendrons avec zèle. Avez-vous un avocat ?

— Non.

— Eh bien ! je vous engage à prendre Gontaud ; il vous faut un défenseur qui, par son caractère et sa réputation, soutienne l'affaire. Gontaud est l'homme qu'il nous faut. Maintenant je ne dois pas vous dissimuler que nous avons peu de chances de succès. Mais en même temps je tiens à vous dire que si, comme je le crains, nous succombons, nous pourrons nous relever. Cela dépendra de vous. Si le conseil judiciaire vous est imposé, nous pourrons, au bout d'un an ou deux, le faire lever : pour cela vous n'aurez, pendant ces deux ans, qu'à vivre simplement, en mettant à exécution l'arrangement que vous aviez proposé à M. de Condrieu-Revel. En serez-vous capable ?

— Je serai capable de tout pour recouvrer ma liberté.

XL

Avant d'être défendu par son avoué et son avocat, Roger devait commencer par se défendre lui-même et comparaître seul devant les juges chargés de l'interroger.

Cela était grave.

Aussi ce ne fut pas sans émotion et sans trouble qu'il se rendit au Palais de justice.

Qu'allait-on lui demander ?

Que devrait-il répondre ?

Mais en dehors et au-dessus de cette inquiétude toute naturelle et bien légitime, il se sentait envahi par des sentiments confus de gêne, de répulsion et d'humiliation qui l'effrayaient. Il eût fallu être maître de soi, capable d'écouter avec calme, de réfléchir, de peser ses réponses, et précisément il n'avait jamais été si nerveux, si violemment agité, si mal disposé à la patience, à la modération, à la raison.

Bien qu'il eut peu pratiqué les livres, il y en avait un qu'il avait lu, relu, étudié, et qui lui avait appris à peu près tout ce qu'il savait, c'était les mémoires de son grand-père, le diplomate, le duc François de Naurouse. Né en 1760, mort en 1831, le duc François avait traversé la grande époque qui commence à Louis XVI, passé par la Révolution, l'Emigration, l'Empire, la Restauration pour aboutir à la Révolution de juillet, et, dans les mémoires qu'il avait écrits pendant les dix dernières années de sa vie, en profitant des loisirs que lui laissait une grande ambassade, il avait raconté les événements qu'il avait vus et dans lesquels il avait joué un rôle, souvent très-important. Mais ces mémoires n'étaient pas un simple récit anecdotique et personnel. Tout en racontant les faits dont il avait été témoin ou auxquels il avait été mêlé, tout en peignant les personnages qu'il avait connus, le duc François de Naurouse avait fait œuvre d'historien et de théoricien politique un peu à la façon de Joseph de Maistre en disant comme celui-ci qu'il faut sans cesse prêcher aux peuples les bienfaits de l'autorité et aux rois les bienfaits de la liberté. Pour lui il n'y avait qu'un gouvernement possible : la monarchie absolue, le roi régnant, la noblesse gouvernant. Si la Révolution avait pu s'établir en France, cela tenait à deux causes principales : 1º le gouvernement, c'est-à-dire les ministères, confiés par Louis XIV à des gens de rien, avaient ruiné et déshonoré le principe d'autorité ; 2º les empiétements et les usurpations des parlements. Sur ce dernier point il avait été dans sa haine pour la magistrature au moins aussi loin que Saint-Simon, et même plus loin : son livre était plein d'accusations, de moqueries, de railleries, d'insultes contre ces gens de rien, pleins d'audace, d'ignorance, de suffisance, de morgue, qu'il poursuivait implacablement, qu'il fustigeait à tout propos et hors de propos en grand seigneur qui a trouvé l'infaillibilité dans la contemplation de ses titres ; et tout cela avec un style passionné, endiablé, fait de verve, de hardiesse, de noblesse, de familiarité, de trivialité, qui n'avait souci que de l'effet à produire et ne reculait devant rien, en homme à qui tout est permis. Ainsi écrit, ce livre plein de portraits vivants, d'anecdotes curieuses, de réflexions profondes mêlées à des raisonnements quelquefois faux, mais toujours émus, ce livre était d'une lecture entraînante ; cinq fois Roger l'avait lu d'un bout à l'autre et à chaque instant, dans une heure d'ennui et de désœuvrement, il l'avait ouvert au hasard avec un intérêt toujours aussi vif ; intérêt dû au mérite du récit, mais aussi il faut le dire, mais surtout à la qualité de celui qui l'avait écrit, — son grand-père, l'illustration et la gloire de sa famille. Dans ces conditions il était donc naturel que le jeune duc de Naurouse eût accepté les sentiments et les opinions de son illustre aïeul et qu'il pensât comme celui-ci à l'égard de ces « robins » qu'il n'avait guère eu l'occasion de voir et de connaître dans le monde où il avait vécu.

C'était devant quelques-uns de ces « robins » qu'il allait comparaître en accusé, lui, le descendant et l'héritier du duc François.

En toute circonstance cette pensée était bien faite pour le troubler ; mais à l'heure présente c'était plus que du trouble qu'elle soulevait en lui : c'était de l'humiliation et de la crainte.

Avant que Nougaret lui eût parlé du procès intenté par le duc de Condrieu, il se fût présenté fièrement devant ces juges, n'ayant d'autres préoccupations que celles de sa défense ; mais maintenant la situation n'était plus la même ; c'étaient des gens qui, bien certainement, connaissaient ce procès qui allaient l'interroger et chercher ce qu'il pouvait y avoir en lui, tout Naurouse qu'il fût, de ce sang de paysan. Cela faisait battre son cœur à grands coups et monter la rougeur de la honte à son visage.

Et, réfléchissant tout en marchant, il comprenait, il se disait que c'étaient là des conditions déplorables pour se défendre ; il serait sous l'oppression de soucis étrangers à son affaire, il n'aurait ni mesure ni sang-froid, et la peur de paraître Coudrier, si peu que ce fût, le ferait trop Naurouse.

Lorsqu'il entra dans la salle des Pas-Perdus pleine de gens affairés, il lui sembla que les yeux de quelques avocats flâneurs s'attachaient sur lui avec curiosité. Il est vrai qu'avec son pardessus élégant de couleur claire, ses gants frais, sa canne à pomme ciselée, ses fines bottines, surtout avec sa désinvolture aisée et légère, il n'avait guère la tournure d'un pauvre diable de plaideur.

En se faisant renseigner deux ou trois fois, il parvint à la chambre où il était cité. Comme il était en avance, il dut attendre.

Il y avait une idée qui l'angoissait : est-ce que tous ces gens, tous ces avocats, ces curieux, ces flâneurs allaient venir écouter son interrogatoire ? C'était une question qu'il n'avait point pensé à poser à son avoué et qui lui enlevait maintenant le peu de calme qu'il pouvait trouver de temps en temps.

Enfin on vint le prévenir qu'il devait paraître devant ses juges. Malgré l'émotion qui l'étreignait, il fit son entrée la tête haute, le regard assuré, sans forfanterie, mais aussi sans trouble apparent. La salle était vide, ce qui le rassura ; il ne vit que trois juges, un substitut et un autre personnage à l'air occupé, empressé, avec quelque chose de poli et d'affable qui ne sentait point le magistrat tel qu'il se l'imaginait : un greffier sans doute.

A son entrée, ces cinq personnes l'avaient enveloppé de leurs regards curieux qu'il avait assez bien supportés ; puis les deux juges avaient abaissé leurs têtes, l'un sur un numéro de la *Gazette des tribunaux*, l'autre sur ses ongles qu'il s'était mis à nettoyer avec le bec d'une plume ; le greffier avait rangé ses papiers ; seuls, le substitut et le président avaient continué à le regarder, le président en plein visage, le substitut aux pieds comme s'il admirait sa chaussure et se disposait à lui demander l'adresse de son bottier.

— Votre nom, votre âge, votre demeure ? demanda le président.

— François-Roger de Charlus, duc de Naurouse — Il appuya légèrement sur le titre — j'ai vingt un ans et trois mois; je demeure à Paris, rue Auber.

— Vous avez lu les pièces qui vous ont été signifiées ?

— Oui, monsieur.

— Alors vous connaissez les faits qui vous sont reprochés. Les contestez-vous ?

— Avant tout je dois protester...

— Permettez.

Mais Roger ne se laissa pas couper la parole; il leva la tête et donna à sa voix plus de force et de fermeté :

— ....Je dois protester contre la façon dont on s'est procuré les chiffres des dettes contenus dans cette requête.

— Sont-ils ou ne sont-ils pas exacts? interrompit le président.

Sans répondre Roger continua :

— On s'est présenté chez mes fournisseurs et en mon nom, comme si l'on en avait reçu de moi la mission, on a demandé à chacun d'eux le relevé de ma facture.

— Alors ces factures ont un certain caractère d'exactitude? Vous le reconnaissez implicitement.

— Je ne reconnais rien, je proteste.

— Nous ne sommes pas ici pour recevoir vos protestations; nous devons vous interroger sur les faits relatés en cette requête, et vous devez, vous, nous répondre ou ne pas nous répondre, selon que vous le jugez bon à votre intérêt.

— Alors je n'ai qu'à attendre vos questions.

Le président regarda ses deux juges et le substitut de l'air d'un homme qui se dit : « Voilà un jeune coq qui lève bien haut la tête. » Ce fut au moins ce que Roger crut comprendre; mais cela ne la lui fit pas baisser, au contraire.

— Est-il vrai, demanda le président, que le jour de votre majorité vous ayez dépensé une somme de 977,547 fr. provenant du reliquat de votre compte de tutelle?

— Dois-je répondre par oui ou par non ou puis-je vous donner des explications?

— Donnez toutes les explications que vous croirez utiles.

— De dix-huit à vingt un ans j'ai vécu avec une pension qui était trop forte ou trop faible, j'ai fait des dettes pour me maintenir dans le milieu où me plaçaient mes relations et mon nom. Cette somme provenant de mon compte de tutelle a servi à payer ces dettes.

— Et les huit cent mille francs perdus au jeu en une soirée?

— J'ai été entraîné.

— Par la passion du jeu ?

— Non, par les circonstances.

— Comment, ayant perdu huit cent mille francs, avez-vous consenti des hypothèques pour onze cent cinquante mille francs?

— J'ai eu besoin de cette somme.

— Ces trois cent cinquante mille francs excédant les huit cent mille ne sont-ils pas le prix usuraire du prêt qui vous était fait?

Roger ne répondit pas, car il ne pouvait le faire qu'en accusant Carban; et le mot usuraire employé par le président l'avait mis sur ses gardes : ce n'était pas à lui de dénoncer Carbans, si cher que celui-ci se fût fait payer.

— Vous ne répondez pas? dit le président.

— J'ai répondu : j'ai eu besoin de cette somme.

— Maintenant passons aux mémoires si vous voulez bien.

— Mais sur ce point aussi j'ai déjà répondu. Entrer dans des explications sur ce point serait reconnaître la légitimité des moyens qu'on a employés pour se procurer ces mémoires, — ce que je ne ferai pas.

— Vous remarquerez qu'en somme cela vous dispense de répondre.

— Peut-être cela est-il contraire à mes intérêts; mais, avant de prendre garde à mes intérêts, je prends souci de ma dignité.

De nouveau le président regarda les juges et le substitut en souriant.

— Dans ces conditions, dit-il, je pense qu'il est inutile de pousser plus loin votre interrogatoire. Nous allons le clore; on vous en donnera lecture et vous aurez à le signer.

Puis, accentuant son sourire :

— Il est entendu que si vous jugez à propos d'y ajouter quelque chose toute liberté vous est accordée.

Mais Roger ne profita point de cette liberté. Que dire? Il sentait bien que plus il parlait, plus il se compromettait. Il n'en avait déjà que trop dit.

XLI

Roger n'avait point parlé à Raphaëlle de la demande en conseil judiciaire. A quoi bon la tourmenter? Elle saurait toujours la vérité assez tôt, quand le jugement serait rendu.

Mais il ne put pas attendre jusque-là.

Un matin, en rentrant chez lui, il trouva Mautravers installé dans son salon depuis assez longtemps déjà. En le voyant entrer Mautravers vint à lui vivement, les mains tendues.

— Mon cher, dit-il, j'ai appris ce matin le danger dont vous êtes menacé et je viens me mettre à votre disposition, si je puis vous être utile à quelque chose.

Comme de tous ses amis Harly était le seul qu'il eût mis au courant du procès, Roger resta un moment surpris.

— Et qui vous a appris ce danger? demanda-t-il.

— Ce journal.

Et Mautravers tira un journal de sa poche.

— Tenez, voyez; bien que vous ne soyez pas nommé, le doute n'était pas possible pour vos amis.

Roger lut :

« Dans notre monde parisien, où cependant les choses passent si vite, on n'a
» point encore oublié une perte au jeu de
» huit cent mille francs faite il y a trois
» mois par un jeune gentleman qui est une
» des physionomies les plus attractives du
» *high life*. Cet épisode a eu son dénouement
» hier au Palais de justice, où, dans la salle
» des Pas Perdus, on a vu ce jeune gentleman venu au Palais pour être interrogé
» par les juges chargés d'instruire une demande en conseil judiciaire formée contre
» lui par une famille effrayée. Nous ne pousserons pas l'indiscrétion plus loin ; nous
» ne reparlerons de cette affaire que quand
» elle sera plaidée. »

— Ces journaux ! s'écria Mautravers.

— Ils font leur métier.

— Cela n'en est pas moins abominable.

— Ce qui est abominable, c'est de rédiger de pareilles notes et de les porter aux journaux pour qu'ils les insèrent ; car cela, j'en suis bien certain, n'est pas de la rédaction du journal, la perfidie est trop noire ; elle n'a d'autre but que de faire paraître au grand jour ceux de mes créanciers que ma famille ne connaît point, afin de grossir mes dettes et d'enlever plus facilement le jugement.

— J'espère que vous allez vous défendre vigoureusement?

— Sans doute.

— Comment ?

Roger regarda un moment Mautravers dans les yeux.

— Cela regarde mon avoué et mon avocat, dit-il enfin.

— Vous, de votre côté, ne ferez-vous rien directement?

— Je ne trouve rien à faire.

— On pourrait voir les juges, faire agir sur eux certaines influences ; je me mets entièrement à votre disposition.

— Je vous remercie.

Mautravers insista, Roger persista dans son remerciement.

Ils se séparèrent.

Maintenant le secret que Roger avait voulu garder vis-à-vis de Raphaëlle n'était plus possible ; elle allait apprendre la vérité par ce journal ou par quelque indiscrétion, mieux valait donc la lui faire connaître.

Tout de suite il se mit en route pour le boulevard Haussmann; il avait laissé Raphaëlle au lit, sans doute il allait l'y trouver encore.

Mais il ne l'y trouva point.

— Madame est chez ses parents, dit la femme de chambre, je vais la prévenir que M. le duc désire la voir.

Et Roger attendit.

En effet, Raphaëlle avait pour habitude, aussitôt que « son petit duc » la quittait, de passer un jupon de laine et un caraco, non une de ces belles robes de chambre qu'elle gardait pour les heures où elle était en représentation dans son salon ou son boudoir, et plus libre, plus à son aise dans ce costume qui avait été celui de sa jeunesse, redevenue la fille des faubourgs, elle s'en allait faire une visite matinale à ses parents et bien souvent déjeuner avec eux et quelques vieilles amies de sa mère, qui, certaines de trouver table servie, étaient fidèles au boulevard Haussmann. Alors, sur le poêle, qui servait à la fois au chauffage et à la cuisine, on faisait cuire des saucisses à la poêle et l'on faisait sauter du foie au vin bleu. M. Houssu, devenu depuis peu le mari de la mère de Raphaëlle et par conséquent le père légal de celle-ci, qu'il avait reconnue, ne dédaignait pas de mettre la main à la cuisine, en manches de chemise, son pantalon bien tiré par des bretelles en cuir tendues sur sa large poitrine, comme les buffleteries qu'il avait si longtemps portées ; il hachait le persil ou tournait le foie, tout en fumant sa pipe du matin. On se mettait à table et longuement on déjeunait en bavardant, en racontant des histoires d'autrefois, du bon temps, du temps de misère, et aussi en s'occupant d'affaires, spécialement des prêts que M. Houssu faisait à la petite semaine, employant pour le mieux les économies de sa fille. Puis, sur la table encombrée d'assiettes, de fourchettes, de croûtes de pain, pendant que le marc de café bouillait, Raphaëlle jouait d'interminables parties de bézigue ou de piquet avec son père, à cheval sur une chaise et sacrant tous les saints quand il perdait. C'était là seulement que Raphaëlle se retrouvait, le reste de son existence étant une sorte de rêve auquel elle ne croyait pas beaucoup et qui, elle en avait vaguement conscience, devait se terminer un jour ou l'autre par un réveil aussi brusque que désagréable.

Ce fut au milieu d'une de ces parties de bézigue qu'on vint la prévenir que le duc l'attendait. Vivement, jetant les cartes sur la table au grand désespoir de son père qui voulait finir la partie bien commencée pour lui, elle rentra chez elle.

— Eh bien?

Roger lui donna le journal en posant le doigt sur le passage qui les intéressait.

— C'est vrai? demanda-t-elle lorsqu'elle eut lu.
— Oui.
— Mais alors tu le savais; pourquoi ne m'en as-tu pas parlé?
— Pour ne pas t'inquiéter.

Elle se jeta dans ses bras et longtemps elle le tint serré sans parler, ayant besoin de se remettre et de réfléchir à ce qu'elle allait dire.

Ce coup la frappait d'autant plus violemment qu'elle commençait à s'habituer à l'existence brillante que le duc lui avait faite : on la citait parmi les femmes à la mode; elle comptait; on la remarquait; on s'inquiétait d'elle lorsqu'elle faisait sa promenade autour du lac dans sa voiture; elle était en passe de devenir une puissance. Maintenant était-ce le réveil qui allait sonner?

Enfin, elle se décida :
— Alors, dit-elle, tu vas te trouver sans argent?
— Cela est à craindre.
— Que vas-tu faire?
— Je ne sais pas; je n'ai pas encore cherché.

Elle réfléchit un moment :
— Ton procès est commencé, dit-elle, il n'est pas jugé; il s'écoulera encore un certain temps avant ce jugement, n'est-ce pas?
— Sans doute.
— Pendant ce temps tu restes libre ; si tu profitais de cette liberté pour emprunter une grosse somme qui te mettrait pour longtemps à l'abri des embarras d'argent.
— C'est impossible.
— Je t'assure que non. Lajolais me racontait justement l'autre jour qu'on avait voulu nommer un conseil judiciaire à l'un de ses amants; celui-ci, sans perdre de temps, s'était dépêché d'emprunter une somme importante, et ils avaient vécu avec pendant plusieurs années.
— Peut-être cela serait-il possible si je voulais me résigner à subir toujours ce conseil judiciaire; mais comme je n'aurai qu'un souci, si on me l'impose, celui de le faire lever, il ne faut pas que, par un emprunt contracté dans ces conditions, je paralyse ma défense et m'enlève tout moyen de résister.
— Ah!

Un moment encore elle garda le silence, comprenant qu'elle avait fait fausse route; mais sa force consistait surtout dans son habileté et sa souplesse à se retourner.
— Eh bien, ce que tu ne peux pas faire, dit-elle en tendant les deux mains à Roger bravement et résolument, je le ferai moi. Je n'emprunterai pas, parce qu'emprunter coûte trop cher, mais je vendrai. Ce mobilier, les chevaux, les voitures, la maison de Saint-Prix, les bijoux, je vendrai tout; et puis je louerai un tout petit logement où tu viendras me voir. Personne ne saura que tu es mon amant; je dirai à tout le monde que nous nous sommes quittés; je pourrai vivre là avec l'argent que j'aurai retiré de la vente, et nous attendrons ainsi le moment où tu seras parvenu à te débarrasser de ton conseil judiciaire. Alors nous regagnerons le temps perdu et nous nous rattraperons des mauvais jours.

Tout cela fut dit passionnément, avec l'exaltation du sacrifice et du dévouement. Roger en fut profondément ému; il était dans des conditions où le cœur s'ouvre facilement à une parole de tendresse, et ce témoignage d'amour et de générosité que lui donnait sa maîtresse ne pouvait que le troubler délicieusement.

Il la prit dans ses bras et longuement il l'embrassa.
— Non, dit-il, non je n'accepterai pas ce sacrifice, mais je n'en suis pas moins heureux que tu en aies eu l'idée.
— C'était bien naturel.
— Peut-être; mais, en tout cas, ce serait indigne à moi de l'accepter. Je chercherai; sans doute je trouverai quelque chose.
— Et si tu ne trouves pas?

Il resta un moment accablé.

Elle recula de quelques pas et, parlant, les yeux baissés :
— Tu sais bien, n'est-ce pas, que je t'aime et qu'il n'y a que toi au monde que j'aime, eh bien,..... si..... je prenais Poupardin, ce serait toujours toi, toi seul que j'aimerais.

Il se leva violemment et vint à elle les bras tendus.

Alors elle recula encore de quelques pas et souriant :
— Comment, dit-elle, ne vois-tu pas que je ne parlais pas sérieusement; c'était une épreuve pour voir jusqu'où tu m'aimais. Je l'ai vu; qu'importe le reste, qu'importe la misère: tu es et tu seras toujours mon Dieu.

XLII

Bien que Roger eût rejeté très-loin l'idée suggérée par Raphaëlle d'emprunter une grosse somme, pour vivre avec jusqu'au jour où il serait relevé de son conseil judiciaire, la nécessité l'obligea bientôt de revenir à cette idée et de chercher s'il n'y avait pas quelque moyen de la réaliser.

Tout de suite il se convainquit qu'elle n'était pas possible avec un étranger, Carbans ou autre, qui du jour au lendemain, obéissant à une crainte quelconque, pourrait faire valoir ses droits de créancier et, par cette intervention, compromettrait le succès de la demande en levée du conseil judiciaire. Comment les juges ne confirmeraient-ils pas ce conseil s'ils avaient la preuve que de nouvelles dettes avaient été faites?

Un ami seul pouvait lui rendre ce service, un ami sûr, qui ne prendrait pas peur pour son argent en présence de quelque traquenard habile tendu par M. de Condrieu-Revel, — traquenard qu'on devait prévoir sans deviner quel il pourrait être, mais qui était dans la logique des choses.

Parmi ses amis il n'y en avait que deux en état de lui prêter cette grosse somme sans se gêner : Savine et Poupardin.

Mais si ce dernier pouvait, par sa fortune, lui rendre facilement ce service, Roger, lui, ne pouvait pas, après ce qu'il avait appris par Raphaëlle, le lui demander.

Restait donc Savine, qui, s'il ne faisait pas ce prêt par amitié, pouvait très-bien, étant donné son caractère, le faire par ostentation. Il est vrai que dans les conditions présentes la discrétion eût mieux valu que l'ostentation, qui, à un certain moment, pouvait devenir dangereuse ; mais il n'avait pas le droit de se montrer trop difficile et, pourvu qu'une chance se présentât en sa faveur, il devait en profiter.

Bien qu'il se répétât cet argument à chaque instant pour tâcher de se convaincre et de s'entraîner, il lui fallut plusieurs jours pour se décider à s'ouvrir à Savine, et encore ne prit-il cette résolution, si longtemps balancée, arrêtée définitivement et définitivement abandonnée, que sous le coup d'échéance d'une dette de Raphaëlle.

Lorsqu'il arriva rue Jean Goujon, Savine venait de se mettre à table pour déjeuner, et dans l'assiette qu'on venait de lui servir se montrait une escalope de veau arrangée aux pointes d'asperges.

— Tiens, vous mangez donc maintenant des ragoûts, dit Roger, surpris de cette désobéissance aux règles si soigneusement écrites sur le carnet.

— J'ai quitté Harly.

— Ah !

— Il me tuait, positivement ; il n'était que temps ; peut-être même est-il trop tard. J'ai pris Horton.

— Alors l'alcool.

— Justement, et j'aime mieux cela. D'autre part, Harly m'a très mal soigné pour ma blessure ; il a traité cela beaucoup trop légèrement. Il faut être à moitié mort pour que ce garçon fasse attention à ce qu'on lui dit.

— Et les émotions sensuelles ?

— Horton les permet, mais moi je ne me les permets pas ; j'ai été tellement affaibli par le régime de Harly que je ne pourrais pas les supporter.

Ce fut sans doute pour combattre cette faiblesse qu'il mangea comme un ogre, dévorant les cinq ou six plats de viande, de poisson, de légumes qui lui furent servis, et les arrosant d'un sauterne excellent qu'il se garda bien de couper d'eau.

A le voir si bien manger, Roger eut bonne espérance pour sa demande ; il semblait impossible qu'un homme si bien disposé ne fût pas de belle humeur et prêt à tout prendre par le bon côté.

Ce fut seulement lorsque les cigares furent allumés que Roger se décida enfin à expliquer le sujet de sa visite.

Aux premières paroles, Savine prit une figure navrée et telle, qu'on pouvait croire qu'il était en proie à une douleur atroce ; cependant à mesure que Roger avançait dans son explication, cette figure se convulsa encore pour arriver au paroxysme du désespoir en même temps que Roger arrivait à son dernier mot. Alors, comme s'il ne pouvait plus se soutenir, Savine se retint à une statue en bronze contre le socle de laquelle il était resté appuyé, tout en fumant son cigare régulièrement.

Tout à coup, après avoir posé avec soin son cigare sur le socle de la statue, il se jeta sur les mains de Roger et, les prenant dans les siennes, il les serra avec effusion.

— Mon cher Roger, dit-il, vous savez que je vous aime et que de tous nos amis vous êtes celui pour qui j'éprouve le plus d'estime, le plus d'affection ; pour moi vous êtes un frère ; vous le savez, n'est-ce pas ?

Roger n'avait rien à répondre à ce transport, il se tut.

— Dites-moi que vous le savez, insista Savine, dites-moi que vous ne doutez pas de ces sentiments.

— C'est parce que je n'en ai pas douté que je me suis adressé à vous.

— Alors vous savez pourquoi je ne puis pas vous rendre le service que vous me demandez.

— Cela, non ; à moins que cette demande ne vous gêne, je ne sais pas du tout pourquoi vous me refusez.

A ce mot Savine se rengorgea et prit son air le plus glorieux : qu'on pût supposer qu'une demande d'argent, si grosse qu'elle fût, le gênât, il ne laisserait point passer cela.

— Vous savez bien, dit-il, que ce prêt ne peut pas me gêner ; aussi n'est-ce pas pour cette raison que je suis, à mon grand regret, obligé de ne pas vous l'accorder. Si je le fais, la mort dans le cœur, c'est parce qu'il ne vous rendrait pas service ; au contraire, il pourrait vous coûter cher.

— Ah ! vraiment.

— Je vous ai bien écouté, lorsque vous m'avez expliqué votre situation, avec tout le soin dont je suis capable et je crois vous avoir compris : ce qu'il vous faut, n'est-ce pas, c'est un prêteur, qui en aucun cas, ne vous redemandera l'argent qu'il vous aura versé ou qui ne fera pas connaître avant que vous l'y autorisiez la dette que vous aurez contractée envers lui ? C'est bien cela, n'est-il pas vrai ?

— Justement.

— Eh bien, mon ami, je ne suis pas ce prêteur. Assurément je ne vous redemanderais jamais l'argent que je vous aurais prêté avant que vous me proposiez de me le rendre ; mais je ne peux pas vous affirmer qu'on ne fera pas connaître votre dette avant le moment que vous aurez choisi. Voyez dans quel état je suis, — il toussa, — voyez comme je suis faible, — il se mit à trembler. — Je ne mange que pour me soutenir. Combien de temps cela doit il durer ? Je ne sais. Peut-être pas très longtemps. Je puis mourir, car l'état général est bien délabré, bien épuisé. Que feraient mes héritiers ? Ne produiraient-ils pas votre reconnaissance au grand jour, car vous ne pouvez pas emprunter sans une reconnaissance, puisque vous aussi pouvez mourir.

— Je vous remercie, dit Roger, je vois maintenant que c'est bien un service que vous voulez me rendre.

— N'est-ce pas ? Ah ! que je suis heureux de penser que notre amitié ne se trouvera pas altérée.

Et il recommença ses protestations passionnées.

Roger se sauva, incapable de supporter plus longtemps cette comédie, plus blessé, plus peiné de la façon dont le refus avait été accompagné que du refus lui même.

Eh quoi! c'était là l'amitié.

Amis, parents, l'expérience de la vie lui était cruelle.

Il fallait s'adresser ailleurs.

Mais chez qui ?

Il n'osa pas risquer cette nouvelle épreuve.

Alors il proposa une combinaison à son avoué, qui consistait à vendre une ou plusieurs de ses propriétés pour éteindre toutes ses dettes ; l'argent qui restait sur le prix de cette vente lui serait versé.

Mais l'avoué n'accepta pas cette combinaison et montra qu'elle était impraticable.

— Lorsque le jugement sera rendu, dit-il, et s'il nous est défavorable, nous tâcherons d'arriver à cette vente, si vous y tenez ; mais je doute que nous réussissions. D'ailleurs je ne dois pas vous cacher que, pour obtenir la levée du conseil judiciaire, le moyen de payer vos dettes avec vos revenus est le seul bon.

— Alors je n'aurai plus de revenus.

— Nous vous en conserverons une part ; si vous tenez à cette réhabilitation, il faut que vous l'achetiez.

Mais avant que le jugement fût rendu il devait s'écouler encore un certain temps pendant lequel il n'avait pas un sou à toucher.

Comment entretenir le train de maison de Raphaëlle ?

Le mot dit en l'air, il voulait le croire, sur Poupardin lui sonnait toujours aux oreilles, et vingt fois par jour lui donnait le frisson.

S'il essayait du jeu.

Il n'avait pas touché une carte depuis le jour de sa majorité.

Les circonstances, ses craintes jalouses surtout, étaient plus fortes que sa volonté.

Il joua.

Mais, comme tous ceux qui jouent parce qu'il faut qu'ils gagnent, il joua mal et perdit non-seulement le peu qu'il avait, mais encore sur parole ; dans un club, cent louis ; dans un autre, cent cinquante ; dans un autre cent ; en tout, sept mille francs qu'il lui était impossible de payer.

Et, s'il ne payait pas, il allait être affiché.

Lui, duc de Naurouse.

Quelle angoisse ! quelle humiliation !

Une fois encore, il fallait qu'il recourût à un ami.

— Lequel ?

Un seul lui inspirait assez confiance pour qu'il osât encore tenter cette terrible démarche : le prince de Kappel. Comme la somme n'était pas très importante, le prince pourrait peut-être la lui prêter. En tout cas, il ne jouerait pas de comédie.

— Trois cent cinquante louis ! s'écria le prince lorsque Roger eut exposé sa demande, certainement il faut les payer. Vous ne pouvez pas être affiché ; il faut que je vous les prête. Cherchons ce que j'ai.

Dans les poches, on trouva vingt-cinq louis. C'était peu.

— J'ai une réserve, dit le prince ; visitons-la.

Cette réserve était dans un tiroir de bureau ; elle contenait en tout sept louis.

— Cela ne fait pas assez, dit le prince. Je vais emprunter le complément nécessaire pour former les trois cent cinquante louis qu'il vous faut. J'espère que je vais les trouver.

Et, de fait, il les trouva ; et, tout heureux, il les apporta à Roger.

XLIII

Roger avait pu demander de l'argent au prince de Kappel pour sauver son honneur, mais jamais il ne se serait abaissé à une pareille demande pour les besoins de sa maîtresse.

Et cependant il fallait qu'il pourvût à ces besoins.

Il vendit un cheval, puis un autre, puis un autre encore, puis son coupé, puis son phaéton, puis son cabriolet, puis son tilbury, puis ses autres chevaux qui devenaient inutiles puisqu'il n'avait plus de voitures; il eût bien voulu garder ses chevaux de selle qu'il aimait; mais il dut les vendre aussi.

Chevaux et voitures furent dévorés en quelques semaines; alors il fallut chercher d'un autre côté.

Il avait une riche collection de montres, dont quelques-unes anciennes, entourées de pierreries du plus grand prix. Il fit vendre ses montres; puis ensuite des bonbonnières, des bagues, des épingles, des broches, des boutons, des bracelets, car la mode ayant été pendant quelques temps pour les jeunes gens de porter des bracelets, il s'était conformé à cette mode; enfin, les uns après les autres, tous ses bijoux.

Il avait aussi une très-belle et très-nombreuse collection d'armes: carabines de Devisme, fusils à bascule de Purdey, pistolets, épées de combat, épées de cérémonie, poignards; elle fut vendue comme l'avait été celle des bijoux, et une nouvelle semaine fut assurée pour Raphaëlle, qui ne pouvait pas ne pas montrer quelque surprise de ce que l'argent arrivait par si petites fractions.

Deux ans auparavant il avait été invité à quelques fêtes costumées, et pour cette occasion il s'était fait faire quelques costumes magnifiques qui avaient produit une véritable sensation: un costume Henri IV, un costume Louis XIV, un costume Régence, ces deux derniers ornés de riches dentelles et de pierreries; les costumes furent vendus comme l'avaient été les bijoux et les armes.

Le nombre des objets qui pouvaient être d'une vente assez facile se restreignait. Dans son salon il avait un piano à queue d'Érard et quelques petits tableaux; il vendit piano et tableaux.

Il passa alors l'inspection, il fit l'inventaire de ce qui pouvait être encore vendu, et il ne trouva plus que les meubles meublant son appartement: des fauteuils, des chaises, des tapis, des tentures, des pendules, des candélabres.

Comment vendre cela?

S'il ne le vendait pas, comment se procurer de l'argent?

Il ne pouvait pas plus accepter le sacrifice que Raphaëlle lui avait si noblement proposé qu'il ne pouvait renoncer à elle.

Et lorsque ses amis le voyaient maintenant, les sourcils contractés, insensible à ce qui l'entourait, n'écoutant pas ce qu'on lui disait, toujours replié sur lui-même comme s'il cherchait la solution d'un problème, ils pensaient que les soucis de son procès lui étaient vraiment bien cruels.

— Croyez-vous qu'il tient à l'argent, le petit Naurouse, disait Mautravers, est-ce drôle, un garçon qui avait si bien commencé.

Enfin le jugement fut rendu et le duc de Naurouse fut pourvu d'un conseil judiciaire dans la personne d'un ancien commis-greffier nommé Berthomieux, qui savait dire comme personne: « C'est grave, faisons attention, n'allons pas trop vite », et qui joignait à ces mérites déjà considérables celui d'être le mari d'une fort belle femme qui ne manquait jamais d'assister en toilette de gala à la messe de rentrée, où on la voyait, imposante et sereine, échanger des saluts avec un certain nombre de magistrats.

Roger n'avait pas voulu assister au prononcé de ce jugement et il était resté chez lui, attendant la bonne ou mauvaise nouvelle que son avoué devait lui envoyer aussitôt qu'elle serait connue.

Bien qu'il l'attendît mauvaise, cependant une faible espérance persistait encore et malgré tout en lui, — celle en un miracle.

Il resta longtemps tenant dans sa main, le lisant et le relisant machinalement, le court billet que lui avait écrit Nougaret:

« Monsieur le duc,

« Le jugement vient d'être rendu — contre vous; si vous étiez libre aujourd'hui, je voudrais bien vous voir; je serai à mon étude jusqu'à dix heures du soir. »

Enfin il prit son chapeau et sortit; ses pas le portèrent chez Raphaëlle. Ne devait-elle pas être la première à connaître ce jugement. Comme elle allait être désolée, la pauvre fille, et pour lui, et pour elle-même, ce qui après tout n'était que juste. Mais il n'accepterait pas le sacrifice qu'elle lui avait offert, pas plus qu'il ne la laisserait dans la pénurie d'argent de ces derniers temps. Pour cela il s'entendrait le soir même avec Nougaret. Si la vente d'une de ses propriétés n'était pas possible, au lieu d'abandonner presque tout son revenu pour éteindre ses dettes, il se réserverait, sur les cinq cent mille francs dont il se composait, cent mille francs par an. De ces cent mille francs, il en garderait vingt-cinq ou trente mille pour lui et donnerait le reste à Raphaëlle. Assurément elle saurait être sage ; il n'avait pas de doutes là-dessus.

Bien qu'il fût près de deux heures de l'après-midi, Raphaëlle était encore chez ses parents.

— Je vais prévenir madame, dit la femme de chambre qui ouvrit la porte, si M. le duc veut attendre.

Et Roger entra dans le boudoir.

Ce boudoir joignait justement l'appartement des parents de Raphaëlle, et sa fenêtre ouvrait sur un balcon qui régnait tout le long de la maison et par lequel on pouvait autrefois communiquer avec les deux pièces occupées par M. et Mme Houssu ; mais Raphaëlle qui voulait être maîtresse, chez elle, avait fait poser une grille sur ce balcon de façon à ce que ses parents ne pussent pas venir la déranger.

En entrant dans le boudoir, Roger alla droit à la fenêtre qui était ouverte et, posant son chapeau sur un meuble, il avança un peu sur le balcon pour respirer, car il étouffait.

— M. le duc vient d'arriver, dit une voix derrière lui.

Il se retourna, croyant qu'on venait d'entrer dans le boudoir, mais tout de suite il comprit qu'il se trompait ; ce n'était pas dans le boudoir qu'on avait parlé, c'était dans la pièce à côté, dont la fenêtre aussi était ouverte, — la femme de chambre qui annonçait son arrivée à Raphaëlle.

— Le duc, répondit Raphaëlle, il m'embête à la fin.

Un coup de bâton asséné violemment sur la tête de Roger ne l'eût pas plus assommé que ce mot : il chancela et plia le dos.

Mais il se redressa aussitôt, et son mouvement d'instinct fut d'aller à la grille fermant le balcon et de crier : « Le voici, le duc ; » mais il fut retenu par les paroles qui succédaient à celles qui l'avaient frappé.

— Que faut-il dire ? demanda la femme de chambre.

— Zut.

— Allons, allons, dit une grosse voix sur le ton de la conciliation.

— Oh ! toi, laisse-moi tranquille ou je t'envoie à la balançoire.

— C'est comme ça que tu parles à l'auteur de tes jours.

— Quand il se mêle de ce qui ne le regarde pas, oui. J'ai dit que le duc m'embêtait je le répète : il m'embête, il m'embête, il m'embête.

Ce fut avec une exaspération croissante qu'elle jeta ce mot.

— J'en ai plein le dos. S'il se fâche, tant mieux. Ça sera fini. J'aime mieux que ça arrive avant son conseil judiciaire qu'après ; ça me donnera le beau rôle. Et vous savez qu'il ne peut pas l'éviter : Mautravers me disait encore l'autre jour que c'était sûr. Comme ça ferait bien mon affaire, un duc de la Panne. Voilà six semaines que je m'extermine pour lui faire comprendre qu'il est temps que ça finisse. Ah ! bien oui, il ne veut rien comprendre.

— Ça prouve en sa faveur, dit la voix d'homme ; il tient à toi, ce garçon, il a bon goût.

— Quand on a des goûts distingués il faut avoir le moyen de se les payer. Et il ne va pas avoir le sou, le pauvre diable. Je parie qu'un de ces jours il va venir me proposer de tout vendre pour aller nous enfermer dans un grenier et filer le parfait amour. Quand je lui ai parlé de ça, si vous aviez vu les yeux qu'il a faits : c'était à mourir de rire. Non, vraiment, quand on pense combien les hommes sont bêtes, c'est inouï ; on n'en a pas idée ; faut le voir pour le croire.

— Ça dépend, dit la grosse voix, il y a homme et homme.

— Oh ! ne fais pas la tête ; tu sais, quand tu aurais été plus fort que les autres, ça ne ferait jamais une belle force. Enfin, pour le moment, c'est moi la bête de ne lui avoir pas encore signifié congé ; mais ça ne peut plus durer comme ça : le Poupardin se fâche à la longue, il s'ennuie d'être toujours en second, il veut être en premier.

— Ça se comprend.

— Des bêtises ; mais enfin il faut bien en passer par là. Une autre bête pour l'orgueil, celui-là ; il serait capable à la fin de se fatiguer et de renoncer. Croyez-vous que cela serait drôle ; j'ai eu assez de mal à le maintenir. Quel travail ! Et tu sais, papa, s'il reprenait ses anciennes habitudes, ça serait une débâcle ici : plus de fourchette à piquer dans le foie et à sucer sans avoir l'air de rien. Aussi je suis décidée. Le duc a bien fait de venir : je vas lui régler son compte ; ma foi, tant pis pour lui s'il a la tête trop dure, je taperai dessus jusqu'à ce que ça entre ; ce n'est plus possible cette galère-là.

— Allons, allons, dit la grosse voix, pas d'emportement ; si tu veux lui régler son compte, règle-le-lui. Je crois effectivement que l'heure a sonné ; seulement, en douceur, hein ; sois aimable, c'est le métier qui veut ça. Crois-tu que plus d'une fois je n'ai pas eu envie d'envoyer quelques bons coups de crosse dans les reins des bourgeois ? Eh bien, jamais ; je me disais : « Retiens-toi, Houssu, c'est le métier qui le veut. »

Roger n'en put pas entendre davantage.

Il avait voulu la tuer.

Il avait voulu se précipiter chez ces misérables et leur dire leur fait.

La tuer ! elle n'en valait pas la peine.

Parler à ces gens : à ce père, à cette fille, à cette mère, lui, duc de Naurouse.

Un frisson de dégoût le secoua de la tête aux pieds.

Et il l'avait aimée!

Cependant s'il n'allait pas à elle, c'était elle qui allait venir à lui.

La revoir, l'écouter, lui parler: jamais!

Vivement il rentra dans le boudoir et traversa le salon et le vestibule.

— Madame vient tout de suite, dit la femme de chambre.

Il s'arrêta, et sans éclats de voix, sans grands gestes:

— Vous lui direz que j'étais sur le balcon du boudoir.

Et il sortit.

XLIV

Roger monta le boulevard Haussmann sans savoir ce qu'il faisait, où il était.

Ce n'était pas le bruit des voitures qui retentissait à son oreille, c'était un mot, toujours le même, prononcé avec un accent faubourien, lent et gras:

— Il m'embête, il m'embête.

Cependant la marche et le grand air lui rendirent un peu de calme, un peu de raison.

Elle qu'il avait tant aimée, en qui il avait cru.

Famille, amis, maîtresse.

Quel effondrement.

Tout croulait, s'abîmait dans la boue.

A qui se retenir?

Machinalement, il regarda autour de lui; instinctivement, il ouvrit les bras comme pour se cramponner.

Personne; rien.

Il était seul.

Et de lui seul il pouvait attendre un secours.

Mais pour cela il fallait qu'il pût se ressaisir en échappant à l'affolement qui emportait son esprit, à l'anéantissement qui paralysait ses nerfs, à l'oppression qui étranglait son cœur.

Il continua de marcher, ivre; il alla ainsi jusqu'à l'Arc-de-Triomphe. Là il s'arrêta ou plutôt il fut arrêté par la file des voitures qui passaient devant lui, se rendant au Bois.

Dans une sorte de brouillard confus, il vit des mains, des chapeaux qui le saluaient; mais il n'avait pas d'yeux pour reconnaître ceux qui lui adressaient ces saluts. Il ne regardait personne; pourquoi faisait-on attention à lui?

Une idée traversa son esprit bouleversé: on connaissait sans doute déjà le jugement qui venait de le frapper, et c'était pour tâcher de saisir les effets que ce jugement avait provoqués en lui qu'on l'examinait.

Il était un objet de curiosité; ceux qui ne se moquaient pas de lui le plaignaient peut-être.

Il n'avait que faire de leur pitié, et il n'était pas en disposition de supporter un sourire équivoque.

Il se jeta dans une rue latérale; mais avant d'être arrivé au bout, son parti était arrêté, sinon dans tous ses détails, au moins en bloc.

Une voiture vide passait; il fit un signe au cocher. Mais prêt à monter, il resta indécis.

- Où allons-nous? demanda le cocher.

— Je cherche.

Le cocher le regarda avec surprise, se demandant s'il avait affaire à un fou.

Non à un fou, mais à un homme bouleversé, si violemment jeté hors de lui, qu'il ne retrouvait ni la réflexion, ni la raison, ni la mémoire.

Enfin, après un temps assez long, ce qu'il cherchait lui revint.

— Rue Ganneron, n° 45 bis, dit-il.

— Et où est-ce, la rue Ganneron, s'il vous plaît?

— Du côté de Batignolles, de Montmartre, je ne sais pas.

— On demandera.

En effet, en demandant, le cocher arriva dans une rue tortueuse qui n'avait de maisons que d'un côté, l'autre étant bordé par un long mur uniforme qui semblait ne devoir jamais finir; au n° 45 bis la voiture s'arrêta.

La maison était de misérable apparence, d'une tristesse lugubre, sale et délabrée; dans un trou noir creusé à l'entrée d'une allée au carreau terreux se tenait le concierge qui, disant un écriteau à la main, faisait le neuf et le vieux.

— M. Crozat? demanda Roger.

Le concierge qui en ce moment faisait du vieux, et même du très vieux, car le soulier qu'il recousait avait déjà cinq ou six pièces, leva la tête:

— Au cinquième, la quatrième porte à gauche dans le corridor de droite.

— Est-il chez lui?

— C'est à voir.

Tout en montant l'escalier aux marches glissantes ou collantes, Roger eut besoin de se répéter ces indications pour ne pas les oublier et confondre ce qui était à droite avec ce qui était à gauche.

Il arriva au cinquième, et dans le corridor de droite, après avoir bien compté et recompté, il frappa à la quatrième porte.

La voix de Crozat qu'il reconnut répondit d'entrer.

— Monsieur le duc de Naurouse, ah! quelle bonne fortune, dit Crozat en venant au devant de lui.

Roger se trouvait dans une toute petite chambre mansardée, éclairée par une fenêtre coupée dans le toit, et dont tout le mobilier consistait en un lit en fer, une table et une chaise. Un des pieds du lit était consolidé avec une ficelle ; la table paraissait avoir les reins cassés et penchait d'une façon menaçante sous le poids des papiers et des livres dont elle était chargée ; la paille qui fonçait la chaise s'échappait de çà de là en petits tire-bouchons frisotants.

Ce fut cette chaise que Crozat offrit à son ancien élève, par cette bonne raison qu'il n'en avait pas d'autre.

— Veuillez vous asseoir, monsieur le duc, je vous prie.

— Monsieur Crozat, dit Roger en s'asseyant vis-à-vis la fenêtre ouverte, je viens vous demander un service: celui de reprendre nos leçons.

— Oh! avec grand plaisir.

— Vous êtes libre?

— Mais certainement.

— J'entends libre de quitter Paris et de venir vous enfermer avec moi dans un château de la Provence pendant deux ou trois années, où vous me ferez travailler sérieusement.

Crozat, qui était resté debout, leva si brusquement ses deux bras qu'il faillit crever son plafond en papier fleuri.

— Si cela vous gêne, j'en serais désolé, continua Roger, car, je vous l'ai dit, ce que je vous demande, c'est un service réel, puisque je compte sur vous pour me sauver d'une situation désastreuse et m'aider à devenir un homme.

Cela fut dit d'une voix grave et émue.

— Voici la situation, dit Crozat avec bonhomie, et je vous prie de me permettre de vous l'exposer pour que vous puissiez comprendre le mouvement de surprise avec lequel j'ai accueilli votre proposition,—qui, je vous l'affirme, me touche et m'honore. J'avais un élève que j'ai eu la chance, peu espérée, de faire recevoir, il y a un mois : la famille, dans son délire de joie, m'a offert une gratification inespérée aussi par moi, un beau billet de cinq cents francs. Depuis longtemps j'étais dévoré du désir de faire imprimer une petite comédie en vers : Le Comte et la Marquise, que j'avais vainement présentée aux Français, à l'Odéon, au Gymnase, où elle avait été repoussée sous le prétexte, absurde je vous l'assure, de rappeler Musset,—Musset a ses qualités; j'ai les miennes qui me sont personnelles. J'ai employé mes cinq cents francs à satisfaire ce désir et j'ai fait imprimer ma comédie, dont voici un exemplaire qui vous était destiné; la dédicace en fait foi, comme vous pouvez le voir.

Disant cela, Crozat prit sur la table une petite brochure à couverture jaune, toute fraîche, et la tendit à Roger, mais sans s'interrompre.

— J'ai naturellement porté des exemplaires de ma pièce à tous les journaux, et c'est aujourd'hui même que s'est terminée cette distribution, de sorte que j'étais bien aise de rester à Paris, non pour solliciter des articles, je ne suis pas solliciteur, mais pour voir par moi-même l'effet que cela allait produire et le coup que cela pouvait porter. Mais il est évident qu'à la rigueur je puis charger un ami de surveiller les journaux et de m'envoyer ceux qui parleront de moi. Ainsi, monsieur le duc, ne prenez pas souci de mon mouvement de surprise ; j'accepte votre offre avec empressement et me mets à votre entière disposition. Quand devons-nous partir.

— Ce soir, à huit heures, par la gare de Lyon. Trouvez-vous au buffet à sept heures ; nous dînerons ensemble. J'espère que cette hâte ne gênera pas vos préparatifs.

— Oh! pas du tout, ils seront vite faits.

Roger s'était levé, et il regardait par la fenêtre, comprenant maintenant ce qu'était le long mur qu'il avait suivi, — un mur de cimetière, celui du cimetière Montmartre.— Au bas, devant lui, au milieu d'allées d'arbres et de massifs d'arbustes verts, on voyait circuler des groupes d'hommes et de femmes en noir, des voitures de deuil, des corbillards, et çà et là, comme une tache blanche, le surplis d'un prêtre. Des rumeurs montaient, mêlées à des piétinements et à des roulements de voitures.

— Vous regardez la vue, dit Crozat. C'est elle qui m'a fait prendre cette chambre. Comme on trouve cela triste, les locations se font difficilement et elles sont moins chères qu'ailleurs. Pour moi, je ne suis pas sensible à ces choses ; ce n'est pas du dehors que nous vient la tristesse, c'est de nous quand nous n'avons pas de ressort intérieur, pas d'activité d'esprit, pas de but à atteindre. Voilà pourquoi la tristesse ne m'a jamais touché dans cette chambre : je travaillais. J'avoue cependant qu'elle n'est pas très-belle. Mais qu'importe! C'est si beau d'avoir une niche à soi — je ne dis pas en soie.

Et il se mit à rire de son rire large et sonore. Roger lui tendit la main, tout ému et en même temps tout réconforté.

— A ce soir, dit-il.

— A ce soir, sept heures, sans faute, assurément.

Roger dit à son cocher de le conduire vivement rue Sainte-Anne, à l'adresse de Nougaret.

L'avoué était chez lui et tout de suite il reçut son client.

— Désolé, monsieur le duc, mais je vous avais fait pressentir ce fâcheux résultat ; nous avons fait le possible, de notre mieux.

— J'en suis convaincu et vous remercie ; mais ce n'est point du passé que nous devons nous occuper maintenant, c'est de l'avenir.

— Justement, et c'était pour vous entretenir de votre projet de vente que je désirais vous voir.

— J'ai renoncé à ce projet de vente. Je désire que l'arrangement que vous conclurez soit celui-ci : j'abandonne, pour payer mes dettes, tout mon revenu, à l'exception de vingt cinq mille francs que je me réserve pour vivre.

— C'est bien peu, et il est à craindre que vous ne soyez entraîné à faire de nouvelles dettes.

— Non, car je quitte Paris et me retire dans ma terre de Varages, où je vais passer trois ou quatre ans à travailler sérieusement.

— Vous ferez cela ?

— Certes, je pars ce soir.

— Eh bien ! voilà une résolution virile, monsieur le duc, dont je vous félicite de tout cœur ; je vous donne ma parole qu'avant trois ans je vous aurai débarrassé de votre conseil. Vous facilitez singulièrement notre tâche. Je sais quelqu'un qui va être bien heureux : Harly.

— Vous lui ferez mes adieux, car je n'aurai pas le temps de le voir avant mon départ.

Ce n'était pas tout à fait le temps qui lui manquait, c'était le courage ; il faudrait entrer dans certaines explications avec Harly, parler de Raphaëlle, et il ne s'en sentait pas capable.

XLV

Toutes les dispositions prises avec son avoué pour l'arrangement de ses affaires, Roger rentra chez lui rapidement.

— Préparez-moi promptement, dit-il à son valet de chambre, tout ce qui peut m'être nécessaire en linge, vêtement et chaussures pour un long séjour à la campagne ; puis vous ferez porter les malles à la gare de Lyon pour sept heures, ce soir, et vous m'attendrez au buffet.

— Je pars avec monsieur le duc ?

— Non.

Bernard, malgré son envie, n'osa pas en demander davantage. Déjà le duc avait ouvert son bureau et s'était mis à écrire : sa main courait si rapidement sur le papier qu'elle traduisait bien certainement une pensée réfléchie et arrêtée :

« Tu as bien fait, chère Christine, de ne
» pas désespérer de moi ; tu as bien fait
» surtout de penser qu'un mot de toi aurait
» le pouvoir de me rappeler à la raison, car
» c'est à toi qu'appartient tout le mérite de
» la résolution que je viens de prendre.

» Je quitte Paris et j'abandonne sans regret l'existence que tu blâmais et qui te
» désespérait.

» Voilà la résolution que ton bon et vaillant petit cœur me suggère ; voilà ce que
» ton affection obtient.

» Tu craignais de me déplaire avec ta sagesse et tes doux conseils, tu m'as rendu
» glorieux, fier de moi ; tu pensais que j'oublierais ta lettre, et cette lettre je l'ai lue
» vingt fois, je me sentais grandi par les
» sentiments de tendresse que tu me gardais ; quelque chose de puissant me relevait, et je me sentais digne de ton amitié.

» Dans la crise effroyable que je traverse
» en ce moment, cette lettre est mon appui,
» mon sauveur, le bras qui me soutient, l'étoile qui me montre mon chemin et me
» guide.

» Je pars pour Varages, où je vais travailler et essayer de devenir un homme ; et je
» pars avec un maître dont je vais me faire
» l'écolier docile. Sois tranquille, je ne me
» rebuterai point, je ne désespérerai point,
» et ce sera sans révoltes comme sans dégoûts que j'accepterai tous les ennuis ou
» toutes les difficultés que va me créer ma
» résolution ; et si je faiblis quelquefois, je
» je me retremperai dans ton souvenir.

» Es-tu contente ?

» Que je voudrais le savoir ; que je voudrais voir tes yeux se lever sur moi souriants et rassurés.

» Pourquoi les circonstances nous séparent-elles ? Pourquoi nous ont-elles tenus
» loin l'un de l'autre ? J'aurais été meilleur en
» ne te quittant pas, et les coups qui me frappent m'eussent été sans doute épargnés.

» Je ne veux rien dire, chère Christine,
» qui puisse te blesser ou te peiner, si légèrement que ce soit ; mais s'il y a des fautes
» dans ma vie, je crois que je n'en suis
» pas seul responsable. J'avais besoin de
» tendresse, de douceur, de ménagements ;
» j'avais besoin de me sentir soutenu par
» l'amour d'une famille, et j'ai été repoussé
» si cruellement par ceux qui auraient dû
» m'entourer et m'aimer, que sans toi je
» serais resté plongé dans un noir abandon. Ton sourire a éclairé ma jeunesse,
» l'a réchauffée ; mais il est arrivé un jour
» où ce sourire m'a manqué et où je suis
» resté seul ; — de là tout le mal.

» Par bonheur je le retrouve ce sourire au
» moment même où je roule au plus profond de l'abîme et, une fois encore, il me
» sauve. Dans les bouillonnements tumultueux de mon esprit, tes paroles me reviennent ; elles s'imposent et me font réfléchir. Ce que je ne trouvais pas moi-même, emporté, affolé que j'étais par
» l'exaspération et la douleur, elles me l'ins-

» pirent en me faisant comprendre que je
» dois me réserver un autre avenir que ce-
» lui que je me préparais, et qu'il y a des
» devoirs qu'un homme de mon rang n'a pas
» le droit d'oublier sans déchoir. S'il m'est
» impossible, malgré l'ambition que j'en ai,
» d'ajouter une gloire à mon nom, je veux
» du moins tout faire pour ne point l'amoin-
» drir. Ne crains donc plus pour moi, chère
» Christine ; pendant plusieurs années ma
» vie va être régulière, tranquille, cachée; elle
» sera remplie du souvenir de tes conseils et
» de plus elle sera soutenue par la pensée de
» devenir personnellement quelqu'un, par
» la volonté de me rendre bon à quelque
» chose. Certes, je n'espère plus l'existence
» qui aurait peut-être été la mienne si, à mes
» parents pas dans le monde, j'avais su,
» j'avais pu, si on avait voulu ; mais enfin
» tout n'est pas perdu, et bien des choses
» peuvent se réparer encore.

» C'est à cela que je vais travailler, c'est le
» but que je vais poursuivre virilement et
» courageusement.

» Si la solitude m'est triste, et il est pos-
» sible qu'elle me le soit, elle me donnera
» au moins la joie de pouvoir penser à toi
» et d'évoquer ton image.

» Cette joie, je me l'étais interdite au mi-
» lieu de la vie que je menais. Te mêler si
» peu que ce fût à mon milieu eût été te fai-
» re injure, et pour rien au monde je n'au-
» rais voulu te voir apparaître dans ce cadre
» indigne de la pureté.

» Mais dans les bois silencieux de Vara-
» ges, lorsque rien ne viendra me troubler,
» me distraire ou m'occuper, je pourrai li-
» brement penser à ma chère Christine que
» je verrai, dans l'auréole de ses boucles
» blondes, m'approuver et m'encourager
» comme une bonne petite sœur, comme une
» fée. Ainsi, après m'avoir aidé à me recon-
» quérir, tu me soutiendras.

» Adieu donc, jusqu'au jour où nous pour-
» rons nous revoir; accompagne-moi de tes
» pensées.

» ROGER. »

« Je ne puis te faire parvenir cette lettre
» qu'au moyen d'un subterfuge; je dois donc
» t'en écrire une seconde que tu pourras
» avouer et montrer si on demande à la voir;
» quant à ce que je viens de te dire en lais-
» sant parler mon cœur, personne n'en sau-
» ra jamais un mot, n'est-ce pas ? tu ne sais
» rien, ni de moi, ni de mes résolutions. »

Et tout de suite prenant une autre feuille
de papier, il écrivit :

« Puisque tu es la seule personne de ma
» famille qui m'ait témoigné de l'affection
» et de la sympathie, je ne veux pas quit-
» ter Paris sans te faire mes adieux, regret-
» tant beaucoup de ne pouvoir te les adres-
» ser que par ce court billet.

» Je t'embrasse tendrement, ma chère
» Christine.

» Ton cousin,
» ROGER. »

Et ayant plié ces deux lettres, il les mit
sous une même enveloppe, qu'il ferma et
scella soigneusement, et sur laquelle il écrivit : « *Mademoiselle Christine de Condrieu-
Revel.* »

L'heure avait marché, il était près de cinq
heures et demie.

Il sortit et, prenant une voiture, il se fit
conduire au palais du sénat, en recommandant au cocher de marcher aussi rapidement
que possible.

— M. le comte de Condrieu-Revel est-il en
séance ? demanda Roger à un huissier.

Celui-ci répondit affirmativement, en ajoutant que la séance allait se terminer d'un
instant à l'autre, de sorte que ce n'était pas
la peine de déranger M. le comte de Condrieu, qui allait sortir.

— Très-bien, répondit Roger, je vais l'attendre.

Mais au lieu de l'attendre, comme il le disait il courut à sa voiture :

— Rue de Lille, au galop.

A cette heure-là il n'y avait pas à craindre de rencontrer Ludovic, car c'était un
des jours où il se rendait dans une parlotte,
où, avec d'autres jeunes gens qui se préparaient comme lui à la vie politique, il s'ha-
bituait à parler longuement et savamment
pour ne rien dire, Christine devait donc
être seule à l'hôtel.

Ce fut avec émotion qu'il monta les marches du perron au haut duquel se tenait un
domestique en grande livrée.

— Mademoiselle Christine ?

— Mademoiselle est dans son appartement.

Il respira.

— Alors, faites-lui porter tout de suite
cette lettre qui est pressée ; il n'y a pas de
réponse.

Il ne put pas traverser la cour sans se retourner et sans lever les yeux vers ses fenêtres ; mais il ne la vit point.

Ce fut avec un cruel serrement de cœur
qu'il monta dans sa voiture : « Adieu, jusqu'au jour où nous pourrons nous revoir, »
avait-il dit dans sa lettre ; et peut-être ne la
reverrait-il jamais. Quand il reviendrait à
Paris ne serait-elle pas voilée et cloîtrée ?
Un seul être l'avait aimé, l'aimait, et il
fallait qu'il se séparât d'elle.

— Où allons-nous ? demanda le cocher.

Roger tira sa montre : il était six heures,
et il n'avait plus rien à faire dans Paris.

— A la gare de Lyon, dit-il, aussi lentement que vous voudrez.

Et il se tassa dans son coin, se laissant aller à la prostration qui, après ces quelques heures de luttes, d'agitation, de fièvre, s'emparait de lui : c'était fini ; rien ne le soutenait plus.

Il ne trouva point Crozat au buffet ; mais après l'avoir attendu pendant un quart d'heure environ, il le vit arriver, toujours vêtu de son éternel habit noir et coiffé de son gibus en mérinos. Les poches de son habit, celles de côté comme celles des pans, paraissaient pleines à crever, pleines de livres dont on devinait la forme ; à sa main il portait en la dandinant une espèce de valise de porte-manteau, de sac, moins plein que ses poches assurément.

S'étant assis à la table du duc, il tendit à celui-ci une petite brochure à couverture jaune qu'il tira d'une de ses poches :

— Votre exemplaire du *Comte et la Marquise* que vous aviez oublié, dit-il, je vous l'apporte ; cela pourra vous fournir une lecture pour le voyage.

Roger s'excusa en quelques mots, puis il pria Crozat de s'entendre avec Bernard pour l'enregistrement des bagages.

— Mais voilà mon bagage, dit Crozat, montrant sa valise.

Crozat fit honneur au dîner et mangea pour deux, mais silencieusement, respectant la préoccupation de son élève.

Enfin on monta en wagon ; la cloche sonna, le sifflet de la machine retentit et le train s'ébranla lentement.

Roger et Crozat étaient assis en face l'un de l'autre ; celui-ci pencha sa tête par la glace ouverte et pendant quelques instants il regarda les lumières qui, au loin, piquetaient çà et là l'obscurité.

— Adieu, Paris, dit-il, adieu.
— Non, pas adieu, dit Roger, au revoir.

DEUXIÈME PARTIE

LA DUCHESSE D'ARVERNES

I

Il y avait plus de deux ans que le duc de Naurouse, accompagné de son secrétaire, M. Crozat, était venu s'installer dans son château de Varages.

Et cependant, au village et parmi les gens du château, on parlait toujours de cette arrivée, comme si elle datait de quelques jours seulement.

C'est que cette installation du maître de Varages avait été un véritable événement dans la contrée.

Depuis plus de quarante ans en effet, c'est-à-dire depuis la mort du marquis de Varages, ou plus simplement du marquis, comme on disait, le château avait été, sinon fermé, au moins inhabité.

Il était devenu alors la propriété de Mlle Gaëtanne de Condrieu-Revel par suite du testament fait en faveur de celle-ci par le marquis Varages, son parrain, et même mieux que cela, disaient les mauvaises langues, et comme celle-ci encore enfant, puisqu'elle n'était à ce moment âgée que de quatre ans, avait pour administrateur légal de sa fortune son père, le comte de Condrieu-Revel, qui résidait forcément au chef-lieu de sa préfecture, le château naguère si animé, si brillant, toujours plein du bruit et du mouvement des fêtes, s'était trouvé sans habitants. Encore n'avait-il dû sa conservation qu'à une clause prévoyante du testament, laquelle exigeait que le mobilier ne fût pas vendu, afin que le château fût remis à la légataire, le jour où celle-ci atteindrait sa majorité, intact et dans l'état même où il se trouvait à la mort du testateur. Sans cette clause, M. le comte de Condrieu-Revel l'eût assurément mis à sac, au moins pouvait-on le croire par la façon dont il avait administré l'héritage de sa fille, qu'il ne visitait que pour voir par lui-même les bois dont il pouvait avancer les coupes.

Devenue duchesse de Naurouse, Mlle Gaëtanne de Condrieu-Revel n'avait point eu le temps d'habiter son château de la Provence, et, lorsqu'elle était morte, laissant pour unique héritier son fils le duc Roger de Naurouse, la terre de Varages était retombée aux mains du comte de Condrieu-Revel, tuteur de son petit-fils.

Comme autrefois, M. de Condrieu-Revel n'était venu au château que pour signer des baux, ordonner des coupes de bois, toucher les revenus, surveiller certaines réparations importantes, et c'était à peine si, dans le village, on avait vu deux ou trois fois le jeune duc de Naurouse, enfant chétif et maladif, accompagner son grand-père.

Varages n'aurait donc plus jamais de maître; ses cheminées ne fumeraient donc plus; dans ses écuries, on n'entendrait donc plus le hennissement des chevaux; sous ses grands bois ne retentirait donc plus la voix sonore des chiens?

Quel dommage qu'une si belle demeure fût abandonnée !

A vingt lieues à la ronde, où en trouver une de plus belle ordonnance avec la vaste plateforme sur laquelle s'élèvent ses bâtiments flanqués aux quatre angles de grosses tours, qui datent du quinzième siècle, et ses élégantes façades construites sous la Renaissance. De la terrasse, qui règne autour du château, ne jouit on pas d'une des plus belles vues de la Provence, sur une contrée accidentée où les montagnes, qui se maintiennent à de moyennes hauteurs, sont çà et là coupées de riches vallées ou de gorges sauvages. Dans ces vallées, des prairies qu'arrosent des eaux abondantes et limpides, qui courent au milieu de la confusion des arbres fruitiers : pêchers, amandiers, abricotiers, mûriers, et parfois tombent de cascade en cascade, en jetant sous les rayons du soleil des éclairs argentés. Le long des collines, des vignes et des oliviers au pâle feuillage, séparés par des sillons de blé. Enfin, à mesure qu'on s'élève, les masses sombres de la forêt qui couvre les pentes escarpées et les sommets de la montagne, partout où les châtaigniers, les pins et les chênes trouvent un peu de terre végétale pour enfoncer leurs racines.

Et le château lui-même, quel crime que ses grilles restassent toujours fermées au nez des curieux. Ceux dont les souvenirs remontaient à quarante ans et qui avaient été les invités du marquis de Varages, parlaient avec enthousiasme des appartements intérieurs et de l'ameublement : d'une salle dite du Roi de dimensions considérables, avec un plafond formé de caissons saillants sculptés et dorés; des cheminées du XVIe siècle dignes de celle de Chambord; d'un escalier monumental sur la rampe duquel était sculptée une chasse au faucon. Toutes ces pièces avaient leur mobilier ou leurs collections : dans la salle du Roi, des armures du XIIIe siècle et des modèles des premières armes à feu ; dans la chambre du marquis, une garniture de rideaux et de lit en point de Venise qui étaient une merveille; dans la salle à manger et dans l'escalier, des tapisseries de Flandre, appelées « Verdures; » partout des meubles curieux, des porcelaines de Chine, de Saxe, des glaces de Venise; tout un musée, sans l'entassement fatigant de la collection, puisque chaque chose était à sa place.

Une fois seulement par an, ces grilles s'ouvraient le jour de la saint Savournin, pour que les fidèles de la contrée pussent venir adorer les reliques du bienheureux saint déposées dans un oratoire qui se trouvait dans l'une des tours; mais cela ne donnait point entrée dans le château lui-même : on défilait en procession sur la terrasse, on priait dans l'oratoire et c'était tout.

Et cependant, pas une seule fois en ces quarante années, les volets du château n'étaient restés clos : chaque matin un domestique appelé Camoin, qui av. it été au service du marquis et que M. de Condrieu-Revel avait gardé, les ouvrait tous les uns après les autres, et chaque soir il les fermait; il avait vieilli là le balai et le plumeau à la main attendant un maître qui ne venait pas et tenant tout en état pour son arrivée.

Lorsque le jeune duc Roger de Naurouse avait approché de sa majorité, on avait espéré qu'il viendrait à Varages, et bien des gens, dans le village et dans les environs, avaient supputé les bénéfices qu'ils ne manqueraient pas de faire lorsque le château serait habité : un maître de vingt-un ans mène une belle existence ; ses amis viendraient avec lui ; il donnerait des fêtes, des chasses; pour tout le monde, il y aurait gros à gagner; enfin on se rattraperait de quarante années de privations pendant lesquelles la terre de Varages avait été administrée par ce vieux grigou de comte de Condrieu-Revel, qui emportait l'argent du pays et n'en apportait pas.

Mais un jour on avait appris par M. Vidal, le notaire, qu'une hypothèque d'un million venait d'être consentie sur la terre de Varages, et tous les beaux rêves qu'on avait faits s'étaient envolés : plus de bénéfices à faire avec le duc de Naurouse, plus de réceptions, plus de fêtes ; les grilles ne s'ouvriraient pas, et les coups de balai de Camoin, ses coups de plumeau, seraient perdus ; jamais le duc de Naurouse ne viendrait à Varages; Camoin mourrait, et un autre Camoin vieillirait avant que le château reprît un peu de son ancienne splendeur, ce qui n'arriverait bien certainement que si la terre passait aux mains d'un autre propriétaire.

Aussi l'étonnement avait-il été général lorsque le duc était arrivé.

En voyant une voiture toute couverte de poussière monter la rue du village, personne n'avait eu l'idée que l'un des voyageurs qu'elle renfermait pouvait être le duc de Naurouse.

— Encore des curieux qui veulent visiter le château, s'était-on dit, et qui vont se casser le nez contre la grille fermée.

Quand le duc, descendu de voiture, avait voulu entrer, la femme d'un garde, qui remplissait les fonctions de concierge et habitait un des pavillons d'entrée, lui avait barré le passage en lui disant que les étrangers n'étaient pas admis dans le château.

Cette réponse et quelques autres de ce genre, qui avaient été faites au duc en ce jour, alimentaient encore les conversations après plus de deux ans.

— Il ne s'est pas fâché, le duc, disait la concierge, quand je lui ai signifié qu'on ne passait pas, il s'est mis à sourire. — Camoin est-il ici ? m'a-t-il demandé. — Oui, M. Camoin est ici. — Eh bien ! appelez-le, il me reconnaîtra peut-être et voudra bien me laisser entrer chez moi.—Vous seriez donc...?— Le duc de Naurouse. En voilà une surprise, les bras m'en sont tombés du corps. Après ça il ne m'en a pas voulu de ne pas l'avoir reconnu, ce qui était bien naturel puisque je ne l'avais jamais vu, n'étant pas encore mariée quand il était venu au château tout enfant avec son grand-père.

Et Camoin :

— Moi, je l'ai reconnu de suite, bien que ne l'ayant pas vu depuis longtemps et qu'il eût changé ; mais en changeant il avait été ressemblant de plus en plus au portrait de défunt M. le marquis de Varages, même non c'en serait extraordinaire, s'il était permis à un homme dans ma position de faire des suppositions. Au reste, il faut que cela soit bien visible, puisque le secrétaire, M. Crozat, traversant le salon des portraits pour la première fois et voyant le portrait de M. le marquis dit à M. le duc : — Un de vos ancêtres? —Non, le parrain de ma mère, le marquis de Varages, de qui nous vient cette terre.

— Et le duc qu'est ce qu'il a dit en plus ?

— Rien. Que pouvait-il dire. Est-ce qu'il connaît les bruits qui ont couru dans le temps sur sa grand'mère, Mme la comtesse de Condrieu-Revel, et M. le marquis de Varages. Qu'est-ce qui les lui aurait appris ? Pas son grand-père bien sûr. Et puis quand il se douterait qu'il peut y avoir du sang de Varages dans ses veines, il n'y a pas de mal à ça : c'était un fier homme que le marquis, et qui, pour la naissance, pour la noblesse, pour le caractère, pour tout, valait mieux que M. de Condrieu-Revel.

— Ça c'est sûr.

— Pour lors M. le marquis ne peut pas être fâché de ressembler au portrait du marquis, et il ne paraît pas qu'il le soit ; pour moi ça m'en réjouit le cœur, et il y a des jours où il me semble que je revois et que j'entends M. le marquis.

II

L'arrivée du duc de Naurouse à Varages avait mis toutes les cervelles en travail et tous les intérêts en jeu.

Qui serait chargé des fournitures du château ?

Grave question pour le village. L'un était intime avec Camoin et comptait sur celui-ci pour se faire proposer et appuyer ; l'autre plaçait son espérance dans le curé, qui serait bien certainement consulté. On cherchait qui l'on mettrait bien en mouvement.

Il n'y avait pas que les bouchers, les épiciers, les boulangers qui fussent en tourment : il faudrait au duc des domestiques pour la cuisine et le service, des jardiniers, des palefreniers; il lui faudrait des chevaux, il lui faudrait des fourrages.

Il semblait que le commerce allait prendre un développement considérable à Varages, que la fortune du pays était faite, et qu'on allait revoir les beaux temps du marquis ; ce n'est pas impunément qu'un pays vit pendant plusieurs années des bénéfices de la domesticité.

On n'avait eu que du mépris pour le duc de Naurouse, quand on avait appris qu'il grevait sa terre d'hypothèques, afin de payer des dettes contractées à Paris : un viveur, un dépensier, rien-qui-vaille ; mais du moment que ce rien-qui-vaille venait à Varages et pouvait dépenser sa fortune dans le pays, la situation changeait : c'était de l'estime et de l'admiration qu'on avait pour lui ; l'argent allait rouler, et, comme lorsqu'il roule il finit toujours par s'arrêter chez quelqu'un, on s'était préparé.

Mais il avait fallu bien vite en rabattre de ces beaux calculs qui reposaient cependant sur la raison et la probabilité ; et, lorsque le vieux Camoin avait raconté son premier entretien avec son jeune maître, ç'avait été une véritable stupéfaction dans le pays.

— Le matin, j'entre dans la chambre de M. le duc et ça m'a rend tout guilleret de voir le lit occupé ; vous pensez, ça me reporte à plus de quarante ans en arrière ; je m'imagine que c'est M. le marquis qui dort là, dans les rideaux en point de Venise ; et c'est lui, en effet, mais plus jeune et cependant avec aussi grand air. « Camoin ! qu'il me dit, j'ai à causer avec vous ; vous êtes ici depuis plus de quarante ans, vous aviez la confiance du marquis de Varages, c'est une raison pour que vous ayez la mienne, et vous l'avez entière. » — Hein !... c'est parler ça. Là dessus je le remercie comme il convient, et il continue : — « Je vais faire un séjour ici qui sera de plusieurs années peut-être ; je n'amène avec moi personne de Paris ; je compte donc sur vous pour me trouver les gens nécessaires à mon service. — C'est facile monsieur le duc que je lui réponds, j'ai un neveu cocher à Marseille et un cousin maître d'hôtel à Nice dont je suis sûr ; pour le cuisinier chef... » — Mais voilà qu'il m'interrompt en souriant : « Pas si vite, il ne me faut ni cocher, ni maître d'hôtel, ni cuisinier chef, attendu que je viens ici pour travailler, non pour m'amuser ; les seules gens dont j'ai besoin sont une simple cuisinière et un petit garçon pour nous servir mon secrétaire et moi, de façon à ce que vous ne vous fatiguiez pas. » — Vous pensez si les bras me sont tombés du corps ; ah ! ce n'était plus M. le marquis.

Comment ! le duc de Naurouse venait à Varages pour travailler, non pour s'amuser, recevoir et donner des fêtes ! Ah ça ! c'était donc un faux duc, et il avait donc volé son héritage. Pas de cocher, pas de cuisinier, c'était à faire pitié.

Bientôt on avait eu l'explication de ce mystère : par M. Vidal, le notaire, on avait su que le duc était pourvu d'un conseil judiciaire. Quelle honte pour le pays !

Et il travaillait ! un duc ! A quoi travaillait-il ? C'était peut-être pour vivre.

Là-dessus aussi, Camoin avait raconté des histoires bien curieuses.

— D'ordinaire n'est-ce pas, c'est le maître qui dicte à son secrétaire. Eh bien ! chez nous, c'est tout le contraire, c'est le secrétaire qui dicte au maître. Et pas doucement encore. Du temps de M. le marquis ça ne se serait point passé comme ça, mais présentement le respect est perdu. Je vous dis qu'il est perdu. Ce n'est pas un méchant homme ce secrétaire, ce M. Crozat, habituellement il est poli avec tout le monde ; et puis il chercherait plutôt à vous éviter du dérangement qu'à vous en donner. Eh bien ! avec M. le duc ça n'est plus ça. Pas poli du tout, au moins quand ils travaillent ensemble. C'est dans la bibliothèque qu'ils travaillent : M. le duc s'assied devant une table vis-à-vis de la fenêtre, et M. Crozat se promène d'un bout à l'autre, tenant un livre à la main et dictant des mots dans une langue que je ne connais pas ; c'est je crois bien du latin, parce que j'ai entendu plusieurs fois *Deus, Dominus*, des paroles de la messe. M. le duc écrit, mais il a des moments aussi où il s'arrête et où il reste à regarder par la fenêtre, comme si le secrétaire ne dictait pas toujours. — Eh bien ! dit M. Crozat. — Ah ! c'est vrai, répond M. le duc, je m'oublie à regarder le ciel et les bois ; il est curieux que pour un homme né à Paris j'éprouve tant de bonheur à me perdre dans le ciel bleu ; un Provençal ne serait pas plus amoureux que moi de ce beau climat. — Ce n'est pas de la rêverie, de la distraction qu'il nous faut, dit le secrétaire, c'est de l'application, allons, allons au travail. — Et savez-vous ce qu'il ajoute, ce secrétaire parlant à son maître, à un duc ? Je vous le donne en mille. Savez-vous comment il l'appelle, et sans se mettre en colère, doucement, comme pour l'encourager ? Vous ne devinez pas. Eh bien ! il l'appelle animau.

— Comment animau ? Vous voulez dire animal.

— Je vous dis animau ; croyez-vous que je n'ai pas des oreilles pour entendre ; deux fois, trois fois il lui dit : « Macté animau » ; *macté* je ne sais pas ce que ça signifie ; mais animau, il me semble que c'est clair ; chacun comprend ça. Ah ! vraiment, le respect est perdu.

Evidemment cela était clair, et chacun avait compris que le duc se laissait traiter avec une étrange familiarité par son secrétaire ; une légende s'était établie là-dessus qui n'avait pas relevé le duc de Naurouse dans l'estime publique, jusqu'au jour où l'histoire était parvenue aux oreilles du curé, qui, riant aux éclats, avait expliqué que *animo* ne voulait pas dire animal, et que *macte animo* était une expression latine signifiant : « Courage », que quelques professeurs emploient pour exciter leurs élèves.

Alors une autre légende s'était répandue dans la contrée, car la vérité était trop simple pour être admise : le duc de Naurouse travaillait avec un savant fameux pour se préparer à occuper, comme l'un de ses ancêtres, une grande ambassade qui lui avait été promise par l'empereur ; comme cela le pays n'était point déshonoré ; sans doute on ne gagnait pas d'argent pour le moment avec le maître de Varages, mais on en gagnerait plus tard ; après avoir attendu pendant plus de quarante ans, on pouvait bien attendre encore un peu.

Cette nouvelle légende avait eu cela de bon de rendre un peu de considération au duc de Naurouse et de faire qu'on lui témoignât une certaine sympathie lorsqu'on le rencontrait.

Car tout son temps n'était pas pris par le travail du matin au soir ; il y avait des heures dans la journée, tantôt à midi, tantôt le soir, selon les saisons et l'ardeur du soleil provençal, où il sortait pour faire de longues promenades, soit dans la campagne, soit dans la forêt.

Le matin, en quittant la chambre, il descendait à la bibliothèque, où il trouvait installé depuis longtemps déjà Crozat, qui avait toujours été un de ces puissants travailleurs du matin pour lesquels les journées sont doubles; sur un guéridon, Camoin avait servi un morceau de pain, une bouteille de vin blanc, des fruits frais ou des raisins secs avec des amandes, tous produits de la terre de Varages ; le maître et l'élève mangeaient une croûte, buvaient un verre de vin tout en causant affectueusement, puis le travail commençait et se continuait sans repos jusqu'à l'heure du déjeuner, coupé de temps en temps par un de ces *macte animo* qui avaient si fort scandalisé le vieux Camoin.

Le déjeuner ne les retenait pas longtemps à table : un plat de viande, un plat de légumes, quelques fruits et c'était tout.

Alors Roger prenait un bâton ou un fusil et s'en allait droit devant lui pendant deux ou trois heures.

Pendant les premiers jours, Crozat l'avait accompagné, mais bientôt celui-ci avait renoncé à ces promenades ; il n'avait point les goûts provençaux du duc ; le terrible soleil du Midi le mettait en eau ; le mistral l'horripilait ; la poussière l'aveuglait. Il aimait mieux rester enfermé dans la bibliothèque dont il avait entrepris le catalogue : malheureusement il avait une manière de faire ce catalogue qui ne lui permettait pas d'aller vite : la bibliothèque du château de Varages était riche en anciennes éditions, il y avait là des livres sur la chevalerie d'Antoine Vérard, des éditions d'auteurs latins de Simon de Colines et des Estiennes, des Elzéviers en grand nombre; Crozat prenait un de ces livres, l'ouvrait religieusement, en admirait le titre, puis, tournant les feuillets, il se mettait à lire et, une fois qu'il avait commencé, il ne s'arrêtait plus, le catalogue était oublié.

Tout d'abord Roger avait fait ses promenades à pied, ce qui lui permettait d'aller à l'aventure, au hasard de la flânerie, marchant vite, marchant doucement, s'arrêtant pour causer avec un paysan dont il écoutait le provençal en souriant, comme s'il le comprenait, bien qu'il n'en sût pas un mot; mais un jour, à Marseille, il avait trouvé attelé à un fiacre un cheval de pur sang nommé Balaclava, qu'il avait monté autrefois à Longchamps et à Chantilly, et il l'avait acheté pour une somme modique; puis, après l'avoir remis en état par des soins et une nourriture convenable, il s'était amusé à le dresser aux obstacles, sur une piste qu'il avait aménagée dans une prairie, et alors il avait souvent fait de longues courses par les bois et les champs, passant bravement à travers tout, au grand ébahissement des paysans, étonnés de son audacieuse témérité, et émerveillés de son habileté, quand ils savaient ce que c'était que monter à cheval.

Mais si emporté qu'il fût par ce besoin de se dépenser, qui était le fond même de sa nature, il n'oubliait pas l'heure du travail, et, au moment fixé, Crozat le voyait revenir prendre docilement sa besogne d'écolier ; il était bien un peu essoufflé, ses mains tremblaient, mais peu à peu l'apaisement se faisait et le travail continuait jusqu'au dîner.

Alors bien souvent le dîner fini, quand Roger n'éprouvait pas le besoin d'un galop à travers bois, ils s'asseyaient sur la terrasse et, par ces belles soirées du Midi, dans le silence de la nuit, doucement caressés par la brise toute chargée du parfum des bois et des fleurs, suivant des yeux le vol des lucioles, ils restaient à causer, et Crozat, non plus par des livres, mais par des discours pleins d'intérêt, tantôt sur un sujet, tantôt sur un autre, hâtait cette éducation qui se faisait alors inconsciemment, en se jouant, plus rapide et plus solide en quelques heures de conversation, qu'elle n'eût pu l'être dans un travail appliqué et continu.

III

Malgré la douceur de ses hivers, la Provence a aussi ses jours de mauvais temps, de pluie, de neige et de vent, où le mistral brise les vitres avec les cailloux qu'il arrache aux collines dénudées et transporte au loin. Bien que peu sensible à ces intempéries, Roger ne pouvait donc pas toujours sortir ; alors il restait à la maison, employant son temps comme il pouvait, tantôt visitant en détail quelque coin du château qu'il ne connaissait pas encore, tantôt écrivant des lettres, tantôt rêvant tout simplement devant le feu, mais toujours refusant obstinément les invitations de Crozat de travailler au catalogue de la bibliothèque, malgré tous les plaisirs que devait offrir cette occupation.

Un jour d'hiver qu'il était ainsi demeuré au château, il fit une trouvaille dans un meuble de sa chambre qui amena une vraie révolution dans sa vie.

Il avait écrit à Harly, et sa lettre achevée, il était resté assis devant le bureau, sur lequel il l'avait écrite, réfléchissant, rêvant et s'amusant machinalement à ouvrir et à refermer quelques-uns des nombreux tiroirs de ce vieux meuble de fabrique milanaise, qui, pour la richesse de l'exécution et la complication de ses dispositions intérieures, était une merveille. Tout à coup, sous sa main, et sans qu'il sût trop comment la chose s'était faite, deux petits volets se séparèrent par le milieu et s'ouvrirent, découvrant une sorte de tabernacle, si bien caché, qu'il n'avait jamais soupçonné son existence. Dans ce tabernacle, garni de velours, se trouvaient quatre liasses de lettres attachées avec un fil d'or, un ruban décoloré, quelques fleurs desséchées, et une miniature qu'il reconnut tout de suite pour être le portrait de sa grand'mère maternelle, la comtesse de Condrieu-Revel, la femme de son grand-père, de son tuteur détesté le comte de Condrieu-Revel ; il n'avait jamais connu cette grand'mère morte jeune bien avant qu'il fût au monde, mais il avait été élevé devant son portrait en pied, et la ressemblance entre ce portrait et la miniature était telle, que l'hésitation n'était pas possible ; c'était elle.

Mais comment cette miniature se trouvait-elle dans un meuble ayant appartenu au marquis de Varages et n'ayant pas été ouvert très-probablement depuis la mort de celui-ci ?

Roger resta un moment à réfléchir, puis prenant la liasse de lettres, il dénoua le fil qui les réunissait, et se mit à lire celle qui se trouvait la première :

« Pourquoi ai-je vécu avant de vous con» naître, cher Gaëtan. Que d'années vides, » que de temps perdu, que de jours mal » employés ; maintenant je vais à une autre » existence ; votre amour me tire de moi-mê» me ; je suis prise dans un tourbillon qui » m'enlève et m'entraîne. Ce sont des joies » célestes, celles que vous me faites goûter. » Si parfois j'avais pressenti ces joies, si » les avais appelées de toutes les forces de » mon être, je n'avais pas pu les rêver si dé» licieuses si complètes. C'est le ciel que » vous m'ouvrez, et jamais je n'avais pu » espérer, jamais je n'avais imaginé que le » ciel était fait pour moi.

» C'en est donc à jamais fini de ma solitude » et de mon abandon ; je suis aimée ; j'aime ; » ma vie entière va tenir dans ces deux » mots ; je n'aurai plus rien à désirer : je » connais le bonheur.

» Mon cœur déborde de reconnaissance en» vers vous qui êtes venu à moi et aussi en» vers Dieu qui nous a permis de nous ai» mer.

» Comment ai-je eu la faiblesse de crain» dre des troubles et des remords qui me » feraient expier la faute de me livrer à vo» tre tendresse ! Je ne rencontre en moi au » contraire qu'apaisement, sérénité et con» fiance. Il me semble vivre dans un autre » monde ; c'est un autre air que je respire ; » ce sont des sensations nouvelles, impré» vues, bouleversantes, enivrantes qui m'a» niment et m'émeuvent.

» Oh ! c'est bien cela l'amour ! l'amour ir» résistible qui unit deux âmes et les en» chaîne des plus doux liens, l'amour qui » sait renverser tous les obstacles, qui ne » compte pour rien les plus dangereux, » comme ceux qui sont infranchissables » pour aller droit vers l'aimant qui l'attire ; » devoir, raison, honneur, famille, réputa» tion, repos ne sont plus que des mots » quand les bras sont impatients de s'étrein» dre.

» Et jusqu'au jour où je vous ai rencontré, » où vos yeux m'ont parlé, où vos paroles » brûlantes ont frappé mon oreille pour me » toucher si délicieusement le cœur, j'ai pu » rester ignorante de ces belles vérités que » je ne soupçonnais même pas ; j'ai pu croi» re que mon chemin était tracé de telle sorte » que jamais la main d'un homme ne pren» drait la mienne avec une caresse, que ja» mais des lèvres chéries ne chercheraient » les miennes, et que mon existence se pour» suivrait à jamais, jusqu'à la fin, morne et » solitaire.

» Je ne tentais même pas de me soustraire » au sort terrible qui m'était fait, que je » m'étais fait en acceptant pour mari un » homme que je méprisais et détestais ; je » courbais les épaules en sacrifié qui n'a » plus l'espoir de se relever jamais, et je su» bissais sans révolte, quoique sans rési» gnation la honte de porter le nom de cet » homme qui me fait horreur, de partager » son existence, de supporter sa présence » odieuse dans le particulier, humiliante en » public. Je ne cherchais rien, je n'attendais » rien ; ma vie était finie sans avoir jamais » commencé.

» Mais vous m'êtes apparu.

» Et voilà que tout à coup s'est révélé en » moi quelque chose d'inattendu, d'inespé» ré, de foudroyant, qu'aucun mot ne peut » expliquer, que rien ne peut rendre ; je me » suis mise à espérer, moi qui depuis si » longtemps n'espérais plus ; j'ai eu comme » un épanouissement, moi qui étais étouffée » sous la contrainte, et, sans savoir pour» quoi, sans me rendre compte de ce que je » ressentais, j'ai éprouvé un enivrement de » bonheur qui me transportait hors de l'en» fer stupéfiant dans lequel jusqu'alors j'a» vais vécu étouffée ou torturée.

» Je n'ai pas analysé mes impressions, je » ne les ai pas pesées, mesurées ; il m'a été » impossible de les étudier à loisir ; je ne me » suis rien expliquée, j'ai su seulement, » j'ai vu, j'ai senti que j'étais prise d'un » grand émoi quand j'avais l'espérance, l'as» surance de nous rencontrer.

» Quel trouble, quelle angoisse ! ainsi, » lorsque nous étions ensemble quelque part » et que vos yeux me cherchaient, je deve-

» nais mortellement craintive à la pensée
» d'être regardée par vous, d'être jugée par
» vous et de n'être pas trouvée digne de
» vous plaire ; car instinctivement, incons-
» ciemment, malgré moi, je voulais vous
» plaire, je voulais votre amour.

» Et pourtant, quand j'ai compris quels
» sentiments m'envahissaient, quand j'ai
» compris que vous aussi vous m'aimiez,
» j'ai essayé de me défendre ; vos regards,
» que d'abord j'avais cherchés parce que je
» puisais en eux une consolation et des
» jouissances indéfinissables, je les ai re-
» doutés, j'ai voulu les fuir.

» Mais déjà il n'était plus temps de me
» défendre contre la passion qui m'avait
» envahie et qui m'entraînait.

» Comme je me suis mal défendue ! J'ai
» été sans forces contre moi-même ; chaque
» jour mon cœur s'est donné un peu mieux,
» chaque jour un plus fiévreux, un plus dé-
» vorant besoin de vous voir m'a gagnée, et
» peu à peu une révolution s'est faite en
» mon âme.

» Moi, la malheureuse meurtrie et désespé-
» rée, je me suis souvenue que j'étais jeune,
» ma conscience m'a dit que j'avais le droit
» d'aimer, je me suis sentie libre. Rien de
» ce qui n'était pas vous n'a existé pour
» moi, je n'ai vu, je n'ai entendu, je n'ai re-
» marqué que ce qui vous touchait.

» C'est ainsi que je me suis donnée, atti-
» rée, entraînée irrésistiblement, et que je
» me suis laissée conduire par vous. Vous
» m'avez prise par la main, et pas à pas
» vous m'avez introduite dans ce monde
» merveilleux de l'amour.

» Quelle gratitude pourra vous payer ja-
» mais les sensations exquises que vous
» m'avez fait ressentir !

» Je m'abandonnais, me sentant à vous
» pour toujours ; et je frémissais d'une folle
» volupté à m'entendre dire que j'étais adorée ;
» il me venait des étonnements béats de
» de votre tendresse que je goûtais avec dé-
» lices, tout en me demandant encore un
» peu craintivement si un homme pouvait
» être réellement et surtout constamment
» aussi bon, aussi doux, aussi tendre, aussi
» noble, aussi admirable en tout et pour
» tout que vous vous montriez avec moi. Ne
» changeriez-vous pas un jour pour parler
» en maître ?

» Pardonnez-moi ce doute que je confesse
» parce que je ne me le pardonne pas moi-
» même, en voyant que vous êtes devenu
» meilleur encore et plus parfait. Oh ! mon
» sauveur, mon amour.

» Maintenant vous savez que non-seule-
» ment je suis à vous sans peur, mais encore
» qu'à chacune de nos entrevues je découvre

» en vous un mérite nouveau qui m'exalte
» et me transporte.

» Maintenant, je suis sûre de vous, sûre
» du présent, sûre de l'avenir, et je n'ai plus
» à redouter qu'un chagrin ou une déception
» me ramène durement à la réalité.

» Maintenant je n'ai à attendre de vous
» que des joies plus profondes encore, et si
» cela est possible (mais je ne le crois pas)
» qu'un bonheur plus complet.

» Maintenant votre absence même et notre
» séparation me sont adoucies, si cruelles
» qu'elles soient, car je peux les remplir de
» satisfactions pénétrantes ; quand vous vous
» éloignez de moi je sais que je ne vais pas
» me dégager de l'ivresse que votre pré-
» sence m'a causée et je sais aussi que je
» vais retrouver en moi votre image ani-
» mée, vos paroles toutes vibrantes et que
» toujours émue de l'espérance de vous re-
» voir, je garderai un trouble indicible et
» ineffable qui occupera constamment mon
» cœur, ma tête et mon esprit, sans laisser
» place à une pensée ou une préoccupation
» qui ne soit vous ou notre amour.

» A bientôt n'est-ce pas ; au plus vite.

» ÉLÉONORE. »

Roger avait lu cette longue lettre, sans s'arrêter et se reprendre, entraîné par la passion dont elle débordait.

Pas un fait, pas un mot précis, pas un incident particulier, rien qu'un hymne d'amour, et cependant on voyait, on sentait comment cette passion était née, s'était développée, s'était épanouie.

Celui à qui elle était adressée ? le marquis de Varages.

Celle qui l'avait écrite ? sa grand'mère, la comtesse de Condrieu-Revel ; le portrait qui l'accompagnait, le nom d'Eléonore dont elle était signée, ne laissaient pas place au doute ou à l'hésitation là-dessus.

Moins exalté, moins sincère, moins pure, il ne l'eût pas lue jusqu'au bout cette lettre ; il se fût arrêté au moment même où l'idée s'était présentée à son esprit que celle qui parlait ainsi était la mère de sa mère ; un sentiment de pudeur et de respect lui eût fermé les yeux.

Mais ce n'était point l'histoire d'une amourette qu'il venait de lire. Ce qu'il venait d'entendre, c'était le cri puissant d'une grande passion, assez haute, assez noble, pour qu'il n'y eût point indiscrétion ou curiosité futile à vouloir la connaître. Assurément, celle qui avait écrit ces lettres ne pouvait pas perdre à ce qu'on les lût ; et puis, d'autre part, il pressentait vaguement qu'il avait intérêt lui, un intérêt capital à les lire.

Vivement, il prit celle qui venait en second :

« C'était vrai, je ne me laissais pas tromper
» par l'espérance ; cela est certain, je suis
» enceinte, et je meurs de joie.

» Ne crois pas que je m'en rapporte à mes
» désirs ; j'ai voulu avant de t'écrire consul-
» ter le médecin ; je lui ai dit ce que j'éprou-
» vais, et son autorité, dont tu ne douteras
» pas, a confirmé ce que je pensais : je suis
» enceinte.

» Je croyais ne pouvoir jamais être plus
» complètement heureuse que je ne le suis
» depuis que tu m'aimes, et voilà mainte-
» nant que ce nouveau bonheur qui surpasse
» peut-être celui que je reçois de toi depuis
» quelques mois, s'ajoute à ma félicité.

» Avoir un enfant de toi, sens-tu tout ce
» qu'il y a pour moi dans une pareille espé-
» rance. Un enfant que je chérirai non-seu-
» lement parce qu'il sera le mien, mais sur-
» tout parce qu'il sera le tien ; le tien, c'est-
» à dire qu'il aura ton âme, ta tendresse, ta
» droiture, ta noblesse, ton esprit, ta grâce,
» tes perfections, et qu'en lui je retrouverai
» ton visage et ton cœur, ta bonté et ton
» sourire.

» Comprends-tu, cher bien-aimé, quels se-
» ront mes ravissements et ma fierté lorsque
» notre enfant en gran lissant me rappellera
» son père adoré : me vois-tu épiant curieu-
» sement, jalousement ses gestes, écoutant
» sa voix pour retrouver la douce musique
» de la tienne.

» Je veux une fille, et je le sens ce sera
» une fille. Il ne faut pas que l'enfant de
» notre amour garde le nom détesté sous le-
» quel il naîtra. Ma fille sera douce et char-
» mante en tout semblable à toi ; ses che-
» veux seront bruns et bouclés comme les
» tiens ; ses yeux prendront aux tiens leur
» couleur sombre, leur feu, ou leur belle lan-
» gueur voilée ; elle sera grande et élégante ;
» e le possèdera l'admirable grâce qui n'ap-
» partient qu'à toi et ta suprême noblesse.

» Je l'élèverai pour toi ; ton intelligence
» et ton savoir me guideront ; elle sera ce
» que tu voudras qu'elle soit ; mes idées ne
» compteront pas ; ce seront les tiennes que
» je suivrai, et elle grandira dans tes prin-
» cipes : ce que tu respectes, elle le respec-
» tera ; ce que tu détestes ou méprises, elle
» le méprisera et le détestera.

» Il faut que tu sois son parrain ; il faut
» que tu lui donnes ton nom ; je lui appren-
» drai à t'adorer et à te vénérer ; elle de-
» viendra pour toi-même une enfant soumise
» et aimante ; je lui ferai dire aussi tendre-
» ment « mon parrain » qu'elle aurait dit
» « papa. » Tu me seras un modèle qu'à cha-
» que instant, que chaque jour je lui met-
» trai devant les yeux. Dès qu'elle pourra
» m'entendre et comprendre quelque chose,
» je lui ferai savoir ce que tu vaux et lui
» apprendrai à apprécier tes hautes quali-
» tés ; je veux qu'elle t'admire ; je veux
» qu'elle te trouve beau ; je veux qu'elle
» s'habitue à voir dans le marquis de Vara-
» ges le type du gentilhomme et du grand
» seigneur accompli. A toute heure je l'en-
» tretiendrai, je la bercerai de tes mérites, et
» je lui parlerai de toi sans crainte avec l'a-
» mour qui m'anime. Nous combinerons
» tous deux, si tu le veux bien, ce que je
» devrai lui dire pour son éducation et com-
» ment je devrai le dire ; tu me souffleras ;
» je n'aurai qu'à répéter ce que tu auras
» voulu que je répète, et ainsi ce sera toi
» qui parleras à ta fille, toi qui provoque-
» ras l'éveil de son intelligence que tu déve-
» lopperas à ton gré.

» Chaque soir j'écrirai sans rien oublier,
» sans rien changer, sans négliger rien ce
» qu'elle aura dit, fait ou appris, ses rires
» ou ses larmes, ses plaisirs et ses chagrins,
» et de cette façon tu apprendras à la con-
» naître comme si du matin au soir tu ne la
» quittais pas.

» Si tu savais que de pensées que de pro-
» jets se heurtent dans ma tête, que je vou-
» drais t'expliquer, mais qui m'emportent
» sans que je puisse les mettre en ordre ;
» j'ai l'esprit perdu ; je te raconte tout sans
» suite, tremblante d'émotion, en m'imagi-
» nant tant de joie, folle de fierté en sentant
» en moi cette maternité qui va si bien rem-
» plir ma vie.

» Tu ne seras plus jamais loin de moi, un
» petit être à toi respirera sur mon sein, plus
» tard vivra à mes côtés, dans mes bras, et
» je vais prendre de lui, de sa présence, de
» ses caresses une assurance de bonheur
» éternel. Dieu ne peut plus jamais nous sé-
» parer puisqu'un enfant nous sera né, et
» que cet enfant aura besoin de notre
» union et de notre amour pour s'élever et
» grandir, puisqu'il lui faudra notre appui à
» tous deux et nos soins.

» Ah ! que je suis heureuse et que je suis
» fière, je ne le dirai jamais, je ne le crierai
» jamais assez haut.

» Mon bonheur est légitime ; c'est un bon-
» heur qui m'était dû, et je ne me sens pas
» coupable de m'en enivrer.

» On m'a pris mon fils... »

Si Roger avait pu avoir des doutes sur l'enfant dont sa grand'mère parlait dans cette lettre, ce mot les aurait détruits : ce fils dont elle parlait, c'était son premier enfant, celui qui plus tard était devenu le père de Ludovic de Condrieu et de Christine ; tandis que l'enfant dont elle se disait enceinte, c'était la fille qu'elle avait eue ensuite, c'est-à-dire celle qui était devenue duchesse de Naurouse, — sa mère, en un mot.

Il continua :

« On m'a pris mon fils, on m'a brisé ma
» jeunesse; on m'a laissée sans foi; déses-
» pérée j'avais le droit, après mes contrain-
» tes et mes douleurs passées, de me re-
» prendre pour me réfugier près de qui
» j'aime et près de qui m'aime. Ma gros-
» sesse est la consécration, la sanctification
» de notre amour; elle me ferait tout bra-
» ver, et je sens bien que je n'aurai plus
» maintenant de ces rougeurs et de ces em-
» barras subits qui si souvent en ces der-
» niers temps m'ont si fort tourmenté.

» Maintenant, lorsque devant moi on pro-
» nonce ton nom, je lève la tête: tu es mon
» époux, et, si un sentiment de pudeur ne
» me retenais pas, je crierais tout haut et à
» tous : « Je l'aime. »

» Je ne peux plus, je ne dois plus être, et
» je te promets que je ne serai plus la pauvre
» créature que j'étais, pliée sous une volonté
» de fer, peureuse et timide, car notre en-
» fant en souffrirait, et ma faiblesse retom-
» berait sur lui.

» Il ne faut pas qu'on me prenne celui-là
» comme on m'a pris l'autre pour ne lui
» donner que des leçons d'égoïsme et de du-
» reté, pour ne lui enseigner que la religion
» de l'ambition et de l'intérêt, il faut au con-
» traire qu'il vive sous la protection de sa
» mère; ce que je n'ai pas pu faire pour moi,
» je te jure que je l'obtiendrai pour lui, sois
» sans crainte.

» Tant que je serai vivante, sois assuré
» qu'il sera bien défendu. Au milieu de mon
» bonheur, je ne me laisse pas emporter par
» l'illusion ; je réfléchis et raisonne; j'admets
» que celui que le monde considérera com-
» me son père peut vouloir l'accaparer, ten-
» ter de se faire aimer de lui, lui donner
» des baisers, lui demander des caresses ;
» oui, j'admets cela sans le croire; mais, si
» cela se présentait, sache que je serai là et
» que je saurai bien empêcher notre enfant
» de lui tendre les bras, dussé-je tout dire.

» Mais c'est là une crainte vaine dont Dieu
» m'épargnera la réalisation ; il n'est pas
» dans la nature de celui que je redoute de
» chercher à se faire aimer.

» D'ailleurs, je ne veux pas en un pareil
» jour et quand je suis si heureuse, me lais-
» ser aller à de tristes pensées.

» Si le malheur vous accable et vous laisse
» sans énergie, sans courage et sans ressour-
» ce, si pour soi, on accepte lâchement le
» martyre, l'énergie vous revient dans le
» bonheur, et l'on trouve du courage, on
» trouve de l'esprit lorsqu'il s'agit de ceux
» qui vous tiennent le cœur: pour notre
» enfant et pour toi, pour nous deux que
» ne ferais-je pas dans le danger; pour toi,
» je donnerais ma vie éternelle si c'était à ce
» prix seulement que je pouvais conserver
» ton amour ; pour notre enfant mon repos,
» mon honneur, mon sang.

» Quand vais-je te voir, car tu sens bien
» qu'il faut que je te voie; je ne sais pas t'at-
» tendre en un pareil moment. Viens donc
» vite, viens tout de suite, viens lire dans
» mes yeux ma joie débordante ; viens que
» je lise la tienne. Il faut que je te serre
» dans mes bras. Il faut que je te remercie.
» Il faut que je me mette à genoux devant
» toi comme devant mon Dieu, et qu'ainsi je
» regarde, je contemple le père de mon en-
» fant; que je me pénètre, que je m'imprègne
» de lui; que ses traits se gravent en moi
» pour que l'enfant que je porte soit créé à
» l'image de celui que j'adore.

» ÉLÉONORE. »

IV

Roger continua la lecture des lettres, et,
lorsque Camoin vint l'avertir que Crozat l'attendait dans la bibliothèque, — l'heure de la
reprise du travail étant passée depuis long-
déjà, — il répondit qu'il priait M. Crozat de
l'excuser, mais qu'il ne travaillerait plus de
la journée.

Travailler: faire du latin et du grec, démontrer qu'en tout e rectangle le carré de l'hypoténuse   l au carré des
deux autres côtés, ra   origines de la
guerre du sacerdoce   re, il avait
bien la tête à cela.

Il se replongea dans s   s, et, la première liasse finie, il pas   onde, puis
de la seconde à la troisiè   , enfin de la
troisième à la quatrième et dernière.

Dans toutes c'était la même passion débordante, la même exaltation, la même fièvre
d'amour; pas une seule fois, pendant les
quatre années qu'elles embrassaient, un nuage ne s'était élevé; pas une seule fois cette
ardeur de sentiment ne s'était refroidie. Si
cette tendre Éléonore cessait de parler d'elle,
de sa passion, de son bonheur, de sa reconnaissance, des mérites et des perfections de
son amant devant qui elle restait en adoration perpétuelle, c'était pour parler de son
enfant, sa fille, sa Gaëtane, car l'engagement
qu'elle avait pris, elle l'avait religieusement
tenu : « Sans rien oublier, sans rien négliger,
elle avait écrit ce que sa fille avait dit, fait
ou appris, ses rires ou ses larmes, ses plaisirs
et ses chagrins. »

Ainsi l'enfance de Gaëtane était racontée
jour par jour, heure par heure, et le père de
cette façon, avait pu apprendre à connaître
sa fille comme s'il ne l'avait pas quittée. »

Il y avait l'histoire de la première dent et le récit du premier pas.

Que d'inquiétudes pour savoir quel serait le premier mot que prononceraient ses petites lèvres roses : *pa* avait été la première articulation qu'elles avaient formée; mais *pa* n'était pas un mot, c'était un bruit, un cri, quelque chose de bestial encore et non déjà d'humain. Il fallait que ce *pa* fût complété. Comment le serait-il ? Son premier mot serait-il celui qu'elle ne devait pas dire : « papa, » ce titre qu'elle ne devait jamais donner à l'homme exécré que la loi faisait son père? Que de craintes! que d'angoisses ! Mais ce mot n'avait jamais frappé son oreille ; tandis que celui de « parrain » lui avait été répété sur les tons, les plus doux et les plus affectueux; *ain*, était le son qu'elle avait formé après celui de *pa*. Quel triomphe et quelle joie ! c'était son *parain* qu'elle avait appelé à son aide.

Un jour elle avait été malade: fièvre, frissonnement, chaleur de la peau, bouffissure de la face, blancheur de la langue, respiration bruyante, toux d'un son rauque; on avait craint le croup; il s'était déclaré. Alors aux angoisses de la mère s'étaient jointes les remords de la femme coupable: Dieu les punissait, les frappait dans leur enfant; leur bonheur n'était plus légitime; ils devaient l'expier. Et elle était seule pour la soigner. Ah! s'il était près d'elle; s'ils étaient ensemble pour la soigner, pour souffrir et s'encourager; mais non, cela était impossible; Dieu était contre eux. L'enfant avait guéri, se rétablissant aussi vite qu'elle avait été abattue, les remords s'étaient évanouis; leur bonheur était béni; Dieu était avec eux.

A mesure que Roger avait lu ces lettres il avait senti grandir son admiration pour cette femme que, pendant si longtemps, il avait confondue dans le mépris et la haine qu'il portait à tout ce qui était Condrieu, — la seule Christine exceptée.

Condrieu, elle ne l'avait jamais été, puisque toujours elle avait détesté son mari, le comte de Condrieu, de qui elle avait eu tant à souffrir.

Il pouvait donc s'abandonner librement au sentiment d'admiration qu'il sentait naître dans son esprit et dans son cœur.

Mais c'était mieux que de l'admiration qu'il devait avoir pour elle, c'était de la reconnaissance.

Car lui non plus n'était pas un Condrieu. Pas une goutte de ce sang méprisé ne coulait dans ses veines.

Et cela il le devait à cet amour.

Quelle révélation.

Et comme il relevait fièrement la tête, Ni Condrieu.

Ni Coudrier.

Varages il était.

C'est-à-dire le petit-fils d'un homme noble, beau, bon, généreux, chevaleresque, digne d'avoir inspiré cette belle passion, qui avait laissé une mémoire honorée, et non celui d'un homme sans naissance, sans cœur, sans honneur, tout à l'ambition, à l'égoïsme, à la dureté, à la méchanceté, laid de caractère au moins autant que de corps, dévoré de basses passions et capable de tout, crimes et infamies pour les satisfaire.

Ce n'était pas seulement un sentiment de fierté qui faisait bondir son cœur, c'était aussi un sentiment de délivrance.

Rien, rien de commun entre lui et celui qu'il avait cru son grand-père ; il pouvait maintenant le mépriser et le détester sans scrupules et sans remords; il pouvait s'enorgueillir d'avoir, par une sorte de pressentiment, deviné la vérité ; il pouvait rire des inquiétudes de conscience qui depuis son enfance jusqu'à ce jour l'avaient si souvent tourmenté et humilié.

Car ce n'avait point été sans luttes intérieures, longues et cruelles, qu'il s'était abandonné à ces sentiments de haine et de mépris que, tout enfant, il avait éprouvés pour l'homme qui ne manquait jamais de l'appeler « mon petit-fils, mon... mon cher petit-fils ». Combien de fois malgré les souffrances que cet homme lui imposait, s'était-il reproché de n'avoir pas le sentiment de la famille, car enfin cet homme, si dur qu'il fût, si hypocrite, si fourbe, si implacable dans la poursuite de ses desseins coupables, était son grand-père. N'était-ce point parce qu'il n'avait pas de cœur qu'il voyait si clairement tous ses défauts et qu'il interprétait à mal tous ses desseins mystérieux. Un autre à sa place, plus tendre, plus juste, n'eût-il pas été heureux d'ouvrir les oreilles à ce « mon cher petit-fils » qui le faisait bouillir d'indignation chaque fois qu'il l'entendait prononcer.

Mais non, cet homme ne lui était rien ; désormais il pouvait ne voir en lui qu'un ennemi, l'ennemi héréditaire, l'ennemi de sa grand'mère, l'ennemi de sa mère, le sien.

Quel soulagement!

Cependant quelque chose manquait à sa joie et, il le sentait, lui manquerait toujours: la possibilité d'aller, la tête haute, dire fièrement à cet homme : « Je ne suis pas votre petit-fils, il n'y a rien de commun entre nous que notre haine, celle que vous éprouvez pour moi, celle que je ressens pour vous. Lisez ces lettres. »

Cette haine, il pourrait la montrer; jamais il ne lui serait permis de l'expliquer. Quand on lui dirait : » Mais c'est votre grand-père... » il ne pourrait rien répondre et il faudrait qu'il courbât la tête, lié qu'il était à cette famille méprisée par un lien indissoluble : Condrieu pour tous, excepté pour lui même.

Eh bien c'était beaucoup cela : fier de soi ; Varages, non Condrieu.

C'était dans sa chambre qu'il réfléchissait ainsi devant le tabernacle ouvert ; il le referma après avoir bien étudié le ressort caché qu'il fallait pousser pour l'ouvrir, et il descendit au rez-de-chaussée, pris du besoin de revoir et d'examiner le portrait du marquis de Varages, qu'il avait si souvent regardé cependant, mais toujours un peu négligemment et non avec les dispositions qui l'animaient à cette heure.

C'était dans un salon auquel on n'arrivait qu'en traversant la bibliothèque qu'était placé ce portrait ; Roger trouva Crozat debout dans la bibliothèque, près d'une fenêtre, profitant des dernières lueurs du jour pour achever un volume qu'il avait atteint pour le cataloguer et qu'il avait lu presque en entier sans penser à s'asseoir et sans avoir conscience du temps écoulé, se rapprochant seulement de la fenêtre, pas en pas, à mesure que la lumière baissait.

— Nous allons nous mettre au travail, dit Crozat, fermant son livre.

— Non, pas aujourd'hui.

— Ah ! vraiment ; ah ! vraiment.

Et Roger entra dans le salon : le portrait était accroché à côté d'une grande glace de Venise, placée au-dessus d'une cheminée. C'était une œuvre de Girodet assez médiocre, mais où l'on trouvait cependant de la vie et qui, à défaut d'autres mérites, devait avoir au moins celui de la ressemblance.

Le jour étant trop bas pour le voir, Roger alluma toutes les bougies d'une grande torchère posée sur la cheminée et longtemps il resta absorbé dans l'étude, dans la contemplation de ce portrait ; puis ses yeux s'étant portés inconsciemment sur la glace, il fut frappé de la ressemblance extraordinaire qui existait entre la tête qu'il voyait dans cette glace, — la sienne, — et ce portrait : même front plein et large, mais peu élevé, même cheveux noirs frisés, même nez mince, mêmes lèvres un peu épaisses, surtout même expression dans le regard et le port de tête ; si Roger avait eu un col de satin noir montant haut, il eût pu croire que c'était lui qui avait posé.

Alors lui revint la parole de Crozat sur cette ressemblance, qui lorsqu'elle avait été dite ne l'avait pas frappé.

Au dîner il voulut que Camoin lui parlât du marquis et lui racontât tout ce qu'il avait pu retenir sur son ancien maître, sur ses habitudes, sur sa manière de vivre, sur son caractère, ce que Camoin fit longuement et avec bonheur ; il voulut aussi que le vieux domestique lui nommât ceux des amis du marquis qui étaient encore vivants, afin de pouvoir aller leur faire visite. Camoin n'en connaissait plus que deux : une dame à Marseille, un ancien magistrat à Aix ; encore n'était-il pas bien sûr que la dame ne fût pas morte.

Il irait voir ces vieux amis et sans retard ; mais, remonté dans sa chambre, il se prit à regretter de n'avoir pas de lettres de son grand-père comme il en avait de sa grand'mère. Quelles conversations, quels souvenirs d'amis vaudraient, pour lui faire connaître le marquis, des lettres comme celles qu'il venait de lire?

Sa grand'mère, il la voyait maintenant comme s'il avait vécu près d'elle et comme si, par un miracle impossible, elle l'avait fait le témoin et le confident de son amour.

Il la voyait et il l'admirait, fasciné, entraîné par le rayonnement de cette passion.

Elle était pour lui un être idéal, plus grand plus parfait que nature.

Quelle distance de cet amour aux sentiments qu'il avait éprouvés, et auxquels il n'osait pas maintenant donner le nom d'amour!

Qu'il y avait loin de ce qu'il connaissait à ce qu'il venait d'apprendre!

C'était un monde nouveau qui venait de s'ouvrir devant ses yeux éblouis, comme c'était une langue nouvelle que venaient d'entendre ses oreilles charmées.

N'aimerait-il jamais, ne serait-il donc jamais aimé ainsi, lui, l'enfant de ces passionnés

V

Le seul journal que Roger reçut à Varages, une fois par semaine, le vendredi, était le *Sport*, qui le tenait à peu près au courant de ce qui se passait dans le milieu où pendant plusieurs années il avait occupé une place des plus en vue : par les articles sur les courses, il savait quels étaient ceux de ses amis qui avaient été heureux ou malheureux, il suivait les chevaux qu'il avait connus, il retrouvait les noms de ses anciens camarades, de ses anciens rivaux : Sainte-Austreberthe, Plouha, d'Ypreau, Pompéran, Mautravers, Sermizelles. La *Vie à Paris* lui apprenait les fêtes, les bals, les mariages, les bruits du monde ; dans l'énumération des *déplacements et villégiatures* il voyait où étaient ceux qui, à un titre quelconque, l'intéressaient, s'ils avaient quitté Paris, s'ils étaient aux eaux ou dans leurs terres. Alors, pendant une heure ou deux, il revivait de son ancienne vie, il était duc de Naurouse ; puis, le journal fermé, il rentrait dans le présent et redevait l'élève docile et attentif de son professeur : *Bucéphale* remplaçait *Monarque*, *Fil de l'Air* ou *Vermout*; M. Duruy, M. Eugène Chapus.

Un jour, un dimanche matin, il fut tout surpris qu'on lui remît, au moment où il entrait dans la salle à manger, un autre journal accompagné d'une lettre; bien entendu, il laissa le journal de côté pour prendre la lettre et l'ouvrir; elle était de Nougaret, son avoué :

« Monsieur le duc,

» Avec cette lettre je vous envoie un nu-
» méro de journal contenant une nouvelle
» qui me paraît être une manœuvre de notre
» adversaire aux abois. Cette nouvelle an-
» nonce que vous vous êtes tué dans une
» chute de cheval. Je vous avoue que tout
» d'abord j'ai cru à la véracité de cette nou-
» velle, et je n'ai pas besoin, n'est-ce pas, de
» vous exprimer l'émotion douloureuse dont
» j'ai été saisi ? Mais l'expérience et le mé-
» tier m'ont rendu soupçonneux. J'ai immé-
» diatement envoyé chez Harly, à qui l'excel-
» lent Crozat eût assurément télégraphié si
» ce malheur était arrivé. Harly n'avait reçu
» aucune dépêche. Ensuite j'ai fait faire
» des recherches dans les journaux de Mar-
» seille, qui sont muets à ce sujet. Alors j'ai
» été convaincu que nous étions victimes
» d'un simple canard à sensation ou plutôt
» d'une manœuvre de notre adversaire, et
» ce qui m'a confirmé dans cette pensée,
» c'est la fin de l'article sur laquelle j'appelle
» votre attention. Cet article a-t-il été écrit
» seulement pour cette fin ou bien a-t-il un
» autre but ? C'est ce que je ne sais pas et
» ce que je vais chercher, comptant bien le
» découvrir. En attendant, je crois bon que
» vous m'adressiez une lettre de démenti
» que je ferai insérer dans le journal.

» Comme je vous le disais dans ma der-
» nière lettre, notre affaire est en bon che-
» min ; votre retraite fait merveille, je suis
» convaincu qu'avant peu vous obtiendrez
» le jugement qui vous relèvera de votre
» conseil judiciaire et nous débarrassera enfin
» de l'assistance de l'aimable Berthomieux.

» Dans cet espoir j'ai l'honneur, etc. »

Roger n'en lut pas davantage; vivement, il ouvrit le journal et courut à une marque rouge faite au crayon pour encadrer l'article qui le concernait.

« Nous recevons de la Provence une lamen-
» table nouvelle, qui, si elle se confirme,
» comme cela ne paraît que trop probable
» hélas ! va porter la tristesse et le deuil dans
» la haute société parisienne : M. le duc de
» Narouse, qui, depuis plus de deux ans,
» s'était retiré dans sa terre de Varages, se
» serait tué en faisant une chute de cheval.

» Il y a quelques mois, le duc de Narouse
» avait trouvé, attelé à un fiacre de Marseille,
» un cheval de course qui a eu son heure de
» célébrité à Longchamps, sous le nom de
» Balaclava; il l'avait acheté et s'était amusé
» à en faire un excellent sauteur, ne recu-
» lant devant aucun obstacle. Mais il n'y a
» si bon cheval qui, à un moment donné, ne
» puisse s'abattre, ni si bon cavalier, — et
» M. le duc de Narouse comptait parmi les
» meilleurs pour la solidité, l'intrépidité et
» l'élégance, — qui ne puisse tomber. C'est
» une chute en forêt qui l'a tué. Rapporté
» évanoui au château, il n'a pas repris con-
» naissance et il est mort après quelques
» heures.

» Bien que nous n'ayons que de très bon-
» nes raisons pour ne pas douter de la sûreté
» des renseignements qui nous sont trans-
» mis, nous ne pouvons croire à cet affreux
» malheur.

» Malgré l'évidence, nous nous refusons à
» admettre que ce jeune homme, que nous
» admirions naguère, si brillant, si plein de
» vie, a pu périr de cette misérable façon,
» lui qui semblait né pour de grandes cho-
» ses. »

Ici se trouvait un éloge pompeux que Roger sauta, n'ayant nulle envie de lire de son vivant le panégyrique qu'on pouvait faire de lui après sa mort.

Ce qui l'intéressait, c'était la fin de l'article que Nougaret lui avait signalée :

« Le nom de Narouse s'éteint avec lui.
» Cependant il serait possible que ce nom et
» le titre de duc passassent à son cousin, M.
» le vicomte Ludovic de Condrieu Revel, qui
» vient d'entrer au conseil d'État et qui pro-
» met de continuer les traditions que M. le
» comte de Condrieu-Revel, le sénateur, a
» laissées dans la haute administration. Ce
» serait avec bonheur qu'on ne verrait pas
» briser l'écusson du duc dernier de sa race
» sur la tombe où il vient de descendre si
» malheureusement. »

Tout d'abord, Roger jugea que l'article avait été fait pour ce dernier paragraphe : c'était un ballon d'essai ; on voulait explorer le terrain à l'avance et voir si le duc de Narouse mourant, il serait possible de lui substituer Ludovic de Condrieu.

Que M. de Condrieu eût une pareille idée, alors que lui Roger était malade, cela était facilement admissible et tout à fait dans le caractère du personnage, qui, toute sa vie, avait spéculé sur la mort des gens, même quand les probabilités étaient pour qu'ils ne mourussent point ; mais qu'il l'eût en ce moment, cela était étrange : jamais en effet ce duc de Narouse dont on s'attribuait l'héritage ne s'était mieux porté; ces deux années de séjour à la campagne, de travail régulier entremêlé de longues courses dans les bois, d'exercices physiques, de vie calme, d'habitudes villageoises avaient raffermi sa santé de telle sorte qu'il était impossible de compter raisonnablement sur une maladie grave et encore moins sur une mort prochaine.

Il devait donc y avoir quelque chose en plus que ce ballon d'essai dans cet article.

Mais quoi?

Ce fut ce que Roger chercha sans le trouver.

Pourquoi et dans quel but M. de Condrieu voulait-il le faire passer pour mort?

Il était occupé à examiner cette question et à se la répéter sans lui trouver une réponse satisfaisante, quand Crozat entra dans la salle à manger pour déjeuner, s'excusant d'être en retard.

— Voici un article, dit Roger, en lui tendant le journal, qui va vous surprendre.

En voyant le titre d'un journal parisien, Crozat se mit à sourire et son visage s'empourpra.

Ce fut d'une main tremblante qu'il le prit.

— Savez-vous donc ce qu'il contient? demanda Roger.

— Je m'en doute un peu, répondit Crozat avec un air modeste qui voulait cacher un transport de joie, j'avoue même qu'il y a longtemps que je l'attends.

Roger le regarda, stupéfait.

— Ah! vraiment, dit-il, vous l'attendez depuis longtemps.

— Il m'est d'autant plus agréable que je ne l'ai pas demandé.

— Décidément nous ne nous entendons pas, s'écria Roger.

— Il ne s'agit donc pas d'un article sur le *Comte et la Marquise*, balbutia Crozat.

— Il s'agit d'un article dans lequel on annonce que je me suis tué en faisant une chute avec Balaclava.

— Ah! mon Dieu.

Et, vivement, Crozat se mit à lire l'article que l'encadrement au crayon rouge lui signalait.

— Mais c'est abominable cela, s'écria-t-il, quel coup pour ceux qui vous aiment!

— On n'a point eu ce souci.

— Comment a-t-on pu inventer une pareille infamie.

— En arrangeant la vérité: vous savez qu'il y a un mois Balaclava s'est abattu en glissant et, bien que je n'aie pas éprouvé la plus légère contusion, on a exploité ce fait; en le grossissant, en l'arrangeant, on a fabriqué cette nouvelle. Cela prouve qu'il y a ici des gens qui s'occupent de moi.

— Vous allez écrire pour démentir cette nouvelle?

— Non.

— Comment, vous n'allez pas rassurer vos amis?

— Si, seulement je voudrais mieux qu'une lettre pour cela.

— Quoi donc?

— Je voudrais me montrer et prouver moi-même que je ne suis pas mort; mais cela dépend de vous.

— De moi?

— Suis-je en état de passer mon examen et de rentrer à Paris? Voilà la question que je vous pose. Quel que soit l'intérêt que je peux avoir à rentrer à Paris pour démentir la nouvelle que vous venez de lire et d'autres qu'on inventera, j'en suis certain, je ne quitterai Varages qu'après que j'aurai passé mon examen, car, si je partais avant, je ne le passerais jamais. Suis-je en état de le subir... et convenablement.

Crozat réfléchit un moment, la tête basse, enfin, la relevant:

— Monsieur le duc, dit-il gravement, j'ai deux pardons à vous demander: le premier, pour avoir eu un mouvement d'égoïsme quand vous m'avez tendu ce journal et m'être imaginé que c'était un article sur le *Comte et la Marquise*; cela prouve que, si philosophe qu'on soit, on est un sot quand on est aveuglé par l'amour-propre littéraire.

— Ne parlons pas de cela.

— Le second, beaucoup plus grave, se rapporte à une faute que j'ai commise envers vous. Cette faute, la voici: il y a déjà plusieurs mois que vous êtes en état de passer votre examen et cependant je ne vous l'ai pas dit.

— Pourquoi?

— Parce que je craignais que vous ne m'échappassiez. — Crozat ne recherchait pas ces beaux imparfaits du subjonctif, mais lorsqu'ils se présentaient à lui, il était trop professeur pour les éviter et alors il les lâchait bravement. — Je sentais bien que, votre examen passé, vous seriez entraîné vers Paris, et je voulais vous garder pour vous faire travailler encore, non les matières de votre examen, cela n'est plus indispensable, mais toutes sortes de sujets, afin de pousser votre instruction aussi loin que possible et que vous fussiez en état de parler *de omni re scibili et de quibusdam aliis*. Voilà ma faute. Son excuse, si elle en a une, prend sa source dans l'intérêt, permettez-moi le mot, dans l'amitié que je ressens pour vous. Mais aujourd'hui je serais criminel si j'essayais de vous retenir: vous me demandez si vous êtes en état de subir votre examen; franchement, en mon âme et conscience, je vous réponds : oui et avec succès, — un succès complet

VI

Ils partirent pour Aix dès le lendemain, et, trois jours après, Roger passait son examen.

Bien que ce fût réellement en son âme et conscience, et en toute sincérité, que Crozat eût répondu que cet examen devait être subi avec un succès complet, son inquiétude était grande.

Il s'efforçait de ne pas la laisser paraître; mais il était malhabile pour cacher ce qu'il pensait ou ce qu'il ressentait, — la diplomatie, comme il le disait lui-même, étant la partie faible chez lui : philosophe, oui; diplomate, non.

C'était sous un flot de paroles qu'il tâchait de dissimuler cette inquiétude, par des conseils appropriés à la circonstance, par des exemples fameux, au moins pour lui.

— Incontestablement, disait-il, tout examen est une loterie ; mais on peut à l'avance mettre presque toutes les chances de son côté par le travail, et ces chances, vous les avez. Ce que je vous recommande, c'est de ne pas vous troubler. Ainsi...

Et, les unes après les autres, il racontait cinq ou six histoires qui toutes avaient pour objet de démontrer qu'il ne fallait pas se troubler : des jeunes gens, intelligents, instruits, « qui savaient très-bien, ma foi, » avaient été collés parce qu'ils avaient eu la faiblesse de se laisser intimider.

Roger se fût d'autant plus volontiers passé de ces histoires qu'il n'était point de ceux que l'approche d'un danger émotionne ; à la veille de paraître devant ses juges, ce n'était point à son examen qu'il pensait, c'était à sa rentrée à Paris ; ce qu'il préparait, ce n'était point ses réponses, c'était cette rentrée. Mais comment faire taire Crozat ? Comment lui dire que ses encouragements étaient plutôt des découragements ? Tout cela venait chez lui d'un si bon sentiment ; il était déjà bien assez malheureux de son inquiétude sans encore le blesser ou le peiner.

Enfin, le jour de l'examen arriva. On sait que cet examen est divisé en deux parties : une écrite où les élèves sont seuls devant le devoir dicté ; l'autre orale où le public est admis.

C'était le matin, à huit heures, que la première partie devait être passée. Crozat voulut que Roger mangeât avant d'aller à la Faculté.

— Il faut se soutenir, disait-il, non pas de façon à s'alourdir, mais de façon à ne pas éprouver de faiblesse : un esprit ferme dans un corps solide.

Mais, pour lui, il ne put rien prendre, pas même un verre de vin: il avait la gorge serrée.

— C'est que j'ai déjà déjeuné ce matin, dit-il pour expliquer cette abstinence extraordinaire chez lui; pardonnez-moi de ne pas vous avoir attendu.

— Vous vous êtes levé de bonne heure ?
— Oui, de très-bonne heure.
— Est-ce que vous avez mal dormi ?
— Comment, mal dormi ! Très-bien dormi, au contraire, comme Napoléon la veille d'une bataille ; vous savez, quand l'âme est tranquille, le sommeil est bon; et l'âme est tranquille ; je suis si sûr de vous !

Il voulut conduire son élève jusqu'à la Faculté, portant lui-même le dictionnaire et le portefeuille, non par obséquiosité, — il ne connaissait pas la chose et trouvait même que le mot était un mauvais néologisme, — mais pour que Roger arrivât frais et dispos, le corps solide pour avoir l'esprit ferme.

Et, tout en marchant, il lui prodiguait les conseils.

Après l'avoir quitté en lui serrant la main chaleureusement, il le rappela; dans son trouble, il avait oublié une dernière recommandation :

— Ne serrez pas trop le mot à mot, soyez plutôt élégant, c'est un bon moyen pour éviter un contresens ; et puis tout le monde aime l'élégance ; allons, bon courage, soyez calme ; comme je le sais moi-même.

Cependant ce ne fut pas un homme calme que, de huit à dix heures du matin, on rencontra dans les rues d'Aix, celles de la vieille ville et celles de la ville neuve ; au contraire, une espèce de fou qui marchait rapidement en tenant son chapeau à la main, qui s'arrêtait brusquement, qui repartait tout à coup et s'arrêtait encore sans raison, se frappant le front et la poitrine. On le vit sur le Cours, dans le quartier Saint-Jean et le quartier Saint-Louis, sur la place de l'Hôtel-de-Ville, sur celle des Prêcheurs, devant la fontaine de la Rotonde et devant celle du roi René ; devant l'aigle aux ailes déployées qui surmonte la pyramide de la place des Prêcheurs on le vit mettre la main sur son cœur et s'écrier tout haut avec attendrissement : « Belle nature !... » Ce cri surprit beaucoup ceux qui l'entendirent, mais comme ils étaient Provençaux et patriotes ils se l'expliquèrent en se disant qu'il s'appliquait assurément à la contrée au milieu de laquelle s'élève leur ville. Qu'eussent-ils pensé s'ils avaient pu deviner qu'il avait été poussé en pensant à un jeune homme qui était en ce moment en train de faire sa version du baccalauréat?

A neuf heures, il se retrouva devant la porte où il avait laissé Roger; mais comme celui-ci ne pouvait encore sortir, il se remit en course, revint à neuf heures et demie, repartit encore, pour revenir enfin dix minutes avant dix heures et attendre.

Quand Roger parut, il sauta dessus en le dévorant des yeux.

— Eh bien?
— Ni bien ni mal, je crois.
— Vous avez compris?
— A peu près.
— De qui la version.
— De Sénèque : *De temporis usu.*
— Epîtres à Lucilius; mauvaise affaire; on ne devrait pas donner du Sénèque; trop de brillant, trop de défauts séduisants, comme dit Quintilien. *Dulcibus vitiis.*

Ils étaient arrivés à un endroit écarté. Crozat voulut voir tout de suite le morceau dicté et la traduction.

— Bien, bien, disait-il à mesure qu'il avançait dans sa lecture.

Tout à coup il s'arrêta et lut : « *Contemnere omnia aliquis potest; omnia habere nemo potest.* »

— Comment avez-vous traduit cela? s'écria-t-il.

Il lut : « On peut tout mépriser; on ne peut tout avoir. »

— Suffisant, s'écria-t-il, j'ai eu une belle peur; vous êtes sauvé; allons déjeuner.

— Je croyais que vous aviez déjeuné ce matin, dit Roger en riant.

— La faim m'est revenue.

Venue eût été plus juste; mais il ne mentait pas en parlant de sa faim: il dévora; jamais Roger ne l'avait vu de si belle humeur.

C'avait été un événement dans la ville universitaire quand on avait appris que le duc de Naurouse devait subir son examen.

— Comment, ce duc de Naurouse passe son examen! —Tout Paris s'est occupé de lui, et il n'est pas même bachelier!—Est-ce possible?

Aussi la salle dans laquelle cet examen devait être subi se trouva-t-elle pleine, ce qui ne s'était jamais vu; on était venu là comme à une première représentation.

Pour l'épreuve orale Crozat ne s'était point lancé en courses à travers la ville comme il l'avait fait pour l'épreuve écrite; il était au premier rang des curieux, suant d'émotion et d'impatience, s'indignant des propos qu'il entendait autour de lui.

— Vous savez que ça va être drôle.—Pourquoi?—Il ne va pas dire deux mots.—Vraiment?—Un retour à Paris qui se rabat sur la province; mais j'espère bien que la province va le renvoyer à Paris, ça lui apprendra.

C'en fut trop pour Crozat : il était d'humeur pacifique ordinairement et sa philosophie, autant que son caractère, lui avaient toujours fait éviter non seulement les querelles, mais même les simples altercations; cette fois il éclata :

— Retoqué! s'écria-t-il en s'épongeant le front, il ne l'a jamais été; sachez que c'est la première fois qu'il se présente et qu'il n'aura pas besoin de se présenter une deuxième.

On regarda curieusement ce grand corps dégingandé et l'on se mit à rire.

Quand le duc de Naurouse parut tous les yeux s'attachèrent sur lui : il avait pris un air convenable, ni vainqueur, ni modeste.

Il avait un morceau de Virgile à expliquer, il s'en tira bien; mais Crozat n'était pas sans inquiétude pour le grec : comment allait-il aborder Œdipe-Roi? Heureusement on ne lui donna pas un passage trop difficile, celui du Messager : « Que je sache de vous, ô étrangers où est la demeure du roi Œdipe. » Crozat respira si fortement que tout le monde se tourna vers lui : se trouvait-il mal? Non, il respirait, considérant la victoire comme gagnée, étant sûr à l'avance de son élève pour les autres matières de l'examen.

Elle le fut, elle le fut même brillamment; à chaque réponse Crozat se retenait pour ne pas applaudir et se tournant vers ses voisins avec un air de triomphe, des yeux il leur disait : « Eh bien, sera-t-il retoqué? »

Jamais il n'avait été dans un pareil état d'exaltation, et quand Roger sortit, il ne put pas ne pas lui sauter au cou.

Mais cela ne suffit pas pour le calmer et en retournant à Varages, dans la voiture qui les emmenait grand train, il récita avec enthousiasme l'ode d'Horace à Sextius :

Nunc decet aut viridi nitidum caput impedire
[myrto.

(Mêlons à nos cheveux parfumés le myrte vert et les fleurs que le soleil fait éclore.)

— Quand je vous disais, quand je vous disais, répétait-il en se frottant les mains.

Le lendemain ils partirent pour Paris. Crozat était toujours aussi heureux, aussi exalté dans sa joie. Cependant, après Lyon, il laissa paraître une certaine préoccupation qui alla en augmentant à mesure qu'ils avançaient; il ne parlait plus et il attachait de temps en temps des yeux attendris sur Roger.

— Etes-vous donc fâché de rentrer à Paris? lui demanda Roger.

— Oh! non, assurément non.

Et il se tut.

Comme ils étaient seuls dans leur coupé, ils pouvaient parler librement; mais Crozat ne se montrait pas disposé à user de cette liberté; ils passèrent donc la nuit silencieusement, le duc dormant, Crozat réfléchissant. Cependant, après Charenton, Crozat se décida, voyant le duc éveillé.

— Voulez-vous me permettre une question ? dit-il.

— Vous me demandez cela.

— Je voulais savoir où vous en étiez de votre procès en conseil judiciaire ?

Roger, qui depuis longtemps l'avait mis au courant de ses affaires, lui raconta ce que Nougaret écrivait.

— De sorte qu'il n'est pas levé, dit Crozat, et que vous allez rentrer à Paris les mains liées, d'une façon peu convenable pour vous. Depuis que je suis à Varages, grâce au traitement splendide que vous m'avez accordé, je suis devenu riche. N'ayant rien dépensé, j'ai fait des économies : j'ai dix mille francs. Laissez-moi les mettre à votre disposition.

Roger fut touché au cœur et ce fut avec émotion qu'il serra les mains de Crozat; mais, malgré les instances de celui-ci, il ne voulut pas accepter cette offre.

— Cet argent me coûterait trop à dépenser, dit-il, et le regret que j'éprouverais à le dépenser me gâterait le souvenir que je garderai de votre proposition ; et puis moi aussi j'ai fait des économies ; je vivrai avec en attendant la levée du conseil judiciaire qui ne peut pas tarder maintenant.

— J'aurais été heureux que vous acceptassiez, dit Crozat, tout peiné ; cela m'eût fait grand plaisir et puis cela m'eût peut-être rendu service.

— Comment cela ?

— C'est que je ne vais peut-être pas employer cet argent très-sagement. Une pièce est faite pour être jouée, n'est-ce pas ; j'ai donc eu tort de faire imprimer la mienne ; je vais m'occuper maintenant de la faire jouer, et avec de l'argent j'y arriverai : un directeur ne refuse mais un homme qui lui garantit ses frais. Cela sera-t-il sage. Je ne doute pas de ma pièce, mais suis-je de mon époque ? Serais-je compris ?

Malgré son émotion, Roger ne put retenir un sourire en pensant que le brave garçon se croyait en avance sur son époque.

Mais il n'eut le temps de rien dire, ils entraient dans la gare de Paris; il était cinq heures du matin.

VII

Roger, qui pensait que les surprises étaient souvent imprudentes, avait envoyé, la veille au soir, de Lyon, une dépêche à Bernard pour annoncer son retour, mais en recommandant de la tenir cachée.

Il trouva donc son valet de chambre l'attendant dans un appartement en ordre.

Le lit, garni de draps blancs était préparé; mais Roger ne se coucha point: sa toilette faite, il essaya une culotte de peau et ses bottes de course; il n'avait point engraissé et il n'eut même pas besoin de toucher à la boucle de la culotte.

— Allez donc sur le boulevard, dit-il à son domestique, et achetez-moi un programme des courses d'aujourd'hui.

— J'en ai un ici.

— Vous vous occupez donc de courses maintenant ?

— N'ayant pas grand'chose à faire en l'absence de M. le duc, je fais des poules.

— Bien ; apportez-moi votre programme.

Roger connaissait trop bien son calendrier des courses pour ne pas savoir qu'il y avait ce jour-là une course pour gentlemen-riders; mais c'était le programme seul qui pouvait lui dire quels chevaux étaient engagés. Il vit que le marquis de Lucillière en avait trois et aussi tôt son plan fut arrêté.

Envoyant chercher une voiture, il se fit conduire rue de Courcelles, chez le marquis, qui, toujours engagé dans des affaires de toutes sortes, se levait de bonne heure pour recevoir ses agents et les personnes avec qui il était en relation.

Justement M. de Lucillière venait de descendre dans son cabinet et il n'y avait encore personne avec lui : Roger fit passer sa carte et presque aussitôt la porte de ce cabinet fut ouverte avec fracas par le marquis lui-même, qui parut, haussant sa petite taille et secouant l'épaisse chevelure blonde qui chargeait sa tête.

— Est-ce possible ! s'écria-t-il de sa voix de faus et, mais, oui, c'est bien vous, mon cher duc; convenez que si je croyais aux revenants vous me feriez une belle peur. Vous n'êtes donc pas mort ?

— Pas encore, et je viens vous demander de m'aider à montrer à tous que je suis vivant.

— Ah ! bien, volontiers.

— Vous avez trois chevaux dans la course pour gentlemen, voulez-vous m'en donner un à monter.

— Avec grand plaisir; je n'en faisais partir qu'un: *Caramel*, parce que je n'avais personne à qui donner les deux autres, *Giboulée* et *Douairière*. Prenez celle que vous voudrez, mais je vous préviens qu'elles ne valent pas grand'chose ni l'une ni l'autre; au reste, le champ est médiocre, et ce sera le cheval le mieux monté qui gagnera. Vous avez donc de grandes chances, — cela fut dit avec une gracieuse politesse, — bien que vous deviez rencontrer des adversaires sérieux: Sainte-Austreberthe, d'Ypreau, Plouha Sermizelles, le capitaine Spark.

M. de Lucillière avait trop grand souci de ses intérêts pour ne penser qu'à la politesse.

— Y a-t-il longtemps que vous n'avez monté à cheval ? demanda-t-il.

— A Varages je montais tous les jours.

— Alors vous battrez ces messieurs, qui, le plus souvent, arrivent sur le terrain après une nuit passée au jeu ou ailleurs, et qui n'ont pas de bras ; c'est avec les bras qu'on gagne une course, et on ne se les développe pas à abattre pique ou cœur. Prenez donc *Giboulée*, qui tire en diable.

Les choses ainsi convenues, Roger pria le marquis de ne point dire qu'ils s'étaient vus : il voulait surprendre ses amis et n'arriver qu'au moment de la course.

— Il n'y a pas de danger, dit M. de Lucillière avec son sourire chafouin ; je vais vous envoyer une casaque chez vous.

Ce mot fit comprendre à Roger qu'il avait été naïf dans sa demande, M. de Lucillière n'étant pas homme à perdre les bénéfices qu'il pouvait tirer de cette surprise, et cela soit en faisant parier pour *Giboulée*, qu'on savait ne pas devoir partir, soit en faisant parier contre *Caramel* qui n'était plus le véritable champion de son écurie.

Ce fut seulement au moment où ses concurrents se faisaient peser que Roger arriva à Longchamps, tout habillé pour la course sous son pardessus boutonné et n'ayant plus que sa toque à mettre ; l'opération touchait à sa fin, et déjà quelques chevaux étaient sellés.

— Il n'y a plus personne ? demanda le juge qui présidait gravement au pesage, entouré de propriétaires de chevaux, d'entraîneurs et de journalistes.

— Je fais partir *Giboulée*, dit le marquis de Lucillière, qui plus d'une fois avait regardé du côté de la porte avec inquiétude.

— Et qui monte *Giboulée* ?

— M. le duc de Naurouse.

En entendant ce nom prononcé d'une voix claire et haute, chacun se regarda, se demandant si le marquis de Lucillière devenait fou, et il y eut une sourde rumeur.

Mais avant qu'aucune observation pût être formulée, il se fit un mouvement du côté de la porte ; c'était l'entraîneur du marquis de Lucillière qui entrait, portant une selle, une bride et une cravache, et qui, avec son flegme britannique, écartait rudement ceux qui gênaient son passage : derrière lui, vêtu d'une casaque verte et coiffé d'une toque rouge, venait le duc de Naurouse.

Alors les exclamations et les cris de surprise éclatèrent si fort, qu'ils couvrirent un moment les vociférations du *ring* ; puis les mains de ceux qui avaient été en relations avec le duc se tendirent vers lui, tandis que le marquis riait en se tenant les côtes.

L'opération du pesage, qui se fait ordinairement avec une gravité et une majesté sacerdotales, fut un moment interrompue par les acclamations et les questions qui se croisaient.

Enfin le juge, qui n'oubliait pas facilement l'importance de ses fonctions, réclama le silence, et, d'une voix nette :

— *Giboulée*, dit-il, 55 kil. 1/2 ; M. le duc de Naurouse.

Et Roger s'assit sur la balance ; puis l'entraîneur lui mit sur les genoux selle, bride et cravache ; il fallut un moment, pour faire le poids juste, ajouter des petites feuilles de plomb, et retirer, Roger ne s'étant point pesé à l'avance, comme cela se fait d'ordinaire.

La nouvelle s'était vite répandue que le duc de Naurouse n'était pas mort, comme quelques journaux l'avaient annoncé, et que c'était lui qui montait *Giboulée*. Alors une clameur s'était élevée dans le monde des parieurs et des bookmakers.

— C'est encore un tour du marquis de Lucillière ! criaient les uns. — C'est une volerie ! — Pas du tout ! c'est bien fait.

Instantanément la cote avait été bouleversée, et *Giboulée*, qui était à 20 contre 1, était montée à égalité.

Quand Roger sortit de la salle du pesage, il fut accompagné par une foule compacte et il eut la plus grande peine à approcher de la jument qu'on était en train de seller ; on lui tendait les mains, on l'arrêtait, et les simples curieux lui barraient le passage sans se déranger.

Lorsqu'il passa devant les tribunes au pas pour aller prendre son galop d'essai, il vit tous les yeux ramassés sur lui, aussi bien dans ces tribunes que de l'autre côté de la piste, dans les voitures entassées le long de la lice. Décidément son moyen était bon, il n'aurait pas besoin d'écrire aux journaux pour dire qu'il n'était pas mort ; mais maintenant il fallait gagner, car, après avoir excité une pareille curiosité, il serait piteux d'être battu.

Le départ donné, il vit que M. de Lucillière ne l'avait pas trompé : « *Giboulée* tirait en diable » et ce n'était pas trop de toute la force de ses bras pour la retenir et faire une course d'attente, — la plus sûre avec des gentlemen qui sont le plus souvent disposés à se laisser emballer et à s'emballer eux-mêmes.

Tandis que ses adversaires galopaient à fond, il restait en queue, suivant le train, mais avec quinze ou vingt longueurs de retard, ne se pressant pas, gardant le sang-froid et la précision d'un jockey accompli, sans se douter des railleries qui l'accompagnaient dans les tribunes.

— C'est le gentleman-fantôme.

— Il paraît que sur le turf les morts ne vont pas vite.

Mais il vint un moment où ce mort jugea bon d'aller vite : au dernier tournant, *Gibou-*

les avait rejoint le peloton ; dans la ligne droite elle était parmi les trois premiers, et alors des cris s'élevaient des tribunes.

— *Giboulée* gagne.

Cependant elle no gagnait pas encore ; une lutte très vive s'engageait entre elle et les chevaux montés par d'Ypréau et de Plouha, et c'était cerclée de coups de cravache, portée par son cavalier, le cou habilement relevé sur le poteau qu'elle gagnait d'une tête difficilement.

Alors ce fut une acclamation générale, une clameur comme on en entend seulement les jours du Derby ou de Grand Prix ; les sergents de ville furent obligés d'escorter *Giboulée* pour lui frayer un chemin jusqu'au pesage.

Roger descendit de cheval dans les bras de M. de Lucillière.

— Admirablement monté, cria-t-il, Pratt et Fordham tout ensemble ; le sentiment du train de l'un, les bras de l'autre. Quels coups de cravache ! On les entendait résonner comme sur un tambour, vous l'avez portée positivement.

Au pesage, les compliments recommencèrent ; les anciens amis du duc qui ne l'avaient pas encore vu l'attendaient : le prince de Kappel, Savine, Mautravers.

Savine, qui n'oubliait point les services qu'il n'avait point rendus, crut devoir dire un mot à Roger pour s'excuser encore :

— Moi non plus je ne suis pas mort, dit-il finement en serrant les mains du duc à les lui briser.

Alors Mautravers s'approcha de l'oreille de Roger.

— Cire tardera peut-être pas beaucoup maintenant, dit-il à voix basse, il est avec Raphaëlle.

Ces paroles laissèrent Roger parfaitement froid : Raphaëlle ! que lui importait Raphaëlle. Ce nom ainsi jeté n'éveillait en lui aucune émotion, ne lui rappelait aucun souvenir de tendresse ou de mépris ; il lui était indifférent.

Ce ne fut même pas à elle qu'il pensa dans sa réponse :

— Et Poupardin ? dit-il.
— Il a pris Balbine.

Roger se mit à rire :

— Ça, c'est drôle.

Mautravers voulut l'emmener lorsqu'il fut rhabillé, et se promener à son bras, mais Roger le quitta.

Il lui avait plu de faire une rentrée tapageuse, mais il ne lui plaisait pas de s'offrir à la curiosité de la foule.

Il sortit à pied et, gagnant la station de Suresnes, il s'en alla dîner aux Réservoirs, à Versailles.

C'était dimanche, il n'aurait pas trouvé les gens qu'il voulait voir.

Et qu'eût-il fait à Paris, — seul ?

VIII

La première personne que Roger voulait voir à Paris était son avoué.

Le lendemain matin, à neuf heures, il entrait donc dans l'étude de la rue Sainte-Anne, impatient de savoir si Nougaret avait appris ou deviné les raisons qui avaient poussé M. de Condrieu à le tuer et quel intérêt celui-ci pouvait tirer d'une mort qui n'était pas vraie. Réelle, cet intérêt sautait aux yeux par la substitution de nom et de titre ; mais fausse ?

Nougaret le reçut avec une figure de mauvaise humeur et un ton fâché ; il était déjà au travail, non habillé, en robe de chambre et en pantoufles, avec un foulard au cou.

— Ah ! monsieur le duc, s'écria-t-il, après les premières paroles de politesse, vous nous mettez joliment dans l'embarras et le gâchis.

— Moi !
— Et sans doute.
— En revenant.

— Oh ! pas du tout et je trouve même que votre manière de prouver que vous n'êtes pas mort a quelque chose d'original : vous n'aurez pas à écrire aux journaux, tous ce matin célèbrent votre triomphe et s'occupent de vous ; il y en a même un qui le fait avec une perfidie bien habile.

— Comment cela ? En quoi ai-je donné lieu à la critique ?

— Les éloges sont souvent plus dangereux que les critiques, et c'est là le cas de ce journal, qui a dû être inspiré par quelqu'un d'habile ; mais nous verrons cela tout à l'heure. Pour le moment, revenons à l'embarras que vous nous causez. Comme je vous l'écrivais, l'affaire se présentait dans les conditions les plus favorables et le succès paraissait certain ; c'est en voyant cela que M. de Condrieu, effrayé, a inventé l'histoire de votre mort.

— Pourquoi ?

— Comment pourquoi ? C'est vous qui le demandez, monsieur le duc !

— Mais sans doute.

— Pour faire sortir nos créanciers et obliger ceux qu'il ne connaissait pas à se montrer.

— Ah !

— Vous comprenez maintenant ; seulement il est trop tard. Pourquoi, diable, au moment de notre premier procès, ne m'avez-vous pas déclaré toutes vos dettes ?

— Parce qu'il y a des dettes qu'on porte la tête haute et d'autres la tête basse ; il y en a qu'on avoue, il y en a qu'on cache.

— Belle pudeur ! Et dire que plaideurs et

malades sont tous les mêmes : chez l'avoué comme chez le médecin, on fait de la délicatesse, on tâche de cacher certaines choses dont on a honte de parler, et l'avoué, comme le médecin, qui ne peuvent pas tout deviner, vous laissent succomber quand ils auraient pu facilement vous sauver; c'est votre cas, monsieur le duc. Ah! que M. de Condrieu connaît bien la nature humaine; c'est un homme, savez-vous, et l'on apprend à son école ; seulement, quand on l'a pour adversaire, on paie ses leçons, qu'il vend cher et ne donne pas. Ainsi vous avez caché un peu plus de deux cent mille francs de dettes?

— J'avais fait ces dettes pour une installation à Saint-Prix.

— Mlle Raphaëlle ?

— Oui, et par suite de certaines circonstances qu'il est inutile de rappeler, même aujourd'hui, j'avais voulu les cacher, j'avais vu ceux à qui je devais, j'avais pris des arrangements avec eux, et il était entendu que je ne les paierais que dans un délai de cinq ans, c'est-à-dire quand je serais rentré en possession de mon revenu ou quand mon conseil serait levé.

— Voilà l'affaire! M. de Condrieu a-t-il connu quelques-uns de ces arrangements, ou bien les a-t-il soupçonnés, ou bien a-t-il voulu user de tous ses moyens de défense, même de ceux qui devaient ne pas valoir grand'chose? Je n'en sais rien. Mais le certain c'est qu'il a fait annoncer votre mort et que ce coup de canon, tiré peut-être au hasard, a porté en plein. Au bruit, vos créanciers, effarés, sont sortis, leurs titres à la main, en poussant des cris de paon : « Voilà ce que le duc de Naurouse nous doit, où sont les héritiers ? » Le tour était joué et bien joué. Ah ! si j'avais su que vous aviez des créanciers cachés, je ne me serais pas creusé la tête à chercher pour quelles raisons votre grand-père vous tuait alors que vous vous portiez bien.

Et Nougaret laissa paraître une très vive contrariété de n'avoir pas deviné ce tour : évidemment il était blessé dans son amour-propre professionnel d'avoir été battu par un homme qui n'était pas du métier. Si encore ç'avait été un avoué, un bon avoué, une des capacités de la corporation; mais un sénateur, c'était humiliant.

Roger réfléchit un moment, et ce fut presque timidement qu'il se décida à prendre la parole :

— Voulez-vous me permettre une question, dit-il, je ne comprends pas bien la situation : les dettes qui viennent de se découvrir ont été faites par moi avant que le jugement qui me nomme un conseil judiciaire ait été rendu, et même avant que la demande de ce conseil ait été formée...

— Très bien, dit l'avoué en interrompant, ce que vous ne comprenez pas, n'est-ce pas, c'est comment ces dettes contractées en même temps que celles pour lesquelles on vous a nommé un conseil peuvent empêcher aujourd'hui la levée de ce conseil.

— Justement. Je me présente au tribunal en disant : « Je ne suis plus prodigue et la preuve, c'est que depuis deux ans et demi j'ai vécu avec vingt-cinq mille francs par an et, au lieu de faire des dettes nouvelles, j'en ai éteint pour près de douze cent mille francs d'anciennes. »

— Ça, c'est votre raisonnement.

— C'est celui de la vérité, de la raison et de la justice.

— Oui... mais ce n'est pas celui qui sera tenu en justice par nos adversaires : « M. le duc de Naurouse prétend qu'il n'est plus prodigue, diront-ils, et cependant depuis deux ans, ne se contentant pas de la rente qu'il s'était réservée, il a fait pour deux cent mille francs de dettes nouvelles. »

— Les dates sont là.

— Qui donnera l'authenticité à ces dates que vous invoquez? Si encore ces dettes avaient été contractées avec des gens honorables, des commerçants dont les livres feraient foi ; mais non, les usuriers, les gens d'affaires véreux qui sont vos créanciers n'ont pas de livres, ou, s'ils en ont, ils ne peuvent pas les produire. Voilà donc l'argument de la date démoli. Maintenant comment convaincre un tribunal qu'après avoir avoué seize cent mille francs de dettes, vous en avez caché deux cent mille? Comment lui faire comprendre que vous aviez intérêt à cette dissimulation?

— Non un intérêt, mais des raisons morales.

— Mauvaises en justice, les raisons morales. Ce qu'on sera disposé à admettre, c'est que vous avez contracté ces dettes depuis le conseil judiciaire, et que, comme cela ne pouvait pas se faire légalement, il y a eu accord frauduleux entre vous et vos créanciers.

— Moi! s'écria Roger, en sautant sur sa chaise.

— C'est comme ça, dit l'avoué d'un ton net, coupant comme un couteau ; bien entendu, nous repousserons ces suppositions injurieuses, mais vous devez sentir, monsieur le duc, que nous ne sommes plus sur un terrain aussi solide qu'il y a quinze jours ; votre grand-père l'a miné; cela prouve qu'avec lui il faut jouer serré.

— Qui pouvait prévoir...

— Avec lui, il faut tout prévoir, surtout il faut que moi je puisse tout savoir... de votre part, j'entends.

— Pour l'avenir je vous promets que je ne ferai rien sans vous consulter.

— Cela vaudra mieux; quant au passé, nous n'y pouvions rien.

— Vous parliez d'un article de journal.

— Parfaitement, je l'oublais.

Et Nougaret chercha dans un fouillis de journaux dépliés, jetés sous son bureau pêle-mêle; puis, ayant trouvé celui qu'il cherchait, il le tendit à Roger.

— Pendant que vous le lirez, dit-il, je vous demande la permission de déjeuner.

Et à son coup de sonnette on lui apporta un grand bol plein d'une soupe au pain, si épaisse que la cuiller tenait debout dedans : pendant trop longtemps l'ancien paysan avait été privé de cette grosse soupe; depuis que les années d'épreuves étaient passées il s'offrait chaque matin ce régal de son enfance.

Roger avait commencé sa lecture :

« On ne saurait vraiment trop s'élever contre la facilité déplorable avec laquelle certains journaux accueillent des nouvelles fausses et les insèrent sans les contrôler. Ainsi, il y a quelques jours, ces journaux annonçaient la mort de M. le duc de Naurouse, tué, disaient-ils, dans une chute de cheval; on citait même l'endroit où cette catastrophe était arrivée : Varages, en Provence.

» Hier M. le duc de Naurouse montait *Giboulée* à Longchamps et gagnait la course au milieu de l'enthousiasme général. Dans cette foule qui battait des mains il n'était personne qui ne fût heureux de fêter le retour du jeune duc, qui n'a que des amis dans le *high-life*.

» Tout jeune, plein d'intelligence et de distinction, charmant de manières, affable d'accueil, serviable et généreux, possesseur d'une belle fortune, le duc de Naurouse est dans les plus heureuses conditions pour devenir le plus brillant objectif du grand monde parisien : c'est un soleil levant qui va jeter dans l'ombre quelques-unes des individualités jusqu'à présent en vue dans la haute existence. Dans le monde où l'on s'amuse, personne mieux que M. le duc de Naurouse ne mérite de tenir la première place. »

— Eh bien, demanda l'avoué, la bouche pleine, car, tout en surveillant le duc, il n'avait pas cessé d'avaler sa soupe à grandes cuillerées.

— Ce n'est pas seulement à la fin de l'article que je trouve la perfidie dont vous parlez, c'est partout : au commencement, au milieu où l'on me prédit que je vais devenir un brillant objectif pour le monde parisien,

— ce qui est bien drôle, soit dit en passant.

Si vous avez besoin d'une preuve pour être convaincu que l'annonce de ma mort et cet article sont de la même main, c'est-à-dire de celle de M. de Condrieu, vous la trouverez dans le premier paragraphe qui est tout à fait dans sa manière.

— Tiens, c'est vrai! je vois que vous le connaissez bien.

— Que trop, par malheur! Quand il relève, sans charité, un mensonge, il y a bien des chances pour que ce mensonge soit de lui : c'est sa façon de détourner les soupçons.

— Enfin, pour en revenir aux dernières lignes de cet article, qui au premier abord doit paraître plein de sympathie pour vous, vous voyez, n'est-ce pas, quel parti on en peut tirer en justice ? Entendez-vous d'ici Nicolas plaidant contre vous et parlant de votre générosité, de vos relations et de votre fortune : « En réalité, messieurs, qu'elle est ce jeune duc de Naurouse ? » Et il lit cet article : « Comment n'aurait-il pas été entraîné ? Soleil levant, objectif brillant, cela mène loin, cela mène devant vous, messieurs. »

— Que faire à cela ?

— Rien, pour le moment, si ce n'est apporter la plus grande circonspection dans votre conduite, la plus grande réserve dans vos dépenses. Comment allez-vous vivre à Paris avec vingt-cinq mille francs ?

— Je n'en sais rien.

— Pourrez-vous vous en contenter ?

— Cela je vous le promets, je vous en donne ma parole.

IX

Ce que Roger avait poursuivi en travaillant à Varages avec Crozat et en passant son examen, ce n'était pas la gloire d'être bachelier : c'était un diplôme,—celui que le duc d'Arvernes avait exigé pour l'attacher au ministère des affaires étrangères.

En sortant de chez Nougaret, il se rendit au quai d'Orsay ; le duc d'Arvernes lui avait dit de venir le matin quand il voudrait le voir, peut-être serait-il reçu.

Il le fut après une assez longue attente, et l'accueil que lui fit le ministre fut aussi affable, aussi bienveillant, aussi amical que lors de sa première visite.

— J'étais hier à Longchamps, dit le duc, j'ai assisté à votre triomphe ; je vous ai cherché pour vous adresser mes félicitations et pour que la duchesse pût vous adresser les siennes non seulement sur votre victoire, mais surtout sur votre résurrection. Comment donc cette nouvelle de votre mort a-t-elle pu naître et se propager dans les journaux ?

Roger, qui ne voulait point parler de M.

de Condrieu, répondit que c'était son absence qui avait donné naissance à ce bruit.

— Il est de fait qu'elle a été un peu longue.
— Et je vous prie de me la pardonner.
— Comment donc ?
— J'aurais dû, j'en conviens, vous apporter plus tôt ce que vous m'aviez demandé.

M. d'Arvernes parut surpris :
— Et que vous avais-je donc demandé? dit-il.
— Certaines pièces.
— Ah ! c'est vrai.
— Entre autres un diplôme de bachelier. Si je ne vous l'ai pas apporté le lendemain et si j'ai attendu deux ans et demi, ce qui est un peu long, je le reconnais, c'est que je n'avais pas ce diplôme, c'est que je n'avais pas passé mon examen, c'est que je n'étais point en état de le passer.
— Ah ! vraiment.
— Peut-être vous avait-on dit le contraire, insinua Roger qui eût bien voulu savoir quel rôle M. de Condrieu avait joué dans cette affaire.

Mais M. d'Arvernes n'était pas homme à se livrer; maintenant que les paroles de Roger lui avaient rappelé ce qui s'était passé, il se tenait sur ses gardes.

N'obtenant pas de réponse à sa question, Roger continua :
— J'ai donc été m'enfermer dans une terre de la Provence avec un excellent professeur, j'ai travaillé, beaucoup travaillé, et je vous apporte, sinon le diplôme même que vous m'aviez demandé, au moins le certificat qui en tient lieu.

Disant cela, il tendit ce certificat au duc d'Arvernes.
— Mais c'est admirable ce que vous avez fait là, s'écria celui-ci, cela prouve....
— Le désir bien arrêté de mériter l'accueil si bienveillant que m'avait fait Votre Excellence, interrompit Roger.

Le duc d'Arvernes lui tendit la main, très sensible au compliment.
— Vous pourrez vous présenter au ministère quand vous voudrez, dit-il, à partir d'aujourd'hui vous êtes attaché à mon cabinet.

Roger n'avait qu'à remercier et à prendre congé, — ce qu'il fit, car il n'avait nullement envie d'entrer en fonctions le jour même.

Sa journée n'était pas finie; s'il l'avait commencée par les affaires, il lui restait une dernière visite qui lui tenait au cœur.

Qu'était devenue Christine pendant cette longue absence? Où était-elle ? Était-elle entrée au couvent?

Depuis deux ans et demi il n'avait point entendu parler d'elle; plusieurs fois il avait essayé d'avoir de ses nouvelles, mais il n'y avait point réussi, car, ne pouvant pas la nommer et étant obligé de procéder incidemment d'une façon plus ou moins adroite, il n'avait jamais obtenu de réponse à ses questions vagues. Quand il avait demandé : « Quelles nouvelles de ma famille ? » On lui avait écrit des détails circonstanciés sur M. de Condrieu et sur Ludovic, dont il n'avait point souci, au moins souci affectueux; mais on ne lui avait pas dit un mot de Christine, qui justement le touchait et occupait sa pensée.

Les lettres de sa grand'mère, en lui apprenant qu'il n'était pas un Condrieu, n'avaient pas pu changer ses sentiments à l'égard de Christine : ce n'était point parce qu'elle était sa cousine qu'il l'avait aimée, c'était malgré qu'elle fût sa cousine ; si, tout enfant, quelque chose avait pu l'éloigner d'elle ç'aurait été précisément cette parenté, comme ç'avait été cette parenté qui tout d'abord lui avait rendu antipathique Ludovic de Condrieu.

C'était la camarade, l'amie, la sœur qu'il aimait dans Christine ; c'était la charmante et vaillante jeune fille qui lui avait écrit cette lettre toute pleine de tendresse, dont le souvenir après trois ans lui faisait battre le cœur et lever la tête ; — c'était celle qu'il eût voulue pour femme un jour si elle n'avait point été une Condrieu.

C'était celle-là qu'il voulait voir après une séparation de plus de trois ans.

Quels changements ces trois années avaient-elles apportés dans sa beauté? Ses cheveux étaient-ils aussi blonds ? ses yeux étaient-ils aussi purs, aussi enfantins ? son regard avait-il conservé son expression de douceur, de sereine bonté qu'il n'avait jamais vu troublé, même alors qu'elle était victime de la dureté et de l'injustice de son grand-père? ou des brutalités de son frère.

Comme ils avaient dû, unis tous deux, la faire souffrir, la torturer pour la pousser au couvent, qui pour elle devait être un refuge.

Avait-elle résisté ? s'était-elle révoltée ; ou bien s'était-elle soumise ?

Était-elle encore chez son grand-père?

Ou bien était-elle déjà au couvent? Alors dans quel couvent était-elle entrée ? Au temps où l'on discutait la vocation religieuse de Christine ou plutôt au temps où l'on affirmait cette vocation devant lui, il avait entendu parler de plusieurs ordres, mais sans que le choix de M. de Condrieu ou de Christine se fixât sur aucun d'une façon définitive.

Mais qu'elle habitât encore l'hôtel de la rue de Lille ou qu'elle l'eût quitté pour le couvent, cela ne faisait pas qu'il pût la voir là plus facilement que la voir ici, puisqu'il lui était aussi impossible d'entrer dans l'hôtel de la rue de Lille que dans un couvent.

Lorsqu'il avait quitté Paris pour Varages, il avait pu, au moyen d'un subterfuge plus ou moins bien trouvé, faire parvenir une lettre aux mains de Christine ; mais les circonstances n'étaient plus les mêmes, et précisément parce que son subterfuge avait réussi une première fois, — au moins il le supposait, — on ne pouvait pas l'employer une seconde.

Il devait avoir souci du repos de Christine, mieux que de son repos, de sa réputation, comme s'il était son seul défenseur, son frère ou son fiancé.

Et cependant il voulait la voir ; en tous cas il voulait avoir de ses nouvelles et lui faire savoir qu'il était de retour à Paris ; peut-être avait-elle cru qu'il était mort, peut-être le croyait-elle encore.

De toutes les personnes de la famille ou de l'entourage de M. de Condrieu, Roger n'en voyait qu'une seule à qui il pût s'adresser avec confiance et sans que sa démarche pût nuire à Christine ou lui causer des ennuis : c'était la tante de celle-ci, Mlle Renée de Queyras.

Cette Mlle Renée de Queyras ou, comme on disait souvent en parlant d'elle, Mlle Renée, était une vieille fille avec la tournure et toutes les prétentions d'une fée, toute pleine de bizarreries, de manies, d'exigences qui l'avaient empêchée de se marier quand elle était jeune, et qui, tout naturellement, n'avaient fait qu'augmenter et grandir avec l'âge. Sœur aînée de la mère de Christine, avec quinze ans de différence d'âge, elle avait voulu s'occuper de son neveu et de sa nièce lorsque Mme la vicomtesse de Condrieu était morte ; mais le comte de Condrieu, qui ne voulait pas être gêné dans la direction qu'il entendait imprimer à la vie de ses petits-enfants et qui craignait autant la volonté absolue que le caractère droit de Mlle de Queyras, n'avait point permis cette intrusion, et il n'avait laissé son petit-fils et sa petite-fille aller chez leur tante que deux fois par mois, le premier et le troisième jeudi du mois.

Roger, lorsqu'il était revenu de la Dombe à Paris, tout maladif de son séjour au milieu des étangs, tout fiévreux, avait accompagné son cousin et sa cousine chez la vieille Mlle Renée, dans l'hôtel qu'elle habitait rue Férou, une maison sombre, noire, verdâtre et froide comme un puits, qui depuis Louis XIV appartenait aux Queyras.

Son entrée dans cette maison lui avait laissé une impression qui ne s'était point effacée : allant chez la tante de Christine sans aucun plaisir et simplement parce qu'on le conduisait là, il s'était trouvé en présence d'une sorte de fée enveloppée de dentelles noires, gantée, portant une perruche perchée sur son chignon et qui l'avait arrêté d'un geste circulaire de son bras droit, décrivant un cercle autour de lui comme s'il était armé d'une baguette magique : — Qu'est-ce que c'est que celui-là ? avait demandé Mlle Renée. — Mon cousin Roger. — Tiens, il n'est pas mort, avait dit Mlle Renée, eh bien ! tant mieux.

Ce mot, ce geste ! et la perruche verte étaient restés dans la mémoire de Roger, qui n'avait jamais lu d'histoires de fées, de vieilles fées vivant dans leur tour, sans se représenter celle-ci sous la forme de Mlle Renée.

Tendre et affectueuse pour sa nièce, Mlle Renée l'avait été beaucoup moins pour son neveu, et dans ses brusqueries et ses rebuffades elle avait souvent réuni Roger avec Ludovic : ils étaient garçons, ils faisaient du bruit, ils effrayaient les oiseaux dont la maison était pleine ; c'était assez pour qu'elle les bousculât, et ces bousculades avaient été assez vives pour que Roger ne retournât point rue Férou du jour où il avait eu la liberté d'aller où il voulait.

Cependant ce n'était point une méchante personne que Mlle Renée, et le souvenir désagréable que Roger avait gardé de ses brusqueries et de ses réprimandes n'empêchait point qu'il rendît justice à ses mérites ; généreuse, charitable au point de n'avoir jamais que quelques louis devant elle, malgré l'importance de sa fortune, toute occupée de bonnes œuvres, pieuse sans dévotion étroite, dévouée à tous ceux qui s'adressaient à elle et n'épargnant pour eux ni sa peine, ni son temps, ni ses démarches, ni son argent, avec cela aimant Christine et détestant M. de Condrieu.

Bien qu'il ne l'eût pas vue depuis sept ou huit ans, ce fut à elle que Roger pensa dans l'embarras où il se trouvait : il n'était plus d'âge à être bousculé, et Mlle Renée le bousculât-elle un peu, il pouvait bien s'exposer à cela pour Christine.

En sortant du ministère des affaires étrangères, il se rendit donc rue Férou.

La maison était toujours aussi noire, aussi verdâtre, aussi froide que lorsqu'il l'avait vue pour la dernière fois, sept ans auparavant.

Dans la loge il retrouva la même concierge, bonne femme à lunettes, tricotant toujours, qui, lorsqu'il venait avec Christine, annonçait leur arrivée par un coup de cloche, et cette cloche sonna encore le coup qu'il avait si souvent entendu.

Dans le vestibule il retrouva la même femme de chambre qui les recevait autrefois pour les introduire auprès de Mlle Renée ; car c'était la règle de la maison que le service tout entier se fît par des femmes, Mlle Renée poussant son horreur et son mépris des hommes jusqu'aux domestiques mâles et étant véritablement malheureuse de ne pouvoir pas avoir une femme pour cocher.

Dans cette froide maison, ce qui autrefois avait paru à Roger le plus froid c'était le salon; et même il avait gardé un souvenir de la garniture de cheminée de ce salon qui, plus d'une fois, en y pensant, l'avait fait sourire: ni pendule, ni bronzes, ni candélabres, mais seulement des gobelets en porcelaine de Chine flanqués de deux vases de cristal montés en or. Cependant, en entrant dans ce salon, il ne retrouva point cette impression de froid qu'il avait emportée; plus sensible maintenant à ce qui était beau et simple, il fut frappé de l'harmonie et de la noblesse de ce vieux salon, avec ses murs tendus de verdure de Flandre sur laquelle se détachaient des portraits et des tableaux religieux, ses meubles de noyer garnis de brocart à fleurs or et argent, sa table de trictrac, son parquet ciré et brillant comme un miroir.

Au reste, il ne put pas se livrer à un long examen, Mlle Renée étant entrée presque en même temps que lui et sur ses pas; il se retourna pour la saluer.

Comme la première fois qu'il l'avait vue, elle était enveloppée dans des dentelles noires, gantée, et sur ses cheveux, blancs maintenant, était perchée sa perruche; au moment où il se retournait, elle tendit vers lui sa main droite avec son geste de fée.

— Ainsi vous n'êtes pas mort? dit-elle.

Roger se mit à sourire:

— Non, mademoiselle.

— Eh bien, tant mieux.

— C'est de ces deux mots que vous avez salué mon entrée lorsque je suis venu chez vous la première fois avec Christine.

— C'est qu'apparemment on veut toujours vous faire passer pour mort.

— Je crois qu'on voudrait mieux que me faire passer pour mort.

— C'est possible.

Il se fit un silence. Mlle Renée s'était assise et de la main elle avait montré un siège à Roger, qui avait pris place vis-à-vis d'elle: ils restaient ainsi, Mlle Renée embrassant sa perruche qu'elle avait prise sur son doigt, Roger attendant un mot d'encouragement.

Voyant que ce mot ne venait pas, il se décida:

— Depuis deux ans et demi, dit-il, je suis absent de Paris.

— Je sais cela; Christine m'en a parlé.

Il ne fut pas maître de suivre la ligne qu'il s'était tracée:

— Où est-elle? demanda-t-il vivement, je suis anxieux d'avoir de ses nouvelles.

— Vous avez donc appris quelque chose?

— Rien; mais ce que vous me dites m'effraye: serait-elle malade?

— Non, sa santé est bonne.

— Alors?

Sans répondre à cette interrogation elle le regarda en face longuement.

— Vous avez de l'affection pour Christine? dit-elle.

— La tendresse d'un frère pour une sœur aimée.

— Bien, bien.

— Sans Christine, sans sa gentillesse, sa bonté, son amitié, je serais mort de désespoir dans la maison de mon tuteur, la plus dure des prisons pour moi; depuis ces jours d'enfance, Christine ne m'a pas oublié, elle m'a défendu quand elle a pu le faire, elle m'a soutenu, encouragé, elle m'a donné des marques d'affection qui sont les grandes joies de ma vie abandonnée.

— Bien, bien, répéta Mlle Renée avec une satisfaction de plus en plus manifeste.

— C'est un grand chagrin pour moi, très réel, très vif, de ne pouvoir point la voir et d'être privé de nouvelles d'elle depuis deux ans et demi; en vous faisant cette visite, permettez-moi cette franchise, mon but est surtout d'obtenir de ces nouvelles.

— Bien, bien, j'aime la franchise; vous ne me deviez pas de visite.

— J'en devais une à la tante de Christine.

Elle le regarda encore sans parler.

— Et votre ancien tuteur, dit-elle, le comte de Condrieu, comment êtes-vous avec lui? C'est le moment de faire preuve de franchise.

— Aussi mal que possible: c'est M. de Condrieu qui a répandu le bruit de ma mort afin de faire maintenir par la justice le conseil judiciaire qu'il m'avait imposé.

— Ne l'aviez-vous pas mérité, ce conseil judiciaire?

— Peut-être. Mais en vivant deux ans et demi à la campagne, enfermé avec un professeur, en travaillant pour passer un examen dont l'éducation que j'avais reçue sous la direction de M. de Condrieu me rendait incapable, en ne dépensant rien afin de payer mes dettes, j'avais mérité, il me semble, d'être relevé de ce conseil; j'allais réussir lorsque M. de Condrieu a inventé cette nouvelle de ma mort dans le but de trouver d'anciens créanciers, si j'en avais, et aussi dans celui de tâter le terrain pour voir s'il lui serait possible de faire passer mon nom et mon titre sur la tête de Ludovic en cas où je viendrais à mourir enfin réellement, ce qu'il espère, ce qu'il attend avec impatience.

— Il en est bien capable.

— Il est capable de tout pour Ludovic, contre moi d'abord, il ne l'a que trop prouvé depuis mon enfance, et contre Christine aussi, — au moins je le crains, — et c'est ce qui me fait vous interroger, vous, sa tante, vous qui l'aimez.

Mlle Renée avait remis la perruche sur un perchoir, et, les bras serrés sur son corsage, drapée dans ses dentelles, elle examinait Roger:

— On m'a rapporté sur vous des choses graves, dit-elle.
— Pas Christine?
— Non, pas Christine.
— Alors ce n'est rien; tout ce qu'on a pu vous dire ne compte pas pour moi.
— Peut-être ferai-je bien de ne pas le compter non plus : vous me paraissez franc et sincère ; en tous cas, votre affection pour Christine vous vaut mon indulgence ; vous n'avez pas été heureux, pauvre enfant.

Cela fut dit avec une sympathie qui toucha Roger.

— Le plus malheureux des enfants.
— Cela excuse bien des choses, et je commence à croire que Christine n'avait pas tort quand elle vous défendait partout, même auprès de moi, qui n'étais pas votre adversaire, puisque je n'avais pas à m'occuper de vous.

Roger était exaspéré de tous ces retards; mais il sentait que Mlle Renée voulait l'interroger, se rendre compte de ce qu'il était, de ce qu'il voulait, avant de parler, et cela augmentait son inquiétude.

Qu'avait-elle donc à lui dire et à lui apprendre? Pour lui donner des nouvelles fallait-il tant de cérémonies? Pourquoi cet examen? Il s'agissait donc de choses bien terribles?

De quoi Christine pouvait-elle être coupable?

Ou plutôt, car à l'avance il était sûr qu'il n'y avait pas d'accusation à porter contre Christine, de quoi pouvait-on être coupable envers elle?

On l'avait fait entrer au couvent?

Mais pour Mlle Renée, personne pieuse, il n'y avait là rien de terrible, bien certainement, si la volonté de Christine n'avait pas été violentée.

Quelle violence M. de Condrieu avait-il pu exercer sur elle? Christine n'était pas seule, elle avait sa tante pour la défendre, et celle-ci était assez énergique, assez dévouée, assez intelligente pour qu'on pût compter sur l'efficacité de son concours.

— Je vous en prie... dit-il.
— Oui, oui, dit-elle, se parlant à elle-même, vous êtes digne d'entendre la vérité, et, d'ailleurs, comme on peut vouloir vous tromper, il est de mon devoir de vous l'apprendre ; je vais donc vous la dire ; mais à l'avance, je vous préviens de vous raidir contre votre émotion, contre votre indignation. Vous savez que, toute jeune, Christine a montré certaines dispositions, on ne peut pas dire vocation, pour la vie religieuse. Ces dispositions étaient-elles natives en elle ou bien lui ont-elles été soufflées? C'est une question que je n'osais décider d'une façon formelle; mais j'inclinais à penser que c'était M. de Condrieu qui la poussait au couvent, en inclinant ses idées et son éducation de ce côté, afin qu'elle abandonnât sa fortune à Ludovic. Aussi, pensant cela, avais-je grand soin de répéter sans cesse à Christine qu'on peut très bien faire son salut dans le monde et qu'on peut trouver le bonheur dans l'amour de son mari et de ses enfants. C'était ma manière de combattre M. de Condrieu et de prendre mes précautions contre la pression que je le soupçonnais de vouloir exercer sur Christine, et cela en faveur de Ludovic. Je n'ai pas besoin de vous dire que je me serais fait scrupule de contrarier la vocation religieuse de ma nièce; mais, d'autre part, je me serais fait scrupule aussi de ne pas veiller à ce que sa liberté morale fût respectée : il y avait là une nuance délicate à observer et je crois l'avoir observée. A mesure que Christine grandit ses dispositions pour la vie religieuse s'affirmèrent, et il vint un moment où elle déclara très nettement qu'elle voulait se consacrer à Dieu. Elle avait alors dix-sept ans, c'est-à-dire qu'il y a trois ans de cela. Vous avez été son camarade, vous avez donc pu étudier et connaître son caractère : ce ne fut pas avec de grands éclats qu'elle déclara sa vocation, mais avec cette fermeté douce qui est sa nature. Pendant quelques mois il ne se fit point de changement dans son état, et je croyais à la solidité de sa vocation, lorsqu'il y a deux ans et demi je remarquai en elle du trouble et de l'hésitation. Alors je l'adjurai de bien réfléchir pendant qu'il en était temps encore et, pour se décider, de n'écouter que sa conscience, après avoir fermé son cœur à toute considération étrangère, à toute influence venant du dehors, si puissante que pût être cette influence. Nous eûmes de longs entretiens à ce sujet, et à la fin elle me dit que, sans vouloir renoncer dès maintenant à la vie religieuse, elle trouvait sage d'attendre encore avant de se prononcer formellement dans un sens ou dans un autre. Une nouvelle période de quelques mois s'écoula, pendant laquelle je remarquai en elle un état de trouble moral et de fièvre corporelle qui m'inquiéta beaucoup. Puis un jour au milieu des larmes et des sanglots, dans une vraie crise, sans vouloir s'expliquer autrement, elle me dit qu'elle était décidée à entrer dans la congrégation de Saint-Jacques-de-Villeneuve. Vous pouvez juger de ma surprise et de mon étonnement? Comment s'était-elle décidée si brusquement, comment l'a-

vait-on décidée plutôt ? C'est ce que je vais vous expliquer.

Sans avoir conscience de ce qu'il faisait et dans un mouvement d'anxiété, Roger s'était rapproché de Mlle Renée qu'il ne quittait pas des yeux.

Deux questions étreignaient son esprit : — Quelle machination M. de Condrieu avait-il employée pour forcer le consentement de Christine ? — Pourquoi Christine avait-elle varié dans ses résolutions ?

Pour M. de Condrieu, il n'avait qu'à attendre, Mlle Renée allait lui répondre.

Mais pour les changements qui s'étaient faits dans Christine, qui pourrait l'éclairer ? Mlle Renée aurait-elle réponse à cette question ? Et tout en écoutant il ne pouvait pas ne pas réfléchir aux deux dates qui l'avaient frappé quand Mlle Renée les avait précisées : quand Christine avait déclaré qu'elle voulait se consacrer à Dieu, c'était trois ans auparavant, c'est-à-dire au moment où elle lui avait écrit sa lettre désespérée, le croyant perdu ; — quand elle avait montré de l'irrésolution et s'était décidée à attendre avant d'entrer au couvent, c'était deux ans et demi auparavant, c'est-à-dire au moment où il lui avait écrit qu'il quittait Paris pour Varages où il allait vivre avec elle, avec sa pensée et son souvenir en travaillant et en tâchant de devenir l'homme qu'elle voulait. Ces deux lettres, celle de Christine et la sienne, avaient-elles pu avoir une influence sur ces changements de résolution, l'une la poussant au couvent, l'autre l'arrêtant quand elle était résolue à en franchir la porte ? Mais alors ?

Il n'eut pas le temps d'examiner ces interrogations ; Mlle Renée, qui avait fait une pause, continuait :

— J'avais fait à Christine toutes les observations que la raison, que la tendresse m'inspiraient ; je n'avais obtenu pour réponse que des flots de larmes et son mot, toujours le même : « Je suis décidée, il le faut... » Je l'avais pressée de toutes les manières pour savoir pourquoi il le fallait, j'avais fait appel à son cœur, rien ne l'avait touchée. — Il le faut, il le faut, répétait-elle. — Son état était réellement lamentable et tout à fait inquiétant. La voyant ainsi je lui dis que puisque je ne pouvais rien sur elle, moi, sa tante, moi, la sœur de sa mère, moi qui l'aimais si tendrement, j'allais m'adresser à son grand-père. A ce mot elle se jeta à mes genoux, sur ce parquet, à cette place même où nous sommes, et elle m'embrassa les mains désespérément en me suppliant de ne point faire cela ; elle était hors d'elle même, affolée par l'épouvante, et elle répétait : Je vous en prie, tante, ne parlez pas à M. de Condrieu. — Mais pourquoi ? disai-je. — Là-dessus elle se taisait et son trouble, sa confusion augmentaient au point que j'avais peur qu'elle ne défaillît.

— Pauvre Christine ! murmura Roger.

— Oui, pauvre Christine ! Plus infortunée, la malheureuse enfant, que vous ne pouvez l'imaginer. La voyant ainsi, je cessai de la presser et de lui parler de son grand-père. A quoi bon ; cela ne pouvait qu'aggraver son état. Mais je ne renonçai pas, vous devez bien le penser, à interroger M. de Condrieu. Je l'allai trouver. Aux premiers mots que je lui dis, il prit une figure désolée et poussa des hélas ! qui ne finissaient pas ; je fus positivement arrêtée par les démonstrations de sa douleur pendant plusieurs minutes. — C'est un grand malheur, répétait-il, mais il le fallait, il le fallait. — Qu' fallait-il ? — Qu'elle connût la vérité. — Quelle vérité ? — Il fallait lui arracher les paroles les unes après les autres, et encore c'était à peine si celles qu'il articulait difficilement étaient intelligibles, bien qu'il les répétât à plusieurs reprises ; vous connaissez cette manière.

Roger inclina la tête par un signe affirmatif : il voyait M. de Condrieu avec sa mine convulsée, il voyait son geste pour essuyer une larme qui jamais ne mouillait le bout de son doigt.

— Je le pressai, continua Mlle Renée, je le secouai, — elle étendit son bras avec le mouvement d'une fée qui commande à un mauvais génie, — et je l'obligeai enfin à abandonner les lamentations pour parler comme tout le monde, — au moins à peu près. « Vous savez, dit-il, que j'ai toujours désiré que Christine se fît religieuse, et qu'autant qu'il m'a été possible je l'ai poussée dans cette voie. — Vous le reconnaissez ?

— Parfaitement ; je n'ai rien négligé pour aider à sa vocation, qui d'ailleurs était réelle ; vous pensez bien qu'en agissant ainsi j'avais un but qui était qu'elle abandonnât ses biens présents à son frère avec l'engagement d'honneur de lui abandonner aussi ceux qui pourraient lui échoir un jour, ne se réservant que la dot qu'elle devrait verser à son couvent. » Je fus stupéfaite de l'entendre parler avec cette franchise, lui qui d'ordinaire enveloppe ses paroles de voiles si épais. — J'avais mes raisons, poursuivit-il, des raisons toutes-puissantes pour exiger ce sacrifice, qui, me semble-t-il, vous paraît excessif. — Dites injuste... — Quand vous connaîtrez ces raisons, vous ne parlerez pas ainsi : si Christine avait persévéré dans la voie qu'elle paraissait suivre avec amour, jamais personne n'aurait connu ces raisons ; c'est le changement qui s'est opéré en elle qui m'a obligé à les lui faire connaître ; c'est quand je l'ai vue disposée à s'éloigner de la vie religieuse pour entrer dans la vie mondaine que j'ai dû lui révéler la vérité, et alors, comme c'est une honnête jeune fille, au cœur droit, à la conscience loyale, elle a compris que le couvent était le seul refuge possible pour elle, et que le sacrifice de sa fortune, que je lui demandais, n'était qu'un acte de justice.

Roger eut un frisson :

— Quel homme ! dit-il, à mi-voix.

— Le plus misérable, le plus fourbe, le plus habile artisan en crimes qui soit au monde ; vous allez le voir. — Quelle vérité lui avez vous donc révélée ? demandai-je, exaspérée et ne pouvant plus me contenir.

— S'il m'en a terriblement coûté, dit-il, de la faire connaître à Christine, et je ne m'y suis décidé qu'à la dernière extrémité, parce que c'était mon devoir de chef de famille et que je devais accomplir ce devoir, si douloureux qu'il fût, il m'en coûte aussi beaucoup de vous l'apprendre, car elle va vous atteindre cruellement ; je vous demande donc de bien constater que je ne m'y résigne que parce que vous m'y contraignez.—Oui, oui, je vous y contrains ; maintenant, parlez, parlez.

— Votre sœur, femme de mon fils, mère de Ludovic et de Christine, n'a pas eu pour son mari, vous le savez comme moi, l'affection qu'il méritait et qu'elle lui devait. — Il n'a rien fait pour gagner cette affection, tout au contraire. — Ceci est une appréciation que j'admets dans votre bouche, vous, sa sœur, mais contre laquelle je m'élève ; cependant je vous demande de ne pas engager de discussion à ce propos, cela nous éloignerait de notre sujet ; il suffit que vous reconnaissiez que cette affection n'existait pas, et elle n'existait pas. Mais l'affection, la tendresse, l'amour qu'elle n'avait pas pour son mari, elle les eut pour un autre. — C'est un mensonge ! m'écriai-je, indignée, car ma sœur a été une femme honnête et pure, soyez en sûr, monsieur le duc.

Roger s'inclina.

— Sans se laisser interrompre, continua Mlle Renée, M. de Condrieu répéta ses dernières paroles : «Elle les a eus pour un autre, son amant.» De nouveau je protestai, mais il poursuivit : — De cette liaison est née une fille, Christine.

Roger se frappa la poitrine de ses deux mains et un cri s'échappa de sa gorge :

— Il a pu...

— Oui, il a pu dire à une jeune fille chaste, innocente, dont l'âme n'avait jamais été effleurée par une mauvaise pensée, il a pu dire à sa petite-fille qu'il devait défendre de toute souillure : « Ta mère, dont tu vénérais la mémoire, était une femme coupable, elle trompait son mari, elle avait un amant, tu n'es pas la fille de celui dont tu portes le nom, tu es la fille de cet amant. » Voilà ce qu'il a pu, voilà ce qu'il a fait dans un intérêt d'argent.

— Oh ! quelle infamie ! s'écria Roger ; oh la pauvre Christine, elle qui avait gardé de sa mère un souvenir si plein de respectueuse adoration.

Puis, se révoltant contre cette pensée :

— Mais elle n'a pas pu croire cette accusation monstrueuse ?

— Vous connaissez mal M. de Condrieu : il sait prendre ses précautions ; il ne marche qu'armé de preuves. Quand il a eu l'idée de révéler ce qu'il appelle la vérité, il a compris que, malgré l'autorité que lui donne son titre de grand-père, Christine se révolterait contre cette accusation, comme vous venez de vous révolter vous-même, et alors il l'a prouvée au moyen de lettres écrites à ma sœur par cet amant, lettres que lui, M. de Condrieu, a trouvées après la mort de sa belle-fille et qu'il a précieusement gardées pour le jour où il aurait besoin de s'en servir ; et il s'en est servi, et il les a mises sous les yeux de Christine, et il les a mises sous les miens.

— Il a fait cela !

— Il l'a fait.

— Et ces lettres ?

— Fausses évidemment, mais fabriquées avec un art diabolique : rien qui ne puisse être lu — excepté par une fille — des détails précis sur la paternité du vrai père, sur la naissance, le nom de Christine répété à chaque ligne, enfin tous les caractères de la vraisemblance ; mais nulle part le nom ou le petit nom de cet amant, ni rien qui puisse faire deviner qui il était.

Mlle Renée se tut, la gorge serrée par l'émotion et l'indignation.

— Et Christine ? demanda Roger après quelques instants.

— Christine a-t-elle lu ces lettres ? Je n'en sais rien. Mais elle les a vues. M. de Condrieu, sans doute, lui a fait toucher du doigt certains passages ; il lui a expliqué qu'elle n'était point une Condrieu, qu'elle n'était qu'une bâtarde, et qu'elle serait une voleuse si, sachant la vérité sur sa naissance, elle n'abandonnait pas tout ce qu'elle possédait à son frère et si elle ne prenait pas l'engagement de lui abandonner aussi tout ce qu'elle pourrait recueillir plus tard. Christine, écrasée, anéantie par ce coup effroyable, Christine, qui voulait attendre avant d'entrer au couvent ; Christine, chassée de cette famille qui n'était plus la sienne, n'a trouvé de refuge et de soutien qu'auprès de Dieu. Vous comprenez qu'après cet entretien avec M. de Condrieu, je n'ai plus combattu la résolution désespérée de la pauvre enfant. Que lui aurais-je dit ? Que ces lettres étaient fausses ? Comment le prouver ? On lui avait mis une preuve matérielle sous les yeux que je n'aurais pu combattre qu'avec des allégations et des protestations. Je l'aurais ébranlée. Je suis sûre que je l'aurais touchée, mais jamais je n'aurais arraché le doute jusque dans ses racines. M. de Condrieu lui avait fait une blessure que la main des hommes est impuissante à guérir et qui ne peut être soulagée que par celle de Dieu. Je l'ai laissée aller à Dieu. Elle a ignoré, elle ignorera toujours que j'ai eu cet entretien avec M. de Condrieu et nous pouvons parler ensemble de sa mère... sans qu'elle rougisse, et longuement nous en parlons : la vive tendresse qu'elle avait toujours eue pour sa mère s'est avivée, et c'est avec une joie douce à son cœur qu'elle m'écoute quand je fais revivre devant elle ma pauvre sœur, avec toutes ses qualités de douceur, de bonté, de droiture... mais telle est l'horreur de la situation que je n'ose pas, le croirez-vous, parler de son honnêteté.

Après un moment de silence, Roger, qui avait respecté l'émotion de Mlle Renée et qui d'ailleurs était bouleversé lui-même, risqua une question :

— Et où est-elle ?
— Postulante aux sœurs de Saint-Jacques-de-Villeneuve.
— Cloîtrée ?
— Non.
— Je pourrais donc la voir ?
— Demain, si vous voulez, car c'est demain qu'elle prend l'habit et vous pouvez m'accompagner à la cérémonie.
— Mais avant ?
— C'est impossible.

Roger resta assez longtemps décontenancé.
— Venez me prendre demain matin, continua Mlle Renée, et je vous conduirai.

Il s'inclina :
— A demain, mademoiselle.

X

Quand Roger arriva le lendemain matin rue Férou, il trouva dans la cour le landau attelé qui attendait ; ce landau, que Mlle Renée avait recueilli dans l'héritage de son père, avait été maintes fois repeint, réparé, regarni, mais cela ne lui avait pas enlevé son caractère rococo ; rococo aussi était l'attelage, composé de deux vieux chevaux isabelle hauts sur jambes ; plus rococo encore était le cocher en livrée noire, ayant tout l'air d'un sacristain.

Mlle Renée attendait dans le salon ; elle était en grande toilette, et, dans les plumes de son chapeau, se montrait un oiseau vert qui avait l'air d'une perruche, et qui en était une en effet, mais non vivante.

— Partons, dit-elle.
— Serais-je en retard ?
— Non, juste à l'heure.

Lorsque Roger fut installé dans le landau vis-à-vis de Mlle Renée, respectueusement, il put lui adresser les questions qui, depuis la veille, s'étaient pressées dans son esprit ? quelle était cette congrégation de Saint-Jacques-de-Villeneuve ? A quelles œuvres ses membres se consacraient-ils ?

Mlle Renée répondit :

— La maison-mère est rue du Cherche-Midi, et c'est dans la chapelle de cette maison que va avoir lieu la cérémonie ; c'est là que se trouve la fameuse Vierge noire devant laquelle saint François de Sales a recouvré la paix alors que, se croyant damné, il demandait à Dieu de beaucoup l'aimer pendant qu'il était sur la terre. Les sœurs de Saint-Jacques soignent les malades, — à l'Enfant-Jésus par exemple, — elles ont des orphelinats, des dispensaires où elles font les pansements aux pauvres gens et leur distribuent du linge ; elles ont aussi plusieurs maisons aux colonies.

— Christine peut être envoyée aux colonies ?

— Sans doute, mais pas avant d'avoir prononcé ses vœux, et d'ailleurs on ne l'y enverrait pas sans son consentement ; en tous cas ce serait pour elle un bien plutôt qu'un mal d'aller aux colonies ; son isolement y serait plus complet ; elle se dégagerait de tout lien terrestre, de tout souci, peut-être même de tout souvenir et elle s'abîmerait en Dieu.

Ils ne tardèrent pas à arriver rue du Cherche-Midi et Roger suivit Mlle Renée, qui paraissait être chez elle, se dirigeant sans rien demander, rendant affectueusement les saluts qu'on lui adressait.

Un assez grand nombre de personnes étaient déjà installées dans la chapelle ; suivant toujours Mlle Renée, Roger, sur les pas de celle-ci, arriva aux premiers rangs.

Du côté opposé à celui où Mlle Renée l'avait amené, Roger aperçut un vieillard de haute stature, aux épaules voûtées, et près de celui-ci un jeune homme de haute taille aussi : M. le comte de Condrieu-Revel et son petit-fils Ludovic.

Roger voulut détourner la tête, mais à ce moment même les yeux du comte se fixèrent sur lui ; alors ils restèrent l'un et l'autre se regardant ; ceux qui les observèrent remarquèrent sur le visage de Roger l'expression de la fureur ; sur le visage du comte, l'expression de la gêne.

Ce fut le comte qui, le premier, détourna

es yeux, puis aussitôt il s'assit; ses mains tremblaient.

Après quelques instants, Mlle Renée se pencha vers Roger :

— La cérémonie va commencer par une messe, dit-elle, la messe de la communauté dite par le supérieur ; Christine l'entendra dans le chœur, assise sur ce fauteuil que vous voyez.

— Où est-elle ?

— Elle va arriver; elle sortira de derrière cette grille.

Disant cela, elle montra une grande grille qui tenait toute la partie gauche du chœur, et derrière laquelle on voyait un rideau en ce moment fermé.

— C'est là que se tient la communauté, continua Mlle Renée, et, la messe dite, ce sera devant la communauté que se fera la cérémonie.

Ce n'était pas de la cérémonie que Roger était en peine, c'était de Christine; c'était elle qu'il voulait voir; c'était pour elle, pour elle seule qu'il était venu; il ne savait pas ce qu'était une prise d'habit.

Après une assez longue attente, le chœur s'emplit de prêtres et d'enfants de chœur; puis le rideau fut tiré avec un cliquetis d'anneaux et la grille s'ouvrit.

Roger, qui s'était assis, se leva vivement et ne quitta plus la grille des yeux.

Tout à coup il vit, se détachant sur le fond noir formé par les membres de la communauté rangés le long de la grille, une apparition blanche.

C'était Christine qui s'avançait lentement en robe de mariée, la couronne sur la tête, le bouquet au corsage, enveloppée dans son voile; mais le tissu de ce voile était assez léger pour qu'on distinguât ses traits; il trouva qu'elle était pâlie, amaigrie, mais embellie, plus charmante qu'elle ne l'avait jamais été, d'un charme idéal et céleste; un cri faillit lui échapper.

Elle marchait, les yeux baissés, et ce fut sans voir personne qu'elle arriva à son prie-Dieu, sur lequel elle s'agenouilla.

La messe commença; ce fut machinalement que Roger se leva, s'assit et se releva; il restait les yeux attachés sur Christine.

Un prédicateur monta en chaire, et Roger n'écoutait guère son sermon, lorsque quelques paroles le frappèrent et le rendirent attentif.

Le prédicateur s'était tourné vers M. de Condrieu et il faisait l'éloge de ce grand-père vénérable, de cet homme de bien, de ce juste qui avait élevé sa petite-fille pour qu'elle se consacrât à Dieu un jour.

A ce moment, Roger sentit la main de Mlle Renée se poser sur la sienne, et ce fut dans une même étreinte qu'ils se dirent leur indignation, ne pouvant pas la crier tout haut.

Mais si Roger ne pouvait pas prendre la parole, il pouvait au moins se servir de ses yeux : les regards qu'il lança sur M. de Condrieu, qu'il lui asséna, furent si pleins d'éclairs que celui-ci, malgré lui, releva ses lourdes paupières; mais aussitôt il les rabaissa et même il courba le dos.

La messe se continua et s'acheva. Alors il se fit un grand mouvement dans l'assistance ; chacun quitta sa place.

— Nous allons entrer dans le chœur, dit Mlle Renée.

En effet, ils allèrent se placer derrière Christine et à une petite distance d'elle, mais en faisant face à la communauté.

Le supérieur qui avait dit la messe ayant quitté ses ornements sacerdotaux, vint en rochet, avec son aumusse et sa croix suspendue à un large ruban rouge moiré, s'asseoir sur un fauteuil, en faisant face aussi la communauté.

Aussitôt Christine, accompagnée d'une sœur qui était la maîtresse des novices, quitta le prie-Dieu sur lequel elle avait entendu la messe, et, son cierge à la main, traînant derrière elle la longue queue de sa robe de noces, elle vint s'agenouiller devant le supérieur.

— Que demandez-vous, ma fille ? dit celui-ci.

Une voix faible, mais ferme dans son accent, cette voix de Christine que Roger n'avait pas entendue depuis longtemps, répondit :

— La bénédiction de Dieu et la vôtre.

— Avez-vous essayé vos forces ?

— Je compte sur la grâce de Dieu.

— Espérez dans le Seigneur.

L'ayant bénie, il ajouta :

— Allez revêtir le saint habit de pénitence que vous réclamez.

Elle se releva et, suivie de la maîtresse des novices, elle franchit la grille et disparut dans la communauté.

Aussitôt toutes les voix de femmes entonnèrent un psaume.

Roger était troublé, éperdu, frissonnant. Qu'allait-il se passer ? Mais il n'était pas en état d'interroger Mlle Renée.

Au bout de quelques instants, entre les deux rangées des sœurs, il vit s'avancer Christine ayant à sa droite la prieure et à sa gauche la maîtresse des novices : elle avait quitté sa robe de noces, plus de couronne, plus de bouquet, plus de voile ; elle était en jupon court de percale blanche, un corsage de même étoffe lui montait jusqu'au cou, mais laissait à nu ses bras ; sur ses épaules et sa poitrine étaient épars ses cheveux, ses admirables cheveux, qui l'enveloppaient d'un voile presque aussi long et plus épais que celui de sa toilette de mariée; couchée dans son bras gauche, elle portait une grande croix de bois noir avec un christ en ivoire sur lequel elle tenait ses yeux attachés.

Roger sentit les larmes lui monter aux yeux.

Marchant doucement, elle était venue s'agenouiller devant le supérieur, faisant face à l'assistance, mais n'ayant de regards que pour le christ.

Des sœurs s'approchèrent et remirent à la maîtresse des novices des étoffes blanches et noires : — la robe, la coiffe, dont allait se revêtir la postulante, et un plat en argent sur lequel se trouvaient des ciseaux.

Le chœur des religieuses entonna un nouveau psaume.

La maîtresse des novices tendit le plat au supérieur et celui-ci, ayant pris d'une main les ciseaux, de l'autre une mèche dans la chevelure de Christine, il la coupa et la déposa dans le plat; la prieure prit à son tour les ciseaux et à son tour aussi elle coupa une autre mèche.

Toute cette belle chevelure allait donc tomber sous ces ciseaux? Le cri des cheveux avait retenti dans le cœur de Roger. Mais ce fut tout.

On avait mis sur les bras de Christine la robe noire qui avait été apportée à la maîtresse des novices; elle la présenta au supérieur, qui la bénit.

Alors elle rentra de nouveau dans la communauté, et quand elle reparut elle était vêtue d'une longue robe noire.

Pour chacune des pièces composant le costume qui désormais devait être le sien jusqu'au jour de sa mort : pour la guimpe, pour les bandeaux, pour la coiffe, pour le voile, il y eut une nouvelle bénédiction.

Et chaque fois elle retourna auprès de la prieure, qui lui mettait ses objets; mais ce n'était que d'une façon confuse que l'assistance pouvait voir cet habillement, car les sœurs l'entouraient en se groupant autour d'elle et elle disparaissait dans le fourmillement des robes noires et des coiffes blanches.

Enfin elle revint vers le supérieur complètement habillée, sœur de Saint-Jacques de la tête aux pieds, et cette fois, sur son front, il posa une couronne d'épines.

Alors, toujours agenouillée, elle chanta un psaume dont Roger entendit mal les paroles, bien qu'elle les prononça nettement. Cependant il en saisit assez pour comprendre que c'était une sorte de dialogue entre elle et la communauté : elle demandait à être admise, et on lui répondait qu'on l'admettait.

Les dernières paroles du psaume s'étei-gnirent; elle alla lentement à la prieure, s'agenouilla, et celle-ci, se penchant vers elle, l'embrassa.

Alors elle se tourna vers la maîtresse des novices, qui l'embrassa aussi.

Puis, la précédant, celle-ci la conduisit devant chacune des sœurs : elle s'agenouilla devant chacune d'elle et toutes successivement l'embrassèrent.

Elle était arrivée tout au fond de la chapelle réservée; elle s'agenouilla une dernière fois dans l'ombre, et une dernière fois elle fut embrassée.

C'était fini : elle était entrée dans la famille, elle était membre de la communauté.

Les grilles se fermèrent aussitôt, et les rideaux, glissant lentement sur leurs tringles, se rejoignirent.

XI

Pendant la dernière partie de la cérémonie, Mlle Renée avait paru ne rien voir de ce qui se passait; agenouillée sur son prie-Dieu, elle était restée, le visage caché dans ses deux mains, tout entière à son émotion ou à sa prière.

Lorsque la grille et le rideau se refermèrent, elle n'abandonna point cette attitude, et tandis que l'assistance sortait du chœur, elle demeura, la tête entre les mains, abîmée dans sa douleur et son recueillement.

Debout près d'elle, Roger n'osa point la troubler, il resta là, attendant.

Enfin, elle tourna vers lui son visage baigné de larmes.

— Nous n'allons point nous rendre au parloir, dit-elle; nous nous y rencontrerions avec M. de Condrieu, et je ne suis pas en état en ce moment de supporter sa vue.

— Mais Christine?

— Nous la verrons dans quelques jours; demain, après-demain, je vous mènerai près d'elle, je vous le promets. Aujourd'hui, que lui diriez-vous? Que vous dirait-elle? Et puis, voulez-vous subir la présence de M. de Condrieu? Je vous écrirai.

Il n'y avait rien à répondre : évidemment, c'était le langage de la raison et de la sagesse. D'ailleurs, comme il ne pouvait rien tout seul, il fallait bien qu'il se conformât à ce que Mlle Renée décidait.

Ce fut deux jours après qu'elle lui écrivit pour le prévenir qu'elle était prête à le conduire auprès de Christine.

Lorsqu'il arriva rue Féroù, il trouva dans la cour le landau attelé comme le jour de la prise d'habit, et, comme ce jour aussi, Mlle Renée qui l'attendait dans le salon.

Ils montèrent en voiture; mais en sortant

le cocher, au lieu de monter la rue Férou, la descendit.

— Nous n'allons donc pas rue du Cherche-Midi ? demanda Roger.

— Nous allons à Charonne, à l'orphelinat Saint-Jacques, où Christine est entrée en fonctions depuis hier.

— Ah ! vous l'avez vue ?

— Non, cela m'a été impossible, ce qui m'a affligée; elle doit se dire que je l'abandonne.

— Alors elle ne sait pas que je vous accompagne et ne sait pas non plus que j'ai assisté à sa prise d'habit ?

— Par moi elle ne sait rien de ce qui vous concerne; mais je ne sais pas ce que M. de Condrieu a pu lui dire ; cependant il n'est guère probable qu'il lui ait parlé de vous.

— Il est même probable qu'il ne lui a pas parlé du tout.

— Ne croyez pas cela: le misérable ne manquera jamais une occasion de lui témoigner publiquement son affection, et, dans le particulier, sa bienveillance. S'il n'est plus son grand-père, il est son ami ; il le dira sur tous les tons.

La voiture traversa tout Paris au trot cadencé de ses deux chevaux et elle arriva dans un quartier dont Roger n'avait aucune idée : une rue de village bordée de boutiques à l'aspect provincial, avec des échappées de vue par les rues latérales sur des étendues vagues; ils passèrent devant une petite église perchée au haut d'un escalier et entourée d'un cimetière, puis, la voiture ayant tourné à droite, ils s'arrêtèrent devant une grande porte percée d'un guichet; au-dessus de cette porte on lisait : *Orphelinat Saint-Jacques*.

Une sonnette à chaîne de fer ayant été tirée par Mlle Renée, la porte s'ouvrit.

— Suivez-moi, dit Mlle Renée.

Et après avoir passé sous la voûte de la grande porte, ils entrèrent dans un parloir dont la nudité frappa Roger : pour tout meuble des chaises foncées en paille alignées le long des murs peints en rose; sur ces murs un christ en bois peint et des images de sainteté dans des cadres en sapin verni; le carreau en terre rouge, lavé, sans petits tapis ni paillassons.

Une femme vêtue pauvrement, une ouvrière, était dans un coin avec une enfant de six ou sept ans qui pleurait :

— Ne pleure donc pas, disait la mère, tu seras plus heureuse qu'à la maison : tu auras de la bonne soupe chaud tous les jours.

— J'aime mieux la maison, disait l'enfant en s'efforçant de retenir ses sanglots.

Une sœur entra et vint vivement à Mlle Renée avec toutes les démonstrations du respect et de l'affection.

— Nous venons voir sœur Angélique, dit Mlle Renée.

Puis, se tournant vers Roger :

— Un parent, M. le duc de Naurouse, qui rentre à Paris après une longue absence.

— Je vais faire prévenir notre mère, dit la sœur; sœur Angélique est au préau avec les enfants.

Les fenêtres du parloir donnaient justement sur ce préau, planté de tilleuls taillés en berceau : l'une de ces fenêtres était ouverte ; Roger s'en approcha tandis que Mlle Renée et la sœur continuaient leur entretien. Sous les arbres, deux par deux, des petites filles marchaient en frappant le gravier des pieds et allant tantôt à droite, tantôt à gauche, elles semblaient suivre un dessin tracé, sous la direction d'une sœur vêtue d'une robe noire à queue, relevée sur le côté, serrée à la taille par une ceinture en cuir noir, et coiffée d'une petite coiffe blanche en batiste à fond plissé; elles chantaient une chanson sur l'air de *Cadet Roussel*, en criant tant qu'elles pouvaient et en marquant la mesure des pieds, des bras, de la tête et de tout le corps :

Tâchons, enfants, de pratiquer
Ce qu'on veut bien nous enseigner ;
Soyons attentifs et dociles,
Toujours prêts à nous rendre utiles.
Chacun nous aimera
Et le bon Dieu nous bénira.

Roger avait été frappé par la voix de la sœur ; dans un mouvement que fit la bande des enfants qui revenait vers le parloir, la sœur se retourna et lui fit face; c'était Christine.

Comme elle marchait en venant droit sur le parloir, ses yeux se portèrent sur la fenêtre ouverte et rencontrèrent ceux de Roger : alors ses lèvres restèrent entr'ouvertes sans achever le mot qu'elle chantait, ses mains tremblèrent et si elle n'avait pas trouvé à sa portée un arbre dont elle prit le tronc, elle serait tombée.

Roger se pencha par la fenêtre; mais à ce moment une sœur s'approcha de Christine, qui se redressa; alors, de peur de se trahir, il revint près de Mlle Renée en tâchant de contenir son émotion.

Cependant, Christine n'arrivant pas, la sœur qui s'entretenait avec Mlle Renée sortit pour l'aller chercher elle-même.

Au bout d'un temps assez long la porte du parloir se rouvrit et Christine parut seule : son visage était décoloré et ses lèvres pâles étaient agitées d'un tremblement.

Elle s'avança en tenant ses yeux fixés sur sa tante, n'osant pas bien évidemment regarder Roger.

— Je t'ai amené ton cousin, dit Mlle Renée en l'embrassant tendrement.

Alors Roger fit un pas vers elle :

— Bonjour, ma cousine, dit-il machinalement.

— Bonjour, Roger, murmura-t-elle.

Elle ne l'appelait point « mon cousin ; » elle tenait ses mains appliquées sur sa robe. Alors il laissa lui-même tomber la main qu'il lui tendait.

— Ton cousin arrive à Paris, dit Mlle Renée.

— Ah !

— Je suis arrivé dimanche, et mardi j'ai assisté à la prise d'habit avec Mlle Renée, près d'elle.

— Je ne l'ai pas vu, je n'ai vu personne.

— Voulant avoir de tes nouvelles, ton cousin a eu la bonne pensée de s'adresser à moi, dit Mlle Renée.

— Je ne savais rien de toi depuis deux ans et demi, dit Roger.

— Alors, continua Mlle Renée, je te l'ai amené, certaine que tu serais heureuse de le voir.

— Je vous remercie, ma tante.

Roger remarqua qu'elle disait « ma tante. » Cette parenté existait encor pour elle, tandis que celle avec les Condrieu n'existait plus. S'il avait été embarrassé pour la poignée de main, il ne l'était pas moins pour le tutoiement. Comment devait-il lui parler ?

Elle prit les devants :

— Tu as fait un bon voyage? demanda-t-elle.

— Je n'ai pas voyagé, je suis resté à Varages, où j'ai travaillé sous la direction d'un excellent maître ; j'ai passé mon examen et lundi j'ai porté mon diplôme a.. duc d'Arvernes qui m'a attaché à son cabinet : c'est en sortant de chez le ministre que j'ai voulu te porter ces nouvelles, et comme je ne savais où tu étais, je me suis adressé à Mlle Renée.

Roger avait vu le visage de Christine s'animer et rougir à mesure qu'il parlait ; dans ses yeux brillait une flamme de joie.

— Tu vois que tes conseils ont été suivis, dit-il, il était donc juste que je t'apporte l'expression de ma reconnaissance.

Elle ferma ses yeux à demi pour en voiler l'éclat, mais elle ne put pas voiler ses joues qui s'étaient empourprées et qui par leur rougeur, trahissaient son émotion.

— Et pendant ces deux ans et demi tu as toujours été en bonne santé ? demanda-t-elle après un moment de silence.

— Je n'ai pas eu une minute de malaise. Il raconta sa vie à Varages, l'emploi de son temps, ses heures de travail avec Crozat dont il parla avec une reconnaissance affectueuse, et ses heures de promenades, de courses à cheval à travers les campagnes et les bois.

Si réservée qu'elle voulût être, et sa contrainte était visible, il y avait des moments où elle s'oubliait et où elle montrait sa joie par les éclairs de son regard et l'épanouissement de son sourire; mais aussitôt elle se reprenait.

— Ce n'est pas seulement à ma santé que Varages a été bon, continua Roger, c'est aussi à ma fortune : pendant ces deux ans et demi j'ai éteint pour plus d'un million de dettes.

Lorsque Roger se tut, elle parla d'elle, mais simplement, en quelques mots :

— Tu vois, dit-elle, que j'ai réalisé les intentions dont je t'avais entretenu ; c'est une grâce suprême que Dieu m'a faite et dont je le remercie chaque jour.

Ce fut tout : Mlle Renée intervint, trouvant le sujet pénible et par là dangereux.

Ils s'entretinrent pendant longtemps encore, mais tous deux évitèrent de prononcer le nom de M. de Condrieu : ils parlèrent de leur enfance ; Christine parla surtout de l'avenir de Roger.

Enfin, Mlle Renée se leva :

— Je te remercie de tout cœur d'être venu, dit Christine, ta visite et ce que tu m'as appris me rendent bien heureuse ; maintenant je ne penserai à toi qu'avec une complète tranquillité.

Une parole se pressait sur les lèvres de Roger, mais il n'osait la prononcer :

— Quand pourrais-je te revoir ?

Comme si elle lisait dans son cœur, elle répondit à cette question :

— J'ai une grâce à te demander, dit-elle en attachant ses yeux sur lui, oublie Christine, elle est morte au monde ; mais pense à sœur Angélique quelquefois, et si dans ta vie tu as des heures difficiles, sache bien qu'elle prie Dieu pour toi et qu'elle lui demande ton bonheur.

Profondément ému, il voulut abréger la séparation de peur de se trahir.

— Au revoir, dit-il.

— Non, pas au revoir, adieu ; ma tante te parlera de moi ; et à moi, elle parlera de toi ; je te suivrai ; adieu, Roger.

Et la lourde porte se referma dans son cadre.

La voiture roula assez longtemps sans que Mlle Renée et Roger échangeassent une parole.

Tout à coup Roger releva la tête brusquement.

— Christine n'est pas novice, dit-il, elle n'est donc liée par aucun lien qui ne se puisse dénouer.

Surprise tout d'abord, Mlle Renée le regarda longuement :

— Elle est liée par un lien moral, le plus fort, le plus solide, et jamais elle ne le dénouera elle-même ; soyez sûr de cela. Maintenant qu'on lui suggère cette idée qu'elle n'aura jamais, je ne crois pas que cela arrive... au moins après réflexion ; ce ne serait pas l'aimer, car il n'y a plus de bonheur possible pour elle en ce monde, et c'est dans le sein de Dieu seul qu'elle peut trouver la paix et le repos. Elle vous l'a dit : Christine est morte ; ne pensez plus désormais qu'à la sœur Angélique.

XII

En voyant le duc de Naurouse reparaître, on avait cru qu'il allait reprendre sa vie tapageuse d'autrefois.

Sa brillante apparition à Longchamps faisait augurer à peu près sûrement ce que serait cette vie : vie de plaisirs, de fêtes, de bruit. Il était devenu un objectif, comme disait l'article du journal qui avait si fort tourmenté Nougaret, un soleil levant qui devait éclipser d'autres astres de la haute existence, déjà sur leur déclin; de là des inquiétudes, et d'autre part des espérances jalouses. Rares, presque introuvables étaient les gens qui admettaient qu'il avait pu se retirer à la campagne pendant plus de deux ans pour travailler. Pour aimer, oui, cela était vraisemblable; il y avait une femme là-dedans, tout simplement; on avait même cherché quelle pouvait être cette femme qui avait su le fixer pendant deux ans; deux ans, n'était-ce pas admirable? Aussi comme il allait se rattraper et regagner le temps perdu.

C'était Raphaëlle qui, la première, avait mis en avant cette idée qu'une femme avait accompagné le duc de Naurouse à Varages.

— Il y avait longtemps que je le soupçonnais de me tromper, avait-elle dit à Poupardin, et c'est pour cela que j'ai rompu avec lui nettement. Quand mes soupçons sont devenus des preuves, je lui ai donné congé. Assurément il y avait longtemps que je voulais m'en débarrasser; et cela pour toi, pour te prouver combien je t'aime; cependant je serais encore à le faire sans doute si l'évidence ne m'avait à la fin ouvert les yeux. Voilà comment je suis: fidèle jusqu'au sacrifice.

Quand les amis de Roger virent qu'il ne se mêlait point à eux comme autrefois, leur surprise fut vive.

Paris n'est une grande ville que pour ceux qui ne sont rien et n'ont point de nom; pour ceux qui, à un titre quelconque, par la naissance, le talent, la fortune, le vice, s'élèvent au-dessus du vulgaire, c'est une petite ville où tout se sait, se cherche, se dit, se répète. En ne voyant pas le duc de Naurouse là où l'on s'attendait à le rencontrer, le tout Paris dont il avait fait autrefois partie s'était inquiété de lui. Pourquoi ne se montrait-il pas? Que faisait-il? Quelle était sa vie?

On avait cherché.

Un matin, Mautravers était arrivé chez lui; précisément Roger était occupé à travailler avec Crozat, car, sans avoir l'idée de continuer à Paris ses habitudes de Varages, il n'avait pas voulu les interrompre complètement, et il avait prié Crozat de lui donner deux heures tous les matins, chaque jour, ce que celui-ci avait fait avec bonheur : « Une bonne lecture le matin avec un bon commentaire, cela ouvre l'esprit et le tient en haleine. »

Bien que Mautravers ne fût pas facile à arrêter, il avait été retenu dans le vestibule par Bernard, qui n'avait pas voulu le laisser passer; mais pendant cette discussion Crozat était sorti, et alors Mautravers avait pu entrer dans la chambre de Roger.

— C'est parce que vous étiez avec votre secrétaire que votre valet de chambre me fermait la porte sur le nez.

Roger se mit à rire.

— Quand je ne savais rien, dit-il, j'avais un secrétaire; maintenant que j'ai appris quelque chose, j'ai tout simplement un professeur, ce brave garçon avec qui vous venez de vous croiser.

— Professeur de quoi ?

— De tout ce que je ne sais pas; ce n'est donc pas une sinécure qu'il remplit auprès de moi.

— Alors c'est parce que vous travaillez avec ce professeur qu'on ne vous voit pas.

Plus d'une fois déjà on lui avait posé des questions de ce genre: « On ne vous voit pas. — Pourquoi ne vous voit-on pas ? » Il voulut répondre une bonne fois pour toutes, et comme il savait qu'il ne pouvait pas choisir une meilleure trompette que Mautravers, plus bruyante et plus bavarde, ce fut à celui-ci qu'il eut l'idée d'adresser cette réponse, certain qu'elle serait répétée ; peut-être même parviendrait-elle aux oreilles de M. de Condrieu, ce qu'il désirait.

— Ce n'est pas tout à fait parce que je travaille que je ne reprends pas mes anciennes habitudes, dit-il, car on peut très bien travailler et s'amuser; c'est que je ne le peux pas. Tant que je ne serai pas débarrassé de mon conseil judiciaire je toucherai deux mille francs par mois. Quelle figure puis-je faire avec cela ? Il est vrai que j'ai apporté de Varages quelques économies, mais elles ne vont pas tarder à partir.

— Et Carbans ?

— Ni Carbans, ni aucun autre usurier : je suis décidé à ne pas faire de dettes, et je n'en ferai pas. Je pense que M. de Condrieu compte là-dessus et qu'en répandant le bruit de ma mort...

— Comment, ce serait lui !

— N'en doutez pas, ce serait faire injure à son intelligence, très fertile en ruses. Je pense donc que M. de Condrieu, en répandant le bruit de ma mort, a espéré me faire revenir à Paris où je ne pourrais pas vivre sans recourir aux usuriers. Il m'a fait revenir, cela est vrai ; mais ses espérances pour les dettes seront trompées, je vous en donne ma parole.

— Vous pourrez vivre avec deux mille francs par mois, vous?

— Assurément.

— Et cette admirable résolution tiendra?

— Tant que j'aurai mon conseil, elle tiendra.

— Et Raphaëlle?

— Il n'y a plus de Raphaëlle.

— J'entends une Raphaëlle quelconque, la vraie ou une autre.

— Ni la vraie, ni une autre; la leçon que Raphaëlle, la vraie, m'a donnée n'est pas oubliée.

— Vous n'aurez pas de maîtresse?

— Je ne sais pas ; mais je n'aurai pas de Raphaëlle.

— Et vos relations avec vos amis et vos camarades vous les romprez?

— Pas du tout ; seulement je m'arrangerai pour ne pas donner à mes amis l'occasion de me gagner huit cent mille francs.

— Vous ne jouerez plus?

— Avec quoi voulez-vous que je joue?

— Il suffit que vous gagniez quelques milliers de louis pour pouvoir attendre agréablement le jour où vous serez débarrassé de votre conseil.

— Il suffit que je les perde pour que je ne sois jamais débarrassé de ce maudit conseil, qui est mon supplice et ma honte.

— Alors bureaucrate.

— Justement : employé de ministère.

— Vous !

— Cela vous paraît drôle.

— Dites prodigieux, invraisemblable. Le duc de Naurouse bureaucrate! Cela me jette les quatre fers en l'air. Non, je ne vous vois pas du tout dans ce rôle-là.

— Vous m'y verrez.

— Savez-vous que si je répétais ce que vous venez de me dire, personne ne voudrait me croire ; mais, soyez tranquille, je ne le répéterai pas.

— Pourquoi donc ; vous m'obligerez au contraire en le répétant, surtout à votre oncle qui, à son tour, m'obligerait en le répétant à M. de Condrieu.

Mautravers regarda Roger un moment, comme pour chercher ce qu'il y avait sous ces paroles, mais ce fut inutilement; il rencontra un visage impénétrable sous son sourire.

— Voulez-vous que je le lui répète moi-même? dit-il.

— A vrai dire, j'attends cela de votre amitié.

— Alors vous pouvez compter sur moi, mon ami.

— J'y compte, mon cher ami.

C'était avec fermeté que Roger avait pris cette résolution, mais ce n'était pas sans ennuis de toutes sortes qu'il en poursuivait l'exécution.

Il était plus heureux à Varages, dans la solitude où il était libre et où il n'était pas exposé aux tentations qui, à Paris, s'offraient à lui vingt fois chaque jour, qui venaient le chercher, qui le poursuivaient et contre lesquelles il ne pouvait se défendre que par des efforts de volonté constamment répétés.

Pour voir ses anciens amis il fallait qu'il vécût de leur vie, et ce n'était pas avec deux mille francs par mois que cela se pouvait.

Chaque soir maintenant il en était réduit à compter son argent, lui qui n'avait jamais compté, et c'était des opérations sans fin. « Nous sommes le 13, il me reste 1,200 francs, combien ai-je à dépenser par jour jusqu'à la fin du mois? » Il avait, il est vrai, une dizaine de mille francs qu'il avait apportés de Varages; mais il voulait les garder pour ses grosses dépenses, et non les gaspiller au jour le jour.

Alors il fallait procéder par restriction et privations : il n'irait pas là ; il ne ferait pas cela.

Ces privations lui étaient d'autant plus désagréables, qu'il n'en avait pas l'habitude; chose désirée ayant toujours jusqu'à ce moment été pour lui chose faite — et elles lui étaient d'autant plus dures qu'il était convaincu que les distractions pouvaient seules l'arracher à ses préoccupations. Entraîné dans leur tourbillon il n'eût point constamment pensé à Christine.

A force d'examiner la situation, il en était arrivé à se dire qu'à un certain moment, quand il était parti pour Varages, — Christine avait cru qu'il l'aimait et qu'alors elle avait voulu se réserver pour lui, ce qui permettait de penser qu'elle aussi l'aimait d'un sentiment autre que l'amitié fraternelle. Mais quelle avait été la force, la durée de ce sentiment? un jour il avait faibli ; pouvait-on raisonnablement espérer de le raviver? Devait-on tenter cette épreuve? Les raisons qui s'opposaient autrefois à ce que Christine pût être sa femme n'avaient point disparu, et même il fallait reconnaître qu'elles s'étaient plutôt fortifiées. Qu'il se décidât malgré elles à parler de mariage à Christine, que se passerait-il? Ou elle accepterait ou elle refuserait. Si elle refusait, n'aurait-elle pas de cruelles luttes à soutenir contre sa conscience qui troubleraient profondément sa vie dans le présent et peut-être même dans l'avenir? Si elle acceptait, où cela les conduirait-il? Pour qu'ils pussent se marier, il leur fallait à l'un et à l'autre le consentement de M. de Condrieu, puisque, l'un comme l'autre, ils étaient de par la loi sous l'autorité de leur grand-père, au moins pour le mariage que les femmes ne peuvent contracter qu'à vingt et un ans et les hommes à vingt-cinq ans, contrairement à la volonté de leurs ascendants. Comment espérer que M. de Condrieu consentît à un mariage qui détruisait tous ses plans. Il faudrait donc lui faire violence, c'est-à-dire qu'il faudrait attendre près de deux ans. Que se passerait-il pendant ces deux ans?

Dans ces conditions, c'était folie de penser à Christine.

Mais comment l'oublier, comment écarter son image, en vivant seul replié sur soi-même?

N'était-elle pas la femme tendre, exaltée, tout à la passion qu'il avait rêvée en lisant les lettres de sa grand'mère?

XIII

Si Roger s'était fait une loi, qu'il observait strictement, de refuser toutes les invitations de ses anciens amis, il y en avait d'autres lui venant de personnes placées en dehors du cercle de son intimité qu'il ne pouvait décliner.

Pourquoi l'eût-il fait d'ailleurs?

Son intention n'était point de vivre en sauvage, tout au contraire, c'était même pour lui une nécessité de la situation de chercher à s'étourdir.

Celles de ces invitations qui lui étaient arrivées les premières lui étaient venues du duc et de la duchesse d'Arvernes.

Au grand étonnement de ses nouveaux collègues, il avait pris au sérieux ses fonctions d'attaché et très régulièrement il s'était rendu au ministère.

Au bout de quelques jours, le ministre l'avait fait appeler:

— On me dit que vous venez tous les jours à votre bureau.

Roger avait répondu que l'exactitude était la seule manière de reconnaître la bienveillance dont le ministre avait fait montre à son égard.

— J'avoue que vous m'étonnez un peu, dit le duc d'Arvernes en souriant, car je m'étais imaginé que, comme quelques-uns de vos collègues, vous ne mettriez les pieds au ministère qu'une fois dans votre vie, le jour de votre présentation; mais je suis heureux de vous voir dans ces dispositions de travail et je vous promets de ne rien négliger pour les entretenir.

Et, fidèle à sa promesse, le ministre lui avait très souvent donné des travaux peu importants que Roger pouvait remplir, et plus souvent encore il l'avait fait appeler tout simplement pour causer.

Le premier jeudi qui avait suivi son retour à Paris, il avait été faire sa visite à la duchesse et il avait été reçu par elle avec plus d'affabilité encore peut-être qu'il ne l'avait été par le duc: ç'avait été des compliments sans fin sur sa victoire du dimanche, des regrets de n'avoir pas pu le féliciter tout de suite, non seulement sur cette victoire, mais encore sur sa résurrection. Et alors il avait fallu qu'il expliquât comment il avait pu vivre pendant deux ans et demi dans un château de Provence. — Seul? — Seul avec un professeur. — Elle avait souri d'un air de doute: — Vous avez donné tout ce temps au travail? — Tout ce temps. — Le sourire s'était accentué: — Vous aviez déjà commencé à travailler avant d'aller en Provence, car on m'a raconté que vous aviez habité la vallée de Montmorency avant votre départ. — Peu de temps, c'était trop près de Paris, et c'est pour cela que je me suis sauvé en Provence. — Sauvé! les hommes se sauvent donc quelquefois? — Quand il le faut. — Elle l'avait pressé, et il avait eu la plus grande peine à échapper aux interrogations plus ou moins détournées qui, toutes, tendaient à lui faire raconter ses amours avec Raphaëlle.

Ce n'avait pas été seulement d'histoires d'amour qu'elle s'était montrée curieuse, ç'avait été aussi d'histoires de famille. — On disait qu'il était mal avec son grand-père, le comte de Condrieu-Revel? — Aussi mal que possible. — Vraiment! Comment donc avait-il pu se brouiller avec un excellent homme comme le comte? — Sur ce point Roger avait évité de répondre, ne voulant pas se plaindre et ne voulant pas davantage accuser; aux yeux de tout le monde, M. de Condrieu était son grand-père, il devait donc ne parler de lui qu'avec réserve ou mieux n'en pas parler du tout; ce qu'il avait fait. La duchesse avait insisté. Il ne s'était point rendu. Alors, prenant un ton d'autorité affectueuse, elle avait déclaré qu'elle ferait cesser cela. Sans répliquer, il s'était retiré, se disant que la duchesse était vraiment trop curieuse et qu'elle se mêlait avec trop de sans-gêne de ce qui ne la regardait pas.

Le lendemain, il avait reçu une invitation à dîner pour le jeudi suivant, et la première personne qu'il avait aperçue après avoir salué la duchesse, ç'avait été M. de Condrieu, debout dans un coin du salon où il s'entretenait avec un personnage du monde politique.

Son premier mouvement avait été de gagner la porte et de partir, mais c'eût été une faiblesse doublée d'une sottise, il était resté: Évidemment il devait rencontrer M. de Condrieu dans le monde, le mieux était donc qu'il s'habituât à sa vue; si violents, si tumultueux que fussent les mouvements de son cœur chaque fois qu'il le regardait, ils se calmeraient peut-être un jour.

Ce fut à quoi il s'essaya pendant le dîner; placé assez loin du comte il pouvait le regarder sans avoir l'air de le provoquer ou de le braver; il le regarda donc franchement en face, la tête haute, s'amusant à faire détourner les yeux du comte quand ceux-ci rencontraient les siens. Ce ne fut pas son seul plaisir, il en éprouva de très-doux à remarquer et à noter les laideurs qui se montraient dans cette grosse tête en poire. Il avait attendu cette heure pour trouver que M. de Condrieu était laid, et depuis son enfance il s'était dit bien souvent qu'on était malheureux d'avoir ces yeux fuyants, ces fortes mâchoires qui semblaient toujours prêtes à mordre, ces bajoues pendantes, ce teint jaune et terreux, ces gestes hésitants, cette lourde démarche d'un vieil éléphant, cette parole ânonnante; mais jamais il ne se l'était dit comme maintenant. Autrefois c'était avec remords et avec honte qu'il voyait ces laideurs, qu'un petit-fils, pensait-il, n'aurait pas dû apercevoir chez son grand-père; tandis que maintenant c'était avec joie, avec bonheur, avec fierté qu'il les étudiait. Ce vieux gredin ne lui était rien; il pouvait lui donner tout bas les noms les plus infâmes, le charger de tous les crimes. Quelle différence entre cette vilaine tête et celle du marquis de Varages, si belle et si noble, sur laquelle se lisaient toutes les qualités!

Ce fut à peine s'il parla et répondit à ses voisins de table; jamais ceux qui le connaissaient ne l'avaient vu aussi silencieux, et cependant il avait l'air tout joyeux, tout heureux; déjà diplomate.

Ce fut ce que la duchesse remarqua et elle lui en fit l'observation dans le cours de la soirée, à un moment où, étant libre, elle l'appela près d'elle:

— A la façon dont vous avez regardé M. le comte de Condrieu en entrant, dit-elle, j'avais craint que cette rencontre avec lui ne vous contrariât; mais vos regards se sont adoucis pendant le dîner : j'en suis très heureuse.

Puis, tout de suite, d'un ton léger :
— Donnez-moi votre bras.

Et elle le conduisit dans un boudoir qui faisait suite à un petit salon : là se trouvait le comte de Condrieu, assis, dans une attitude de ruminant au repos.

— Voici pourquoi j'ai été heureuse de l'adoucissement de vos regards, dit la duchesse à mi-voix.

Roger eut un mouvement de répulsion qui secoua son bras.

— Cela vous contrarie? dit la duchesse.

Il resta quelques secondes sans répondre; puis, tâchant d'affermir sa voix :
— Au contraire, et je vous remercie de m'avoir ménagé cette entrevue.

Ils entrèrent.
— Voici M. le duc Naurouse, dit la duchesse en s'adressant au comte, qui me remercie de l'amener près de vous.

Puis, tout de suite, faisant un pas en arrière :
— Je vous laisse ensemble.

Et, vivement, légèrement, elle s'éloigna sans se retourner.

Il s'établit un silence; tous deux étaient debout en face l'un de l'autre, mais ils évitaient de se regarder.

Le comte, le premier, prit la parole :
— Je suis heureux, tout à fait heureux, mon cher petit-fils...

Incapable de se contenir, Roger jeta ses deux mains en avant comme s'il voulait lui fermer la bouche :
— Ah! ne m'appelez pas de ce nom! s'écria-t-il sourdement.

M. de Condrieu recula, absurdi :
— Et pourquoi donc, balbutia-t-il, ne suis-je plus votre grand-père?

La tentation fut forte, si violente que Roger ouvrit les lèvres pour dire: « Non, vous ne l'êtes pas. » Sans qu'il l'eût cherchée ni fait naître, l'occasion s'offrait à souhait de proclamer la vérité et de se débarrasser enfin de cette odieuse, de cette honteuse parenté : « Je ne suis pas votre petit-fils; votre sang ne coule pas dans mes veines; ma mère n'était pas votre fille! » Quel triomphe! Quelle vengeance! Il se lavait; il se purifiait : « Vous voyez bien qu'il n'y a rien de commun entre nous, puisqu'on n'a jamais eu à me reprocher un acte de bassesse ni de lâcheté! » Mais n'en serait-ce pas un que de jeter ainsi le nom de sa grand'mère et de se servir dans son intérêt, pour sa satisfaction, d'un secret que le hasard seul lui avait livré. Etait-il maître de ce secret? Pouvait-il, devait-il exposer au mépris, à l'injure ou à la raillerie la mémoire de sa grand'mère? Dire : « Je ne suis pas votre petit-fils; » alors même que cela était vrai, n'était-ce pas se rapprocher de M. de Condrieu disant à Christine : « Vous n'êtes pas ma petite-fille »? Ses lèvres se fermèrent.

Ce fut seulement après quelques instants qu'il se rapprocha de M. de Condrieu, qui, devant l'attitude embarrassée de Roger, s'était redressé :

— Je ne reconnais pas pour mon grand-père, dit-il à mi-voix, mais en articulant ses paroles, en les martelant, je ne reconnais pas l'homme qui a combiné un moyen comme celui que vous avez eu l'infamie d'inventer pour pousser Christine au couvent;

c'est parce que Mme la duchesse d'Arvernes m'a fourni l'occasion de vous dire cela en face que je l'ai remerciée tout à l'heure; elle m'a permis de vous jeter au visage ces paroles d'indignation et de mépris que mes regards vous ont lancées l'autre jour à la chapelle.

Un moment écrasé par cette explosion, M. de Condrieu avait peu à peu redressé sa haute taille, en prenant un air de dignité outragée :

— Vous oubliez à qui vous parlez, dit-il.

— Non, au plus fourbe, au plus misérable, au plus lâche des hommes, sans honneur et sans cœur.

— Taisez-vous !

— C'est à vous de vous taire, ou bien, au lieu d'étouffer ma voix, je l'élève, et tous ceux qui sont là dans ces salons accourront pour être juges entre vous et moi. Voulez-vous que je les appelle? voulez-vous que je leur dise ce que vous avez fait? Vous êtes un vieillard, un personnage dans l'État ; vous portez au cou et sur la poitrine tous les signes de l'honneur. Moi, je ne suis rien qu'un jeune homme. Vous verrez lequel de nous deux ils condamneront. Mais c'est inutile, car voilà que vous baissez la tête, tant vous avez peur, espérant aussi peut-être me toucher par votre humilité, après n'avoir pas pu m'intimider par vos airs de dignité. Allons, rassurez-vous, monsieur le comte, et relevez la tête. J'ai dit ce que j'avais à dire ; j'ai vengé celle que j'aime comme une sœur, et c'est assez ; je n'ai voulu vous parler que d'elle. Pour moi, je n'ai rien à vous dire, si ce n'est cependant que je vous défends d'invoquer ce titre de grand-père dont vous vous parez. Vous voyez bien qu'il ne vous protège pas. Contentez-vous de le faire valoir devant les tribunaux, là où il pourra servir vos intérêts. Mais entre nous il n'existe pas. Vous voyez bien que je ne suis pas votre petit-fils, puisque je ne vous continue pas. Je ne vous reconnais pas ; je vous renie.

Quand Roger rentra dans le grand salon, ému, tremblant, la duchesse, d'un signe, l'appela près d'elle ; il eût voulu s'échapper, mais comment ? Il alla près d'elle :

— Eh bien! demanda-t-elle à voix basse, comment l'entrevue s'est-elle passée ?

— Excusez-moi, dit-il, je suis un peu ému.

Elle le regarda.

— Il est vrai. Eh bien ! à demain. Je serai chez moi à cinq heures. Venez, vous me conterez cela.

XIV

Roger rentra chez lui très satisfait de sa soirée et fier de lui.

Il avait vengé Christine.

Il n'avait point trahi le secret de sa grand'mère.

Il avait renié M. de Condrieu, et de telle sorte qu'il faudrait vraiment que celui-ci fût plus qu'audacieux pour risquer à l'avenir un « mon cher petit-fils. »

Cependant, à ces causes de satisfaction s'en mêlait une de mécontentement et d'inquiétude.

Pourquoi Mme d'Arvernes s'occupait-elle de ses affaires sans qu'on l'en eût priée et se montrait-elle si empressée à entrer dans sa vie ?

Sans doute c'était chez elle affaire de curiosité, tout simplement, désir de savoir les causes de l'inimitié qui existaient entre lui et M. de Condrieu ; mais enfin cette curiosité, si curiosité seulement il y avait, n'en était pas moins déplaisante. Quand on a vécu seul, quand on n'a jamais eu près de soi personne avec qui partager ses joies ou ses chagrins, on est peu disposé à prendre des confidents.

Si elle persistait dans ces dispositions trop bienveillantes, cela pouvait amener entre eux une intimité qu'il était loin de désirer. Accepter de temps en temps une invitation de son ministre lui suffisait pleinement ; plus, serait un ennui et pouvait devenir une gêne.

Sans avoir approché la duchesse jusqu'à ce jour, sans avoir vécu de sa vie et dans son monde, il la connaissait cependant assez pour ne pas se sentir attiré vers elle.

Ce n'est pas quand on est en tête des dix ou douze femmes à la mode qu'on passe inaperçue, modeste, simple, timide, obscurément dévouée aux soins de sa maison, ne cherchant pas d'autres joies que celles qu'on trouve dans l'amour de ses enfants et le sourire heureux, plein de reconnaissance et de tendresse de son mari bien-aimé.

Modeste, la duchesse d'Arvernes ne l'était point : toujours en représentation, au contraire, bruyante, tapageuse, assidue à toutes les fêtes, fidèle de toutes les premières, celles du théâtre comme celles de l'église, se montrant partout où l'on s'amuse, où l'on se fait voir, et cela si régulièrement que c'était à croire qu'elle avait le don d'ubiquité, s'affichant aux premiers rangs, faisant parler d'elle dans tous les journaux du *highlife*, qui semblaient n'avoir qu'à chanter sa gloire à grand orchestre avec renfort de trompettes et de tambours.

Simple, pas davantage : ses toilettes étaient audacieuses, sans souci du goût et de l'harmonie, ne visant qu'à l'effet, ne cherchant que l'épatement de la galerie, et pour cela ne reculant devant rien, ni les contresens des formes, ni les hérésies des couleurs, mais s'imposant toujours par l'étrangeté quand l'originalité manquait, frappant fort si elles ne frappaient pas juste.

Timide, pas davantage non plus : elle était partout et toujours en scène avec des attitudes étudiées comme en trouvent à force de travail les vieux comédiens ; si, en entrant quelque part, on ne l'apercevait pas tout d'abord ce qui était bien rare, car il n'était pas dans ses habitudes de s'effacer, on la découvrait bien vite aux éclats de sa voix, à ses exclamations, à ses rires, au cercle dont elle avait l'habileté de s'entourer.

Bien qu'elle eût quatre enfants, elle ne les connaissait guère ni les uns ni les autres et l'on rapportait d'elle un mot qui avait couru tout Paris : « La vie est si monotone, qu'il y a des jours où j'ai envie d'embrasser mes enfants ; savez-vous que c'est quelquefois drôle, les enfants ! »

Des sourires et de la tendresse de son mari elle n'avait jamais pris souci, bien que celui-ci l'eût aimée passionnément et l'aimât toujours. Où qu'elle allât elle traînait avec elle quatre ou cinq adorateurs souvent renouvelés qui devaient lui témoigner ostensiblement leur admiration, leur soumission et auxquels elle accordait non moins ostensiblement des marques de sa bienveillance en les employant à son service. A l'un elle confiait son *book* de paris, à l'autre elle faisait tenir son ombrelle, le troisième était chargé d'un sac de bonbons et il était bien rare que le quatrième ne portât rien du tout, comme l'heureux officier de *Malborough*. Il fallait que tous les hommes qui l'entouraient subissent son influence ; c'était chez elle affaire d'amour-propre et de dignité. S'y soustraire était l'offenser ; l'indifférence devenait pour elle une injure et une marque de mépris qu'elle ne pardonnait pas.

Tout cela, Roger le savait pour l'avoir vu lui-même quand il s'était rencontré avec la duchesse, ce qui était arrivé à chaque instant, ou par les propos du monde, mais il en avait appris plus encore par une femme, dont il avait été l'amant peu de temps avant sa majorité et qui était la cousine en même temps que l'amie intime de la duchesse d'Arvernes. Mariée à un riche financier de nationalité anglaise, M. James Morson, cette femme, célèbre par ses galanteries et qui avait étonné Paris par ses aventures, avait la prétention d'imposer à chacun de ses nouveaux amants la foi absolue en sa virginité. C'était même parce qu'il n'avait pas voulu croire à cette virginité toujours renaissante et qu'il en avait ri, que Mme Morson, après quelques semaines de liaison, avait rompu avec lui, outragée et furieuse ; mais avant cette rupture elle lui avait bien souvent parlé de sa cousine, la duchesse d'Arvernes, la prenant pour point de comparaison et s'en servant comme d'un repoussoir. Ce n'était pas la duchesse, la pauvre Valère, comme elle l'appelait, d'un air de pitié, qui savait se réserver : au contraire, tout au caprice qui s'emparait d'elle, prête à toutes les folies, à toutes les extravagances, jusqu'à tout sacrifier : elle, les siens, son honneur, le monde entier. Que d'expériences n'avait-elle point ainsi faites, la pauvre Valère, cherchant toujours et ne trouvant jamais l'homme rare qui devait enfin éveiller en elle les sensations inconnues après lesquelles elle courait désespérément sans les atteindre, accusant ceux qui la trompaient et n'ayant pas la pensée de se demander si elle n'était pas la seule coupable.

Tout cela rendait la duchesse peu sympathique à Roger, et cependant il reconnaissait que, sous bien des rapports, c'était une femme désirable : combien d'hommes avait fait des folies pour elle ; combien d'autres seraient heureux de les faire toutes.

Belle, on ne pouvait pas dire qu'elle le fût, ni même jolie, mais étrange et s'imposant à l'attention, surtout au souvenir qu'elle tourmentait, facile à attaquer pour les femmes, plus facile à défendre pour les hommes. Après dix années de vie parisienne à outrance et sans qu'on l'eût jamais vue prendre un jour de repos, elle était fatiguée ; mais, par une bizarrerie de sa nature, la fatigue lui allait : ses yeux eussent perdu de leur puissance si leurs paupières inférieures n'avaient point été bordées d'une ligne bleuâtre qui donnait plus d'éclat à la blancheur nacrée de la sclérotique ; son nez n'aurait rien dit si ses narines n'avaient point été dilatées et le plus souvent palpitantes ; la pâleur du visage était chez elle un attrait ; de même les molles langueurs de ses attitudes de repos en étaient un aussi. Grande et souple, il y avait dans sa démarche quelque chose de la légèreté capricieuse de la chèvre, et l'on ne pouvait regarder longtemps sa tête, au front large et au menton aminci, sans penser à l'une de ces Faunes qu'on voit sur les vases ou sur les pierres antiques renversée au bras d'un Satyre amoureux. Un peu petite pour le corps, cette tête était chargée de cheveux châtains superbes, assez touffus et assez longs pour qu'elle ne voulût pas qu'on les coiffât solidement, de manière à profiter de toutes les occasions où elle pouvait les laisser se dérouler « par accident » sur ses épaules. Hardis et profonds étaient les yeux ; rouges et charnues étaient les lèvres qui découvraient continuellement des dents blanches admirables quoiqu'un peu trop serrées et trop pointues. Le cou était long et onduleux ; les épaules étaient tombantes, recouvertes dans le dos d'un épais duvet. Mais ce qu'il y avait de vraiment caractéristique en elle et qui frappait ceux qui savent voir, c'était une sorte de désaccord dans l'ensemble de ses proportions. Généralement les gens sont tout d'une pièce, ou tout gras de la tête aux pieds, ou tout secs. Chez elle il n'en était point ainsi : tandis que la tête, les mains, les bras et le haut des épaules étaient amaigris, les seins et les hanches offraient des formes développées et arrondies, comme si la vie était là plus complète et plus intense.

Au moment où Roger s'occupait ainsi d'elle, elle approchait de la trentaine, et il y avait plus de dix ans qu'elle était mariée.

C'était même à l'occasion de ce mariage que son mari avait été fait duc d'Arvernes et richement doté d'une somme d'un million et d'un château par l'empereur, payant à l'un de ses compagnons de misère les plus dévoués et les plus actifs qui l'avait toujours soutenu de son énergie et de sa foi dans le succès final les services qu'il en avait reçus en exil, dans ses conspirations et lors du coup d'État. Il n'avait pas fallu moins que ce titre, qui avait ébloui la fille, et cette donation, qui avait touché le père, pour décider ce mariage, car celui-ci, qui n'avait pas une origine plus haute que son futur gendre, s'était longtemps refusé à donner sa fille au fils d'un petit notaire de province, même quand ce fils de notaire était un des personnages les plus importants de l'État. Mais, à la fin, le titre, le million, le château et les divers traitements du futur mari s'élevant ensemble à près de trois cent mille francs, avaient brisé ces résistances, et Valère était devenue duchesse d'Arvernes ; seulement, son père, qui savait compter et qui n'avait d'ailleurs qu'une confiance médiocre dans la solidité de l'empire, avait su tirer habilement parti de ses longues résistances et surtout de la passion exaspérée du duc, plus âgé de vingt ans que celle qu'il épousait, pour ne point donner de dot à sa fille : un trousseau luxueux, une rente modeste, et c'avait été tout.

Telle était la femme qui venait se jeter dans la vie de Roger.

Pourquoi ?

Quel était son but ?

Combien durerait cette fantaisie ?

Voulait-elle le rendre amoureux pour qu'il prît place parmi ses soupirants ? Cela était possible, si ce qu'on disait d'elle était vrai.

Mais, à supposer qu'il en fût ainsi, cela n'était pas bien dangereux pour son repos : elle ne lui plaisait point et il n'était point d'humeur à prendre rang dans cette troupe de soupirants.

XV

Roger se dit que les choses étant ainsi, il n'avait pas à s'inquiéter ; si Mme d'Arvernes persistait dans ses dispositions, cela pourrait même devenir amusant. Il est vrai qu'elle se fâcherait peut-être, mais il n'y aurait là rien de bien grave ; le pire qui pourrait arriver serait qu'elle ne l'invitât plus, et il prendrait ce châtiment sans trop de chagrin.

Ce fut donc presque gaîment qu'il se présenta chez elle le lendemain.

Elle le reçut comme l'eût fait une amie, une camarade, en venant vivement au-devant de lui pour lui prendre les deux mains, qu'elle pressa, qu'elle caressa dans les siennes.

— Vous ne m'en avez pas trop voulu ? demanda-t-elle avec des câlineries dans la voix et dans le geste.

— Et pourquoi donc vous en aurais-je voulu ?

— Pour vous avoir mis en présence de votre grand-père.

— Vous avait-il demandé d'arranger cette entrevue ?

— Oh ! pas du tout, c'est moi qui, dans une idée de conciliation inspirée par la sympathie...

— Vous éprouvez de la sympathie pour M. de Condrieu ?

Elle le regarda longuement ; puis, se mettant à sourire :

— Vous voulez donc m'obliger à vous faire une déclaration. J'éprouve de l'estime pour M. de Condrieu ; et pour vous, monsieur le duc... le sentiment dont je parlais. C'est ce sentiment qui m'a inspiré l'idée de vous ménager un entretien avec votre grand-père, pensant qu'il pouvait amener un rapprochement entre vous. Je crains bien d'avoir fait une sottise.

— Mais pas du tout.

— Non, eh bien, contez-moi cela.

C'était debout au milieu du salon qu'ils avaient échangé ces quelques mots rapidement ; elle l'emmena dans un coin, son coin intime où elle n'admettait que ses amis, et elle le fit asseoir près d'elle, sur le canapé même où elle avait pris place, se tournant vers lui en face et le tenant sous ses yeux.

— Vrai, vous ne m'en voulez pas, répéta-t-elle, dites-le-moi une fois encore, bien franchement, en mettant votre main dans la mienne, les yeux levés.

Il commença par faire en souriant ce qu'elle demandait, mais au contact de cette main et sous l'éclat du regard qu'elle attacha sur lui, il sentit une impression de trouble sourdre dans son cœur, qui s'était mis à battre plus vite, comme s'il avait été secoué par une commotion magnétique se dégageant de ces deux yeux sombres.

— Je ne serais pas franc, dit-il, si je n'avouais pas que mon premier mouvement...

— A été de vous demander de quoi je me mêlais.

— Justement.

— J'aime cette franchise. Et le second ?

— A été de me dire que je devais vous être reconnaissant de l'occasion que vous m'offriez de m'expliquer une bonne fois pour toutes avec M. de Condrieu.

— Et de cette explication il est résulté ?...

— Que nous n'en aurons pas d'autres, au moins je l'espère.

— Comment ! M. de Condrieu n'a pas été touché de ce que vous avez fait depuis deux ans, et les marques de sagesse que vous avez données n'ont point adouci sa sévérité.

— Nous n'avons point traité cette question; c'est affaire aux tribunaux de décider entre nous.

— S'il abandonnait sa demande...

— M. de Condrieu n'abandonne jamais ce qu'il a entrepris.

— N'êtes-vous pas un peu injuste pour lui ?

Roger répondit par un signe de tête et un sourire.

— Oh ! je ne vous blâmerais pas, continua la duchesse, car je comprends très-bien que vous ayez été blessé par cette demande de conseil judiciaire, surtout si la responsabilité doit lui être imputée. J'admets qu'on nomme un conseil judiciaire à un jeune homme qui se lance dans des spéculations où sa fortune peut s'engloutir; mais à celui qui dépense son argent pour une femme, non. Quoi de plus légitime, de plus grand, de plus beau que de tout sacrifier à sa passion; on lui donne sa vie, son honneur, l'honneur des siens. Qu'est l'argent à côté de cela ?

Elle dit ces derniers mots avec véhémence, en plongeant ses yeux ardents dans ceux de Roger. Ce n'était plus la femme nonchalante, alanguie, fatiguée qu'il était habitué à voir; elle venait de se transfigurer. Longuement il la regarda, se demandant s'il ne subissait point une illusion: elle était belle.

Vivement elle se rapprocha de lui et, se penchant un peu de manière à effleurer son oreille, mais sans le regarder et en tenant ses yeux baissés :

— Vous l'aimiez donc passionnément ? murmura-t-elle.

Roger resta un moment interloqué. Décidément c'était une manie, de quoi diable se mêlait-elle ? Quelle idée de s'imaginer qu'il allait lui raconter ses amours avec Raphaëlle ? Quel intérêt cela pouvait-il avoir pour elle, qu'il eût aimé Raphaëlle passionnément ou ne l'eût pas aimée du tout ?

Comme il ne répondait pas, elle continua :

— Je comprends que vous l'ayez aimée. Je me la suis fait montrer: c'est une femme qui doit inspirer la passion. Point régulièrement belle de cette beauté à la mode, cela est vrai, mais qu'importe; est-ce que ce sont les femmes bêtement belles qui sont dignes de passion ? Leur beauté leur suffit; elles s'en nourrissent et trouvent dans la contemplation de leur image des joies que les autres cherchent dans les yeux brûlants ou attendris de l'homme qu'elles adorent. Elle a mieux que cette beauté banale : la vie, la flamme. Elle doit être bien intéressante, hein ?

Ne pouvant pas répondre, il se contenta de sourire, se demandant tout bas si c'était d'elle-même que la duchesse parlait ou bien si c'était réellement de Raphaëlle, et trouvant qu'en tous cas elle avait pleinement raison pour ce qu'elle disait de la beauté. Elle non plus n'était pas régulièrement belle, cela était évident, mais cependant il était impossible de ne pas reconnaître qu'il y avait en elle un charme étrange.

— Vous ne répondez pas, poursuivit-elle, vous trouvez ma curiosité indiscrète.

Il voulut se défendre.

— Vous avez parfaitement raison, dit-elle, je conviens qu'elle l'est. Mais il faut nous pardonner à nous autres, femmes honnêtes, d'être curieuses, puisque c'est seulement par ce qu'on veut bien nous dire que nous pouvons connaître la passion, ses joies ou ses souffrances, ses ivresses ou ses désespoirs. Où voulez-vous que nous apprenions ce que sont ces joies et ces ivresses, si on ne nous les raconte pas ? Ce n'est pas dans le mariage, n'est-ce pas ? Est-ce que nos maris trouvent le temps de nous aimer ? Ce n'est pas à nous qu'ils donnent leur vie; c'est à la fortune ou à l'ambition. Un mari amoureux, tout entier à sa femme, mais cela serait ridicule, il se ferait montrer au doigt; cela ne s'est jamais vu d'ailleurs, au moins je n'en connais pas l'exemple. Voilà pourquoi nous sommes obligées de nous lancer dans notre existence absurde; elle nous étourdit.

Elle se passa la main sur le visage avec un geste de fatigue et de dégoût qui contrastait d'une façon frappante avec l'élan qui l'avait entraînée lorsqu'elle avait parlé de la passion.

— Ah ! ne croyez pas, dit-elle, qu'elle ne me pèse pas, cette existence bête qui prend nos jours sans les remplir, et que bien souvent je n'aie pas voulu l'abandonner. Mais comment ? Pourquoi ? Ou plutôt pour qui ? Plus d'une fois j'ai cherché autour de moi une main que je pourrais prendre pour me sauver; je ne l'ai pas trouvée. Ah ! comme je l'aurais béni celui qui m'aurait tendu cette main, comme je l'aurais aimé, comme je me serais faite son esclave, ne vivant que pour lui, pour son bonheur, n'attendant de joies que de lui seul. Mais les hommes ont peur de l'amour: une femme qui les aime passionnément les épouvante; elle est encombrante, elle est gênante. Occupés de leurs affaires, ils n'acceptent que la femme qui leur permet de concilier ces affaires avec leurs plaisirs. Au moins tels étaient ceux que j'ai rencontrés et il eût fallu que je fusse folle pour espérer trouver en eux la réalisation de mes rêves. Comprenez-vous maintenant pourquoi je vous ai montré tout à l'heure cette curiosité qui, exprimée tout naïvement et sans réflexion, vous a suffoqué : c'est que, dans notre monde banal si bien réglé, vous avez aimé et vous avez fait des folies ; faire des folies vous avez eu ce courage, vous avez eu cette vertu. Les juges nomment des conseils judiciaires à ceux qui font des folies, mais les femmes les admirent.

Parlait-elle sérieusement? Roger ne se sentait pas si admirable qu'elle voulait bien le dire et pensait qu'il aurait fallu d'autres folies que celles qu'il avait faites pour mériter cette admiration.

—Pourquoi lisons-nous des romans, nous autres femmes? continua-t-elle. Pour y trouver des histoires d'amour qui nous occupent le cœur, qui nous sortent de nous-mêmes et de notre vie monotone, qui nous apprennent ce que nous ne connaissons pas ou qui ravivent le souvenir des émotions que nous avons éprouvées. Mais combien plus intéressant pour nous est le héros qui a vécu ces histoires et qui, tout palpitant encore, les raconte lui-même, que le romancier qui les invente ou qui les arrange, souvent fort mal, avec toutes sortes de sauces prétendues savantes, mais trop souvent parfaitement insipides. Vous êtes un de ces héros et voilà pourquoi je vous ai montré cette curiosité, dans laquelle, vous le voyez, il y a tant de sympathie et d'intérêt. Quand on a eu le bonheur d'aimer, est-ce que la plus grande joie qu'on puisse éprouver n'est pas de parler de son amour ?

Heureusement pour Roger, le duc d'Arvernes, en entrant, le dispensa de répondre.

Qu'eût-il dit ? Il eût été fort embarrassé.

Il s'en revint chez lui dans des dispositions toutes différentes de celles où il était la veille.

Décidément la duchesse n'était point la femme qu'il avait cru.

Passionnée.

Cela expliquait bien des choses et les excusait.

Il n'était plus assez naïf pour accepter tout ce qu'elle avait dit, et il était bien certain qu'elle avait habilement arrangé ses paroles quand il avait été question de la main qu'elle avait cherchée et qu'elle n'avait point trouvée; mais était-ce naïveté de croire qu'elle n'avait point été aimée comme elle désirait l'être et qu'elle n'avait point elle-même aimé?

Les passionnés n'ont-ils pas le droit d'être difficiles?

XVI

Bien que les nobles ne soient pas rares au ministère des affaires étrangères, où il y en a de toute sorte, des vrais et des faux, la particule étant le meilleur titre à l'avancement, Roger était le seul duc de noblesse bien authentique qui fût attaché au cabinet du ministre, M. d'Arvernes avait des marquis, des comtes, des vicomtes, des barons près de lui; il avait même des nobles du pape, mais il n'avait qu'un seul duc de *noblesse de nom et d'armes*, comme on disait autrefois pour désigner celle qui était immémoriale : François-Roger de Charlus, duc de Naurouse.

Aussi M. le duc d'Arvernes, sénateur, grand'croix de la Légion d'honneur, membre du conseil privé, ministre secrétaire d'État au département des affaires étrangères, qui, pour son tourment et sa honte, ne pouvait pas, même chargé de tous ses ordres, oublier qu'il avait été Janelle, faisait-il à chaque instant, quand il avait un moment de loisir, appeler près de lui le duc de Naurouse.

Il fallait l'entendre dire : « M. le duc de Naurouse est-il arrivé ? » Mais ce qu'il aurait fallu surtout, c'eût été l'entendre donner ses instructions à ce jeune duc de Naurouse : sa noblesse toute neuve recevait une sorte de consécration à cette familiarité. Lui, Janelle, il parlait de haut, il commandait au descendant de Charlus Tête-d'Étoupe, le hardi compagnon de Guillaume d'Aquitaine.

Mais les ordres tenaient peu de place dans leurs entretiens ; bien vite le ministre s'effaçait et il était remplacé par le duc d'Arvernes, qui causait amicalement avec le duc de Naurouse.

La duchesse ne faisait pas moins souvent que le duc appeler Roger, et de plus elle ne le laissait presque jamais partir sans lui fixer une heure pour le lendemain.

Elle aurait besoin de lui pour ceci, et puis pour cela, et puis encore pour telle chose : elle avait détaché du bureau du protocole tout ce qui avait rapport au cérémonial — le sien, bien entendu — et elle en avait formé une sorte de division dont Roger était le chef.

De là était résultée une intimité forcée, à laquelle Roger n'aurait pas pu se soustraire facilement, alors même qu'il l'aurait voulu ; mais il ne le voulait pas, ou plus justement il n'y pensait pas, prenant les choses comme elles se présentaient et les laissant aller : on verrait bien ; le temps était passé où la duchesse lui déplaisait, et si ce n'était point avec un tendre intérêt qu'il s'occupait d'elle, au moins était-ce avec une curiosité sympathique : décidément elle n'était point ce qu'il avait cru ; il y avait en elle des côtés mystérieux qui s'imposaient à l'attention, des énigmes à deviner qui faisaient travailler l'imagination et la réflexion.

Ce n'était pas seulement chez elle que Mme d'Arvernes avait besoin de Roger, c'était partout qu'elle voulait l'avoir près d'elle : au théâtre, aux courses, surtout aux courses, où elle se promenait, devant tout Paris, à son bras sans prendre souci des lorgnettes braquées sur eux, sans s'inquiéter des sourires qui accompagnaient leur passage ou ne s'en inquiétant que pour le braver ; il y avait longtemps que c'était un plaisir, une gloire pour elle de se mettre au-dessus des propos du monde et des préjugés bourgeois. N'était-elle pas duchesse ? C'était une manière de faire ses preuves de noblesse.

Bien qu'elle ne lui eût jamais reparlé de Raphaëlle et qu'elle n'eût même jamais fait allusion au récit qu'elle lui avait demandé, il n'était guère question dans leurs entretiens que du monde de la galanterie et de la cocotterie. Aussi, chaque fois que ce sujet était abordé, et il l'était à chaque instant, Roger s'attendait-il à entendre le nom de Raphaëlle prononcé.

Il ne l'était point, mais celui de toutes les autres femmes en vue l'était à satiété, avec tout un accompagnement de questions plus précises les unes que les autres.

— Combien celle-ci avait-elle d'amants à la fois ? — En avait-elle un qu'elle aimait réellement ? — Combien celle-ci se faisait-elle payer ? — Comment procédait-on avec elle ? — Arrivait-on son billet de banque à la main ou bien y avait-il, comme chez certains médecins, une coupe dans laquelle on devait déposer les honoraires dus ? — Payait-on avant ou après ? — Etait-il vrai que, chez Agnès Manec, c'était avec le mari qu'on discutait le prix et aux mains de celui-ci qu'on devait, en entrant, verser la somme convenue ? — Etait-il vrai qu'avec celle-là on devait procéder régulièrement et commencer par lui faire la cour ?

Sur tous ces points elle était insatiable et Roger n'en disait jamais assez.

— Précisez donc ! s'écriait-elle impatientée, puisque vous avez vécu dans ce monde-là, vous devez en connaître les usages et le tarif.

Et il fallait qu'il précisât ; il fallait qu'il citât des faits, des noms.

Alors c'étaient des exclamations, des indignations.

— Comment les hommes étaient-ils assez fous pour gaspiller ainsi leur temps, leur fortune, leur honneur, quand il y avait tant de femmes honnêtes, valant bien celles-là pour la beauté, qui seraient heureuses d'être aimées et d'aimer sans tant exiger.

— N'exigent-elles rien, ces femmes honnêtes ? disait Roger. N'en est-il pas, et des plus honnêtes, qui ruinent leurs amants tout comme si elles ne l'étaient pas et même mieux, plus rapidement et plus complètement.

— C'est pour Mme de Lucillière que vous dites cela ?

— Pour elle et pour d'autres, car je vous assure que je n'ai aucune raison personnelle d'accuser Mme de Lucillière ; je trouve même que l'avarice de son mari serait jusqu'à un certain point une circonstance atténuante pour elle ; avec un mari comme le marquis une femme traverse de cruelles épreuves.

— Dites que le marquis est le dernier des misérables, car le rôle d'un mari c'est de travailler pour sa femme ; mais si le mari manque à ce devoir et laisse sa femme aux prises avec le besoin, ce n'est pas une raison pour que celle-ci reçoive quoi que ce soit de son amant : l'argent brûle les doigts.

— Et l'argent du mari.

— Celui-là ne compte pas.

Elle revenait sans cesse à cette question d'argent, et, chaque fois, avec un mépris plus violent pour les femmes qui, comme la marquise de Lucillière ruinaient leurs amants ; il semblait qu'elle tenait à bien marquer qu'on ne la compterait jamais au nombre de ces femmes, et sa sévérité pour tout ce qui touchait les choses d'intérêt contrastait violemment avec son indulgence pour tout ce qui touchait les choses de sentiment et de passion.

Mais ce à quoi elle revenait plus souvent encore, c'était à ses questions sur ce monde qui avait pour elle tant d'attrait ; il y avait là une curiosité vraiment bizarre qui parfois stupéfiait Roger : quelles idées occupaient donc son imagination, qu'elle ne se lassait point de ces histoires en réalité souvent banales et presque toujours les mêmes par le fond aussi bien que par le détail ? Quel intérêt cela pouvait-il provoquer en elle de savoir que celle-ci n'avait qu'un amant à la fois, tandis qu'à celle-là on en donnait une douzaine ? Quel charme y avait-il pour elle à apprendre que l'une était spirituelle tandis que l'autre était bête ?

Mais il n'était pas possible de fermer les yeux à l'évidence, cet intérêt était très vif, ce charme était très grand ; elle voulait savoir, elle voulait voir.

Ordinairement, lorsqu'elle allait aux courses de Longchamps, elle se promenait dans l'enceinte du pesage ou elle s'asseyait devant les tribunes sur une chaise autour de laquelle se pressait sa cour ordinaire ; mais les femmes dont elle se préoccupait tant ne sont point admises dans le pesage, elles assistent aux courses dans leurs voitures. Un dimanche qu'elle était accompagnée du duc d'Arvernes et de Roger, elle voulut que sa voiture entrât sur la pelouse et prît place au milieu des voitures.

— Pour voir, dit-elle au duc, surpris de cette fantaisie.

Mais cette place elle la choisit de manière à poursuivre ses études ; comme son cocher longeait la file des équipages rangés contre la lice, ne sachant trop où se mettre, suffoqué d'ailleurs de se trouver dans cette cohue, elle le fit arrêter au second rang, entre le landau de Cara et le daumont de Balbine, à peu de distance du clarence de Raphaëlle.

M. d'Arvernes descendit bientôt, mais elle ne voulut pas l'accompagner au pesage.

— Je suis ici pour voir, dit-elle, M. le duc de Naurouse voudra bien, je l'espère, me tenir compagnie.

Non seulement elle voulait voir, mais encore elle voulait entendre : que disaient les hommes qui venaient serrer la main de Cara, de Balbine et des autres femmes qui les entouraient? Mais, au milieu du brouhaha, entendre était difficile : quelques éclats de voix çà et là, un rire affecté, un mot salsi au hasard ; « à demain, à ce soir, » et c'était tout.

Dans l'intervalle des courses elle voulut circuler entre les voitures et approcher de plus près celles qui provoquaient si vivement sa curiosité. Au bras de Roger elle fit lentement cette promenade, s'arrêtant pour mieux regarder et pour entendre, tout yeux, tout oreilles.

Ce n'était point des toilettes, si brillantes qu'elles fussent, qu'elle prenait souci ; c'était des femmes elles-mêmes, de leur beauté quand elles en avaient, de ce qui pouvait plaire en elles, provoquer le désir ou l'entretenir ; d'un mot toujours juste elle les jugeait très bien, les déshabillant de la tête aux pieds.

A un certain moment elle vit une femme installée dans une mauvaise voiture de remise glisser un petit carton roulé dans la main d'un jeune homme, et vivement elle pressa le bras de Roger pour faire appel à son attention ; mais il avait vu lui-même ce manège.

— Son adresse, dit-il, tout simplement, à moins que ce ne soit un prospectus avec prix courant.

Lorsqu'ils revinrent à Paris, elle déclara qu'elle s'était beaucoup amusée et qu'elle préférait la pelouse au pesage.

Ce n'était point une exagération, car, mise en goût par cette journée, elle en voulut une plus complète. Le dimanche suivant était le jour du Grand Prix ; elle décida qu'elle irait le soir à Mabille.

— Toutes les filles de Paris s'y trouvent ce soir-là, n'est-ce pas ? demanda-t-elle à Roger. Eh bien, nous irons ; seulement nous prendrons M. d'Arvernes avec nous.

Et comme Roger laissait échapper un geste de surprise :

— Oh ! soyez tranquille, dit-elle, il viendra.

En effet, ce dimanche-là, vers dix heures et demie du soir, M. le duc et Mme la duchesse d'Arvernes, accompagnés de M. le duc de Naurouse, descendaient de voiture à la porte de Mabille, et la duchesse prenait vivement le bras de Roger : elle n'avait jamais été si jeune, si alerte, si rayonnante ; et c'était les narines palpitantes qu'elle respirait l'odeur âcre du tabac, mêlée à tous les parfums violents dont les femmes emplissaient l'air en sautant de leurs voitures sur le trottoir et en secouant la traîne de leurs robes.

Le gaz flambait dans une atmosphère poussiéreuse et la musique faisait rage. Une cohue se pressait dans l'étroite entrée ; des hommes au visage allumé, des femmes en toilette extravagante, plaquées de blanc et de rouge, qui jetaient en avant leur ventre et leurs seins ; Mme d'Arvernes laissa glisser son bras sur le poignet de Roger et, lui prenant la main, elle la lui serra dans une étreinte nerveuse en s'appuyant contre lui toute frissonnante.

— Marchez en avant, dit-elle à M. d'Arvernes, nous vous suivrons.

XVII

Cette visite à Mabille donna à réfléchir à Roger et acheva de faire la lumière dans son esprit.

Ce n'était pas seulement la curiosité qui avait poussé Mme d'Arvernes à cette visite, pas plus que ce n'était la curiosité qui lui avait fait demander ces récits auxquels elle s'amusait tant : c'était un besoin ; elle avait trouvé plus qu'un plaisir des yeux dans cette visite, de même qu'elle avait trouvé plus qu'un amusement dans ces récits; il semblait qu'il en était d'elle comme de ces collégiens précoces pour qui c'est une jouissance de rentrer les soirs de congé en passant par les rues où les filles battent le trottoir, la jupe retroussée et les mollets au vent.

Évidemment cela constituait un état particulier, intéressant.

Mais Roger n'était ni romancier, ni médecin, ni psychologue, ni physiologiste ; il était homme, jeune homme, et c'était seulement en ce qui le touchait personnellement que cet état de Mme d'Arvernes pouvait l'intéresser et l'intéressait réellement.

Qu'indiquait-il ?

Une passionnée.

Si cela était, il n'avait pas à s'en effrayer dans les dispositions où il la voyait à son égard, et même il s'avouait franchement qu'il souhaiterait volontiers qu'il en fût ainsi : n'avait-il pas toujours désiré une femme passionnée, se donnant tout entière et ne vivant que pour aimer ?

Mais comment Mme d'Arvernes pouvait-elle être une passionnée : par le cœur ou par les sens ?

Cela n'était pas du tout la même chose pour lui.

A l'écouter, quand elle parlait de la passion, des joies, des ivresses qu'elle donne, on pouvait croire que son cœur était tendre, exalté, avide d'amour.

Mais à le voir courir après les filles, s'intéresser à leur histoire, s'enthousiasmer pour leurs rouéries, prendre plaisir à se faire conter, avec les détails les plus crus, leur vie de désordre, on pouvait supposer aussi que cette exaltation n'était que dans les sens, de sorte que le cœur, au lieu de donner l'impulsion, la recevait instinctive et automatique.

Pouvait-on l'aimer s'il en était ainsi ?

Pouvait-elle aimer elle-même ? Jusqu'à ce jour on lui avait, à tort ou à raison, donné un grand nombre d'amants ; jamais personne n'avait parlé d'une passion qu'elle aurait inspirée et ressentie ; des caprices aussitôt envolés que formés et c'était tout.

Il avait toujours admiré ceux qui raisonnaient des choses de la passion en docteur et avec le ton de l'infaillibilité ; mais pour lui il reconnaissait qu'il n'y entendait rien et que c'était tout ce qu'il y avait de plus confus et de plus contradictoire au monde : juger une femme, porter sur elle un diagnostic en disant : « Son caractère indique qu'elle fera ceci, sa nature qu'elle ne fera pas cela » lui avait toujours paru impossible, et quand il pensait à Mme d'Arvernes cette impossibilité lui apparaissait bien plus certaine, bien plus complète encore : n'était-elle pas un sphinx ? Il n'avait jamais eu le talent de deviner les énigmes.

S'il était impropre à ce travail, le mieux n'était-il pas pour lui de ne pas le poursuivre et surtout de ne pas le recommencer sans cesse après un nouvel effort.

Pourquoi ne pas accepter la situation telle qu'elle se présentait et telle qu'elle pouvait devenir.

Ou Mme d'Arvernes était capable d'amour, et alors il n'y avait qu'à se laisser aller à cet amour quand il s'affirmerait, s'il devait s'affirmer jamais.

Ou bien elle n'était capable que d'un caprice, et alors il n'y avait qu'à voir ce que ce serait ce caprice, jusqu'où il irait et combien il durerait.

Dans l'un comme dans l'autre cas, l'expérience n'avait en soi rien de désagréable, tout au contraire.

Qu'une occasion se présentât de tenter cette expérience, il fallait la saisir.

Loin était le temps où elle lui déplaisait, et ce n'était pas sans protestations vigoureuses qu'il entendait parler d'elle en mal : « Pas belle, allons donc ! — Des amants, qu'en savait-on ? »

En revenant de Mabille, elle lui avait dit qu'elle aurait besoin de lui le lendemain. Lorsqu'il arriva, elle accourut à lui légèrement.

— Il m'est venu hier à Mabille une idée qu'il faut que vous m'aidiez à réaliser. Je compte sur vous.

Roger s'inclina.

— Je veux voir un intérieur d'une de ces femmes, Cara, Balbine, Agnès, Manec, celle que vous voudrez, peu m'importe, pourvu que vous ayez confiance en elle.

Il se récria devant la hardiesse de ce caprice ; mais elle ne voulut rien entendre.

— Adressez-vous à celle dont vous êtes sûr ; dites-lui qu'une provinciale, une étrangère, veut visiter son appartement ; demandez-lui à quelle heure elle ne sera pas chez elle ; enfin, arrangez les choses pour le mieux. Il y a longtemps que cette envie me tourmente ; mais personne ne m'a inspiré assez confiance pour que je risque l'aventure.

Il dut céder. La seule femme à laquelle il pouvait se fier était Balbine, bonne fille, incapable de faire le mal et avec qui il avait conservé des relations amicales. Le soir même il alla la trouver à son théâtre et lui expliqua le service qu'il réclamait d'elle. Elle commença par se fâcher : elle n'était ni d'âge ni de caractère à faire ce métier ; mais elle finit par céder, et il fut convenu que, le lendemain soir, elle ferait éclairer son appartement comme si elle était chez elle et donnerait l'ordre à ses domestiques de sortir de neuf heures à onze heures ; la clef serait déposée chez le concierge, où Roger la prendrait en arrivant et la remettrait en partant.

— C'est égal, dit Balbine en quittant Roger pour entrer en scène, elle me paraît avoir des idées avancées, l'étrangère ; est-elle jolie au moins ? a-t-elle du chien ? Vrai, ce sera drôle ; je voudrais voir ça.

Quand Mme d'Arvernes connut ces dispositions, elle se montra ravie :

— Où demeure-t-elle, Mlle Balbine ?
— Rue Basse-du-Rempart, n° 80.
— C'est bien ; trouvez-vous ce soir, un peu avant neuf heures, à sa porte, j'arriverai en voiture de place ; nous entrerons ensemble ; vous êtes un homme charmant.

A neuf heures moins dix minutes, Roger commença sa faction devant le n° 80, assez vivement intrigué et se demandant avec une émotion qui lui faisait battre le cœur ce qui allait se passer.

A neuf heures précises un fiacre s'arrêta devant lui ; la portière ouverte, une femme voilée descendit vivement.

C'était elle ; il lui tendit la main ; elle la serra longuement.

— Entrons, dit-elle.

Mais avant de monter l'escalier, Roger dut entrer chez le concierge pour prendre la clef de l'appartement ; on la lui remit sans faire de question et même sans le regarder, surtout sans regarder sa compagne.

L'appartement de Balbine était au premier étage, qu'il occupait entièrement, vaste, luxueux, ainsi qu'il convenait à une femme qui avait eu successivement pour amants le prince Savine et le riche Poupardin.

Une fois entrés dans le vestibule Roger referma la porte avec soin.

— Mettez le verrou, dit Mme d'Arvernes.
— Volontiers, mais rassurez-vous, Poupardin seul pourrait survenir, et cela n'est pas à craindre, d'abord, parce qu'il sait que Balbine est au théâtre et puis, parce qu'il n'a pas de clef de l'appartement de sa maîtresse ; quand il veut entrer il sonne.
— Ça c'est bien.

Elle défit son voile, qui était épais. Roger put voir alors qu'elle était plus pâle que de coutume ; elle paraissait un peu oppressée ; ses yeux jetaient des éclairs ; ses lèvres, d'un rouge intense à demi ouvertes, laissaient voir ses dents.

Comme Roger la regardait elle l'entraîna doucement.

Après le vestibule se trouvait un petit salon communiquant avec la salle à manger et avec un plus grand, le salon de réception : toutes les portes étaient ouvertes à deux battants, on voyait l'enfilade des pièces toutes éclairées.

Bien que ces pièces fussent très richement et brillamment meublées, Mme d'Arvernes ne donna qu'un regard rapide aux dressoirs de salle à manger, garnis cependant de belles pièces d'argenterie vieille et neuve, aux tentures, aux tapis, aux bronzes, aux marbres, aux tableaux des deux salons.

— C'est comme chez tout le monde, dit-elle en entraînant Roger, c'est trop correct, ça sent trop l'arrangement du tapissier.

A la suite du grand salon venait un petit boudoir tendu en satin bouton d'or, puis tout de suite la chambre à coucher, et enfin un très vaste cabinet de toilette.

Arrivée dans la chambre, Mme d'Arvernes regarda longuement autour d'elle, et elle respira à plusieurs reprises comme pour analyser le parfum de cette pièce.

Ce qui frappait tout d'abord les yeux en entrant dans cette chambre, c'était un très grand lit, bas, capitonné en soie mauve, ayant son chevet appuyé au mur tendu d'une étoffe pareille ; un large divan placé à l'autre bout de la chambre faisait face à ce lit ; puis çà et là se trouvaient des fauteuils bas, un petit bureau, une psyché.

Mme d'Arvernes, s'assit sur le divan, et après avoir secoué la tête, elle dit :

— Je m'attendais à autre chose.
— A quoi ?
— Je ne sais pas ; que trouvez-vous donc de provoquant ici ? la femme elle-même, sans doute ?

Roger était debout devant elle. Sans répondre il la regarda durant quelques secondes, troublé, attiré par les yeux ardents qu'elle tenait attachés sur lui.

Elle eut un sourire vague :

— Comment donc leur parlez-vous à ces femmes ? demanda-t-elle.
— Mais....
— Voyons, supposez que je suis Balbine ; vous, vous êtes le duc de Naurouse ; nous nous sommes rencontrés hier à Mabille et vous m'avez trouvée à votre gré. Vous venez pour me le dire.

Parlant ainsi, elle se débarrassa de son chapeau, de son manteau et se montra dans une toilette tout à son avantage.

— Allons, dit-elle à Roger, resté devant elle, ne voulez-vous pas me montrer comment les choses se passent ?

Il alla à la porte et entra comme s'il venait du dehors.

— Vous fermez la porte, n'est-ce pas ? dit Mme d'Arvernes.

D'un geste brusque il la ferma et même il poussa le verrou.

— Même au verrou, dit-elle, ah ! vraiment ! ah ! vraiment !

Sans répondre, il vint à elle, s'asseyant sur le divan :

— L'impression profonde que vous avez produite sur moi hier, dit-il d'une voix vibranle, m'amène près de vous tout plein d'amour; et puisque nous sommes portes closes, en tête-à-tête, sans que personne puisse nous entendre et nous troubler, je veux enfin vous dire que je vous aime.

Elle recula un peu la tête, et de haut elle le regarda toute palpitante, puis, se détournant à demi :

— Mais c'est un jeu, murmura-t-elle.

— Non un jeu, mais la réalité la plus douce et la plus charmante, puisque je vous tiens dans mes bras, puisque mes yeux plongent dans vos yeux, puisque votre souffle se mêle au mien, chère Valère.

— Ah! Roger! cher Roger!

Onze heures allaient sonner lorsqu'il la mit en voiture.

XVIII

Le lendemain matin, Roger était encore au lit et endormi lorsqu'il fut réveillé par un bruit de voix qui se faisait entendre à la porte de sa chambre.

Cette porte s'ouvrit et aussitôt se referma: une femme en toilette de voyage, coiffée d'une toque recouverte d'un voile gris qui lui cachait le visage, était entrée; elle vint au lit vivement.

— Éveille-toi, habille-toi, nous partons.

C'était elle.

Elle s'assit sur le lit, et passant ses bras autour du cou de Roger, elle l'embrassa longuement.

— Nous partons, dit-il lorsqu'il put ouvrir les lèvres pour parler, où allons-nous ?

— Je ne sais pas, mais qu'importe, où tu voudras, quelque part où nous serons ensemble, seuls.

— Mais...

— Cela te dérange ?

— Au contraire, cela m'enchante.

— Alors ne prends souci de rien ; je suis partie ce matin pour Vauxperreux, où je n'irai point, bien entendu ; mais avant j'ai eu la précaution de faire à M. d'Arvernes une querelle d'Allemand bonne pour expliquer mon absence si longue qu'il nous plaise de la prolonger. Je voyage pour cause de mauvaise humeur ; au reste, je ne suis pas la femme des craintes vulgaires et bourgeoises : je fais ce qui me plaît, et il me plaît de voyager avec toi, d'être à toi entièrement du matin au soir, de t'avoir à moi du soir au matin, de t'aimer, de t'adorer, de ne vivre que pour toi, que par toi ; le veux-tu ?

— Partons.

— Pour où ?

— Cherchons.

— Alors à mon tour.

Disant cela, elle alla à la porte, dont elle poussa le verrou.

Mais avant de revenir au lit, elle s'arrêta un moment et défit son manteau, qu'elle jeta sur un meuble.

Alors elle fit deux pas en avant pour s'approcher de Roger; mais d'un geste de la main, et plus encore d'un regard, celui-ci l'arrêta :

— Encore, dit-il d'une voix douce qui tremblait légèrement.

Elle le regarda, et, pendant quelques secondes, ils restèrent les yeux dans les yeux, sans parler.

— Encore, dit-il.

D'un tour de main elle se débarrassa de son voile et de sa toque.

Et de nouveau elle fit un pas en avant, avec un sourire.

De nouveau il l'arrêta :

— Encore, murmura-t-il.

D'un seul mouvement de main la robe fut déboutonnée et elle glissa sur le tapis.

— Encore.

Quand ils revinrent à leur voyage, il était trop tard pour partir par les trains du matin.

— Nous partirons ce soir, dit-elle. Qu'importe, puisque la journée est à nous, et puis, avant de partir, ne faut-il pas savoir où nous allons ?

— Alors où allons-nous ? En France ou à l'étranger ?

— Oh ! en France, puisqu'il faut un passeport pour passer la frontière. D'ailleurs, je ne tiens pas du tout à sortir de France.

— Ni moi non plus.

— Nous éloigner de Paris me suffit.

— Moi aussi.

— Nous sommes donc d'accord.

— Parbleu ! n'est-on pas toujours d'accord quand on sent de même ? On l'est avant d'avoir parlé.

Elle sourit.

— Nous allons voir, dit-elle. Ce que je sens en ce moment, c'est que j'ai très faim.

— Moi aussi.

— Eh bien, déjeunons ; nous piocherons l'*Indicateur des chemins de fer* ensuite.

— Déjeunons ; mais où déjeunons-nous ?

— Ici, je ne veux pas sortir.

— Mais il n'y a pas de quoi déjeuner ici ; il n'y a même pas de quoi préparer ce déjeuner.

— Eh bien, il n'y a qu'à envoyer chercher ce déjeuner.

— Et Bernard ?

— Bernard ne nous est pas utile pour nous servir ; nous n'en avons besoin que pour apporter la table toute dressée comme au théâtre ; je dormirai pendant ce temps-là ; va lui commander notre déjeuner.

Au bout d'une demi-heure, Bernard apporta une petite table sur laquelle était servi un déjeuner froid, et s'il vit Mme d'Arvernes, rien en lui ne put donner à penser qu'il l'avait aperçue; il fit vivement ce qu'il avait à faire et aussitôt il se retira discrètement.

Ce fut une fête de jouer à la dînette, et elle se prolongea longtemps, beaucoup plus que s'ils avaient été gravement assis en face l'un de l'autre, devant une table correctement servie : ce qui manquait était une occasion de rire ; ce qu'ils trouvaient une occasion de s'émerveiller.

Mme d'Arvernes déclara qu'elle n'avait jamais mangé de si bon appétit ni avec tant de plaisir.

Enfin la table fut poussée au loin, mais ils ne reprirent point la discussion de leur plan de voyage ; ouvrir l'*Indicateur*, le feuilleter, chercher des noms de pays les eût distraits d'eux-mêmes.

Ils avaient mieux à faire.

— C'est donc vrai, tu m'aimes? disait-elle.

Et toujours elle revenait à cette parole, comme si, malgré la réalité, elle doutait encore.

— Que faut-il donc pour que tu croies?

— Rien maintenant que la durée. J'ai eu tant de peine à admettre que tu pourrais m'aimer jamais, m'aimer comme j'ai toujours souhaité être aimée. Devines-tu maintenant pourquoi je t'ai fait tant de questions sur ces femmes près desquelles tu avais vécu? Devines-tu pourquoi j'ai voulu les voir de près? Devines-tu pourquoi j'ai voulu aller chez l'une d'elles?

Elle le regarda en plongeant en lui, profondément.

Il ne répondit pas, car ces questions le ramenaient à des idées qui, dans un pareil moment ne pouvaient que lui être pénibles, et auxquelles il eût voulu n'avoir jamais pensé.

— Ne va pas croire surtout, continua-t-elle en voyant qu'il se taisait, ne va pas croire que c'est par curiosité malsaine, par dévergondage d'imagination. Je me suis demandé plus d'une fois si tu n'avais pas cette pensée, et avec angoisse, sentant bien que si elle traversait ton esprit elle ne pouvait que m'être contraire et très-justement t'éloigner de moi. Ce n'était point curiosité, ce n'était point davantage dévergondage d'imagination. C'était... mais tu l'as deviné, n'est-ce pas ?

De nouveau elle se tut pour l'examiner, et comme il ne disait rien, elle poursuivit :

— Je vois que tu veux te le faire dire, eh bien, je ne te refuserai pas puisque cela peut t'être agréable : c'était par inquiétude, par jalousie ; je voulais savoir si tu avais pu aimer ces femmes, car je voulais ton premier amour, je voulais que tu vinsses à moi le cœur libre comme je venais à toi sans que jamais la passion ait fait battre mon cœur. Que tu aies eu des maîtresses, cela, je le sais, c'est un malheur qui me touche que peu ; ce qui m'aurait désespérée, ce qui maintenant m'arracherait de tes bras, c'eût été, ce serait qu'il y eût une image de femme dans ton cœur. Je n'ai pas voulu t'interroger, je ne m'en suis fiée qu'à moi. Une fois, il est vrai, je t'ai posé des questions à propos d'une femme qui avait été ta maîtresse, j'ai voulu que tu me racontes les folies que tu avais faites pour elle. Mais alors je commençais seulement à t'aimer, je ne savais pas même si je t'aimais. C'est en te questionnant que j'ai senti combien tu m'étais cher, c'est la peur des réponses que tu allais peut-être me faire qui m'a révélé combien je t'aimais. Aussi depuis ne t'ai-je jamais parlé de cette femme. Ne l'as-tu pas remarqué ?

— Il est vrai.

— C'est que j'avais peur, une peur effroyable que tu me fisses ce récit que je t'avais demandé. Toi, me parler de l'amour que tu aurais éprouvé pour cette femme, mais je serais morte de jalousie. Tu ne m'en as point parlé ; ne m'en parle jamais, bien que maintenant je sois à l'abri des tortures de cette jalousie par ce que tu m'as dit, par ce que j'ai vu moi-même, par ce que j'ai appris. Ni celle-là, ni les autres, tu n'as pas pu les aimer. Tu as pu dépenser ton argent pour elles, le gaspiller, qu'importe ; l'argent a-t-il jamais été une preuve d'amour! Maintenant je suis tranquille, car je suis convaincue ; je sens là, — elle se frappa le cœur, — je sens que, si tu as aimé, c'est l'amour, ce n'est pas la femme.

Les heures passèrent vite, il fallut revenir au plan de voyage sous peine de ne pas plus partir le soir qu'ils n'étaient partis le matin.

La journée avait été brûlante, une de ces journées de chaleur précoce comme il en fait souvent à Paris au mois de juin, ce fut cette chaleur qui les fixa.

— Si nous allions au bord de la mer, dit-elle.

Il fut arrêté qu'ils iraient au bord de la mer, en Normandie ou en Bretagne, et plutôt en Bretagne qu'en Normandie. Bien que ce ne fût pas encore la saison des bains de mer, la Normandie est toujours pleine de Parisiens ; et puis c'était à la gare Saint-Lazare qu'elle prenait le train pour aller à son château de Vauxperreux, qui est situé à une courte distance de Mantes, et tous les employés qui la connaissaient étaient casquette basse devant elle ; sans vouloir se cacher, elle ne voulait pas non plus rendre les recherches si faciles qu'on pût à coup sûr dire où elle était et avec qui elle était partie. En Bretagne, il n'y avait pas autant de Parisiens à craindre ; à la gare Montparnasse, elle n'était pas connue des employés. Ils iraient donc en Bretagne et ils prendraient, le soir même, à la gare Montparnasse le train que l'*Indicateur* fixait à huit heures. Leur première halte serait Saint-Brieuc ; là ils commenceraient leur promenade le long de la côte pour ne s'arrêter, s'ils s'arrêtaient, que dans un village qui leur plairait ; ce serait charmant.

Mme d'Arvernes avait fait déposer le matin une malle à la consigne de la rue Saint-Lazare ; elle alla la prendre et ils se firent conduire ensuite à la gare Montparnasse.

Ils dînèrent dans un restaurant des environs et Roger ne put s'empêcher d'admirer son aisance et sa liberté qui n'eussent pas été plus grandes assurément si elle eût eu un frère pour compagnon de voyage et non un amant.

Une gratification offerte à un employé leur assura un compartiment pour eux seuls, car ils ne pouvaient pas le retenir tout simplement en le payant sous peine de signaler leur départ.

Quand le train se mit en marche, elle prit Roger dans ses bras et, le serrant dans une étreinte passionnée :

— Enfin, tu es à moi, dit-elle, je t'emporte.

XIX

Ils avaient pris à Saint-Brieuc une voiture qui devait les conduire à Paimpol par la route du bord de la mer : c'était une vieille calèche qui avait dû être en ses beaux jours un carrosse de gala, et après de longs et glorieux services, était venue s'échouer chez un loueur, où elle avait été dix fois remise à neuf ; présentement elle était peinte en bleu de roi et sa garniture était en perse rose.

Quand Mme d'Arvernes s'assit sur les coussins roses et vit l'attelage composé de deux chevaux blancs, cela la fit beaucoup rire :

— Mais c'est notre voiture de noces, dit-elle, quel bonheur !... En route pour Cythère !

Puis, changeant subitement de visage et prenant un air sérieux :

— Heureusement ce n'est qu'un jeu, dit-elle, nous ne sommes pas mariés. De quoi M. d'Arvernes est-il coupable envers moi ? D'un seul crime : il est mon mari. Toi, cher Roger, tu es mon amant, l'homme choisi entre tous, choisi par mon cœur, par ma chair, par mon être tout entier ; tu es à moi comme je suis à toi.

Ils étaient sortis de la ville et, après avoir longé une petite rivière courant au fond d'un étroit vallon, ils s'étaient, par un chemin en lacets, élevés sur une falaise de moyenne hauteur où le vent de la mer leur soufflait au visage sa fraîcheur salée. Mais bien que d'un même mouvement ils se fussent mis debout tout deux pour regarder au loin, ils ne virent point la mer : ils étaient au milieu de champs verts entrecoupés de levées de terre et de haies ; le long de ces haies des moutons noirs entravés aux quatre pattes broutaient les pousses des branches nouvelles, et dans les enclos des bœufs et des vaches paissaient à demi cachés dans les genêts en fleur.

— Comme c'est joli, s'écria-t-elle, comme ces odeurs de plantes et de fleurs mêlées à la salure de la mer fouettent le sang.

Cependant elle ne tarda pas à trouver que cette mer qu'on respirait sans l'apercevoir ne se montrait pas assez vite ; et puis la route n'était pas assez déserte ; à chaque instant ils croisaient des groupes de paysans qui revenaient sans doute d'un marché voisin et qui, curieusement, regardaient dans la calèche ; il y avait des ivrognes qui interpellaient le cocher et lui proposaient à boire.

— Tiens-tu à aller loin ? demanda-t-elle.

— Pas du tout.

— Eh bien ! si tu veux, nous nous arrêterons dans le premier village qui nous conviendra ; cette route est un champ de foire, je ne l'ai pas ; notre calèche n'est plus une voiture de mariée.

Le premier village qu'ils rencontrèrent était adossé à une falaise et bâti le long d'une rivière qui se jetait là dans la mer ; il ne leur plut point, étant trop abrité et par conséquent privé de vue.

Ils continuèrent leur route.

Après avoir fait cinq ou six kilomètres sur un plateau, ils se trouvèrent en face de la mer, qui s'étalait devant eux à perte de vue jusqu'à l'horizon voûté où les eaux et les nuages se brouillaient confusément ; à une assez grande distance de la terre surgissait une petite île surmontée d'un phare, et çà et là, au milieu des vagues blanchissantes, une ligne de rochers aux pointes noires ; entre ces rochers et la terre couraient, inclinés par le vent, deux navires gréés en côtres qui semblaient vouloir entrer dans un petit port qu'on apercevait au bas de la côte et qui, de loin, paraissait ne se composer que de quelques maisons groupées le long d'un quai.

— Voilà qui est charmant, dit-elle.

Roger fit arrêter :

— Quel est ce pays ?

— Portrieux, dit le cocher.

Ils se regardèrent ; ni l'un ni l'autre n'avait jamais entendu parler de Portrieux.

— Un joli endroit, continua le cocher, heureux de parler, bien commerçant au moment du départ des navires pour la pêche de Terre-Neuve ; mais, présentement, c'est mort : il n'y vient plus que ces deux côtres

— du manche de son fouet il montra les navires aux voiles blanches — l'*Eclipse* et le *Télégraphe*, qui, toutes les semaines, prennent un chargement de bestiaux pour Jersey.

— Il y a un hôtel? demanda Mme d'Arvernes.

— Pour sûr, et un bon, l'*hôtel du Talus*.

Elle serra la main de Roger.

— Descendez dans ce village, dit-elle, et conduisez-nous à l'*hôtel du Talus*.

Installé dans une vieille et belle maison bourgeoise qui conservait des restes de splendeur, cet hôtel avait bon air ; sa façade était sur une petite cour longeant le port et, par ses derrières, il communiquait avec la campagne.

— Si nous restions ici? dit-elle.

Ils se firent montrer des chambres : on leur en proposa une qui, par deux larges fenêtres, faisait face à la pleine mer : elle était garnie de belles boiseries en châtaignier noirci par le temps ; l'ameublement en était suffisant.

— Cette chambre me plaît, dit Mme d'Arvernes, mais à condition que vous nous donnerez celle d'à côté.

Comme Roger la regardait tout surpris, elle l'attira dans l'embrasure d'une fenêtre :

— Ne vas-tu pas croire, dit-elle à mi-voix, que je veux faire chambre à part ; je veux au contraire que nous n'en ayons qu'une, mais où nous serons bien chez nous, sans voisins.

Comme on leur demandait s'ils se feraient servir dans leur chambre ou s'ils descendraient à la table d'hôte, elle voulut savoir qui composait cette table.

— Un lieutenant de vaisseau commandant le garde-côtes et les vérificateurs de la douane.

Alors, à la grande surprise de Roger, elle répondit qu'ils déjeuneraient dans leur chambre, mais qu'ils dîneraient à table d'hôte.

Les choses ainsi arrangées, ils sortirent pour aller se promener sur la jetée que battait la pleine mer.

— Tu n'as pas compris que j'accepte de manger à table d'hôte? dit-elle aussitôt qu'ils furent sur le quai.

— J'ai été un peu étonné.

— D'abord cela nous amusera et puis j'ai eu une autre raison : ceux qui s'y trouvent ne doivent pas être des goujats, un lieutenant de vaisseau est généralement un gentleman, des vérificateurs des douanes sont des gens qui ont été élevés ; c'est là ce qui m'a décidée en pensant à toi.

— A moi.

— Une femme ne vaut que par l'effet qu'elle produit et les hommages qu'on lui rend ; cela te chatouillera de voir nos voisins de table se mettre en frais de coquetterie.

— Je t'assure que non, et même une de mes joies d'être loin de Paris, c'est de penser que tu es séparée de la cour.

— C'est ma gloire, cette cour, tout simplement, comme une robe bien faite ou un chapeau à sensation. N'en prends donc pas souci ; cependant si elle te gêne tu n'auras qu'un mot à dire, je la congédierai en rentrant à Paris ; mais nous avons du temps pour cela, je crois que nous ferons ici un long séjour.

En effet, les jours s'écoulèrent sans qu'elle donnât un signe d'ennui et sans qu'elle parlât de Paris sérieusement ou avec inquiétude.

Quand elle le faisait, c'était au contraire en riant ou bien en revenant à une plaisanterie qui, pour elle, présentait un agrément toujours nouveau.

— Quand je pense, disait-elle, que M. d'Arvernes, qui doit commencer à perdre la tête en ne sachant pas ce que je suis devenue, me fait chercher partout en France et à la frontière et qu'on ne me trouve pas, et qu'on ne me trouvera pas ; comme ça donne une fière idée de la police du gouvernement.

— Tu te moques de ton gouvernement?

— Ce n'est pas mon gouvernement, celui de M. d'Arvernes ; moi je suis légitimiste.

Et, poussant sa plaisanterie jusqu'à la charge, elle s'amusait à arrêter les gendarmes qu'ils rencontraient dans leurs courses et à leur demander toutes sortes de renseignements.

Roger lui ayant fait observer que les gendarmes ne pouvaient avoir à s'occuper d'elle.

— Tu te trompes : mon absence, coïncidant avec la tienne et se produisant après notre intimité, a dû provoquer les soupçons de M. d'Arvernes ; et, dans ce cas, il est bien certain qu'il n'a point chargé la police de nous rechercher ; mais ces soupçons, si forts qu'ils soient, ne doivent pas s'être emparés complètement de son esprit : il reste place pour le doute qui lui souffle que je suis peut-être devenue folle, que j'ai pu me sauver dans un accès de fièvre, que tu n'es pour rien dans mon absence, et alors, dans son inquiétude, il a prié son collègue de l'intérieur d'envoyer confidentiellement des instructions pour me faire rechercher, — ce qui est bien drôle.

Un jour, le commissaire de police du canton dînant à table d'hôte, elle s'amusa à l'accabler de questions aussitôt qu'elle connut sa qualité, et, sous la table, elle pressait le genou de Roger.

Les jours, les semaines s'écoulèrent sans que le temps parût lui durer : ils descendaient tard, après déjeuner, et alors c'étaient de longues promenades sur les grèves de

Saint-Quay ; ils se couchaient sur le sable, en face de la mer ; ou bien, avant que la marée fût haute, ils allaient s'asseoir dans un petit îlot qu'on appelait « l'île de la Comtesse » et qui communiquait avec la terre ferme par une chaussée en granit que le flot recouvrait deux fois par jour, et là, sûrs de n'être dérangés par personne dans cette île qui leur appartenait quand la mer avait monté, ils restaient de longues heures, trop courtes pour eux, étendus sur l'herbe fine et parfumée, abrités du soleil par un bloc de rochers, rafraichis par la brise du large, bercés par la vague qui frappait tout autour d'eux, aussi tranquilles, aussi libres qu'ils l'eussent été dans la chambre la mieux close.

Elle voulut aller à Jersey et faire la traversée sur l'*Eclipse*, sans dégoût de sa cargaison beuglante de bœufs et de veaux.

Cependant il fallut parler sérieusement du retour : la saison s'avançait, à table il était question de baigneurs, de Parisiens qui allaient arriver ; il ne fallait pas se laisser surprendre par eux. Qu'eussent dit le lieutenant de vaisseau et les vérificateurs de la douane s'ils avaient appris que M. et Mme Roger, comme on les appelait, étaient, l'un, le duc de Naurouse, l'autre, la duchesse d'Arvernes? que d'histoires ! quels cris !

Après avoir parlé plusieurs fois de ce retour sans en fixer le jour, il fallut enfin le décider.

— Maintenant, dit-elle, je me risque sans trop de peine à rentrer à Paris, car je sens que tu es bien à moi ; je l'ai, tu ne m'échapperas pas. On n'oublie pas des journées comme celles que nous avons passées ici ; le nom seul de Portrieux te fera battre le cœur ; et puis, pour être à Paris, nous ne serons pas séparés. Je m'installerai bientôt à Vauxperreux et tu auras ton appartement près du mien ; tu verras l'installation que je rêve pour toi. Mon seul ennui, pour le moment, est que tu ne vas pas pouvoir revenir tout de suite au ministère : partir ensemble, revenir ensemble, ce serait trop ; il faudra que tu attendes quelques jours avant de te montrer. Si M. d'Arvernes laisse paraître quelque émotion, sois calme : tu as été en voyage, rien de plus ; ni lieu, ni détail. Je ne veux pas que pour moi tu t'abaisses au mensonge ; d'ailleurs, si ému qu'il puisse être, il n'osera jamais t'interroger ; et ce qu'il pensera, ce qu'il croira, tu n'as pas à en prendre souci.

XX

Mme d'Arvernes ne s'était pas trompée dans ce qu'elle avait dit de son mari.

Quand il avait su qu'elle n'avait point paru à Vauxperreux où elle avait dit aller, il n'avait point douté qu'elle ne fût en promenade avec le duc de Naurouse ; cela était trop clairement indiqué pour qu'il pût avoir de l'incertitude à cet égard : il connaissait sa femme.

Mais cette promenade se prolongeant et ses angoisses de mari trompé et amoureux devenant chaque jour de plus en plus cruelles, il s'était demandé, comme elle l'avait très-bien prévu, s'il n'était point arrivé quelque terrible catastrophe ; les suppositions les plus sinistres, les hypothèses les plus folles avaient traversé et hanté son esprit enfiévré : folle? morte? Sous le coup de ces craintes, il n'avait pas pu rester à attendre un retour qui peut-être n'aurait jamais lieu. Si ridicule que soit la situation d'un mari qui cherche sa femme, disparue en même temps qu'un jeune homme de son intimité, il fallait qu'il bravât ce ridicule ; il fallait qu'il la cherchât, qu'il la fît rechercher. Il ne fut pas difficile de découvrir qu'en sortant de l'hôtel, Mme d'Arvernes s'était fait conduire à la gare Saint-Lazare et qu'une malle lui appartenant avait été déposée à la consigne. De cela résultait la preuve qu'elle n'était point partie le matin de Paris. Où avait-elle été? Il avait été impossible de le savoir, car elle avait quitté, au chemin de fer, la voiture qui l'avait amenée. On ne la retrouvait ou plutôt on ne retrouvait sa trace qu'à six heures du soir, au moment où la malle avait été reprise à la consigne par un facteur ; ce facteur, interrogé, se rappelait avoir chargé cette malle dans un fiacre, où se trouvait une dame qui lui avait donné deux francs, mais c'était tout ; il n'avait point fait attention au numéro de la voiture ni à son cocher. Comment trouver ce cocher ? Jusque-là, M. d'Arvernes avait dirigé lui-même les recherches ; arrivé à ce point, il avait été obligé de s'adresser au préfet de police, mais sans tout dire et en cachant une partie de la vérité, en l'arrangeant. Le cocher avait été découvert ou plutôt on avait découvert un cocher qui avait chargé une malle à la consigne de la gare Saint-Lazare, à six heures, ce jour même. La dame à laquelle elle appartenait était grande, élégante, âgée de vingt-huit à trente ans ; il l'avait menée à la gare du Nord, où elle avait pris le train de Calais de sept heures quarante-cinq minutes. Elle était seule. On s'était égaré sur cette fausse piste et on avait suivi la dame grande et élégante jusqu'à Calais, où elle s'était embarquée seule sur le vapeur de Douvres en destination de Londres. Comment poursuivre les recherches en Angleterre ? M. d'Arvernes avait dû les abandonner. Alors il avait fait faire une enquête minutieuse pour savoir si le duc de Naurouse s'était embarqué pour l'Angleterre au Havre, à Dieppe, à Boulogne, à Calais, même à Granville et à Saint-Malo, pour le cas où il serait passé par les îles anglaises. Cette enquête avait démontré qu'on ne l'avait pas vu ; à la frontière belge et allemande, pas davantage. Le duc n'avait donc pas quitté la France en même temps que Mme d'Arvernes et avec elle.

Si cette conclusion rassurait sa jalousie et sa dignité de mari, elle n'avait par contre aucune influence sur ses craintes. Que le duc de Naurouse fût resté en France, cela ne faisait pas que Mme d'Arvernes ne fût pas en Angleterre. Où ? A Londres ? ou ailleurs. Vivante ou morte ? Et il restait livré à toutes ses angoisses, impuissant pour rien entreprendre, ne pouvant qu'attendre en cachant son désespoir pour répondre avec des sourires et par des mensonges laborieusement inventés à ceux qui lui demandaient des nouvelles de la duchesse.

Au reste, ceux qui lui adressaient ces questions étaient assez rares, car pour le monde, qui ignorait le récit du cocher et l'histoire de la dame grande et élégante s'embarquant seule pour l'Angleterre, Mme d'Arvernes était tout simplement enfermée quelque part aux environs de Paris, dans quelque petite maison bien cachée, où elle passait une lune de miel avec son amant, le duc de Naurouse, qu'elle avait enlevé.

Pendant les premiers jours de cette double absence, ce fut là l'explication naturelle et logique, qu'affirmaient les gens compétents, que ceux qui connaissaient Mme d'Arvernes commentèrent avec plus ou moins de malveillance.

Mais quand cette absence s'était prolongée, quand on avait vu revenir ni la duchesse ni Roger, l'étonnement avait succédé à la malveillance.

— Comment, elle le garde ! avaient dit les amies de Mme d'Arvernes.

Les hommes qui la connaissaient en avaient dit moins long, mais leur exclamation avait son éloquence.

— Bigre !
— Tout seul !
— Mais alors !

Alors Roger était devenu un sujet de conversation : pour les uns d'admiration, pour les autres d'envie.

On l'avait discuté, soutenu, attaqué ; on avait pesé les qualités qu'il pouvait réunir pour plaire pendant si longtemps à Mme d'Arvernes, qui, disaient les gens de son entourage, n'avait jamais gardé un amant plus de huit jours, le congédiant amicalement aussitôt qu'elle le connaissait, ne se fâchant pas, ne se plaignant pas, mais arrêtant une liaison dans laquelle on ne pouvait arriver d'un côté et de l'autre qu'à des déceptions.

C'était donc une merveille ce garçon-là, un phénomène ?

Lorsqu'on discutait cette question, ceux qui avaient été bien avec Mme d'Arvernes haussaient les épaules ; ils ne voulaient pas parler, parce qu'il y a des choses qu'un galant homme ne dit pas ; mais ils savaient à quoi s'en tenir et ils souriaient avec un air de pitié méprisante.

Mais tout le monde n'avait pas été bien avec Mme d'Arvernes. Parmi ceux qui prenaient plaisir à ces bavardages il y avait de simples curieux qui voulaient savoir tout bonnement pour savoir et plus encore pour parler. Ceux-là causaient, cherchaient, interrogeaient. Mme d'Arvernes n'était pas la première maîtresse du duc de Naurouse, il avait eu de toutes sortes avant elle : Cara, Balbine, Raphaëlle et bien d'autres encore. Cara, interrogée, avait pris ses airs d'honnête femme qu'elle réussissait si bien ; évidemment elle ne savait pas ce qu'on voulait lui demander. Balbine, toujours bonne fille comme à son ordinaire, avait répondu que ce qui avait pu se passer entre elle et le duc de Naurouse ne regardait personne ; puis elle avait ajouté en riant que le devoir professionnel lui imposait la discrétion. Mais Raphaëlle avait été moins réservée et, pour s'amuser à humilier ceux qui l'interrogeaient, elle avait fait de Roger un éloge extravagant :

— Tout pour lui, ce qui s'appelle tout, il a tout ; né pour l'amour et..... mon élève ; ce qui ne veut pas dire pourtant que ça durera avec Mme d'Arvernes, attendu qu'il lui manque une qualité, une seule, une qu'elle lui fait complètement défaut, — la constance.

Le retour de Mme d'Arvernes à Paris avait fait taire ces propos pendant trois jours et dérangé toutes les suppositions, car elle revenait seule, affirmant qu'elle avait été passer quelques semaines en Écosse auprès d'une de ses parentes ; mais le duc de Naurouse était revenu à son tour, et comme ils avaient repris leurs anciennes habitudes, se montrant partout ensemble, les propos avaient recommencé et ce qui n'avait été qu'une supposition était devenu certitude : pour tout Paris le duc de Naurouse était l'amant déclaré de la duchesse d'Arvernes ; cela était notoire ; on en parlait ouvertement.

M. de Condrieu-Revel s'intéressait trop à [so]n petit-fils, « à son cher petit-fils, » pour [n']avoir pas été un des premiers à connaître [c]ette liaison.

Mais lorsqu'on lui en avait parlé il avait [re]fusé d'admettre que cela fût possible.

— Je ne peux pas le croire, avait-il ré[p]ondu d'un air désolé, je ne veux pas le [c]roire ; ce serait un trop grand malheur. On [d]it que Mme d'Arvernes est une femme [p]assionnée, très passionnée ; on raconte [d']elle des choses... des choses effrayantes [p]our un père ; si ce malheureux enfant, mon [p]etit-fils, mon cher petit-fils, était son [a]mant, sûrement, elle le tuerait... Oui, elle [le] tuerait. Il a besoin de tant de ména[ge]ment avec sa santé déplorable et portant [e]n lui tous les germes de faiblesse qui lui [on]t été transmis par son père infortuné. [J']aurais voulu le voir entrer dans l'Église : [il] y eût trouvé le calme de la vie qui lui est [in]dispensable. Puisqu'un de mes petits-en[fa]nts devait se consacrer à Dieu, n'eût-il pas [mi]eux valu que ce fût lui, plutôt que ma [p]etite-fille..., ma chère petite Christine qui, [p]leine de force et de santé, aurait fait une si [b]onne mère de famille. Mais les desseins de [la] divine Providence sont impénétrables. [C']est bien sincèrement que je la prie — il [j]oignit les mains — de nous épargner le [m]alheur dont vous me parlez.

Le jeudi qui suivit le retour de Mme d'A[r]vernes à Paris, il s'empressa d'aller lui faire [s]a visite, et elle eut pour lui des prévenan[c]es, des câlineries qu'elle ne montrait pour [p]ersonne. N'était-il pas le grand-père de [so]n Roger? Et, malgré la guerre qui régnait [en]tre le petit-fils et le grand-père, elle se [tr]ouvait instinctivement portée à une sorte [de] respect envers celui-ci.

Mettant à profit les attentions qu'elle lui [té]moignait, il l'amena tout doucement dans [le] boudoir où avait eu lieu son entre[ti]en avec Roger et où il avait la presque [c]ertitude de pouvoir lui parler librement en [tê]te-à-tête sans craindre d'être entendu ni [d]érangé.

— J'ai éprouvé une grande angoisse en [vo]tre absence, lui dit-il, une très-grande [an]goisse, et vous savez combien, à mon âge, [d]ans ces années de grâce que Dieu m'ac[c]orde, les émotions ont de prise sur notre [p]auvre vieux cœur. Il faut que vous sachiez [q]ue mon petit-fils, mon cher petit-fils, le [d]uc de Naurouse a fait aussi une absence.

— Ah!

— Oui, une absence, un voyage, et l'on [m']a dit, on m'a affirmé qu'il avait été en[le]vé...

Mme d'Arvernes le regarda en face ; mais [le] visage impassible de M. de Condrieu ne [se] laissait pas facilement pénétrer.

— ... Enlevé par une femme charmante qu'il aimait éperdument.

— En quoi cela a-t-il pu vous causer des angoisses si elle est charmante ?

— On m'assure qu'elle l'est, car je ne la connais pas, son nom ne m'ayant pas été révélé : tout ce qu'on m'a dit, c'est que mon petit-fils aimait cette femme éperdument. De là mon angoisse que vous comprendriez si vous connaissiez mon petit-fils... comme moi. C'est une nature passionnée, violente, désordonnée et tellement ardente que s'il aimait une femme éperdument, comme on me le disait, il se tuerait pour elle : la passion dévorerait sa vie... la dévorerait.

— Vraiment.

— Cela n'est que trop certain. Heureusement je me suis tourmenté à tort : mon petit-fils n'aime pas cette femme.

— Qui vous l'a dit ?

Personne, personne ; mais je viens de le voir, car il arrive aussi de voyage... il arrive.

— En effet, c'est sa première visite qu'il nous fait ce soir.

— En le voyant, j'ai compris que cette grande passion dont on m'avait parlé n'existe pas, car je ne l'ai jamais vu si frais, si dispos, en si bon état, et bien certainement ce n'est point là un jeune homme dont la passion dévore la vie. Je ne dis pas qu'il ne soit point attaché à cette femme, mais pour l'aimer éperdument, non ; passionnément, non ; pour se tuer, non, mille fois non, et vous m'en voyez bien heureux. Tant qu'il conservera cette belle mine, cet air de santé, je serai tranquille.

XXI

Pour M. de Condrieu-Revel, il était temps que son petit-fils, « que son cher petit-fils » se tuât ou en tout cas qu'il mourût naturellement.

En effet, le procès qui lui était intenté par le duc de Condrieu prenait une mauvaise tournure, et si prochainement Ludovic de Condrieu-Revel n'héritait pas du titre et du nom des Naurouse par suite de la mort de Roger, il était possible que le pauvre enfant, « ce cher petit-fils vraiment cher, celui-là », perdît et son nom de Condrieu et celui de Revel.

Par toutes sortes d'influences mises en jeu avec une habileté et une persévérance extraordinaires, M. de Condrieu-Revel avait pu empêcher cette cause d'être plaidée et chaque fois que le duc de Condrieu avait cru que son procès allait être enfin jugé, il l'avait vu renvoyé à un autre jour : cela était devenu une sorte de curiosité au Palais.

Ce que M. de Condrieu-Revel avait voulu au moyen de ces remises successives, c'avait été gagner du temps ; son cher petit-fils le duc de Naurouse, né d'un père débile et d'une mère poitrinaire, avait reçu de ses parents les germes héréditaires de plusieurs maladies qui devaient fatalement le tuer ; cela se produisant, son titre et son nom pouvaient passer sur la tête de son parent mâle le plus proche, c'est-à-dire sur celle de son cousin Ludovic de Condrieu-Revel ; de sorte que le procès en usurpation de nom intenté par le duc de Condrieu étant perdu, et tout procès est perdable, même le meilleur, Ludovic, dépossédé du nom de Condrieu, n'avait point l'ennui et la mortification de rester sans nom en attendant la mort de son cousin Roger : duc de Naurouse avant le jugement, il pouvait très bien se consoler de ne plus s'appeler Condrieu si ce jugement le lui interdisait, ce qui était possible à la rigueur.

Il y avait des gens qui riaient de ces calculs d'un vieillard de soixante-dix-sept ans spéculant sur la mort d'un jeune homme de vingt-trois ; mais M. de Condrieu-Revel laissait rire : il n'y a pas de question d'âge pour des héritiers, et c'est assez généralement un article de foi pour eux qu'un parent au degré successible doit mourir, fût-il le plus jeune, rien que pour faire leur bonheur ; cela n'est pas plus impossible que de gagner à la loterie, et il y a des gens qui voient leur numéro sortir : c'est affaire de chance, voilà tout. M. de Condrieu-Revel croyait à sa chance, mais de plus il croyait à l'expérience ; n'avait-il pas vu mourir le duc et la duchesse de Naurouse, succombant, le duc, par la paralysie et le ramollissement dont il avait reçu les germes en naissant ; la duchesse, par les tubercules que le marquis de Varages lui avait transmis ? Pourquoi leur fils ne mourrait-il pas comme eux ? Retiré à Varages dans le calme de la vie de campagne, menant une existence régulière que se partageaient un travail intellectuel modéré et les exercices du corps, la marche, l'équitation, la chasse, il pouvait se fortifier et échapper aux fatalités de sa naissance. Mais à Paris, puisqu'il avait eu la maladresse de revenir à Paris pour prouver qu'il n'était pas mort, entraîné dans cette existence tourmentée, enfiévrée qui met à bas les plus solides, amant d'une femme comme la duchesse d'Arvernes, qui voudrait se faire prouver et reprouver qu'elle était aimée, et aimée passionnément, toutes les chances n'étaient-elles pas contre lui ? Dans ce milieu favorable les germes qui étaient en lui écloraient, se développeraient, et alors... alors on pourrait affronter dans de bonnes conditions le procès des Condrieu.

Il importait donc beaucoup pour le succès des visées de M. le comte de Condrieu-Revel que ce procès fût jugé le plus tard possible, comme il importait que le duc de Naurouse mourût aussitôt que possible.

Pour le duc de Naurouse, à moins de le tuer de sa propre main, il ne pouvait pas faire plus qu'il n'avait fait, et sa conscience de ce côté était pleinement satisfaite : il avait rempli son devoir.

Pour le procès, au contraire, il était fort tourmenté, plein d'inquiétude, se demandant sans cesse s'il avait pris la bonne voie pour se défendre.

C'est que ce procès n'avait pas toujours roulé sur le même point litigieux ; c'est que le duc de Condrieu avait varié dans sa demande, qu'il avait étendue à mesure qu'en poursuivant l'étude de cette affaire il avait appris à mieux connaître le comte de Condrieu Revel.

Tout d'abord la demande du duc de Condrieu n'était pas bien terrible : elle ne tendait qu'à faire cesser une confusion qui s'établissait trop souvent entre la famille des Condrieu tout court et la famille des Condrieu-Revel. Le duc se plaignait de recevoir quelquefois des lettres qui ne lui étaient pas adressées et de ne pas en recevoir bien souvent d'autres qui passaient par les mains du comte de Condrieu avant d'arriver aux siennes ; il se plaignait aussi d'être complimenté pour des ouvrages qui n'étaient pas de lui et qui blessaient ses idées ; enfin il se plaignait surtout, il se montrait irrité qu'on pût les confondre, eux Condrieu, qui, depuis 1830, s'étaient tenus scrupuleusement à l'écart des affaires publiques par respect et fidélité pour le Roy, avec un sénateur de l'empire, ancien pair de France de Louis-Philippe : cette confusion, les Condrieu de la famille ducale voulaient qu'on la fît cesser. Il n'y a pas de propriété plus sacrée que celle du nom ; ils avaient un nom glorieux, un nom historique ; ils disaient à ceux qui le prenaient : « De quel droit vous en parez-vous ? »

La défense du comte de Condrieu-Revel avait été facile : sa réponse avait été celle que son père, le général comte de Condrieu, avait faite au commencement de la Restauration au duc Albert de Condrieu : « Je n'ai pas la prétention d'appartenir à la glorieuse famille des Condrieu, peut-être dans la nuit des âges avons-nous eu une même origine ; mais cette parenté, si elle a existé, n'a point laissé de traces authentiques que je puisse indiquer d'une façon certaine. Je n'ai qu'une prétention : celle de m'appeler Condrieu, et elle est justifiée par une longue possession. Déjà, pour éviter une confusion que nous ne désirons pas plus que la famille ducale de Condrieu, et par un sentiment de délicatesse qui aurait dû être apprécié, nous avons ajouté à notre nom patronymique celui de Revel que quelques-uns de nos ancêtres avaient autrefois porté, c'est tout ce que nous pouvons; nous demander davantage n'est pas sérieux. Comment veut-on que nous nous appellions si on nous interdit le nom de Condrieu? Nous n'en avons pas d'autre. Que dirait le duc de Condrieu si nous lui faisions un procès pour qu'il eût à renoncer à son nom? Sa demande n'est pas plus raisonnable que ne serait la nôtre si nous la formulions; mais nous ne la formulerons pas: qu'il garde son nom, je garde le mien. »

A cela le duc de Condrieu avait répliqué que si M. le comte de Condrieu-Revel n'avait point la prétention d'être un des membres de la famille ducale des Condrieu, il était étrange que dans plusieurs ouvrages consacrés à la noblesse française et publiés depuis cinquante ans: le *Livre d'or de la France*, la *Bibliothèque de la noblesse*, l'*Armorial français*, l'*Annuaire des grandes familles*, le *Dictionnaire héraldique* et dix autres, les Condrieu-Revel fussent une branche de la famille ducale des Condrieu; qu'on savait comment ces ouvrages se faisaient; qu'on ne figurait dans le plus souvent qu'en payant la place qu'on y occupait, comme à la quatrième page des journaux on paie une annonce, et que toutes ces boutiques n'étaient que des fabriques de faux nobles où l'on travaillait bien que mal à satisfaire la vanité des parvenus atteints de cette folie incurable qu'on appelle la manie aristocratique. Mais ce qui était plus étrange encore, avait fait remarquer le duc de Condrieu, c'était que les armes des deux familles, celles des Condrieu et celles des Condrieu-Revel fussent à peu près les mêmes: celles des Condrieu étaient d'or au coudrier de sinople avec la couronne ducale; celles des Condrieu-Revel étaient aussi d'or au coudrier de sinople avec le franc quartier à dextre d'azur à l'épée haute d'argent posée en pal et montée d'or. Comment ce'a pouvait-il s'expliquer?

Sur le premier point M. de Condrieu-Revel avait dit qu'on ne pouvait pas le rendre responsable d'erreurs commises par des généalogistes ignorants, qu'il n'avait jamais vus, qu'il ne connaissait pas et qui s'étaient très probablement copiés les uns les autres; sur le second, il avait dit que ces armes qu'on lui reprochait avaient été données à son père le général lorsque celui-ci avait été fait comte par Napoléon Ier, ce qui était facile à vérifier.

Sans s'amuser à cette vérification inutile, le duc de Condrieu en avait fait faire une autre très longue, très minutieuse, dans le pays d'Aunis, d'où la famille de Condrieu-Revel était originaire, et les découvertes qu'elle avait amenées avaient changé la face des choses ainsi que les termes mêmes de la demande.

On avait compulsé tous les registres des paroisses dans lesquels se trouvaient les actes de baptême, de mariage, de décès de la famille Condrieu-Revel, et l'on avait acquis la preuve que tous ces actes, depuis la fin du 18e siècle jusqu'au commencement du 19e, avaient été falsifiés; il y avait des grattages, des surcharges, des additions non seulement dans le corps de l'acte lui-même, mais encore dans les signatures; toutes ces falsifications portaient sur le nom de Condrieu dans lequel, après avoir ajouté la particule *de*, on avait dû changer une ou deux lettres, l'*n* qui se trouve dans le milieu du nom et l'*u* qui le termine. Quel était le vrai nom qu'une main de faussaire avait ainsi modifié? On avait recouru aux tables, mais on avait constaté que les feuillets de ces tables où ce nom devait se trouver avaient tous été arrachés entièrement ou en partie, tantôt en haut, tantôt en bas, selon que le nom qu'on avait voulu faire disparaître était au commencement ou à la fin de la page.

Qui avait pu se livrer à ses falsifications et à ces mutilations? Évidemment ceux-là seuls qui avait un intérêt à ce que ce nom de Condrieu fût écrit par un *n* et par un *u*. Et ce qu'il y avait d'extraordinaire et de tout à fait caractéristique, c'était que le comte de Condrieu-Revel, descendant de ces Condrieu dont le nom avait été ainsi falsifié, avait été préfet de la Charente-Inférieure, département qui a été formé avec l'Aunis. N'y avait-il pas là une coïncidence curieuse?

Les vérifications avaient continué, car il était intéressant de savoir quel était le nom vrai qui se trouvait sous celui de Condrieu et qui avait servi à former celui-ci sur les registres des paroisses; il semblait que ce fût Coudrier, mais on n'avait point de certitude à cet égard. Pendant plus d'un an le duc de Condrieu avait entretenu un agent pour poursuivre ces recherches. Dans les registres des paroisses elles n'avaient rien révélé, tant les falsifications avaient été habilement faites. Mais les minutes des notaires avaient parlé. Dans aucune de ces minutes on n'avait trouvé de Condrieu, ce qui était bien étonnant, car une famille ayant un état civil qui se suivait si régulièrement avait dû passer des actes chez les notaires faire des contrats de mariage, des testaments, acheter, vendre, payer, recevoir, donner des procurations, des consentements. Ne trouvant rien au nom de Condrieu chez aucun des notaires de la contrée, on avait eu l'idée de chercher dans les noms qui se rapprochaient de celui-là, et celui de Coudrier qu'on avait cru lire sous celui de Condrieu dans les registres des paroisses avait fourni tous les renseignements qu'on pouvait désirer : ces Coudrier tout court, sans particule, avaient passé de nombreux actes notariés, et, par une rencontre vraiment prodigieuse dans sa continuité, les dates des contrats de mariage faits par-devant notaire concordaient avec les actes de célébration de mariage inscrits sur les registres des paroisses.

La lumière était faite, le doute n'était plus possible : il n'y avait jamais eu de Condrieu dans le pays d'Aunis, il n'y avait eu que des Coudrier.

Donc M. le comte de Condrieu-Revel s'appelait tout simplement comme ses pères s'étaient appelés : Coudrier.

Comment le comte de Condrieu-Revel ou plutôt maintenant le comte Coudrier allait-il pouvoir se défendre en présence de ces faits qu'on avait mis plus de deux ans à réunir?

Il devait, semblait-il, rester écrasé sous les ruines de l'échafaudage qu'il avait si laborieusement construit et qui s'écroulait en l'entraînant.

Une seule chose était possible pour lui, raisonnable et sage : faire le mort, ne pas se défendre, ne pas plaider, ne pas exposer cette histoire scandaleuse et comique à la publicité des tribunaux, à la malignité, à la risée du public.

Le duc de Condrieu, qui n'aimait pas les procès, même quand il devait les gagner, et qui n'avait entrepris celui-là que malgré lui par devoir, pour faire respecter l'honneur de son nom qu'il trouvait compromis, s'était ému à la pensée de l'humiliation qui allait frapper un homme occupant une des plus hautes places de l'État, et bien qu'il n'éprouvât pas plus de sympathie pour cet homme que pour le gouvernement que celui-ci servait, par pitié, par charité, il avait cru devoir faire avertir le comte de Condrieu-Revel des découvertes que ses hommes d'affaires avaient faites et des moyens qu'ils allaient présenter au tribunal. Nougaret avait voulu s'opposer à cette communication, en disant avec son expérience pratique et sa brutalité de paysan que le chevaleresque n'était point à sa place devant les tribunaux, pas plus qu'il n'était à propos avec un homme comme M. de Condrieu-Revel; mais le duc avait insisté et il avait fallu se rendre à ce qu'il exigeait.

Le comte de Condrieu-Revel avait donc été averti par Nougaret lui-même, qui, longuement, avec une satisfaction qu'il ne prenait pas la peine de dissimuler, avait insisté sur la falsification des actes et sur les faux commis pour remplacer le nom vulgaire — il avait souligné vulgaire — de *Coudrier* par celui de *de Condrieu*.

Il était perspicace, l'avoué, et prompt à saisir sur le visage de ses interlocuteurs ce qui se passait en eux; cependant il n'avait pu rien lire sur le visage placide du comte de Condrieu-Revel.

— Je ferai part de votre communication à mes conseils, avait-il dit; ils verront ce qu'ils doivent répondre à M. le duc de Condrieu que je vous prie de remercier en mon nom, en lui marquant combien je suis touché de son procédé; on peut se faire la guerre entre gentilshommes, mais on se la fait loyalement... loyalement.

Pour être sincère, M. de Condrieu-Revel eût dû dire « exaspéré » et non « touché »; mais il ne lui convenait pas de s'engager avant de savoir dans quel sens il avait intérêt à s'engager, et c'était la réflexion seule, discutée et mûrie, qui devait lui montrer cet intérêt.

C'était quelques jours avant sa visite à Mme d'Arvernes que M. de Condrieu-Revel avait reçu cette communication; le lendemain de cette visite, il montait en wagon pour aller voir à Bois-Colombes un généalogiste.

Dans sa longue existence, M. de Condrieu-Revel avait été en relations avec le plus grand nombre des généalogistes français et étrangers qui, justement parce que sa généalogie n'était pas solide, étaient venus lui proposer de l'étayer de leur savoir : l'un lui avait dit qu'il avait la preuve que les Condrieu-Revel descendaient de Charlemagne; l'autre avait trouvé que leur origine remontait à Suénon, *à la barbe fourchue*, roi de Danemark; un troisième lui avait lu une généalogie qui donnait aux Condrieu la plus ancienne noblesse du monde, puisque leur auteur était Noé, comte de l'Arche, qui eut trois fils, Sem, Cham et Japhet. Tous étaient directeurs d'un *Armorial*, d'un *Annuaire héraldique*, d'un *Livre d'or*, dans lequel n'étaient admis que des nobles bien authentiques, dont les titres avaient été sévèrement vérifiés. C'était cette sévérité qui faisait précisément qu'ils étaient dans la dure nécessité d'exiger une subvention de ceux à qui ils consacraient une notice. Ah! si, comme tels de leurs confrères, ils admettaient tout le monde, ils ne demanderaient rien à un vrai noble qui honore leur recueil en figurant dedans; les mauvais paieraient alors et largement pour les bons, mais quand on s'adresse à l'élite le succès est forcément limité, et puis la gravure, quand elle est soignée, coûte cher.

Parmi ceux qui l'avaient ainsi exploité avec le plus d'habileté, doucement, sans trop l'écorcher et de façon à ménager un avenir qui pouvait devenir productif le jour où les vrais Condrieu se fâcheraient tout à fait, se trouvait un certain baron Postole de la Pacaudière, qui dirigeait une agence de titres de noblesse dans la rue de la Victoire.

Etait-il baron ? Il le prouvait. Se nommait-il de la Pacaudière ? Il le disait. En tout cas il était né à la Pacaudière, dans le département de la Loire. Venu jeune à Paris, il avait commencé par être clerc chez un commissaire-priseur, puis il avait été employé chez un marchand de curiosités et, après avoir essayé de vingt métiers, il avait loué un jour un rez-de-chaussée au fond d'une cour, dans une vieille et sombre maison de la rue de la Victoire, et à sa porte il avait attaché un écusson sur lequel on lisait au-dessous de trois fleurs de lys : *Bibliothèque nationale de la noblesse: chartes, dossiers, généalogies, portraits, additions de noms, vérifications, recherches, consultations, décorations*, et en plus petits caractères : *La Bibliothèque nationale de la noblesse publie son annuaire tous les ans. Les nobles qui veulent figurer dans cet annuaire doivent envoyer leurs titres à M. le baron Postole de la Pacaudière, historiographe et juge d'armes.*

Quand on tournait le bouton de cette porte, on se trouvait dans une pièce contre les murs de laquelle étaient disposés des rayons garnis de vastes cartons: c'était le *Chartrier*, lisait-on sur un cartouche. Dans la pièce qui suivait on trouvait les murs couverts de vieux tableaux qui tous étaient des portraits; tous les personnages que représentaient ces portraits avaient leurs armes peintes à l'un des coins du tableau ; d'autres toiles roulées étaient entassées çà et là.

C'est que le baron Postole de la Pacaudière ne se chargeait pas seulement de rédiger des généalogies pour les personnes qui s'adressaient à lui, il leur fournissait aussi des portraits d'ancêtres. Sans doute, c'est quelque chose qu'une belle généalogie et qu'un arbre généalogique; mais pour frapper les yeux combien vaut mieux une galerie d'aïeux. Celui-ci

C'est l'aîné, c'est l'aïeul, l'ancêtre, le grand
(homme.

Voulait-on une galerie complète, il la fournissait en l'appareillant. Ne voulait-on qu'un seul portrait, il en vendait un seul. Tenait-on à un maréchal de France en uniforme, à un amiral, à un ambassadeur, il avait cela. Se contentait-on d'un évêque ou d'un président, il vous trouvait le président et l'évêque, tout ce qu'on voulait. Il ne fallait pas, il est vrai, être trop difficile pour le mérite de la peinture, mais qu'importe le tableau lui-même quand il s'agit d'un aïeul ?

Il n'attendait pas toujours qu'on vînt lui demander ses portraits, et bien souvent il les proposait lui-même à ceux qui, croyait-il, pouvait avoir le respect de leurs ancêtres. « Monsieur le comte, j'ai acheté il y a quelque temps en province un portrait d'un de vos ancêtres (il disait quel était cet ancêtre); je pense que vous serez heureux d'avoir dans votre collection ce portrait qui porte vos armes, et je me fais un plaisir de le mettre à votre disposition. » Si M. le comte ne répondait pas ou offrait un prix trop bas, on changeait les armes, on en peignait d'autres et on proposait le portrait à M. le marquis, à M. le vicomte ou à M. le baron, changeant les armes jusqu'au jour où un acheteur se décidait.

Au temps où il était clerc de commissaire-priseur et employé dans la curiosité, il avait été en relation avec tous les marchands de bric-à-brac de Paris ; plus tard il avait voyagé en province et il s'était ainsi formé une nombreuse collection de portraits qui n'avaient de valeur que par le nom qu'il leur attribuait et qu'il pouvait facilement renouveler à mesure qu'elle s'écoulait, n'ayant pour cela qu'à transmettre à ses correspondants la demande qu'on lui adressait : « Envoyez-moi un lieutenant du roi, un chevalier des ordres. »

Le chartrier et la galerie n'étaient point les seules pièces qui, avec le cabinet du baron Postole de la Pacaudière, composaient les bureaux de la *Bibliothèque nationale de la noblesse*. Comme dans toute maison de commerce, il y avait un sous-sol ou plus justement des caves, et, bien que ces caves fussent terriblement humides, se trouvant dans le voisinage du cours d'eau qui passe sous cette partie de Paris, elles étaient pour l'industrie du baron ce qu'est une chute pour une usine hydraulique. C'était même cette humidité des caves qui lui avait fait choisir cette triste et maussade maison : là, en quelques mois, on pouvait faire vieillir un parchemin qui acquérait bien vite un aspect de vétusté à tromper les experts les plus malins. Quelles belles généalogies bien authentiques ne pouvait-on pas écrire — avec une encre spéciale — sur ces vieux parchemins!

Et c'était lui-même qui les écrivait, ces généalogies; car, bien qu'il n'eût reçu qu'une médiocre éducation première, il était parvenu à parler la langue du père Anselme de Sainte-Marie et des d'Hozier, comme s'il eût été leur élève.

Mais ce qui était le plus remarquable en lui et ce qui faisait sa force, c'était une mémoire prompte, étendue, sûre, qui s'appliquait aussi bien aux noms qu'aux faits et aux dates : c'était un véritable dictionnaire vivant, et, quand on venait le consulter, on était émerveillé, s'il s'agissait d'un vrai nom, de l'entendre citer, comme s'il lisait, tout ce qui touchait à ce nom.

A ce métier, et bien qu'il y eût joint le commerce des décorations étrangères, il n'avait point fait fortune, car les bourgeois enrichis qui veulent s'anoblir, restés vilains malgré leurs prétentions, ne paient généralement qu'en marchandant ; cependant il avait, après de longues années de travail, gagné une certaine aisance qui lui avait permis de se faire construire une petite maisonnette à Bois-Colombes, au milieu d'une plaine sablonneuse et aride, où il allait passer trois jours par semaine à se reposer du commerce des hommes dans la compagnie des poules, des canards, des oiseaux, des lapins et de tous les animaux de basse-cour qu'il adorait et pour lesquels il se ruinait.

C'était là, dans cette petite maison de Bois-Colombes, que M. de Condrieu-Revel l'allait consulter.

Au lieu d'entreprendre ce petit voyage à Bois-Colombes, M. de Condrieu-Revel aurait très bien pu attendre au lendemain, où il aurait été sûr de trouver le baron Postole de la Pacaudière dans ses bureaux de la *Bibliothèque nationale de la noblesse* ; de même il aurait pu aussi faire dire au baron de passer rue de Lille.

S'il n'avait eu recours ni à l'un ni à l'autre de ces moyens, ce n'était pas que son entretien avec le généalogiste fût tellement urgent qu'il ne pût pas subir un retard de quelques heures ; c'était tout simplement parce qu'il ne voulait pas s'exposer à ce qu'on le vît entrer dans les bureaux de la rue de la Victoire, pas plus qu'il ne voulait qu'on pût voir le baron Postole de la Pacaudière sortir de l'hôtel de la rue de Lille : quand on mettait un *de* devant son nom, de même que quand on accrochait une décoration à sa boutonnière, on avait intérêt à cacher ses relations avec le directeur de la *Bibliothèque nationale de la noblesse*, dont les journaux publiaient tous les jours les annonces : *Additions de noms, Décorations*.

A Bois-Colombes, le danger d'être vu était singulièrement diminué, et c'était cette considération qui avait fait monter en wagon M. de Condrieu-Revel : personne ne le connaissait à Bois-Colombes ; comment deviner qui il était ; son nom et son titre n'étaient point écrits sur son chapeau, et la boutonnière de sa longue redingote de bon bourgeois ne laissait voir aucun ruban, car c'était une habitude prise par lui depuis longtemps de cacher ou de montrer selon les besoins du moment la rosette de ses décorations. Entrait-il dans un hôtel où il avait peur qu'on le prît pour un personnage et qu'on le fît payer en conséquence, il la retirait ; pensait-il être exposé à réclamer le concours d'un sergent de ville ou d'un gendarme, à user de la complaisance d'un chef de gare ou d'un employé, il la montrait. Ce n'était pas sur le baron Postole de la Pacaudière que les décorations pouvaient exercer un prestige quelconque, lui qui avait dans ses bureaux des brevets de chevalier, d'officier de plusieurs ordres, achetés en bloc et en blanc, qu'il vendait en détail après les avoir remplis.

A la station on indiqua à M. de Condrieu-Revel la maison du baron de la Pacaudière, et au bout de dix minutes de marche il arriva devant une petite chaumière landaise bâtie en plein champ et dont le jardin était entouré d'une simple palissade en treillage : la porte hospitalière n'était point fermée, il n'y avait qu'à la pousser ; un ouvrier travaillait à laver des graviers qui avaient servi dans une basse-cour. Il répondit à M. de Condrieu-Revel que le baron était dans son cabinet de travail, et du manche de son balai il montra ce cabinet qu'on apercevait à demi caché dans un massif de lilas à une courte distance de la maison. M. de Condrieu prit l'allée qui semblait y conduire ; mais, ayant ouvert une porte, il s'arrêta surpris, car si c'était un cabinet ce n'était point un cabinet de travail. Alors, revenant sur ses pas, il fit le tour de ce bâtiment et vit qu'il s'était trompé tout d'abord ; mais aussi l'erreur était vraiment facile, ce qui, par une idée bizarre qui prouvait au moins un véritable dédain de certains préjugés, les deux cabinets étaient réunis sous le même toit et adossés l'un à l'autre.

— Ah ! M. le comte de Condrieu ! s'écria le baron en apercevant le visiteur qui poussait la porte.

Et vivement il se leva, saluant respectueusement, mais sans obséquiosité, en homme qui sait ce qu'il vaut, surtout ce que valent les autres, ce qu'il doit et ce qu'on lui doit.

— Passant par Bois-Colombes, dit M. de Condrieu, et me rappelant que c'était là que vous habitiez l'été, j'ai voulu... oui, j'ai eu l'idée de vous faire une petite visite.

Le baron parut trouver tout naturel qu'on passât par Bois-Colombes, mais au fond il se tint sur ses gardes, attentif à voir où M. de Condrieu, qu'il connaissait bien, voulait en venir, car il n'était point assez naïf pour croire à une petite visite de la part d'un homme qui était l'orgueil même avec ceux dont il n'avait pas un besoin immédiat.

Longuement ils causèrent de choses insignifiantes et M. de Condrieu voulut voir les poules et les oiseaux du baron qu'il admira ; mais il n'était pas homme à donner son admiration gratis. Les compliments qu'il prodigua à ces poules lui fournirent la transition qu'il cherchait pour arriver à son affaire.

— Je vois, dit-il, avec un fin sourire, que vous êtes un homme tout d'une pièce ; en tout et partout c'est la même idée qui dirige votre vie : la sélection des races. Mais à ce propos et puisque ce sujet se présente d'une façon tout à fait incidente... et par hasard... tout à fait par hasard, j'aurais peut-être bientôt besoin de vos conseils.

— Je suis tout à votre disposition, monsieur le comte.

— Oh ! rien ne presse, rien ne presse ; plus tard, plus tard.

— Pourquoi plus tard ?

— Au fait, si vous avez du temps à vous.

— Tout le temps que vous voudrez me donner.

— Eh bien, voici de quoi il s'agit : vous savez que M. le duc de Condrieu m'intente un procès ?

— En usurpation de nom, j'ai entendu parler de cela ; je trouve la demande de M. le duc de Condrieu bien audacieuse et sa susceptibilité bien chatouilleuse, car enfin vous avez tout fait pour éviter une confusion entre votre famille et la sienne, jusqu'à ajouter ce nom de Revel à votre nom ; d'ailleurs il me semble que lorsqu'une famille a gagné son duché dans le lit d'un roi et par l'adultère, elle devrait...

— Prenez garde, interrompit doucement M. de Condrieu, car cette famille dont vous parlez c'est la mienne.

— Comment cela, monsieur le comte, n'avez-vous pas toujours dit hautement, — il souligna ce mot, — que vous n'apparteniez point à la famille ducale des Condrieu ?

— Sans doute, sans doute, mais alors M. le duc de Condrieu ne m'intentait point un procès ; maintenant les circonstances ne sont plus les mêmes, et puisqu'on m'attaque je suis disposé à me défendre et à faire valoir des prétentions qui reposent sur la justice et sur l'histoire. Vous m'écoutez, n'est-ce pas ?

— Avec le plus vif intérêt.

— Eh bien, vous allez voir comment nous nous rattachons aux Condrieu et pourquoi jusqu'à ce jour je n'ai pas affirmé cette parenté. En 1630, la famille de Condrieu était représentée par Guy de Fouquère, marquis de Condrieu...

— Né en 1592, mort en 1651, interrompit le généalogiste.

— Parfaitement, et par Gaston-Jean-Baptiste de Condrieu, né en 1600.

— Qui fut chevalier de Malte, continua le baron.

— J'admire votre science, dit M. de Condrieu, mais je l'admirerais plus encore si vous pouviez me donner la date de la mort de Gaston-Jean-Baptiste.

— Ah ! cela je l'ignore ; je ne sais même pas ce que ce chevalier de Malte est devenu ; mais à Paris....

— Eh bien, je vais vous le dire, moi, car le renseignement que vous pourriez trouver à Paris serait faux : vous verriez que Gaston de Condrieu disparut dans une expédition contre les Turcs et qu'on n'eut plus de ses nouvelles. Il n'était cependant pas mort, comme on pouvait le croire, et sa disparition était volontaire. Il était venu à la Rochelle où il avait été attiré par les charmes d'une jeune fille, Jeanne de Revel, et il l'avait épousée.

— Un chevalier de Malte !

— Vous voulez dire que ce mariage était impossible puisqu'un chevalier ne pouvait être relevé de ses vœux que par le pape, ce qui n'avait lieu que bien rarement, quand l'aîné étant mort sans descendants le cadet devait continuer la famille. Aussi, pour ce mariage, Gaston de Condrieu, entraîné par sa passion, changea-t-il de nom et prit-il celui de Coudrier tout simplement, qui lui était fourni par ses armes.

— D'or au coudrier de sinople.

— Justement. Rompre ses vœux, abandonner le nom de ses pères, c'est chose grave ; mais, je vous l'ai dit, il aimait. Devenu Gaston Coudrier, il ne s'établit point dans l'Aunis, il navigua. Lorsqu'il s'était marié, Jeanne de Revel était riche... très riche ; mais des pertes de mer ruinèrent cette fortune. Quand Gaston mourut, en 1670, il ne possédait plus rien. Ses enfants, deux fils, gardèrent le nom de Coudrier, bien qu'ils sussent qu'ils étaient Condrieu. Pendant cent vingt ans ce nom de Coudrier fut celui que porta ma famille ; ce fut seulement lorsque la Convention eut rendu le décret par lequel tous les citoyens ont le droit de se nommer comme il leur plaît que mon père reprit publiquement le nom, son nom, de Condrieu, sous lequel, comme vous le savez, il fut fait comte par l'empereur.

Depuis quelques instants, le baron semblait ne plus écouter avec la même attention ; tout à coup il s'écria :

— Monsieur le comte, permettez-moi de vous interrompre : chose curieuse, je connais à la Rochelle un portrait de Gaston-Jean-Baptiste de Condrieu.

— Vraiment, dit M. de Condrieu sans manifester la moindre incrédulité.

— Parfaitement, et s'il vous convient de le placer dans votre collection, je me fais fort de l'obtenir : les armes de Condrieu sont peintes à l'un des coins, je me le rappelle, et même en faisant un effort de mémoire, il me semble qu'entre ce portrait et vous, il y a comme un air de famille... ce qui est bien naturel.

— Assurément, il me sera doux d'avoir ce portrait... tout à fait doux, et vous me rendrez service en me le faisant acheter... si toutefois le prix n'en est point excessif. Au reste, vous pourriez en même temps me rendre un autre service, plus important encore : ce serait d'examiner tous les actes... relatifs à ces Condrieu, depuis Gaston de Condrieu jusqu'à mon père, de vous en faire délivrer des expéditions — pas en votre nom, bien entendu — et quand vous auriez toutes les pièces nécessaires, de me préparer un mémoire et un dossier avec lesquels mon avocat plaiderait, car maintenant je suis décidé à réclamer cette parenté, oui, décidé, ce que je n'ai pas fait jusqu'à ce jour par amour de la paix, par respect pour la mémoire de notre aïeul et aussi par respect pour nous-mêmes, pour ne pas avouer notre bâtardise, qui n'est que trop évidente, hélas ! puisque le mariage de Gaston-Jean-Baptiste était nul. Ce sont ces raisons qui m'avaient fermé la bouche, me faisant accepter une situation qui, pour des hommes comme nous, devait avoir quelque chose de louche... de louche, j'en conviens.

— Dans quelle généalogie n'y a-t-il pas des points obscurs ?

— Puis-je compter sur vous ?

— N'en doutez pas, monsieur le comte.

— Je dois vous faire remarquer que plusieurs des actes que vous aurez à examiner portent Condrieu au lieu de Coudrier, et là-dessus je ne peux vous donner aucune explication ; cela est, voilà tout. M. le duc de Condrieu prétend que ces actes ont été falsifiés, que les noms ont été surchargés, brouillés ; mais cela ne me paraît pas sérieux... pas sérieux. Quels seraient les auteurs de ces falsifications ? Je ne les vois pas. Une seule chose me paraît certaine, c'est qu'on ne peut pas les imputer à des membres de notre famille. Puisqu'ils cachaient leur nom de Condrieu, comment admettre qu'ils auraient été l'écrire ou le faire écrire sur des registres publics ? Cela n'aurait pas eu de sens, et l'accusation de M. le duc de Condrieu est absurde.

— Évidemment.

— Absurde, vraiment absurde.

Avec le baron il n'était pas nécessaire de mettre les points sur les i ; il comprenait à demi-mot, et quand il avait compris il agissait discrètement.

On pourrait plaider ; le duc de Condrieu n'avait point encore gagné son procès... et il ne le gagnerait pas de si tôt.

Maintenant l'affaire pouvait traîner longtemps avec des complications, des incidents de toutes sortes.

Et pendant qu'elle traînerait ainsi Roger pouvait mourir.

M. de Condrieu-Revel n'avait pas perdu son temps en passant par Bois-Colombes, pas plus qu'il ne l'avait perdu en faisant visite à Mme d'Arvernes.

XXII

Son séjour au bord de la mer avait été trop agréable à Mme d'Arvernes pour qu'elle ne voulût pas, sinon le renouveler (ce qui était impossible en ce moment), au moins lui donner un équivalent.

« Je m'installerai bientôt à Vauxperreux, avait-elle dit à Roger, et tu auras ton appartement près du mien. »

Deux jours après son retour à Paris elle s'occupait de cette installation.

C'était ordinairement au mois d'août qu'elle quittait Paris pour Vauxperreux ; aussi, en la voyant disposée à partir dès le commencement de juillet, le duc d'Arvernes l'avait-il félicitée et remerciée de cette détermination.

Car, ce qu'il aimait par-dessus tout, le duc, c'était sa terre de Vauxperreux ; les loisirs qu'il pouvait arracher aux affaires, il les lui donnait ; tout l'argent qu'il pouvait distraire de ses dépenses ordinaires et obligées, il le consacrait à l'agrandir et à la réparer.

Lorsque l'empereur la lui avait donnée, elle était dans un état pitoyable de délabrement : les murs et les toits du château faisaient à peu près bonne figure, grâce à la solidité avec laquelle ils avaient été construits, mais c'était tout ; depuis cinquante ans on n'y avait pas fait pour un sou de réparations, lui demandant toujours, ne lui donnant jamais. C'était ainsi que le parc, dessiné et planté par Le Nôtre avait été rasé d'année en année et que ses arbres admirables, qui auraient pu vivre encore cent ou cent cinquante ans, avaient été transformés en bois de corde. C'était ainsi que le mobilier qui le garnissait avait été vendu pièce à pièce, en commençant par les tableaux, en finissant par les tuyaux de plomb qui amenaient les eaux dans les bassins du parc.

Et cependant cette terre de Vauxperreux eût bien mérité d'être conservée intacte telle qu'elle était sortie des mains de Hardouin Mansard et de Le Nôtre, ses architectes. Construit à une époque où l'on ne prenait pas souci de la vue, et où l'on plaçait le château de Dampierre dans une mare et celui de Marly au fond d'un marécage enfermé de collines de toutes parts, Vauxperreux avait été planté en conformité de cette règle qui paraît avoir présidé à l'emplacement de presque tous les châteaux construits sous Louis XIV : au lieu de l'édifier sur une des collines qui l'entouraient on l'avait mis au milieu d'une prairie, de manière à pouvoir l'entourer de fossés aux eaux courantes comme il était de mode alors. Mais justement, parce qu'on avait la nature contre soi, on avait beaucoup demandé à l'art, et les bâtiments qu'avait élevés Monsart étaient vraiment empreints d'un cachet de noblesse et de grandeur. Après avoir franchi un pont-levis jeté sur un large fossé revêtu en maçonnerie et couronné par des balustres en pierre, on se trouve dans une cour d'honneur, le long de laquelle règnent de chaque côté les communs, et l'on a devant soi le château qui, de loin, à cause de son emplacement bas, paraît écrasé, mais qui de près développe sa belle et majestueuse ordonnance, avec son corps central et ses ailes en retour, sa façade en pierre de taille et en brique, son toit à fenêtres mansardées dans le style de l'époque et son large perron qui précède une terrasse dallée en pierre allant d'une aile à l'autre. Avant la dévastation du parc, de belles avenues d'ormes partaient de ce perron et, après avoir traversé la prairie, elles gravissaient les pentes de la colline en ouvrant çà et là de vertes perspectives; mais les ormes arrachés, il n'est plus resté que des grands sillons et des pelouses bordées de chaque côté par des taillis et des bois.

En recevant cette terre de la libéralité reconnaissante de son souverain, M. d'Arvernes s'était pris pour elle d'un véritable amour, auquel s'était mêlé un sentiment de respect comme si elle avait été le berceau de ses aïeux, et il avait voulu lui restituer son ancienne splendeur en lui conservant pieusement son style et son caractère.

Mais s'il est une chose qui coûte cher et qui soit ruineuse, c'est justement le style; aussi en dix ans M. d'Arvernes avait-il englouti là plusieurs millions sans parvenir à achever son œuvre. Aussitôt qu'il avait quelques heures de liberté il montait en wagon, descendait à Mantes, et par la route qui suit la riante et fraîche vallée où coule la Vaucouleur, il arrivait à Vauxperreux. Alors il n'y avait plus ni sénateur, ni ministre, ni duc: c'était un jardinier qui alignait des arbres, un architecte qui dirigeait des maçons. Menuisier, peintre, tapissier, il était tout, ne se donnant pas le temps de manger et ne remontant jamais en voiture pour rentrer à Paris que fâché et exaspéré. Cela était si bien connu que ceux qui avaient quelque chose à lui demander s'adressaient toujours à lui au moment de son arrivée, l'heure qui précédait son départ étant celle des rebuffades et des algarades.

Comme tous les passionnés, il aurait voulu que ceux qui l'entouraient partageassent son enthousiasme pour l'objet de son amour; mais il n'avait point été heureux de ce côté particulièrement avec Mme d'Arvernes qui, trouvant que cette terre était ruineuse et engloutissait des sommes considérables qu'elle eût préféré dépenser autrement, n'était jamais venue à Vauxperreux avec plaisir, mettant sans cesse en avant des raisons plus ou moins bonnes pour ne quitter Paris que le plus tard possible.

Lorsqu'elle avait parlé de s'établir à Vauxperreux il avait donc éprouvé une bien douce satisfaction: pour la première fois depuis dix ans il allait avoir une saison complète à lui; il pourrait ne venir à Paris que lorsqu'il y serait appelé par les affaires de son ministère; il allait vivre de la vie de campagne, et il avait fait ses plans pour des travaux qu'il n'avait pas pu entreprendre jusque-là parce qu'ils devaient être menés avec suite et surveillés par l'œil du maître.

Mais cette satisfaction n'avait pas été de longue durée.

Le jour même où elle lui avait fait part de son intention, elle avait été à Vauxperreux pour y donner certains ordres, avait-elle dit, et le soir même elle était rentrée à Paris. Trois jours après, M. d'Arvernes à son tour avait été à son château et grande avait été sa surprise de trouver au premier étage de l'aile gauche — celle occupée par Mme d'Arvernes; lui il occupait l'aile droite — des tapissiers qui travaillaient à meubler trois pièces jusque-là inhabitées: un petit salon, une chambre et un cabinet de toilette. Les étoffes étaient riches, les meubles coquets.

— Qui vous a donné des ordres? avait-il demandé durement.

— Mme la duchesse.

Il n'avait point continué ses questions et il était revenu à Paris, fort intrigué.

— J'ai trouvé, dit-il en rentrant, des tapissiers travaillant par votre ordre.

— Ah! ils sont déjà à l'ouvrage. Tant mieux! Où en sont-ils?

— Ils posaient des tentures.

— Dans la chambre ou dans le salon?

— Ils travaillaient dans les trois pièces en même temps.

— N'est-ce pas que la tenture du salon est jolie? C'est une étoffe nouvelle qui m'a beaucoup plu.

— Très jolie.

— Avez-vous vu la garniture de la toilette?

— Non.

— Je le regrette : vous l'auriez, j'en suis certaine, trouvée à votre goût.

— Vous ne m'aviez pas parlé de votre intention de faire meubler ces pièces.

Elle prit un air de dignité blessée:

— Devais-je vous consulter?

— Je ne dis pas cela.

— Alors?

La question qu'il avait sur les lèvres était: « A qui destinez-vous cet appartement? » Mais, précisément parce qu'il prévoyait la réponse, il n'osa pas la poser franchement.

Il se connaissait; il savait combien il était incapable de se contenir, et à tout prix il voulait éviter une scène de violence, une querelle qui pourrait aller beaucoup plus loin qu'il ne voudrait une fois qu'elle serait engagée. Au point où les choses en étaient arrivées, elles ne pouvaient avoir qu'une solution si on les poussait à l'extrême : une séparation amiable ou judiciaire. Et il ne voulait ni l'une ni l'autre de ces séparations; il ne les voulait pas pour ses enfants, pour sa position, pour son nom, enfin pour son amour, car malgré tout il aimait sa femme et, avec cette fidélité de foi que donne seule la passion, il se disait qu'elle lui reviendrait un jour.

Il n'eut pas longtemps à attendre pour voir que ses prévisions n'étaient que trop fondées : aussitôt que les tapissiers eurent achevé leur travail, Mme d'Arvernes alla s'installer à Vauxperreux, et sur la première liste de ses invités figura le duc de Naurouse; ce fut lui qui occupa le nouvel appartement.

Lorsque Roger arriva à Vauxperreux, Mme d'Arvernes accourut sur le perron pour le recevoir au moment même où il descendait de voiture, puis tout de suite elle le conduisit elle-même à l'appartement qu'elle lui avait préparé.

Comme des domestiques allaient et venaient, elle ne put pas aussi tôt qu'elle l'avait espéré se jeter dans ses bras; obligée à se contraindre, elle le mena successivement dans chacune des trois pièces, le regardant, tout émue, pour saisir dans ses yeux une marque de satisfaction.

A la fin, les domestiques les ayant laissés seuls, elle put l'étreindre d'un mouvement passionné :

— Voilà ton nid, dit-elle, notre nid; je l'avais parlé d'une installation que je rêvais pour toi : es-tu content? cela te plaît-il? Il n'y a que toi et moi dans cette aile du château : nous sommes porte à porte, comme mari et femme. Quand tu voudras que je vienne te rejoindre, tu n'auras qu'un signe à faire. Le feras-tu? Ah! je ne dis pas quelquefois, mais souvent, mais toujours. Ah! Roger, tu ne m'aimes pas comme je t'aime, passionnément, follement. J'en meurs de mon amour, de cette passion qui dévore ma vie; et toi, tu vas, tu viens librement, frais, dispos, heureux quand nous sommes ensemble, cela est vrai, mais ne te donnant pas à moi tout entier, ne te disant pas que le bonheur c'est d'être ensemble, toujours, toujours aux bras l'un de l'autre.

Elle disait vrai en affirmant qu'elle l'aimait follement, et le lendemain, au déjeuner, elle montra jusqu'où allait cette folie.

Lorsque les invités arrivèrent dans la salle à manger, au lieu de trouver une grande table servie pour tout le monde comme elle l'était la veille pour le dîner, ils trouvèrent plusieurs petites tables de deux, quatre, six couverts dressées çà et là dans toute la longueur de la salle.

— J'ai pensé, dit Mme d'Arvernes, qu'il pouvait être agréable de se grouper selon ses sympathies, d'être entre soi, plus à son aise, plus libres, et voilà pourquoi j'ai fait disposer ces tables pour le déjeuner; au dîner nous reprendrons la solennelle tradition.

Comme parmi les invités il y en avait plus d'un qui trouvait agréable d'être entre soi et plus libres, cette idée fut applaudie et chacun se groupa selon ses sympathies.

Pour Mme d'Arvernes, elle s'assit seule à une petite table avec Roger devant elle, sous ses yeux.

Elle l'avait bien à elle, sans craindre qu'on pût le lui prendre.

XXIII

C'était parce que M. d'Arvernes se savait violent qu'il se modérait, et c'était parce que Mme d'Arvernes se savait calme qu'elle poussait toujours ses fantaisies jusqu'au bout.

Qu'une lutte s'engageât, le mari était certain à l'avance qu'il s'emporterait et se laisserait entraîner loin, tandis qu'à l'avance aussi la femme savait très-bien que par la modération elle conduirait les choses où elle voudrait et qu'elle aurait le dernier mot.

D'ailleurs, elle connaissait son pouvoir et elle n'était pas femme à n'en pas abuser : M. d'Arvernes avait besoin d'elle et il l'aimait; là était sa force qui, en fin de compte, la faisait maîtresse de la situation puisque de son côté elle n'avait pas besoin de son mari et ne l'aimait point.

Les violents sont faibles, leur sang les pousse aux extrêmes et leurs nerfs les abandonnent aussitôt la lutte finie; plein d'élan, de volonté, de résolution, d'initiative, de courage et de persévérance dans l'action, M. d'Arvernes devenait une femme quand le danger était passé. Alors il se croyait abandonné par ses amis, menacé par ses adversaires et il fallait le soutenir et le relever. Lors du coup d'Etat, c'était lui qui, par son ardeur, ses reproches, ses colères, ses prières, avait entraîné et poussé Louis-Napoléon hésitant. Que dans le conseil, au sénat ou à la chambre, il rencontrât la contradiction ou l'opposition, et il se jetait dans la mêlée avec toute l'impétuosité de son caractère, ne ménageant rien ni personne, ni lui ni les autres; mais, rentré chez lui et la la sueur du combat séchée, alors même qu'il était victorieux, il se croyait perdu, trahi, et il se laissait aller défaillant, en proie à tous les doutes, à toutes les inquiétudes. C'était en ces heures qu'il venait à sa femme et qu'il fallait que celle-ci le consolât, le rassurât, lui fît toucher du doigt les chimères de son imagination affolée; c'était l'heure aussi où il fallait qu'elle pansât son orgueil en lui disant, en lui répétant qu'il était le plus grand, le seul ministre de l'empire, dévoué, il tenait par-dessus toutes les autres à cette qualité, qu'il avait bien méritée, d'ailleurs; mais, de plus, le seul homme de tête et de résolution du conseil.

Le connaissant ainsi et se connaissant bien elle-même, elle jugea que dans cette affaire de l'appartement du duc de Naurouse à Vauxperreux il était de sa dignité et surtout de son intérêt de traiter la question de haut, en l'abordant franchement comme la chose la plus simple et la plus naturelle. M. d'Arvernes n'eût rien dit de cet ameublement, elle l'eût peut-être payé elle-même en demandant la somme nécessaire à son père, sa suprême ressource quand elle était aux abois; mais il avait parlé, et cela l'obligeait à ne pas reculer : il devait payer lui-même.

Lorsqu'elle reçut la note du tapissier, M. d'Arvernes n'était point à Vauxperreux. Il était à Paris, d'où il n'avait pas pu venir depuis plusieurs jours. Elle partit aussitôt pour Paris.

Lorsqu'elle arriva chez elle, on lui dit que le duc venait de rentrer du conseil et qu'il était dans son cabinet, seul, mais occupé à travailler.

Elle entra aussitôt.

Lorsque ayant levé la tête il la vit venir à lui, toute fraîche en sa toilette de campagne et exhalant un parfum de fleurs, il eut un sourire : il n'était point habitué à ce qu'elle vînt ainsi le surprendre, c'était presque pour lui une bonne fortune.

Vivement il se leva pour aller au-devant d'elle et, lui ayant pris la main, il lui embrassa le bras au-dessus du gant.

Mais dans cette main il y avait un rouleau de papiers :

— Bon Dieu! qu'est-cela dit-il?

— Un mémoire que je vous apporte, celui du tapissier.

Et froidement elle le lui tendit.

Il le prit et le jeta sur son bureau avec un geste saccadé.

— C'est que je voudrais bien qu'il vous fût possible de l'examiner, dit-elle d'une voix nette.

— Plus tard.

— Je n'ai pas l'habitude de commander souvent moi-même, mais ce que je commande j'ai l'habitude de le payer ; j'ai promis un fort acompte au tapissier.

Brusquement il se tourna vers elle et pendant plusieurs secondes il la regarda : sous ses sourcils touffus qui commençaient à grisonner ses yeux noirs lançaient des lueurs sombres.

Tout à coup il ouvrit violemment un tiroir de son bureau d'où il tira une grosse liasse de billets de banque.

— Voici ce que l'empereur vient de me donner, dit-il d'une voix rauque, à l'instant même, après le conseil ; c'est le dernier terme du subside mensuel qu'il m'a accordé depuis le mois de juillet de l'année dernière. Maintenant il n'y a plus rien à attendre, rien à demander, ou je sacrifie ma position menacée. Vous savez comment et par qui : Morny, Persigny, qui ne peuvent pas me pardonner ma fidélité et mon dévouement, me font une guerre acharnée et me battent en brèche de toutes les manières, auprès de l'empereur, à Paris, à l'étranger, dans les journaux dont ils inspirent, dont ils écrivent peut-être même les correspondances : et voilà le moment que vous choisissez pour venir me dire : « Je dois payer ce que j'ai commandé. »

— Je n'ai pas choisi ce moment.

Il avait parlé jusque-là en se contenant difficilement :

— C'était celui de la commande qu'il fallait choisir, s'écria-t-il. Pourquoi l'avez-vous faite cette commande?

Violemment il lui saisit le bras et, se penchant sur elle :

— Pour qui?

Elle ne broncha pas et de haut elle le regarda, immobile et froide comme la pierre.

Il s'enfonça la tête entre ses deux mains et resta ainsi assez longtemps; puis, allant à son bureau, il prit le mémoire et l'ouvrit, allant tout de suite au total.

— Vingt-deux mille francs! Et vous connaissiez ma position! Vous saviez que, si l'empereur ne me vient pas encore en aide, dans six mois, dans un an, il me faudra vendre Vauxperreux qui me dévore.

— A qui la faute?

— A qui!... A moi, vous avez raison. A mon orgueil de père qui a voulu que notre aîné, à qui j'ai gagné un titre, trouvât une terre seigneuriale dans mon héritage. Vous sied-il, à vous sa mère, de me le reprocher? Il est vrai, et je vous évite la peine de me le faire observer, il est vrai que toutes les dépenses que j'ai faites ne l'ont point été dans un intérêt d'avenir, et qu'il est des travaux qui ont été entrepris dans un intérêt immédiat, celui de vous plaire, de vous faire aimer cette terre où j'avais l'espérance de passer quelques jours de bonheur avec vous. Ah ! Valère, Valère !

Et sa voix eut un sanglot, étouffée dans sa gorge par l'évocation des espérances passées se heurtant si cruellement à la réalité présente.

Et longuement il attacha sur elle un regard tout plein d'une tendresse navrée, de douleur et de désespoir.

— Ah ! Valère, murmura-t-il encore, Valère !

Bien que l'accent de ce cri fût déchirant, elle garda son calme, elle attendait.

Avec l'expérience qu'elle avait du caractère de son mari, elle était toute surprise qu'il ne se fût point encore laissé emporter par un de ces accès de violence qui étaient si fréquents chez lui et qui, par un retour tout naturel, aboutissaient finalement à un accès de tendresse. C'était la tendresse qui précédait la colère; cela n'était pas ordinaire et la déroutait ; il est vrai que les efforts qu'il faisait étaient manifestes et qu'à chaque instant il s'arrêtait dans ce qu'il disait pour retenir certaines paroles qu'il ne voulait pas laisser échapper.

— Si j'avais su que cette somme dût tant vous coûter, je l'aurais demandée à mon père, dit-elle.

— Vous ai-je donc jamais dit qu'une somme me coûtait ? vous ai-je jamais refusé l'argent qui vous était nécessaire, reproché celui que vous aviez dépensé ?

— En tout cas, ce reproche serait bien ridicule à propos de cette dépense qui, en réalité, comme toutes les vôtres, profite à cette terre.

Ce mot fut l'étincelle qui provoqua l'explosion que Mme d'Arvernes avait été surprise de ne pas voir se produire encore. Violemment, furieusement, il se frappa la poitrine.

— Vous osez dire, s'écria-t-il, que c'est pour votre fils que vous avez ordonné cette dépense, pensant à lui comme j'y pense moi-même ! Vous osez mêler son nom à cette infamie, vous ! Ah ! c'est là le dernier outrage et le plus misérable !

Il vint à elle, frémissant de la tête aux pieds, écumant, les deux poings levés et serrés comme s'il voulait l'écraser.

— Dieu m'est témoin que je voulais vous ménager; depuis que vous m'avez donné ce mémoire, je ne sais comment j'ai pu me contenir; je me suis contenu cependant, mais je suis à bout.

Il s'éloigna d'elle en reculant et, arrivé à son bureau, il prit une liasse de billets de banque sans compter, au hasard, les froissant dans ses mains crispées; puis, revenant, il lui posa ces billets sur le visage, rudement :

— Je vous ferme la bouche avec cet argent; ne parlez plus ; ne me demandez plus rien ; payez vous-même cette dette qui est la vôtre, et maintenant laissez-moi. Vous voyez bien que je vous tuerais si vous restiez.

Il était terrible.

Elle s'était levée.

— Vous êtes fou, dit-elle en passant devant lui, la réflexion vous rendra la raison.

Et elle sortit.

Il tomba anéanti sur un siège et il resta là, écrasé, la tête inclinée sur ses genoux.

Quand il se releva, il alla à une glace et se regarda ; puis, lentement, à plusieurs reprises, il se passa la main sur le visage pour en effacer, en le pétrissant, les contractions qui le crispaient; à plusieurs reprises aussi il essaya, mais vainement, de respirer à fond : sa poitrine étranglée ne se soulevait pas.

Enfin il vint se rasseoir devant son bureau et sonna.

Un huissier entra :

— Faites entrer M. le ministre de Hesse, dit-il.

XXIV

Le séjour de Vauxperieux avait été mauvais pour la santé de Roger.

Bien qu'on fût en été, il s'était enrhumé plusieurs fois sans que jamais la toux qui avait accompagné ces rhumes disparût complètement; tout au contraire, elle avait paru vouloir s'établir d'une façon persistante et elle était devenue sèche, fatigante, s'accompagnant de douleurs entre les épaules et sur les côtés de la poitrine. A cela était venue se joindre la fièvre avec des sueurs la nuit, de la transpiration le jour lorsqu'il faisait quelque effort, et une sensation de chaleur pénible aux pieds et aux mains ; il avait maigri, ses yeux s'étaient excavés en prenant un éclat métallique, les pommettes osseuses de ses joues s'étaient colorées de plaques rouges.

Il ne s'était pas soigné, n'ayant pas le temps de faire des remèdes et ne voulant pas d'ailleurs s'avouer à lui-même qu'il pouvait être malade. Fatigué, indisposé, oui, sans doute ; malade, non. Ce qu'il avait n'était rien et s'en irait tout seul. Ce n'est pas à vingt-trois ans qu'on s'écoute et qu'on se dorlote.

Il avait donc laissé aller les choses sans rien faire pour les modifier et même sans voir Harly.

A quoi bon ; il lui eût été à peu près impossible de se conformer aux prescriptions de celui-ci : Harly aurait parlé de repos, et il ne pouvait pas se reposer, entraîné qu'il était dans la vie dévorante de Mme d'Arvernes ; il aurait ordonné des remèdes, un régime, et il n'y avait pas d'autre régime possible pour lui que celui que Mme d'Arvernes voulait bien adopter.

Et puis, s'il ne voulait pas s'avouer à lui-même qu'il était malade, il voulait bien moins encore l'avouer aux autres. Ce serait de la part d'Harly des questions sans fin auxquelles il serait embarrassé pour répondre. Déjà ses amis ne lui avaient que trop souvent adressé des questions gênantes ou tout au moins des remarques, des observations, des allusions qui, pour ne point exiger une réponse directe et précise, l'avaient cependant plus d'une fois mis mal à l'aise. Mautravers surtout l'accablait de ces observations en l'accompagnant tantôt de marques de sympathie, tantôt de railleries amicales : — Savez-vous que vous maigrissez, mon cher Roger. — Etes-vous souffrant ? vous devriez vous soigner. — Que diable avez-vous ? Vos mains brûlent. — Quand vous viviez de notre vie, vous alliez bien, rien ne vous fatiguait ; maintenant vous êtes tout de suite à la côte. Trop bureaucrate, n'est-ce pas ? Trop bon employé de ministère ? Vous n'étiez pas fait pour cette existence avec ses exigences quotidiennes, sa régularité.... C'est là ce qui épuise à la longue, ce qui tue. A votre place, je demanderais un congé à... mon chef. — Que dire ? Ces allusions étaient assez claires pour que Roger ne conservât pas le moindre doute sur le sentiment qui les inspirait. Avec Harly ce ne seraient plus des allusions plus ou moins déguisées, ce seraient des questions franches, celles du médecin qui va droit à son but en appelant les choses par leur nom. S'il se renfermait dans une prudente réserve, ce serait justement faire l'aveu que les propos du monde étaient fondés : s'il ne parlait pas, c'était qu'il avait peur de se trahir ; même avec Harly il devait s'observer et ne rien faire qui pût donner à supposer qu'il était l'amant de Mme d'Arvernes. Qu'elle s'amusât à provoquer, à justifier ces propos du monde et affirmer hautement qu'elle était sa maîtresse, c'était affaire à elle. Pour lui, il ne devait pas dire un mot qui pût laisser croire qu'il était son amant. Et avec Harly il était bien difficile, il était presque impossible que ce mot ne fût pas dit.

Mais s'il pouvait ne pas aller chez Harly pour le consulter, il ne pouvait pas le fuir et l'éviter. Un jour le hasard les mit en présence et dans des circonstances où Harly eut tout le temps de l'observer.

Ce fut à la messe de mariage d'un de leurs amis communs ; ils ne se trouvèrent point à côté l'un de l'autre, mais cependant ils étaient assez rapprochés pour s'apercevoir.

Harly fut frappé par son amaigrissement et par l'éclat de ses yeux ; il remarqua aussi qu'à plusieurs reprises Roger avait toussé, et cela malgré des efforts évidents pour se retenir.

Il l'attendit à la sortie de l'église et le saisit au passage.

— Comment allez-vous ?
— Bien.
— Il y a bien longtemps que je n'ai eu le plaisir de vous voir.
— J'ai été fort occupé ou plutôt distrait, entraîné, accaparé.
— Vous ne vous êtes pas trop fatigué ?
— Pas du tout.

Ils avaient fait quelques pas tout en marchant et Harly avait placé le bras de Roger sous le sien. Alors, sans affectation, il avait ramené sa main droite sur son bras gauche et pris le poignet de Roger en lui appliquant l'indicateur et les deux doigts suivants sur l'artère radiale : cela avait été fait si simplement, si naturellement, que Roger n'avait pas pu retirer son bras.

— Vous avez la fièvre, dit Harly, et assez fort même.
— Ah !
— Vous ne souffrez donc pas ?
— Pas assez pour que cela vaille la peine de me plaindre.
— Il ne faut pas souffrir du tout, et, ce qui est plus important encore, il ne faut pas laisser la fièvre s'établir. Où allez-vous présentement ?
— Au ministère, répondit Roger, espérant s'échapper.
— Eh bien ! j'irai vous voir demain matin et je vous examinerai.
— Demain matin, je ne serai pas chez moi.
— Eh bien ! j'irai après-demain.

Se défendre davantage eût été une maladresse. Roger dut répondre qu'il serait chez lui le surlendemain.

Il ne fallut pas un long examen à Harly pour voir que Roger lui avait caché la vérité en disant qu'il ne souffrait pas : il souffrait, au contraire, et sans que son état fût grave dans le présent, il était inquiétant.

Justement parce qu'on semblait vouloir se cacher de lui, Harly fut très réservé dans ses questions. Comme tout le monde, il connaissait la liaison du duc de Naurouse avec Mme d'Arvernes, et cela lui expliquait cette réserve ; mais, d'un autre côté, il fut très ferme dans ses prescriptions.

— Vous avez été imprudent, dit-il, en ne me consultant pas plus tôt, car votre mauvais état de santé remonte à deux ou trois mois au moins. Si vous étiez venu me voir dès le début, je vous aurais débarrassé de cette toux, ce qui eût été facile dans la belle saison ; maintenant que nous voilà dans l'automne, cela sera plus dur et plus long, mais nous en viendrons à bout si vous m'aidez.

— Ah! docteur, ne me droguez pas; vous savez combien j'ai horreur des remèdes.

— C'est de soins plus que de drogues que vous avez besoin, et, ces soins, vous seul pouvez vous les donner. Avant tout, il vous faut du repos. Si vous voulez aller à la campagne.

— J'ai passé presque tout l'été à la campagne.

— Dans de mauvaises conditions, sans doute?

Comme Roger avait détourné les yeux, Harly ne voulut pas pousser plus loin dans cette voie.

— Je veux dire que le pays où vous avez passé ce temps était mauvais sans doute pour votre constitution : trop humide, peut-être?

— Le château est entouré d'eau.

— Ah! voilà; rien n'est plus mauvais que cela pour vous. Si vous alliez passer quelques mois à Varages, l'automne est la belle saison de la Provence.

— Cela est impossible.

— Eh bien, alors, restez à Paris, mais vivez-y d'une vie calme et tranquille au moins pendant quelques mois.

— Mais elle est tranquille, ma vie.

— Votre état dit le contraire, et moi, médecin, je suis bien forcé de m'en rapporter à ce que je constate. Ce que j'appelle une vie tranquille, c'est se coucher de bonne heure, se lever tard, bien dormir, ne pas se fatiguer, éviter les émotions, ne pas s'exposer aux intempéries; voilà la vie que je veux pour vous en ce moment. Pouvez-vous me promettre qu'elle sera la vôtre?

Roger hésita un moment avant de répondre.

— Ce que je vous demande, dit Harly, c'est un engagement formel.

L'hésitation continua; puis tout à coup il parut se décider.

— Pour le moment, dit-il, je ne peux pas prendre cet engagement; mais plus tard...

— Oui, demain, n'est-ce pas, et puis après ce demain un autre; c'est ainsi qu'une indisposition légère devient une maladie sérieuse.

— Eh bien! donnez-moi quelques jours au moins..... quelques semaines.

— Mais......

— Vous allez voir pourquoi je vous les demande : ma situation financière ne s'est pas améliorée, et comme M. de Condrieu-Revel trouve moyen de retarder indéfiniment le jugement qui doit me débarrasser de mon conseil judiciaire, j'en suis réduit à vivre avec ma modeste pension; l'argent me coule entre les doigts avec une facilité déplorable et, quoique j'apporte une extrême réserve à mes dépenses, je me trouve gêné. Emprunter, faire des dettes, je ne le veux pas, cela m'a coûté trop cher, et cependant il faut que je me procure de l'argent, il le faut. Eh bien! cet argent, je vais tâcher de le gagner.

— Vous?

— Soyez tranquille, je ne veux pas jouer: je veux tout simplement que mon cheval *Balaclara*, dont je vous ai conté l'histoire, me le gagne. Je l'ai fait venir : il est à l'entraînement à Chantilly et voici qu'arrivent les courses dans lesquelles il est engagé; laissez-moi les courir?

— Vous-même?

— Sans doute, je suis sûr de moi et je ne suis pas sûr d'un autre; et puis ce cheval a une légende qui prête à la plaisanterie : « cheval de fiacre. » Il faut que je le monte moi-même au moins la première fois, ainsi dimanche à Vincennes.

— Mais monter en course est l'exercice le plus fatigant du monde; cela exige une dépense de forces considérable; ce serait une imprudence que je ne peux pas vous permettre.

— Vous ne savez pas comment je serai dimanche; je vous promets de faire d'ici là tout ce que vous exigerez.

La discussion continua, et tout ce que Roger put gagner, ce fut que Harly ne se prononçât pas avant le dimanche.

Cinq jours les séparaient de ce dimanche; Harly vint tous les matins voir son malade, et, bien que celui-ci fît, disait-il, tout ce qui lui était prescrit, il constata plutôt une aggravation qu'une amélioration dans son état.

Et cependant Roger continuait à parler de son intention de monter *Balaclara* le dimanche, de telle sorte qu'il semblait bien difficile d'espérer qu'on pût l'en empêcher.

Le dimanche matin, Harly vint, comme de coutume, faire sa visite.

— Hé bien, demanda Roger après avoir été examiné, me permettez-vous d'aller aux courses?

— Non seulement je ne peux pas vous permettre d'aller aux courses, mais encore je suis obligé de vous poser sur la poitrine un vésicatoire que Bernard va aller me chercher tout de suite : il est onze heures, je vous le lèverai moi-même ce soir à dix heures.

En entendant parler de vésicatoire, Roger se révolta et poussa les hauts cris; mais Harly tint bon :

— Il le faut, et à moins que vous me disiez que vous n'avez pas confiance en moi et que vous ne voulez plus de mes soins, je ne partirai pas d'ici sans vous l'avoir appliqué.

— Alors et puisqu'il en est ainsi, faites ce que vous voulez.

XXV

Au moment où Harly posait les dernières bandes de diachylon qui devaient maintenir le vésicatoire bien en place et l'empêcher de descendre ou de remonter, Mautravers entra dans la chambre.

En apercevant Roger le torse nu, il s'arrêta sur le seuil de la porte, tout surpris.

— Etes-vous malade? dit-il.

— Une précaution, répondit Harly, posant des bandes de toile par-dessus l'emplâtre.

— Mais alors, s'écria Mautravers, vous ne montez pas *Balaclara*?

— A moins que je ne le monte avec ça, dit Roger en souriant.

— Je vous en défierais bien, dit Harly.

— Vous auriez dû me prévenir, dit Mautravers d'un ton de mauvaise humeur.

— Dites au docteur qu'il aurait dû me prévenir lui-même; il y a un quart d'heure qu'il m'a annoncé qu'il allait me poser ce vésicatoire.

— Je ne savais pas hier comment vous seriez aujourd'hui, dit Harly.

Mautravers ne s'était pas assis; il serra la main de Roger :

— Au revoir, dit-il, je vais me couvrir, 'avais pris *Balaclara*; c'est un mauvais tour que vous me jouez là.

— Dites cela au docteur.

Mautravers ne dit rien au docteur, mais en sortant il lui lança un mauvais regard.

— Je crois que M. de Mautravers est un peu fâché contre moi, dit Harly.

— Dame, il y a de quoi.

— Et vous?

— Moi! Comment voulez-vous que je sois fâché d'une chose que vous faites dans mon intérêt? Je suis au contraire touché de votre fermeté.

— Je suis heureux de vous quitter dans ces dispositions; restez en repos; lisez pour passer le temps, et quand cela commencera à mordre, jurez contre moi; cela vous soulagera.

— Quand cela commencera-t-il à bien mordre?

— Vers quatre ou cinq heures; je viendrai vers neuf heures pour vous faire passer les derniers moments en bavardant. A ce soir.

Quand Harly fut parti, Bernard, qui, tout en allant et venant, avait entendu ce qui s'était dit, demanda à son maître la permission de sortir pendant une heure.

— Et pourquoi donc?

— Mais... pour me couvrir; moi aussi j'avais pris *Balaclara*.

— J'ai besoin de vous, ne sortez pas, c'est impossible.

Bernard ne répliqua pas, mais une colère indignée se manifesta sur son visage. Comment il daignait avoir confiance en son maître, ce qui ne se voit pas souvent chez les valets de chambre, il pariait pour lui, il mettait son argent sur son cheval, et voilà maintenant que ce maître impotent, invalide d'une façon ridicule, car enfin on est ridicule quand on a un vésicatoire, voilà que ce maître ne lui permettait pas de rattraper son pauvre argent! C'était indigne.

Ç'avait été une grande affaire dans un certain monde que la nouvelle de l'engagement de *Balaclara* dans le steeple-chase le plus important de l'année.—Un cheval de fiacre, est-ce drôle, hein?—Et il y avait eu des gens qui avaient dit que c'était une mauvaise farce inventée par le duc de Naurouse pour faire parler de lui : le cheval ne partirait pas; il n'existait même pas probablement; on parlerait de lui et le tour serait joué, le tapage profiterait au duc de Naurouse. Cependant il y avait d'autres gens, mieux informés ceux-là, qui avaient vu le cheval travailler à Chantilly et qui étaient bien obligés de croire à son existence. Mais croire à sa chance était une autre affaire. Il fallait être un original comme le duc de Naurouse pour l'engager avec les meilleurs steeple-chasers dans un prix dont les conditions de distance et de poids étaient aussi dures. Probablement il ne partirait pas; s'il partait, la course serait certainement des plus drôles; il faudrait voir ça.

Ce mot, répété et colporté, avait amené dans l'enceinte du pesage de Vincennes plus de monde qu'on n'en voyait là ordinairement; en tous cas un autre monde, particulièrement les amis de Roger, ceux avec qui il avait des relations ou qui le connaissaient : le prince Savine, Poupardin, le prince de Kappel, Sermizelles, Montrévault, enfin Mme d'Arvernes et, ce qui provoquait toutes sortes d'observations, M. de Condrieu-Rovel lui-même.

— Le comte de Condrieu qui vient voir si son « cher petit-fils » va se casser les reins, dit le prince de Kappel, en imitant le parler hésitant de M. de Condrieu, il faut que j'aille le faire causer, ça peut être drôle.

Et il aborda M. de Condrieu, qui, un peu désorienté, fut heureux d'avoir quelqu'un à qui il pût s'accrocher.

— Vous n'avez pas vu mon cher petit-fils? dit-il, c'est pour lui que je suis venu, oui pour lui; je voudrais qu'on le dissuadât de prendre part à ces amusements barbares; je ne peux pas m'adresser à lui directement à cause de ces malheureux dissentiments qui règnent entre nous, mais il me semble...

j'espère qu'un de ses amis pourrait... devrait le prévenir... vous, mon prince, par exemple.

C'était en se promenant devant les tribunes que M. de Condrieu parlait ainsi; ils étaient arrivés en face la rivière, il s'arrêta:

— Qu'est-ce donc cela? dit-il.
— La rivière.
— Est-ce que les chevaux sautent cette rivière?
— Certainement.
— Mais c'est très-large.
— Assez, quatre mètres cinquante centimètres.
— C'est effrayant; c'est dangereux, n'est-ce pas?... dangereux?
— Quelquefois; mais la banquette, cette butte en terre que vous voyez là-bas, est aussi dangereuse: on peut s'y casser les reins comme à la rivière; d'ailleurs, tout obstacle est dangereux avec un cheval épuisé.
— Se casser les reins... se casser les reins; mais c'est abominable cela. Pourquoi ne dites-vous pas à mon petit-fils ce que vous me dites là; moi je lui ferais peur, faites-lui peur, voulez-vous, hein?
— Ce ne serait peut-être pas un bon moyen pour l'arrêter.
— Se casser les reins, c'est affreux, cela. Ah! mon Dieu! qui donc pourrait bien l'arrêter? Il faut l'arrêter.

A ce moment ils furent rejoints par Mautravers.

— Ah! monsieur le comte, dit-il, vous étiez venu pour voir Roger: il ne montera pas son cheval.
— Comment cela?
— On lui a mis un vésicatoire sur la poitrine ce matin.
— Ah! mon Dieu! s'écria M. de Condrieu.

Ce cri fut si désolé que M. de Condrieu se crut obligé de l'expliquer.

— Malade, dit-il, malade! Quelle nouvelle... pour moi!

Et il s'écarta un moment.

— De quoi monsieur de Condrieu est-il désolé, demanda le prince de Kappel, de ce que Roger n'a pas l'occasion de se casser les reins aujourd'hui ou bien de ce qu'il est malade?

Mais Mautravers ne répondit pas, il s'était tourné du côté des tribunes et il avait aperçu Mme d'Arvernes qui, entourée de trois ou quatre jeunes gens, semblait ne pas les écouter et promenait ses yeux droit devant elle, comme si elle regardait le panorama du cours de la Marne se déroulant capricieusement depuis les coteaux de Chelles et de Noisy. Pour qui savait voir il était évident qu'elle ne regardait rien; elle réfléchissait, elle attendait. Il alla à elle pour s'amuser de la figure qu'elle ferait en apprenant la nouvelle. Elle n'en fit aucune et resta impassible; seulement elle se mit à parler avec volubilité.

— Que dites-vous donc, s'écria-t-elle tout à coup, voici M. de Nauroze que vous prétendez malade.

En effet c'était bien Roger qui s'avançait, marchant un peu raide, mais souriant cependant en saluant à droite et à gauche.

Mautravers avait couru au-devant de lui.

— Comment, vous ici?
— Je viens monter *Balaclava*.
— Mais c'est impossible, vous ne ferez pas cela!
— Pourquoi donc? Vous me reprochiez ce matin de ne pas le monter, et voilà maintenant que vous ne voulez pas que je le monte! Il faut être logique, mon cher.
— Mais ce matin...
— Ce matin, dit Roger en riant, vous aviez mis votre argent sur *Balaclava*, et ce soir, vous étant retourné, vous l'avez mis contre.
— Quand cela serait? demanda Mautravers d'un ton provoquant.

Roger ne se fâcha pas, au moins en paroles, mais il garda son sourire railleur.

— Si cela était, dit-il, vous me rendriez très fier par ces marques de confiance persistante.

Puis tout de suite, avec le ton de la bonhomie :

— Allons, ne soyez donc pas inquiet, dit-il, dans l'état où je suis, vous ne devez pas croire que je peux gagner.
— Je crois que vous pouvez vous rendre très malade, et c'est pour cela que je vous dis : « Vous ne ferez pas cela. »
— Mais si, c'est drôle, et puis, après avoir dit à tout le monde que je monterais *Balaclava* aujourd'hui, je ne peux pas ne pas le monter; d'autres que vous ont pu avoir confiance en moi, et je ne veux pas qu'ils soient volés; et cela c'est sérieux.

Et quittant Mautravers, il monta deux gradins pour rejoindre Mme d'Arvernes qui, fâchée de la longueur de cet entretien, lui faisait signe de venir près d'elle. A le voir marcher, il était impossible de deviner sur son visage ou dans son attitude que l'enjambement des gradins lui causait une souffrance.

— Est-ce que M. de Mautravers s'est moqué de nous? demanda vivement Mme d'Arvernes en tendant la main à Roger.
— En quoi donc?
— Il prétend qu'on vous a posé ce matin un vésicatoire sur la poitrine.
— Mautravers exagère tout; une mouche tout au plus.

Elle le regarda en l'examinant dans les yeux; il souriait.

Brusquement elle se pencha pour lui parler à l'oreille :

— Me conseillez-vous de parier pour votre

cheval ? demanda-t-elle à voix basse, de façon à n'être pas entendue de ceux qui les entouraient.

A son tour, il la regarda pour voir ce qu'il y avait sous cette question : évidemment c'était le doute et l'inquiétude ; répondre oui c'était calmer cette inquiétude, mais aussi c'était compromettre l'argent qu'elle voulait risquer.

— Non, dit-il.

— Vous voyez bien, murmura-t-elle.

— C'est de mon cheval que je ne suis pas sûr ; il n'a jamais couru sur cet hippodrome.

Et il se mit à bavarder en riant pour bien prouver qu'il n'y avait rien de fondé dans les paroles de Mautravers : n'était-il pas évident qu'on ne l'avait jamais vu en meilleure santé.

Si ce n'était pas là le sentiment de Mme d'Arvernes, inquiète, c'était celui des curieux qui passaient et repassaient devant Roger.

Il n'y a pas d'endroit au monde où l'on soit plus incrédule et plus défiant qu'un champ de courses ; il s'y débite tant de mensonges, il s'y machine tant de ruses, il s'y pratique tant de voleries, que les gens prudents ont pris l'habitude de ne rien croire ou de croire le contraire de ce qu'on y dit :

— On assure que tel cheval est malade. — On croit qu'il est en magnifique condition. — On jure qu'il ne partira pas. — On croit qu'il gagnera.

Quand Mautravers avait raconté comment et pourquoi *Balaclara* ne partirait pas, son récit n'avait donc pas été adopté par tout le monde, et bien des gens avaient cru qu'il voulait tout simplement faire baisser la cote du cheval, de sorte que c'était le contraire qui s'était produit : cette cote avait haussé :

— Puisqu'on disait que le cheval ne devait pas courir, c'était qu'il devait gagner. — Et on avait parlé pour lui.

Quand on avait vu paraître le duc de Naurouse, que les on-dit faisaient gravement malade, on s'était tout de suite confirmé dans cette idée que Mautravers avait voulu monter un coup, et la hausse sur *Balaclara* s'était accentuée.

Mais tout cela ne s'était pas dit et fait sans contestations ; on avait discuté, disputé, et pour se mettre d'accord on avait voulu voir — le duc de Naurouse, le cheval ensuite.

Assis près de Mme d'Arvernes, le duc paraissait causer avec une liberté parfaite ; il était un peu pâle, il est vrai, un peu raide, mais rien n'annonçait au dehors qu'il fût malade, ni même souffrant.

Quant à *Balaclara*, qu'un *lad* promenait sur la pelouse du pesage, il semblait être en excellent état, au moins autant qu'on en pouvait juger sous les couvertures qui l'enveloppaient. Si on n'avait pas su qu'il avait fait le misérable métier de cheval de fiacre on ne s'en serait jamais douté à le regarder : son allure était fière dans sa promenade circulaire ; ce qu'on voyait de son poil était luisant et velouté ; l'œil avait du feu, mais avec une certaine dureté dans le regard, comme cela se rencontre assez souvent chez les bêtes intelligentes que l'homme a fait souffrir. Avait-il les jambes bonnes, c'était ce que demandaient les parieurs pour ou contre, mais sans pouvoir se fixer à ce sujet, car elles étaient enveloppées de bandes de flanelles — inquiétantes pour ses partisans, rassurantes pour ses adversaires.

C'était dans la troisième course que *Balaclara* était engagé et l'on venait de sonner le pesage pour la deuxième.

A son grand désappointement, M. de Condrieu n'avait presque rien vu de la première, qui se passait au loin, sur cet immense hippodrome, avec l'arrivée seulement devant les tribunes ; aussi s'était-il mis en belle place pour voir la deuxième, dans laquelle, lui avait-on dit, les chevaux devaient sauter la rivière et la banquette irlandaise, c'est-à-dire quelques-uns des obstacles qui devaient être franchis dans la troisième, la plus importante, la plus difficile et par conséquent la plus dangereuse de la journée.

Manœuvrant habilement, il avait fini par accaparer le prince de Kappel et par se cramponner à lui de façon à se faire expliquer par quelqu'un de compétent et doué d'une excellente vue ce qu'il ne connaissait pas ou ne voyait pas.

Par cela seul que cette course n'était pas très sérieuse, elle avait réuni un grand nombre de concurrents ; le départ donné, ils arrivèrent tous en peloton à la rivière, espacés seulement pour ne pas sauter les uns sur les autres. Six passèrent, deux s'abattirent, lançant au loin leurs jockeys ; un troisième désarçonna son jockey qui, restant engagé par le pied pris dans l'étrier, fut traîné au galop.

— C'est horrible, s'écria M. de Condrieu ; il va être tué, n'est-ce pas ?

— C'est possible.

Mais ils n'eurent pas le temps d'en dire davantage. Les chevaux lancés à fond de train allaient aborder la banquette irlandaise. Il s'était fait un grand silence dans le public, qui, quelques secondes auparavant, avait poussé une puissante exclamation d'effroi. Toutes les têtes maintenant étaient tournées vers la banquette ; seuls, les sergents de ville et les hommes de service s'occupaient des jockeys qui n'avaient pas pu se relever. Un cheval encore culbuta, et au bout de quelques minutes on vit deux hommes apporter sur leurs bras un jockey inanimé,

— Mais on se tue beaucoup, dit M. de Condrieu d'une voix lamentable.

— Toutes les chutes ne sont pas mortelles, heureusement ; la terre est molle aujourd'hui.

— Enfin on peut se tuer. Je vous en prie, mon prince, je vous en supplie, empêchez mon petit-fils, mon cher petit-fils de monter son cheval dans l'autre course, car elle est plus dangereuse, n'est-ce pas, plus dangereuse ?

— Oui, par le nombre des obstacles, non par le train, qui, à cause de la longue distance, sera plus lent ; c'est la vitesse qui fait tomber les chevaux.

— Enfin empêchez-le.

— Ce que je pourrais lui dire serait sans influence.

— Je ne sais vraiment pas si je vais pouvoir assister à cet horrible spectacle, horrible, vraiment horrible.

— Peut-être, en effet, feriez-vous mieux de vous retirer.

— Oui, sans doute ; mais alors, après ce que je viens de voir, l'angoisse me sera terrible. Ah ! mon pauvre petit-fils, mon pauvre petit-fils !

Et il se tourna vers Roger ; mais le pauvre petit-fils n'était plus auprès de Mme d'Arvernes. Il venait de la quitter pour aller s'habiller, après qu'elle lui avait longuement serré la main. Dans cette étreinte il avait senti qu'elle lui glissait quelque chose dans la main en le regardant avec des yeux passionnés. S'étant éloigné de quelques pas, il avait ouvert la main : ce qu'elle lui avait glissé était une petite médaille de sainteté.

Si Roger avait eu des curieux pour le regarder de loin, il en eut bien plus encore pour le regarder de près, lorsqu'il vint se faire peser : on s'était entassé autour de la balance et, en se dressant sur la point des pieds, on tendait le cou pour l'apercevoir et l'examiner : il était calme, froid en apparence, indifférent, mais avec un air de dédain qu'il avait souvent en public. On remarqua, lorsqu'il s'assit sur la balance, qu'une légère grimace avait contracté ses lèvres, mais ce ne fut qu'un éclair.

Les curieux le suivirent pour le voir monter à cheval, ce qu'il fit légèrement sitôt que *Balaclava* fut bridé et sellé ; puis tout de suite il sortit de l'enceinte du pesage, et l'on ne tarda pas à ne plus voir sur la pelouse sa casaque et sa toque or.

Le champ ne se composait que de trois chevaux : *Balaclava*, le vieux *Satan*, au baron Friardel, monté par Cassidy, et *Bock*, monté par Lamplugh ; mais la course pour cela n'en promettait pas moins d'être pleine d'intérêt. *Bock* et *Satan* étaient deux gloires des *steeple-chases* aussi bien que leurs jockeys. Qu'allait faire le cheval de fiacre contre ces deux adversaires redoutables qui, tant de fois, avaient couru sur cet hippodrome qu'ils connaissaient comme leur piste d'entraînement ? Et le duc de Naurouse, qu'on disait malade, qu'allait-il faire contre deux jockeys qui n'avaient pas de rivaux ? Son cheval était dans un état de préparation parfaite, il est vrai, sans une livre de chair en trop ou en moins, il bénéficiait aussi d'une forte décharge de poids ; mais serait-ce assez pour gagner ?

Tout le monde avait pris place pour bien voir cette course, M. de Condrieu au premier rang, toujours accroché au prince de Kappel, qui avait tout fait, mais inutilement, pour s'en débarrasser. Quant à Mme d'Arvernes, au lieu de rester assise nonchalamment et de promener çà et là son regard éteint, elle s'était levée et elle tenait sa lorgnette attachée sur les trois chevaux réunis. Un des jeunes gens qui l'entouraient ayant voulu continuer à l'entretenir, elle lui dit un : — » Ah ! mon cher, laissez-moi tranquille, » — si raide et si sec, qu'il s'établit un complet silence autour d'elle.

Le départ avait été donné et les chevaux arrivaient, non plus follement en casse-cou comme dans la course précédente, mais dans un bon train, tenus ferme par des mains habiles ; ils touchaient la rivière ; elle fut franchie avec tant de légèreté, tant de sûreté, tant de justesse, que les applaudissements éclatèrent de toutes parts.

— Pas de chute, murmura M. de Condrieu.

— Vous voyez : *Balaclava* va très bien ; c'est merveilleux.

— Ah ! oui, très bien.

Le ton voulait être approbateur, mais évidemment il manquait d'enthousiasme.

Il en fut de la banquette comme il en avait été de la rivière : c'était à croire que, pour ces chevaux, ces obstacles étaient un jeu.

Ils s'éloignèrent et disparurent dans les arbres. Quand on les revit au loin ils étaient tous les trois à la queue leu leu, mais se tenant presque : au centre on apercevait la casaque blanche du duc de Naurouse qui faisait une tache éclatante sur la sombre verdure du bois.

Ils devaient passer deux fois devant les tribunes. On les vit grandir, se rapprocher arriver toujours dans le même ordre. Mais en franchissant la rivière, *Bock*, qui tenait la tête, fit une faute, ce qui obligea *Balaclava*, qui le suivait, à sauter un peu en biais. Jeté en avant le duc de Naurouse parut devoir passer par-dessus la tête de son cheval.

— Tombé ! il est tombé ! s'écria M. de Condrieu.

Mais M. de Condrieu se trompait, Roger s'était redressé et remis en selle ; quand il aborda la banquette il avait repris son aplomb et il était maître de son cheval.

La course se continua sans incident ; on revit les trois chevaux arriver en face des tribunes et gravir la côte de Gravelle, *Bock* en tête, *Balaclava* en queue. Était-il battu ? C'était là que devait se décider la course. Il s'étendit, tandis que *Satan* fouettait l'air de sa queue.

La dernière haie fut franchie par les trois chevaux en même temps ; c'était *Balaclava* qui tenait la corde.

Une clameur s'éleva :

— *Balaclava* gagne ! Hurra !

Mais la lutte n'était pas finie, bien que les chevaux, blancs d'écume, fussent épuisés ; on voyait se lever et s'abaisser le bras des jockeys et les cravaches tournoyer furieusement.

— *Balaclava ! Balaclava !* hurlait la foule.

C'était lui, en effet, qui se détachait du groupe à cent mètres du poteau et arrivait premier, acclamé par le public, qui battait des mains et trépignait.

— *Winner ! Winner !* le cheval de sacre !

Quand Roger descendit de cheval, on se pressa autour de lui pour lui serrer la main ; mais il ne répondit à personne, et aussitôt qu'il eut fait constater son poids, sans même se déshabiller, s'enveloppant seulement dans un pardessus et une couverture, il se jeta en voiture pour rentrer à Paris grand train.

Le soir, en arrivant, Harly le trouva au lit avec un pouls à 140.

— Que s'est-il donc passé ?

— J'ai fait 6,000 mètres en steeple-chase.

— C'est impossible !

— Non, puisque j'ai gagné ; maintenant, faites de moi ce que vous voudrez. Avec les vingt mille francs que me valent le prix et les paris, me voilà quelques mois de tranquillité ; je pourrai peut-être attendre la fin de mon procès. Mais n'est-il pas honteux qu'un Nauroure en soit réduit à courir comme un jockey pour gagner sa vie ?

— Dites la perdre.

— Mais non, votre amitié me guérira.

— Elle fera tout pour cela ? Mais vous, de votre côté, que ferez-vous ?

— Ce que vous voudrez.

— Tout ce que je vous ordonnerai ?

— Tout.

— Vous me le promettez ?

— Je vous le promets.

XXVI

Une des prescriptions de Harly avait été que son malade ne reçût personne ; à ce sujet les ordres les plus précis avaient été donnés à Bernard qui, quel que fût celui qui se présentât, devait refuser la porte.

Cependant, lorsque le lendemain matin, après une nuit agitée par la fièvre, Roger ouvrit les yeux, une femme était penchée sur son lit.

— Valère !

C'était, en effet, Mme d'Arvernes qui, malgré Bernard, était entrée ; il avait résisté longtemps : M. le duc avait passé une mauvaise nuit ; il dormait ; le médecin avait défendu qu'il vît personne ; — mais il avait fini par céder. Bien qu'il parût ne pas savoir à qui il parlait, il connaissait parfaitement Mme d'Arvernes. C'eût été Raphaëlle qui se fût présentée, il l'eût renvoyée, bien que son opinion personnelle, son sentiment à lui fût que la visite de la femme aimée n'a jamais fait de mal à personne ; mais une duchesse ! Assurément le duc serait heureux de la voir, et présentement Bernard désirait être agréable à son maître, qui la veille lui avait fait gagner dix louis avec *Balaclava*. Cependant, avant de céder, il avait posé ses conditions : — Madame ne resterait pas longtemps. — Elle avait promis et, à son tour, elle lui avait adressé une recommandation : celle de ne laisser entrer personne. — Il n'y a pas de danger ; cependant si M. Harly se présente, je ne peux pas le renvoyer, mais j'entrerai prévenir madame la..... — Il s'était retenu à temps et n'avait point ajouté « duchesse », qui lui était venu sur le bout de la langue.

— J'allais t'écrire, dit Roger en la reconnaissant.

— Pourquoi n'es-tu pas revenu hier après la course, je t'attendais.

— Parce que j'avais peur de me trouver mal, ce qui, en public, eût été par trop bête.

— Alors cette mouche ?

— Elle avait 15 centimètres.

— Et tu as monté ton cheval ?

— Tu as vu.

— Et moi qui t'admirais bêtement, sans savoir ; mais c'est héroïque, cela !

Et, reculant un peu pour mieux voir, elle attacha sur lui des yeux enthousiastes en joignant les mains.

— Mais pourquoi as-tu commis cette imprudence ?

— Parce que j'avais besoin d'une vingtaine de mille francs.

— Il fallait me le dire.

Il secoua la tête.

— Rassure-toi ; je les aurais demandés à mon père.

— Ne valait-il pas mieux les gagner ?

— Non, puisque te voilà malade ; et cependant j'avoue que tu m'as donné hier la plus violente des émotions que j'aie éprouvée, avec cela un mélange d'angoisse et de fierté tout à fait étrange ; quand, au second saut de la rivière, on a crié : « Il est tombé, » j'aurais étranglé ceux qui avaient dit cela ; je ne voulais pas qu'on admît que tu pouvais tomber, et cependant cette peur me serrait la gorge et faisait danser ma lorgnette dans mes mains tremblantes. Mais quelle joie triomphante quand tu es arrivé ! les jambes m'ont manqué.

Elle eût longtemps continué si Bernard n'était pas venu annoncer que le docteur Harly demandait à voir son malade.

— Par où puis-je sortir ? demanda-t-elle à Bernard.

— Monsieur le docteur est dans le salon, madame la... peut passer par la salle à manger.

— C'est bien, tout à l'heure.

— Dites à monsieur Harly que je le prie d'attendre un moment, commanda Roger.

Bernard parti, elle prit la main de Roger et la lui baisa passionnément. :

— J'ai eu bien peu le temps de te voir, dit-elle, et cependant je ne peux pas revenir ce soir ni demain : tes amis vont vouloir te visiter, et quand même tu ne les recevrais pas, il est bien certain qu'ils vont assiéger ta porte, encombrer ton escalier, envahir la loge de ton concierge. Je ne peux donc pas m'exposer à braver leurs regards curieux quand nous nous rencontrerions, ce qui arriverait infailliblement. Que faire ? T'écrire. Oui, je t'écrirai, et toi aussi, de ton côté, tu m'écriras tous les jours pendant tout le temps que tu seras malade ; mais ce n'est pas assez : on parle mal de soi quand on est malade ; et d'ailleurs est-ce qu'on sait. Il me faut donc plus que tes lettres : je vais écrire ce soir au docteur Harly de venir me voir ; il est ton médecin, il sera le mien ; nous parlerons de toi.

— Mais...

— S'il devine la vérité, qu'importe, tu ne rougis pas de moi, n'est-ce pas ? Moi, je suis fière de toi.

L'essentiel était dit ; mais, entre amants, ce n'est pas l'essentiel qui compte, c'est le superflu, la fantaisie ; il fallut que Bernard revînt à nouveau les avertir que le docteur Harly trouvait le temps long. Eux, ils n'avaient point suivi l'aiguille de la pendule.

Elle partit, alla jusqu'à la porte, revint au lit, fit deux pas en avant, un en arrière, et il fallut que Bernard se plaçât entre elle et le lit pour qu'elle se décidât.

Mais dans la salle à manger elle s'arrêta.

— Surtout, soignez-le bien, dit-elle à Bernard.

— Que madame la duchesse soit tranquille.

— Ah ! dit-elle un peu suffoquée.

— Mon Dieu, dit-il avec confusion, je ne suis qu'un maladroit, cela est vrai ; mais c'est l'admiration qui me fait perdre la tête.

— Bien.

Enfin Harly put entrer.

— Eh bien, dit-il, est-ce ainsi qu'on tient ses promesses.

— On a forcé ma porte et on m'a réveillé ; je suis donc innocent.

Malgré ce réveil et cette visite, le pouls n'était pas mauvais ; il y avait une amélioration très-sensible, mais Harly n'en dit rien de peur que ce fût un encouragement à des imprudences nouvelles ; au contraire, il formula toute une série de prescriptions sévères.

Ce ne fut pas le lendemain que Mme d'Arvernes tint sa promesse d'écrire, ce fut le jour même : trois heures après son départ, Roger reçut une lettre d'elle, puis le lendemain matin une autre, puis le lendemain soir, et ainsi régulièrement deux fois par jour.

Au temps où il n'était pas son amant et où il entendait parler d'elle, on disait qu'elle avait la manie d'écrire à ses amants et que, pour ne pas se mettre en peine d'imaginations, elle copiait tout simplement un recueil de lettres qu'elle avait reçues autrefois d'un de ses amants, tué par elle, un poète qu'elle avait aimé pour sa réputation et ses longs cheveux ; mais si Roger avait pu ajouter foi à ces calomnies qui lui avaient paru drôles, il n'avait plus pour elles maintenant qu'un parfait mépris : ces lettres étaient bien de sa chère Valère ; elles étaient Valère elle-même.

Dans le grand nombre de celles qu'elle écrivit ainsi, une seule prise au hasard suffira pour donner le ton de toutes :

« La passion te va bien, mon cher Roger, et certainement tu es né pour l'amour ; personne, j'en suis certaine, ne dirait aussi joliment que toi « je t'aime », on te voit, on te sent tout frémissant.

» Est-ce que vraiment je te plais autant que cela, cher adoré ? Oui, n'est-ce pas ?

« Mais alors comment t'ai-je inspiré ce tendre sentiment ? En t'aimant ? Est-ce une raison ? En sachant t'aimer ? C'est cela, n'est-ce pas ? Alors tu me reconnais donc quelque talent, quelque mérite, toi qui es un connaisseur. Sais-tu que cela me rend

» très fière. Sais-tu que pour cela je vais
» t'idolâtrer.

» Mais alors prend garde à toi, car si déci-
» dément tu es bien l'âme de mon âme, le
» choisi de mon cœur, si tu es celui vers
» qui allait mon rêve, celui que j'appelais,
» celui que j'attendais, celui que je voulais,
» alors je t'entraîne, je te plie à mon gré, je
» te domine et tu ne m'échappe plus.

» Tu vois que je suis franche. Toi, es-tu
» heureux?

» Tu sais que je suis nerveuse, exigeante,
» impérieuse, entière dans mes volontés,
» absolue dans mes désirs et que la déception
» me rend méchante. Comment en serait-il
» autrement? N'ai-je pas vainement atten-
» du la passion depuis ma jeunesse? Cela m'a
» pris vers mes dix-huit ans : un désir sans
» frein, une vraie maladie. Combien inutile-
» ment ai-je interrogé de visages, scruté de
» cœurs, palpé de mains qui se tendaient vers
» moi pour voir si un sang chaud battait dans
» leurs veines. Que m'importait qu'ils fussent
» beaux ou laids, ces visages; qu'elles fussent
» fines ou grosses, ces mains! Ce n'était pas
» du brun ou du blond que je prenais souci,
» du maigre ou du dodu : ce qu'il me fallait,
» c'était une nature violente, enfiévrée, cu-
» rieuse, insatiable, une nature pire que la
» mienne ; splendide ou ordinaire, mais pro-
» voquante et heurtée, extravagante et raffi-
» née, afin de trouver près d'elle une lutte
» de folie et d'amour, un bonheur ou des
» désespoirs à me tuer, des jalousies féroces,
» des actions de grâce insensées, des fâche
» ries brutales, des retours subits avec de
» lâches réparations, des regrets désespérés,
» d'humbles prières, des serments invo-
» quant les choses les plus sacrées ; ce que
» je voulais, c'était ne plus me reconnaître,
» sortir de moi, être enlevée dans un autre
» monde, être bouleversée, ravie, écrasée,
» pleurer de joie, rire de douleur, souffrir,
» jouir, m'étourdir, vivre enfin ; ce que je
» voulais — cela ne s'écrit pas — c'était ce
» que tu me donnes.

» Tu vois quelles qualités je te reconnais,
» je de celles justement qui doivent m'en-
» traîner, car, je te le dis, tu es né pour l'a-
» mour.

» Mais peux-tu te perfectionner? Peux-tu
» te continuer?

» Oui, n'est-ce pas? car la jeunesse a ce
» privilège, et comme il me semble que je te
» vaux bien, nous avons devant nous de
» beaux jours. Nous verrons qui de nous
» deux sera le plus souple et le plus inven-
» tif; qui de nous deux aura le plus d'auda-
» ce et d'imagination. Je te préviens qu'il y
» a longtemps que la passion me dévore
» aussi. Peut-être es-tu quelquefois troublé

» de ses éclats et de sa fantaisie; mais non
» effrayé, n'est-ce pas?

» Qui de toi ou de moi sera le maître de
» l'autre?

» En attendant que cette question se dé-
» cide, et rien ne presse qu'elle soit décidée
» si même elle l'est jamais, je passe des nuits
» brûlantes à me rappeler nos entrevues, ton
» charme irritant et mystérieux, l'ardeur de
» tes étreintes, la douceur de tes caresses;
» je gémis, je soupire, je pleure, je te veux.

» Voilà comme je t'aime maintenant.

» Devine comme je t'aimerai.

» Autrement que cela, mieux que cela,
» plus que cela. Sera-ce bien? Sera-ce assez?
» Ce sera peut-être trop? Mais alors ne me
» le dis pas, afin que je respecte ta vie. »

XXVII

Ce qui empêchait Mme d'Arvernes de venir voir son amant chez lui tous les jours, ce n'était point la peur de compromettre sa réputation, mais c'était qu'elle ne voulait point s'exposer à se trouver face à face dans l'escalier ou dans le vestibule de Roger avec Mautravers, Savine, le prince de Kappel ou autres gens de son monde, arrivant en visite chez leur ami.

Qu'on dît qu'elle était la maîtresse du duc de Naurouse, que tout le monde le répétât, cela ne la gênait en rien; elle était au-dessus de ces propos.

Mais qu'elle se rencontrât nez à nez à la porte de Roger avec Mautravers, lui entrant, elle sortant, de cela elle prenait souci et s'in-quiétait ; il y avait là un fait matériel, im-médiat, qui la blesserait s'il se produisait ; et il pourrait très bien se produire, il y avait même des chances pour cela. Elle n'aimait point les surprises ; se trouver dans l'embar-ras l'humiliait ; elle avait horreur des situa-tions fausses ; elle devait donc éviter ce danger.

Au contraire, l'équivoque l'amusait et la provoquait d'autant plus, que, pour une femme intelligente, il est toujours facile de se maintenir dans l'équivoque, à moins d'être prise en flagrant délit. Combien de bonnes raisons n'avait-elle pas pour expliquer avec un ton convaincu, mais aussi avec un sourire railleur, l'intimité qu'on remarquait entre elle et M. le duc de Naurouse. Pour elle, c'était une joie de se lancer dans ces explications; cela chatouillait son esprit ; et si, en l'écou-tan, on laissait paraître une certaine incré-dulité, elle était tout à fait heureuse, car tout en affirmant hautement la parfaite innocence de cette intimité, elle tenait essentiellement à ce qu'on n'acceptât point sa parole; il l'aimait, le jeune duc, il l'aimait passionnément, et elle eût été désolée qu'on ne le sût pas, humiliée qu'on en doutât.

Lorsqu'au bout d'une quinzaine de jours Roger put sortir et reprendre ses habitudes, elle chercha toutes les occasions pour faire éclater cette passion de telle sorte que tout le monde la vit bien clairement.

Déjà l'intimité à Vauxperreux, la petite table du tête-à-tête au déjeuner, le voisinage de leurs deux appartements, le besoin d'être toujours ensemble et de se chercher l'un l'autre, leurs regards, leur manière de se donner la main et dix et vingt autres signes certains avaient été plus que suffisants pour faire la lumière sur leur liaison ; mais tout naturellement cette lumière n'avait pu frapper que ceux qui avaient été à Vauxperreux, des amis, en tous cas un petit groupe assez restreint, et cela n'était point assez pour elle.

Il lui fallait plus.

Pour sa vanité, pour sa gloire, il fallait que cette passion fût connue de tout Paris.

Elle avait trente ans, le duc en avait vingt-trois et il l'aimait. — Pour une femme qui savait que sa beauté était contestée, n'était-ce pas une affirmation de cette beauté et de sa puissance ?

Et puis, d'autre part, n'était-ce pas une sorte de réhabilitation pour elle, en tous cas un démenti donné à certains propos ? Bien qu'elle n'eût pas connu tous les bruits qu'on faisait courir sur elle, cependant elle n'ignorait pas qu'on avait interprété à son désavantage la brièveté de ses liaisons ; ceux avec qui elle avait rompu avaient parlé, rejetant sur elle, bien entendu, les causes de ces ruptures ; ces indiscrétions avaient été colportées, grossies, envenimées et elles étaient devenues de véritables accusations contre lesquelles la constance de Roger la défendait ; il l'aimait, non depuis quelques jours, mais depuis plusieurs mois, et ce n'était pas un enfant, un ignorant, un déshérité, un timide : il avait eu pour maîtresse les femmes les plus en vue de Paris, celles qui avaient conquis la célébrité par la beauté, l'élégance, l'esprit, le savoir, celles qui possédaient l'art de se faire aimer ; pour elle il les avait quittées, ces maîtresses.

Il fallait que cela fût notoire.

Et elle se chargea de le publier bruyamment.

Autant les femmes mettent ordinairement de prudence, d'habileté, de ruse à cacher leurs amours, autant elle mit de franchise et d'audace à afficher les siennes. Elle ne fit plus un pas sans avoir Roger à ses côtés ; au théâtre, dans le monde elle voulut qu'il l'accompagnât, le faisant inviter partout où elle était invitée elle-même, et cela non pas en prenant d'adroits détours, mais ouvertement, en le demandant franchement.

— Vous aurez le duc de Naurouse.
— Non.
— Pourquoi ?
— Nous le connaissons peu.
— Cela ne fait rien ; invitez-le, il est charmant.
— Viendra-t-il ?
— Je me charge de l'amener.

Et en réalité elle l'amenait, le mot était d'une exactitude parfaite, aussi vrai qu'il l'eût été pour une mère amenant sa fille.

Ne voulant pas lui donner tout haut dans le monde le nom de Roger, elle imagina, en lui parlant ou en l'appelant, de se servir d'un mot italien beaucoup plus tendre que ne l'eût été ce petit nom de Roger : *Carino*.

Elle n'eut plus que *Carino* sur les lèvres.
— Où est *Carino* ?
— C'est *Carino* qui m'a dit cela.
— *Carino* va arriver.
— *Carino* ne veut pas.

Cela devint une sorte de nom, si bien que ceux qui ne savaient pas l'italien pouvaient croire que le duc de Naurouse s'appelait ainsi ; quant à ceux qui savaient que *Carino* signifie *mon chéri*, *mon mignon* ils trouvaient que Mme d'Arvernes en prenait vraiment bien à son aise avec les convenances.

Mais c'est qu'en réalité elle n'avait jamais, depuis qu'elle était mariée, pris souci des convenances, cet Évangile du monde qu'elle s'était toujours amusée à braver : les convenances pour elle c'était ce qui lui convenait, ce qui lui plaisait, et ce qui lui convenait, c'était qu'on sût qu'elle aimait et qu'elle était aimée.

Pourquoi se fût-elle contrainte ?
Pour qui ?

Par respect humain ? Mais le respect humain n'existe que pour les petites bourgeoises à l'esprit timide, à la conscience timorée qui veulent bien se soumettre à ses lois, si vagues d'ailleurs. Est-ce que, dans son monde à elle, ces lois étaient prises au sérieux ? Combien de femmes, parmi les plus brillantes, devaient leur célébrité et leur gloire à leurs amours ; elles n'eussent été rien si elles n'avaient pas été aimées, aimées au grand jour, publiquement. Les exemples et les noms ne manquaient pas ; il lui plaisait d'être rangée parmi ces amoureuses.

Pour son mari, pour ses enfants ? Son mari ? ah ! vraiment, la naïveté eût été trop forte de se sacrifier à lui. Ses enfants ? mais est-ce que pour donner la vie à des enfants on leur doit sa vie ?

Et sa vie c'était d'aimer, c'était d'être aimée.

D'ailleurs il n'y avait pas que son amour-propre qui fût engagé dans cette question, son amour lui-même était en jeu.

Quand il serait bien reconnu que le duc de Naurouse était son amant, quand tout le monde saurait, verrait qu'il l'aimait passionnément on ne chercherait point à le lui enlever, puisque celles qui pourraient avoir cette fantaisie seraient averties à l'avance de l'inutilité de leurs tentatives.

Bien qu'elle affectât la prétention de n'être point jalouse et qu'à chaque instant elle affirmât à Roger qu'elle ne savait point ce que c'était ce sentiment de la jalousie, qui était une injure à l'amour, en réalité, elle vivait dans une inquiétude continuelle depuis qu'il était son amant.

Elle le trouvait beau, charmant, spirituel, élégant, plein de distinction et de noblesse, en un mot le plus parfait des amants, et elle était convaincue que bien des femmes, sinon toutes les femmes, devaient le regarder des mêmes yeux qu'elle le voyait elle-même; il était en vue, il portait un grand nom, il avait eu des aventures et des amours qui avaient fait tapage dans le monde, combien de raisons pour qu'on le voulût, pour qu'on cherchât à appeler son attention, pour qu'on courût après lui.

A cette pensée, c'était plus que de la jalousie qui s'emparait d'elle, c'était de la fureur : ne plus l'avoir tout entier, quand déjà elle ne l'avait pas assez ! le partager !

Elle voulait pouvoir le défendre, se défendre elle-même.

Et cela ne serait réellement possible que si elle était en état d'intervenir franchement, et si une lutte se présentait de se jeter bravement dans la mêlée.

Ce n'était pas en cachant ses amours, ce n'était pas en gardant le respect des convenances qu'elle pouvait prendre ce rôle. Sans doute il y a des femmes qui savent manœuvrer au milieu des dangers en rasant les murs et agir utilement sans jamais se découvrir ; lorsqu'il s'agissait de choses qui ne la touchaient point au cœur elle pouvait se ranger parmi ces femmes, mais aussitôt que sa passion était en jeu elle devenait une passionnée, et si le danger ne l'effrayait pas, au moins la troublait-il au point de lui faire perdre toute prudence et toute mesure ; plus de détours, plus de ménagements ; c'était en face qu'elle abordait ce danger, à découvert, sans précaution, sans autre souci que celui de la victoire.

Elle se connaissait à cet égard, et un fait qui s'était passé peu de temps après que Roger, rétabli, avait commencé à reprendre ses habitudes mondaines, lui avait montré jusqu'où elle pouvait se laisser entraîner quand, sous le coup de la passion, elle était l'esclave de son sang et de ses nerfs.

Au nombre de ses invitées à Vauxparreux elle avait eu la marquise de Lucillière, et alors il avait été convenu qu'à l'automne elle irait passer quelques jours dans la terre de la marquise à Chalençon : bien entendu, le duc de Naurouse devait être de la fête.

Le premier jour, Mme d'Arvernes avait été enchantée de cette réunion ; mais bien vite elle s'était inquiétée, trouvant que Mme de Lucillière déployait trop de coquetterie pour plaire à Roger, qui, lui, de son côté, ne repoussait point, comme elle l'aurait voulu, les attentions dont il était l'objet.

Selon la règle qu'elle s'était imposée, elle n'avait pas montré son inquiétude, ni dit un mot de jalousie à Roger; mais avec son amie Mme de Lucillière qui menaçait de devenir sa rivale, elle n'avait pas pu se contenir.

Après le dîner on avait été à pied à une fête de village, à une petite distance du château, et Mme de Lucillière, qui avait pris le bras de Roger, avait redoublé de coquetterie, tandis que Mme d'Arvernes ne pouvait se débarrasser de M. de Lucillière. On devait revenir à pied aussi par un chemin à travers bois ; la nuit était sombre, sans lune, éclairée seulement par quelques étoiles. Vingt fois Mme d'Arvernes, exaspérée, avait voulu rompre le tête-à-tête de Roger et de Mme de Lucillière, mais sans y parvenir ; peu à peu une colère furieuse l'avait envahie, et eux ils continuaient à rire. Enfin, au moment où l'on allait se mettre en route pour le retour, elle parvint à se débarrasser de M. de Lucillière et aussitôt, allant à la marquise et à Roger :

— Chère amie, dit-elle, j'ai un mot à vous dire.

Roger s'éloigna de quelques pas tandis que Mme d'Arvernes et Mme de Lucillière restaient en tête-à-tête.

— Je croyais, dit Mme d'Arvernes, parlant les dents serrées, que vous saviez voir ; mais puisqu'il n'en est rien, je vous préviens que M. le duc de Naurouse m'aime, qu'il est mon amant, et que je saurai le garder pour moi.

Puis, tout de suite, revenant vivement à Roger, elle lui prit le bras, et ne le quitta plus

XXVIII

Le système adopté par Mme d'Arvernes pouvait être bon pour elle ; mais, par contre, il était déplorable pour son mari.

Qu'un commerçant, qu'un bourgeois soit trompé par sa femme et l'on se moque de lui ou bien on le plaint ; mais ses affaires n'en vont pas plus mal, quelquefois même elles n'en vont que mieux.

Mais quand ce mari trompé, au lieu d'être un simple bourgeois, un inconnu, est un homme en vue, placé dans une haute position, un personnage dans l'Etat, un des conseillers du souverain, un ministre qui reçoit à sa table les représentants de toutes les puissances du monde, on ne s'arrête plus à la moquerie ou à la pitié, et c'est lui en fin de compte qui porte la responsabilité de la conduite de sa femme.

Tant qu'on avait seulement parlé plus ou moins librement des fantaisies de Mme d'Arvernes, cela n'avait pas pris un caractère bien grave; ce qu'on disait d'elle, on le disait de bien d'autres, et puis le doute était possible: on racontait, on croyait, mais enfin on ne voyait pas, les preuves manquaient; il n'y avait pas scandale; les propos du monde ne reposaient pas sur des faits certains.

Mais du jour où elle avait affiché son amour pour le duc de Narouse la situation avait changé. Alors on avait vu; les preuves s'étaient ajoutées aux preuves; ce qu'on avait raconté reposé sur des faits certains. Elle avait voulu que tout Paris fût témoin de ses amours et tout Paris s'était amusé de ce scandale ou, tout au moins, s'en était occupé, ceux-ci pour le déplorer, ceux-là pour l'applaudir. — C'est une honte! Mais non, c'est audacieux. — Et la morale? — C'est drôle. — Et le mari?

Si le duc d'Arvernes n'avait point en réalité autant d'ennemis qu'il se l'imaginait dans ses jours de faiblesse et de découragement, il en avait cependant un certain nombre, et de puissants, acharnés à sa perte.

Il y a d'honnêtes gens qui se figurent qu'un ministère forme, — selon une phrase consacrée, — un tout homogène, et que c'est un corps de collaborateurs, une réunion d'amis qui n'ont qu'une même pensée et qu'un même but, qui vivent pleinement d'accord, sans se jalouser, sans se contrarier, prêts à défendre tous ensemble le premier d'entre eux qui est attaqué. Si cela se voit quelquefois, ce n'était point le cas pour le ministère dont M. d'Arvernes faisait partie; les différents membres qui le composaient ne formaient point une réunion d'amis, et, loin que l'accord régnât entre eux, c'était, au contraire la jalousie, l'envie, et si l'un d'entre eux était attaqué, au lieu d'être prêts à le défendre, ils étaient prêts à l'accabler et à l'achever. Pour échapper aux coups de ces bons confrères, il fallait être bien nul, bien incapable et dans une position tout à fait secondaire, sans chance d'en sortir jamais. Ami du maître, son compagnon dans les mauvais jours, ayant vingt fois risqué sa vie, sa liberté, son honneur pour lui, M. d'Arvernes se trouvait plus que tout autre on butte à cette jalousie et à cette envie. On ne pouvait pas lui pardonner sa fidélité et son dévouement qui lui avaient acquis une influence et une autorité qui le rendaient presque inattaquable. Encore moins pouvait-on lui pardonner les récompenses dont cette fidélité et ce dévouement avaient été payés: la fidélité, le dévouement, belle affaire vraiment, beau mérite; il avait profité d'une bonne occasion, voilà tout; fallait-il pour cela en faire un sénateur, un ministre, un duc? A ce prix, qui ne serait pas fidèle et dévoué? Ce titre de duc lui avait fait des ennemis implacables de ceux qui, comme lui, l'avaient obtenu aussi bien que de ceux qui l'avaient manqué et qui s'imaginaient l'avoir mérité mieux que lui. Pourquoi lui et non pas eux? Morny, cela s'expliquait: Persigny, il n'y avait trop rien à dire; mais lui? Quels services extraordinaires avait-il donc rendus, sinon au prince, au moins à l'Etat? On savait que dans toutes les circonstances difficiles ou délicates, il avait l'habitude d'adresser de longs mémoires à son maître pour peser sur les déterminations ou les choix de celui-ci, et justement ces notes confidentielles, dans lesquelles il s'exprimait sur les choses et sur les hommes avec la liberté de langage d'un ami de vingt ans et d'un conseiller de la première heure, lui avaient valu la haine de tous ceux qui, à tort ou à raison, s'imaginaient qu'il les avait desservis ou combattus.

Pour toutes ces raisons et pour bien d'autres encore: la violence du caractère, la liberté du langage, la confiance en soi, l'orgueil du parvenu, l'humeur chagrine d'un esprit aigri et inquiet, M. d'Arvernes était donc en état d'hostilité sinon déclarée, au moins latente, avec un grand nombre de ses collègues, et de plus il s'était fait un peu partout de puissants adversaires en situation de lui porter des coups formidables, les uns, pour le seul plaisir de la vengeance, les autres, dans l'espérance de l'abattre et de se mettre à sa place. Aussi, depuis qu'il était au pouvoir, avait-il passé sa vie à lutter et à défendre sa position menacée de tant de côtés et par tant d'ennemis.

Jusqu'à ce jour, si habiles, si redoutables qu'eussent été les attaques qu'on lui avait livrées, elles n'avaient cependant pas réussi; elles l'avaient secoué, ébranlé, elles ne l'avaient pas abattu, et même il ne paraissait pas qu'elles l'eussent jamais mis en sérieux danger.

Mais quand la liaison entre Mme d'Arvernes et le duc de Narouse était devenue publique, la situation avait changé et empiré d'une façon grave : par la femme, le mari était devenu vulnérable, et il avait offert un point faible où l'on pouvait frapper à coup sûr.

Dans le monde officiel, on n'avait plus parlé que de la duchesse d'Arvernes et du duc de Naurouse et l'on avait fait un tapage autour d'eux comme si leurs amours étaient quelque chose d'extraordinaire pour l'étrangeté et le scandale ; il semblait que ce fût la première fois qu'on voyait une femme tromper son mari.

Mais si l'on parlait de la duchesse, on parlait plus encore peut-être du duc pour le plaindre et surtout pour discuter la situation que cela lui créait.

— Le pauvre homme !
— Que va-t-il faire ?
— Que voulez-vous qu'il fasse ?
— Pourquoi ne se débarrasse-t-il pas du duc de Naurouse ?
— Comment ?
— En ne le recevant pas.
— Mme d'Arvernes ira chez lui.
— En le tuant.
— Comment cela ? En flagrant délit, d'un coup de pistolet ? Ou bien dans un duel ? Voyez-vous un ministre des affaires étrangères, un des plus hauts personnages de l'État passant aux assises, ou bien allant sur le pré se couper la gorge avec un petit jeune homme.
— Il peut au moins se séparer d'avec sa femme, soit à l'amiable en la renvoyant, soit en justice.
— Il le pourrait s'il n'était rien, mais voyez-vous un ministre des affaires étrangères plaidant en séparation de corps ; voyez-vous les réceptions à l'hôtel du ministère sans une femme pour les présider.
— Il y a eu des ministres qui étaient garçons.
— Garçons, oui, mais non séparés de corps ; croyez-vous qu'en haut lieu on accepterait cela ?
— Alors.
— Alors il est bien certain que le pauvre homme ne peut rien s'il ne commence pas par donner sa démission, ce qui le rend libre d'agir selon les lois de l'honneur et sans écouter les prudents conseils de l'intérêt.
— La donnera-t-il ?
— Je vous le demande.
— J'entends volontairement.
— Peut-être lui fera-t-on comprendre qu'il devrait la donner.

Comme il n'est pas facile, si habile, si souple qu'on soit, d'aller dire à un homme « Votre femme vous trompe, et votre honneur exige que vous rompiez avec elle » ; on se servit, pour faire faire cette commission délicate à M. d'Arvernes, des journaux étrangers. Ce moyen avait un double avantage : d'abord on agissait auprès du duc lui-même et cela sans se mettre en avant, sans danger pour soi, c'était un perfectionnement de la lettre anonyme ; puis, d'autre part on agissait en même temps sur ceux qui pouvaient avoir une influence décisive dans la question de la démission, soit pour la proposer, soit même pour l'exiger.

Un jour M. d'Arvernes lut dans la correspondance d'un journal étranger une vague allusion à la liaison de sa femme avec le duc de Naurouse ; le lendemain, dans une autre, l'allusion fut rendue plus transparente ; le surlendemain, dans un troisième l'histoire de cette liaison fut racontée avec des faits vrais et connus de tous à l'appui ; si les noms n'étaient pas imprimés, les détails étaient précisés de telle sorte qu'il était impossible à ceux qui étaient au courant des choses parisiennes de ne pas trouver ces noms tout de suite.

M. d'Arvernes savait trop bien comment se faisaient ces correspondances pour ne pas voir d'où venait le coup, quels étaient ceux de ses collègues qui l'avaient préparé et quel but on se proposait d'atteindre.

D'ailleurs on avait pris soin de l'avertir en lui demandant amicalement s'il ne désirait pas qu'on empêchât la distribution de ces journaux en France.

Et, à cette ouverture faite sur le ton de l'intérêt le plus vif, de la sympathie la plus cordiale, il avait été obligé de répondre que ces correspondances ne le touchaient en rien, que ces histoires étaient ridicules et qu'elles n'avaient d'autre importance pour lui que de montrer à quels moyens odieux et lâches on recourait pour l'attaquer, n'osant pas se risquer en face, ne pouvant pas le faire loyalement sur un point où il serait en faute ; mais il se défendrait et puisqu'on voulait la guerre il rendrait coup pour coup.

Il se défendrait ! Cela était bon à dire, mais comment ?

Emploierait-il les mêmes armes que ceux qui l'attaquaient ? Il ne les avait pas aux mains, ces armes ; comme ses adversaires, il ne pouvait pas faire manœuvrer une armée d'espions, ouvrir les lettres, saisir certains secrets intimes et s'en servir.

Ce n'était donc pas en attaquant lui-même qu'il pouvait soutenir la guerre qu'on engageait contre lui, c'était en se défendant, en parant les coups qu'on tâchait de lui porter pour l'abattre.

Mais là justement était l'embarras.

Dans ces conditions, la chose essentielle pour lui, la plus urgente, c'était de fortifier sa position, de rendre plus solide encore l'influence qu'il avait acquise par ses services et son dévouement, et de devenir réellement indispensable; mais s'il est facile de se dévouer à ceux qui sont dans l'adversité et qui ont besoin de tous les dévouements, il est souvent difficile d'imposer ses services à ceux qui sont tout et qui ne demandent rien.

Menacé dans sa position et se voyant perdu, Louvois n'avait pas hésité à lancer Louis XIV dans la guerre du Palatinat sans autre but que de montrer qu'on avait besoin de lui et se rendre indispensable.

Que ne pouvait-il, comme Louvois, embrouiller les affaires de l'Europe et jeter la France dans quelque aventure si périlleuse, si difficile, qu'on ne pût point se passer de lui.

Mais, avant que cela fût possible, si toutefois cela l'était jamais, il y avait une urgence extrême à agir de façon à ce que les propos du monde tombassent, faute d'aliment, et à ce que le scandale qu'on exploitait si perfidement contre lui cessât.

Peut-être était-ce un simple caprice qu'avait formé cette liaison.

Peut-être n'était-elle pas ce qu'on disait.

Peut-être pourrait-on la rompre.

En tous cas il fallait le tenter.

XXIX

Depuis que Roger était l'amant de Mme d'Arvernes, il ne souffrait guère qu'on lui parlât de sa maîtresse.

Pour lui, il n'en disait jamais un mot à personne.

Et quand, en sa présence, il était question d'elle, il s'arrangeait pour ne pas prendre part à l'entretien ou bien, s'il y était obligé, sous peine de se trahir par son affectation de silence, il le faisait toujours d'une façon insignifiante.

Plusieurs fois ses amis et surtout Mautravers avaient voulu le plaisanter à ce sujet ; mais il avait répondu de telle sorte qu'ils n'avaient pas pu continuer.

Il se croyait donc à l'abri de questions de ce genre.

Un matin qu'il était en train de s'habiller, il vit Mautravers entrer dans son cabinet de toilette.

Comme ils avaient passé ensemble la soirée de la veille, il fut assez surpris de cette visite matinale, et puis Mautravers avait une figure grave et réfléchie qui n'annonçait rien de bon.

— Que se passe-t-il donc? demanda Roger.

— Vous lisez peu les journaux, n'est-ce pas? dit Mautravers, interrogeant au lieu de répondre.

— Très peu.

— Et pas du tout les journaux étrangers, je pense?

— Pas du tout ; je ne connais pas les langues étrangères ; le peu que je sais d'anglais ne m'encourage pas à lire le *Times* ou le *Punch*.

— Et les journaux allemands?

— Je n'en ai jamais ouvert un. Mais pourquoi toutes ces questions?

— Parce qu'on m'a parlé hier, après que je vous ai eu quitté, d'un journal allemand, le *Messager du Danube*, qui contient une correspondance parisienne que vous devez lire.

— A quoi bon?

— Ne dites pas cela avant de savoir ce qu'il y a dans cette correspondance.

— Que m'importe ; les journaux m'ont déjà tué. Que voulez-vous qu'ils me fassent de plus?

— Ils peuvent vous ridiculiser.

— Vous croyez?

— Vous déshonorer.

— Où est ce journal?

— Le voici.

Et Mautravers tira de sa poche un journal soigneusement plié; puis, après l'avoir ouvert, du doigt il montra une des colonnes du feuilleton.

Mais Roger n'eut pas plutôt jeté les yeux sur le passage qui lui était désigné qu'il repoussa le journal.

— Je ne sais même pas lire les caractères allemands, dit-il, donnez-moi ce journal, je me le ferai traduire, puisque vous prétendez que je dois le lire.

— Je serais vous, je remercierais celui qui m'aurait signalé cet article ; c'est en me mettant à votre place que j'ai eu la pensée de vous l'apporter, me proposant de vous le traduire si vous le désirez.

Bien qu'il ne sût pas de quoi cet article pouvait parler, Roger eut mieux aimé qu'un autre que Mautravers le lui traduisît ; sans doute cela était absurde, puisque Mautravers connaissait déjà cet article, mais enfin il y avait chez lui une sorte de répulsion instinctive qui existait bien réellement, si elle ne se justifiait pas ; cependant, à cette proposition ainsi faite, il ne pouvait pas répondre par un refus.

— Ah! c'est vrai, dit-il, vous savez l'allemand.

— Un peu ; assez en tous cas pour lire un article de journal.

Et Mautravers commença aussitôt la traduction de cet article qui était une chronique sur le grand monde parisien : « Il faut reconnaître que les Français sont vraiment pleins d'invention et d'originalité pour tout ce qui touche aux choses de l'amour. Chez nous, comme chez toutes les nations civilisées, c'est le souverain seul qui confère les titres de noblesse ; chez les Français il y a deux souverains : S. M. Napoléon III et S. M. l'Amour, qui, tous les deux, peuvent ennoblir ceux de leurs sujets qui ont rendu de grands services à l'État ou qui ont accompli des actions d'éclat. C'est ainsi que S. M. l'Amour vient de récompenser les services exceptionnels d'un jeune gentleman en le créant duc : le duc Carino. »

Et l'article continuait sur ce ton en s'étendant longuement sur les services exceptionnels du duc Carino. Cela n'était ni fin, ni délicat, ni léger, ni spirituel, ni drôle, ni amusant ; mais la précision des détails remplaçait l'esprit.

Tout en faisant sa traduction, Mautravers levait les yeux de temps en temps comme s'il cherchait ses mots et il regardait Roger, dont l'attitude était embarrassée, mais qui ne disait rien.

— Voulez-vous me donner ce journal ? demanda-t-il quand Mautravers se tut.

Et, l'ayant pris, il chercha la signature ; mais l'article n'était pas signé.

— Celui qui a écrit cet article est prudent, dit-il en rejetant le journal avec colère, mais on doit connaître les correspondants des journaux étrangers qui habitent Paris et je trouverai bien.

— Que voulez-vous donc ?

— Le guérir de l'envie de s'occuper de moi, et une fois pour toutes arrêter par son exemple les autres journalistes qui pourraient vouloir l'imiter.

— Croyez-vous que ce soit là un bon moyen ?

— Bon ou mauvais, je le prends puisque je n'en ai pas d'autre.

— Cela est grave.

— Pour moi, plus que personne, puisque j'ai déjà eu un duel malheureux.

— Ce n'était pas cela que je voulais dire ; ce n'était pas tant à vous que je pensais qu'à la personne qui est désignée avec vous dans cet article, à Mme d'Arvernes.

Roger ne fut pas maître de retenir un geste comme pour lui fermer la bouche. Mais il n'était pas facile de faire taire Mautravers.

— Il est bien certain, dit-il, que rien n'est plus sot que de vouloir, quand même, donner des conseils à qui ne vous en demande pas ; cependant, l'amitié qui nous lie m'oblige à vous dire, mon cher Roger, — moi qui vois les choses à un autre point de vue que vous, — qu'avoir un duel pour cet article, c'est crier sur les toits que vous êtes l'amant de Mme d'Arvernes.

— Je ne suis pas de votre avis. Si j'étais, comme vous dites, l'amant de Mme d'Arvernes, j'aurais peut-être la prudence d'éviter ce duel afin de ne pas la compromettre ; mais, c'est justement parce que je ne suis pas son amant que je n'ai pas à m'occuper de savoir si je la compromets ou ne la compromets pas ; je me battrai donc moi, pour moi seul, et je pense que cela sera compris par ceux qui prendront la peine de réfléchir.

— Est-ce qu'on réfléchit dans le monde : on s'en tient aux apparences, et les apparences seront que vous vous battez pour Mme d'Arvernes, comme elles sont que Mme d'Arvernes est votre maîtresse.

Roger eut un geste d'ennui.

— Elle ne l'est pas, vous le dites et je vous crois ; je suis même très heureux de vous croire, je vous expliquerai tout à l'heure pourquoi ; mais le monde, qui ne croit que ce qu'il voit, est convaincu qu'elle est votre maîtresse, et il le sera bien plus encore après votre duel.

— Il aura tort.

— Sans doute, mais vous ne le persuaderez pas plus de ce tort que vous ne le persuaderiez en ce moment qu'il a tort de croire que vous êtes son amant. Voyons, sérieusement, vous ne me direz pas, n'est-ce pas, que si elle avait voulu afficher son amour pour vous elle aurait agi autrement qu'elle ne l'a fait ?

— Je ne vous dirai rien du tout, si ce n'est que Mme d'Arvernes a des façons d'agir qui ne sont pas celles de toutes les femmes ; elle a des caprices d'originalité ; elle hait la vulgarité ; les conventions mondaines l'exaspèrent ; elle s'amuse à défier par sa conduite comme par ses paroles un tas de choses et d'idées réputées respectables ; enfin elle me paraît se diriger par des raisons à elle qu'on ne voit pas toujours, et souvent aussi..... sans raison.

— Je ne la juge pas comme vous, ce qui tient peut-être à ce que je la connais mieux que vous ; aussi suis-je convaincu que si elle a mis tant d'affectation à montrer qu'elle était..... au mieux avec vous, c'est que vous lui serviez de paravent pour cacher une autre passion qu'elle ne pouvait pas avouer.

Roger ne voulait pas se fâcher, cependant il ne fut pas maître de retenir une exclamation.

— Allons donc !

— Mon cher, quand on a été l'ami des amants d'une femme, je ne dis pas de tous, mais de quelques-uns, on la connaît bien, et c'est là mon cas ; c'est pour cela, je vous l'ai dit tout à l'heure, que j'étais heureux d'apprendre que Mme d'Arvernes n'était pas votre maîtresse. Qu'on ait Mme d'Arvernes une fois, comme tout le monde, c'est bon ; mais qu'on soit son amant, qu'on l'aime, c'est là un malheur que je ne souhaiterais pas à mon ennemi.

— Si je ne suis pas l'amant de Mme d'Arvernes, dit Roger, les dents serrées, je suis son ami, et cela me blesse de vous entendre parler ainsi. Restons-en là, je vous prie.

— Ce n'est pas de Mme d'Arvernes amie

que je parle, c'est de Mme d'Arvernes maîtresse; l'amie, charmante, je suis d'accord avec vous, de l'esprit, de l'originalité, de la gaieté, toujours en train; c'est une femme comme on en rencontre trop peu; mais la maîtresse, c'est une autre affaire.

— Comme je ne m'intéresse qu'à l'amie, laissons la maîtresse.

Bien que ce fût la troisième fois que Roger voulût rompre l'entretien, Mautravers continua, montrant une persistance qui pouvait donner à croire qu'il avait un intérêt réel à parler.

— Il y a six ans, dit-il, vous étiez trop jeune pour savoir ce qui se passait dans le monde parisien; mais Mme d'Arvernes était déjà d'âge à jouer un rôle, et elle en jouait un très actif, je vous assure, que j'ai suivi dans certain de ses détails les plus curieux, par cette raison que le hasard m'avait fait l'ami de deux de ses amants: le marquis de Luzenac, que vous connaissez, et le poète Dauzat. Luzenac avait alors vingt-trois ans, votre âge justement, et Dauzat était plus âgé: c'était un homme de talent. Tous deux m'avaient pris pour confident, et comme je les écoutais d'une oreille attentive, ainsi qu'il convient à un confident, ils me contaient tous les deux leurs amours avec Mme d'Arvernes, sans se douter qu'ils étaient rivaux et du double rôle que je remplissais. Cela était fort drôle, je vous assure, et c'est ce qui m'a rendu un peu sceptique à l'égard des femmes; mais où cela devint tout à fait drôle, ce fut quand ils me montrèrent leurs lettres : Dauzat, celles qu'il écrivait à sa maîtresse, car lorsqu'on est poète on met sa vanité littéraire jusque dans ses lettres d'amour; Luzenac, celles qu'il recevait de sa maîtresse. Elles étaient fort belles, ces lettres ardentes, passionnées, un peu extravagantes, en un mot littéraires. Si je les qualifie ainsi sans distinction, c'est qu'en réalité elles n'étaient pas doubles : la lettre que Dauzat écrivait, Mme d'Arvernes la copiait et l'envoyait à Luzenac. Si original que cela soit, il y a plus fort encore : un jour Luzenac me montra les lettres qu'il écrivait et Dauzat celles qu'il recevait, c'étaient les mêmes. Mme d'Arvernes copiait celles de Luzenac comme elle copiait celles de Dauzat; c'étaient eux qui s'écrivaient; et ce qu'il y avait d'admirable c'était qu'ils étaient dans l'admiration l'un de l'autre: Dauzat était enthousiaste de la naïveté et de la jeunesse de Luzenac et celui-ci l'était de la passion de Dauzat. J'aurais dû me taire. Je n'eus pas cette sagesse. Je parlai. Cela fit un tapage de tous les diables dont Luzenac, quand vous le verrez, peut vous parler, car, pour Dauzat, il est mort, tué par Mme d'Arvernes, avec qui il n'eut pas la force de rompre. Voilà quelle maîtresse est Mme d'Arvernes. Aussi je soutiens qu'elle a eu un intérêt sérieux à vous faire passer pour son amant, car c'est, vous le voyez, une femme qui sait tirer parti de tout et de tous en n'ayant d'autre loi que son profit. Aussi, dans ces conditions, j'y regarderais à deux fois avant de me jeter dans un duel pour elle.

Roger s'était habillé rapidement, allant de çà de là à pas saccadés, comme s'il n'écoutait pas ce récit.

— Merci, dit-il, et au revoir; je suis obligé de vous quitter.

— Je vous en prie, mon cher Roger, ne faites rien à la légère.

— Soyez tranquille.

XXX

Roger était dans un état d'exaspération violente; ce n'était pas seulement l'article du *Messager du Danube* qui l'avait jeté hors de lui, c'était encore, c'était surtout l'obstination de Mautravers à parler de Mme d'Arvernes.

N'était-il pas étrange, vraiment, que Mautravers se fît si souvent auprès de lui le colporteur des mauvaises nouvelles?

Dans quel but était-il venu lui communiquer cet article de journal et lui parler de Mme d'Arvernes?

Pour le faire rompre avec Mme d'Arvernes, sans doute.

Car, bien certainement, Mautravers était convaincu que Mme d'Arvernes était sa maîtresse, et, en disant: « Je suis heureux d'apprendre que vous n'êtes point son amant, » c'était là un simple artifice de langage destiné à faciliter des confidences qui, sans cela, eussent été à peu près impossibles.

Dans quel intérêt ces confidences avaient-elles été faites?

Tout bonnement pour bavarder, pour le plaisir « d'en raconter une bien bonne? » Cela n'était guère vraisemblable; il n'était point bavard, Mautravers, et quand il disait une chose c'était qu'il y voyait une utilité.

Était-ce par amitié? par inquiétude de le voir l'amant d'une femme dangereuse? Cela, non plus, n'était pas très vraisemblable, étant donné le caractère de Mautravers, qui n'avait rien de tendre ni de généreux; il aurait fallu ne pas le connaître pour lui supposer un pareil motif; mais quand on avait vécu dans son intimité on savait qu'il ne faisait rien que par intérêt personnel.

Encore un coup, quel intérêt pouvait-il avoir à provoquer la rupture d'une liaison qui ne le gênait en rien?

Mais ce fut vainement qu'il chercha une

réponse satisfaisante à cette question. Pour la trouver, cette réponse, il eût fallu pouvoir réfléchir, peser le pour et le contre, être calme surtout, et justement c'était ce calme qui lui manquait.

Ce n'était pas seulement l'article du journal qui l'avait jeté hors de lui, c'était aussi, c'était surtout le récit que Mautravers lui avait fait à propos de Dauzat et du marquis de Luzenac. Sans doute ce n'était pas la première fois qu'il entendait parler de ces lettres copiées, mais jamais on ne lui avait dit : « Interrogez Luzenac, que vous connaissez, il pourra vous raconter le tapage que cela fit. »

Etait-ce possible ?

Il ne voulait pas ouvrir son esprit à ces paroles; mais, malgré tout, elles lui revenaient et s'imposaient.

Valère, sa Valère aurait copié ces lettres de deux amants? Non, mille fois non, cela n'était pas possible, ou, si elle l'avait fait, car, avec elle, il fallait admettre les excentricités les plus extraordinaires, c'avait été tout simplement pour s'amuser et pour mettre en correspondance deux hommes qui ne lui plaisaient point et dont elle voulait rire.

Si les choses s'étaient passées ainsi, en quoi le touchaient-elles? Ne serait-ce pas un crime d'admettre qu'il pouvait y avoir un rapport quelconque entre ces lettres de Dauzat ou de Luzenac et celles qui lui avaient été écrites pendant qu'il était malade?

Et puis sur ce point aussi il ne se sentait pas assez calme pour s'arrêter à quelque chose de précis: plus tard il verrait, il réfléchirait.

Pour le moment, ce qui pressait, c'était l'affaire du *Messager du Danube*, c'était de trouver le correspondant parisien de ce journal et de lui donner une leçon telle qu'aucun de ses collègues n'eût la pensée de continuer la plaisanterie du duc *Carino*.

Mais où trouver ce correspondant qui ne signait pas?

Sans doute on devait le connaître au ministère des affaires étrangères. Par malheur, c'était justement le seul endroit de Paris où Roger ne pouvait pas aller demander des renseignements.

Alors où le chercher?

Peut-être était-il connu ailleurs qu'au ministère, et dans les journaux de Paris savait-on qui il était.

Comme Roger n'avait pas de relations dans les journaux parisiens, l'idée lui vint de s'adresser à Crozat, et tout de suite il prit une voiture pour se faire conduire rue Ganneron.

Crozat était chez lui, et, au coup frappé à sa porte, ce fut sa bonne voix sonore et franche qui répondit d'entrer.

— Ah! mon cher élève, s'écria-t-il, en reconnaissant Roger, quelle bonne fortune vous amène?

— Un service à vous demander.

— Que n'en avez-vous un à me demander tous les jours, cela me vaudrait le plaisir de vous voir plus souvent; mais prenez donc la peine de vous asseoir.

Et Crozat avança gracieusement la chaise dépaillée que Roger avait déjà vue la première fois qu'il était venu rue Ganneron; rien n'était changé dans le logement de Crozat, où l'argent gagné n'avait pas apporté le moindre bien-être : la table avait toujours les reins cassés, et le lit était toujours attaché avec des ficelles.

— Vous connaissez des journalistes ? demanda Roger.

— Assurément; j'en connais même un avec qui j'ai des relations suivies, au moins pour le moment; c'est à propos du *Comte et la Marquise* que ces relations se sont établies, car j'ai le plaisir de vous annoncer que ma comédie est enfin reçue et qu'elle doit-être prochainement représentée; seulement on m'a adjoint un collaborateur. Bien entendu, ce collaborateur ne collabore pas; mais il fait les démarches nécessaires : il s'occupe des répétitions et il touchera les deux tiers de nos droits. Je l'ai accepté un peu parce que cette collaboration ne me gêne en rien, tout le monde reconnaîtra ma griffe, et aussi parce que je ne pouvais pas faire autrement; c'est justement ce collaborateur qui est journaliste. A quoi peut-il vous être bon ?

Roger expliqua ce qu'il désirait.

— Rien n'est plus facile, dit Crozat, je vais le voir à deux heures au théâtre, et aussitôt que j'aurai le renseignement que vous désirez je vous le porterai.

— Je vous attendrai à partir de trois heures.

A trois heures et demie Crozat arriva rue Auber.

— J'ai votre renseignement, dit-il, le correspondant du *Messager du Danube* se nomme Frédéric Metzler; on le trouve tous les soirs dans un café qui fait le coin de la rue Notre-Dame-des-Victoires et de la rue Brongniart, c'est là qu'il écrit sa correspondance à la lueur non du gaz, comme tout le monde, mais de deux chandelles; il paraît que la chandelle l'inspire. Cela jette un jour sur le personnage, n'est-ce pas?

— Quel homme est-ce?

— Il paraît qu'il connaît son affaire et ne manque pas de talent.

— Ce n'est pas cela que je veux dire. Est-il jeune, est-il vieux?

— Je n'en sais rien; vous ne m'aviez pas dit de m'en informer.

Le soir, à onze heures, Roger entrait dans le café que Crozat lui avait désigné; il n'eut pas besoin de demander qui était M. Frédéric Metzler : dans une petite salle latérale un homme penché sur une table de marbre écrivait à la lueur de deux chandelles; autour de lui, sur sa table, étaient entassés des journaux, une chope à moitié pleine était à portée de sa main. En le voyant, Roger éprouva un mouvement de contrariété : c'était un bonhomme à cheveux blancs, âgé de près de soixante-dix ans, à l'air simple et paterne.

Cependant il alla à lui.

— Monsieur Frédéric Metzler, dit-il en posant ses deux mains sur la table.

Le bonhomme releva son nez chaussé de lunettes.

— C'est moi, monsieur.

Roger se pencha en avant.

— Je suis le duc Carino.

— Hé bien, Monsieur le duc, dit Frédéric Metzler avec bonhomie, donnez-vous la peine de vous asseoir et dites-moi ce qui me vaut l'honneur de votre visite. Puis-je vous offrir un verre de bière.

Roger crispa ses deux mains.

— Monsieur..., dit-il à voix basse.

Mais il se retint.

— Vous êtes le correspondant parisien du *Messager du Danube*?

— J'ai cet honneur depuis de longues années.

Roger tira de sa poche le numéro que Nautravers lui avait apporté :

— Alors cet article est de vous? dit-il en montrant le feuilleton.

Frédéric Metzler regarda le journal avec soin :

— Non, monsieur le duc.

— Alors de qui est-il?

— Je n'en sais rien.

— Eh, monsieur! s'écria Roger en élevant la voix si haut, que tout le monde tourna les yeux de son côté, car son attitude était bien évidemment celle de la provocation et l'on était curieux de suivre la scène que ce jeune homme semblait vouloir faire à ce vieillard et jusqu'où elle allait être poussée.

— Monsieur le duc, dit le vieux journaliste sans se troubler, j'ai répondu à votre question que cet article n'était pas de moi; maintenant je vous en donne ma parole d'honneur, et j'ajoute sur l'honneur aussi que je ne sais pas de qui il est. Je suis correspondant du *Messager du Danube*, je n'en suis pas le rédacteur en chef.

— Eh bien, monsieur, ce sera à votre rédacteur en chef de me dire ce que vous ne savez pas.

— Parfaitement, monsieur le duc : monsieur Karl Heinz, Schulerstrasse, tous les matins vers onze heures, c'est le meilleur moment pour le voir.

Et le bonhomme salua avec un sourire narquois.

Roger ne s'était pas attendu à ce que sa démarche auprès du correspondant du *Messager du Danube* se terminerait ainsi; cependant il ne sortit pas trop désappointé : qu'eût-il pu faire avec ce vieux bonhomme, si celui-ci avait été l'auteur de l'article? Il en serait quitte pour un voyage à Vienne, voilà tout; là, il saurait bien trouver quelqu'un pour lui répondre autrement que par l'offre d'un verre de bière.

Ne voulant pas voir Mme d'Arvernes, il lui écrivit pour dire qu'il était obligé de partir à l'improviste pour Varages, d'où il reviendrait aussitôt que possible, et le soir à huit heures, il monta en wagon à la gare de l'Est.

C'était le jeudi. Le samedi matin, à six heures et demie, il était à Vienne. A onze heures, il trouvait M. Karl Heinz dans les bureaux de la Schulerstrasse, qui est à Vienne, pour les journaux, ce qu'est la rue Coq-Héron et la rue du Croissant à Paris. A trois heures de l'après-midi, il logeait une balle dans l'épaule d'un des rédacteurs du *Messager du Danube* qui avait accepté la responsabilité de l'article sur le duc Carino. A sept heures du soir, il remontait en wagon et le lundi, à six heures du matin, il se couchait dans son lit où il restait vingt-quatre heures, ne s'éveillant que pour déjeuner et dîner.

XXXI

Quand, le mardi, Roger arriva au ministère, son garçon de bureau lui dit que Son Excellence l'avait fait demander deux fois déjà et qu'elle avait donné l'ordre qu'on l'a prévint s'il venait.

Que signifiait cet empressement à le voir?

M. d'Arvernes connaissait-il déjà son duel à Vienne? Aurait-il lu l'article du *Messager du Danube*? Comment avait-il pris cet article? Comment avait-il pris le duel?

Si peu mari qu'il se montrât, si peu surtout que le représentât Mme d'Arvernes, il n'en était pas moins évident que la situation était délicate.

Comment en sortir?

Comment répondre à ses questions?

Quelles allaient être ces questions?

Tout cela ne manquait pas d'être embarrassant.

Malgré tout, c'était un mari dont le nom et l'honneur se trouvaient engagés d'une façon fâcheuse et qui sans doute allait parler en mari outragé.

Si les choses se présentaient ainsi, comment lui répondre sans compromettre Valère et sans s'exposer à une rupture exigée par co mari déshonoré ?

Avant que Roger eût pu examiner toutes les difficultés qui résultaient de cette situation, un huissier vint le prévenir que Son Excellence le faisait appeler.

Ce n'était plus avec le noble descendant de Charlus Tête-d'Étoupe que M. le duc Javelle d'Arvernes désirait bavarder ; ce n'était plus de causerie amicale qu'il s'agissait.

Tout en suivant les corridors qui le conduisaient chez son chef, Roger essayait de se composer un visage impénétrable ; mais les mouvements tumultueux de son cœur lui disaient qu'il ne devait pas réussir.

Lorsqu'il entra dans le cabinet du ministre, celui-ci était penché sur son bureau, écrivant ou, plus justement, ayant l'air d'écrire, car s'il tenait une plume entre ses doigts, cette plume ne traçait aucun caractère sur le papier : elle restait suspendue, attendant une inspiration qui ne venait pas. Comme M. d'Arvernes restait la tête inclinée en avant, Roger ne put pas voir ce qu'exprimait son visage.

Enfin, après un temps assez long, M. d'Arvernes releva son front, mais sans regarder Roger..

— Monsieur le duc.....

Ordinairement il disait : « Mon cher Roger. »

— Monsieur le duc, j'ai reçu de Vienne une dépêche où il est question de vous.

Depuis que M. d'Arvernes avait tourné la tête de son côté, Roger s'appliquait à deviner ce que disait le visage empourpré qu'il avait devant les yeux, mais inutilement ; ce visage était bien réellement celui d'un diplomate qui sait se rendre maître de ses émotions et les cacher. Le duc était-il fâché ? Au contraire, était-il en bonne disposition ? L'un était aussi difficile à voir que l'autre : ni le regard, ni la bouche, ni le front immobile ne disait rien ; seule la coloration pourprée, qui chez lui n'était pas ordinaire, semblait annoncer un certain trouble.

— Cette dépêche dit que vous vous êtes battu en duel, continua M. d'Arvernes, et que vous avez blessé votre adversaire.

— Il est vrai.

— Cependant vous êtes venu jeudi au ministère, il me semble.

— Oui, monsieur le duc ; mais je suis parti jeudi soir pour Vienne, où je suis arrivé samedi matin. Je me suis battu dans la journée, et le soir même je suis reparti pour Paris, où je suis rentré hier matin.

— Votre adversaire était un rédacteur du *Messager du Danube*.

M. d'Arvernes paraissait assez bien renseigné pour que Roger n'eût point intérêt à faire de la discrétion ; peut-être même le mieux était-il de parler avec une certaine franchise, comme s'il s'agissait d'une chose parfaitement innocente. D'ailleurs il trouvait moins embarrassant de parler que de répondre aux questions que M. d'Arvernes lui adressait sur le ton d'un juge d'instruction.

— Le *Messager du Danube*, dit-il, avait publié un article injurieux pour moi, j'en ai demandé raison au correspondant parisien de ce journal, un bonhomme de soixante-dix ans ; celui-ci m'a dit qu'il n'était pour rien dans cet article ; alors j'ai été en chercher l'auteur ou tout au moins l'éditeur responsable à Vienne, et je me suis battu.

— J'ai lu cet article, dit M. d'Arvernes.

C'était là le moment décisif, Roger tâcha de faire bonne contenance.

— S'il était injurieux pour vous, il l'était plus encore pour moi.

Il y eut un silence, évidemment Roger ne pouvait rien dire, ni que le duc se trompait, ni qu'il ne se trompait pas.

— Et c'est mon honneur que vous avez défendu en même temps que le vôtre, continua M. d'Arvernes.

Roger s'attendait à tout, excepté à cette conclusion ; il fut abasourdi.

— Il n'y aura que les sots, poursuivit M. d'Arvernes, qui pourront s'étonner de ce que vous avez fait et l'accompagner de commentaires malséants. Pour moi, je vous en félicite... et je vous en remercie.

Tout cela avait été débité lentement, avec une application évidente à choisir les mots employés. Cependant, malgré cette lenteur, la surprise de Roger était si vive qu'il se demandait s'il comprenait ce qu'il entendait. M. d'Arvernes n'était point un Géronte, c'était un homme d'intelligence, de courage, de résolution ; aussi ne pouvait-on pas accepter ses paroles sans se demander ce qu'il y avait dessous.

Mais Roger n'eut pas le temps de se livrer à cet examen. M. d'Arvernes, avec la même lenteur et en évitant de regarder droit devant lui, continuait :

— Depuis que vous m'avez été recommandé par Sa Majesté, j'ai fait pour vous, monsieur le duc, ce que les règlements et les traditions permettaient ; mais, maintenant que je suis votre obligé, je dois faire davantage.

Roger n'osa pas répondre : la situation n'était plus seulement gênante, elle devenait humiliante. M. d'Arvernes parlait-il sérieusement ou bien ironiquement ? Ce calme allait-il être suivi d'une explosion terrible et telle qu'on pouvait en attendre une de ce caractère violent ?

— A Paris, continua M. d'Arvernes, il

m'est assez difficile, pour ne pas dire impossible, de réaliser ce que je désire pour vous, il y a si peu de temps que vous êtes attaché à mon cabinet ; mais ce qui m'est impossible à Paris m'est facile à l'étranger. Vous plairait-il d'aller à Saint-Pétersbourg ?

Depuis quelques instants Roger avait commencé à comprendre où M. d'Arvernes en voulait venir et ce qui se cachait sous ces remerciements, sous ces offres de services ; mais, pour s'éclaircir, la situation n'en devenait pas plus facile. Sans doute c'était un soulagement de n'avoir pas à s'imposer des témoignages de reconnaissance. Mais ce n'était pas ce soulagement, ce n'était pas sa satisfaction immédiate qui devait le toucher. Il était bien évident qu'au lieu de se simplifier les choses se compliquaient. Ou bien il acceptait d'aller à Saint-Pétersbourg, et alors c'était la rupture de la liaison. Ou bien il refusait, et alors M. d'Arvernes demandait l'explication de ce refus et parlait en mari outragé, — ce qui pouvait les entraîner loin. Comment sortir de là ?

— Eh bien ? demanda M. d'Arvernes avec une certaine irritation dans la voix et en serrant d'une main crispée le bras de son fauteuil.

Il fallait répondre ; mais, puisque M. d'Arvernes avait recours à la ruse, on pouvait sans lâcheté user des mêmes procédés et du même langage.

— Monsieur le duc, dit Roger en s'inclinant, je suis touché comme je dois l'être de votre proposition, et si je ne vous dis pas tout de suite que je l'accepte avec reconnaissance, c'est qu'elle me cause une grande perplexité.

— Ah !

— D'un côté je sens combien elle peut être avantageuse à mon avenir ; mais d'un autre je crains que le séjour à Saint-Pétersbourg ne soit nuisible à ma santé. Il peut paraître étrange qu'un homme de mon âge parle de sa santé.

— Effectivement.

— Mais j'ai été assez sérieusement malade en ces derniers temps et les plus grandes précautions m'ont été recommandées, au moins pendant quelques mois encore. Peut-être le climat de Saint-Pétersbourg serait-il bien rigoureux pour moi en ce moment.

Pour la première fois M. d'Arvernes regarda Roger en face et longuement :

— Voulez-vous Vienne ? dit-il, le climat est à peu près le même que celui de Paris. Je sens toute la force de vos raisons pour refuser Saint-Pétersbourg et je vous porte un trop vif intérêt pour compromettre votre santé. Si Vienne vous paraît encore trop rigoureux, voulez-vous Rome ?

Roger n'avait reculé que pour se laisser enfermer.

— Vraiment, dit-il, je suis tout ému par votre insistance si... bienveillante ; mais ce ne sont pas seulement des raisons de santé qui me font désirer ne pas quitter Paris en ce moment.

— Ah ! vous ne voulez pas quitter Paris, s'écria M. d'Arvernes.

Leurs regards se croisèrent et il s'établit un moment de silence.

Ce fut Roger qui le rompit :

— Vous savez, dit-il, que je suis en instance pour me faire relever du conseil judiciaire qu'on m'a imposé. Malgré tous les efforts de mon avoué, M. de Condrieu-Revel est parvenu à empêcher mon affaire d'être jugée ; mais le moment est venu où le jugement ne peut pas tarder maintenant d'être rendu, et, je l'espère, en ma faveur. Avant d'accepter votre proposition, je voudrais que ce jugement fût rendu.

— Votre présence n'est pas nécessaire pour cela, il me semble.

— Au moins n'est-elle pas indispensable, j'en conviens, bien qu'elle puisse être utile ; mais ce qui est nécessaire, ce qui est indispensable pour moi, c'est que ce jugement fixe ma position d'une façon définitive. Vous n'ignorez pas que la pension que je touche est tout à fait minime, et si elle me suffit à Paris c'est que je me suis fait une règle d'économie sévère, de privations de toutes sortes : cela me gêne, il est vrai ; mais, enfin, cela ne m'atteint pas autrement. On me connaît. A Vienne ou à Rome, ma situation ne serait pas la même ; avec mon nom je serais ridicule de vivre comme je vis ici. On ne me connaît pas à Vienne, on ne me connaît pas à Rome ; on ne connaît que mon nom. Je vous demande de ne pas me placer dans une situation où je l'amoindrirais. Mon grand-père, le duc François, a été ambassadeur à Rome et à Vienne : permettez-moi de ne me présenter dans ces villes que d'une façon digne des grands souvenirs qu'il y a laissés.

Plusieurs fois pendant ce petit discours, prononcé d'un ton d'autant plus ferme que Roger se sentait sur un bon terrain, M. d'Arvernes avait laissé paraître des signes d'impatience et de colère ; mais peu à peu il avait repris son calme.

— Évidemment, dit-il, il importe que votre situation soit décidée au plus tôt. A partir d'aujourd'hui je vais donc me faire solliciteur en votre faveur, non seulement pour que le jugement soit rendu aussi vite que possible, mais encore pour qu'il vous délivre de votre conseil. J'espère que ma voix ne sera pas sans influence.

XXXII

Quand Mme d'Arvernes apprit que Roger s'était battu à Vienne avec un rédacteur du *Messager du Danube*, ce fut un délire de joie et d'orgueil.

C'était pour elle qu'il s'était battu, pour elle seule; elle ne voulut pas admettre qu'il avait pu se battre un peu aussi pour lui.

Jamais, jusqu'à ce jour, elle n'avait eu l'honneur d'un duel, et cela l'avait d'autant plus humiliée que son amie, Mme de Lucillière, avait eu la bonne fortune rare qu'on se battît deux fois pour elle.

Combien souvent, pour ces deux duels, lui avait-elle porté envie; maintenant elle n'aurait plus à souffrir de ce vilain sentiment, c'était elle au contraire qu'on allait envier et jalouser.

Car il était charmant, ce duel de Roger. Quoi de plus original que de s'en aller ainsi à Vienne loger une balle dans l'épaule d'un insolent, « se battre pour sa dame », et revenir comme on était parti, au plus vite, afin d'être séparé de la maîtresse aimée aussi peu que possible? Cela n'avait-il pas quelque chose de chevaleresque qui ne ressemblait en rien aux plates vulgarités du temps présent? Et l'adorable, c'était qu'il n'en avait rien dit : sans les journalistes autrichiens, qui avaient fait un tapage étourdissant autour de ce duel dans lequel un des leurs avait été blessé, on ne l'aurait pas connu, tant le duc de Naurouse avait été discret.

Comme ce duel, qui s'était passé loin de Paris, réalisait brillamment ce qu'elle avait désiré et si péniblement poursuivi, c'est-à-dire l'affirmation publique de l'amour du duc de Naurouse pour elle. Maintenant comment le mettrait-on en doute, cet amour? Comment ne le reconnaîtrait-on pas pour ce qu'elle voulait qu'on le crût, — c'est-à-dire une grande et noble passion et non une de ces amourettes vulgaires comme ses amies pouvaient tant bien que mal en inspirer?

Pour cette joie triomphante qu'il lui avait donnée, elle eût voulu trouver une récompense extraordinaire, faire pour lui ce qu'elle estimait qu'il avait fait pour elle, quelque chose d'imprévu, de merveilleux, qui fût une preuve matérielle du bonheur qu'elle éprouvait.

Mais quoi?

Devant cette question elle restait impuissante. Elle avait tout fait pour lui, le possible, l'impossible, l'extravagant, l'absurde, et sa consolation était de se dire qu'en amour, bien souvent, l'intention est tout; que ce qu'on voulait faire compte autant que ce qu'on fait réellement, et que Roger devait être heureux lui-même par cela seul qu'il la voyait heureuse.

Ce fut le beau temps de ses amours, le mieux rempli, car non seulement elle était heureuse, mais encore elle tremblait pour son bonheur, ce qui lui était une sensation nouvelle.

Quand Roger lui avait rapporté son entretien avec M. d'Arvernes, elle avait eu un véritable accès de fureur.

— Tu ne partiras pas, s'était-elle écriée, ni pour Vienne, ni pour Rome; je ne le veux pas, et bien certainement tu ne le veux pas non plus; dis-moi que tu ne le veux pas; mais dis-le-moi donc; jure-le-moi.

Il lui avait dit les paroles qu'elle voulait entendre, celles-là mêmes et non d'autres, car si elle restait le plus souvent dans un certain vague pour les engagements qu'elle prenait; elle exigeait toujours une précision rigoureuse dans les engagements qu'on prenait envers elle.

— Je ne partirai pas.

— Sous aucun prétexte tu ne partiras pas, dis-le.

— Sous aucun prétexte.

— Au reste, si tu partais je te rejoindrais; M. d'Arvernes ne gagnerait donc rien à voir réussir l'ingénieuse combinaison qu'il a inventée. Lorsqu'il sera question de toi entre lui et moi, ce qui ne peut manquer d'arriver prochainement, je m'expliquerai nettement à ce sujet, de façon à ce qu'on abandonne l'idée de t'envoyer à Vienne ou à Rome, et elle sera abandonnée, je te le promets. J'aurais donc très bien pu ne pas te demander l'engagement que tu viens de prendre, et je n'avais pas voulu qu'il vînt de toi.

— Il est venu.

— Pas assez vite, pas assez spontanément; il a fallu presque que je te l'arrache. J'aurais été heureuse si tu me l'avais offert; mais tu as eu un moment d'hésitation qui m'a été cruel. Tu as pensé, n'est-ce pas, que refuser le poste qu'on t'offrirait c'était briser ta carrière? Eh bien! qu'est-ce que cela peut te faire? Qu'un pauvre diable pense à sa carrière, cela se comprend. Mais toi! Est-ce qu'un homme comme toi a une autre carrière que de suivre sa fantaisie en tout et toujours. Toi ambitieux, toi homme politique, homme d'affaires, allons donc! Tu es né pour l'amour et c'est l'amour qui doit remplir ta vie. Aime et laisse-toi aimer. Le reste ne compte pas. Quand tu deviendrais ambassadeur comme ton grand-père, le duc François, crois-tu que tu trouverais dans l'ambition satisfaite rien qui vaille une heure d'amour? Interroge les graves personnages que tu rencontres dans mes réceptions, Russes, Anglais, Allemands, Italiens, Espagnols, Américains, Chinois, demande-leur ce qui marque dans leur vie, ce qui les réveille, les égaie, les réchauffe, et ils te diront que c'est le souvenir d'un serrement de main, d'un regard échangé, d'une certaine nuit ou d'une promenade à la campagne. Leurs triomphes, ils les ont oubliés, cela seul leur est resté. Prépare-toi des souvenirs de ce genre et non d'autres.

— Mais nous en avons, il me semble.

— Pas assez.

Bien qu'elle affirmât hautement l'assurance de faire abandonner l'idée d'envoyer Roger à Vienne ou à Rome et qu'elle fût d'une entière bonne foi dans sa confiance, elle restait inquiète et tourmentée sur un autre point des projets de M. d'Arvernes — c'est-à-dire sur l'appui qu'il avait promis pour faire lever le conseil judiciaire.

En effet, elle ne voulait point que Roger fût débarrassé de ce conseil; et cela non par crainte qu'une fois maître de sa fortune il voulût partir pour Vienne ou pour Rome, puisqu'elle était certaine à l'avance d'empêcher ce départ, mais par crainte qu'une fois maître de sa fortune il en abusât à Paris pour retourner à son ancienne vie et reprendre ses anciennes habitudes, ce qu'elle redoutait par-dessus tout.

Elle le voulait dans sa dépendance, entièrement à elle, enchaîné, et elle estimait que, pour le maintenir ainsi, le manque d'argent était une excellente chose. Pour elle, elle ne souffrait point qu'il manquât d'argent. Que lui importait, puisque ce qu'elle voulait de lui c'était lui-même, lui seul, son amour, son temps, sa vie, et non des cadeaux, quels qu'ils fussent, riches ou non.— Des cadeaux, elle voulait en donner, non en recevoir, mettant tout son plaisir à offrir.

Qu'il eût une pension suffisante pour rester, le gentleman élégant et distingué dans sa tenue qui plaisait à ses yeux et flattait sa vanité lorsqu'elle se montrait avec lui en public; qu'il eût assez d'argent dans sa poche pour le laisser glisser facilement entre ses doigts et sans compter toutes les fois que l'occasion se présentait de donner une gratification ou de faire œuvre de générosité, c'était assez pour elle et pour ce qu'elle désirait; plus serait trop.

En le sachant ainsi pris de court, elle était plus sûre de lui; il ne pouvait point s'écarter, s'échapper, et il était bien obligé de revenir à elle. La seule distraction possible pour lui, c'était elle; son seul plaisir, c'était elle; sa seule occupation, c'était elle; elle et toujours elle, rien qu'elle.

Au contraire, s'il était remis en possession de ses revenus, il voudrait s'en servir et, après la longue privation qui lui avait été imposée, il le ferait largement, follement peut-être. Alors que d'occasions de plaisirs pour lui, de distractions de toutes sortes qui fatalement l'entraîneraient. Jusqu'où iraient ces entraînements? C'était là une question effrayante pour elle et qu'elle ne pouvait pas se poser sans que son cœur battît à grands coups dans sa poitrine étranglée par une émotion nerveuse. En admettant que ces entraînements n'allassent pas trop loin, ils ne pouvaient pas, en tous cas, ne pas changer sa situation : un homme, un jeune homme qui a cinq cent mille francs de rente ne vit pas comme celui qui n'en a que vingt-cinq mille; elle ne serait plus sa seule distraction, elle ne serait plus tout pour lui.

Pour elle il ne fallait donc pas que le conseil judiciaire fût levé.

Et pour Roger, tout bien considéré, il ne le fallait pas davantage. Pouvait-il être plus heureux qu'il ne l'était près d'elle? Avait-il besoin d'autres distractions que celles qu'il trouvait près d'elle, d'autres joies, d'autres plaisirs? Libre de faire toutes les folies, n'abuserait-il pas de cette liberté? Dans son intérêt même et non par égoïsme il importait donc de le préserver de cette liberté que ses ennemis seuls pouvaient vouloir lui faire obtenir. M. d'Arvernes allait user de son influence pour faire lever ce conseil; tout naturellement elle devait de son côté mettre tout en œuvre pour le faire maintenir, et son allié obligé indiqué par la force même des choses était M. de Condrieu-Revel.

En ces derniers temps, pour ne point peiner Roger qui sans jamais s'expliquer clairement et à fond sur M. de Condrieu, n'avait cependant jamais caché les sentiments de répulsion qu'il éprouvait pour lui, elle avait autant que possible évité toutes relations avec le vieux comte. Elle les reprendrait, ces relations, et cela lui serait d'autant plus facile, que M. de Condrieu, loin de se fâcher, avait toujours paru ne pas s'apercevoir qu'elle le fuyait, la poursuivant au contraire pour lui parler de « son cher petit-fils. »

Et aussitôt que cette idée s'était présentée à son esprit, elle l'avait reprise, n'ayant pour la mettre à exécution qu'à se laisser saisir au passage au lieu de s'échapper.

Comme d'ordinaire c'était M. de Condrieu qui avait commencé à parler de Roger, elle l'avait laissé aller; puis, après qu'il avait exhalé en quelques phrases ânonnées ses sentiments de tendresse paternelle, l'avait interrompu pour lui demander où en était le procès en main-levée du conseil judiciaire.

Il l'avait regardée de son œil inquiet qui semblait jamais n'oser se fixer; mais il n'avait pas répondu.

Surprise de se silence et aussi de ce regard interrogateur, elle avait insisté en plaisantant.

C'était dans une réunion où ils s'étaient rencontrés que ces quelques mots s'étaient échangés à mi-voix; elle avait baissé le ton:

— Si vous croyez que c'est un adversaire qui veut obtenir de vous un renseignement pour en abuser, dit-elle, vous vous trompez, monsieur le comte; je n'ai jamais été votre adversaire, je n'ai jamais été l'alliée de votre adversaire... au moins en cette affaire, où je trouve que le bon droit et la raison sont de votre côté.

De nouveau il la regarda; mais cette fois plus longuement, plus à froid. Cet examen parut le rassurer, et il se décida à parler:

— J'aurais long à vous en dire sur ce sujet, mais l'endroit ne nous est pas propice; si je pouvais être assez heureux pour vous voir un de ces jours, je vous montrerais combien vous êtes dans le vrai en témoignant de la sympathie à la cause que je défends... qu'il m'est si douloureux de défendre.

— Demain, je serai chez moi entre cinq et sept heures.

— Seule?

— Seule, et je n'y serai que pour vous.

— Alors j'aurai l'honneur de vous voir demain, et ce me sera une grande consolation, une très grande consolation, de pouvoir vous entretenir de mes chagrins et de mes inquiétudes.

Quand, le lendemain, M. de Condrieu-Revel se présenta chez Mme d'Arvernes, à cinq heures précises, il ne la trouva point, mais il n'eut que quelques minutes à attendre; elle arriva bientôt, s'excusant d'être en retard avec une affabilité qu'elle ne témoignait point habituellement au vieux comte. Jamais il ne l'avait vue si aimable, si affectueuse.

En comparant cet accueil à celui que Mme d'Arvernes lui faisait en ces derniers temps, M. de Condrieu-Revel eût dû être surpris; mais, depuis la veille, il avait pu réfléchir, et s'il n'avait point deviné d'une façon sûre les intentions de Mme d'Arvernes, il les avait au moins pressenties: les quelques mots qu'elle lui avait dits l'avaient éclairé : « Je n'ai jamais été votre adversaire; je n'ai même jamais été l'alliée de votre adversaire. » Comment avait-il été assez maladroit pour supposer une seule minute qu'elle lui avait adressé cette question relative au procès dans une intention hostile? Tout le monde savait qu'elle n'était pas femme d'argent; elle l'avait plus que prouvé, elle le prouvait tous les jours, donc elle n'avait point intérêt, un intérêt personnel, la touchant directement à ce que Roger rentrât en possession de ses revenus. Si cet intérêt n'existait point et cependant si elle parlait de ce procès, il fallait admettre un intérêt contraire et par conséquent le désir que le conseil ne fût pas levé. Cela sautait aux yeux. Comment avait-il été assez aveugle pour ne pas le voir tout de suite et se défier d'elle? Par cela seul que le duc d'Arvernes agissait activement pour faire venir le procès et obtenir un jugement favorable à Roger, n'était-il pas évident que la duchesse devait agir en sens contraire et désirer un jugement défavorable? C'était d'après ce raisonnement qu'il avait bâti son plan, et l'accueil qu'on lui faisait ne pouvait que le confirmer dans son idée que c'était une alliance qu'on allait lui proposer.

— Si vous saviez, dit-il, combien j'ai été heureux hier de vos paroles, elles retentissent encore dans mes oreilles, surtout dans mon cœur, mon pauvre cœur si éprouvé: « Le bon droit et la raison sont de votre côté. » J'ai tant besoin d'être soutenu dans cette lutte que j'ai dû engager avec désespoir, désespoir vraiment, contre mon cher petit-fils. On fait son devoir, on le fait quand même, malgré tout et malgré tous, quand on est un honnête homme; on le fait, mais enfin c'est un grand soulagement, un très grand soulagement d'avoir pour soi l'appui des gens de cœur. C'est pour cela que le vôtre m'a été si précieux. Je sais tout l'intérêt que vous portez à mon cher petit-fils, je le vois comme tout le monde; mais, mieux que tout le monde, je le sens là, — il se frappa la poitrine, — car vous ne lui donnez pas une marque de sympathie qui ne me touche personnellement, un témoignage d'affection qui ne retentisse en moi, et Dieu sait s'ils sont nombreux, ces témoignages, s'ils sont vifs !

Il s'arrêta: l'émotion faisait trembler sa voix et ses paupières s'ouvraient et se fermaient vivement comme si elles allaient laisser échapper quelques larmes. Durant quelques secondes, il resta les yeux fixés sur Mme d'Arvernes, qui se demandait s'il parlait sérieusement en insistant sur ces témoignages d'affection vifs et nombreux; mais comment lire ce qui se cachait derrière ce masque grimaçant et dans ce regard éteint?

Il poursuivit:

— Il faut vraiment que vous soyez bonne comme vous l'êtes pour m'avoir pardonné le mouvement d'hésitation que j'ai éprouvé, car je reconnais que j'en ai éprouvé un quand vous m'avez adressé cette question relativement au procès. Avec votre indulgence... admirable, admirable vraiment, vous avez compris que j'avais une raison pour hésiter, et cependant vous n'avez pas pu deviner quelle était cette raison, non, vous ne l'avez pas pu. Je vais vous la dire.

— Soyez certain que j'ai trouvé votre réserve toute naturelle.

— Je dois vous l'expliquer, si vous voulez bien me faire la grâce de m'entendre.

Après avoir jeté un regard rapide autour de lui comme pour bien s'assurer qu'ils étaient seuls et qu'il n'y avait point de portes ouvertes par lesquelles on pouvait survenir tout à coup et le surprendre, il se rapprocha de Mme d'Arvernes.

— Si vous me connaissiez mieux, dit-il, vous sauriez que pour la confiance je suis un enfant, un vrai enfant; jamais je n'ai admis que je pouvais avoir intérêt à me tenir sur mes gardes : c'est bien naïf, n'est-ce pas? mais enfin c'est ainsi; l'âge lui-même et l'expérience n'ont pas pu me changer.

— Vraiment!

— C'est ainsi, c'est ainsi; il a donc fallu que j'aie des raisons bien graves pour ne pas répondre tout de suite à votre question. Que diriez-vous si je vous apprenais que M. le duc d'Arvernes fait en ce moment les démarches les plus actives pour que le conseil judiciaire de mon petit-fils soit levé? Vous seriez bien étonnée, n'est-ce pas?

— Stupéfaite.

— Et cependant cela est; vous ne devez donc pas être surprise que mon premier mouvement ait été l'hésitation. Moi, le plus confiant, le plus naïf des hommes, j'ai cru... mon Dieu, je puis bien le dire, j'ai cru, oui, j'ai cru que le mari et la femme ne faisaient qu'un ; mon Dieu, c'est bien naturel, n'est-ce pas, quand on sait comme moi combien, sur toutes choses, vous êtes d'accord entre vous, ainsi qu'il convient d'ailleurs entre la force et la grâce?

Il salua galamment et, se redressant, il attendit une réponse.

— Bien naturel en effet, dit Mme d'Arvernes.

— C'est par la réflexion, continua M. de Condrieu avec une bonhomie pleine d'humilité, que j'ai compris toute mon erreur et combien elle était grande, bien grande n'est-ce pas, bien ridicule, dites bien ridicule, dites-le, dites-le?

Mais elle ne le dit point, car, avec ce diable d'homme qui se faisait si naïf, on ne savait jamais si l'on devait rire ou se fâcher.

Pour lui, il se mit à rire.

— Comment cet accord eût-il pu exister à propos de Roger; vraiment c'était de ma part une maladresse grossière de le supposer; ce qui devait arriver au contraire, nécessairement arriver, c'était le désaccord le plus absolu.

— Et pourquoi donc?

— Parce que M. le duc d'Arvernes et vous, madame, vous ne pouvez pas éprouver les mêmes sentiments pour mon cher petit-fils, mais pas du tout, du tout.

— Vous croyez?

— C'est évident..... évident.

Et de nouveau il se mit à rire silencieusement.

— Quels sont les sentiments de M. le duc d'Arvernes pour Roger? dit-il.

Il fit une pause.

— ..... Ceux de l'amitié ; mais d'une amitié dans laquelle entre une sorte de camaraderie, si j'ose m'exprimer ainsi; il est jeune, M. le duc d'Arvernes, j'entends de cœur, d'esprit, et je comprends cela.— Il prit la main de Mme d'Arvernes et, avant qu'elle pût s'en défendre, il la lui baisa galamment. — C'est ce qui fait qu'il a une grande indulgence, trop d'indulgence, disons-le tout bas entre nous, pour la jeunesse; il veut qu'elle s'amuse, il s'est laissé toucher par Roger sans réfléchir il s'est engagé à solliciter la levée de ce conseil judiciaire que je m'efforçais de retarder le plus possible, et je crains bien qu'il ne l'emporte.

— Vous croyez?

— Je le crains, je le crains. Vous comprenez que, quand une personne jouissant de l'autorité de Son Excellence le duc d'Arvernes se fait le garant d'un jeune homme, répond de son esprit de sagesse et de modération, cela exerce une influence considérable sur des juges. Cependant il y aurait peut-être moyen de combattre cette influence.

— Ah! Et comment cela?

— En lui opposant une influence contraire, — pour tout dire en un mot, la vôtre; mais pour cela il faudrait que vos sentiments à l'égard de Roger fussent tels que je les supposais en pensant que vous ne pouviez pas être d'accord avec M. le duc d'Arvernes... sur cette question s'entend. Quels sont-ils, ces sentiments?

Il fit une nouvelle pause, la regardant en face.

— Quels sont-ils?... Pour moi ceux d'une sœur... oui, madame, ceux d'une sœur. Eh bien, une sœur ne peut pas vouloir que son frère qu'elle aime... car vous l'aimez, qu'elle connaît... car vous le connaissez bien et vous savez mieux que personne combien facilement il se laisse entraîner, elle ne peut pas vouloir qu'il soit livré à toutes ses fantaisies, à toutes ses passions, alors surtout que les passions dont je parle menacent de se réveiller avec une violence qui m'épouvante... oui, madame, qui m'épouvante.

— Que voulez-vous dire?

Il baissa la voix un peu plus encore.

— Lorsque vous êtes revenue, d'Écosse, je vous ai raconté que Roger m'inspirait des craintes très-vives à cause d'un grand amour qui me paraissait menaçant pour sa santé... Vous vous le rappelez, n'est-ce pas?

— Parfaitement.

— Eh bien, cet amour... s'est éteint ou,

s'il n'est pas encore tout à fait mort, il est malade, très malade.

— Comment savez-vous cela? balbutia-t-elle, entraînée par l'émotion.

— Vous pensez bien que je n'abandonne pas un enfant qui m'est si cher sans faire exercer sur lui une certaine surveillance : je ne sais pas tout qu'il fait, il s'en faut de beaucoup, mais j'apprends toujours certaines choses qui me permettent de le suivre tant bien que mal et de reconstituer sa vie. Eh bien, je sais de source certaine que depuis quelque temps il a repris certaines relations... mon Dieu, je ne dis pas intimes... mais enfin des relations suivies avec ces comédiennes, ces femmes à la mode et de mœurs faciles qui l'ont perdu il y a trois ans ; et cela indique bien, n'est-ce pas, que cet amour dont nous parlions n'a plus autant de charme pour lui. N'est-ce pas votre avis ?

— Sans doute, sans doute.

— Quand je croyais cet amour tout puissant, il me faisait peur; mais maintenant ce qui me fait peur, ce sont ces femmes; ce qui m'épouvante, c'est de penser qu'on va peut-être lui enlever son conseil judiciaire juste au moment où il semble disposé à reprendre son ancienne vie, ses habitudes de désordre. Qu'on lui rende la libre disposition de ses revenus, ne croyez-vous pas comme moi que ces relations, qui en ce moment ne sont pas bien dangereuses parce qu'on le sait sans argent, vont prendre un caractère des plus graves quand sa fortune va lui être rendue ? Toutes ces femmes avides ne vont-elles pas le poursuivre, se jeter sur lui ? Leur résistera-t-il ? Je vous le demande.

Elle était trop profondément troublée, trop émue pour répondre.

Il continua :

— Si vos sentiments pour lui sont ce que je croyais, si vous l'aimez... comme un frère, ne voudrez-vous pas vous unir à moi pour tâcher de faire éloigner le moment où ce conseil judiciaire sera levé ?

— Ah ! certes, oui, je vous aiderai.

— Ah ! madame, que cette parole me rend heureux, non seulement parce qu'elle me promet le succès, mais encore parce qu'elle est l'approbation, la justification de ce que j'ai fait jusqu'à ce jour pour le maintien de ce conseil pendant quelque temps encore, un court espace de temps... car il ne s'agit que d'un court espace de temps... très court.

— Que faut-il faire ?

Il prit son air le plus simple, le plus bonhomme :

— Vous pourriez peut-être représenter à M. le duc d'Arvernes...

— Non.

—Eh bien, non, non, puisque ce moyen ne vous plaît pas, je n'insiste point; mais alors il faudrait, puisque vous ne voulez pas vous mettre d'accord avec M. le duc d'Arvernes, que vous vous missiez en opposition avec lui.

— Oh ! cela, très-bien.

— Alors votre rôle sera bien simple : faire juste le contraire de ce qu'il fait.

— Mais encore.

— Oh ! je vous guiderai.... si vous le voulez bien.

XXXIII

Quand M. de Condrieu-Revel sortit du ministère, il marchait la tête basse, le dos voûté, les bras ballants, comme s'il était affaissé sous le poids du chagrin. Et cependant il était en réalité plein de joie et d'espérance ; mais c'était chez lui une habitude prise depuis longtemps d'afficher la joie lorsqu'il était triste et la tristesse lorsqu'il était gai. Pourquoi se montrer nu en public ? Sur ce quai d'Orsay qu'il remontait il pouvait rencontrer quelque député sortant du Corps législatif ou quelque personne de connaissance, et il n'avait pas besoin de laisser voir sur son visage ce qui se passait en lui.

Et ce qui se passait en lui c'était une vive, une très vive satisfaction : il n'avait point perdu son temps, sa journée avait été heureusement employée ; combien rarement depuis longtemps avait-il eu la rare bonne fortune d'être satisfait de lui, des autres et des choses.

Cette bonne fortune, il venait de l'avoir, et il la savourait béatement.

Il n'y avait point vanité à se féliciter de la façon dont il avait mené cet entretien avec Mme d'Arvernes : pas à pas il était arrivé au but qu'il s'était proposé ; c'était par intuition qu'il avait deviné la situation, et c'était par une série de déductions psychologiques qu'il avait analysé ce caractère, par une étude physiologique sûrement menée qu'il avait compris ce tempérament ; il n'y avait pas eu un mot de trop de dit ; tous avaient porté et frappé à l'endroit sensible. Et sans redresser sa grande taille, sans qu'un sourire éclairât son masque éteint, il était au fond du cœur enorgueilli de son succès : humble avec les autres, il n'était pas modeste avec lui-même et, revenant aux différentes phases de cet entretien, il se disait qu'il eût vraiment été un diplomate remarquable si les gouvernements, toujours aveugles et ingrats, au lieu de le maintenir dans des emplois subalternes, l'avaient placé sur un théâtre digne de son mérite.

Quelle jolie marionnette à faire danser, cette Mme d'Arvernes, aussi insensible à la peur que si elle était en bois ! Comme elle irait droit où l'on voulait la conduire sans se douter qu'elle était tenue et tirée par un fil qu'il ferait mouvoir à son gré. Ils n'avaient qu'à se bien tenir, les juges qui devaient connaître du procès en main-levée du conseil judiciaire et fermer solidement leurs portes non seulement devant elle, mais encore devant l'armée qu'elle allait leur détacher. Et Roger, lui aussi, n'avait qu'à se bien tenir : il faudrait qu'il prouvât qu'il n'avait point repris ses relations avec ces comédiennes et ces femmes de mœurs faciles qui l'avaient perdu. Sur ce point aussi on pouvait se fier à elle : comme elle avait pâli, comme elle s'était troublée en entendant parler de femmes avides qui allaient se jeter sur lui ; c'était là qu'avait été le point délicat et difficile dans ce long entretien, celui qu'il fallait atteindre, mais non dépasser, de façon à provoquer la jalousie, mais non une rupture, ce qui aurait pu arriver s'il avait frappé trop fort ; mais heureusement il avait frappé juste, et ce n'était point se faire illusion que de se dire qu'il avait réussi.

En effet, il avait réussi, pleinement réussi, comme il voulait réussir et non autrement : c'était un accès de jalousie qu'il avait provoqué par ces confidences et non une rupture.

Mais cette fois, pas plus que les autres, cette jalousie ne s'était manifestée par des scènes faites à Roger, des explications, des reproches, des larmes. Elle ne lui avait pas dit un seul mot à ce sujet ; elle n'avait même pas fait la plus légère allusion à ces relations : cela eût été indigne de sa fierté et de l'opinion qu'elle avait d'elle-même, au moins de celle qu'elle affichait ; il n'y avait qu'une femme au monde, elle ; il n'y en avait qu'une qu'on pouvait aimer, elle ; et quand on l'aimait on ne pouvait plus en aimer d'autres.

Seulement, si elle n'avait rien dit des autres, elle avait parlé d'elle, de son amour, de sa passion qui chaque jour allait en augmentant : jamais il ne lui avait été si cher ; jamais elle n'avait senti comme maintenant combien il lui était indispensable ; elle ne vivait que pour lui ; qu'il cessât de l'aimer, elle mourrait ; qu'il l'abandonnât, elle se tuerait.

Elle ne s'en était pas tenue aux paroles : ce grand amour dont elle parlait, cette passion dont elle affirmait la violence, elle les avait prouvés à chaque instant, sans jamais montrer une minute non pas de lassitude, mais de plénitude, jamais assez, encore et toujours.

— Tu ne m'aimes pas, s'écriait-elle à chaque instant.

Et il fallait qu'il se répandît en protestations sans cesse répétées.

— Oui, tu m'aimes, mais tranquillement ; tu penses à moi quand cela te vient, par hasard, non toujours du matin au soir et du soir au matin ; je ne suis pas en toi continuellement ; je ne suis pas dans ton cœur et dans ton esprit sans distraction ; je ne suis pas dans tes veines ainsi que je voudrais y être, dans ton sang ; tu peux te passer de moi ; tu peux te distraire, t'amuser, vivre sans moi, sans que je te manque, sans que tout te paraisse vide, froid, monotone, bête ; tu vas, tu viens, tu es gai, spirituel, charmant ; tu prends intérêt aux choses, aux gens comme s'il ne devait pas y avoir qu'une chose au monde pour toi : notre amour, qu'une femme au monde : celle qui t'aime et ne vit que pour toi, ta Valère.

Elle voulut qu'il l'accompagnât partout, et elle ne fit plus un pas sans l'avoir à ses côtés ; surtout elle voulut l'accompagner elle-même.

— Fais-moi inviter, disait-elle, lorsqu'il devait aller quelque part où elle n'était pas invitée.

— Il n'y aura que des hommes.

— Et qu'importe ; ce n'est pas, tu le sais bien, parce que je crains les femmes que je désire être près de toi ; c'est pour le plaisir d'être près de toi, c'est pour ne pas te quitter, c'est pour te voir, pour respirer le même air, pour jouir des mêmes distractions que toi, en même temps que toi, m'en souvenir avec toi ; c'est pour t'avoir davantage.

Et cependant elle ne l'avait jamais eu autant. A chaque instant, le jour, la nuit, elle trouvait moyen de le voir seul, en tête-à-tête, toutes portes closes, soit chez elle, soit chez lui.

Elle quittait l'église, le théâtre, le bal pour courir rue Auber, et alors elle s'attardait, ne voulant plus partir ; c'était une de ses joies d'arriver en toilette de gala et d'emplir la chambre de Roger des cascades de sa traîne.

S'ils étaient dans la même réunion, souvent elle s'approchait de lui tout à coup et, à voix basse :

— Va-t'en, disait-elle, je vais te rejoindre tout à l'heure.

Si les prétextes lui manquaient pour partir ainsi, elle s'en passait et partait quand même ; elle eût volontiers mis le feu à la maison dans laquelle on aurait voulu la retenir.

Cependant il arrivait quelquefois que, son mari étant avec elle et ne la quittant pas comme elle l'avait espéré, elle n'était pas libre de partir à l'heure qu'elle avait fixée à Roger ; alors c'étaient de vrais accès de fièvre qui la dévoraient, et elle inventait les moyens les plus extravagants pour réaliser son désir.

Un soir qu'elle était à l'Opéra avec Roger, l'idée lui avait pris tout à coup d'aller rue Auber ; elle lui trouvait ce soir-là des yeux admirables dans lesquels elle voulait plonger les siens sans distraction ; elle voulait être à lui tout entière ; elle voulait qu'il fût à elle; le monde, les lumières, la musique l'exaspéraient.

— Va-t'en, dit-elle, je vais le rejoindre, il est neuf heures, nous aurons trois heures à nous.

Il était parti; mais au moment où elle allait le suivre, la porte de sa loge s'était ouverte et M. d'Arvernes était entré; elle était déjà levée; tout surpris, il l'avait regardée.

— Partiez-vous? demanda-t-il.

Elle resta un momet interloquée, furieuse, d'être ainsi arrêtée dans son dessein, car M. d'Arvernes, bien certainement, allait s'installer près d'elle et ne plus la quitter de la soirée; mais elle ne perdait pas facilement la tête et quand elle était poussée par la passion elle trouvait des inspirations dans son esprit surexcité: elle voulait Roger, elle lui avait promis de le rejoindre, il fallait qu'elle le rejoignît.

— Oui, dit-elle.

— Je vous fais fuir? dit-il tristement.

— Vous avez bien vu que j'étais levée pour partir avant votre entrée dans la loge.

— Puis-je vous demander où vous allez?

— A l'hôtel.

— Vous êtes souffrante?

— Non, mais tourmentée.

— Et pourquoi donc? demanda-t-il avec une tendre sollicitude.

— L'idée m'est venue que Louis était malade, là, tout à coup, un pressentiment; je veux m'en assurer; je suis folle.

Louis, c'était son fils aîné, celui que M. d'Arvernes aimait par-dessus tout, l'héritier de son titre, celui en qui il avait mis toute son ambition paternelle, pour qui il travaillait, de qui il espérait en sa vieillesse un peu de tendresse filiale qui le consolât des chagrins et des déceptions de sa vie si amère.

Bien qu'il ne fût pas habitué ou peut-être précisément parce qu'il n'était pas habitué à entendre sa femme s'inquiéter ainsi de ses enfants, il fut ému par ce cri maternel.

— Est-ce que quelque chose peut justifier ce pressentiment? dit-il.

— Non.

— Louis était-il souffrant avant notre départ?

— Je ne l'ai pas vu.

— Eh bien alors?

— J'ai peur.

— Mais...

— Est-ce que la peur raisonne; je veux le voir; le temps de le voir et je reviens.

— Eh bien restez, je vous prie; je vais aller à l'hôtel moi-même. S'il n'a rien, comme je l'espère, comme je le crois, je reviendrai aussitôt; si, au contraire, il a quelque chose, je vous enverrai chercher et je le garderai en attendant votre arrivée. Soyez tranquille, rassurez-vous; vous faites peine à voir.

Et il courut au quai d'Orsay, tandis qu'elle courait rue Auber.

Ce fut en riant qu'elle conta à Roger le danger qu'ils avaient couru et la ruse au moyen de laquelle elle était sortie de cette situation difficile.

— Nous avons deux heures à nous; ne les perdons pas.

— Mais le duc?

Elle se fâcha:

— Qu'importe! En revenant il ne me trouvera pas et il m'attendra; s'il demande des explications, j'en trouverai; si je n'en trouve pas, je lui ferai une scène. Mais ce n'est pas de lui qu'il s'agit; c'est de toi. M'aimes-tu?

XXXIV

Certes, oui, il l'aimait.

Mais il ne l'aimait point comme il aurait voulu, comme il avait espéré.

A qui la faute?

A lui?

A elle?

Lorsqu'ils étaient ensemble, il ne pensait point à se poser ces questions; il la voyait, il la tenait dans ses bras; l'ardeur qui était en elle passait en lui, elle l'échauffait, elle l'entraînait; le sang circulait plus vite, le cœur battait plus fort et l'exaltation se produisait. Il était bien évident que leurs chairs s'aimaient; elle exerçait sur lui une attraction toute-puissante comme il en exerçait une sur elle; entre eux, il y avait un accord de désirs et de sensations dont ils éprouvaient les effets involontairement et irrésistiblement.

Mais ce n'est pas là tout l'amour.

N'était-elle donc pour lui qu'une Raphaëlle, une femme comme les autres?

Était-il possible d'aboutir à cette conclusion triste et misérable?

Alors, quand cette pensée se présentait à son esprit dans les rares instants de liberté où il lui était possible de réfléchir et de suivre une idée, il se dépitait, il s'exaspérait contre lui-même.

Était-il donc incapable d'aimer? S'était-il atrophié dans les liaisons banales de sa première jeunesse? En lui donnant une maîtresse quand il n'était encore qu'un enfant, en le poussant aux bras d'une femme qu'il n'avait point regardée, à laquelle il n'avait point pensé, et cela avant que son cœur n'eût battu, n'avait-on pas desséché ce cœur de telle sorte que jamais plus maintenant il ne pourrait battre? Ce système d'entraînement précoce employé par son grand-père avait, il est vrai, développé la bête; mais l'âme, ne l'avait-il pas tuée? La bête, elle, ne trouvait que trop de jouissances dans cette liaison. C'était l'âme qui souffrait et se plaignait.

Quand il se livrait à cet examen de conscience, encore tout ému des vibrations que Valère avait laissées dans ses veines et dans ses nerfs, il se disait qu'il était, qu'il devait être le coupable, le seul coupable.

Il se le disait, il se le répétait, il s'efforçait de le croire.

Mais en lui une sourde protestation s'élevait contre ses paroles.

Ce cœur, cette âme, ce sentiment mystérieux dont il ignorait le nom, mais qu'il trouvait vivace en lui et résistant, donnait un démenti au langage de ses lèvres.

Est-ce que s'il eût été mort, ce cœur, est-ce que si elle eût été étouffée avant de naître, cette âme, il se serait aperçu que quelque chose manquait à son bonheur?

S'il n'y eût eu en lui que la bête, se serait-elle jamais plainte? Pourquoi? De quoi? Cette maîtresse n'était-elle pas la plus passionnée qu'on pût souhaiter, ne vivant que pour l'amour ou tout au moins pour le plaisir, auquel elle se donnait tout entière, auquel elle sacrifiait toute sa réputation, son repos, son honneur, pleine d'ardeur, jamais lasse? Où en trouver une plus provocante, plus entraînante?

S'il avait été incapable d'aimer, est-ce que cette âme et ce cœur auraient si souvent désiré d'autres joies que celles qu'il trouvait auprès de cette maîtresse? Puisqu'ils désiraient, puisqu'ils s'affirmaient par de vagues lassitudes, c'est qu'ils existaient encore.

Alors?

Alors la faute n'était donc pas à lui s'il ne l'aimait point comme il aurait voulu et comme il avait espéré.

Et si elle n'était point à lui, il fallait bien qu'elle fût à elle.

Oui, elle était provocante; oui, elle était sincère dans ses entraînements; oui, elle vivait pour le plaisir, cela était vrai, il le reconnaissait, il le savait.

Oui, elle était la maîtresse la plus passionnée qu'il eût jamais eue et même qu'il eût jamais désirée.

Mais tendre?

Quand avait-elle eu une minute de tendresse véritable depuis qu'ils s'aimaient?

Quand avait-elle eu un de ces élans d'effusion, de sacrifice, d'abnégation, d'anéantissement dans l'objet aimé qu'il avait quelquefois rêvé au temps où il pensait à cette petite Christine, si naïve et si douce?

Dans les nombreuses lettres, toutes débordantes de passion brûlante qu'elle lui avait écrites, quand avait-elle eu un de ces mots qui fondent le cœur ou l'exaltent, qu'il avait trouvés à chaque page, presqu'à chaque ligne, dans la correspondance de sa grand'mère?

Dans la vie qui était la leur et qu'elle avait voulue, on étouffait comme dans une serre chaude, où l'on ne respire qu'une atmosphère surchauffée, où l'on ne reçoit sous un toit bas qu'une lumière diffuse.

Et de cette serre, elle ne voulait pas sortir.

Pour lui, il avait besoin de respirer un air plus pur.

Les étoiles lui manquaient.

Il est vrai que, lorsque ces idées lui venaient, il en riait et se moquait de lui-même, se répétant un mot que Mautravers lui disait souvent autrefois : « Narouse sentimental, c'est trop drôle! » Mais enfin, si drôle et si risible que cela pût paraître, c'était ainsi.

Et puis, il n'y avait pas que de cela dont il souffrit; sur d'autres points aussi elle le blessait.

Ainsi, cette histoire de l'Opéra qu'elle avait pris tant de plaisir à conter en détail, raillant la naïveté de son mari, triomphant orgueilleusement du sang-froid qu'elle avait montré et de la ruse qu'elle avait trouvée si à propos pour assurer leur rendez-vous, avait été pénible pour lui et lui avait inspiré des réflexions peu agréables pour elle. Bien que ce sang-froid et cette ruse eussent eu pour résultat de lui donner deux heures pendant lesquelles elle lui avait prodigué les témoignages de la passion la plus violente, il avait trouvé qu'en cette affaire le beau rôle n'avait point été pour elle, mais qu'il avait été pour le mari, pour le père. Précisément parce qu'étant orphelin il n'avait point connu son père, ni sa mère, il portait jusqu'à la vénération le sentiment de la famille; c'était pour lui chose sacrée qu'il ne comprenait pas qu'on profanât; aussi, bien souvent, avait-il souffert de voir avec quel sans-gêne Mme d'Arvernes traitait ses enfants ou parlait d'eux. Mais, dans cette circonstance, il avait été indigné qu'elle eût osé appeler son fils à son aide pour servir ses amours; il y avait là quelque chose de misérable, de bas, de lâche qui l'avait suffoqué. Sans doute c'était pour lui, pour le voir qu'elle avait employé ce moyen désespéré; mais justement parce qu'elle l'avait ainsi fait jusqu'à un certain point son complice, il n'en était que plus fâché. S'il n'y avait que ce moyen possible pour elle, il eût préféré qu'elle ne le prît pas, même quand il aurait dû renoncer à venir le rejoindre ce soir-là.

Quand il pensait à ce sang-froid et à cette ruse, il ne se sentait pas rassuré d'ailleurs et il se disait que ce qu'elle avait fait avec son mari, elle pouvait très bien en d'autres circonstances le faire avec lui non moins audacieusement, non moins habilement.

Quelle sécurité, quelle confiance avoir non seulement dans le présent, mais encore dans le passé?

Jaloux du passé, il ne l'était point par bonheur; mais il y avait dans ce passé, qu'il n'était point assez imprudent et assez fou pour vouloir fouiller, des souvenirs qui, sous le coup d'un fait comme cette histoire d'enfant malade, s'imposaient à lui: ce qu'on lui avait raconté d'elle et de ses amants ; ce que Mautravers lui avait dit des lettres de Luzenac et de Dauzat. En la voyant capable de se servir ainsi de son fils, il ne la croyait plus aussi fermement incapable de s'être servie des lettres de Dauzat pour Luzenac, et de celles de Luzenac pour Dauzat.

S'il n'osait pas regarder dans le passé, il n'avait pas plus de sécurité à regarder dans le présent.

Bien qu'elle fit tout pour montrer qu'elle était sa maîtresse, elle n'avait point, malgré cela, été abandonnée de la plupart de ceux qui depuis longtemps formaient sa cour, et elle n'en avait congédié aucun. Elle avait un entourage de fidèles quand même qui paraissaient le supporter sans se plaindre, mais que lui, de son côté ne supportait pas de même. Ils le gênaient et, plus encore, ils l'humiliaient. Qu'il y eût chez elle autre chose là-dedans que de la coquetterie, il ne voulait pas le croire; mais enfin c'était déjà trop que cette coquetterie, sinon pour son amour, au moins pour son amour-propre.

— Puisque tu veux que les liens qui nous unissent soient connus, lui avait-il dit plusieurs fois, le meilleur moyen, c'est de congédier ces gens qui t'entourent.

Mais toujours elle lui avait répondu en riant et sans vouloir prendre cette observation au sérieux.

A différentes reprises il avait insisté et chaque fois elle avait ri plus fort, de sorte qu'à moins de se fâcher sérieusement il avait dû accepter cet état de choses; mais ce n'avait pas été sans irritation. Quand elle lui faisait de si grands sacrifices, de ceux auxquels une femme ne se résigne presque jamais, pourquoi lui refusait-elle celui-là qui, pour elle, ne devait pas avoir d'importance ?

Un soir de réception, après un dîner auquel il avait assisté, il la trouva à un certain moment en grande conversation avec un de ces fidèles: ils étaient dans un petit salon et plusieurs personnes étaient groupées çà et là, le fidèle se tenait adossé à la cheminée et Mme d'Arvernes restait debout devant lui, causant. Pendant quelques secondes, Roger les regarda; puis, la mauvaise humeur le gagnant, il allait s'éloigner, lorsque, machinalement, ses yeux s'abaissèrent sur le tapis et il vit, ou tout au moins il crut voir, le bout du pied de sa maîtresse qui dépassait la robe, frôlant la bottine de celui avec qui elle s'entretenait; il voulut s'avancer pour mieux voir, mais à ce moment même quelques personnes traversèrent le salon, s'interposant entre elle et lui; lorsqu'elles furent passées, le pied avait repris une position correcte.

Il ne dit rien ce soir-là; mais, le lendemain, lorsqu'ils furent en tête-à-tête, portes closes, il eut la faiblesse de parler de ce qu'il avait vu ou plutôt de ce qu'il avait cru voir, ajouta-t-il avec bonne foi.

Et tu ne m'as pas tuée, s'écria-t-elle, ah! Roger tu ne m'aimes pas, tu ne m'as jamais aimée.

Et, sans autre explication, elle le quitta; elle était indignée, exaspérée.

Il ne courut point après elle.

Elle n'alla pas bien loin ; arrivée aux dernières marches de l'escalier, elle remonta :

— Au moins bats-moi, dit-elle en se jetant dans ses bras.

Mais il ne la battit point.

XXXV

Si le séjour de Vauxperreux avait été mauvais pour la santé de Roger, la vie nouvelle adoptée à la suite des confidences de M. de Condrieu-Revel, lui fut plus contraire encore.

Grâce aux soins de Harly, grâce surtout à sa jeunesse, il s'était assez bien rétabli de l'atteinte qu'il avait reçue au commencement de l'automne ; les sueurs avaient disparu, la fièvre avait diminué sans tomber complètement, la toux était devenue moins fréquente et moins pénible, enfin l'état général s'était assez sensiblement amélioré.

Mais, pour que cette amélioration continuât, il aurait fallu que se continuassent aussi les soins, les précautions, le régime, le repos prescrits par Harly et observés pendant la période aiguë de la maladie, mais abandonné, aussitôt que le mieux s'était affirmé.

Où trouver du repos dans le tourbillon qui l'entraînait.

Il n'avait plus une minute à lui ; il ne s'appartenait plus ; il n'était même plus lui ; il était elle, ce qu'elle voulait, rien que ce qu'elle voulait.

Du matin au soir, du soir au matin, c'était elle qui dirigeait sa vie ; ce qu'elle désirait qu'il fît, il le faisait ; ce qu'elle lui demandait d'être, il l'était.

Quand eût-il trouvé le temps de se soigner?

Il ne l'eût pu qu'en avouant qu'il était malade; mais pour lui c'était une honte à laquelle il ne pouvait se résigner. Précisément parce qu'il n'avait aucune confiance dans sa santé, il mettait une sorte de forfanterie à ne prendre aucune précaution. On ne pouvait pas le rendre plus malheureux que de lui demander comment il se portait. Qu'on le regardât avec intérêt, il rougissait. Qu'on retournât la tête quand il toussait, il s'arrêtait aussitôt au risque d'étouffer. Lui malade, allons donc! Pour rien au monde, il n'eût demandé qu'on supprimât un courant d'air qui le glaçait. Quand ses amis étendaient la main au-dessus de leur verre, il présentait le sien. Il était le dernier à endosser un pardessus et le premier à l'ôter.

S'il avait cette pudeur de santé avec ses amis, à plus forte raison l'avait-il plus encore avec sa maîtresse. Il avait fallu l'indiscrétion de Mautravers pour qu'elle sût qu'il avait couru à Vincennes avec un vésicatoire lui couvrant toute la poitrine; pour lui il n'en aurait jamais parlé, et il aurait si bien fait qu'elle n'aurait même pas pu s'en douter.

D'un tempérament sec et nerveux, insensible à la fatigue, n'ayant jamais été malade et n'étant jamais restée au lit depuis sa naissance, si ce n'est pendant ses couches, Mme d'Arvernes ne prenait pas plus souci de la santé de ceux qui l'entouraient que de la sienne; cependant avec Roger elle ne pouvait pas n'être point frappée quelquefois de la façon dont il toussait, ou bien de sa pâleur, ou bien de la chaleur de ses mains; alors, toute surprise elle lui demandait ce qu'il avait, et toujours il lui faisait la même réponse: « Rien; il n'avait rien que voulait-elle qu'il eût! » Et justement comme elle voulait qu'il n'eût rien, elle se contentait des réponses qu'il lui donnait.

Mais lui ne s'en contentait point, et, par toutes sortes d'imprudences, d'extravagances, il tenait à lui prouver qu'elle s'inquiétait à tort, qu'il n'avait bien rien, comme il le disait, qu'il ne pouvait rien avoir; qu'il n'avait jamais été si dispos.

Cependant au commencement du printemps, après un hiver ainsi rempli, sans un jour de relâche, sans un jour de trêve, la situation prit un caractère assez alarmant pour obliger Harly à intervenir énergiquement.

Quand Mme d'Arvernes avait annoncé son intention de faire de Harly son médecin, ce n'avait point été une parole en l'air, et bien qu'elle n'eût guère besoin d'un médecin, puisqu'elle n'était jamais malade, elle avait réalisé cette idée, elle l'avait pris non seulement pour elle, mais encore pour ses enfants, et même elle l'avait donné à son mari qui, toujours inquiet de tout, était assez disposé à se trouver souvent malade, tantôt de ceci, tantôt de cela, et aimait volontiers à changer de médecin comme il changeait de maladies. Avec Harly, si elle ne parlait guère de médecine, elle parlait au moins de Roger, et pour elle cela suffisait.

La position était trop favorable pour que Harly n'en profitât point, non seulement en répondant à ses questions, mais encore en les devançant.

— Le duc de Naurouse m'inquiète, disait-il souvent.

Et alors il expliquait ce qui causait ses inquiétudes, en insistant principalement sur ce qu'il y aurait à faire.

— Il aurait besoin de ménagements, de repos, d'une vie tranquille et régulière; se coucher tôt, se lever tard, point de surexcitation d'aucune sorte; il se tue.

— Croyez-vous docteur?

— Je vous en donne ma parole.

Malheureusement pour Roger elle n'acceptait pas cette parole aussi sérieusement qu'elle était donnée. Elle ne le voyait pas, elle ne le sentait pas malade. Toutes les fois qu'elle lui demandait comment il allait, il répondait qu'il allait bien. Enfin se disait que Harly, qui connaissait leur liaison, tout en ayant l'air de ne pas la soupçonner, voulait sans doute lui faire peur, sans avoir réellement peur pour lui-même : de là l'exagération des inquiétudes qu'il lui montrait.

Repoussé du côté de Mme d'Arvernes, ou tout au moins n'obtenant rien, Harly s'était retourné du côté de son malade. Mais, s'il était possible de parler de Roger à Mme d'Arvernes, il ne pouvait guère parler de Mme d'Arvernes à Roger, au moins de la même façon; avec certains détours, certaines précautions de langage, il pouvait dire à Mme d'Arvernes : « Le duc de Naurouse se tue »; mais il ne pouvait pas dire à Roger : « La duchesse d'Arvernes vous tue. » Entre eux, il n'avait jamais été question de Mme d'Arvernes, et il ne pouvait pas, même comme médecin, provoquer des confidences qu'on ne lui faisait pas et qu'on ne lui ferait jamais; il connaissait assez le duc de Naurouse pour n'avoir pas de doutes à ce sujet.

Pour obtenir ce qu'il ne pouvait pas demander franchement, il avait donc pris un moyen détourné, et, quand il avait vu le mal faire des progrès, contre lesquels tous les remèdes de la médecine étaient sans efficacité, il avait ordonné à Roger d'aller passer quelques mois à Nice.

— C'est non seulement l'air, le soleil, la chaleur que vous trouverez là-bas, mais c'est aussi le repos. J'avais espéré qu'à force de m'entendre vous parler de repos, vous finiriez par sentir toute l'importance que j'attache à ce conseil.

— Je la sens croyez-le.

— Mais cela ne vous décide pas à changer votre genre de vie.

— Cela n'est pas facile.

— C'est justement parce que je vois que cela n'est pas facile que je vous ordonne Nice. Rappelez-vous quel bien vous a fait votre séjour à Varages : quand vous avez quitté Paris à ce moment, vous étiez en mauvais état, moins mauvais, beaucoup moins que celui où vous êtes présentement, mais enfin vous n'étiez pas sans m'inspirer quelques inquiétudes et vous êtes revenu superbe, solide comme un paysan.

— Cette solidité n'a guère duré.

— A qui la faute ?

Comme Roger souriait sans répondre.

— C'est un reproche, continua Harly, ce n'est pas une interrogation. Je ne vous demande pas de confidences, je n'en ai pas besoin ; vous ne m'apprendriez rien.

— Ah !

— Ne vous imaginez pas que des bavardages m'ont été faits, je ne les aurais pas écoutés ; le bavard c'est vous, c'est votre état général, votre amaigrissement continu, votre faiblesse, votre fièvre, et c'est en réponse à ces confidences que je vous dis : Partez pour Nice, Menton, Monaco, San-Remo, pour où vous voudrez, mais partez sans retard, et surtout partez... seul. Il ne s'agit pas d'une longue absence : quelques mois seulement.

Roger ne répondit rien, ni qu'il partirait, ni qu'il ne partirait point, mais le soir il communiqua à Mme d'Arvernes l'ordonnance d'Harly.

Elle montra un vif mécontentement, même de la colère.

— C'est spontanément qu'il a eu l'idée de envoyer à Nice.

— Qui aurait pu lui suggérer cette idée ?

— Toi.

— Moi ! Et pourquoi ?

— Pour préparer par cette absence une séparation définitive.

— Quelle folie !

— Dis-le, répète-le, jure-le que c'est une folie.

— Mais sans doute.

— Alors pourquoi veux tu quitter Paris.

— C'est Harly qui le veut, ce n'est pas moi.

— Pourquoi Harly le veut-il puisque tu n'es pas malade, car tu n'es pas malade n'est-ce pas ?

— Harly me trouve malade.

— Crois-tu qu'il te soigne bien ?

— Oh ! assurément.

— Alors il veut nous séparer, s'il est vrai comme tu le dis — et je te crois — que cette idée vient de lui.

— Il ne sait pas que nous nous aimons.

— Allons donc.

— En admettant qu'il le sache ou plutôt qu'il le soupçonne, pourquoi voudrait-il nous séparer ?

— Cela je n'en sais rien, ce serait à chercher ; mais en attendant que je l'aie trouvé je déjouerai son plan ; si tu pars — et je ne veux pas te retenir malgré ton médecin — je pars avec toi.

Dans ces conditions, le séjour à Nice n'avait plus de raison d'être, et Roger expliqua à Harly qu'après avoir refusé les propositions de M. d'Arvernes, qui voulait l'envoyer à Rome, il lui était impossible maintenant de quitter Paris.

Mais Harly ne se laissa pas convaincre par cet argument :

— Aller habiter Rome ou Vienne, n'est pas du tout la même chose que d'aller passer quelques mois dans le Midi, pour le soin de votre santé. Je suis donc bien certain que M. d'Arvernes ne vous en voudrait pas de votre départ. D'ailleurs, dût-il vous en vouloir que cela ne devrait pas vous empêcher de partir : c'est votre vie que vous jouez en restant à Paris. Je vous l'ai déjà dit, je vous le répète, et, puisque vous ne vous en rapportez pas à mes paroles, je les explique : Le tubercule est le produit d'un affaiblissement, d'une déchéance de l'organisme ; cette déchéance, cet affaiblissement arrivent lorsque la nutrition est viciée, et la nutrition est viciée lorsque dans la machine humaine, qui est une machine comme les autres, la dépense dépasse l'alimentation. Cela tombe sous le sens n'est-ce pas, et je n'insiste que pour vous dire que c'est là votre cas : la réparation chez vous n'est pas en proportion de la consommation ; de là des conditions favorables au développement du tubercule. Ne laissez pas ces tubercules se développer, car une fois qu'ils existent la médecine est bien faiblement armée pour les détruire ; ils conduisent fatalement à la tuberculisation, qui conduit elle-même fatalement à la phtisie. Vous voyez que votre vie est entre vos mains, puisque vous êtes maître d'empêcher ces tubercules de se produire. Pendant qu'il en est temps encore partez, je vous en prie, partez ; ce n'est pas le médecin qui ordonne, c'est l'ami qui prie ; mon ami, mon cher Roger, partez.

XXXVI

Malgré les conseils, les prières, les adjurations d'Harly, Roger ne partit point.

Rien ne fut changé à ses habitudes : on continua à le voir à toutes les premières représentations, dans toutes les réunions, à toutes les courses de la saison, aimable et souriant, accompagnant partout Mme d'Arvernes dont le visage pâle et le regard violent contrastaient d'une façon bizarre avec les yeux alanguis et les joues rosées aux pommettes de son amant.

Puis tout à coup un jour on ne le vit plus nulle part, et quand on apercevant Mme d'Arvernes seule on s'inquiéta de lui et de savoir où il était, s'ils avaient rompu, on apprit qu'il était malade d'une fluxion de poitrine.

La nouvelle venant de Mautravers était certaine ; d'ailleurs elle était trop vraisemblable pour n'être pas acceptée.

— Cela devait arriver.
— Le pauvre garçon !
— Je vous l'avais bien dit.

Et on l'avait plaint : les femmes sur le ton de la sympathie ; les hommes, sur celui de la pitié et avec une nuance de supériorité méprisante : « Ce petit Nauroose. »

Cette nouvelle de la maladie de Roger n'avait cependant pas affligé tout le monde : il y avait quelqu'un qu'elle avait rempli d'une joie triomphante : M. de Condrieu-Revel.

— Enfin !

Enfin la justice de Dieu allait réaliser ses chères espérances si longtemps déçues : ce fils d'une bâtarde allait mourir en laissant son titre, son nom et sa fortune à Ludovic. Pour la fortune, il était possible à la vérité qu'il eût voulu par un testament, ainsi qu'il l'avait annoncé, en frustrer sa famille, mais un testament est toujours attaquable ; on plaide, et, si l'on n'a pas tout, on peut, au moyen d'une transaction habile, obtenir une part, une grosse part. Et puis, pour le moment, ce n'était pas malgré son amour pour l'argent et spécialement pour ces biens qu'il avait administrés comme siens, ce n'était pas la fortune qui était sa principale préoccupation, c'était le nom de Nauroose, c'était le titre de duc qui allaient infailliblement passer sur la tête de son cher petit-fils Ludovic : ils ne pouvaient pas lui échapper ; ils ne lui échapperaient pas.

Ah ! vraiment, Dieu était juste de lui apporter cette réparation au moment même où le procès intenté par le duc de Condrieu et sur le point d'être enfin jugé, menaçait de leur enlever ce nom de Condrieu. Comme elle serait adoucie la douleur de perdre ce procès si auparavant Ludovic recueillait le titre de Nauroose. Il est vrai que lui-même ne serait ni duc ni Nauroose, qu'il ne serait que Condrieu, ce qui serait bien dur et bien humiliant à son âge et dans sa position ; mais il se consolerait avec la gloire de Ludovic. Dans sa longue existence, ce n'avait pas été pour lui qu'il avait travaillé, combiné des plans compliqués et poursuivi leur exécution à travers les dangers et les fatigues de toutes sortes ; c'avait été pour la fortune de sa maison, celle de son fils d'abord, celle de son petit-fils ensuite, et ce serait se montrer ingrat envers la providence que de se plaindre à l'heure où Ludovic allait enfin recueillir le fruit de combinaisons que, pendant près de cinquante années, il n'avait pas abandonnées un seul jour. Le marquis de Varages était mort comme il l'avait calculé et voulu, puis le duc et la duchesse de Nauroose étaient morts aussi, et maintenant c'était Roger qui allait mourir à son tour. Ah ! comme il avait été sage de ne jamais désespérer ! Et comme il est bien vrai que le succès appartient aux patients qui savent attendre !

Aux habiles aussi cependant, car il pouvait se dire sans jactance que s'il s'était contenté d'attendre patiemment, ce succès qui le remplissait de tant de joie, ne se serait peut-être pas réalisé de si tôt ; il avait labouré et semé, la Providence avait fait fructifier le grain que sa main prévoyante avait répandu. Qui avait choisi le duc de Nauroose pour mari de la fille du marquis de Varages ? Qui avait fait élever Roger au milieu des fièvres paludéennes de la Dombes ? Qui lui avait donné une maîtresse à l'âge où les jeunes garçons ne pensent ordinairement qu'aux billes ou aux barres ? Qui avait mis Mme d'Arvernes en jeu ?

Pour elle aussi il fallait être juste et reconnaître qu'elle avait admirablement rempli le rôle qu'il lui avait tracé ; oui, vraiment, elle avait été une marionnette docile, et elle n'avait rien oublié de ce qu'on lui avait dit : « Si mon petit fils aimait une femme éperdument, il se tuerait pour elle, la passion dévorerait sa vie » ; elle avait voulu voir si elle était éperdument aimée et maintenant Roger était au lit avec une bonne pneumonie dont il ne guérirait pas.

Car il ne guérirait pas, il ne pouvait pas guérir ; cela ne serait pas juste qu'il guérît ; ce serait à douter de la Providence s'il guérissait.

Deux fois par jour, le matin et le soir, il avait été lui-même prendre des nouvelles de Roger, non auprès de Bernard, comme il l'aurait désiré, mais auprès du concierge, de sorte qu'en combinant ce que lui rapportait celui-ci avec les bulletins officiels que Mautravers lui envoyait il suivait pas à pas la marche de la maladie.

Pendant les premiers jours ceux qui l'approchèrent remarquèrent dans toute sa personne les marques d'une profonde affliction; les choses allaient bien pour lui, et par conséquent mal pour Roger. Les râles occupaient une surface de plus en plus large disait Mautravers, et la fièvre augmentait tandis que les forces diminuaient; bien certainement il allait mourir, c'était donc le moment de se tenir sur ses gardes et de ne pas montrer de joie.

Puis, vers le sixième jour, on avait remarqué qu'un vague sourire demeurait constamment sur son visage : les choses allaient mal pour lui, c'est-à-dire bien pour Roger: les râles diminuaient, le pouls s'abaissait, les forces se relevaient; c'était le moment de ne pas montrer le désespoir causé par cette nouvelle.

Assez rapidement le mieux s'était accentué, et la période de la convalescence avait commencé.

Quel coup ; quelle chute!

Comment une fois encore Roger allait guérir et se rétablir ! Était-ce possible !

Sans doute, en envisageant les choses froidement, on devait reconnaître que cette fluxion de poitrine aggravait singulièrement l'état de Roger, mais enfin ce n'était pas la mort. Il y a des poitrinaires qui de pneumonies en pneumonies, de bronchites en bronchites, traînent pendant longtemps, très longtemps. Bien soigné, Roger pouvait se rétablir ; il le pouvait surtout si, se décidant à quitter Paris qui le tuait, il allait comme ses médecins le voulaient passer quelques mois dans le Midi.

Quelques mois, puis après ceux-là d'autres encore sans doute! M. de Condrieu-Revel ne pouvait pas attendre ainsi et permettre par son inaction criminelle une série de rechutes et de rétablissements qui dévoreraient le temps. Du temps, il n'en avait pas à donner; car tandis que le temps marcherait pour Roger, il marcherait aussi pour le procès du duc de Condrieu et le jugement pouvait être rendu avant que Roger fût mort. Quel serait ce jugement. M. de Condrieu-Revel avait de grandes craintes: les chances étaient contre lui, et, si le jugement lui était contraire, la situation de Ludovic se trouverait gravement compromise : vicomte de Condrieu-Revel Ludovic pouvait espérer hériter du titre et du nom de Roger, tandis que s'il n'était plus que Coudrier ce titre et ce nom lui échapperaient probablement.

Ce qu'il importait donc avant tout maintenant c'était que Roger ne quittât point Paris et ne rompît point avec les habitudes qui l'avaient mis au point où il était arrivé et qui continuées l'achèveraient.

Mais comment le retenir?

Ou s'il partait pour quelques semaines, comment le ramener?

Par lui-même M. de Condrieu-Revel ne pouvait rien directement sur Roger.

Mais par d'autres?

Il donna plusieurs jours à l'examen de cette question difficile : jamais il n'avait éprouvé pareille anxiété; le moment était décisif, et justement son esprit ne lui fournissait rien de satisfaisant, sur quoi il pût compter sûrement.

Au moins il voulut risquer une tentative qui, si elle ne devait point amener un résultat certain, pouvait avoir cependant quelqu'utilité: les circonstances étaient telles qu'il fallait ne rien négliger.

Il vint trouver M. d'Arvernes.

— C'est de mon petit-fils, dit-il, de mon cher petit-fils que je voudrais vous entretenir.

— Comment va-t-il aujourd'hui ?

— Il est bien faible, bien faible, mais j'espère que je vais pouvoir, sinon le guérir, cela ne dépend pas de moi, hélas! au moins aider à sa gérison.

— Et comment?

— En ces derniers temps, j'ai eu le chagrin de me trouver en opposition avec Votre Excellence, chagrin bien vif, bien cruel. Avec sa jeunesse de caractère, Votre Excellence avait pris parti pour mon petit-fils, c'est-à-dire pour la levée du conseil judiciaire, et moi, avec ma vieillesse chagrine, je persistais à croire utile le maintien de ce conseil. Votre Excellence m'a fait une rude guerre, et cependant peut-être m'aurait-il été possible de la continuer encore, si cette maladie n'était pas venue changer mes dispositions.

— Ah !

— Que voulais-je : je l'avoue tout franchement, car je suis un homme sans détours ; je voulais retarder le plus possible le jugement de cette affaire, de peur que ce jugement s'inspirant de l'avis de Votre Excellence, ne levât le conseil, et cela non par vaine opposition, mais parce que je pensais que du temps gagné par moi, c'était de la sagesse gagnée par mon petit-fils, de sorte que plus la main levée du conseil arriverait tard, moins elle serait dangereuse. Aujourd'hui la maladie a changé ces dispositions: je sais que mon pauvre petit-fils souffre beaucoup d'avoir à subir ce conseil; je sais aussi qu'il n'attend que d'en être dégagé pour quitter Paris qui le tue, car c'est la vie de Paris qui le tue ; oui, monsieur le duc, c'est la vie de Paris. Enfin je sais encore que, dans l'état de faiblesse où il se trouve, il ne subira plus ces entraînements, ces ardeurs dévorantes qui lui ont fait commettre tant de folies. Aussi je rends les armes. Je vais unir mes efforts aux vôtres pour que ce procès soit jugé le plus vite possible, de façon à ce que mon pauvre, mon cher petit-fils, débarrassé de son conseil, puisse quitter Paris et n'y revenir que lorsqu'il aura recouvré la santé.

Cela fut dit avec tant de bonhomie, tant d'émotion, que M. d'Arvernes ne put pas en soupçonner la sincérité : il avait été touché, le vieux comte ; ou bien, voyant que ses efforts seraient désormais inutiles, il voulait tirer parti de sa soumission forcée de manière à amener un rapprochement entre lui et son petit-fils et finalement un testament en faveur de Ludovic de Condrieu.

Il n'y avait donc plus rien à faire : le jugement serait bientôt rendu, le conseil judiciaire serait levé et le duc de Naurouse quitterait Paris.

Pour M. de Condrieu-Revel c'était un grand point d'avoir obtenu l'inaction du duc d'Arvernes ; maintenant il allait pouvoir manœuvrer pour retarder ce jugement qu'il paraîtrait demander ; et si, malgré tout ce jugement était rendu, s'il levait le conseil judiciaire, on le ferait frapper d'appel par le conseil de famille.

Si, pour quitter Paris, Roger attendait d'être remis en possession de tous ses droits, il n'était pas encore prêt à partir.

XXXVII

Ce qui, plus que tout, avait disposé M. d'Arvernes à prendre au sérieux les bonnes dispositions de M. de Condrieu-Revel, c'était la gêne et l'humiliation qu'il éprouvait à faire des démarches en faveur du duc de Naurouse.

Malgré son habitude du monde et l'empire qu'il savait exercer sur lui-même, il n'avait jamais pu prononcer ce nom la tête haute et les yeux levés.

Il avait avalé bien des couleuvres dans sa vie d'homme politique qui avait commencé par la bohème et l'aventure, mais jamais d'aussi répugnantes que celles qui étaient formées avec ce nom de Naurouse.

« Je viens solliciter votre bienveillance et faire appel à votre impartialité en faveur du duc de Naurouse qu'on veut maintenir dans l'esclavage d'un conseil judiciaire qu'il ne mérite vraiment pas ; c'est un jeune homme très intéressant, plein de mérites, que je connais personnellement ; il a pu faire autrefois des folies qui lui ont mérité justement le conseil judiciaire contre lequel il se débat ; mais depuis il s'est calmé, et je vous donne ma parole que vous ferez justice en lui rendant la liberté ; il en est digne à tous égards. »

Combien dure à prononcer était-elle cette phrase de recommandation que tant de fois, cependant, il avait dû répéter le sourire aux lèvres et l'étouffement au cœur.

Que devaient penser de lui ceux qu'il sollicitait et qui tous connaissaient la liaison de sa femme avec ce « jeune homme très intéressant et plein de mérites. »

Quel soulagement de n'avoir plus à s'occuper de ce « jeune homme très intéressant. »

Le jugement allait être rendu, le conseil serait levé, et, après tant de souffrances et d'humiliations, il serait enfin débarrassé.

Il était temps, car il était à bout de forces et d'expédients pour se maintenir, attaqué et poursuivi qu'il était de tous les côtés par ses adversaires qui ne lui avaient pas laissé une minute de répit.

Sans relâche, la guerre des correspondances avait continué, activée par le duel de Roger avec le rédacteur du journal viennois : en Autriche, en Italie, en Prusse, en Russie, en Espagne, en Hollande, dans les deux Amériques, même en Angleterre dans ce pays de la pruderie où le *cant* a supprimé l'adultère... au moins au théâtre et dans le roman il n'était question que des amours du duc Carino avec une grande dame de la cour de France. Bien entendu cela n'avait guère d'intérêt pour le gros des lecteurs étrangers qui ne savaient qui était ce duc Carino et cette grande dame qu'on qualifiait « de très honnête, très vertueuse, et très illustre » comme celles dont parle Brantôme dans ses *Dames galantes*; mais cela était compris de quelques curieux qui veulent tout savoir ; on en causait, on s'en occupait dans les ambassades, ce qui était le point essentiel et poursuivi, et bientôt cela revenait à Paris où l'on voulait qu'en fin de compte tout ce tapage résonnât. Qu'on dît tout bas dans le monde parisien que la duchesse d'Arvernes était la maîtresse du duc de Naurouse, cela n'avait pas grande gravité, d'autres « grandes dames très honnêtes, très vertueuses et très illustres » avaient des amants avoués et reconnus sans être pour cela déshonorées et sans que leurs maris fussent compromis ; mais ces propos qui n'eussent été rien, nés et colportés à Paris, prenaient une importance considérable par cela seul qu'ils revenaient de l'étranger : On disait à Vienne que la duchesse d'Arvernes avait pour amant le duc de Naurouse, le duc Carino, on le répétait à Florence, à Berlin, à Saint-Pétersbourg, à Madrid, à La Haye, à Washington, à Rio-Janeiro, à Lima, à Londres, quel scandale abominable ; cette duchesse d'Arvernes devait être mise en quarantaine, on ne pouvait plus aller chez elle, les relations devenaient impossible, avec son mari, non à cause de lui, le pauvre homme, bien que dans tout cela il se montrât d'une complaisance inexplicable, mais a cause d'elle.

Il en est de la médisance et de la calomnie comme du vin, elles gagnent à voyager et à revenir des pays d'outre-mer. Ces histoires publiées, racontées dans les journaux et revenant à Paris d'où elles étaient parties, n'étaient point restées enfermées dans le monde de la diplomatie ; on ne s'en était point occupé seulement dans les ambassades d'Autriche, de Prusse, de Russie, d'Angleterre, dans les légations de Brésil, de Pérou: elles avaient couru partout et elles étaient arrivées enfin où ceux qui les avaient soufflées voulaient qu'elles arrivassent, — à la cour.

Comment y étaient-elles arrivées, par qui avaient-elles été apportées, dans quelle forme avaient-elles été présentées, avec quels arrangements? M. d'Arvernes ne l'avait pas su; mais bientôt il avait ressenti le contre-coup de l'effet qu'elles avaient produit.

C'était le moment où il attendait pour lui et pour Mme d'Arvernes une invitation à une fête, à laquelle depuis leur mariage ils avaient régulièrement assisté chaque année : cette invitation n'était point venue ni pour Mme d'Arvernes ni pour lui.

Cela était significatif, mais l'accueil qu'on lui avait fait l'avait été plus encore : plus de paroles affectueuses, plus de ces conversations intimes dans les embrasures de fenêtres qui naguère soulevaient tant de jalousies, rien que des rapports officiels et encore aussi écourtés, aussi froids que possible.

Etait-il perdu?

La faveur l'avait élevé, la disgrâce allait-elle l'abattre ; c'était en tremblant qu'il ouvrait le *Journal officiel* tous les matins pour voir s'il n'y trouverait point une de ces lettres aux formes solennelles, qui, sans qu'on l'ait prévenu la veille, lui apprendrait brutalement qu'il était remplacé ; une bonne parole maintenant, un sourire l'effrayaient ; car, au lieu d'y voir une rentrée en grâce, il y voulait une menace déguisée ; on voulait adoucir le coup qui allait le frapper.

C'était avec anxiété qu'il étudiait ses adversaires : s'ils ne lui parlaient point c'était par mépris pour un homme tombé ; si au contraire ils lui parlaient c'était l'exaltation du triomphe qui les entraînait à le railler.

Cependant, au milieu de ces angoisses, il ne s'abandonnait pas lui-même, et, si l'on écartait l'ami dont on paraissait oublier les services et le dévouement, il s'appliquait à rendre le ministre indispensable : jamais il ne s'était montré aussi acharné au travail rapports sur les affaires de son ministère, notes, études, plans, projets, conseils qu'on ne lui demandait pas, mais qu'il présentait lui-même en vue du bien de l'Etat, tout lui était bon, pour se maintenir et s'imposer. Combien de fois, dans cette période de lutte, le souvenir de ce qu'avait fait un de ses prédécesseurs pour consolider une position menacée, comme maintenant l'était la sienne, revint il obséder sa mémoire ; miné par des rivaux comme il l'était lui-même en ce moment et se voyant sous le coup d'un renvoi prochain, ce ministre avait fait ouvrir la correspondance secrète que son maître entretenait avec un personnage étranger, et à chaque instant il était venu exposer adroitement, et comme siennes, les idées qu'il avait lues la veille, si bien qu'en peu de temps il avait reconquis la confiance qu'il avait perdue ; comment se séparer d'un serviteur avec qui on était en si étroite communion d'idées. M. d'Arvernes, lui aussi, eût pu employer des moyens de ce genre, mais bien que réduit aux abois, il ne voulut jamais le faire, car, si on pouvait oublier sa fidélité, lui ne l'oubliait point : il en avait le respect, la fierté, c'était avec d'autres armes qu'il voulait se défendre et combattre.

Si acharné qu'il fût au travail, il y avait des heures pourtant, dans ses nuits de veille, où son esprit n'obéissait plus à sa volonté, et où c'était le cœur qui parlait en lui, qui criait, qui se plaignait.

Pour qui s'imposait-il ce labeur et ces longues nuits sans sommeil ?

Ah ! comme il l'aurait aimée si elle avait voulu.

Comme il l'aimait toujours.

Et, pendant des heures, il restait accoudé sur son bureau, la tête enfoncée dans ses deux mains, tâchant d'échapper aux souffrances du présent en se réfugiant dans le passé.

Mais ils étaient rapidement épuisés les doux souvenirs du passé, tandis que les tristes étaient inépuisables, remplissant les années en une suite non interrompue, après celui-là un autre plus douloureux encore, puis un autre, puis toujours la chaîne se déroulait sans fin.

Qu'avait-il eu de bon dans ce mariage où il avait cru trouver le bonheur ?

Du bon, le compte était vite établi ; du mauvais il était interminable.

Quelle misérable existence elle lui avait faite et elle lui faisait.

Qui avait pu l'entraîner ?

Alors il lui cherchait des excuses, ou tout au moins des explications, des circonstances atténuantes.

Il était impossible que ce fût volontairement qu'elle agit ainsi ; elle était victime de la fatalité, une malade ; il fallait la plaindre.

Et s'enfonçant dans cette idée qui jusqu'à un certain point était une consolation, il se mettait à lire des livres de médecine ; il avait toujours eu la manie de ces lectures pour trouver les maladies dont il se croyait atteint ou menacé et les soigner lui-même, et il avait en ouvrages de médecine, surtout, en dictionnaires, une bibliothèque assez bien composée ; il en prenait un et le reste de sa nuit il le passait à lire, allant d'un mot à un autre, complétant celui-ci par celui-là ; presque heureux de pouvoir se dire avec preuves à l'appui : « C'est bien cela, malade. »

Le jugement en main levée du conseil judiciaire rendu, toutes ces angoisses allaient se dissiper, le scandale cessait, et s'il ne pouvait point se flatter que le départ du duc de Naurouse pour Vienne ou pour Rome lui rendît sa femme, au moins n'était-ce point folie d'espérer que cette séparation la rendrait à elle-même, à ses devoirs de mère, à la dignité de son rôle, sinon d'épouse, au moins de maîtresse de maison.

Alors il relèverait la tête, et, si les attaques de ses adversaires ne cessaient pas, il pourrait se défendre librement.

XXXVIII

Cependant ce jugement n'avait pas été rendu aussitôt que le duc d'Arvernes l'espérait.

Au lieu de venir tout de suite comme M. de Condrieu-Revel l'avait annoncé, l'affaire avait continué de traîner sans être plaidée ni jugée.

— C'est bien décidément pour la semaine prochaine, disait M. de Condrieu-Revel chaque fois qu'il rencontrait le duc d'Arvernes ; j'ai une promesse formelle ; la semaine dernière il y avait une affaire continuée à huitaine qu'on ne pouvait interrompre, mais cette fois il n'y aura pas de nouvelle remise, c'est impossible, tout à fait impossible ; je suis bien heureux de vous communiquer cette bonne nouvelle ; j'ai plaidé l'urgence : mon cher petit-fils se tue à Paris ; mes raisons ont été entendues, au moins je l'espère ; malheureusement je n'ai pas l'influence de Votre Excellence.

Mais cette fameuse semaine prochaine n'arrivait jamais : tantôt pour une raison, tantôt pour une autre, car avec M. de Condrieu-Revel ce n'étaient pas les raisons qui manquaient ; elles abondaient, au contraire, toutes meilleures les unes que les autres.

Et pendant ce temps le duc de Naurouse restait à Paris.

Il est vrai qu'aussitôt qu'il était entré en convalescence, il avait été décidé, d'après l'avis d'Harly et la consultation de deux maîtres de la médecine, qu'il partirait pour le midi où cette convalescence s'achèverait.

Mme d'Arvernes elle-même, bien préparée par Harly, qui avait manœuvré avec toute la diplomatie dont il était capable, ne s'était pas opposée à cette absence, qui disait-on ne devait durer que quelques semaines : si longues que quelques semaines fussent pour sa passion, elle pouvait bien les donner pour que son amant recouvrât, comme on le lui promettait, toute sa santé, et puis, dans l'état de faiblesse où il se trouvait, elle ne craignait pas les dangers que M. de Condrieu-Revel lui avait fait entrevoir ; il ne penserait qu'à se soigner et il reviendrait plus vaillant et plus épris ; elle n'avait jamais été séparée de lui depuis qu'elle l'aimait, et elle avait une certaine curiosité de voir ce que seraient les élans du retour.

Mais justement à ce moment Mautravers avait appris à Roger que M. de Condrieu-Revel cessait de s'opposer à la demande en main-levée du conseil judiciaire : il tenait cette nouvelle de son oncle, et, comme il n'avait pas voulu la croire, elle lui avait été confirmée par M. de Condrieu-Revel lui-même.

— Je voudrais attribuer cette résolution à un bon sentiment, avait ajouté Mautravers, en voyant l'incrédulité de Roger, malheureusement il y en a un mauvais qui paraît beaucoup plus vraisemblable : M. de Condrieu-Revel vous croit beaucoup plus malade que vous n'êtes, et, comme il doute de l'efficacité du climat du Midi pour vous rétablir, il cherche à se remettre avec vous avant votre départ, de peur que par un bon testament vous ne frustriez votre cousin Ludovic de votre fortune ; il compte que vous lui saurez gré de sa résolution, inspirée m'a-t-il dit par l'intérêt que votre position lui inspire.

Malgré cette raison de testament que Mautravers lui donnait, Roger avait obstinément refusé de croire à la résolution de M. de Condrieu-Revel.

— Il y a là-dessous quelque ruse avait-il toujours répondu.

— Laquelle ?

— Je n'en sais rien, seulement je suis sûr qu'il y en a une ; que M. de Condrieu-Revel veuille me persuader de ses bonnes intentions, cela je le crois volontiers, car cela est tout à fait dans son caractère, mais que ces bonnes intentions existent réellement et que ma position lui inspire de l'intérêt, cela je ne l'admettrai jamais ; il ne serait plus lui ;

ce n'est pas à soixante-dix-huit ans qu'on change du jour au lendemain et que de mauvais on devient bon ; si encore vous me disiez qu'il est un peu plus mauvais, je le croirais, si difficile que cela puisse être.

Cependant Nougaret lui ayant confirmé cette nouvelle, il avait bien fallu qu'il la traitât sérieusement et qu'il reconnût que M. de Condrieu-Revel pouvait avoir l'air de consentir à la levée du conseil judiciaire ; mais, malgré tout ce qu'on avait pu lui dire, il n'avait pas voulu aller plus loin.

— Qu'il dise qu'il consent à ce que le conseil judiciaire soit levé, il faut bien que je croie, puisque tout le monde l'affirme, mais soyez sûr que ce qu'il dit et que ce qu'il veut sont deux choses distinctes ; de même je veux bien croire aussi qu'il a fait une démarche pour que notre procès soit jugé aussitôt que possible, mais je suis convaincu que d'autre part il en fait dix, il en fait cent, pour tâcher de retarder encore Je retarder toujours ce jugement. Il faudrait que je fusse le dernier des imbéciles pour penser qu'un homme qui, depuis que je suis né, a poursuivi ma mort par tous les moyens, se trouve pris d'un beau sentiment de tendresse pour moi au moment même où il s'imagine que je suis en danger de mort. Quant à moi tout cela ne m'inspire qu'un sentiment, qu'un vilain sentiment : la défiance ; tenons-nous sur nos gardes et attendons-nous à quelque surprise... désagréable.

Ce qu'il avait dit à Nougaret, Roger l'avait répété à Harly en annonçant que, dans de telles circonstances, il refusait de quitter Paris ; il voulait être là pour se défendre.

— C'est à votre avocat, à votre avoué de vous défendre, et vous savez bien qu'ils vous défendront avec autant de zèle que de fermeté.

— Oui, au palais ; mais ce n'est pas seulement au palais que je puis être attaqué.

— Où ?

— Je ne sais pas, partout et de tous les côtés à la fois.

— Je comprends vos craintes, mais avant de penser à défendre votre fortune, il faut défendre votre vie.

— Pour quelques jours de plus ou de moins que je passerai à Paris, ma vie ne sera pas menacée.

— Elle le sera, elle l'est.

— Je ferai tout ce que vous m'ordonnerez ; la saison est déjà belle et les mauvais temps de l'hiver ne sont plus à craindre ; j'irai à Versailles, à Saint-Germain, à Fontainebleau, où vous voudrez m'envoyer.

— C'est à Menton que je vous envoie.

— J'irai, mais laissez-moi attendre ici que le jugement soit rendu ; loin de Paris je serais trop tourmenté, enfiévré ; d'ailleurs il ne s'agit que de quelques jours, puisque, dit-on, M. de Condrieu-Revel presse lui-même ce jugement, auquel il s'est si longtemps opposé.

Harly pria, plaida, ordonna, tout fut inutile : il ne s'agissait que de quelques jours. La seule chose qu'il obtint fut de le faire partir pour Fontainebleau, où il l'installa.

Mais Fontainebleau c'est bien près : deux fois par semaine régulièrement, le lundi et le jeudi, Roger vint à Paris, et, une fois par semaine, le samedi, Mme d'Arvernes alla à Fontainebleau : ainsi le résultat cherché par Harly n'était pas atteint.

Les jours s'écoulèrent, le procès ne fut pas plaidé ; on en parlait, il est vrai, beaucoup, mais on ne le plaidait pas.

Tout d'abord M. d'Arvernes s'était contenté des raisons que M. de Condrieu-Revel lui donnait pour expliquer ces retards successifs, mais il s'était d'autant plus vite inquiété de voir que ce jugement n'était pas prononcé, que les attaques dont il était l'objet n'avaient pas cessé. Sans doute on ne voyait plus partout la duchesse d'Arvernes accompagnée de Carino, comme on disait dans le monde ; mais on savait que le duc de Naurouse était à Fontainebleau, on savait que la duchesse d'Arvernes allait à Fontainebleau une fois par semaine ; on l'avait rencontrée se promenant en forêt dans une voiture découverte ayant à ses côtés le duc de Naurouse ; et, pour n'être pas aussi éclatant qu'à Paris, le scandale n'en existait pas moins toujours. Alors il avait, quoi qu'il lui en coûtât, repris ses démarches, et il l'avait fait intrépidement toute honte bue, non seulement pour que le jugement fût rendu, mais encore pour qu'il le fût en faveur du duc de Naurouse qui était redevenu « un jeune homme très intéressant, plein de mérite, digne à tous égards qu'on lui rendît la liberté. »

Enfin l'affaire avait été plaidée ; mais, contrairement à ce que M. de Condrieu-Revel avait annoncé, l'avocat du conseil de famille avait vigoureusement soutenu le maintien du conseil judiciaire, plus indispensable que jamais, car ce n'était pas seulement la fortune du jeune duc de Naurouse qu'il protégeait, c'était encore sa santé, sa vie, qui seraient sérieusement compromises, « si ce jeune homme dans les veines de qui couraient de dévorantes ardeurs, pouvait, grâce à cette fortune, satisfaire tous ses caprices et toutes ses passions ; » et, sur ce point, il avait donné cours à son éloquence la plus véhémente pour combattre d'odieuses insinuations : « est-ce que, si la famille spéculait, dans une vue d'héritage, sur sa mort, elle n'accéderait pas tout de suite à cette demande en levée du conseil judiciaire, qui admise rendrait au duc de Naurouse une liberté dont il abuserait aussitôt ; » puis tout de suite il s'était longuement étendu sur M. de Condrieu-Revel, ce vénérable vieillard qui employait les dernières années de sa longue existence, si honorablement remplie, à protéger la jeunesse turbulente et désordonnée de son petit-fils, accomplissant son devoir courageusement, noblement, avec abnégation et sans espérer vivre assez longtemps pour être remercié par l'enfant prodigue devenu sage et comprenant enfin qu'on n'a jamais agi que dans son intérêt, pour son bien, pour l'honneur de son nom.

Une pareille plaidoirie exigeait une réplique qui avait été renvoyée à huitaine ; puis à son tour l'avocat de la famille c'est-à-dire de M. Condrieu-Revel avait répliqué, ce qui avait pris un nouveau délai ; enfin le tribunal en avait pris un aussi pour rendre son jugement.

« Attendu...
» Attendu que les faits qui ont motivé la
» dation du conseil judiciaire ne se sont
» point renouvelés ;
» Attendu qu'au lieu de faire des dettes
» nouvelles, le duc de Naurouse a remboursé
» sur ses revenus sagement économisés la
» plus grande partie de ses dettes anciennes ;
» Attendu, etc.
» Le tribunal... »

Le conseil judiciaire était levé; la liberté était rendue à Roger.

XXXIX

—Maintenant, dit Roger lorsqu'on lui apporta cette bonne nouvelle, il faut voir ce que M. de Condrieu-Revel va faire.

L'attente ne fut pas longue. Dès le lendemain du jugement, M. de Condrieu-Revel, rencontrant le duc d'Arvernes au sénat, s'expliqua à ce sujet :

—Je suis heureux de rencontrer Votre Excellence, oui, très heureux. Je me proposais d'aller la voir pour lui parler de ce jugement, qui m'a comblé de joie..... comblé de joie, positivement, surtout par ses considérants. C'est une réhabilitation pour mon cher petit-fils. Les attestations données par Votre Excellence ont été validées par le tribunal, validées.

—Cela n'a été que justice.

—Oh ! sans doute, sans doute, c'est ce que j'ai dit moi-même au conseil de famille.

—J'espère qu'il accepte le jugement ?

—Avec bonheur... comme je l'accepte moi-même ; car tous les membres de ce conseil ont un cœur de père pour ce cher enfant. Seulement... et c'était à ce propos que je voulais voir Votre Excellence... seulement, le conseil de famille, après une discussion longue et approfondie, a pris une résolution que j'ai combattue... de toutes mes forces combattue, parce que je ne la trouve ni juste ni politique. Mais enfin, comme j'ai été seul de mon avis, il l'a prise, il l'a prise malgré moi et tout ce que j'ai pu dire.

—Quelle résolution? interrompit M. d'Arvernes, agacé par ce flux de paroles entortillées.

—Celle... mon Dieu, oui, celle... vous m'en voyez encore tout ému... celle de faire appel de ce jugement de première instance.

—Mais c'est impossible.

—C'est justement ce que j'ai dit moi-même : « C'est impossible ; » et j'ai donné les raisons qui abondaient pour combattre cet appel; on m'a écouté, on m'a d'autant mieux écouté que ces raisons que je développais, chacun des membres du conseil se les donnait lui-même; mais il y en avait une qui, pour eux, dominait toutes les autres: celle de la prudence ; ce n'est pas pour obtenir le maintien du conseil judiciaire que le conseil de famille forme son appel.

—Pourquoi alors ?

—Pas pour gagner son procès, non, pas du tout; mais pour gagner du temps simplement ; le conseil de famille estime que si mon petit-fils, mon cher petit-fils a fait des folies, ces folies ont été causées par son extrême jeunesse, ce qui est tout à fait mon sentiment, et la preuve, c'est que la sagesse lui est venue avec l'âge, de sorte qu'en avançant en âge il avance en même temps en sagesse; donc, pour le mettre à l'abri de nouvelles folies il n'y a qu'à ne pas lui donner la liberté d'en faire... immédiatement; l'appel du jugement rendu hier paraît offrir ce moyen ; en effet, cet appel ne sera pas jugé avant six mois, un an peut-être, et il y a lieu d'espérer que dans un an mon cher petit-fils sera tout à fait sage, tout à fait sage, tout à fait.

—Et si, dans l'exaspération que lui cause cet appel, il les fait, ces folies.

—C'est ce que j'ai représenté au conseil, mais inutilement, je n'ai pu rien obtenir; l'appel va être formé, il doit l'être déjà ; vous m'en voyez désespéré, désespéré vraiment, et je tenais à vous le dire pour que vous ne puissiez pas croire qu'en cette affaire fâcheuse... je veux dire déplorable, j'ai pu, après le langage que je vous ai tenu, m'associer à ces mesures que prend le conseil de famille ; mais vous ne l'auriez pas cru n'est-ce pas ?

M. d'Arvernes dédaigna de répondre; ce qui occupait son esprit, ce n'était pas la fourberie de M. de Condrieu-Revel, il en avait vu bien d'autres, c'était le délai d'un an dont on venait de lui parler.

Un an à attendre, quand en ces derniers temps il en avait été à compter les jours et les heures.

Cela était impossible.

Il fallait agir au plus vite, tout de suite.

Il passa une partie de la nuit à combiner un plan qui décidât cette situation intolérable, honteuse et misérable.

Le lendemain était un samedi, et justement, la semaine préc... te, Mme d'Arvernes avait été le samedi... inebleau; peut-être voudrait-elle y ...core le samedi cette semaine.

Elle avait pris, le précédent samedi, le train de onze heures; à neuf heures et demie il se présenta chez elle; la femme de chambre lui répondit que Mme la duchesse s'habillait; mais cela ne l'arrêta pas; il entra dans le cabinet de toilette; elle était en train de boutonner sa robe devant une psyché.

— Vous, dit-elle sans retourner la tête, ici.

— J'ai à vous parler.

— Je suis pressée.

M. d'Arvernes fit signe à la femme de chambre de sortir, et il alla s'assurer que la porte était bien fermée derrière la tapisserie qui la cachait.

Il revint alors lentement et, de la tête aux pieds, il regarda sa femme, qui avait fait une toilette de voyage charmante, printanière et fraîche; elle ne s'était pas détournée et, devant la glace, avec ses deux mains, elle achevait de mettre en ordre chacune des parties de son habillement, tirant le corsage, aplatissant la jupe ou la faisant bouffer, tout cela avec une tranquillité parfaite, comme si elle avait été seule.

— Vous sortez? demanda-t-il enfin d'une voix contenue, mais qui tremblait.

— Oui.

— Où.... allez-vous?

— À la campagne.

— Où?

Elle se retourna brusquement et le regarda en face; durant plusieurs secondes ils restèrent les yeux dans les yeux; il était blême et ses lèvres décolorées tremblaient.

— Alors c'est un interrogatoire? demanda-t-elle.

— Au moins c'est une question à laquelle je vous prie de répondre.

— Vous avez tort.

— En quoi donc? demanda-t-il avec hauteur.

— En ce que votre question n'est pas de celles qu'on pose à une femme qui dédaigne de mentir; n'insistez donc pas.

— J'insiste.

— Encore un coup vous avez tort.

— C'est une réponse que je vous demande, ce n'est pas un conseil.

Peu à peu le ton s'était élevé aussi bien chez lui que chez elle; les paroles partaient, se croisaient, se choquaient.

— Je vous ai déjà dit que j'étais pressée, fit-elle en étendant la main pour prendre son chapeau.

— Vous ne partirez pas.

— Et qui m'en empêchera?

— Moi.

— Vous! allons donc.

— Où allez-vous? Encore une fois où allez-vous?

C'était avec l'accent de la menace qu'il avait répété sa question; mais elle ne parut pas intimidée; elle se tenait la tête haute, le regard assuré; elle la releva encore, son regard exprima le défi.

— Puisque vous le voulez, soyez satisfait, dit-elle, à Fontainebleau.

— Voir M. de Nauröuse, s'écria-t-il en s'avançant furieusement.

— Puisque vous le savez, pourquoi le demandez-vous?

— Pour que vous le disiez.

— Je l'ai dit.

— Misérable!

Et il leva au dessus d'elle ses deux poings crispés; mais elle ne baissa ni la tête ni les yeux, et le regardant en face plus dédaigneuse encore, plus méprisante:

— Monsieur Janelle! dit-elle.

— Remerciez Dieu que je ne sois pas seulement ce Janelle que vous insultez, car je vous aurais étranglée depuis longtemps de mes mains.

— C'est votre grandeur alors que je devrais remercier.

— C'est l'honneur de mon nom, l'honneur de mes enfants, cet honneur que vous traînez dans la boue et que je vous rappelle pour vous adjurer de faire cesser un pareil scandale qui nous déshonore vous et moi et qui, plus tard, les déshonorera eux aussi. Ne pensez pas à moi, votre mari, qui ne vous ai jamais rien fait que de vous aimer, vous aimer trop, et que vous perdez par le scandale de vos amours, car vous n'ignorez pas que vous me perdez; que ce scandale, mes adversaires et mes ennemis l'exploitent perfidement contre moi; que je puis être remplacé demain sans qu'on ait rien à me reprocher que d'être votre mari et la honte qu'à pleines mains, à plaisir vous jetez sur mon nom. Ne pensez pas à vous, à votre dignité de femme. Mais eux, vos enfants, ne penserez-vous pas à eux? Leurs voix ne trouveront-elles pas le chemin de votre cœur, ne remueront-elles pas vos entrailles de mère? C'est eux qui vous parlent par ma bouche: pensez donc qu'un jour votre fille aimera peut-être, qu'elle sera aimée, qu'elle voudra se marier et qu'une famille honorable pourra dire : « Nous ne voulons pas de vous, fille de la duchesse d'Arvernes. »

Il s'enfonça les deux mains dans les cheveux désespérément, pressant son front, enfonçant ses doigts dans son visage convulsé.

Puis, tout à coup, d'une voix brisée que l'émotion étranglait:

— La passion vous égare, vous affole ; revenez, revenez à vous, rompez une liaison indigne de vous.

Elle avait été troublée, émue par l'appel qu'il lui avait adressé; mais ces derniers mots, non préparés, non réfléchis, s'échappant irrésistiblement, la blessèrent et étouffèrent cette émotion.

— Et en quoi donc est-elle indigne? dit elle.

— Indigne d'une honnête femme.

— Ce sont là des grands mots que vous auriez bien dû m'épargner. Vous savez que je ne suis pas sensible à cette morale bourgeoise. Quant à la scène de jalousie que vous venez de me faire, je ne sais pourquoi, laissez-moi vous dire qu'elle est tout à fait déplacée.

— Vous demandez pourquoi?

— Assurément ; séparés de fait depuis plusieurs années, je ne suis restée dans cette maison qu'à la condition, — tacite, il est vrai, mais que j'avais le droit de croire bien comprise de vous, — de garder ma liberté. Il vous plaît aujourd'hui, je ne veux pas chercher sous quelle pression, il vous plaît de me refuser cette liberté, c'est bien, séparons-nous alors tout à fait. J'aime M. de Naurouse...

— Ah !

— J'aime M. de Naurouse, je le répète, non pour vous braver, non pour vous insulter, non pour vous peiner, mais pour que vous compreniez bien que rien au monde, ni votre volonté, ni vos ordres, ni vos menaces, ni les ordres ou les menaces de personne ne rompront cette liaison qui est ma vie même. Où il sera, je serai; où il ira, j'irai. Vous avez voulu l'envoyer à Rome : je n'ai rien dit, parce que cette fantaisie de votre part ne s'est point réalisée ; mais je vous préviens aujourd'hui, puisque vous avez voulu aborder ce sujet malgré moi, que s'il avait été à Rome, j'y serais allée avec lui; et que s'il y allait demain, j'irais, à Vienne, à Londres, au bout du monde. Renoncez donc à toute espérance de rupture. Et si cette liaison vous blesse, si elle vous gêne, si elle compromet votre position dans l'État, encore une fois, séparons-nous. Je veux ma liberté, ma liberté entière pour demain, pour toujours, et je la veux tout de suite : laissez-moi passer.

Tout en parlant elle avait mis son manteau et son chapeau et elle était arrivée devant lui.

— Vous ne sortirez pas, s'écria-t-il, en faisant deux pas au-devant d'elle.

Elle s'arrêta, puis, changeant de direction, elle alla à la cheminée et tira un cordon de sonnette.

— Alors vous emploierez la force pour me retenir.

La femme de chambre entra ; il y eut un moment de silence terrible, puis Mme d'Arvernes reprit son chemin vers la porte de sortie et arriva jusque contre son mari, qui lui barrait le passage ; il leva les deux mains violemment.

— Eh bien ! dit-elle.

— Valère ! Valère !

Ses mains étaient retombées ; elle passa, et, suivie de la femme de chambre, elle sortit.

Il se jeta après elle, mais aussitôt il s'arrêta. Pendant quelques secondes, il resta immobile ; puis tout à coup, sortant violemment, il monta au second étage à l'appartement des enfants.

— Louis, Eugénie, dit-il à la gouvernante.

Les deux enfants, les deux aînés, entendant leur nom, accoururent suivis des deux plus jeunes.

Il prit Louis et Eugénie, il les serra dans ses bras, il les embrassa convulsivement, allant de l'un à l'autre, mais sans plus s'occuper des deux plus jeunes que s'ils n'étaient pas là, s'ils n'avaient jamais existé.

XL

— Tu viens nous chercher ? dit Louis en se pendant au cou de son père.

— Pour aller nous promener avec toi ? dit Eugénie.

— Quel bonheur ! s'écrièrent-ils en même temps.

Non, ce n'était point pour les promener qu'il était venu ; ce n'était point pour eux, c'était pour lui, c'était pour se réfugier en eux, pour trouver en eux un soutien, un appui, une inspiration; pour n'être pas seul. Mais comment leur dire cela ? Ces deux voix enfantines, ces deux cris joyeux venaient de lui remuer le cœur et d'emplir de larmes ses yeux secs. Les pauvres enfants, ils avaient si peu de joies : leur mère ne s'occupait jamais d'eux, et lui, c'était à peine si, de temps en temps, il trouvait quelques instants dans sa journée occupée à leur donner. Ils sortaient, il est vrai, ils se promenaient, mais régulièrement, méthodiquement, par devoir, avec leur gouvernante digne et austère, qui ne riait jamais que de ce que disaient les parents de ses élèves.

— Papa.

— Papa.

Le garçon était à droite, la fille était à gauche ; les deux autres enfants, arrêtés à une certaine distance, regardaient d'un air de curiosité inquiète, se tenant par la main.

— Où voulez-vous aller ? dit M. d'Arvernes.

— Déjeuner au restaurant avec toi, dit Louis.

— Moi je veux aller à la campagne, dit Eugénie.

Il devait y avoir conseil des ministres ce jour-là, et jamais M. d'Arvernes ne manquait ces conseils : ce n'était pas le moment de ne pas arriver le premier pour ne partir que le dernier, quand tout le monde l'attaquait et tombait sur lui.

— Moi, dit Louis, je veux bien aller aussi à la campagne, mais je veux avant déjeuner au restaurant.

Et s'adressant à sa sœur :

— Tu sais, nous mangerons des pommes de terre soufflées.

— Moi, je veux de la compote d'abricot. Avec les abricots entiers.

— Oh ! papa !

Et tous deux l'embrassèrent en même temps.

Quand il releva la tête, il se tourna vers la gouvernante :

— J'emmène Louis et Eugénie, dit-il.

Les deux enfants poussèrent des cris de joie à briser les vitres.

Les deux derniers étaient restés immobiles, regardant toujours. Entendant cela, ils ne dirent rien ; mais, se tenant par la main, ils se retournèrent et sortirent de la chambre.

Bien que M. d'Arvernes ne les eût pas regardés, il ne put pas ne pas voir ce mouvement, qui s'était accompli d'une façon si caractéristique, si frappante dans son silence.

— Vous promènerez Guillaume et Germaine, dit-il.

Sans répondre, la gouvernante inclina sa longue taille raide et pas un muscle de son visage anguleux ne bougea.

Ce que Louis appelait déjeuner au restaurant, c'était prendre place dans la salle commune et non dans un cabinet particulier ; ce qui lui plaisait, c'était la vue de la foule, le mouvement, le va-et-vient, le bruit, encore plus peut-être que les mets qu'il pouvait commander au gré de sa fantaisie.

Ce fut d'ailleurs pour lui et pour sa sœur une grande affaire, délicate et difficile, que l'ordonnance du menu. Il avait été convenu qu'il commanderait deux plats et que sa sœur en commanderait deux aussi ; mais lorsqu'il fallut faire cette commande, ils se trouvèrent aussi embarrassés l'un que l'autre.

Naturellement le garçon s'était adressé à M. d'Arvernes en lui présentant la carte du jour, mais celui-ci l'avait passée à Louis en lui disant de s'entendre avec sa sœur pour faire leurs choix.

— Des pommes de terre frites soufflées, dit Louis vivement.

— De la compote d'abricot, dit Eugénie non moins rapidement.

— Et avec cela ? demanda le garçon sans rien perdre de sa gravité.

Ils savaient lire l'un et l'autre ; mais, bien que penchés sur la carte de façon que leurs deux têtes se touchaient et lisant attentivement, ils ne trouvaient rien ou plutôt ils n'osaient se décider pour rien.

Les bouillonnements de la colère secouaient encore les nerfs de M. d'Arvernes et dans son cœur résonnaient encore des coups sourds qui brusquement l'arrêtaient ; cependant, à les regarder ainsi penchés devant lui, les cheveux bruns de Louis se mêlant aux boucles blondes d'Eugénie, tandis que leurs petits doigts roses suivaient gravement les lignes écrites sur la carte, un sourire attendri lui monta aux lèvres et ce fut avec un mouvement d'orgueil paternel qu'il promena ses yeux sur les personnes assises aux tables voisines de la sienne comme pour les prendre à témoin et leur dire :

— N'est-ce pas qu'ils sont charmants ?

Au reste c'était aussi le sentiment de ceux qui ne tenaient point leurs yeux gloutonnement attachés sur leur assiette et qui regardaient autour d'eux : la gentillesse de ces deux enfants qui paraissaient si contents et en même temps si embarrassés amenait un sourire sur leurs lèvres, et ceux qui ne connaissaient point le duc d'Arvernes se disaient :

— Voilà un heureux père.

A la fin le menu fut composé.

Jamais ils n'avaient eu si bel appétit et c'était vraiment plaisir de les voir dévorer, c'était à croire qu'ils étaient au pain sec ou qu'ils jeûnaient depuis plusieurs jours ; mais, pour faire travailler activement leurs quenottes, ils ne condamnaient pas leurs yeux au repos ; rien de ce qui se passait autour d'eux ne leur échappait. Ils suivaient tout curieusement ; les garçons faisant leur service, les sommeliers débouchant les bouteilles couchées dans des paniers, les maîtres d'hôtel découpant ; ils regardaient les gens manger comme ils auraient regardé les animaux du Jardin des Plantes prendre leur nourriture, et quand ils en remarquaient qui avaient quelque chose de particulier, ils échangeaient tout bas en riant leurs observations ; quelquefois même Louis, qui avait les manières d'un sauvage (au moins la gouvernante le disait-elle), les montrait du doigt, tandis que sa sœur, plus discrète dans ses épanchements, lui abaissait vivement la main en lui disant à voix basse :

— On ne montre pas les gens au doigt.

A quoi Louis répliquait d'un air superbe :

— Quand on est avec papa on fait ce qu'on veut.

Et ce qu'il voulait présentement, ce qui lui

plaisait, c'était faire tout ce que sa gouvernante défendait : couper son pain avec son couteau, le saucer en le tournant dans son assiette, vider son verre d'un trait, mettre ses coudes sur la table, parler la bouche pleine, enfin une révolte audacieuse contre les lois les plus sacrées, avec la complicité et l'approbation paternelles.

— Dépêche-toi donc, lui disait sa sœur de temps en temps, nous ne pourrons pas aller à la campagne.

— La journée est à nous ; et puis on s'amuse ici.

— On s'amuse aussi à la campagne.

— Tu n'es donc pas content de déjeuner ?

— Je suis content de déjeuner, mais je serai content aussi de me promener.

— Et où veux-tu te promener ? demanda M. d'Arvernes.

— Dans un pays où il y a des ânes, parce que je veux aller à âne, sur un vrai âne qui s'arrête quand on veut le faire marcher et qui marche quand on veut qu'il s'arrête.

— Ça c'est bête, dit Louis.

— Non, c'est ça qui est amusant.

Pour un Parisien, le pays où il y a des ânes c'est Montmorency. Le déjeuner achevé, M. d'Arvernes les conduisit à la gare du Nord, et une heure après ils arrivaient sur le plateau des Champeaux, au milieu des champs qui occupent cette partie de la forêt, entre les pentes boisées de Piscop et celles d'Andilly. Là seulement M. d'Arvernes lâcha les brides des ânes qu'il avait voulu mener à la main dans les rues du village ; maintenant le chemin était gazonné et on ne voyait ou n'entendait aucune voiture ; ils pouvaient courir librement ; si leurs ânes voulaient courir, il les suivrait.

Il faisait une belle journée printanière, un temps tiède avec un soleil légèrement voilé par les vapeurs qui montaient de la terre échauffée ; l'air était doux à respirer avec ses senteurs de feuilles nouvelles ; et doux aux yeux étaient les champs verts enfermés dans l'encadrement sombre des grands arbres de la forêt ; au milieu des blés déjà hauts qui se mouvaient en longues ondulations veloutées s'élevaient des cerisiers et des pommiers tout blancs de fleurs, dont la brise en passant détachait les pétales qui voltigeaient çà et là, papillonnant capricieusement, mêlés aux flocons cotonneux des peupliers.

— De la neige! criait Eugénie, qui n'avait jamais été à la campagne au printemps.

Ah ! si les ânes avaient voulu courir; mais justement ils s'y refusaient obstinément, malgré les claques que leur appliquaient les enfants. Pour les décider il fallut que M. d'Arvernes cassât une baguette de noisetier et les fouettât ; alors ils partirent au galop et il dut galoper lui-même derrière eux, tout ému de voir Louis et Eugénie ballottés à droite, à gauche, en avant, en arrière, comme si à chaque instant ils allaient tomber.

Ils ne tombèrent point, mais il arriva un moment, après plusieurs galops, où ils se fatiguèrent d'être ainsi secoués et où ils voulurent descendre pour marcher dans l'herbe verte et cueillir les fleurs du chemin, des primevères sur les talus des fossés, des scilles aux grappes d'un bleu céleste à la lisière des bois.

Les fleurs cueillies, il fallut en faire un bouquet. Alors M. d'Arvernes attacha à un arbre les ânes qu'il conduisait par la bride et l'on s'assit sur l'herbe à l'abri d'un buisson d'épines blanches.

Les enfants étaient radieux; il ne les avait jamais vus si frais; l'air leur avait fouetté la peau et leurs joues pâlies dans le renfermé de la ville s'étaient empourprées, leurs yeux agrandis souriaient joyeusement avec douceur.

Le temps passa vite; ils ne se fatiguèrent de rester là sur l'herbe. Cependant M. d'Arvernes, se souvenant qu'il avait été élevé un peu en paysan dans les prairies de l'Isère, voulut leur faire des sifflets avec des branches de saule, et comme il n'avait point de couteau, il alla en emprunter un à un ouvrier qui rechaussait des pommes de terre dans un champ tout près de là, puis en revenant il coupa des baguettes de saule et, s'asseyant entre ses deux enfants attentifs, il commença à battre avec le manche de son couteau l'écorce toute gonflée de sève ; bientôt elle se détacha et les sifflets furent rapidement achevés, aussi bien réussis qu'ils auraient pu l'être par un vrai paysan, sans que rien dans leur facture trahît une main qui, depuis longtemps déjà, ne s'employait plus qu'à signer la correspondance diplomatique de l'empire français.

Alors ce fut à qui des enfants sifflerait le plus fort, le plus longtemps; mais, si fort qu'ils sifflassent, ils eurent un rival qui sifflait plus fort qu'eux, plus longtemps et d'une façon autrement agile et habile : un rossignol qui voltigeait autour du buisson auquel ils étaient adossés et ne quittait une branche que pour aller se percher sur une autre, sans s'éloigner jamais, reprenant sa chanson interrompue, lançant ses coups de gosier éclatants et ses roulades rapides.

Cette persistance à ne pas s'éloigner fit croire à M. d'Arvernes que le nid de la femelle ne devait pas être loin. On le chercha et, après bien des peines, après avoir rampé à quatre pattes, s'être piqué les mains et la figure; on finit par l'apercevoir au fond du massif épineux ; la femelle était sur ses œufs et elle ne s'envola point, mais son œil trahit son inquiétude.

Le soleil s'abaissait, il fallut penser au retour.

— Quel malheur, dit Eugénie; si mère avait été avec nous, comme elle se serait amusée.

Ce mot fut pour M. d'Arvernes un coup de poignard. Sa femme, il l'avait oubliée. Alors il la vit dans les bois aussi. Aux amusements de ses enfants elle en avait préféré d'autres.

XLI

Ils rentrèrent tard à Paris.

Mme d'Arvernes n'était point encore revenue.

Après un rapide dîner, les enfants, morts de fatigue, ne demandèrent qu'à se coucher.

Pour M. d'Arvernes, il passa dans son cabinet après avoir recommandé qu'on le prévînt quand la duchesse rentrerait.

Sur son bureau il trouva préparé, comme à l'ordinaire, par son secrétaire, le travail urgent dont il avait à s'occuper; mais son esprit n'était pas capable de s'appliquer à un travail quelconque, facile ou non.

Écartant d'un brusque mouvement de bras la masse de papiers qui encombraient son bureau, il s'assit, et ayant ouvert un tiroir, il en tira deux photographies encadrées de maroquin qu'il plaça devant lui, sous la lumière de la lampe, celles de ses enfants : Louis et Eugénie.

Et par un geste qui lui était habituel dans ses heures de préoccupation, il s'enfonça la tête entre ses mains et il resta à regarder ces deux portraits, allant de l'un à l'autre, revenant à celui-ci après avoir quitté celui-là.

Pendant longtemps il garda cette attitude; puis, tout à coup se levant, il se mit à arpenter son cabinet à grands pas, allant d'un bout à l'autre nerveusement, avec des gestes incohérents qui trahissaient la violence de son agitation. De temps en temps cependant, il s'arrêtait devant son bureau et longuement il regardait les portraits, et alors l'expression de son visage s'attendrissait; il semblait qu'il les interrogeait, qu'il écoutait leurs réponses et les acceptait.

Les heures marchaient; le silence de la nuit descendait sur Paris, et au loin seulement, de temps en temps, on entendait le roulement d'une voiture. Dans l'hôtel, pas de bruit.

Comme la demie après onze heures sonnait, on frappa à sa porte et un domestique le prévint que la duchesse venait de rentrer.

Quand il arriva chez elle, elle était seule, occupée à enlever son chapeau. S'arrêtant à la porte, il se retourna et la ferma.

— Que veut dire ceci ? demanda-t-elle d'un air hautain.

— Que nous avons à parler.

— Ce n'est guère le moment.

— Ce n'est pas ma faute si l'heure est aussi avancée.

— Eh bien ! qu'avez-vous à me dire ?

— J'ai à vous demander si vous avez réfléchi à ce qui s'est dit, à ce qui s'est passé ce matin entre nous ?

Elle paraissait agacée et sous l'influence d'une irritation nerveuse assez violente; plusieurs fois elle avait porté sa main à son front comme si elle avait mal à la tête ; une bouffée de chaleur lui était montée au visage, ses mains tremblaient.

— Moi j'ai à vous demander de me laisser dormir, dit-elle.

— Quand vous m'aurez répondu.

— Et que voulez-vous que je vous dise de plus que ce que je vous ai dit ?

— Je veux précisément que vous reveniez sur ce que vous m'avez dit dans un accès d'emportement, par colère, par défi, je l'espère.

— Je ne vous ai rien dit qui ne fût l'expression de ma pensée.

Il avait jusque là parlé avec calme, lentement, mesurant ses mots, les pesant, en homme qui s'est préparé et qui s'est promis de se contenir.

— Remarquez donc, dit-il en haussant la voix malgré lui et en accélérant son débit, remarquez que nous n'avons jamais traversé des circonstances plus graves que celles où nous nous trouvons, et que c'est notre vie à tous deux que vous allez décider.

— Je n'ai pas à décider la mienne, elle l'est.

— Il est impossible que vous n'ayez pas réfléchi.

— Ayant réfléchi avant de parler, je n'avais pas besoin de réfléchir après; ce que j'ai dit n'était que l'affirmation d'une résolution arrêtée depuis longtemps et dont rien ne me fera changer : ma liberté ou notre séparation légale.

Il resta un moment sans répondre, la regardant et détournant tout à coup les yeux comme s'il voyait en elle des choses qui, au lieu de lui inspirer le calme qu'il cherchait, l'exaspéraient; puis, après quelques secondes, la regardant de nouveau :

— Dieu m'est témoin, dit-il, que je suis venu à vous dans une pensée de conciliation et pour vous demander de ne pas pousser les choses à la dernière extrémité.

— A qui la faute ?

— A qui ? s'écria-t-il.

Mais, par un effort désespéré, il parvint à se retenir.

— Vous êtes trop intelligente, reprit-il, pour ne pas sentir que la résolution que vous me signifiez, je ne peux l'accepter ni dans l'un ni dans l'autre de ses termes : la séparation, pour l'honneur de nos enfants.

votre liberté, pour l'honneur de mon nom.

Une fois encore elle donna tous les signes d'une agitation violente; il était évident qu'elle n'était pas dans son état ordinaire; elle paraissait étouffer, et de temps en temps elle portait machinalement sa main à sa gorge.

— Je ne sens pas cela du tout, dit-elle, et une fois encore, la dernière, je vous le répète, que vous acceptiez ou n'acceptiez pas cette résolution, je l'exécuterai : libre ou séparée. Décidez.

— Jamais.

— C'est là un mot.

— Qui sera une réalité. Jamais, jamais.

Cela fut jeté avec une énergie furieuse; peu à peu, la colère l'avait dominé, il n'était plus maître de lui. En face d'une pareille résistance, la violence seule le poussait.

Mais chez elle aussi la colère s'était développée.

— Moi aussi, dit-elle, je voulais me modérer; mais puisque vous réveillez une discussion douloureuse que je croyais éteinte, car nous avions tout dit, puisque vous me poussez à bout, les choses iront plus loin que je n'aurais voulu. Ne vous en prenez qu'à vous.

— Et que pouvez-vous me dire de plus que ce que vous m'avez dit ce matin?

— Rien autre chose, en effet, si ce n'est vous le confirmer.

— Réfléchissez.

— J'ai réfléchi, et c'est parce que j'ai réfléchi, c'est parce que j'ai compris que notre situation devait être décidée aujourd'hui pour toujours, que je ne puis me laisser toucher par vos raisons, pas plus que je ne puis me laisser arrêter par vos défenses ou vos ordres! vos ordres! vos ordres!

Elle parlait précipitamment, achevant à peine les mots qui jaillissaient de ses lèvres tremblantes.

— Je vous ai dit, continua-t-elle, que partout où irait M. de Nauroase je le suivrais, Il va partir pour Arcachon, je pars avec lui. Vous entendez, je pars.

— Et moi je vous dis que vous ne partirez pas.

— Qui donc m'en empêchera?

— Moi, qui vous ferai enfermer comme folle.

— Folle!

— Et ne faut-il pas que la folie vous entraîne?

— Dites l'amour, car je l'aime; vous entendez, je l'aime, et l'on n'enferme pas comme folles celles qui aiment.

Si elle n'était pas folle, à coup sûr elle était en proie à une agitation désordonnée. Bien qu'elle parlât avec une volubilité extrême, elle paraissait étouffer de plus en plus, c'était à croire qu'elle était étranglée et les mouvements de mains qu'elle portait à sa gorge étaient de plus en plus fréquents; son visage, ordinairement pâle, était bouffi et fortement coloré.

— Ainsi c'est bien entendu, répéta-t-elle, je pars avec Carino que j'aime, que j'aime, et rien ne nous séparera, ni vous, ni personne.

Il s'avança violemment sur elle pour la faire taire en lui fermant la bouche; mais au moment où il allait abaisser ses mains levées, elle poussa un cri aigu, non de frayeur, mais de douleur, d'une douleur atroce, comme celle qu'on éprouve lorsqu'on est grièvement blessé ou cruellement torturé; puis, chancelant, elle fit quelques pas de côté, les bras étendus comme pour se protéger dans une chute, et elle alla s'abattre, en une masse inerte, sur un canapé.

Cela avait été si brusque que M. d'Arvernes n'avait pas pu la retenir; d'ailleurs, en la voyant jusqu'à un certain point se diriger au lieu de tomber sur le tapis, il s'était demandé si ce n'était pas là une scène qu'elle lui jouait.

Mais en la voyant étendue sur le canapé, cette idée d'une simulation possible qui avait traversé son esprit n'avait pas persisté ; elle était là, renversée, la face vultueuse, les veines du cou gonflées, les membres raidis, la gorge serrée, la poitrine oppressée, ne respirant plus.

Épouvanté, il lui prit la main : elle était glacée.

Croyant à une syncope, il versa de l'eau dans un verre et, du bout des doigts, il lui en jeta fortement quelques gouttes au visage ; mais ce moyen ne produisit aucun effet, elle ne bougea pas; la perte de connaissance était complète.

Que faire?

Avant de faire quelque chose il fallait savoir ce qu'elle avait, et il n'en savait rien. Il se voyait en présence d'un accès d'une violence extrême, d'une crise effrayante, voilà tout.

Vivement il sonna et, ouvrant la porte, il donna l'ordre qu'on allât chercher Harly au plus vite.

Deux femmes de chambre étaient entrées et elles s'empressaient autour de leur maîtresse, demandant ce qu'elles devaient faire à M. d'Arvernes, qui ne savait que répondre.

A la raideur des membres avaient succédé des mouvements convulsifs: ils se tordaient, s'écartaient, se rapprochaient, s'étendaient se pliaient, et toujours les mains se portaient à la poitrine et au cou comme pour en arracher ce qui les oppressait.

Malgré le désordre de ces mouvements, les femmes de chambre étaient parvenues à desserrer ses vêtements, tandis que M. d'Arvernes lui passait de temps en temps un flacon d'éther sous le nez.

Cela parut la calmer un peu ; bientôt ses

mouvements perdirent de leur énergie, l'oppression fut moins forte, et le visage immobile, mort comme dans le sommeil, s'anima en même temps que les yeux, couverts par les paupières abaissées, s'entr'ouvrirent en clignotant; une sorte de sourire se répandit sur toute la face, ou plutôt une expression de plaisir qui grandit rapidement.

A ce moment la porte s'ouvrit et Harly entra; il était parti si précipitamment qu'il n'avait pas pris le temps de quitter ses pantoufles.

Il vint vivement au canapé et, après avoir examiné la malade d'un coup d'œil rapide, il fit un signe aux femmes de chambre pour leur dire de sortir; puis, à voix basse, il demanda à M. d'Arvernes ce qui s'était passé, et celui-ci raconta comment la crise avait commencé : par un cri aigu, une défaillance, et avait continué par des convulsions.

Ils revinrent à la malade : l'expression de plaisir s'était accentuée, des soupirs s'échappaient de ses lèvres tandis que ses yeux entr'ouverts par un spasme étaient portés en haut et en dedans, à moitié cachés sous la paupière supérieure, ne montrant qu'une ligne blanche.

— Voulez-vous me laisser seul avec Mme la duchesse ? dit Harly vivement.

— Mais...

— Je vous en prie ?

Et, presque de force, il fit reculer M. d'Arvernes vers la porte.

Mais à ce moment elle poussa un soupir plus fort, plus prolongé et plus doux; quelques mots nettement articulés furent prononcés :

— Oh ! mon Roger, je t'aime !

— Sortez, monsieur le duc, cria Harly, sortez, je vous prie, sortez.

Et il remua la porte avec fracas; puis, ayant poussé M. d'Arvernes dehors, il la referma et tira le verrou.

Alors il revint à Mme d'Arvernes; il la trouva le visage baigné de larmes.

Comme il se penchait vers elle, elle ouvrit les yeux tout à fait, et, après un court moment d'étonnement, elle le reconnut.

— Ah ! c'est vous, docteur ! Que s'est-il donc passé ?

— Rien, une attaque de nerfs.

XLII

M. d'Arvernes avait recommandé que le docteur Harly vînt le trouver dans son cabinet aussitôt que possible.

Mais, avant que le médecin sortît de chez sa malade, près d'une heure s'écoula.

Alors on le conduisit à la porte du cabinet de M. d'Arvernes ; il frappa et entra.

La vaste pièce était pleine d'ombres, une seule lampe posée sur le bureau et coiffée d'un abat-jour l'éclairant. Assis, affaissé dans un fauteuil à une certaine distance de ce bureau, se tenait M. d'Arvernes ; devant lui, sous la lumière de la lampe, étaient les portraits de Louis et d'Eugénie.

Assurément il n'avait point entendu les coups frappés à sa porte, car, au bruit que fit Harly en s'avançant, il releva brusquement la tête, et Harly vit son visage convulsé baigné de larmes.

— Rassurez-vous, monsieur le duc, dit Harly vivement, Mme la duchesse a repris connaissance, toute sa connaissance ; cela ne sera rien.

Tristement M. d'Arvernes secoua la tête.

— Ce n'est pas sur elle que je pleure, dit-il fièrement.

Et étendant la main vers les portraits de ses enfants :

— C'est sur eux, s'écria-t-il d'une voix brisée, sur eux, les pauvres enfants. Mon Dieu ! que deviendraient-ils si je mourais, avec une mère comme la leur ? Devant vous, qui avez une fille, je n'ai pas honte de montrer mes angoisses, ma faiblesse, mon désespoir.

Mais c'étaient là des paroles : la honte, au contraire, lui fit enfoncer son visage dans ses deux mains, et il resta ainsi caché, la tête basse, jusqu'à ce qu'il eût pu, par un effort énergique, se rendre maître de son émotion. Seul, anéanti par la douleur, il s'était abandonné; maintenant le respect humain lui faisait un devoir de se contenir.

Devant la faiblesse de cet homme qui avait donné tant de preuves de courage, d'audace, et qui avait soutenu en lui seul le poids écrasant des résolutions les plus terribles, Harly restait muet, ému et troublé. Que dire ? Pour lui, la situation était grave ; il était l'ami de Roger, et bien certainement d'un instant à l'autre son amitié allait être mise à l'épreuve. Qu'allait-on lui demander? Qu'aurait-il à répondre ?

Pendant plusieurs minutes, M. d'Arvernes garda le silence ; dans le calme de la nuit on n'entendait que sa respiration oppressée.

Enfin il abaissa ses mains et releva sa tête : ses larmes avaient séché, ses yeux étaient brûlants.

— Un hasard, dit-il, vous a rendu maître d'un secret que vous soupçonniez déjà sans doute comme tout le monde, que vous connaissiez même peut-être : dans son délire, cette malheureuse femme a parlé et elle a confessé sa honte.

— Il ne faudrait pas attacher trop d'importance à des paroles prononcées dans le délire ; en donnant vous-même le nom de délire à cette crise vous l'avez caractérisée ; vous savez que le propre du délire est d'associer des idées incompatibles et de les prendre pour des vérités réelles.

M. d'Arvernes interrompit par un geste d'impatience ces phrases filandreuses que le médecin débitait sans conviction d'ailleurs.

— Je vous remercie, dit-il, mais ces paroles prononcées dans le délire ont été la suite et même la répétition de celles qui avaient été prononcées en pleine raison quelques instants avant cette crise ; je dois donc les prendre pour ce qu'elles sont. D'ailleurs vous comprendrez que je ne puis me faire aucune illusion à leur égard quand je vous aurai dit que Mme d'Arvernes vient de m'annoncer en rentrant de Fontainebleau qu'elle partait avec M. de Naurouse pour Arcachon.

— C'est de la folie.

— C'est justement ce que je lui ai dit ; et c'est quand elle m'a entendu de la menacer de la faire enfermer comme folle qu'elle est tombée dans cette crise. Eh bien, ce que je lui ai dit, ce que vous venez de dire vous-même, je vous demande de lui répéter.

— Moi, monsieur le duc !

— N'êtes-vous pas son médecin, et n'est-ce pas là un cas de maladie à traiter. Et puis à qui puis-je m'adresser pour intervenir entre elle et moi et la rappeler à la raison ? De parents, je n'en ai plus. Son père ? Il n'est point, par malheur, l'homme d'une pareille mission ; il l'a élevée sans jamais s'occuper d'elle, la laissant libre de faire ce qu'elle voulait, s'imaginant que toute responsabilité cessait pour lui si elle était heureuse ou plutôt si elle s'amusait ; il n'a rien à dire, rien à faire puisque ce n'est point elle qui se plaint. Des amis ? Voulez-vous que je fasse ma confession à celui-ci, à celui-là, jusqu'à ce que j'en aie trouvé un qui veuille agir et qui ait qualité, qui ait autorité pour agir. Non, docteur, non, allez près de cette folle et calmez-la. Elle a confiance en vous, et cette confiance est d'autant plus grande que vous êtes l'ami de... celui qu'elle aime. Faites-lui entendre le langage de la raison, de l'honneur ; si elle ne vous écoute pas, agissez comme médecin, mais que son idée de suivre M. de Naurouse à Arcachon ne se réalise pas, car je ne la laisserai pas partir.

Harly se trouvait dans une terrible perplexité et en présence d'une responsabilité qui pouvait devenir des plus lourdes : d'un côté il se trouvait pris de pitié pour ce mari, pour ce père désespéré, et, d'autre part, il tremblait pour Roger. Une fois encore il voulut s'échapper.

— Assurément, dit-il, si madame d'Arvernes vous a annoncé ce projet, ce n'était point une parole sérieuse, c'était une menace, un défi ; déjà elle était sous l'influence de la crise qui allait se déclarer ; vous le dites vous-même : c'est une maladie.

— Et voilà pourquoi je vous la confie, c'est pour que vous la guérissiez ou tout au moins que vous la calmiez. Qu'elle soit inconsciente du mal qu'elle fait ou bien qu'elle n'en soit pas responsable, je vous l'accorde, je veux le croire ; mais est-ce une raison pour la laisser libre de faire ce mal ? Parce qu'ils ne sont pas responsables, laisse-t-on les fous libres ? On les enferme, n'est-ce pas ? On les met dans l'impossibilité de nuire. Eh bien j'agirai avec elle comme on agit avec les fous. Qu'elle persiste dans son idée de suivre le duc de Naurouse, et j'appelle le préfet de police qui la fait enfermer.

Il parlait avec violence, furieusement, en frappant le bras de son fauteuil à le briser, c'était l'homme qui ne recule devant rien : que rien n'arrête lorsqu'il est engagé.

Harly cependant voulut tenter un effort pour empêcher cette exaltation d'arriver à son paroxysme.

— Il n'y a pas de maison d'aliénés qui la recevrait, dit-il avec calme, mais en même temps avec autorité, en tous cas, il n'y en a pas qui la garderait.

Avec M. d'Arvernes ce moyen n'était pas le bon, la contradiction n'ayant d'autre effet sur lui que de l'exaspérer.

Brusquement il bondit en avant.

— Et quand j'aurai fait constater le flagrant délit d'adultère par un commissaire de police, s'écria-t-il, quand j'aurai fait condamner cette femme par un tribunal, il y aura des prisons pour la recevoir, n'est-ce pas, et pour la garder ? Dites-lui cela. Qu'elle sache cela. Qu'elle le comprenne. Elle est restée sourde à la voix de l'honneur, à celle du devoir, à celle de la tendresse maternelle : elle écoutera peut-être celle de la crainte. Dites-lui que c'est un homme à bout de patience, exaspéré, fou lui-même, fou de colère et de douleur, qui menace, et peut-être aura-t-elle peur. Elle vous répondra que je n'oserai jamais. Dites-lui si celui que vous voyez et qui vous tient ce langage en ce moment, est homme à n'oser point et à se laisser arrêter.

Les cheveux rejetés en arrière, le visage blême, les yeux hagards, les lèvres tordues, les bras croisés sur la poitrine, il vint se camper en face de Harly, terrible, effrayant.

Il poursuivit :

— Elle vous dira que la peur du déshonneur pour mon nom et pour mes enfants me retiendra ; vous lui répondrez que non, puisqu'elle nous déshonore elle-même plus honteusement que ce procès ne pourrait le faire. Au moins ce sera fini, une fois pour toutes ;

mieux vaut que cela arrive pendant que les enfants sont jeunes encore ; ils ne connaîtront rien de ce procès, et plus tard, quand ils seront en âge de se marier, la honte de leur mère sera oubliée... au moins jusqu'à un certain point.

Il s'arrêta épuisé et se laissa tomber sur un fauteuil, où il resta assez longtemps haletant, sans que Harly osât rien dire, de peur de surexciter à nouveau cette fureur qui devait s'user par sa violence même.

Bientôt il reprit :

— Cela vous étonne que je me décide à agir enfin après avoir si longtemps souffert sans révolte et tout supporté sans éclat. Pourquoi pas alors, n'est-ce pas ? Et pourquoi maintenant ? A tout prix je voulais éviter le scandale, je le voulais par fierté, je le voulais pour mon honneur, pour celui de mes enfants — il montra les portraits — Louis, Eugénie, les miens. Et puis je me disais : elle vieillira ; l'âge calmera ces emportements de la passion ; elle deviendra dévote ; peut-être elle mourra, car j'en étais arrivé à admettre sa mort comme une délivrance, moi qui l'aimais. Mais l'âge n'a rien calmé, au contraire, la dévotion n'est pas venue, la mort non plus. Allez, docteur, montrez-lui la terrible nécessité à laquelle elle me pousse malgré moi, et une fois encore essayons de l'arrêter dans sa folie. Allez.

L'hésitation n'était plus possible ; si désagréable, si difficile que fût cette mission, Harly devait l'accepter ; il le devait pour le duc d'Arvernes et la duchesse ; il le devait plus encore pour Roger, car si le hasard venait de mettre entre ses mains l'honneur du duc et de la duchesse, c'était la vie de Roger qu'il y avait mis en même temps. Pour l'honneur du duc, il fallait qu'elle renonçât à son idée d'aller à Arcachon ; pour la santé, pour le rétablissement de Roger, il fallait qu'elle consentît à le laisser vivre seul pendant plusieurs mois là-bas.

Avec une femme comme elle la tâche serait rude ; mais, si rude qu'elle fût, il ne la déserterait point et il s'y emploierait entièrement.

Seulement ce n'était pas tout de suite, à cette heure avancée de la nuit qu'il pouvait entreprendre sa négociation ; ce fut ce qu'il expliqua à M. d'Arvernes.

— Quand j'ai quitté Mme la duchesse, elle commençait à s'endormir ; je ne puis pas aller troubler son sommeil pour traiter avec elle un sujet aussi grave, aussi difficile : ce serait s'exposer à provoquer une nouvelle crise, mais je vous promets que demain matin, si, comme je l'espère, elle est en état de m'entendre, je m'acquitterai de la mission que vous me faites l'honneur de me confier avec tout le zèle et toute l'énergie dont je suis capable. Vous auriez pu mettre votre cause en des mains plus habiles, mais non plus dévouées.

Il fallut que, malgré son impatience, M. d'Arvernes acceptât ce retard.

— Alors à demain, dit-il, ou plutôt à bientôt.

Et, tirant son fauteuil, il s'assit devant son bureau.

— N'allez-vous donc pas vous coucher, demanda Harly en lui prenant le poignet, vous avez le plus grand besoin de vous calmer, de vous reposer.

— Si c'était pour dormir sans rêves, oui, je me coucherais ; mais aux rêves de mon sommeil, je préfère encore les réalités de la veille. Bonne nuit, docteur. A demain, à la première heure, n'est-ce pas ?

XLIII

Il était trois heures du matin quand Harly sortit de l'hôtel du quai d'Orsay.

A neuf heures, il revint. Mme d'Arvernes était réveillée depuis quelques instants déjà, mais elle était encore au lit.

Elle le reçut avec un sourire affectueux.

— Bonjour, docteur ; c'est aimable à vous de venir si matin après la mauvaise nuit que je vous ai fait passer.

— C'est notre métier de passer de mauvaises nuits ; mais ce n'est pas de la mienne qu'il s'agit, c'est de la vôtre : comment avez-vous dormi ?

— Bien ; je m'éveille seulement.

— Pas de mal à la tête ?

— Si, un peu.

— Et de la courbature ?

— Un peu brisée aussi, mais ce n'est rien ; je vais me lever.

— Je suis heureux de vous voir en si bon état.

— Vous ne l'espériez donc pas ?

— On ne peut jamais savoir au juste comment les choses iront.

— Alors la crise a été grave ?

— En soi, non, mais par ses conséquences...

Il regarda autour de lui dans la chambre.

— Nous sommes seuls ?

— Sans doute.

— Voulez-vous donner l'ordre qu'on ne nous dérange pas.

— Vous me faites peur.

Elle sonna et donna l'ordre qu'on n'entrât pas sans qu'elle appelât.

Mais, pour plus de sûreté et de peur qu'on pût écouter, Harly alla lui-même fermer la porte d'un petit salon situé avant la chambre et aussi celle du cabinet de toilette.

Assise sur son lit, les cheveux épars coquettement dans ce désordre qu'elle savait si bien arranger, elle le regardait aller et venir, surprise et intriguée.

— Savez-vous que positivement vous m'effrayez, dit-elle, quelle opération terrible voulez-vous donc me faire ?

Il était revenu au lit et gravement il s'était assis en face d'elle à une courte distance ; jamais elle ne lui avait vu cet air solennel.

— Eh bien, dit-elle avec une impatience qui ne pouvait plus se contraindre.

Mais il ne répondit pas tout de suite, cherchant bien évidemment comment aborder cet entretien embarrassant.

— Vous me faites mourir ! s'écria-t-elle.

Sans relever la tête, sans la regarder, en tenant ses yeux fixés sur une fleur du tapis, il commença :

— Avez-vous gardé souvenir de ce qui s'est passé dans la crise de cette nuit ?

— Je me rappelle que tout à coup, dans une discussion que j'avais avec M. d'Arvernes, j'ai poussé un cri, puis je me suis vue tomber et instinctivement, machinalement, je me suis dirigée vers un canapé où je me suis abattue ; là, j'ai dû m'évanouir, perdre connaissance, car je ne me souviens de rien. Quand je suis revenue à moi, en ouvrant les yeux, je vous ai trouvé penché au-dessus de mon visage et vos yeux sont entrés dans les miens.

— C'est bien ce que je pensais. Vous n'avez pas eu vaguement connaissance de ce qui se passait, de ce qui se disait autour de vous, des personnes qui vous entouraient ?

— Non, pas du tout ; je n'ai connaissance de rien. Qui donc m'entourait ?

— M. d'Avernes d'abord, puis vos femmes de chambre qu'il avait appelées, puis moi qui suis arrivé et qui alors ai renvoyé tout le monde. Mais avant ce renvoi de M. d'Arvernes, et alors que les femmes de chambre étaient déjà sorties, vous avez... vous avez parlé.

— Ah !

Et vivement elle ramena ses cheveux en avant de manière à cacher son visage.

Mais il ne la regardait point.

Alors elle se remit et, voulant racheter le cri qui lui avait échappé, elle essaya de rire.

— Et qu'ais-je dit ? demanda-t-elle.

— Vous avez parlé de Roger.

S'il avait tenu les yeux sur elle, il l'aurait vue rougir instantanément, un flot de sang empourprant ses joues et son front.

— Qu'ai-je dit ? s'écria-t-elle, qu'ai-je dit, mes paroles mêmes ?

— Mais...

Cette hésitation pudique chez Hardy la fit rougir plus fortement encore ; qu'avait elle donc dit que ce médecin n'osait point le répéter ?

Il y eut un moment de silence pénible pour Harly, pour elle terrible : qu'avait-elle dit ?

En la voyant ainsi il comprit le sentiment de crainte qui la suffoquait, et bien que les paroles qu'il avait à répéter ne fussent point faciles à dire, il se décida à les prononcer pour faire cesser cette angoisse.

— ... « Oh ! mon Roger, je t'aime ! » dit-il à voix étouffée et en détournant la tête.

— Et après ? balbutia-t-elle, voyant qu'il se taisait, après ?

— C'est tout.

Un soupir de soulagement lui échappa ; elle sembla renaître.

— Et qui était là ? demanda-t-elle.

— M. d'Arvernes et moi.

A plusieurs reprises elle respira longuement, fortement, et la rougeur qui avait empourpré son front s'effaça. Evidemment cela n'était pas bien grave; elle avait craint autre chose. Qu'elle eût dit devant son mari et devant Harly : « Oh ! mon Roger, je t'aime ! » cela n'avait pas grande importance ; pour son mari, c'était une simple répétition ; pour Harly, c'était une confirmation de ce qu'il soupçonnait, de ce qu'il savait déjà.

— Et c'est là tout ce que vous aviez à me dire ? fit-elle presque gaiement.

— Non, madame, le hasard m'ayant fait connaître ce secret, M. d'Arvernes a voulu m'en entretenir. Lorsque je suis sorti de votre chambre j'ai passé dans son cabinet ; je l'ai trouvé là en proie à un désespoir profond, pleurant devant les portraits de ses enfants, et alors il m'a rapporté la résolution que vous lui aviez fait connaître dans la discussion qui avait précédé cette crise : celle d'accompagner M. de Naurouse à Arcachon.

— Comment...

— Et il m'a demandé d'être son intermédiaire auprès de vous...

Mais elle ne le laissa pas continuer. Brusquement, elle rejeta ses cheveux en arrière et, étendant son bras vers Harly elle lui coupa la parole :

— Non, mon cher docteur, non, s'écria-t-elle, je ne permettrai point qu'il y ait un intermédiaire entre M. d'Arvernes et moi, et pour une pareille question.

— Mais madame...

— J'ai pour vous beaucoup d'estime, une très-vive sympathie, il n'y a donc dans mes paroles rien contre vous ; c'est contre le rôle qu'on veut vous faire prendre que je me révolte. Je vous le répète, je n'accepte point d'intermédiaire entre M. d'Arvernes et moi, et vous lui direz que j'ai refusé de vous entendre, qu'au premier mot je vous ai fermé la bouche ; nous nous sommes expliqués,

M. d'Arvernes et moi, nous n'avons ni l'un ni l'autre rien à ajouter à ce que nous avons dit.

— Songez, madame, à la terrible gravité de cette résolution...

De nouveau elle l'interrompit :

— C'est m'outrager de continuer, monsieur le docteur.

Cela fut dit avec tant de hauteur et une si fière énergie que Harly s'arrêta.

Il n'était pas déjà à l'aise pour traiter un pareil sujet, il fut décontenancé.

Voyant l'effet qu'elle avait produit, elle continua :

— Assez, ne parlons plus de M. d'Arvernes ; je ne pourrais le faire qu'en vous prenant pour juge entre lui et moi, en l'accusant comme il a eu sans doute la faiblesse de m'accuser. Je ne descendrai pas à cela ; restons en là.

Mais justement il ne pouvait pas en rester là, ni pour M. d'Arvernes, ni pour Roger ; et cependant il ne pouvait pas non plus, d'autre part, faire écouter de force ce que M. d'Arvernes l'avait chargé de dire. Ce serait un mauvais moyen pour réussir que de la blesser ; avec une femme violente et passionnée comme elle, ce n'était assurément pas à la menace qu'il fallait recourir.

— Eh bien, soit, madame, dit-il après un court moment de réflexion, j'abandonnerai un sujet qui vous blesse et qui, pour moi aussi, est pénible croyez-le ; mais si vous ne me permettez pas de vous parler de M. d'Arvernes, vous ne serez pas blessée, je l'espère, que je vous parle de monsieur le duc de Naurouse ?

— De Roger ! oh tant que vous voudrez ; vous ne me parlerez jamais assez de lui. Il y a bien longtemps que je désirais vous en parler moi-même, et je puis vous dire que ma sympathie pour vous m'est venue de l'amitié que vous avez pour lui.

— Eh bien, madame, cette amitié dont vous parlez me fait vous demander de ne pas l'accompagner à Arcachon. Si je l'envoie au bord de la mer, c'est pour qu'il y soit seul, dans un repos absolu, à l'abri de toute émotion, de toute excitation, et qu'il vive là d'une vie végétative qui lui permette de refaire sa santé si gravement compromise.

Il s'arrêta un moment, car ce qu'il avait à dire était délicat ; mais ce ne fut qu'un court instant.

— Si vous l'accompagnez à Arcachon, il ne trouvera plus ce repos que je lui recommande par-dessus tout ; près de la femme qu'on aime le cœur bat trop vite, tout est prétexte à émotion ; c'est un malade, ne l'oubliez pas...

Elle l'interrompit :

— Mais c'est précisément parce qu'il est malade que je tiens à l'accompagner. Comment, vous, son médecin, vous voulez qu'il soit seul là bas sans autres soins que ceux d'un domestique. Moi qui l'aime, je ne veux pas de cela. Il a besoin de repos, dites-vous ; je veillerai sur son repos. Il ne lui faut pas d'émotions, je les lui éviterai. Je veux être une sœur pour lui, une sœur de charité. Sa sœur, sa garde-malade ; mais c'est là un bonheur que je ne connais pas et qu'il me donnera. C'est maintenant que rien ne me retiendra à Paris, rien, vous entendez, docteur, rien.

Il voulut insister, elle l'écouta sans se fâcher ; mais tout ce qu'il dit, tout ce qu'il essaya fut inutile.

— Sœur de charité, garde-malade, rien que garde-malade.

Elle s'était enthousiasmée pour cette idée dont rien ne put la faire démordre.

De guerre lasse il dut se retirer, sentant bien que, pour ce jour-là, au moins, il n'obtiendrait rien : le lendemain il reviendrait à la charge et d'ici-là il trouverait peut-être quelque moyen efficace pour la retenir, car, plus que jamais, il fallait pour Roger qu'elle ne parût point : maîtresse et sœur de charité, c'était trop.

Mais avant d'être au lendemain, il devait ce jour même rendre compte de sa mission à M. d'Arvernes, qui l'attendait.

— Eh bien ? s'écria le duc en le voyant entrer, eh bien ?

Harly raconta ce qui s'était passé, tout ce qui s'était passé. M. d'Arvernes fut atterré.

— La malheureuse, la malheureuse, répétait-il.

Quand Harly se tut, il se fit un long silence.

Enfin M. d'Arvernes, qui tenait la tête baissée, la releva : une mâle résolution animait son visage :

— Décidément, dit-il, il ne me reste plus qu'à m'adresser à M. de Naurouse pour que tout cela prenne fin. Eh bien ! je m'adresserai à lui.

— Monsieur le duc ! s'écria Harly.

— Ce n'est pas pour lui qu'il faut craindre, c'est pour moi qu'il faut être compatissant. Mon cher docteur, ma croix est lourde à porter.

Comme Harly allait sortir, M. d'Arvernes le rappela :

— Un mot encore. Je vous demande le secret sur ce que je viens de vous dire.

XLIV

De même que M. d'Arvernes savait que sa femme allait à Fontainebleau le samedi, de même il savait aussi que le duc de Naurouse venait à Paris le lundi et le jeudi. Comme on était au dimanche, il pourrait donc le voir le lendemain.

Cependant, pour ne rien laisser au hasard, il fit demander, rue Auber, si le duc de Naurouse devait venir le lendemain, et la réponse fut qu'on l'attendait vers midi.

A midi juste, M. d'Arvernes sonna à la porte de l'appartement de Roger, qui lui fut ouvert par Bernard : le duc de Naurouse n'était pas arrivé.

— C'est bien, dit M. d'Arvernes, je vais attendre.

— Je ne sais si M. le duc viendra aujourd'hui à Paris, dit Bernard d'un air embarrassé ; je ne le crois pas.

— Comment cela? J'ai fait demander hier si votre maître serait ici aujourd'hui, et vous avez répondu qu'il viendrait certainement.

— Je le pensais ; mais, voyant que midi est passé et que M. le duc n'est pas arrivé, je me dis que c'est qu'il ne viendra pas sans doute.

— Enfin, je vais attendre.

Il fallut bien que Bernard ouvrit la porte du salon et fît entrer M. d'Arvernes ; puis, tout de suite, il la referma pour revenir dans le vestibule.

Bien que M. d'Arvernes ne fût jamais venu rue Auber et que Bernard n'eût jamais été à Vauxperreux, celui-ci connaissait parfaitement de vue le mari de la femme que son maître aimait, et c'était là ce qui avait causé son trouble et son embarras. Attendant, comme tous les lundis, Mme d'Arvernes à midi et demi, il avait craint une rencontre entre le mari et la femme, rencontre qui pouvait se produire dans le vestibule ou dans l'escalier, et, pour l'éviter, il n'avait trouvé rien de mieux que de dire que son maître ne viendrait pas. Maintenant que M. d'Arvernes était installé dans le salon, que dire si Mme d'Arvernes arrivait, devançant l'heure comme elle le faisait quelquefois ? Que son mari était là ? C'était bien gros, bien brutal. Et maître Bernard, qui avait des prétentions à la délicatesse et à la distinction, n'aimait pas les choses brutales.

Heureusement pour son embarras, ce ne fut pas Mme d'Arvernes qui arriva, ce fut son maître, et avec lui il était naturel et correct de parler tout de suite de M. d'Arvernes.

— M. le duc d'Arvernes attend M. le duc au salon.

M. d'Arvernes chez lui! Roger ne fut pas maître de retenir un mouvement de surprise.

Que pouvait-il vouloir?

Depuis que Roger était l'amant de Mme d'Arvernes il s'était plus d'une fois demandé si ce mari outragé ne parlerait pas haut un jour, et, bien que la proposition de l'envoyer à Rome ou à Vienne eût montré chez M. d'Arvernes la volonté bien arrêtée de ne pas faire d'éclat, on pouvait toujours craindre qu'à un moment quelconque cette volonté prudente fût emportée par un accès de colère. Ce jour était-il arrivé?

Cette pensée se présentant à son esprit comme possible, dissipa en lui toute hésitation. Vivement et la tête haute, il entra dans le salon.

M. d'Arvernes était assis, faisant face à la porte ; il s'inclina silencieusement, tandis que, de son côté, Roger saluait sans rien dire.

Ils restèrent ainsi vis-à-vis l'un de l'autre durant quelques secondes qui furent terriblement longues, ne se regardant pas, et cependant ne tenant pas non plus leurs yeux baissés.

Ce fut M. d'Arvernes qui, le premier, prit la parole.

— J'ai à vous entretenir de choses graves, dit-il.

— Je vais recommander qu'on ne reçoive personne, répondit Roger en se dirigeant vers la porte.

— Je vous en serai reconnaissant ;

Quand Roger revint, M. d'Arvernes avait repris son fauteuil et il avait déposé son chapeau sur une console en jetant dedans ses gants ; il se tenait assis, raide, sans appuyer son dos ni ses mains, dans l'attitude du recueillement ; il était d'une pâleur livide et, de temps en temps, des plissements nerveux traversaient son large front, tandis que ses dents inférieures mordaient sa moustache grisonnante.

Enfin il fixa sur Roger ses yeux troublés, qui lançaient un feu sombre.

— Monsieur le duc, dit-il d'une voix saccadée et chevrotante, c'est de Mme d'Arvernes que je veux vous parler : samedi, en rentrant de Fontainebleau, où elle avait été vous voir, comme le samedi précédent elle vous avait déjà vu, elle m'a fait part de sa résolution de vous accompagner à Arcachon

Cela avait été débité lentement, chaque mot étant coupé par un intervalle plus ou moins long ; mais, arrivé là, le ton et le mouvement changèrent. Par un geste violent, M. d'Arvernes appuya sa main sur la table qui le séparait de Roger et, se penchant en avant :

— Vous comprenez que cela ne peut pas être, et je viens vous demander de l'empêcher.

— Moi !

— Vous, qui pouvez tout d'un mot, là où moi je ne peux rien, à moins d'appeler la loi à mon aide, ce que je ne veux pas pour son honneur et pour l'honneur de ses enfants.

Roger ne répondit rien, mais son visage trahit sa pensée.

— Cela vous étonne, continua M. d'Arvernes, qu'un mari vous tienne ce langage? En effet, ce n'est point celui que la tradition met ordinairement dans la bouche des maris. Mais nous sommes dans la réalité, une réalité pour moi effroyable, et je vous tiens le langage que je crois le meilleur pour sortir de cette situation horrible. Vous provoquer!... Pourquoi? Quand je vous tuerais, quand vous me tueriez, à quoi cela servirait-il? A enfoncer un peu plus dans la honte ces malheureux enfants. Vous avez fait vos preuves de courage, et j'ai fait les miennes aussi dans des circonstances autrement sérieuses que celles que peut présenter un duel. Et puis, quelque mal que vous m'ayez fait, je ne peux pas loyalement vous en rendre responsable, et ce n'est pas à vous que je dois en demander raison. Ce n'est donc pas votre courage que vous devez montrer, c'est votre délicatesse, votre loyauté, et c'est parce que j'ai compté sur cette délicatesse, sur cette loyauté, sur la noblesse et la fierté de votre cœur, que je me suis décidé à cette démarche, — qui, elle aussi, demande du courage, — pour vous dire : renoncez à cette femme, ne vous faites pas son complice dans le déshonneur qu'elle veut infliger au nom qu'elle porte et à ses enfants.

Ce fut avec un accent brisé, mais la tête haute et le regard plein d'assurance qu'il prononça ces derniers mots.

Puis, après un court instant pour respirer, car l'émotion l'étouffait, il continua :

— Je pourrais vous dire que cet amour n'est pas digne de vous et vous le prouver. Je pourrais vous dire qu'elle ne vous aime pas et vous le prouver; que ce n'est pas votre bonheur qu'elle veut, mais la satisfaction égoïste de sa passion. Je pourrais vous prouver que, dans cette lutte que vous venez de soutenir contre votre famille, elle a été l'alliée, la complice de votre grand-père, et que dans toutes mes démarches en votre faveur j'ai rencontré son influence opposée à la mienne et souvent la détruisant.

— Eh quoi! s'écria Roger qui, jusque là, n'avait pas fait un geste et n'avait pas dit un mot, mais qui ne fut pas maître de retenir un cri de surprise et de doute.

— Je vous donnerai ces preuves si vous les voulez; mais, pour le moment, je vous donne ma parole. Je pourrais vous dire qu'elle vous tuera, comme elle en a tué d'autres. Je pourrais vous dire que si vous lui résistez, elle vous fera une vie misérable, comme elle l'a faite, à ceux qui l'ont aimée, leur desséchant le cœur, détruisant en eux toute croyance, toute espérance. Mais ce n'est point de cela que je veux vous parler. Il ne convient point que, dans ma position, je m'adresse à votre raison, ni que j'invoque la sagesse, ni que j'éveille votre intérêt personnel, ni que je provoque votre jalousie. C'est aux sentiments chevaleresques que je vous ai vu affirmer plus d'une fois que je fais appel. Monsieur le duc, mon honneur et celui de mes enfants est entre vos mains; rendez-le-moi, rendez-le-nous. Si vous êtes l'homme que je crois, vous comprendrez ce langage que je ne tiendrais pas à un autre.

Il se leva.

— Décidez.

Et il se croisa les bras; mais, malgré les efforts manifestes qu'il faisait pour s'affermir, on voyait ses bras serrés trembler sur sa poitrine, que soulevait inégalement sa respiration haletante.

Roger était resté assis. Comme il allait se lever à son tour, M. d'Arvernes étendit un bras vers lui :

— Encore un mot, dit-il. Si le sentiment que vous éprouvez pour elle est un grand amour, une passion toute-puissante, si elle est votre vie, votre âme, la chair de votre chair, emmenez-la; mais si ce n'est qu'un caprice, une passion éphémère, une liaison banale, pesez, pesez ce que je viens de vous dire et rendez-la à son mari, rendez-la à ses enfants. Partez, quittez la France, voyagez; allez au loin, assez loin pour qu'elle ne puisse pas vous rejoindre comme elle voudra le faire par coup de tête, par originalité. C'est là une résolution difficile à prendre, je le reconnais, pénible peut-être, mais non au-dessus, j'en suis sûr, de votre vaillance.

Pendant assez longtemps Roger resta immobile, les yeux baissés, les sourcils contractés, tandis que M. d'Arvernes, penché sur lui, suivait avec angoisse les phases du combat intérieur qui se livrait dans cette âme troublée et tâchait de les deviner.

Enfin Roger redressa la tête et se levant :

— Cette semaine, dit-il, d'une voix émue, mais ferme, j'aurai quitté la France.

Un soupir s'échappa de la poitrine de M. d'Arvernes, mais ce fut tout.

De la main il salua, et aussitôt il se dirigea vers la porte.

Mais, prêt à sortir, il se retourna :

— Monsieur le duc, dit-il, j'aurais été heureux d'être votre ami.

Roger s'inclina et, le suivant, il le conduisit jusqu'à la porte du vestibule.

XLV

A peine la porte fut-elle refermée sur M. d'Arvernes que Roger prit son chapeau.

— Monsieur le duc sort? demanda Bernard, surpris que son maître n'attendit pas Mme d'Arvernes.

— Oui.

— Que devrais-je dire, si l'on vient pour voir M. le duc?

— Que je ne rentrerai pas.

Bernard n'osa pas en demander davantage; d'ailleurs, Roger lui avait tourné le dos et était rapidement sorti.

— On dirait qu'il se sauve, pensa Bernard.

Et, de fait, il se sauvait réellement, ne voulant pas que Mme d'Arvernes qui allait arriver, le trouvât.

Il n'était pas en état de lui expliquer ce qui venait de se passer.

Surtout il n'était pas en état de se défendre.

Il fallait qu'il réfléchit à ce qu'il allait faire.

Il fallait qu'il s'affermit dans sa résolution et no se laissât pas surprendre, car ce ne serait pas de trop de tout son sang-froid et de toute son énergie pour la lutte qu'il allait avoir à soutenir non seulement contre elle, mais encore contre lui-même; et ce n'était pas tout troublé, tout ému comme il l'était, qu'il pouvait penser à affronter cette lutte.

Ses pas le portèrent machinalement droit devant lui, sans qu'il sût trop où il allait, et pendant longtemps il marcha ainsi pour marcher, attendant qu'une éclaircie se fit dans son esprit et qu'une inspiration lui vînt.

Il avait pris un engagement d'honneur, il fallait qu'il le tînt, coûte que coûte.

Après avoir tourné et retourné sur lui-même, il se retrouva rue Auber; alors l'idée lui vint de monter chez lui pour savoir ce qui s'était passé. Il regarda l'heure qu'il était : trois heures. Assurément elle était venue et repartie; il n'y avait pas à craindre de la rencontrer.

— Madame est venue, dit Bernard.

C'était de cette façon discrète que Bernard avait l'habitude d'appeler Mme d'Arvernes, ce qui le dispensait de lui donner son titre et son nom.

— Qu'a-t-elle dit?

— Elle n'a pas voulu me croire quand je lui ai répondu que M. le duc ne rentrerait pas. Elle a parcouru elle-même tout l'appartement; alors ç'a été des questions sans fin; je ne voulais pas parler, mais M. le duc sait comment Madame interroge.

— Qu'avez-vous dit?

— J'ai dit que M. le duc avait reçu la visite de M. le duc d'Arvernes et qu'il était sorti aussitôt après.

— Qu'aviez-vous besoin de nommer M. le duc d'Arvernes et pourquoi vous permettez-vous de parler des visites que je reçois?

— M. le duc a raison d'être fâché contre moi; mais, quand Madame veut une chose, M. le duc sait mieux que moi comment elle s'y prend pour l'obtenir.

— C'est bien, interrompit Roger avec un geste de mécontentement.

— M. Harly est venu aussi, et il a dit qu'il serait bien aise de voir M. le duc aussitôt que possible; il sera chez lui à trois heures et demie, et ce soir à partir de sept heures.

— Et, après vous avoir interrogé, qu'a-t-on dit?

— Rien; Madame est partie.

Roger était fort mécontent que Bernard eût commis la maladresse de parler de la visite de M. d'Arvernes; mais, ainsi que le disait justement son valet de chambre, il savait mieux que personne comment Mme d'Arvernes s'y prenait lorsqu'elle voulait obtenir quelque chose. D'ailleurs, la maladresse faite, il n'y avait pas à la réparer.

Il se rendit chez Harly, qui le reçut aussitôt avec de grandes démonstrations de joie.

Et comme Roger le regardait tout surpris :

— J'ai vu M. d'Arvernes comme il sortait de chez vous, dit Harly.

— Comment!

Harly raconta ce qui s'était passé : comment dans une crise nerveuse Mme d'Arvernes avait parlé; comment M. d'Arvernes l'avait chargé d'être son intermédiaire auprès de la duchesse pour empêcher celle-ci d'accomplir son dessein d'aller à Arcachon ; enfin comment M. d'Arvernes s'était décidé à agir lui-même après avoir acquis la certitude que rien n'arrêterait sa femme affolée.

— Vous pouvez vous imaginer, continua Harly, avec quelle angoisse j'attendais le résultat de cette visite, dont je vous aurais prévenu si M. d'Arvernes ne m'avait pas demandé le secret, car je ne savais pas comment la question s'engagerait entre vous.

— Elle s'est engagée sur le terrain de l'honneur.

— M. d'Arvernes m'a tout raconté et il m'a dit avec quelle noblesse vous lui aviez répondu.

En disant que M. d'Arvernes lui avait tout raconté, Harly n'ajoutait pas que ce n'était point seulement pour lui faire ce récit que M. d'Arvernes était venu le voir en sortant de la rue Auber, mais aussi pour lui demander de veiller sur le duc de Naurouse. Sans douter de la parole de celui-ci, il se tenait en défiance contre les faiblesses de la passion et, ne pouvant pas veiller lui-même à l'exécution de l'engagement pris, il trouvait prudent de se faire remplacer par Harly, qui pouvait parler et agir sans que son intervention ressemblât à un soupçon ni à un doute.

— Si quelqu'un a montré de la noblesse en cette affaire, dit Roger, c'est M. d'Arvernes, que j'ai appris à connaître aujourd'hui seulement. On m'aurait raconté hier qu'un mari venant dire à l'amant de sa femme : « Rendez-la-moi, » pouvait remplir ce personnage avec grandeur et dignité, je n'aurais pas cru cela, et ce mari m'aurait paru parfaitement ridicule. Eh bien, quand j'ai vu la douleur de M. d'Arvernes, sa honte, son humiliation, et en même temps sa fierté, son souci de l'honneur de ses enfants ; quand je l'ai vu devant moi, les bras croisés sur sa poitrine, tremblant, mais la tête haute, attendant ma réponse, je l'ai trouvé superbe, et je vous assure que si nous avions eu des témoins ce n'eût point été le mari qui aurait fait pitié, ni qui aurait donné à rire.

— Ce que vous avez vu en M. d'Arvernes, lui de son côté l'a vu en vous.

— Et que pouvais-je ?

— Rien autre chose que ce que vous avez fait ; mais faire son devoir n'est pas chose si commune en ce monde qu'on ne doive pas féliciter ceux qui le font. Aussi est-ce de grand cœur que je vous adresse mes félicitations pour votre mâle résolution. Vous avez agi en homme, et, ce qui est mieux encore, en homme d'honneur.

Roger secoua la tête :

— Et en homme de cœur ? dit-il sur le ton de l'interrogation.

— Certes.

— Il n'en est pas moins vrai que j'abandonne une femme qui m'aime...

— Trop, interrompit Harly pour arrêter ce retour en arrière qui pouvait devenir dangereux, je veux dire trop pour elle et pas assez pour vous. A mon sens, ce n'est pas là de l'amour, au moins ce n'est pas l'amour tel que je le comprends, avec la générosité, l'abnégation, le dévouement, le sacrifice, avec le souci du bonheur de celui qu'on aime avant toute chose, surtout avant le sien. Ainsi c'était peu vous aimer, c'était mal vous aimer que s'opposer, dans un intérêt égoïste, à la levée de votre conseil judiciaire ; c'était plus mal encore vous aimer que vouloir vous accompagner à Arcachon quand on savait,

— et on le savait, je vous en donne ma parole — que le repos était pour vous une question de vie ou de mort. Aussi n'est-ce pas seulement l'ami qui est heureux de votre résolution, c'est encore le médecin. Quand partez-vous ? Où allez-vous ?

— Où me conseillez-vous d'aller ?

— Peu importe ! où vous voudrez ; voyagez, cela sera le meilleur pour vous : le voyage vous distraira, vous occupera.

— J'ai pensé à aller en Amérique et à revenir par l'Inde.

— Excellente idée ; le tour du monde, c'est parfait. Vous verrez comme vous nous reviendrez superbe de santé. Votre conseil judiciaire sera définitivement levé pendant votre absence, et à votre retour vous serez maître de vous entièrement, libre de toutes les manières : de corps, d'esprit, de cœur, tout jeune encore et cependant ayant l'expérience de la vie ; vous pourrez prendre la place qui vous plaira, le monde sera à vous. Partez, partez.

Roger secoua la tête.

— Qui peut vous retenir, continua Harly qui devinait très bien ce qu'il y avait dans ce geste ; j'espère que ce n'est point la question de la rupture et des adieux ?

— Cependant...

— Je ne voudrais pas vous imposer mes conseils, mais je ne peux pas ne pas vous dire ce que je ferais si j'étais à votre place. Je partirais tout de suite, aujourd'hui même.

— On ne part pas pour New-York tous les jours.

— C'est vrai, mais on part tous les jours, plusieurs fois par jour pour le Havre. Je m'en irais donc au Havre et je m'installerais à *Frascati* en attendant le prochain départ du vapeur, qui aura lieu sans doute samedi. Il est évident que si vous restez à Paris, vous passerez votre temps dans l'angoisse de l'irrésolution, ce qui vous sera très mauvais. Et, d'autre part, il est à peu près certain aussi que, si vous voulez procéder à une rupture régulière, à des adieux en forme, vous vous préparerez des scènes terribles pour vous non moins que pour celle dont vous voulez vous séparer, et dont, en fin de compte, après bien des crises, bien des douleurs, vous ne vous séparerez point. Voulez-vous, pouvez-vous revenir sur l'engagement que vous avez pris envers M. d'Arvernes ?

— Non, certes.

— Eh bien alors, employez, coûte que coûte, le moyen, le seul moyen propre à l'accomplir : mettez-vous à cette table et écrivez : « Je suis obligé de quitter Paris à la hâte, je vous écrirai aussitôt que possible. » Cet « aussitôt que possible, » ce sera demain, après-demain, au Havre ; là, vous écrirez tout ce que vous voudrez, aussi longuement que vous voudrez, et samedi, au moment de vous embarquer, vous jetterez votre lettre à la poste. Il n'y a que cela de pratique et de sûr ; tout le reste serait faiblesse ou duperie.

— Mais...

Harly ne se laissa pas interrompre.

— Vous voulez dire que vous n'avez rien préparé pour ce départ ; cela n'a pas d'importance : je me charge de ces préparatifs. J'enverrai Bernard à Fontainebleau prendre ce qui vous est nécessaire, et ensuite je lui ferai arranger vos bagages à Paris, puis je vous l'enverrai à *Frascati* avec quelques milliers de francs que je suis heureux de mettre à votre disposition et que je me procurerai facilement d'ici là.

Roger se défendit.

Harly reprit ce qu'il avait déjà dit, le développa, le précisa, parla comme ami, parla comme médecin.

Et chaque fois il poussa plus profondément les avantages qu'il obtenait, se gardant bien de blâmer la résistance et les scrupules de Roger, mais revenant toujours à son point de départ : Si vous voulez une séparation, il ne faut pas d'adieux, ou la séparation ne se fera pas.

Roger sentait trop bien la force de cette vérité pour pouvoir la contester.

Enfin il céda.

— Il y a un train à 6 heures 30 minutes, dit Harly, je vais vous conduire à la gare, car il ne faut pas que vous ayez la tentation de remonter chez vous. Qui sait ce qui vous y attend ?

En chemin, il abandonna ce sujet en tâchant de distraire Roger.

— Savez-vous, dit-il, qu'en vous pressant de partir je prends parti contre la personne que j'aime le mieux au monde.

— Qui donc ?

— Ma fille. Elle voulait vous faire une surprise : elle a planté votre cerisier dans notre jardinet de Saint-Cloud, votre fameux cerisier du dîner de votre majorité. Nous avons été le voir hier; il est en fleur, magnifique, et elle se faisait fête de vous offrir sa récolte.

— Espérons que ce sera pour l'année prochaine.

— Comment, espérons ?

XLVI

On était au samedi, c'est-à-dire au jour de départ du *Canada* pour New-York, qui devait avoir lieu à la pleine mer du matin.

Arrivé la veille avec les bagages et aussi avec l'argent qui lui avait été remis par Harly, Bernard avait tout préparé.

Roger n'avait plus qu'à s'embarquer ; dans quelques heures il aurait quitté la France.

La chambre qu'il occupait à *Frascati* avait deux fenêtres, l'une sur la pleine mer, l'autre sur l'entrée du port et les deux jetées ; assis devant la fenêtre ouverte sur la mer, il songeait au départ, et ce n'était pas sans tristesse que dans cette chambre vide où il avait vécu depuis cinq jours, où il avait remonté le cours de sa vie et de ses amours en écrivant à sa maîtresse sa lettre d'adieu,

il plongeait ses yeux dans les profondeurs sans bornes où bientôt il allait s'enfoncer et disparaître.

Pour où aller ?

A l'aventure, au hasard, sans poursuivre aucun but, sans rien chercher, sans rien espérer, rien que l'oubli.

Et malgré lui, détournant ses yeux de l'horizon vaporeux dans lequel ils se perdaient, au milieu de la confusion des flots et des nuages, il laissait son esprit retourner en arrière.

L'heure était mélancolique, d'autant plus triste qu'il ne trouvait en lui aucun ressort, rien sur quoi s'appuyer, rien qui le satisfît ou qui l'encourageât.

Comme il songeait ainsi, regardant sans le voir le mouvement des navires qui s'opérait devant lui, à ses pieds, les uns entrant dans les jetées, les autres gagnant la haute mer, il crut entendre un bruit de pas à sa porte ; Bernard sans doute. Nonchalamment il se retourna, car l'heure du départ n'était pas encore sonnée.

La porte s'ouvrit vivement poussée : c'était Mme d'Arvernes.

Instantanément Roger fut debout.

Pendant ce temps, Mme d'Arvernes fermait la porte et elle s'adossait contre.

Durant quelques instants ils se regardèrent, lui immobile devant sa fenêtre à laquelle il tournait le dos ; elle devant la porte ; de sorte qu'ils étaient séparés par toute la largeur de la chambre, qui était assez vaste.

Mme d'Arvernes était en costume de voyage, coiffée d'une toque avec un voile qui lui cachait le haut du visage, enveloppée d'un manteau chaud ; en tout la toilette d'une femme qui avait passé la nuit en chemin de fer.

Lentement elle dénoua son voile et défit son manteau, qu'elle jeta sur une chaise qui se trouvait à la portée de sa main, et sans faire un pas en avant, comme si elle tenait à garder sa porte et à la défendre.

Roger remarqua alors qu'elle était pâlie et que ses yeux sombres avaient un éclat fiévreux ; son visage portait les marques de la fatigue.

A la regarder ainsi, un frisson courut dans ses veines et une bouffée de chaleur lui monta au visage.

Instinctivement il ferma les yeux pour ne pas la voir.

Pour elle, toujours immobile elle le regardait aussi ; mais, loin de fermer les yeux, elle les ouvrait tout grands, elle les dardait sur lui, l'enveloppant de la tête aux pieds, suivant jusqu'au plus profond de son être le trouble qu'elle produisait.

Viendra-t-il à elle ?

Elle ferma à demi les paupières et, les yeux noyés, alanguis, les lèvres entr'ouvertes les narines frémissantes, la poitrine haletante, elle attendit.

Mais il ne bougea point.

Alors elle se décida à parler et sur ses lèvres, comme dans ses yeux, courut un sourire moqueur.

— Ainsi, dit-elle, c'est bien vrai, vous partez ?

Comme il ne répondit point, après un moment de silence assez long, elle reprit en appuyant :

— Vous partez ?

— Dans une heure je serai en mer.

Cela fut dit avec tristesse, mais aussi avec résolution ; la voix était émue, mais ferme cependant.

— Et c'est sans regret ? demanda-t-elle.

— Non sans regret, avec chagrin au contraire, avec une vive et profonde douleur.

— Alors pourquoi partir ?

— Parce qu'il le faut.

Elle laissa échapper un mouvement d'impatience; mais aussitôt elle se contint et le sourire moqueur qui avait paru sur ses lèvres s'accentua en prenant un caractère de raillerie voulue.

— Ainsi c'est un engagement que vous avez pris envers vous... et envers un autre ; un engagement qu'on a sollicité, imploré, qu'on vous a arraché. On vous a dit que c'était le devoir d'un galant homme de rendre une femme à son mari, une mère à ses enfants ; on vous a fait voir qu'en décidant cette rupture qui vous était cruelle vous étiez héroïque, chevaleresque.

Elle accentua encore la raillerie de son sourire et l'ironie de son intonation.

— Chevaleresque, c'est tout dire quand on parle à un Naurouse, fit-elle en continuant, pour être chevaleresque le duc Roger de Naurouse sacrifierait sa vie avec bonheur. Et puis, chevaleresque envers un mari, ça c'est original, ça n'est pas du premier venu ; on s'emballe là-dessus et l'on se sauve au plus vite, chevaleresquement.

Elle se mit à rire d'un mauvais rire dédaigneux.

Puis, brusquement, le sourire qui était sur ses lèvres s'effaça; ses sourcils, qu'il étaient abaissés, se relevèrent ; deux profonds sillons se creusèrent dans ses joues, des rides coupèrent son front, et ce fut l'expression de la douleur que trahit son visage.

— Et envers la femme, s'écria-t-elle, est-ce se montrer chevaleresque que l'abandonner ? Que t'ai-je fait pour mériter cet abandon ?

Ce fut avec un élan passionné qu'elle employa le tutoiement.

— Dis, que t'ai-je fait, Roger ? De quoi te plains-tu ? Quels griefs as-tu contre moi ? Dis-les, ces griefs; montre-les s'ils existent : je te répondrai.

Longuement, elle le regarda.

— Un seul, continua-t-elle avec véhémence, un seul existe, un seul est réel : je t'ai trop aimé, je t'aime trop. Mais l'invoqueras-tu ? Parle.

Ils étaient toujours en face l'un de l'autre: elle adossée contre la porte; lui, devant la fenêtre, sans qu'ils eussent fait, ni elle ni lui, un pas pour se rapprocher.

— Tu ne dis rien ? s'écria-t-elle après un moment d'attente.

S'il ne disait rien, c'était qu'il sentait bien qu'une discussion ne pouvait que le perdre ; il était trop profondément remué, trop troublé, trop ému pour discuter. Est-ce qu'il était en état de réunir des arguments, de plaider ? Était-il même en état de garder son sang-froid, sa raison ? Ce n'était pas une femme indifférente à son cœur qu'il avait devant lui : c'était une femme qu'il avait aimée, qu'il aimait encore. Sous ses regards il frémissait, et lorsqu'elle avait défait son manteau, il s'était dégagé d'elle un parfum, ce parfum qu'il avait si souvent respiré, qui avait fait bondir son cœur et tendu ses nerfs. Comment discuter avec cette femme ? Comment se plaindre ? Ce n'étaient point les mauvais souvenirs qui en ce moment surgissaient en lui et échauffaient son sang.

Il fit deux pas en avant :

— Je n'ai qu'une chose à dire : j'ai pris un engagement et mon honneur m'oblige à le tenir, quoi qu'il m'en coûte.

— Quoi qu'il m'en coûte !

— Vous voyez bien qu'il m'en coûte beaucoup ; de même que vous comprenez bien, que vous sentez bien aussi que ce n'est point par sécheresse de cœur, par indifférence, par dureté que j'ai voulu vous éviter des explications, des adieux qui ne pouvaient que nous rendre malheureux, horriblement malheureux l'un et l'autre.

De nouveau il fit deux pas en avant.

— Puisque la fatalité nous sépare, ne faisons rien, ni vous ni moi, pour aggraver les difficultés... les douleurs de cette situation ; l'heure du départ a sonné.

Il s'était avancé vers la porte, c'est-à-dire vers elle; mais elle n'avait pas quitté sa position.

— Tu ne partiras pas, dit-elle.

— L'heure presse.

— Tu ne partiras pas !

Et résolument elle s'appuya contre la porte en étendant ses deux bras en croix.

— Tu penses bien, s'écria-t-elle, que je ne t'ai pas rejoint ici pour te laisser partir; et pourquoi partirais-tu quand nous pouvons être heureux, quand je t'aime, car, malgré tout, je t'aime encore, je t'aime, tu entends, mon Roger, je t'adore, et quand tu m'aimes aussi, car tu as beau détourner les yeux, tu as beau voiler ta voix, rendre tes paroles brèves et sèches, tu m'aimes, tu m'aimes comme tu m'aimais il y a aujourd'hui huit jours dans ta chambre à Fontainebleau, où nous avons été si heureux. Te souviens-tu? Tu vois bien que tu te souviens puisque tu frissonnes, comme je frissonne moi-même à l'évocation de ces souvenirs; comme tu m'aimais il y a un mois, il y a six mois, comme depuis que nous nous connaissons. Oh! le pauvre fou qui aime, qui est aimé et qui veut partir.

— J'ai donné ma parole.
— Eh bien, tu manqueras à ta parole.
— Jamais.
— Alors tu emploieras la force pour m'arracher de cette porte que je défends, car je ne te laisserai pas partir. Allons, Roger, mon Roger adoré, mon bien-aimé, mon amant, mon Dieu, ma vie, toi que je vénère, que je respecte, qui es tout pour moi, le passé, le présent, l'avenir, mon espérance en ce monde et dans l'autre, allons, étend sur moi cette main que j'ai si souvent caressée et baisée avec ivresse, repousse-moi, arrache-moi d'ici, car je ne te livrerai point passage.

Parlant ainsi, elle l'enveloppait, elle l'entourait, elle le brûlait de ses regards passionnés.

Adossée contre la porte, la poitrine en avant, la tête haute, elle attendait, bien certaine que si cette main hésitante s'étendait vers elle et la touchait, ne fût-ce que du bout du doigt, ce ne serait pas pour l'arracher de cette porte.

Au dehors, par la fenêtre ouverte, on entendait le bruit de plus en plus fort de la mer qui frappait les galets et bientôt, sans doute, allait battre son plein.

— Allons, murmura-t-elle, d'une voix dans laquelle il y avait plus de caresse que de défi, viens, Roger, viens me repousser, me faire violence, que je sache enfin comment tu m'aimais.

Il était à deux pas d'elle, sous son regard, et en même temps que cette voix le bouleversait, chaque vague qui déferlait sur le rivage lui retentissait dans la poitrine, lui rappelant qu'à la marée pleine le vapeur quitterait le quai.

Et il avait pris l'engagement, il avait donné sa parole de quitter le France avant la fin de la semaine.

Il fallait partir, à tout prix, coûte que coûte, il le fallait.

Il fit un pas de plus en avant et il étendit la main pour l'écarter.

Mais de ses deux mains elle saisit la sienne et, d'un bond, elle fut sur lui, l'enlaçant de la tête aux pieds, le serrant, lui fermant la bouche avec un baiser.

Et ce ne fut pas elle qui recula, ce fut lui, la portant suspendue à ses lèvres.

XLVII

— Eh bien! oui, tu partiras, dit-elle; je ne veux pas te faire manquer à ta parole. Tu as promis de partir, mais tu n'as pas promis de ne pas revenir, et tu reviendras. Que m'importe maintenant que tu partes! Puisque tu es toujours mon Roger, puisque tu m'aimes toujours, je sais bien que tu me reviendras. Oh! le grand enfant, le naïf, qui s'imaginait pouvoir quitter sa Valère! Seulement, ne pars pas encore, ne pars pas si vite: tu as le temps.

Il voulut dire que, bien loin d'avoir le temps, l'heure au contraire était arrivée; mais elle ne le laissa pas parler.

— Tu sais bien que ces vapeurs partent toujours longtemps après l'heure fixée.

De la main il lui montra par la fenêtre le pavillon blanc avec croix noire, hissé tout au haut du mât des signaux de la jetée sans flamme noire en forme de guidon au-dessus.

— Eh bien? demanda-t-elle en regardant ce signal.

— Eh bien! cela veut dire qu'il est pleine mer.

— Tu sais mieux que moi qu'au Havre la mer reste pleine longtemps. Je te dis que le *Canada* n'est pas prêt à partir. Avant de venir ici, j'ai été au quai du vapeur, te cherchant; on m'a dit qu'il ne partirait qu'à neuf heures, et huit heures ne sont pas encore sonnées. Il ne faut pas une heure pour aller, en voiture, d'ici au quai des transatlantiques; laisse-moi profiter des dernières minutes qui nous restent, laisse-moi te regarder, laisse-moi t'embrasser, laisse-moi te prendre pour t'emporter, te garder jusqu'au retour.

Le temps s'écoula sans que Roger eût conscience des minutes qui passaient.

— Oui, disait-elle, tu vas partir; je vais te conduire, je ne te quitterai que sur la planche. Encore un baiser, un seul!

Si Roger avait regardé du côté de la jetée, il aurait vu le pavillon blanc et noir de la pleine mer amené et remplacé au haut du mât par un pavillon rouge qui disait aux navires venant du large que l'entrée du port leur était interdite pour laisser sortir un transatlantique; mais ses yeux étaient plongés dans ceux de sa maîtresse, et il ne voyait rien, il n'entendait rien.

—Oui, tu vas partir, disait-elle, encore une minute.

Un coup de canon lui coupa la parole. Vivement Roger s'arracha aux bras qui l'étreignaient et courut à la fenêtre : sortant de la jetée, il aperçut un grand vapeur avec deux grosses cheminées rouges, le *Canada* qui, au moment de faire route, saluait son port; le câble qui l'attachait à son remorqueur fut largué, la vapeur couronna ses cheminées, il était parti.

Mme d'Arvernes s'était avancée doucement marchant sur le tapis sans faire de bruit : elle jeta ses bras autour du cou de son amant.

— Eh bien, oui, dit-elle, je t'ai retenu ; mais ne croyais-tu pas plutôt que je te laisserais partir quand j'ai eu tant de mal à te retrouver. C'est à Bernard que je dois d'avoir pu suivre tes traces; s'il ne m'avait pas parlé de la visite de M. d'Arvernes, mon esprit n'aurait pas été en éveil; mais quand j'ai connu cette visite, j'ai pu tant bien que mal reconstituer ce qui s'était passé et deviner ce qui allait arriver. Ton concierge en apprenant à ma femme de chambre que Bernard avait fait conduire tes bagages à la gare du Havre a fait le reste; tu étais au Havre, j'y suis venue ; nous y sommes, restons-y. Ne me regarde donc pas avec ces yeux effarés et pense plutôt à commander notre déjeuner ; je meurs de faim comme une femme qui a passé sa nuit en chemin de fer, et qui n'a guère dormi, son cœur était trop serré par l'angoisse ; maintenant qu'il n'y a plus de navires en partance pour New-York, je respire et j'ai faim.

Que dire ?

Rien.

Mais ne point parler n'est pas ne point penser.

Il avait pris l'engagement de partir et il avait manqué à sa parole.

Lorsqu'ils descendirent pour déjeuner au rez-de-chaussée, il aperçut Bernard dans le vestibule se tenant là en homme qui attend ; il n'était donc point parti sur le *Canada*, et il avait eu l'intelligence de débarquer à temps.

Il ne lui dit rien ; mais, le déjeuner commandé, il demanda à Mme d'Arvernes la permission de la laisser seule un instant et il revint dans ce vestibule.

Il fit un signe à Bernard, qui accourut :

— Je suis bien aise que vous ne vous soyez pas embarqué, dit Roger.

Bernard prit son air discret :

— J'étais là dans ce vestibule, dit-il, quand j'ai vu Madame... descendre de voiture ; elle a demandé l'appartement de M. le duc ; alors j'ai bien pensé que M. le duc ne partirait pas et j'ai été tout de suite à bord du *Canada* pour faire débarquer les bagages que j'ai fait placer sous la tente pour le cas où M. le duc se déciderait à partir quand même ; M. le duc n'ayant pas paru, ils sont restés sous la tente, et moi je suis revenu ici. Faut-il les faire rapporter ?

— Non, qu'ils restent où ils sont. Pour vous, parcourez le port et informez-vous des vapeurs qui sont en partance à la marée de ce soir où à celle de demain matin. Vous me le direz en particulier.

Bernard ouvrit de grands yeux, mais il ne se permit pas d'observation, quelque envie qu'il en eût. Il était fâché de ne pas aller à New-York, parce qu'il avait toujours désiré visiter l'Amérique ; mais c'était une consolation de penser que le lendemain il partirait peut-être pour un autre pays inconnu : il aimait l'imprévu.

Pendant toute la journée, Mme d'Arvernes se montra charmante ; pas un mot de reproche, pas une allusion : rien que des caresses et des paroles passionnées. C'était à croire qu'ils étaient venus de Paris ensemble pour passer quelques journées en tête-à-tête au bord de la mer et qu'ils devaient retourner à Paris ensemble.

Pour Roger, il s'efforçait de cacher sa préoccupation, et si de temps en temps il se trahissait par un silence où par des regards inquiets, elle faisait comme si elle ne voyait rien et, loin de se plaindre, elle se montrait au contraire plus gaie. D'ailleurs, elle ne s'inquiétait pas de cette préoccupation, qu'elle trouvait toute naturelle. Il devait être gêné, embarrassé ; mais, après le premier moment passé, cette gêne s'effacerait, et alors on pourrait traiter la question d'avenir. Elle avait le présent, c'était déjà beaucoup, c'était tout ; elle avait reconquis sa puissance, elle saurait la garder et la défendre.

Après déjeuner ils étaient montés en voiture et ils s'étaient fait conduire au château d'Orcher, où ils avaient passé la journée à se promener et à s'asseoir dans les bois qui couvrent les collines, du haut desquelles l'œil embrasse dans son ensemble toute la baie de la Seine, que ferment les coteaux verts d'Honfleur et de Villerville.

— Cette brise de la mer me rappelle Portrieux, disait-elle parfois en se serrant contre lui ; et toi, penses-tu à Portrieux ? Ah ! comme je t'aimais déjà... Et pourtant je t'aime mille fois plus encore aujourd'hui.

Lorsqu'ils rentrèrent pour dîner, Roger trouva quelques courts instants pour entretenir Bernard :

— Ce soir partiront à la marée... dit celui-ci en tirant un carnet.

Mais son maître lui coupa la parole :

— Ne nous occupons pas de ceux de ce soir ; quels sont ceux de demain ?

— Bon, se dit Bernard, si nous reculons toujours ainsi, nous ne partirons jamais.

Mais, cette observation, il la fit tout bas; haut il lut:

— Pour Saint-Pétersbourg le *Stentor*, pour Lisbonne la *Caravelle*, pour Liverpool le *Stromboli*, pour Rio-Janeiro et la Plata le *Rosario*.

Roger interrompit cette énumération qui méritait d'être longue : Rio-Janeiro était plus loin encore que New-York.

— A quelle heure part le *Rosario* ? demanda-t-il.

— A neuf heures il quittera les docks.

— Bien. Faites porter les bagages à bord du *Rosario* et retenez-moi une cabine; vous m'attendrez sur le vapeur même.

Après le dîner, Mme d'Arvernes voulut aller au théâtre, et bien qu'elle eût passé la nuit précédente en wagon, elle eut la fantaisie de rester jusqu'à la fin. Il était minuit lorsqu'ils rentrèrent à l'hôtel et plus d'une heure du matin lorsque, après avoir soupé, ils montèrent à leur appartement. Ce fut là que, pour la première fois, elle parla de fatigue.

Bien que fatigué aussi, Roger ne s'endormit pas, agité, enfiévré par la résolution qu'il allait accomplir : si elle avait été dure à prendre à Paris, loin d'elle, combien terrible était-elle à exécuter maintenant qu'il l'avait revue, qu'elle était là, près de lui !

N'était-ce pas misérable de l'abandonner ainsi ? Ne devrait-il pas lui dire hautement : Je pars?

Oui, sans doute, il devrait le lui dire : cela seul était digne et honnête; mais s'il le lui disait, partirait-il ? L'expérience de la veille était là pour lui montrer combien sa chair était faible.

Pour partir, il fallait qu'il se sauvât, ou bien il ne partirait jamais.

Et il devait partir.

Mais telle était la fatalité de sa situation qu'il ne pouvait choisir qu'entre deux lâchetés : celle de rester, celle de se sauver.

Le jour le surprit avant qu'il eût fermé les yeux; puis, peu, à peu, le bruit de la mer qu'on entendait faiblement grandit, annonçant que la marée montait.

A sept heures il se leva avec précaution, et avec toutes sortes de précautions aussi il s'habilla.

Mais elle dormait d'un profond sommeil, bercée par la vague qui l'empêchait d'entendre d'autres bruits.

Habillé il resta debout longtemps devant elle, la regardant et ressassant pour la centième fois tous ses raisonnements de la nuit, mais avec une émotion plus poignante encore puisque le moment de la séparation approchait, puisqu'il était arrivé.

Elle fit un mouvement; il crut qu'elle allait se réveiller, il se sauva.

Cependant elle ne se réveilla point, et ce fut à huit heures seulement qu'elle ouvrit les yeux. N'apercevant point Roger, elle l'appela.

N'obtenant pas de réponse, elle ne s'en inquiéta pas autrement, tant elle était certaine de l'avoir reconquis.

— Il est sur la jetée, se dit-elle, se rappelant qu'il lui avait raconté que depuis qu'il était au Havre tout son temps s'était passé, pendant que la mer était haute, à suivre sur la jetée le mouvement d'entrée et de sortie des navires.

Et elle s'habilla lentement pour aller le rejoindre.

Comme elle arrivait sur la jetée, elle vit un grand vapeur qui s'avançait lentement dans l'avant-port pour sortir.

— Le *Rosario*, dit-on autour d'elle, c'est son premier voyage à la Plata.

Et elle s'approcha du parapet pour voir le *Rosario* sortir. Il s'avançait doucement, presque insensiblement, dominant de sa masse majestueuse le remorqueur qui le conduisait pour l'aider à gouverner : soulevé par la marée dans son plein, il était plus élevé que la jetée qu'il rasait.

Tandis que l'équipage s'occupait à la manœuvre, les passagers groupés çà, et là, se tenaient tournés du côté de la ville pour dire adieu à la terre; il y en avait qui agitaient des mouchoirs.

Tout à coup, dans un de ces passagers appuyé à un hauban, Mme d'Arvernes crut reconnaître Roger.

Était-ce possible ?

Elle passa sa main sur ses yeux.

Mais elle ne se trompait pas, c'était lui qui, sans la voir, semblait regarder les fenêtres de *Frascati*.

— Roger !

Mais ce cri, il ne l'entendit point : on venait de mettre en route, et le navire s'éloignait rapidement, le cap sur la haute mer.

TROISIÈME PARTIE

CORYSANDRE

I

La saison de Bade était dans tout son éclat; et ce petit nom, que les Allemands ont allongé par une répétition et les Français écourté par la prononciation, n'avait jamais fait tant de tapage dans les conversations mondaines et dans les journaux du *high life*.

Cependant ce n'était pas encore la semaine des courses; mais une lutte qui s'était établie entre deux joueurs russes, le prince Savine et le prince Otchakoff, offrait aux curieux et à la chronique des péripéties émouvantes tout aussi intéressantes que celles qui auraient pu se passer sur l'hippodrome d'Iffezheim.

C'était pendant l'hiver précédent que le prince Otchakoff avait fait son apparition dans le monde parisien, et, en quelques mois, par ses gains ou ses pertes, surtout par le sang-froid imperturbable et le sourire dédaigneux avec lesquels il acceptait une culotte de cinq cent mille francs, il s'était conquis une réputation tapageuse qui avait failli donner la jaunisse au prince Savine, habitué depuis de longues années à se considérer orgueilleusement comme le seul Russe digne d'occuper la badauderie parisienne et qui était capable de faire des choses extraordinaires, même de dépenser son argent pour conserver cette belle position.

C'était un petit homme chétif et maladif que ce prince Otchakoff et qui, n'ayant pas vingt-cinq ans paraissait en avoir quarante, bien qu'il fût blond et imberbe. Dans ce Paris où l'on rencontre tant de physionomies ennuyées et vides, on n'avait jamais vu un homme si triste, et rien qu'à le regarder avec ses traits fatigués, ses yeux éteints, son visage jaune et ridé, son attitude morne, on était pris d'une irrésistible envie de bâiller.

Après avoir essayé de tout il avait trouvé qu'il n'y avait que le jeu qui lui donnât des émotions, et il jouait pour se sentir vivre autant que pour faire du bruit en ce monde, ce qui était sa grande, sa seule ambition.

Sa santé étant misérable, sa fortune étant inépuisable, le jeu était le seul excès qu'il pût se permettre, et il jouait comme d'autres s'épuisent, s'indigèrent ou s'enivrent.

Comme tant d'autres, il aurait pu se faire un nom en achetant des collections de tableaux ou de potiches qui l'auraient ennuyé, en prenant une maîtresse en vue qui l'aurait affiché, en montrant une écurie de course qui l'aurait dupé; mais, en esprit pratique qu'il était, il avait trouvé que le plus simple encore et le moins fatigant était d'abattre nonchalamment une carte, de pousser une liasse de billets de banque à droite ou à gauche et de dire sans se presser : « Je tiens. »

Et ce calcul s'était trouvé juste. En six mois ce nom d'Otchakoff était devenu célèbre, les journaux l'avaient cité, tambouriné, trompeté, et la foule moutonnièrement l'avait répété. Ce jeune homme, qui n'avait jamais fait autre chose dans la vie que de tourner une carte et de combiner un coup, était devenu un personnage. Quand il sortait sur le boulevard, il avait la satisfaction de voir des gens qui s'arrêtaient pour le regarder passer, et il n'entrait pas au théâtre dans sa loge sans que bientôt les lorgnettes de tout ce qui compte à Paris en hommes et en femmes fussent braquées sur lui; s'il n'entendait pas son nom retentir à ses oreilles, au moins le lisait-il sur les lèvres de ceux qui l'admiraient: Otchakoff; et alors de chaudes bouffées d'orgueil rapetissaient ses petits yeux. Ce triomphe flattait d'autant plus vivement sa vanité que Paris possédait en ce moment une collection de grands joueurs ou plutôt de gros joueurs venus des quatre coins du monde pour humilier les Parisiens à coups de millions et qu'il avait humiliés à son tour par sa froide audace, son calme quand il gagnait, son indifférence quand il perdait.

Mais une réputation ne surgit pas ainsi sans susciter la jalousie et l'envie; le prince Savine, qui de très-bonne foi croyait être le seul digne de représenter avec éclat son pays à Paris, avait été exaspéré par ce bruit; si encore cet intrus, qui venait prendre une part, et une très-grosse part de cette célébrité mondaine qu'il voulait pour lui tout seul avait été Anglais, Turc, Mexicain, il se serait jusqu'à un certain point calmé en le traitant de sauvage; mais un Russe! un Russe qui se montrait plus riche que lui, Savine! un Russe qu'on disait, et cela était vrai, d'une noblesse plus haute et plus ancienne que la sienne, à lui, Savine! Cela n'était-il pas une abomination, et, pour un caractère envieux comme le sien, un désolation? A quoi bon avoir quitté son pays pour venir à Paris faire du tapage, si un autre, surtout quand cet autre était un compatriote, en faisait plus que lui.

Cela ne devait pas être; il fallait qu'il l'empêchât, coûte que coûte; il fallait que, n'importe à quel prix, même au prix de son argent, auquel il tenait tant, il défendit sa position menacée et se maintînt au rang qu'il avait conquis, qu'il occupait sans rivaux depuis plusieurs années et qui le rendait si glorieux.

Alors lui, toujours si rogue et si gonflé, s'était fait l'homme le plus aimable du monde, le plus affable, le plus gracieux avec quelques journalistes qu'il connaissait, et il les avait bombardés d'invitations à déjeuner, ne s'adressant, bien entendu, qu'à ceux qu'il savait assez vaniteux pour être fiers d'une invitation à l'hôtel Savine et en situation de parler de ces déjeuners dans leurs chroniques et aussi de tout ce qu'il voulait qu'on célébrât : son luxe, sa fortune, sa noblesse, son goût, son esprit, son courage, sa force, sa santé, sa beauté.

Puis, après s'être assuré le concours de cette fanfare, il avait commencé sa manœuvre.

Trois jours après une perte énorme subie par Otchakoff avec son flegme ordinaire, Raphaëlle, la maîtresse de Savine, avait vu arriver un matin dans la cour de son hôtel deux chevaux russes superbes, deux de ces puissants trotteurs qui battent, en se jouant, les anglais et les arabes, et Savine n'avait pas tardé à paraître. Elle savait remercier, Raphaëlle, et montrer assez de joie d'un cadeau reçu (quand il valait la peine) pour provoquer le désir chez celui qu'elle remerciait de lui en faire un second; mais, ce jour-là, malade d'un très violent mal de gorge qui menaçait de devenir une angine, elle n'avait pas pu déployer tout son talent dans l'art du remerciement. Au reste, Savine ne lui en avait guère donné le temps : ce n'était pas de remerciement qu'il avait souci ou ce moment, c'était d'un effet à produire sur Paris, effet à opposer à celui qu'avait provoqué la perte d'Otchakoff. Comme elle disait qu'elle était désolée de ne pas pouvoir faire atteler ses chevaux ce jour même et de sortir avec, il s'était fâché. C'était justement l'ouverture de la réunion de printemps à Longchamps, et il voulait que ses chevaux fussent vus de tout Paris à cette réunion, à l'aller et au retour ; il ne les avait fait venir de son haras et ne les avait donnés que pour cela. « Si vous ne pouvez pas vous en servir, avait-il dit, je les garde pour moi ; je m'en sers aujourd'hui, et, une fois qu'ils seront entrés dans mes écuries, ils n'en sortiront pas. En vous enveloppant bien, vous n'aurez pas trop froid : il ne faut pas s'exagérer son mal ou l'on se priverait de tout. » Au risque d'en mourir, car il souffrait un vent glacial, Raphaëlle avait été aux courses, et à l'aller comme au retour ses trotteurs à la robe grise avaient provoqué l'admiration des hommes et l'envie des femmes. Le lendemain, les journaux qui s'occupent de ces racontages avaient longuement parlé des trotteurs russes de Mlle Raphaëlle, provenant des haras du prince Savine, ces haras fameux, ces haras qui sont une des gloires de la Russie, ces haras... etc. Savine avait eu la satisfaction de voir reparaître son nom en vedette, comme on dit pour les comédiens, et la satisfaction non moins grande de payer cette gloire moins cher qu'Otchakoff avait payé la sienne ; en somme, l'affaire était bonne.

Malheureusement, ce n'était point assez: il fallait continuer, car, de son côté, Otchakoff continuait de jouer, perdant toutes les nuits ou gagnant des coups de trois et quatre cent mille francs, tantôt contre celui-ci, tantôt contre celui-là, sans jamais lasser l'admiration de la galerie, qui répétait toujours son même mot : « Cet Otchakoff, quel estomac ! » ce à quoi Savine répondait toutes les fois qu'il pouvait répondre, en haussant les épaules et en disant que si Otchakoff, qu'il aimait beaucoup, — car il affichait en public la prétention de l'aimer, — que si Otchakoff avait de l'estomac devant un tapis vert, il n'en avait pas devant une nappe blanche, le pauvre diable étant incapable de boire seulement les quatre ou cinq bouteilles de champagne qui, chez un vrai Russe, remplacent l'acte de naissance ou le passe-port pour prouver la nationalité.

Pour continuer la lutte, sinon avec économie, au moins d'une façon qui ne fût pas nuisible à ses intérêts, Savine, qui depuis longtemps se contentait des merveilleuses collections qu'il avait recueillies par héritage, s'était mis à acheter des œuvres d'art de toutes sortes : tableaux, bronzes, livres, curiosités n'exigeant d'elles que quelques qualités spéciales : d'être authentiques, d'être dans un parfait état de conservation, enfin de coûter très cher, de telle sorte que lorsqu'il voudrait les revendre, — ce qu'il espérait bien faire un jour, tirant ainsi d'elles deux réclames, l'achat et la vente, — il pût le faire avec bénéfice, sans autre perte que celle des intérêts.

Alors, chaque fois qu'il avait fait une acquisition de ce genre, les journaux l'avaient annoncée et célébrée : le prince Savine, quel Mécène ! Il est vrai que ce Mécène ne répandait ses bienfaits que sur des artistes morts depuis longtemps : Hobbema, Velasquez, Paul Véronèse et autres qui ne lui savaient aucun gré de ses largesses.

Mais un seul coup de baccarat faisait oublier Mécène, et Otchakoff, en une nuit heureuse ou malheureuse, s'imposait à la curiosité publique d'une façon autrement vivante et palpitante en perdant son argent que s'il l'avait dépensé à acheter des Rubens ou des Titien.

Ce fut alors que Savine, exaspéré et perdant la tête, se décida à lutter contre son rival en employant les mêmes armes que celui-ci, c'est-à-dire à coups de millions.

Otchakoff, ne trouvant plus à jouer des grosses parties à Paris pendant la saison d'été, était venu à Bade jouer contre la banque.

Savine l'avait suivi.

En venant à Bade, Savine s'était dit qu'un homme habile et prudent qui joue contre une banque de jeu ne doit perdre que dans une certaine mesure qui peut se calculer mathématiquement, et même qu'il peut gagner.

Le tout était donc d'être cet homme habile et prudent.

Prudent! il n'avait pas à s'inquiéter pour acquérir cette qualité, la nature l'ayant véritablement comblé sous ce rapport; il était doué, et l'expérience de la vie n'avait fait que développer les germes qu'il avait reçus en naissant.

Mais habile? habile au jeu s'entend, car les autres habiletés, il avait la prétention de les posséder toutes; on ne naît pas malheureusement avec l'habileté au trente-et-quarante et à la roulette; c'est une science qui s'acquiert par le travail.

Il fallait donc qu'il travaillât sérieusement pour acquérir cette science, car il n'avait jamais fait du jeu une étude particulière, et jusqu'à ce jour il s'était contenté de placer au hasard de l'inspiration quelques billets de mille francs sur la table du trente-et-quarante ou quelques louis sur celle de la roulette, quand l'occasion s'était présentée à lui.

Heureusement ou malheureusement, les professeurs de systèmes tous plus infaillibles les uns que les autres ne manquent pas pour ceux qui veulent jouer à coup sûr; il y en a Paris, et à cette époque il y en avait dans toutes les villes d'eaux où l'on jouait: à Bade, à Hombourg, à Wiesbaden, à Ems, à Spa, où ils tenaient boutiques de renseignements et de leçons.

Dans un de ces séjours à Bade, Savine avait rencontré un de ces professeurs: un vieux gentilhomme français de grand nom et de belle mine qui, après avoir perdu plusieurs fortunes au jeu, offrait aux jeunes gens qui voulaient bien l'écouter « une rectitude de combinaisons inexorables » pour faire sauter la banque; mais alors, ne pensant pas à jouer, il s'en était débarrassé en lui faisant l'aumône de quelques florins que le vieux professeur allait perdre avec une « rectitude inexorable » ou qu'il employait à faire insérer dans les journaux des annonces pour tâcher de trouver des actionnaires qui lui permissent d'essayer en grand son système: il ne lui fallait que douze cent mille francs; qu'on les lui confiât et il était sûr « rectitude de combinaisons » de gagner cent mille francs par jour, quelquefois plus, jamais moins, trente-six millions de bénéfices par an; enrichissement des actionnaires, destruction des maisons de jeu, c'est-à-dire en même temps que la satisfaction des intérêts qui lui étaient confiés, le triomphe la morale publique, tel était le but qu'il se proposait.

La première fois que Savine avait entendu parler de ces trente-six millions, il avait haussé les épaules; mais quand il s'était décidé à lutter contre Otchakoff sur la table du trente-et-quarante, ce souvenir lui était revenu, non plus ridicule, mais intéressant: ruiner la banque et faire triompher la morale, c'était là un noble but qu'un homme dans sa position pouvait se proposer honorablement; il ne jouerait pas, comme ce chétif Otchakoff, pour jouer.

Arrivé à Bade il avait donc cherché son homme aux « combinaisons inexorables, » ce qui n'était pas difficile, car on était sûr de le trouver à la *Conversation*, assis sur une chaise devant la table de trente-et-quarante, suivant le jeu auquel il ne pouvait pas prendre part et notant les coups sur un carton qu'il perçait d'une épingle.

Il y avait là les joueurs célèbres du moment: Otchakoff, le héros de la saison dont on suivait tous les mouvements et dont on commentait les attitudes; — Sélim-Pacha, qui menait sa fortune personnelle comme il avait administré les finances de la Turquie quand elles lui avait été confiées; — Naïma-Effendi, qui jouait le maximum à tous les coups; enfin une vieille Russe, la comtesse Jabacka, qui, depuis quarante ans, n'avait quitté une ville de jeux que pour aller dans une autre, laissant dans chacune d'elles un morceau de sa fortune, et qui, devenue boiteuse pour s'être cassée les jambes en sortant un jour de la Conversation exaspérée, n'y voyant plus et en se laissant tomber sur le perron; maintenant elle se traînait au jeu appuyée sur une béquille et sur une canne qui lui servait non seulement à marcher, mais encore, croyait-elle, à conjurer le mauvais sort; convaincue, pour avoir longtemps perdu, que les croupiers préparaient les coups et faisaient gagner ou perdre qui ils voulaient, elle gardait sa canne à portée de sa main, et, la regardant d'un air significatif, elle disait tout haut de manière à être entendue de ses adversaires les croupiers: « Attention! au cinquième coup perdu, je tape. » Ce qui se réalisait quelquefois, au grand amusement de la galerie qui applaudissait bruyamment.

Mais au milieu de ces joueurs qui remuaient des millions, celui qui avait le plus grand air et qui les dominait tous par la dignité, par la noblesse du regard et des manières, était ce vieux bonhomme, aux habits lustrés et râpés qui pointait son carton imperturbablement sans qu'on le vit jamais risquer un louis sur le tapis vert par cette excellente raison qu'il n'avait pas bien souvent dans sa poche un demi-florin pour se payer, le soir, une saucisse à la brasserie Hoffmann, — le marquis de Mantailles.

Le marquis de Mantailles était si bien absorbé dans son travail qu'il n'avait pas vu Savine, et qu'il avait fallu que celui-ci lui frappât sur l'épaule pour appeler son attention; mais alors il avait vivement quitté le jeu pour faire ses politesses au prince, qui l'avait emmené dans les jardins, ne voulant pas qu'on le vit en conférence avec le vieux professeur de jeu, ni qu'on surprît un seul mot de leur entretien.

Cette précaution avait été d'autant plus sage que le bonhomme aux « combinaisons inexorables » entendant Savine lui demander des conseils, avait poussé des cris de joie et d'enthousiasme. Enfin il tenait son capitaliste.

— Six cent mille francs seulement, prince, s'écria-t-il, mettez six cent mille francs seulement à ma disposition, et le monde est à nous; j'ai des amis qui seront heureux de faire le surplus du capital.

Mais Savine avait tout de suite éteint ce beau feu : il n'apporterait pas ces six cent mille francs, il n'en apporterait pas cinquante mille, pas même dix mille; mais il était disposé, dans un but moral et pour sauver les malheureux qui se ruinaient, à essayer le système des combinaisons inexorables, seulement il voulait l'essayer lui-même ; bien entendu il le payerait... s'il gagnait.

Là-dessus une discussion s'était engagée, longue et acharnée; mais le marquis de Mantailles n'était pas en position de soutenir la lutte, il avait cédé : il expliquerait son système au prince Savine, qui lui abandonnerait dix pour cent sur ses bénéfices et de plus lui donnerait un louis par jour pendant tout le temps qu'il resterait à Bade.

Si Savine ne voulait pas qu'on le vit en public avec le marquis de Mantailles, à plus forte raison ne voulait-il pas qu'on sût que celui-ci venait chez lui et lui donnait des leçons pour faire sauter les banques: si ami qu'il fût du tapage, celui qu'aurait produit cette nouvelle n'était pas pour lui plaire; il avait donc été convenu que les leçons se prendraient le matin de très bonne heure, quand tout le monde dort encore et qu'on ne rencontre que des balayeurs dans les rues.

Le lendemain matin, comme six heures sonnaient, le marquis de Mantailles s'était présenté à la porte du pavillon que le prince Savine occupait sur le *Graben*, et tout de suite il avait été introduit ; Savine, bien que mal éveillé, avait remarqué qu'il était porteur d'une sorte de petite boîte plate enveloppée dans une serviette de serge grise et d'un petit sac de toile comme ceux dont se servent les joueurs de loto.

— Je ne recevrai personne, dit Savine au domestique qui avait introduit le marquis.

Pendant ce temps, le vieux joueur avait précieusement déposé sa boîte et son sac sur une table; puis, le domestique étant sorti, il s'était approché du lit de Savine : sa physionomie s'était transfigurée; il avait l'air d'un pauvre vieux bonhomme usé, écrasé en entrant, maintenant il s'était relevé, c'était un homme digne et fier, inspiré, sûr de lui.

— Je n'ai pas besoin de vo... emander, dit-il d'une voix assurée, si vous croyez que rien n'arrive par hasard en ce monde et que toute chose, la plus grande comme la plus petite, est réglée par la volonté de la divine Providence : c'est là votre foi, n'est-ce pas ?

— Assurément.

— Eh bien, mon système repose précisément sur cette croyance : il n'y a pas de hasard en ce monde, et qui dit jeu de hasard dit une sottise. L'ordre règle le jeu comme il règle tout; après un mouvement à droite, vient un mouvement à gauche; et, si ces mouvements ne se répètent pas régulièrement comme ceux du pendule, l'équilibre cependant finit toujours par s'établir, et il arrive un moment où le pendule a frappé autant de coups à gauche qu'à droite. C'est cette vérité inexorable qui a inspiré mon système, le seul logique, le seul raisonnable, le seul qui donne des résultats à l'avance assurés. Il est certain que si je m'approche d'une table de trente-et-quarante et joue un coup, je me livre au hasard; j'ai de la chance ou je n'en ai pas. Mais, d'autre part, il est certain aussi que si j'arrive au jeu connaissant la position de la figure pour laquelle je veux jouer, et sachant qu'elle a perdu depuis trois semaines ou un mois, je ne me livre pas au hasard puisque, d'après la loi d'équilibre que nous avons posée, cette figure doit maintenant gagner. Donc, pour jouer à coup sûr, je n'ai qu'une chose à faire : suivre jour par jour, non pas une figure, mais une série de figures qui me permette d'opérer largement. C'est ce que j'ai fait. J'ai ainsi une comptabilité minutieuse que je peux mettre à votre disposition et pour la cession de laquelle, en tout ou partie, nous nous entendrons, j'en suis certain. Mais avant, je dois vous montrer par l'expérience la rigoureue exactitude de ce que je viens de vous expliquer, et c'est dans ce but que je me suis muni de différents objets utiles à ma démonstration.

Ces objets utiles à la démonstration des combinaisons inexorables étaient une petite roulette, un tapis de drap divisé comme le sont les tables de trente-et-quarante, six jeux de cartes, et enfin, dans le sac en toile, les haricots blancs et rouge.

Aussitôt que le professeur eut étalé son tapis sur une table et disposé en deux masses ses haricots, les rouges pour Savine, les blancs pour lui, la démonstration commença; elle dura cinq heures sans repos; à onze heures, Savine avait deux cent quarante haricots gagnés contre la banque, c'est-à-dire deux cent quarante mille francs.

Le lendemain, la démonstration continua; puis le surlendemain, pendant dix jours, et au bout de ces dix jours Savine avait gagné dix-neuf cent cinquante haricots, c'est-à-dire près de deux millions de francs.

L'expérience était décisive; maintenant c'étaient de vrais billets de banque que Savine pouvait risquer; mais, chose extraordinaire, au lieu de gagner il perdit.

Et cela était d'autant plus exaspérant que, ce jour-là, Otchakoff fit sauter la banque au milieu de l'enthousiasme général.

Le lendemain il perdit encore, puis le troisième, puis le quatrième.

— Courage, disait le marquis de Manailles, plus vous perdez, plus vous avez de chances de gagner; l'équilibre ne peut pas ne pas se rétablir.

Cependant il ne se rétablit point; au bout de quinze jours, Savine avait perdu cinq cent mille francs, et ce qui lui était plus sensible encore que cette perte d'argent, il les avait perdus sans que cela fît sensation et tapage.

— Il n'a pas de chance, le prince Savine, disait-on.

— Et pourtant il est prudent.

Prudent et malheureux, c'était trop; quelle honte !

Cependant il n'abandonna pas la lutte; mais, puisque le jeu ne soulevait pas le tapage qu'il avait espéré, il chercha un autre moyen pour forcer l'attention publique à se fixer sur lui, et il crut le trouver en s'attachant très ostensiblement à une jeune fille, Mlle Corysandre de Barizel, qui, par sa beauté éblouissante, était la reine de Bade, comme Otchakoff en était le roi par son audace au jeu.

II

C'était aussi l'hiver précédent, presqu'en même temps qu'Otchakoff, que la belle Corysandre, sous la conduite de sa mère, la comtesse de Barizel, avait fait son apparition à Paris.

Elle venait, disait-on, d'Amérique, de la Louisiane, où son père, le comte de Barizel, qui descendait des premiers colons français établis dans ce pays, avait possédé d'immenses propriétés, aux mains de sa famille depuis près de deux cents ans ; le comte avait été tué dans la guerre de sécession, commandant une brigade de l'armée du Sud, et sa veuve et sa fille avaient quitté l'Amérique pour venir s'établir en France, où elles voulaient vivre désormais.

C'était dans une des deux grandes fêtes que donnait tous les ans le financier Dayelle qu'elles avaient paru pour la première fois.

Bien que Dayelle ne fût qu'un homme d'argent, un enrichi, les fêtes qu'il donnait dans son hôtel de la rue de Berry comptaient parmi les plus belles et les mieux réussies de Paris. Quand on avait un grand nom ou quand on occupait une haute situation on se moquait bien quelquefois, il est vrai, de Dayelle en rappelant d'un air dédaigneux qu'il avait commencé la vie par être commis chez un marchand de toile, puis fabricant de toile lui-même, puis filateur de lin, puis banquier, puis l'un des grands faiseurs de son temps ; mais on n'en recherchait pas moins les invitations de ce parvenu qui, deux fois par an, pour chacune de ses fêtes, ne dépensait pas moins de cent mille francs en décorations nouvelles, en fleurs, et surtout en artistes qu'on n'entendait que chez lui.

Ce n'était pas seulement les meilleurs artistes que Dayelle tenait à offrir à ses invités, c'était encore tout ce qui, à un titre quelconque : gloire, talent, beauté, fortune, promettait d'arriver bientôt à la célébrité ; il ne fallait pas être contesté, mais d'autre part il ne fallait pas non plus être consacré puisqu'il avait la prétention d'être lui-même le consacrant. Aussi en allant chez lui s'attendait-on toujours à quelque surprise. Quelle serait-elle ? On n'en savait rien, car il la cachait avec soin pour que l'effet produit fût plus grand ; mais enfin on savait qu'on en aurait une qui, pour ne pas figurer sur le programme, faisait cependant partie obligée de ce programme.

Celle que causa la beauté de Corysandre fut des plus vives et pendant huit jours elle fournit le sujet de toutes les conversations.

— Vous étiez à la fête de Dayelle?

— Sans doute.

— Vous avez vu cette jeune Américaine avec sa mère ?

— Parbleu, seulement ce n'est pas une Américaine, c'est une Française.

— Allons donc, elle vient de la Louisiane.

— Oui, mais par son père elle est d'origine française : il y a encore dans le Poitou des Barizel de très vieille et très bonne noblesse, et c'est d'un membre de cette famille qui, il y a plus de deux cents ans, alla s'établir en Amérique, que descend cette belle jeune fille.

— Riches les Barizel ?

— Qui riches ? ceux du Poitou ?

— Mais non, ceux de la Louisiane ?

— Ceux de la Louisiane sont un, précisément cette belle fille.

— Riche cette belle fille ?

— On le dit : cinq ou six cent mille francs de rente; mais je n'en sais rien. Si vous avez des prétentions à la main de cette belle fille, ne tablez donc pas sur ce que je vous dis ; ces fortunes d'Amérique ressemblent souvent aux bâtons flottants. La seule chose certaine, c'est que la mère a acheté un terrain dans les Champs-Élysées où elle va dit-on, faire construire un hôtel.

— Ça c'est quelque chose.

— C'est beaucoup si l'hôtel est construit; mais s'il ne l'est pas, si on n'en voit jamais que le plan, ce n'est rien. J'ai connu des gens qui, avec un terrain et un plan qu'ils montraient à propos et dont ils parlaient, ont pendant de longues années fait croire à une fortune qui n'existait pas et n'avait jamais existé.

— Alors ces cinq ou six cent mille livres de rente dont on parle seraient donc tout à fait problématiques ?

— Je ne dis pas cela, mais si vous tenez à avoir des renseignements précis à ce sujet, adressez-vous à Dayelle : il est le banquier de la comtesse de Barizel.

— On m'avait dit que c'était Avizard.

— Vous m'interrogez et vous paraissez mieux informé que moi.

— Mon Dieu, non; seulement je vous répète ce qu'on m'a dit.

— En tout cas, si Mme de Barizel a des fonds chez Avizard, elle en a aussi chez Dayelle, et c'est parce que celui-ci a eu avec la comtesse des relations d'affaires qu'il l'a invitée à sa fête.

— Il l'aurait bien invitée pour la beauté de la fille, sans doute.

— Oh ! assurément.

— Une merveille.

— Je n'ai jamais vu d'aussi beaux cheveux blonds.

— Il n'y a plus de blondes.

— Au moins il n'y en a plus de ce blond; il y a des blondes châtain, des blondes cendré, il n'y a plus de blondes pures, de ce blond des moissons mûries par le soleil ; c'est ce qu'on peut appeler la sincérité du blond.

— C'est déjà quelque chose d'avoir de la sincérité dans les cheveux.

— Ce serait peu, mais elle paraît en avoir ailleurs : ainsi dans son front si pur, dans ses yeux naïfs et son regard limpide, dans sa bouche innocente, dans son attitude modeste. Naïve, douce, modeste et admirablement belle d'une beauté qui s'impose par l'éclat et la majesté, voilà une réunion qui est rare. Maintenant a-t-elle cette sincérité dans le cœur et dans l'esprit ? Cela, je l'ignore, elle ne dit rien ou presque rien ; et sous ce rapport il est difficile de la juger ; je ne parle que de ce que j'ai vu, et ce que j'ai vu, ce qui m'a frappé, ce qui m'a ébloui c'est sa beauté, c'est cette chevelure blonde, ces yeux bruns sous un sourcil pâle, le teint d'une blancheur veloutée, enfin c'est, comme disaient nos pères, ce port de reine bien curieux vraiment, bien extraordinaire chez une jeune fille qui n'a pas dix-huit ans.

— En a-t-elle même dix-sept ?

— La mère dit dix-huit.

— On a vu des mères vieillir leurs filles pour s'en débarrasser plus vite.

— Je ne crois pas que Mme de Barizel aura besoin de cet artifice pour se débarrasser de cette belle fille.

— Trop de beauté fait quelquefois réfléchir les épouseurs ; il est certain que celui qui prendra cette belle fille pour femme sera un audacieux ou un croyant à la vertu et à la fidélité.

— D'autre part, il faudra qu'il n'ait point la peur des belles-mères.

— Ah ! cela, oui, par exemple.

— Une femme qui n'a pas plus de trente-six ans.

— Qui peut se remarier.

— Et avoir des enfants.

— Elle est encore fort bien.

— Un peu empâtée.

— Une créole.

— Est-elle créole ?

— Elle en a l'air.

— Elle a même l'air plus que créole.

— Il y a donc des doubles créoles ?

— Non, mais il y a des sang-mêlé.

— Allons donc, Mme de Barizel est presque aussi blanche que sa fille.

— C'est peut-être une *octoroon*.

— Qu'est-ce que c'est que ça, une *octoroon* ?

— C'est la descendante d'un blanc et d'une négresse arrivée à la huitième génération ; chez elle le sang noir a si bien disparu qu'il n'en reste plus trace, même pour l'œil exercé d'un créole; ni la paume de sa main, ni ses ongles ne disent plus rien de son origine.

— Jamais M. de Barizel, qui était un créole et qui devait avoir l'horreur et le mépris, comme tous les créoles, des gens de couleur, n'aurait épousé une *octoroon*.

— C'est probable, cependant je dois dire qu'un de mes amis qui a vécu aux Antilles m'a affirmé que Mme de Barizel doit avoir du sang noir dans les veines; il prétend que, s'étant trouvé au souper placé près d'elle, il l'a vue se troubler parce qu'il lui regardait la main avec attention.

— Alors je n'y suis plus, car si Mme de Barizel est une *octoroon*, elle doit ne craindre aucun examen, puisqu'on ne peut pas retrouver son origine.

— Oui, mais si, au lieu d'être un huitième sang, elle est un septième, un sixième?

— En tout cas, c'est encore une très belle femme, et si elle n'avait pas sa fille on ne lui donnerait pas trente-six ans.

— Je ne la trouve pas si belle que vous le dites, j'avoue même qu'elle me ferait peur.

— Comme belle-mère.

— Comme femme tout simplement: elle a un air fourbe et astucieux qui ne dit rien de bon; avec cela une dureté dans le regard, une obstination dans le front, une violence de volonté dans toute la physionomie qui ne m'inspireraient aucune confiance si je devais avoir affaire à elle.

— Heureusement la fille ne ressemble pas à la mère.

— Pas plus que si elle n'était pas sa fille.

— L'est-elle?

— Alors?

— Elle ne serait pas la première femme qui trouverait utile à ses desseins de se procurer une belle fille sans avoir jamais été mère.

— Quels desseins?

— Bien entendu je ne les connais pas et ne sais même pas si elle en a : tout ce que je veux dire c'est que je n'ai pas confiance dans les étrangers, surtout dans les étrangères qui viennent chez nous faire du tapage. Les Français sont des imbéciles d'accueillir tout ceux qui montrent patte blanche, sans rien leur demander en plus. Voyez les Anglais, qui cependant sont bien plus que nous en relations avec les étrangers: comme ils se tiennent sur la réserve et même sur la défensive. Pour moi, j'admire Mlle de Barizel, mais je déclare que je l'admirerais bien plus encore si elle était née, si elle avait été élevée, si elle avait hérité en France. Belles filles, belles fortunes de l'Amérique ou de l'Asie, pour moi mauvaise affaire.

— Vous n'avez peut-être pas tort.

— Soyez certain que j'ai raison ou plutôt que j'aurais raison si j'étais disposé à me laisser prendre dans ses filets, ce qui n'est pas, Dieu merci!

III

C'était cette belle Corysandre qui, lorsque les salons s'étaient fermés à Paris, était venue avec sa mère passer la saison à Bade.

Et là on avait parlé d'elle comme on en avait parlé à Paris, car s'il est des gens qui passent partout inaperçus, il en est d'autres qui ne peuvent faire un pas sans provoquer le tapage et la curiosité.

Cependant, leur installation fort modeste dans un petit chalet des allées de Lichtenthal n'avait rien du faste insolent de quelques étrangers qui semblent n'être venus à Bade que pour y trouver le plaisir de dépenser leur argent avec ostentation : trois domestiques noirs, un homme et deux femmes; une calèche louée au mois; il n'y avait certes pas là de quoi forcer l'attention ; avec cela un cercle de relations assez banal, une loge au théâtre, une heure de station à la musique, une promenade rapide dans les salons de la Conversation sans jamais risquer un florin à la table de la roulette, tous les matins la messe à l'église catholique, c'était tout.

Il était impossible de mener une vie plus simple, et cependant...

Cependant toutes les fois que Mme de Barizel et sa fille se montraient quelque part, il n'y avait plus d'yeux que pour elles ou tout au moins pour Corysandre, et instantanément c'était d'elles qu'on s'occupait.

— Quelle est donc cette belle jeune fille?

— Mlle de Barizel, parbleu.

— Celle de qui on parle tant?

— Sans doute.

— Mais pourquoi parle-t-on tant d'elle, même dans les journaux?

— Parce qu'elle est belle.

— Heu!

— Et peut-être aussi parce que la mère s'entoure assez volontiers de journalistes qui croient devoir payer les dîners qu'on leur offre en parlant d'elle et de sa fille dans leurs journaux.

— Alors ce serait la mère qui provoquerait ces articles.

— Je ne dis pas cela; mais il y a des gens qui recherchent le tapage.

— Dans quel but Mme de Barizel provoquerait-elle ce tapage?

— Pour marier sa fille sans doute.

— Drôle de moyen et plutôt fait, il me semble, pour éloigner les maris que pour les attirer.

— Notre temps est celui de la réclame; tout finit par se placer avec des annonces bien faites et souvent répétées.

— Alors Mme de Barizel en serait à faire annoncer sa fille comme un parfum?

— Je ne dis pas cela; mais je ne dis pas non plus le contraire. C'est surtout pour les produits exotiques que l'annonce est nécessaire.

S'il n'était pas rigoureusement exact de dire que Mme de Barizel recherchait les journalistes, au moins était-ce vrai en partie et particulièrement pour un correspondant de journaux français et américains nommé Duplaquet.

Ancien médecin dans la marine de l'Etat, ancien directeur d'un journal français à Bâton-Rouge, Duplaquet, était bien réellement le commensal de Mme de Barizel et en quelque sorte son homme d'affaires, au moins pour certaines affaires. On disait et il le racontait lui-même qu'il l'avait connue en Amérique, où il avait été son ami et plus encore l'ami de M. de Barizel; à propos de cette liaison ancienne il était même plein d'histoires plus ou moins intéressantes qu'il contait volontiers, même sans qu'on les lui demandât, et dans lesquelles la grosse fortune et la haute situation de son ami le comte de Barizel, un type d'honneur et d'intrépidité, remplissaient toujours une place considérable; en Amérique, où lui, Duplaquet, était un personnage, il n'avait connu que des personnages, et parmi les plus élevés, son bon ami Barizel.

Ces histoires, on les écoutait parce qu'elles étaient généralement bien dites et avec une verve méridionale qui s'imposait; mais on les eût peut être mieux accueillies et avec plus de confiance si le conteur avait été plus sympathique. Malheureusement ce n'était pas le cas de Duplaquet, qui, avec sa face plate, son front bas, ses yeux fuyants, son air sombre, son attitude hésitante, inspirait plutôt la défiance que la sympathie, la répulsion que l'attraction.

D'autre part, le trop d'empressement qu'il mettait à les conter à tout propos et souvent hors de propos leur nuisait aussi : on s'étonnait que cet homme qui, ordinairement, disait du mal de tout le monde, cherchât si obstinément les occasions de dire du bien de la seule Mme de Barizel.

— Pourquoi donc Duplaquet tient-il tant à nous parler de Mme de Barizel? se demandait-on.

Et l'on cherchait ce pourquoi.

De même on cherchait aussi pourquoi il déployait tant de zèle à raccoler des convives pour les dîners de Mme de Barizel.

Bien entendu, c'était dans son monde qu'il les prenait, ces convives, parmi les artistes, les musiciens, les peintres, les sculpteurs, surtout parmi les journalistes, ses confrères, français ou étrangers; il suffisait qu'on tint une plume, quelle qu'elle fût, pour être invité par lui chez Mme de Barizel.

Bien que des invitations de ce genre fussent assez fréquentes à Bade, où plus d'une femme en vue employait ses amis à l'enrôlement d'une petite cour composée de gens qui avaient un nom, la persistance et l'activité que Duplaquet apportait à ces enrôlements étaient si grandes qu'elles ne pouvaient pas ne pas provoquer un certain étonnement. C'était à croire qu'il guettait ceux qu'il pouvait inviter, car dès qu'ils arrivaient et à leurs premiers pas dans Bade il sautait sur eux et les enveloppait.

— A propos, vous savez que nous avons une merveille à Bade en ce moment.

— Qu'est-ce que c'est que cette merveille?

— Tout simplement une jeune fille, Mlle de Barizel.

Et alors, tout naturellement, arrivait l'histoire des Barizel.

Puis ensuite il passait à l'invitation à dîner.

Quand celui qu'il voulait avoir était un petit journaliste sans influence et sans autorité il ne se mettait pas en peine et il faisait intervenir tout simplement l'amitié :

— Vous êtes trop de mes amis, mon cher, pour que je ne vous fasse pas connaître Mlle de Barizel; je dîne précisément demain chez la comtesse, vous y dînerez avec moi.

— Mais...

Devant l'insistance tout amicale de Duplaquet il fallait bien céder.

Mais si celui qu'il invitait avait un nom, les choses alors ne se passaient pas aussi simplement, et il appelait à son aide tous les moyens propres à le faire réussir, surtout la flatterie, dans laquelle il excellait, n'ayant pas peur de la pousser aux extrêmes, énorme et éhontée.

— Vous pouvez d'autant mieux accepter, mon cher ami, que Mme de Barizel vous connaît et vous estime à votre valeur. Parfaitement. Pas plus tard qu'hier, elle me parlait de vous, de votre talent qu'elle admire, et sans se douter que je vous verrais aujourd'hui. Votre réputation a passé les mers, et si vous n'êtes point apprécié en Amérique comme vous l'êtes en France, au moins êtes-vous goûté des gens délicats. Et Mme de Barizel est une femme supérieure. Vous verrez quand vous la connaîtrez. C'est dit, n'est-ce pas? je vous présente cette après-midi à la Conversation, et vous faites à Mme de Barizel l'honneur d'accepter son invitation?

Et, de fait, c'était dit : le lendemain, l'invité de Duplaquet s'asseyait à la droite de la comtesse de Barizel, qui se montrait vraiment une femme supérieure dans l'art de chatouiller la vanité littéraire de son convive, dont la veille elle ne connaissait même pas le nom, lui répétant avec une grâce pleine de charme la leçon qu'elle avait apprise de Duplaquet; et le surlendemain, au sortir du lit, de bonne heure, encore sous l'influence des beaux yeux de Corysandre, les oreilles encore chaudes des compliments de la comtesse, il envoyait à son journal une correspondance consacrée à la gloire des Barizel.

C'était là le résultat que produisaient le plus souvent les invitations de Duplaquet. Cependant il était arrivé quelquefois qu'elles n'avaient pas été acceptées, soit parce que ceux auxquels elles étaient adressées ne trouvaient pas digne d'aller dîner chez une femme qu'ils ne connaissaient pas, soit pour d'autres raisons.

Un jour qu'il avait commencé à enguirlander de fleurs un de ses confrères qui écrivait dans un journal très lu, il fut arrêté net par un éclat de rire moqueur.

— Est-ce que vous vous imaginez que je me fais payer mes réclames avec un dîner et un sourire.

— Mais...

— Vous ne me direz pas sérieusement que ce n'est pas une réclame que vous me demandez pour votre comtesse de Barizel. Si je ne me rôtis jamais, je lis au moins ce qu'écrivent mes confrères, et je vois depuis quelque temps tous les journaux remplis de ce nom de Barizel, et je comprends maintenant que vous êtes le chef d'orchestre qui conduit ce concert. Une bonne mère qui veut marier sa fille, n'est-ce pas? Et vous, brave cœur, vous l'aidez généreusement dans cette noble tâche; positivement c'est touchant, et vraiment, si mes moyens me le permettaient, je voudrais concourir à cette bonne œuvre. Malheureusement cela ne m'est pas possible : ce n'est pas avec les cinq cents francs que Bénazet me donne pour ma saison de Bade et qu'il me faut partager avec le secrétaire de la rédaction de mon journal, que je peux m'abandonner aux douces inspirations de mon âme, qui, comme la vôtre, croyez-le bien, est une belle âme. Ah! la vie est dure. Sérieusement, et Mme de Barizel veut une réclame, je la lui ferai volontiers. Seulement qu'elle y mette le prix ; pour un dîner, non. Arrangez-moi cela, mon bon Duplaquet. Dites que je suis un gredin sans entrailles ou plutôt sans estomac, un homme d'argent que l'argent seul peut décider. Ce ne sera pas la première étrangère qui aura délié les cordons de sa bourse pour se faire tambouriner. Maintenant il est bien entendu que, les conditions arrêtées entre nous, je dînerai chez Mme de Barizel autant qu'elle voudra par-dessus le marché.

Duplaquet, qui ne voulait pas répondre se mit à rire.

— Pourquoi riez-vous, cher ami? Ce serait moins cher de me payer mes réclames que de sauver du suicide, ainsi que vous l'avez fait la semaine dernière, un jeune joueur décavé qui n'avait plus que la mort pour refuge. Sans doute, ce truc, dont vous êtes assurément l'auteur, est ingénieux : « Vous voulez vous tuer, malheureux, parce que vous avez perdu. Pensez à votre mère infortunée, à votre vertueuse épouse; je connais une dame charitable qui vous fournira les moyens de retourner près d'elle. » Je conviens que cette réclame à la charité n'a jamais raté son effet; mais, de votre côté, vous conviendrez aussi qu'elle est onéreuse et que, d'ailleurs, on ne peut pas la répéter souvent, sous peine de la débiner, tandis que mes réclames à moi, on peut les répéter tant qu'on veut, tant qu'on peut.

IV

Une maison hospitalière comme l'était celle de Mme de Barizel devait s'ouvrir facilement pour le prince Savine.

En relations avec Dayelle depuis longtemps, Savine n'eut qu'à attendre une visite de celui-ci à Bade pour se faire présenter à la comtesse, et bientôt on le vit partout aux côtés de la belle Corysandre.

Ce ne fut qu'un cri :

— Le prince Savine va épouser Mlle de Barizel.

— Allons donc.

C'était ce que Savine voulait. On parlait de lui, on s'occupait de lui; lorsqu'il paraissait quelque part, il avait la satisfaction enivrante pour sa vanité de voir qu'il faisait sensation ; il était revenu à ses beaux jours, Otchakoff serait éclipsé.

Pensez donc, un mariage entre le riche Savine et la belle Corysandre, quel inépuisable sujet de conversation!

Il ne fut plus question que de ce mariage extraordinaire, merveilleux, scandaleux, charmant, honteux, adorable, misérable, providentiel.

Du jour au lendemain l'astre de Savine, qui s'enfonçait dans la nuit, surgit plus resplendissant qu'il ne l'avait jamais été : tous ceux qui n'avaient des yeux que pour Corysandre en eurent pour Savine.

Mais on ne pouvait pas s'occuper ainsi de ce mariage, que le monde arrangeait et décidait d'après les apparences sans en parler à ceux qu'on mariait.

Aux félicitations plus ou moins sincères qu'on leur adressait, Mme de Barizel et Corysandre répondirent qu'elles ne savaient ce qu'on voulait leur dire, qu'elles recevaient le prince Savine comme leurs autres amis, rien de plus.

Quant à Savine il répondit pour ne pas répondre, et, comme il excellait dans cet art difficile, personne de ceux qui l'entretinrent de ce mariage ne put savoir ce qu'il y avait sous ses sourires et ses paroles à double sens. Contrairement à ce qui arrivait le plus souvent avec lui, il ne procéda pas une seule fois par ces rebuffades hautaines dans lesquelles il mettait toute sa morgue. Jamais il ne s'irrita des questions qu'on lui adressa, jamais il n'accueillit les allusions par un mouvement d'ennui. Toujours souriant lorsqu'on lui parlait de Corysandre, il prolongeait l'entretien au lieu de l'arrêter et de le couper court ; personne ne savait faire l'éloge de la belle Américaine aussi bien que lui : c'était de l'enthousiasme, du délire, de la folie.

— Quelle admirable jeune fille! Quelle adorable femme elle fera ! Bien heureux sera son mari.

Et quand on lui répondait :

— Ce mari, ce sera vous.

Il levait les yeux dans un mouvement d'extase, mais il ne répondait pas.

Cette femme adorable serait-elle la sienne? Serait-il ce mari bienheureux ?

Cela ne faisait de doute pour aucun de ceux qui avaient assisté à ces explosions d'enthousiasme, et cependant personne ne pouvait dire que Savine s'était nettement et formellement prononcé à ce sujet.

Cependant cette unanimité dans les propos du monde ne suffit point à Savine; il voulait davantage, mais toujours, bien entendu, sans s'engager, sans qu'un jour Mme de Barizel ou même tout simplement le premier venu pussent s'appuyer sur un fait positif et précis pour soutenir qu'il avait voulu être le mari de Corysandre, car il avait une peur effroyable des responsabilités, quelles qu'elles fussent.

Si ordinairement et en tout ce qui ne lui était pas personnel, il n'avait que peu d'imagination, il se montrait au contraire fort ingénieux et très fertile en ressources, en inventions, en combinaisons pour tout ce qui s'appliquait immédiatement à ses intérêts ou devait le servir.

Ce qu'il trouva, ce fut une fête de nuit en pleine forêt, avec bal et souper, organisée en l'honneur de Corysandre. En choisissant un endroit pittoresque qui ne fût pas trop éloigné de Bade, de façon qu'on pût y arriver facilement, il était sûr à l'avance de voir ses invitations recherchées avec empressement. Sans doute la dépense qu'entraînerait cette fête serait grosse, et c'était là pour lui une considération à peser; mais, tout compte fait, elle ne lui coûterait pas plus qu'une séance malheureuse, comme celles qu'il avait eues en ces derniers temps à la table de trente-et-quarante, et l'effet produit ne pouvait pas manquer d'être considérable et retentissant. D'ailleurs il n'était pas dans son intention de prodiguer ses invitations : plus elles seraient rares, plus elles seraient précieuses, et les malheureux qu'il ferait parler dient de lui autant que les heureux, — ce qu'il voulait.

Après avoir soigneusement étudié les environs de Bade, l'emplacement qu'il adopta fut un petit plateau boisé situé entre le vieux château et l'entassement de roches sillonnées de crevasses qu'on appelle les Rochers; il y avait une clairière entourée de superbes sapins au tronc et aux rameaux recouverts d'une mousse blanche, qui pendait çà et là en longs fils et dont le sol était à peu près uni, c'est-à-dire tout à fait à souhait pour qu'on y pût danser et pour qu'on y dressât les tentes sous lesquelles on servirait les tables du souper.

En moins de huit jours, tout fut organisé et Savine eut la satisfaction de se voir poursuivi et assiégé de demandes d'invitations.

Quel chagrin, quel désespoir pour lui de refuser; mais le nombre des invités avait été fixé à cent par suite de l'impossibilité de dresser sur ce terrain tourmenté des tentes assez grandes pour recevoir autant de convives qu'il aurait désiré. Ce désespoir avait été tel qu'il s'était décidé à porter le nombre de cent à cent cinquante; puis, devant les instances dont il avait été accablé, et pour ne peiner personne, de cent cinquante à deux cents.

Mais arrivé à ce chiffre, qu'il avait tout d'abord fixé, tout en se gardant de l'annoncer, il s'était arrêté sans qu'il fût possible de l'en faire démordre; la curiosité était maintenant assez excitée pour qu'il fît l'économie de quelques convives, qui en mangeant son souper n'ajouteraient rien au tapage que soulevait sa fête. Rien ne put l'attendrir ni l'émouvoir : ni les prières, ni les instances, ni les coquetteries, ni le nom, ni le rang de ceux ou de celles qui désiraient une invitation.

— Son chiffre était arrêté : il ne voulait pas de cohue ; il fallait que chacun fût à son aise au souper.

Mais s'il se donna le plaisir pour lui très doux de refuser de hauts personnages qui ne pouvaient pas le servir, par contre il n'eut garde de ne pas s'assurer la présence des journalistes qui se trouvaient en ce moment à Bade.

En réalité c'était pour eux que la fête était donnée.

Aussi ce fut entre eux et Corysandre que pendant cette fête il se partagea, n'ayant d'attentions et de gracieusetés que pour elle et pour eux ; pour tous ses autres invités, affectant une morgue hautaine.

Mais tandis qu'avec Corysandre il affichait l'empressement, l'entourant, l'enveloppant, ne la quittant presque pas, de façon à bien marquer l'admiration et l'enthousiasme qu'elle lui inspirait, avec les journalistes, au contraire, il se tenait sur la réserve et c'était seulement quand il croyait n'être pas vu ou entendu qu'il leur témoignait sa bienveillance, prenant toutes les précautions pour qu'on ne pût pas supposer qu'il était en relations suivies avec ces gens-là.

— Comment trouvez-vous cette petite fête ?

— Admirable.

— Vous en direz quelques mots ?

— C'est-à-dire que je lui consacrerai mon prochain article tout entier.

— Avec discrétion, n'est-ce pas ? C'est un service que je vous demande ; si vous pouvez ne pas parler de moi, n'en parlez pas ; j'ai l'horreur de tout ce qui ressemble à la réclame.

— Si cela vous contrarie trop, je peux ne rien dire de cette fête.

— Oh ! non, je ne veux pas vous demander ce sacrifice : je comprends qu'un sujet d'article est chose précieuse et je ne veux pas vous priver de celui-là ; seulement je vous prie d'observer une certaine réserve en tout ce qui me touche personnellement, ou mieux, vous voyez que j'agis avec vous en toute franchise, je vous prie, si vous n'envoyez pas votre article tout de suite, de me le lire. Voulez-vous ?

— Volontiers.

— Comme cela je serai responsable de ce que vous aurez dit et je ne pourrai avoir pour votre obligeance et votre sympathie que des sentiments de reconnaissance. A demain, n'est-ce pas ?

Le lendemain, aux heures qu'il avait eu soin d'échelonner pour que ceux qui devaient trompeter son nom ne se trouvassent point nez à nez, il entendit la lecture des différents articles qui allaient chanter sa gloire aux quatre coins du monde ; et alors ce furent de sa part des éloges sans fin.

— Charmant, adorable ! quel talent ; mon Dieu ! C'est une perle, cet article, je n'ai jamais rien lu d'aussi joli, et quelle délicatesse de touche, quelle grâce ! Je ne risquerai qu'une observation. Vous permettez, n'est-ce pas ?

— Comment donc.

— C'est une prière que je veux dire : la réserve que je vous avais demandée, vous ne l'avez peut-être pas observée aussi complète que j'aurais voulu, mais passons ; ce que je désire, ce n'est pas une suppression, c'est une addition : je serais bien aise que vous glissiez un mot sur mon titre et sur le rang que j'occupe dans la noblesse russe ; il y a tant de princes russes d'une noblesse douteuse, — ce n'est pas positivement pour Otchakoff que je dis cela, — je ne voudrais pas que le public français, mal instruit de ces choses, me confondît avec ces gens-là ; voulez-vous ?

— Avec plaisir.

— Alors je vais vous donner des renseignements... authentiques.

Avec le second les éloges reprirent :

— Charmant, adorable ! quel talent, mon Dieu !

Il ne présenta aussi qu'une observation, « non pour demander une suppression, mais pour indiquer une addition qui lui serait agréable. »

— Ce serait de glisser un mot sur ma fortune, il y a tant de fortunes russes peu solides que je ne voudrais pas qu'on confondît la mienne avec celles-là, et qu'on crût que parce que je donne des fêtes je me livre à des prodigalités et à des folies ; si vous le désirez je vais vous donner des renseignements... authentiques. Pour ma noblesse, il est inutile d'en rien dire, elle est, grâce à Dieu, bien connue.

Avec le troisième, il commença aussi par des éloges et ce ne fut qu'après avoir épuisé toute sa collection d'adjectifs qu'il demanda une petite addition, non pour parler de sa noblesse ou de sa fortune : elles étaient, grâce à Dieu, bien connues ; mais pour qu'on rappelât son duel avec le comte de San-Estevan et pour qu'on glissât un mot discret sur la fermeté et le courage qu'il avait montrés en cette circonstance.

Avec le quatrième, l'addition ne dut porter ni sur la noblesse, ni sur la fortune, ni sur son courage, toutes choses qui, grâce à Dieu, étaient de notoriété publique, mais sur sa générosité ; parce qu'il donnait des fêtes qui lui coûtaient fort cher, il ne voulait pas qu'on crût qu'il ne pensait pas aux malheureux.

Ce fut ainsi que le prince Savine se trouva réunir sur sa personne toutes les qualités morales et physiques dont un homme peut être doué.

Otchakoff était battu.

V

On ne pouvait pas parler ainsi du mariage de Savine avec la belle Corysandre sans que ce bruit arrivât aux oreilles de la personne qui justement avait le plus grand intérêt à l'apprendre : Raphaëlle, la maîtresse du prince, retenue à Paris par le rôle qu'elle jouait dans une pièce en vogue, et aussi parce que son amant n'avait pas voulu l'emmener avec lui.

Mais elle connaissait trop bien son prince pour admettre que ce mariage fût possible : Savine ne se marierait que quand il serait impotent, et ce serait pour avoir une garde-malade sûre, dont il provoquerait la sollicitude, l'intérêt et les soins par toutes sortes de belles promesses, que naturellement il ne tiendrait pas. Quant à penser qu'il était pris par l'amour et la passion, cette idée était pour elle si drôle et si invraisemblable qu'elle ne s'y arrêtait même pas : Savine amoureux, Savine passionné ; cela la faisait rire aux éclats.

Ce fut même par un de ces éclats de rire qu'elle accueillit la première fois cette nouvelle, quand une de ses bonnes amies vint la lui annoncer hypocritement avec des larmes dans la voix, mais aussi avec la juste satisfaction dans le cœur qu'éprouve une pauvre femme qui n'a pas eu en ce monde la chance à laquelle elle croyait avoir droit, à voir enfin abaissée une de celles qui lui ont volé sa part de bonheur.

— Savine se marier ! s'écria Raphaëlle en riant comme une soubrette de la Comédie-Française. Non, tu sais, c'est trop drôle.

— Et pourquoi pas ?

Elle rit plus fort encore, et cette fois franchement.

— Si tu le connaissais, tu ne me ferais pas cette question ; mais, si drôle qu'elle soit, je ne t'en remercie pas moins de la sympathie avec laquelle tu viens en courant, car tu as couru, tu es essoufflée, m'annoncer cette mauvaise nouvelle. Seulement, tu vois, elle me laisse parfaitement calme, je suis tranquille. Ceux qui parlent du mariage de Savine sont comme toi : ils ne le connaissent pas.

Et elle continua à montrer un visage souriant et rassuré à tous ceux et surtout à toutes celles qui prenaient des mines de condoléance pour l'aborder. Elle n'avait rien à craindre : si Savine la quittait, ce ne serait pas pour se marier.

Cependant, à la longue et peu à peu, à force d'entendre et de lire le même mot sans cesse répété, « le mariage du prince Savine avec Mlle de Barizel », elle finit par s'inquiéter. Un bruit aussi persistant ne pouvait pas se propager ainsi sans reposer sur quelque chose de sérieux.

Que se passait-il ?

Était-ce une aventurière ou une fille avisée qui voulait se faire épouser par Savine, comme cela était déjà arrivé bien souvent ?

Savine, malgré son âge, se croyait-il déjà impotent ?

La prudence exigeait qu'elle vît clair en cette affaire.

Savine eût été à Paris, rien n'eût été plus facile pour elle ; en quelques minutes elle l'eût confessé de manière à savoir à quoi s'en tenir, car si rusé, si délié qu'il fût, si habile aux détours, elle savait comment le prendre pour le forcer à se trahir ; mais il était à Bade, où elle ne pouvait pas le rejoindre.

Et ce qui la retenait, ce n'était pas précisément son théâtre, qu'elle eût parfaitement abandonné : c'était Savine lui-même qui se fût fâché si elle s'était permis de le rejoindre sans lui en avoir préalablement demandé l'autorisation, — et fâché sérieusement, grièvement, tant était grande sa susceptibilité pour tout ce qui semblait porter atteinte à son autorité.

S'adresser à un ami de Savine n'était pas possible non plus ; d'abord parce que cet ami pouvait être mal renseigné, et puis parce qu'il pouvait ne pas s'acquitter discrètement ou adroitement de la mission qui lui serait confiée, de telle sorte que Savine se fâcherait non moins grièvement en se voyant soumis à une surveillance jalouse.

Ce n'était point un rôle facile à remplir que celui de maîtresse de Son Excellence le prince Wladimir Savine ; elle le savait mieux que personne, et depuis longtemps elle l'eût abandonné sans certains avantages auxquels elle tenait assez fortement pour tout supporter. Et il y avait des femmes qui l'enviaient ! Si elles savaient de quel prix, de quels dégoûts, de quelles fatigues, de quels efforts elle payait son luxe, ses diamants, ses équipages, ses toilettes, son hôtel des Champs-Élysées ! Mais on ne voyait que la surface brillante de ce qui s'étalait insolemment en public, et elle seule connaissait le fond des choses, le bourbier dans lequel elle se débattait, comme elle seule connaissait la cravache qui plus d'une fois avait bleui sa peau.

Après avoir bien réfléchi à la situation, Raphaëlle trouva que la seule personne qu'elle pouvait charger de cette enquête délicate était son père.

Depuis qu'elle habitait son hôtel des Champs-Élysées, elle avait été obligée de se séparer de sa famille, Savine n'étant pas homme à supporter une communauté que le duc de Narouse et Poupardin avaient bien voulu tolérer ; il ne reconnaissait pas à sa maîtresse le droit d'avoir un père et une mère, pas plus qu'il ne lui reconnaissait celui d'avoir d'autres amants ; elle devait être à lui, entièrement à sa disposition, sans distraction du matin au soir et du soir au matin ; s'il permettait qu'elle restât au théâtre, c'était parce qu'il était flatté dans sa vanité de l'entendre applaudir et de lire son nom en vedette sur les colonnes du boulevard ou dans les réclames des journaux. C'était une grâce qu'il faisait au public comme il lui en avait fait une du même genre en exposant ses trotteurs dans les concours hippiques. Qui aurait osé dire qu'il n'était pas libéral et qu'il n'usait pas noblement de sa fortune ?

Ne pouvant plus demeurer avec leur fille, M. et Mme Houssu avaient loué un logement dans la rue de l'Arcade, où M. Houssu avait continué un commerce de prêts en y joignant un bureau de « renseignements intimes et de surveillances discrètes. » Une circulaire qu'il avait largement répandue expliquait ce qu'étaient ces renseignements intimes et ces surveillances discrètes, rien autre chose que l'espionnage au profit des jaloux : maris, femmes, maîtresses, qui voulaient savoir s'ils étaient trompés et comment ils l'étaient. Mais cela n'était point dit crûment, car M. Houssu, qui avait des formes et de la tenue, aimait le beau style aussi bien que les belles manières. Peut-être, dans un autre quartier, ce beau style qui mettait toutes choses en termes galants eût-il nui à son industrie ; mais sa clientèle se composait, pour la meilleure part, de cuisinières qui fréquentaient le marché de la Madeleine, de femmes de chambre, de quelques cocottes dévorées du besoin d'apprendre ce que faisaient leurs amis aux heures où elles ne pouvaient pas les voir, et tout ce monde trouvait les circulaires de M. Houssu aussi claires que bien écrites ; c'était encore plus précis que les oracles des tireuses de cartes et des chiromanciens, auxquels ils avaient foi. D'ailleurs, quand on avait été une fois en relations avec M. Houssu, on retournait le voir volontiers : sa rondeur militaire, son apparente bonhomie, la façon dont il jetait sa croix d'honneur au nez de ses clients en avançant l'épaule gauche, qu'il faisait bomber, inspiraient la confiance.

Maintenant que Raphaëlle était séparée de son père et de sa mère, elle ne pouvait plus, comme au temps où elle était la maîtresse du duc de Narouse, entrer chez eux aussitôt qu'elle avait un instant de liberté et s'installer en caraco au coin du poêle pour voir sauter le foie ou mijoter le marc de café ; mais toutes les fois que cela lui était possible elle se sauvait de son hôtel des Champs-Elysées pour accourir déjeuner dans le petit entresol de la rue de l'Arcade ; c'était avec joie qu'elle échappait aux valets à la tenue correcte, aux sourires insolents et railleurs, que son amant lui faisait choisir par son intendant, et qu'elle venait tenir elle-même la queue de la poêle où cuisait le déjeuner paternel ; c'était là seulement, qu'entre son père, sa mère et quelques amis de ses jours d'enfance, elle redevenait elle-même, reprenant ses habitudes, ses plaisirs, ses gestes, son langage d'autrefois, qui ne ressemblaient en rien, il faut le dire, à ceux de l'hôtel des Champs-Elysées et de sa position présente.

Décidée à charger son père d'une surveillance intime auprès de Savine, elle vint un matin rue de l'Arcade à l'heure du déjeuner, arrivant comme à l'ordinaire les bras pleins et les poches bourrées de provisions de toutes sortes, liquides et solides.

Un des grands plaisirs de M. Houssu était, lorsque ses clients lui en laissaient le temps, de faire lui-même sa cuisine, ne trouvant bon que ce qu'il avait préparé de sa main.

Lorsque Raphaëlle entra, il était en manches de chemise, occupé à couper du lard en petits morceaux.

— Tu viens déjeuner avec nous, dit-il gaiement, eh bien je vais te faire une omelette au lard dont tu me diras des nouvelles ; mais qu'est-ce que tu nous apportes de bon ?

Et, abandonnant son lard, il passa l'inspection des provisions que Raphaëlle venait de poser sur sa table :

— Un jambon de Reims, bonne affaire, voilà qui change ma stratégie culinaire, c'est un renfort qui arrive à un général au moment de livrer bataille ; je vais mettre quelques tranches de jambon dans l'omelette, tu vas voir ça ; — il développa deux bouteilles ; — *vermouth, vieux rhum*, fameuse idée, tu es une bonne fille, tu penses à tes parents, c'est bien, c'est très bien ; si nous prenions un vermouth avant déjeuner, ça nous ouvrirait l'appétit.

Et sans attendre une réponse, il se mit à déboucher la bouteille de vermouth.

— Non, dit Raphaëlle, j'aime mieux une absinthe.

— Il n'y en a plus ; nous avons fini le reste hier.

— Eh bien, on va aller en chercher.

Et, tirant une pièce d'argent de son porte-monnaie, elle la tendit à sa mère qui essuyait la vaisselle mélancoliquement dans un coin.

— Veux-tu, maman ?

Mme Houssu se leva et ayant pris une fiole en verre blanc, elle sortit pendant que

Raphaëlle défaisant son chapeau et sa robe — une robe de Worth, — les accrochait à un clou, entre deux casseroles.

— C'est ça, ma fille, mets-toi à ton aise, dit M. Houssu, il fait chaud.

Mais à ce moment Mme Houssu rentra sans la fiole.

— Et l'absinthe? demanda Raphaëlle.

— J'ai envoyé la fille de la concierge.

— Quelle bêtise! elle va licher la bouteille, s'écria Raphaëlle.

— Allons, ma fille, dit M. Houssu, ne porte pas des jugements aventureux sur cette enfant, à son âge...

— Avec ça qu'à son âge je n'en faisais pas autant.

Le feu était allumé, les œufs étaient battus; l'omelette fut bien vite cuite; le temps de boire les trois verres d'absinthe, et l'on put se mettre à table : M. Houssu au milieu, les manches de sa chemise retroussées jusqu'aux coudes, le col déboutonné; à sa droite, Mme Houssu, correctement habillée; à sa gauche, Raphaëlle, imitant le débraillé paternel et ayant pour tout costume sa chemise et un jupon blanc.

M. Houssu commença par servir sa fille avec un air triomphant.

— Goûte-moi ça, dit-il, est-ce moelleux, est-ce soufflé? Tu as eu une fameuse idée de venir déjeuner avec nous.

— J'ai à te parler.

— Eh bien, ma fille, parle en mangeant, comme je t'écouterai.

— Tu as lu ce que les journaux disent du prince?

— Qu'il allait épouser une jeune Américaine.

— Oui. Qu'est-ce que tu as pensé de cela?

— Je ne l'ai pas cru.

— Moi non plus, je ne l'ai pas cru, au moins la première fois qu'on m'en a parlé; j'avoue même que cela m'a fait bien rire, mais à la longue l'inquiétude m'est venue.

— Comment ça?

— Il n'y a pas de fumée sans feu; en tout cas l'affaire mérite d'être éclairée et je compte sur toi pour ça.

— Moi!

— Tu vas partir pour Bade et m'organiser une surveillance intime, comme tu dis dans tes circulaires, autour du prince Savine et de Mme de Barixel, cette Américaine.

— Moi! ton père!

— Eh bien?

— C'est à ton père que tu fais une pareille proposition.

— A qui veux-tu que je la fasse?

Vivement, violemment, M. Houssu se tourna vers elle en jetant son épaule gauche en avant par le geste qui lui était familier lorsqu'il voulait mettre sa décoration sous les yeux d'un client qu'il fallait éblouir.

— Tu ne parlerais pas ainsi, s'écria-t-il en frappant sa chemise de sa large main velue, si le signe de l'honneur brillait sur cette poitrine.

— Et pourquoi pas?

— Alors moi je n'écouterais pas un pareil langage.

— Puisqu'il n'y brille pas, écoute-moi donc et ne dis pas de bêtises. On raconte que Savine va se marier. S'il est quelqu'un que cela intéresse, c'est moi, n'est-ce pas?

M. Houssu toussa sans répondre.

— Dans ces conditions, continua Raphaëlle, il faut que je sache à quoi m'en tenir, et comme je ne peux pas aller à Bade voir par moi-même comment les choses se passent, je te demande de me remplacer.

— Moi, l'auteur de tes jours?

— Encore, s'écria Raphaëlle, impatientée, tu m'agaces à la fin en nous la faisant à la paternité. En voilà-t-il pas, en vérité, un fameux père qui abandonne sa fille pendant vingt ans, c'est-à-dire quand elle avait besoin de lui, et qui ne s'occupe d'elle que quand elle commence à sortir de la misère, c'est-à-dire quand il voit qu'il peut avoir besoin d'elle et qu'elle est en état de l'obliger.

M. Houssu s'arrêta de manger, et, repoussant son assiette, il se croisa les bras avec dignité.

— Si c'est pour le jambon de Reims que tu dis ça, s'écria-t-il, c'est bas; nous aurions mangé notre omelette, ta mère et moi, tranquillement, amicalement, comme mari et femme; nous n'avions pas besoin de tes cadeaux, tu peux les remporter. Si je mangeais maintenant une seule bouchée de ton jambon, elle m'étoufferait.

Et, du bout de sa fourchette, il piqua les morceaux de jambon; puis, après les avoir poussés sur le bord de son assiette, il se mit à manger les œufs stoïquement, sous les yeux de sa femme, qui n'osait pas soutenir sa fille comme elle en avait envie, de peur de fâcher ce bel homme, qu'elle s'imaginait avoir reconquis depuis qu'il l'avait épousée.

Pendant quelques minutes le silence ne fut troublé que par le bruit des couteaux et des fourchettes, car cette altercation qui venait de s'élever entre le père et la fille ne les empêchait ni l'un ni l'autre de manger.

La première, Raphaëlle, reprit la parole :

— Allons, père Houssu, dit-elle d'un ton conciliant, tout ça c'est des bêtises; ne laisse pas ton jambon refroidir, il ne vaudrait plus rien; mange-le en m'écoutant et tu vas voir que je n'ai jamais eu l'intention de te rien reprocher.

— Si c'est ainsi...

— Puisque je te le dis.

Alors, ramenant vivement les tranches de jambon dans son assiette, il en plia une en deux et la porta à sa bouche.

— Je reprends maintenant mon affaire, continua Raphaëlle. En voyant que l'on persistait à parler du mariage de Savine avec cette Américaine, j'ai pensé que tu pourrais aller à Bade et que tu verrais ce qu'il y avait de vrai là-dedans. Personne ne peut faire cela mieux que toi. Est-ce que ça ne rentre pas dans ton métier ? Que la scène se passe à Bade ou à Paris, c'est la même chose ; seulement, tu auras peut-être plus de mal là-bas, en pays étranger, que tu n'en aurais à Paris, où tu es chez toi.

— Ça c'est sûr.

— Aussi les prix de Bade ne peuvent-ils pas être ceux de Paris. Cela ne serait pas juste.

Elle fit une pause et le regarda, mais sans affectation. Il parut ne pas remarquer ce regard, qui était plutôt une affirmation qu'une interrogation, et il continua de manger.

— Ce que tu auras à faire, poursuivit Raphaëlle, je n'ai pas à te l'indiquer, c'est ton métier et il me semble qu'il est plus facile d'observer un homme comme Savine, qui vit au grand jour, en représentation commune si le monde était un théâtre sur lequel il doit se faire applaudir, que de suivre à la piste une femme qui se cache de son mari ou une maîtresse qui se défie de ses amants.

— On a des moyens à soi, dit M. Houssu sentencieusement.

— Enfin c'est ton affaire ; moi, ce qui me touche, c'est de savoir si véritablement Savine est amoureux de Mlle de Barizel, ce qui, je te le dis à l'avance, m'étonnerait joliment, étant donné le personnage, ou bien s'il ne s'occupe pas seulement de cette jeune fille, qu'on dit magnifique, précisément parce qu'elle est magnifique et parce que d'autres s'occupent d'elle. Et puis, ce qui me touche aussi, mais pour le cas seulement où le prince te paraîtrait pris, c'est de savoir ce que sont ces deux femmes : la fille et la mère ; si ce sont vraiment des honnêtes femmes ou bien si ce ne sont pas tout simplement des aventurières qui visent la grosse fortune de Savine. Sur ces deux points : Savine amoureux et Mme de Barizel honnête ou aventurière, il me faut des renseignements certains ; n'épargne donc rien, je suis décidée à payer le prix qu'il faut.

De nouveau elle le regarda en appuyant sur ses dernières paroles de façon à les bien enfoncer.

Pendant quelques minutes M. Houssu resta silencieux, n'ouvrant la bouche que pour manger, ce qu'il faisait consciencieusement avec un bruit de mâchoires régulier comme le tic tac d'un moulin.

— Eh bien ? demanda Raphaëlle, que dis-tu ?

Il prit une figure souriante :

— Je dis que si tu m'avais parlé ainsi tout d'abord j'aurais compris ; tandis que j'ai été suffoqué, indigné.

— Et pourquoi ?

— Oh ! à tort, bien à tort, je le reconnais ; mais tu sais, moi, quand il s'agit de l'honneur, le sang ne me fait qu'un tour et je m'emporte ; quand on a été soldat, vois-tu, on l'est toujours ; et la proposition que tu me faisais ou plutôt que je m'imaginais que tu me faisais n'était pas de celles qu'écoute froidement un soldat, un légionnaire.

Il se frappa la poitrine, qui résonna comme un coffre.

Raphaëlle, sans répondre, haussa les épaules ; sa mère, se penchant sur la table, lui fit un signe pour qu'elle n'interrompît pas.

— Du moment qu'il s'agit seulement de savoir, continua M. Houssu, si le prince Savine ne poursuit pas un mariage, je suis ton homme, car tu as des droits à faire valoir.

— Un peu.

— Et quel autre qu'un père peut mieux les défendre ? Puisque l'occasion se présente, je ne suis pas fâché de m'expliquer une bonne fois pour toutes sur ta liaison avec le prince Savine. Si j'ai toléré cette liaison, c'est d'abord parce qu'il faut laisser une certaine liberté à une artiste, et puis c'est parce que j'ai toujours cru à la parfaite innocence de cette liaison, ce qui est bien naturel entre une femme comme toi et un homme comme lui.

— Tout ce qu'il y a de plus naturel.

— N'est-ce pas, il en est de celle-là comme il en a été de celles avec le duc de Naurouse et M. Poupardin ?

— Justement.

— Pourquoi le duc de Naurouse n'est-il pas devenu ton mari ? Pourquoi M. Poupardin ne t'a-t-il pas épousée ? Je n'en sais rien et je ne t'ai jamais adressé de question à ce sujet, parce que j'estime qu'il faut laisser une certaine liberté à une artiste ; ils ont rompu avec toi ou bien tu as rompu avec eux, je n'ai pas eu à m'en inquiéter, puisque tu ne me disais rien ; mais aujourd'hui les choses sont bien différentes : tu ne veux pas la rupture de cette liaison, tu ne veux pas que le prince Savine t'abandonne, tu ne veux pas qu'il se marie...

— Justement.

— Et pour empêcher cela, tu t'adresses à ton défenseur naturel, à ton père ; c'est bien cela, n'est-ce pas, rien que cela ?

— Certainement.

— Eh bien ! ton père te tend la main.

Et, de fait, il la lui tendit, grande ouverte, avec un geste de théâtre.

— Il fera son devoir, compte sur lui ; il saura empêcher ce mariage avec cette Américaine ; il saura aider le tien ; il saura même... s'il le faut... l'exiger.

— Contente-toi d'empêcher celui de Mlle de Barizel, s'il est vrai qu'il doive se faire.

— Là-dessus je ne prendrai conseil que de ma conscience de père.

— Quand peux-tu partir ? demanda-t-elle, impatientée de toutes ces belles paroles qu'elle supportait ordinairement avec plus de patience.

— Tout de suite, si tu veux.

Mais il se reprit :

— Demain, après-demain, dans quelques jours.

— Pourquoi pas ce soir ?

— Tu n'aurais pas dû me faire cette question, mais avec toi il ne faut pas de fausse honte et j'aime mieux te dire qu'avant de partir il me faut réunir les fonds nécessaires, non seulement à mon voyage, mais encore à l'achat de certaines indiscrétions qu'il me faudra peut-être payer cher.

— Ce n'est pas ainsi que les choses doivent se passer : le voyage et les indiscrétions, c'est moi qui les paie.

— Oh ! non, pas de ça ; pas d'argent entre nous.

Mais sans lui répondre, elle alla à sa robe et, ayant fouillé dans la poche, elle en tira un petit paquet de billets de banque qu'elle remit à M. Houssu.

Celui-ci fit mine de le refuser, mais à la fin il l'accepta.

— Alors, dit-il, je puis partir ce soir et, dès demain, me mettre en chasse.

— Tu sais, dit Raphaëlle, pas de roulette, hein !

— Jouer l'argent de mon enfant !

— Allons, ne te fâche pas, et finis de déjeuner, que nous fassions un bézigue ; je reste avec vous jusqu'à ce soir.

VI

M. Houssu avait promis à sa fille de lui écrire dès le lendemain ; cependant huit jours s'écoulèrent sans nouvelles.

— Il a joué, pensa-t-elle, et il n'a pas d'argent pour acheter les indiscrétions de l'entourage de Mme de Barizel.

Elle connaissait son père et savait quel cas on devait faire de ses nobles paroles sur l'honneur et le sentiment paternel : pendant trente ans M. Houssu n'avait eu souci que de vivre aux dépens des femmes qu'il subjuguait par sa belle prestance militaire ; puis un jour, ayant eu l'heureuse chance d'être décoré, il s'était tout à coup imaginé qu'il devait mettre un certain accord sinon entre sa vie, au moins entre son langage et sa nouvelle position ; de là cette phraséologie qu'il avait adoptée sur l'honneur (dont il se croyait le représentant sur la terre), le devoir, la délicatesse, la fierté, tous sentiments qu'il connaissait de nom mais sans avoir des idées bien précises sur ce qu'ils pouvaient être ; de là aussi son parti-pris de paraître ignorer la situation vraie de sa fille et de tout s'expliquer ou plutôt de tout expliquer aux autres par « la liberté d'artiste. » Quoi de plus facile à comprendre que sa fille possédât un hôtel aux Champs-Élysées : n'était-elle pas artiste et ne sait-on pas que les artistes gagnent ce qu'elles veulent ? Quoi plus naturel qu'on lui donnât des diamants, des chevaux, des bijoux : n'a-t-on pas toujours comblé les artistes de cadeaux ? Chacun applaudit à sa manière, celui-ci les mains vides, celui-là les mains pleines. Malgré cette attitude et le langage qu'il avait adopté, il n'en était pas moins toujours l'homme d'autrefois, c'est-à-dire parfaitement capable « de jouer l'argent de son enfant », comme autrefois il jouait et dépensait l'argent « de celles qu'il aimait ».

Cependant elle se trompait : s'il avait joué et il n'avait eu garde de ne pas le faire dès son arrivée, il avait néanmoins obtenu certaines indiscrétions sur la famille Barizel et le prince Savine ; seulement, au lieu de les obtenir rapidement en les payant, il avait été obligé, une fois qu'il avait été ruiné par la roulette, de manœuvrer avec lenteur et de remplacer par l'adresse l'argent qu'il n'avait plus ; de sorte que c'avait été après toute une semaine d'attente qu'elle avait reçu la lettre promise, une longue lettre en belle écriture moulée, épaisse et carrée, qu'il avait apprise au régiment et qui lui avait valu la faveur de son major pendant son service.

« Ma chère fille,

» Misère et compagnie.

» Voilà ce que j'ai à te dire de l'Américaine et de sa fille.

» Une pareille découverte vaut bien les quelques jours d'attente que j'ai eu le chagrin de t'imposer malgré moi, je pense, et tu ne m'en voudras pas d'un retard causé uniquement par les difficultés de ma tâche.

» Car elle était difficile, je t'en donne ma parole ; difficile avec les Américaines, difficile avec le prince.

» Et de ce côté même assez difficile pour que je ne puisse pas encore répondre d'une façon précise à ta question : — Est-il amoureux ? Veut-il se marier ?

» Je suis honteux de ne pouvoir pas te

» donner encore cette réponse ; mais puisque
» tu connais le personnage tu sais qu'il n'y
» a pas qu'à regarder dans son jeu pour le
» deviner.

» Comment, vas-tu te demander, en a-t-il
» appris si long sur les Américaines et si peu
» sur le prince ?

» Tu ne serais pas ma fille, je ne te dirais
» rien là-dessus, mais un père ne doit pas
» avoir de secrets pour son enfant : le fond
» du métier, c'est de savoir faire causer les
» domestiques ; sans doute il ne faut pas ac-
» cepter bouche ouverte tout ce qu'ils racon-
» tent, ni en bien ni en mal ; en bien, parce
» qu'ils peuvent vouloir faire mousser leurs
» maîtres (ce qui est rare) ; en mal, parce qu'ils
» peuvent les dénigrer à plaisir, sans esprit
» de justice (ce qui est fréquent) ; mais enfin,
» en se tenant sur ses gardes, on peut avec
» eux serrer la vérité de bien près. J'ai donc
» fait causer les domestiques de l'Américaine,
» mais je n'ai pas pu employer le même sys-
» tème avec ceux du prince, qui me connais-
» sent ; de là cette diversité dans mes ren-
» seignements. Il est bien évident, n'est-ce
» pas, que je n'ai pas pu m'adresser aux do-
» mestiques du prince, qui auraient été sus-
» pris de mes questions et qui auraient pu
» bavarder, qui auraient sûrement bavardé,
» comme je me suis adressé à ceux de l'A-
» méricaine, qui, ne me connaissant pas,
» n'ont point pensé à se tenir en défiance et
» sont tombés dans tous les traquenards que
» j'ai eu l'idée de leur tendre.

» Comment j'ai fait causer ces domestiques,
» cela n'a pas d'intérêt pour toi ; cependant,
» je dois te dire, pour que tu comprennes le
» mérite que j'ai eu à cela, que ce sont des
» noirs très dévoués à leur maîtresse. Ce qui
» te touche, n'est-ce pas, ce sont les résul-
» tats de ces causeries ? Les voici :

» Bien que Mme de Barizel ait une fille de
» seize ou dix-sept ans, la belle Corysan-
» dre, ce n'est point une vieille femme : c'est,
» au contraire, une personne très agréable,
» qui a dû être fort jolie en sa jeunesse et
» qui présentement est encore assez bien
» pour avoir trois amants (je ne parle que de
» ceux qui sont en pied), deux que tu con-
» nais parfaitement : le financier Dayelle
» et le banquier Avizard, et un troisiè-
» me que tu as peut-être vu ou dont
» tu as peut-être entendu parler, un cor-
» respondant de journaux nommé Du-
» plaquet. Comment s'est-elle fait aimer
» de ces trois hommes si différents ? Cela
» je n'en sais rien et ce serait à creuser, mais
» ce qu'il y a de certain c'est que tous les
» trois l'aiment au point de ne pas se gêner :
» au contraire, ils s'aident les uns les autres ;
» Dayelle qui, il y a quelques années, était
» en guerre avec Avizard, est maintenant au

» mieux avec lui et tous deux mettent leur
» influence et leurs relations, peut-être même
» même leur bourse au service de Duplaquet ;
» et il y a des braves gens qui s'imaginent
» que quand plusieurs hommes aiment la
» même femme ils doivent être ennemis,
» c'est amis, au contraire, qu'ils sont, com-
» pères, associés le plus souvent, au moins
» quand la femme est habile. Et justement
» Mme de Barizel est une maîtresse femme.
» De ces trois amants en titre il y en a
» deux qui veulent l'épouser, Avizard et Du-
» plaquet, et ceux-là elle les fait patienter en
» leur disant qu'elle ne peut devenir leur
» femme que quand elle aura marié sa fille ;
» et il y en a un troisième qu'elle veut elle-
» même épouser, Dayelle, qui, lui, n'est
» point porté au mariage, mais qu'elle espère
» enlever en mariant sa fille à un grand per-
» sonnage qui éblouira Dayelle, orgueilleux
» comme un dindon (qu'il n'est pas pour le
» reste) de son grand nom, de sa grande si-
» tuation dans le monde : beau-père du
» prince...

» Tu vois, n'est-ce pas, comment les choses
» se présentent et combien un mariage avec
» notre prince les arrangerait ?

» Ce qu'il y a d'ingénieux dans le plan
» de Mme de Barizel, c'est que tous ceux
» qui l'entourent ont intérêt à ce que
» ce mariage se fasse : Dayelle pour avoir
» toute à lui Mme de Barizel qui présente-
» ment le scie à chaque instant avec : « Ma
» fille, c'est pour ma fille, c'est à cause de
» ma fille. » Avizard et Duplaquet pour épou-
» ser Mme de Barizel ; de sorte que, non
» seulement Mme de Barizel et sa fille, la
» belle Corysandre, poursuivent ce mariage,
» mais encore que Dayelle, Avizard, Dupla-
» quet et d'autres encore peut-être que je ne
» connais pas y poussent de toutes leurs
» forces : Dayelle et Avizard, en mettant dans
» le jeu de Mme de Barizel leur influence et
» leurs relations, Duplaquet en apportant
» dans l'association un esprit d'intrigue et
» de ruse, une ingéniosité de moyens qui
» paraissent très remarquables.

» Voilà la situation de Mme de Barizel et
» de sa fille telle que je la démêle au milieu
» de tous les renseignements, souvent con-
» tradictoires, que je suis parvenu à réunir
» depuis que je suis ici.

» Tu vois qu'elle est redoutable.

» Mais ce qui la rend plus dangereuse en-
» core c'est :

» 1° La détresse d'argent des Américaines ;
» 2° La beauté merveilleuse de la jeune
» fille.

» C'est une vieille vérité que le succès
» n'appartient qu'à ceux qui sont aux abois,
» parce qu'ils risquent tout. Eh bien ! c'est
» là justement le cas de Mme Barizel d'être

» aux abois pour l'argent : il est vrai que les
» apparences ne sont pas d'accord avec ce
» que je te dis là, mais ce n'est pas les ap-
» parences qu'il faut croire : on parle d'un
» terrain à Paris sur lequel Mme de Barizel
» va faire construire un hôtel magnifique, on
» parle de grosses sommes déposées chez
» Dayelle et Avizard, on parle d'une fortune
» considérable en Amérique; mais tout cela
» est propos en l'air. La réalité, c'est qu'on
» vit d'expédients, avec largesse pour ce qui
» doit frapper les yeux, avec une avarice
» dans tout ce qui est caché, dont on n'aurait
» pas idée dans le ménage bourgeois le plus
» pauvre. Si ma lettre n'était pas déjà si
» longue, j'entrerais à ce sujet dans des dé-
» tails caractéristiques que je réserve pour te
» les conter : tu verras ce qu'est la misère
» cachée de certains personnages qui éblouis-
» sent le monde ; vrai, c'est curieux et amu-
» sant; ça nous venge, nous autres, gens
» d'honneur.
» En te disant que la beauté de Mlle de
» Barizel est merveilleuse, ce n'est pas de
» l'exagération ; il faut la voir pour admettre
» qu'une créature humaine peut être aussi
» admirablement belle. Il est vrai, et je
» l'ajoute tout de suite, qu'elle n'a pas l'air
» très intelligent, on prétend même qu'elle
» est un peu bête ; mais enfin la beauté reste,
» éblouissante; et c'est un homme qui s'y
» connaît qui lui donne ce certificat.
» Tout cela, n'est-ce pas : les projets de
» Mme de Barizel, ses relations, sa détresse
» d'argent, la beauté de sa fille font qu'un
» mariage avec le prince Savine paraît avoir
» bien des chances pour lui ?
» Le prince veut-il ce mariage ?
» Toute la question est là, et je t'ai dit que
» je ne pouvais pas la résoudre ; mais ne le
» voulût-il pas, il me semble qu'on peut
» croire qu'il sera amené un jour ou l'autre
» à se laisser faire de force ou de bonne vo-
» lonté : il doit être bien difficile de résister
» à des femmes dangereuses comme celles-
» là, la mère pour son habileté, la fille pour
« sa beauté.
» La seule chose certaine, c'est qu'il ne les
» quitte pas, ce qui est un indice grave.
» Pour le soustraire à cette influence qui
» menace de l'envelopper, il faudrait qu'on
» lui fît connaître ces deux femmes. Mais
» comment ? Je n'ai pas des faits précis à
» lui mettre sous les yeux de façon à les lui
» crever. Depuis qu'elles sont en France
» elles s'observent d'autant mieux qu'elle
» n'y sont venues que pour faire, l'une et
» l'autre, un grand mariage. Ce serait en
» Amérique qu'il faudrait faire une enquête
» à Baton-Rouge, à la Nouvelle-Orléans,
» où s'est écoulée la jeunesse de Mme Bari-
» zel; c'est là que sont les cadavres, et si j'en

» crois le peu que j'ai pu recueillir, ils ne
» seraient pas difficiles à déterrer.
» Tandis qu'ici c'est le diable : il faut cher-
» cher, combiner, se donner un mal de ga-
» lérien et pour pas grand'chose.
» Et pendant ce temps-là notre prince se
» trouve serré de plus en plus.
» Dis-moi ce que je dois faire ; surtout en-
» voie-moi les moyens de faire quelque cho-
» se, car je suis au bout de mes ressources.
» C'est étonnant comme l'argent file.
» Je t'embrasse avec les sentiments d'un
» père affectueux et dévoué.

» Houssu. »

A cette longue lettre, Raphaëlle répondit
par une dépêche télégraphique qui ne contenait que deux mots :

« Reviens immédiatement. »

M. Houssu arriva à Paris le vendredi soir,
et le samedi matin il s'embarquait au Havre
sur le transatlantique en partance pour New-
York. Raphaëlle avait jugé la situation assez
menaçante pour aller en Amérique déterrer
les cadavres qui devaient lui rendre son
prince.

VII

Le jour même où la ville de Bade avait le
malheur de perdre M. Houssu, rappelé par
sa fille, elle recevait un hôte dont le *Badeblatt* annonçait l'arrivée en ces termes :

« Le train d'hier soir nous a amené une
des personnalités les plus en vue du grand
monde parisien : M. le duc Roger de Naurouse, qui revient d'un long voyage autour
du monde. A peine débarqué à Trieste, M.
le duc de Naurouse s'est mis en route pour
Bade, où il compte, nous dit-on, faire un séjour d'un mois ou deux et se reposer des fatigues de son voyage. Tout donne à espérer
que M. le duc de Naurouse montera un des
chevaux engagés dans notre grand steeple-
chase qui s'annonce comme devant jeter
cette année un éclat plus vif encore que les
années précédentes, aussi bien par le nombre et le mérite des concurrents, que par la
réputation des gentlemen qui doivent les
monter. »

Si la nouvelle n'était pas entièrement
vraie, et particulièrement pour le grand
steeple-chase d'Iffetzheim, auquel le duc de
Naurouse ne pensait pas, au moins l'était-
elle dans ses autres parties : il était vrai que
le duc de Naurouse était de retour de son
voyage autour du monde et il était vrai
aussi qu'à peine débarqué à Trieste il était
monté en wagon pour venir directement à
Bade, au lieu de rentrer en France.

Qu'eût-il été faire en France ?

Il n'y était appelé par rien ni par personne.

Et, avant de rentrer à Paris, il était bien aise de savoir ce qui s'était passé en son absence, un peu mieux et d'une façon plus détaillée et plus précise que les quelques lettres qu'il avait reçues n'avaient pu le lui apprendre.

Qu'avait fait la duchesse d'Arvernes après son départ ?

A cette question, qu'il s'était si souvent posée et avec tant d'émotion pendant les longues heures mélancoliques de la traversée, en restant appuyé sur le plat-bord à voir la mer immense fuir derrière lui ou à suivre le vol capricieux des nuages dans les horizons sans bornes, il n'avait jamais eu d'autres réponses que celles qu'il se donnait lui-même en arrangeant les combinaisons de son imagination surexcitée, c'est-à-dire rien que du rêve.

Cependant son ami Harly, avant qu'il quittât Paris, lui avait promis de le tenir exactement au courant de ce qui se passerait.

Mais en quittant Paris le duc de Naurouse croyait aller à New-York, et c'était à New-York que Harly devait lui écrire, tandis que c'était à Rio-Janeiro qu'il avait été. Aussitôt débarqué à Rio-Janeiro, il avait employé tous les moyens pour que ses lettres le rejoignissent ; mais la hâte qu'il avait mise à expédier des dépêches de tous les côtés embrouillé les choses : les lettres n'étaient point arrivées en temps là où il devait les trouver ; il les avait fait suivre ; elles s'étaient égarées ; si bien qu'il n'avait pas reçu la moitié de celles qui lui avaient été écrites. Celles qui étaient adressées à New-York avaient été le chercher à Rio-Janeiro ; celles qui avaient été à Rio-Janeiro ne l'avaient pas rejoint à San Francisco ; celles de Yokohama n'étaient pas arrivées ; celles de Calcutta, qu'il avait fait venir à Singapore, étaient en retard lorsque le vapeur qui le portait avait passé le détroit ; et ainsi de suite jusqu'à Alexandrie.

De tout cela il était résulté une conversation à bâtons rompus et tellement embrouillée qu'elle était à peu près inintelligible.

Comment Mme d'Arvernes avait-elle supporté leur séparation ? L'aimait-elle toujours ? Avait-elle un nouvel amant ? S'était-elle consolée ?

Il n'en savait rien.

Et justement, avant de rentrer en France il avait grand intérêt à être fixé sur ce point.

Quelle attitude prendrait-il lorsqu'ils se rencontreraient, ce qui se produirait infailliblement aussitôt son retour à Paris ?

Comment l'aborderait-elle ?

Depuis son départ et pendant la durée de son voyage, il avait bien souvent agité ces questions, mais sans jamais pouvoir les résoudre.

Pour lui il était bien guéri, radicalement guéri, et le voyage avait achevé le désenchantement qui avait commencé avant son départ.

Mais, elle, ne l'aimait-elle pas encore ?

D'ailleurs pour ne l'aimer plus il ne la haïssait point : l'amour s'était éteint, entièrement éteint ; mais il avait été remplacé par un sentiment de tendresse et de reconnaissance émue : le souvenir des mauvais jours s'était effacé et peu à peu il n'avait plus retrouvé dans son cœur que celui des heureuses journées.

Certes il avait eu à se plaindre d'elle ; bien souvent elle l'avait blessé, bien souvent elle l'avait fait souffrir, bien souvent elle l'avait amené à souhaiter une séparation qui brisât la vie tourmentée qu'elle lui imposait. Que de reproches n'avait-il pas eu à lui adresser ! que de colères ! que d'indignation n'avait-elle pas soulevées en lui ! Combien de fois ne s'était-il pas accusé de lâcheté de ne pas rompre cette liaison.

Mais au milieu de ces nuages, de ces orages, il y avait eu aussi de chauds rayons de soleil et des éclaircies lumineuses : c'étaient ceux-là qu'il se rappelait, celles-là qu'il revoyait. L'absence avait accompli son œuvre d'apaisement, et à distance, regardant dans le passé, ce qui avait été mauvais s'était effacé, s'amoindrissant, disparaissant, tandis que ce qui avait été bon s'était rapproché, s'était transfiguré et peu à peu avait fini par rester seul.

C'étaient ces souvenirs heureux qui avaient égayé la mélancolie de ses longues traversées d'Europe en Amérique, d'Amérique en Asie, et d'Asie en Europe ; c'était avec eux qu'il avait vécu dans la solitude de sa cabine ; c'était en les évoquant, en les caressant qu'il avait trompé les journées et les semaines d'attente pendant lesquelles il guettait en se promenant au bord de la mer, dans quelque petit port de relâche, le vapeur qui devait l'emmener et qui n'arrivait pas ; c'était en les suivant qu'il avait occupé ses heures d'insomnie dans les tristes nuits des chambres d'hôtel ou de veille sous la tente.

Après tout il l'avait aimée, et si elle n'avait point été pour lui la maîtresse qu'il avait rêvée, c'était près d'elle cependant, par elle qu'il avait eu quelques journées de bonheur.

Et comment l'en avait-il payée ?

Jamais cette pensée ne s'était présentée à son esprit sans qu'il en fût malheureux et humilié. Cette fuite pendant qu'elle dormait avait eu quelque chose de misérable ; il eût dû, puisqu'il était décidé à la quitter, puisqu'il le devait, puisqu'il avait engagé son honneur, le faire franchement, la tête haute, le cœur ferme, et ne pas se sauver sans oser tourner la tête, en marchant sur la pointe des pieds, ne retrouvant sa respiration que dans l'escalier.

Comment avait-elle jugé cette fuite ?
Comment le jugeait-elle lui-même ?
C'était là une question qui, toutes les fois qu'il se l'était posée et l'avait examinée, lui avait été douloureuse.

Il eût voulu que Mme d'Arvernes eût pour lui les sentiments qu'il avait pour elle et qu'elle ne pensât à lui qu'avec tendresse.

En était-il ainsi ?

Avec la violence passionnée qu'elle mettait dans tout, avait-elle pu envisager froidement les choses ? N'en était-elle pas encore au moment où, sur la jetée du Havre, quand elle l'avait vu emporté par le *Rosario*, elle avait tendu vers lui ses mains désespérées dans un mouvement où il y avait autant de colère que de douleur ?

Si cela était ? Si elle l'aimait encore, quelle serait leur attitude en se rencontrant chaque jour ?

Pour lui, il se sentait pleinement tranquille : c'était fini, si bien fini qu'il aurait plaisir à la revoir.

Mais elle ?

Se renfermerait-elle dans sa fierté outragée ? Ne voudrait-elle pas, au contraire, revenir à lui ou même, tout simplement, ne voudrait-elle pas le reprendre, ne fût-ce que par orgueil ?

Alors ce serait la lutte du Havre qui recommencerait ; il est vrai que ce serait dans des conditions toutes différentes, car les sentiments qu'il éprouvait maintenant ne ressemblaient en rien à ceux qui avaient fait bondir son cœur lorsqu'elle était entrée dans la chambre de *Frascati* et qu'elle s'était adossée à la porte pour l'empêcher de sortir; mais enfin ce serait la lutte.

Que d'ennuis !

Sans doute il n'avait pas à s'inquiéter du résultat ; à l'avance il sentait bien ce qu'il serait ; mais ce n'était pas du résultat seul qu'il devait prendre souci : rentrant en France, c'était le calme qu'il souhaitait, qu'il voulait, et s'il avait à se défendre contre Mme d'Arvernes, ce serait le trouble qu'il rencontrerait.

Mme d'Arvernes d'un côté, M. d'Arvernes de l'autre, que de scènes pénibles en perspective... si elle n'était pas guérie de son amour !

L'était-elle ?

Voilà pourquoi, avant de rentrer en France, il avait voulu passer par Bade, où il avait chance de rencontrer quelqu'un de son monde et de le faire parler sans l'interroger trop directement : s'il n'obtenait point des réponses précises, il demanderait à Harly de lui écrire exactement quelle était la situation vraie, et alors il saurait ce qu'il devait faire: rentrer à Paris où rien ne l'appelait d'ailleurs un jour plutôt qu'un autre, ou bien aller passer quelques mois dans son château de Varages ou dans celui de Naurouse.

A peine installé à l'hôtel, dans un appartement assez modeste, son premier soin fut de demander les derniers numéros du *Badeblatt* et de chercher sur la liste des étrangers quels étaient ceux de ses amis qui étaient arrivés à Bade en ces derniers temps.

Le nom de Savine lui sauta tout d'abord aux yeux, mais il ne s'y arrêta point, aimant mieux s'adresser à un ami avec lequel il n'aurait point à se tenir sur ses gardes et à peser ses paroles comme s'il était devant un juge d'instruction.

Cependant, comme il ne trouva point cet ami, il fallut bien qu'il revînt à Savine, sous peine d'attendre que le hasard amenât à Bade quelqu'un qu'il pourrait interroger librement.

Ne voulant point attendre, il se rendit au *Graben*, se promettant de veiller sur son impatience.

Mais Savine n'était point chez lui ; il était à la *Conversation* occupé à essayer de faire triompher la morale publique à la table de trente-et-quarante en opérant d'après les combinaisons inexorables du marquis de Mantailles.

Le duc de Naurouse se rendit à la Conversation : c'était l'heure où la musique jouait sous le kiosque qui s'élève devant la maison de Conversation. Autour de ce kiosque et sur la terrasse du café, assis sur des chaises ou se promenant lentement, se pressait en une élégante cohue un public nombreux qui réunissait à peu près toutes les nationalités des deux mondes, mais qui cherchait bien manifestement à se rattacher par la toilette à deux seuls pays : les hommes à l'Angleterre, les femmes à Paris.

Le duc de Naurouse connaissait trop bien cette société cosmopolite qu'on rencontre dans toutes les villes d'eaux à la mode pour la regarder avec curiosité et l'étudier avec intérêt ; pendant son absence ce monde n'avait pas changé, il était toujours le même. Cependant, quoiqu'il ne promenât sur cette assemblée qu'un regard nonchalant et indifférent, ses yeux furent tout à coup irrésistiblement attirés et retenus par la beauté d'une jeune fille, si éclatante, si éblouissante qu'elle le frappa d'une sorte de commotion et l'arrêta sur place. Alors il la regarda longuement : elle paraissait avoir dix-sept ou dix-huit ans ; elle était blonde, avec des yeux bruns ombragés par des sourcils pâles et soyeux; l'expression de ces yeux était la tendresse et la bonté; elle était de grande taille et se tenait noblement, dans une attitude modeste cependant et qui n'avait rien d'apprêté, naturelle au contraire et gracieuse; près d'elle était assise une femme jeune encore, sa mère sans doute, pensa le duc de Naurouse, bien qu'il n'y eût entre elles aucune ressemblance, la mère ayant l'air aussi dur que la fille l'avait doux.

Cependant, comme le duc de Naurouse ne pouvait rester ainsi campé devant elles en admiration, il continua d'avancer, se promettant de revenir sur ses pas et de repasser devant elles : il chercherait Savine plus tard; il était sorti de son hôtel assez mélancoliquement, trouvant tout triste et morne, se demandant ce que ces gens qu'il rencontrait pouvaient bien faire dans un trou comme Bade, et voilà que tout à coup une éclaircie s'était faite en lui et autour de lui, il se sentait gai, dispos; le ciel, de gris qu'il était, avait instantanément passé au bleu; cette verdure qui l'entourait était aussi fraîche aux yeux qu'à l'esprit, ce paysage entouré de montagnes aux sommets sombres était charmant; cette chaude journée d'été le pénétrait de bien-être; ce pays de Bade était le plus gracieux du monde; il était heureux de se retrouver au milieu de ce monde; comme les yeux de ces femmes, c'est-à-dire de cette jeune fille, ressemblaient peu aux yeux noirs, cuivrés, allongés, arrondis qu'il avait vus dans son voyage.

C'était tout en marchant sans rien regarder autour de lui qu'il suivait l'éveil de ces sensations; il allait arriver au bout de sa promenade et revenir sur ses pas, lorsqu'un nom, le sien, prononcé à mi-voix le frappa :

— Roger!

Il tourna les yeux du côté d'où cette voix, qui avait résonné dans son cœur, était partie.

La secousse qui l'avait frappé ne l'avait point trompé : c'était elle, Mme d'Arvernes, qui l'appelait; le dernier mot qu'elle avait crié lorsqu'ils s'étaient séparés, son nom, était celui qu'elle prononçait après une si longue absence, comme si toujours, depuis qu'il s'était éloigné emporté par le *Rosario*, elle l'avait répété. Cet appel le remua profondément, et durant quelques secondes il resta abasourdi.

Mais il n'y avait pas à hésiter; elle était là, le regardant, penchée en avant, à demi soulevée sur sa chaise. Il alla à elle, sans bien voir quelle était l'expression vraie de ce visage ému.

Comme il approchait, elle lui tendit les deux mains :

— Vous ici!
— J'arrive.
— Et moi aussi. Quel bonheur!

Il avait la main dans celles qu'elle lui tendait, et il restait incliné vers elle n'osant trop ni la regarder, ni parler.

Autour d'eux un mouvement de curiosité s'était produit, tant avait été vif l'élan de leur abord; des centaines d'yeux les examinaient avidement et déjà les oreilles s'ouvraient pour écouter les paroles qu'ils allaient échanger. Mme d'Arvernes eut conscience de ce qui se passait, et bien que par principe et par habitude elle ne prît jamais souci de ceux qui l'entouraient, elle jugea que ce n'était pas le moment de se donner en spectacle.

— Votre bras? dit-elle à Roger.

En même temps elle s'était levée et, sans attendre sa réponse, elle lui avait pris le bras.

Ils s'éloignèrent, au grand ébahissement des curieux désappointés.

Tout d'abord ils marchèrent silencieux l'un et l'autre, elle s'appuyant doucement sur lui en le pressant contre elle, ce qui était loin de lui rendre le calme.

Ce fut seulement après être sortis de la foule qu'elle prit la parole : se haussant vers lui, mais sans le regarder, elle murmura :

— *Carino, Carino*, enfin je te revois.

Il ne répondit pas, ne sachant que dire et se demandant où allait aboutir cet entretien commencé sur ce ton. Ce qu'il avait redouté se réalisait-il donc? L'aimait-elle encore? Pour lui il était ému par cette pression de sa main et plus encore par ce nom de *Carino* qu'elle avait si souvent prononcé et qui évoquait tant de souvenirs passionnés; mais le sentiment qu'il éprouvait ne ressemblait en rien à l'amour.

— Que je suis heureuse de te revoir! continua-t-elle. Et toi que ressens-tu, en me retrouvant, en m'entendant? Tu ne dis rien.

Il fallait répondre.

— Un sentiment de grande joie, dit-il franchement.

Elle s'arrêta et, tournant à demi la tête, elle le regarda en face, plongeant dans ses yeux.

— Vrai, dit-elle, c'est vrai?

Mais elle ne trouva pas sans doute dans ces yeux ce qu'elle y cherchait, car elle baissa la tête et reprit son chemin.

— Tu ne me demandes pas ce que je suis devenue sur la jetée du Havre, dit-elle, quand j'ai vu le vapeur qui t'emportait s'éloigner, me laissant là désespérée, anéantie, folle.

— Je n'ose pas.

— Comment as-tu pu avoir ce courage féroce? Comment as-tu pu m'abandonner, — elle baissa la voix, — et au lit encore, endormie?

Avant qu'il eut répondu à ces questions

qui étaient pour lui terriblement embarrassantes, il fut distrait par un signe de la main droite que venait de faire Mme d'Avernes. Machinalement il regarda à qui ce signe était adressé, il vit que c'était à un jeune homme qui se trouvait à une courte distance et qui, bien évidemment, avait été arrêté par Mme d'Arvernes au moment même où il s'approchait d'eux : ce jeune homme était un grand beau garçon, solide et bien bâti, de tournure élégante, à la mine fière, avec des yeux au regard velouté.

Mme d'Arvernes avait suivi le mouvement du duc Naurouse et elle avait très bien senti qu'il examinait curieusement ce jeune homme; elle se mit à sourire et prenant un ton enjoué :

— Sans lui, je ne me serais pas consolée.

— Ah !

— Le vicomte de Baudrimont. Je te le présenterai, mais pas tout de suite, il nous gênerait.

Et de nouveau elle fit un léger signe au jeune homme pour qu'il s'éloignât et la laissa seule.

Ces quelques paroles avaient été une véritable douche glacée qui s'était abattue sur les épaules du duc de Naurouse. Eh quoi, c'était quand il cherchait des mots adoucis et des périphrases pour lui répondre, qu'elle lui parlait si crûment de sa consolation et qu'elle lui montrait si franchement son consolateur, ce beau garçon aux yeux passionnés ! Et un moment il avait eu peur d'elle ! Vraiment, il était encore bien naïf ! Cependant ce ne fut pas dans son orgueil qu'il se sentit atteint, mais plus profondément. Vingt fois, cent fois, il s'était dit en pensant à elle au moment où ils se retrouveraient en présence : « Si elle avait un nouvel amant, comme cela arrangerait les choses. » Et voilà que, cet amant, elle l'avouait, elle le montrait et par une bizarrerie inexplicable, voilà que lui, l'ancien amant, il se trouvait blessé, lui qui ne l'aimait plus, lui qui l'avait abandonnée.

Il est vrai que cette blessure ne s'enfonça pas dans les chairs; ce fut une commotion, rien de plus.

— Comment le trouves-tu ? demanda Mme d'Arvernes.

Cette interrogation acheva de lui rendre sa raison.

— Charmant, dit-il en riant.

— N'est-ce pas ! Comme tu dis, il est charmant ; beau garçon, tu vois qu'il l'est ; bon, tendre, confiant, il l'est aussi ; c'est une excellente nature, mais malgré toutes ses qualités, et elles sont réelles, elles sont nombreuses, tu sais, ce n'est pas toi. Ah ! Roger, comme je t'ai aimé et comme tu m'as fait souffrir. Si ce garçon n'avait pas été là, je serais devenue folle.

— Mais il était là.

— Heureusement ; mais enfin ce n'est pas toi, mon Roger.

Disant cela, elle fixa sur son Roger un regard dans lequel il y avait tout un monde de souvenirs et même peut-être autre chose que des souvenirs ; mais ce regard ne troubla pas le duc de Naurouse ; l'heure de l'émotion était passée ; maintenant il était décidé à prendre la situation gaiement.

— Ah ! pourquoi es-tu parti ? continua Mme d'Arvernes, nous nous aimerions toujours. Moi, jamais je ne me serais séparée de toi. Mais tu as voulu être chevaleresque. Quelle folie ! Tu vois à quoi a servi ce sacrifice ; car ç'a été un sacrifice pour toi, n'est-ce pas ?

— N'as-tu pas vu ma lutte, mes hésitations après que j'avais donné ma parole, ma douleur, mon désespoir ? Que pouvais-je ?

— C'est vrai et je suis injuste en demandant à quoi a servi ton sacrifice. Je ne suis pas pour M. de Baudrimont ce que j'étais pour toi ; il n'est pas pour moi ce que tu étais ; je ne suis pas fière de lui comme je l'étais de toi ; je ne m'en pare pas. Pour le monde, il n'y a rien à blâmer : les convenances sont sauves, c'est plat, c'est bourgeois. M. d'Arvernes est heureux. Mais toi, comment t'es-tu consolé ? Qui t'a consolé ?

— Personne.

Elle le regarda avec un sourire équivoque en se serrant contre lui :

— Ah ! Carino, murmura-t-elle.

Mais cette pression, qui naguère le secouait de la tête aux pieds, arrêtait le sang dans ses veines et contractait tous ses nerfs, le laissa insensible et froid.

Il y eut un moment de silence, puis elle reprit :

— Nous allons dîner ensemble...

— Mais...

— ... Oh ! avec lui ; je ne veux pas lui faire ce chagrin, il est déjà bien assez malheureux de notre entretien. Maintenant, j'ai une grâce à te demander : il voudra se lier avec toi...

— ... Mais...

— ... Il veut ce que je veux. Laisse-toi faire ; accepte-le. Il ne verra que par toi ; tu le guideras, tu l'empêcheras de faire des folies, il est si jeune, tu me le garderas.

Comme il ne répondait pas, elle lui secoua le bras :

— Tu ne veux pas ?

— Au fait, cela est drôle.

— Ah ! Roger !

A ce moment le jeune vicomte de Baudrimont les croisa de nouveau ; Mme d'Arvernes l'appela d'un signe et la présentation fut vite faite.

— M. de Nauroune veut bien me faire l'amitié de dîner avec nous, dit-elle, il nous contera son voyage.

VIII

Roger se réveilla le lendemain matin maussade et triste.

Comme il n'était que petit jour, il voulut se rendormir; mais il se tourna et se retourna sur son lit sans pouvoir fermer les yeux : ce qui s'était passé la veille, ce qu'il avait vu, ce qu'il avait entendu, l'insouciance de Mme d'Arvernes, l'inquiétude du jeune Baudrimont, tout cela s'agitait confusément dans sa tête troublée.

De toutes les prévisions qui avaient traversé son esprit pendant son long voyage, une seule ne s'était point présentée à lui, — celle précisément qui, la veille, était devenue une réalité.

Évidemment il était bon que les choses fussent ainsi, la raison, la sagesse le disaient; c'eût été folie de vouloir qu'elles fussent autrement : c'était fini, bien fini, il était à l'abri des coups de tête de Mme d'Arvernes ; plus de luttes à soutenir ; il était libre.

Et cependant.

Cependant cette liberté jusqu'à un certain point, il regrettait qu'elle lui eût été rendue si vite ou tout au moins dans ces conditions. Oui, il avait souhaité qu'elle se consolât; oui, il avait demandé qu'elle ne l'aimât plus lorsqu'ils se reverraient ; mais il n'avait point imaginé qu'elle se consolerait ainsi et que si vite elle se guérirait de son amour.

Qu'était-ce donc que l'amour s'il s'effaçait avec cette facilité, s'il se remplaçait avec cette rapidité ?

Cette femme avait pour lui sacrifié son honneur, elle avait livré à la risée publique le nom de son mari, elle avait délaissé ses enfants, tout ce qu'il y a de sacré elle l'avait foulé aux pieds, sans autre souci au monde que la satisfaction de son amour; si cet amour devait lui manquer, elle deviendrait folle, elle se tuerait, ou bien elle mourrait de désespoir. Il lui avait manqué, et, du jour au lendemain, le même jour peut-être, elle l'avait remplacé par un autre.

Voilà ce qui, malgré ce que lui disait la sagesse et la raison, le blessait et le peinait.

Il n'eût point voulu être si vite oublié.

Il lui semblait que si elle avait gardé plus longtemps son souvenir, il se trouverait maintenant moins seul, et qu'il pourrait continuer de vivre dans le passé comme pendant ce long voyage il y avait vécu.

Les heures s'écoulèrent, le sommeil ne vint point.

Enfin il se leva, se demandant à quoi il allait employer sa journée. Il n'avait plus à chercher Savine, il savait ; et même ce que Savine pourrait lui dire ne ferait qu'irriter sa méchante humeur au lieu de l'adoucir ; il ne tenait pas à ce qu'on lui racontât les amours de Mme d'Arvernes avec le vicomte de Baudrimont, ce que Savine ne manquerait pas de faire bien certainement.

Il s'habilla lentement.

Puis longuement, mais sans appétit, il déjeuna dans son appartement en lisant les journaux, de la première à la dernière ligne, même les annonces, même le nom de l'imprimeur.

Mais cela n'usait pas le temps.

Les heures étaient éternelles.

L'idée lui vint de s'en aller tout de suite à Paris, maintenant qu'il n'avait plus à s'inquiéter de ce qui l'y attendait. En réalité, ce qui l'attendait, c'était.... rien. Qui trouverait-il à Paris ? Personne, excepté Harly. Ses anciens amis n'étaient pas à Paris à cette époque. Et puis, devait-il reprendre avec ces amis l'existence qu'il menait avant son départ. Il en avait tristement exploré le vide. Où cela le conduirait-il ? Quelle solitude en lui et autour de lui. Pas de famille. La seule femme qu'il eût eu du bonheur à revoir, sa cousine Christine, était au couvent. Des amis qui méritaient à peine le titre de camarades de plaisir. Un grand nom, une belle fortune dont il avait enfin la libre disposition et rien à désirer, aucun but à poursuivre, car il ne pouvait pas songer à rentrer au ministère et à demander un poste quelconque dans une ambassade, puisque M. d'Arvernes était toujours ministre et que, s'adresser à lui, c'eût été en quelque sorte demander le paiement du sacrifice qu'il avait accompli.

N'y avait-il donc pour lui d'autre avenir que de reprendre ses habitudes d'autrefois, d'autres plaisirs que ceux qu'il avait épuisés, d'autres émotions que celles du jeu ?

Ne rien faire.

Avoir pour maîtresses des filles ; passer de Balbine à Cara, de Cara à Raphaëlle, et toujours ainsi.

Il se sentait né pour mieux que cela cependant.

Il se sentait de l'activité.

Il se sentait un cœur.

Il avait l'orgueil de son nom.

Ce qui l'avait le plus lourdement accablé dans ce voyage, c'avait été son isolement : plusieurs fois il avait été en danger, et alors il avait eu la pensée désespérante qu'à ce moment même personne ne prenait intérêt à lui et qu'il pouvait mourir sans qu'on le pleurât. On dirait : « Si jeune, le pauvre garçon ! » et ce serait tout. Plusieurs fois aussi il avait eu des heures, des journées de plaisir, des élans d'admiration et d'enthousiasme, et alors il n'avait jamais pu reporter sa joie sur personne et se dire : « Si elle était là ; » ou bien : « Je lui conterai cela. » C'était seul qu'il avait souffert ; c'était seul qu'il avait joui.

Serait-il donc seul à jamais ?

Pourquoi ne se marierait-il pas ?

De famille il n'aurait jamais que celle qu'il se créerait.

Il se sentait dans le cœur des trésors de tendresse à rendre heureuse, sans une heure de lassitude ou d'ennui, la femme qu'il aimerait et qui l'aimerait, l'honnête femme qui serait la mère de ses enfants.

Quand on avait l'honneur de porter un nom comme le sien, c'était un devoir de ne pas le laisser s'éteindre.

Et puis n'était-ce pas le seul moyen d'empêcher sinon sa fortune, au moins son titre et son nom de tomber aux mains de ceux qui se disaient sa famille, — ces Condrieu-Revel exécrés — qui n'étaient que ses ennemis après avoir été ses persécuteurs.

Et cela il le voulait à tout prix ; à tout prix il fallait que ce nom de Naurouse, que ce titre de duc n'échût point en vertu d'une sorte de droit d'héritage à ce niais de Ludovic de Condrieu qui bientôt n'allait plus être que Coudrier, si, comme Harly l'avait annoncé dans une de ses lettres, le procès intenté par le duc de Condrieu était bientôt jugé, — c'est-à-dire perdu par les Condrieu-Revel. Ne serait-ce point laisser déshonorer ce nom de Naurouse, naguère si glorieux, que de permettre qu'il fût porté par ces Condrieu-Revel ? Sa fortune, il pouvait en disposer par testament, et, en accomplissant rigoureusement toutes les formalités prescrites par la loi, il était à croire que ce testament serait exécuté, malgré les contestations que les Condrieu-Revel ne manqueraient pas de soulever. Mais pour son nom, il n'en était pas ainsi : ce nom, qui devait s'éteindre avec lui s'il ne laissait pas d'enfant, passerait sans doute à son cousin Ludovic, car si discrédité que fût le comte de Condrieu-Revel par suite du procès qu'il soutenait contre les vrais Condrieu, il obtiendrait sans doute cette faveur pour son petit-fils, et il aurait d'autant plus de chance de l'obtenir que celui-ci serait menacé de rester sans nom. Cette substitution serait un heureux moyen de pallier ce scandale et cette honte : avec son habileté, son astuce, ses intrigues, le vieux comte ne manquerait pas de raisons à faire valoir et il les présenterait de telle sorte, il les appuierait de telle façon qu'on pouvait dire presque sûrement

à l'avance qu'elles triompheraient. Ce serait une compensation, une consolation accordée à un homme qui avait rendu des services considérables à l'Etat, à un serviteur dévoué du gouvernement, à un vieillard, à un père malheureux.

Avec une santé comme la sienne, il devait avoir la pensée de ce danger constamment présente à l'esprit ; sans doute, cette santé n'était point aussi mauvaise qu'elle l'avait été pendant les derniers temps de son séjour à Paris, mais elle n'était cependant pas assez raffermie pour qu'il pût se croire en état de défier la mort. Pendant son voyage, il avait eu un vomissement de sang qui l'avait laissé très faible pour plusieurs semaines, et bien que le médecin qui l'avait soigné lui eût dit, bien qu'il eût cru lui-même que ce vomissement avait été causé par le mal de mer et les fatigues d'une mauvaise traversée, ce n'en était pas moins un symptôme qu'il ne devait pas oublier.

Tout se réunissait donc pour l'amener au mariage, et il pouvait d'autant mieux s'arrêter à cette idée maintenant qu'il était entièrement maître de lui, maître de sa liberté, maître de son cœur.

Qu'il trouvât une jeune fille qui lui plût et qui réunît les qualités que devait avoir une duchesse de Naurouse et il pouvait l'épouser s'il savait se faire aimer d'elle. C'en serait fini de sa vie de garçon si vide et si monotone ; plus d'isolement ; une famille, des enfants ; son nom sauvé !

Il est vrai que cette jeune fille, il ne la connaissait point, et qu'en cherchant dans le monde où il avait vécu il ne la voyait point ; mais ce n'était pas à dire qu'elle n'existât pas : ce monde, il l'avait quitté depuis longtemps, et puis ce n'était pas quand sa passion pour Mme d'Arvernes l'emportait et l'aveuglait qu'il pouvait avoir des yeux pour les jeunes filles à marier, qui d'ailleurs à ce moment n'étaient que des petites filles.

Il était jeune, il était riche, il portait un des grands noms de France : il pouvait se présenter partout la tête haute.

C'était devant sa fenêtre ouverte, assis dans un fauteuil et regardant machinalement le jeu de la lumière dans les branches des arbres, qu'il réfléchissait ainsi. Tout à coup la brise lui apporta le prélude d'une valse que jouait une musique militaire.

Il écouta un moment, puis vivement il se leva : l'image de la jeune fille blonde qu'il avait vue la veille et à laquelle il n'avait plus pensé venait de se dresser devant lui, évoquée par cette musique, et il la retrouvait aussi éblouissante de beauté et de charme qu'elle lui était apparue la veille.

Quelle était cette jeune fille ?
Il prit son chapeau.
Quelle qu'elle fût, elle méritait bien toujours qu'il se donnât la joie de l'admirer.

IX

Dans le vestibule de l'hôtel, Roger se trouva face à face avec Savine, qui arrivait.
— Vous veniez chez moi, dit Savine en tendant la main au duc.
— Non, je sortais.

Savine, malgré les démonstrations de joie auxquelles il se livrait en serrant le duc de Naurouse dans ses bras, parut un peu désappointé; c'était en effet une de ses prétentions de s'imaginer qu'on devait toujours aller chez lui et que lui n'avait à aller chez ses amis que quand il avait besoin d'eux; c'était pour cela qu'ayant appris la veille que le duc de Naurouse était venu pour le voir, il n'avait pas bougé de toute la matinée, attendant une seconde visite d'un ami dont il était séparé depuis près de deux ans et ne se décidant à venir chez cet ami qu'à la dernière extrémité.

— Où allez-vous ? demanda Savine.
— Nulle part; je sortais pour sortir, pour me promener, pour aller à la musique.
— Eh bien, nous allons y aller ensemble; nous causerons, car vous devez en avoir long à me raconter.
— Moins long que vous peut-être, car je ne sais rien de ce qui s'est passé à Paris depuis mon départ.
— Vraiment !
— J'arrive; il y a trois jours encore j'étais sur mer, et, depuis mon débarquement, je n'ai vu personne.
— En effet, dit Savine, qui aimait beaucoup mieux parler, surtout parler de lui, qu'écouter, j'ai toutes sortes de choses à vous apprendre.

Et, serrant le bras de Roger contre le sien comme par un mouvement de sympathie :
— D'abord je dois vous apprendre, ce qui vous touche de près: Mme d'Arvernes n'a point été malade de désespoir après votre départ; elle a reçu les consolations d'un très joli garçon qu'elle a été découvrir en province, je ne sais trop où, le vicomte de Baudrimont.
— Je le connais.
— Comment cela ?
— J'ai dîné hier avec lui et avec Mme d'Arvernes.
— Vous me disiez que vous n'aviez vu personne depuis que vous étiez en Europe ?
— Hier, en sortant de chez vous, j'ai rencontré Mme d'Arvernes et j'ai dîné avec elle et avec le vicomte de Baudrimont.
— Vous avez dîné avec Mme d'Arvernes et le vicomte de Baudrimont ?
— Et pourquoi pas ?
— Vous savez, Naurouse, vous êtes admirable avec votre flegme.

Si Roger n'avait jamais voulu avouer qu'il était l'amant de Mme d'Arvernes alors qu'il l'aimait, il n'était pas plus disposé à un aveu de ce genre maintenant que tout était fini entre elle et lui.
— Où voyez-vous ce flegme? dit-il froidement. Vous me racontez des histoires de Mme d'Arvernes qui sont curieuses jusqu'à un certain point, mais qui ne me touchent pas de près comme vous pensez; il est donc tout naturel qu'elles ne m'émeuvent point.
— Alors cela vous a été indifférent de rencontrer Mme d'Arvernes avec M. de Baudrimont ? dit Savine d'un air pincé qui trahissait un peu trop clairement sa déception.
— Oh ! tout à fait, je vous assure, répondit Roger avec un accent d'entière sincérité.

Savine marcha un moment en silence en fouettant l'air de sa canne; puis, tout à coup, comme un homme qui prend une revanche et qui, n'ayant pas réussi d'un côté, se retourne d'un autre avec l'espoir d'être plus heureux.
— Vous avez reçu des lettres de votre famille pendant votre voyage ? demanda-t-il.
— Vous savez bien que je n'ai pas de famille.
— Il me semble que vous avez un grand-père.

Roger connaissait Savine et il savait quelle jouissance c'était pour celui-ci d'apprendre à ses amis des nouvelles qui pouvaient les peiner ou les mortifier. D'ailleurs, la tournure que prenait l'entretien ne lui laissait aucun doute à ce sujet.
— Je désire qu'on ne me parle jamais de lui, dit-il nettement.
— Ah !
— C'est ainsi.

Il fallut bien que Savine se tût et qu'il ne racontât pas le procès en usurpation de nom.

De nouveau un silence s'établit entre eux; heureusement ils arrivaient devant la Conversation et le mouvement de la foule, le bruit de la musique, le brouhaha des gens qui allaient çà et là empressés ou nonchalants empêchèrent ce silence de devenir trop embarrassant pour l'un comme pour l'autre.

D'ailleurs Roger ne pensait plus à Savine, il cherchait s'il n'apercevrait point sa belle jeune fille blonde de la veille : elle était précisément à la place même où il l'avait vue et près d'elle se trouvait la dame dont il avait remarqué l'air dur.

Toutes deux en même temps firent une inclinaison de tête de son côté, un sourire amical accompagné d'un geste de main qui semblait une invitation à les aborder.

Mais ce n'était pas à lui que ce sourire s'adressait, c'était à Savine qui leur rendait leur salut avec une certaine affectation théâtrale.

— Vous connaissez cette admirable jeune fille? demanda Roger lorsqu'ils eurent fait quelques pas.

— Si je connais la belle Corysandre !

Et, se rengorgeant de son air le plus vain :

— Vous ne lisez donc pas les journaux?

— Je vous ai dit que je n'étais en Europe que depuis trois jours.

— Ah! c'est vrai.

— Et si j'avais lu les journaux que m'auraient-ils appris?

— Que j'ai, il y a quelque temps, donné une fête dans la forêt, un bal suivi d'un souper sous des tentes dont Mlle de Barizel a été la reine. Tous les journaux du monde ont parlé de cette fête, qui, de l'avis unanime, a été tout à fait réussie.

— J'étais alors probablement dans la mer des Indes ou dans la mer Rouge. C'est une Française?

— Une Américaine d'origine française. Sa mère, la comtesse de Barizel, cette femme jeune encore que vous avez vue près d'elle, est la veuve d'un riche planteur qui, pendant la guerre de sécession, a été général dans l'armée du Sud.

Et Savine se mit à raconter ce qu'il savait sur Mme de Barizel, c'est-à-dire les propos vagues qui couraient le monde, car n'ayant jamais eu l'intention d'épouser Mlle de Barizel, il ne s'était pas donné la peine de faire faire une enquête sérieuse sur elle et sur sa mère. Que lui importait, il n'avait souci que de sa beauté, et cette beauté se manifestait à tous éclatante, indiscutable.

Le duc de Naurouse écoutait sans interrompre, religieusement. Ce nom de Barizel ne lui disait rien ; c'était la première fois qu'il l'entendait et il n'avait aucune idée de ce qu'il pouvait valoir ; mais il ne s'en inquiétait pas autrement : cette blonde admirable ne pouvait être qu'une fille de race.

Ils étaient revenus sur leurs pas et ils allaient de nouveau passer devant elles :

— Voulez-vous que je vous présente ? demanda Savine.

— Ne serait-ce pas plutôt à Mme de Barizel qu'il faudrait demander si elle veut bien que je lui sois présenté ?

— Puisque vous êtes mon ami! dit Savine superbement.

Et, sans attendre une réponse, sans même penser qu'on pouvait lui en faire une, il entraîna doucement son ami, comme il disait :

ce n'était pas le duc de Naurouse qu'il présentait, c'était son ami, et selon lui cela devait suffire.

Cependant ce fut cérémonieusement qu'il fit cette présentation et en insistant sur le titre de Roger, sinon pour Mme de Barizel, au moins pour la galerie, dont il était, comme toujours, bien aise d'attirer l'attention.

— Vous savez, braves gens qui m'écoutez et qui me regardez, c'est moi qui suis le prince Savine, le prince Savine que..., le prince Savine qui...

Et, d'un air glorieux, la tête en arrière, il promena autour de lui un regard satisfait.

Mme de Barizel avait offert la chaise sur le barreau de laquelle elle appuyait ses pieds à Savine et, sur un signe de sa mère, Corysandre avait offert la sienne à Roger, qui se trouva ainsi placé vis-à-vis « de la belle fille blonde » qui avait si fort occupé son esprit, libre de la regarder, libre de lui parler, libre de l'écouter.

A vrai dire, la seule de ces libertés dont il usa fut celle du regard ; ce fut à peine s'il parla, ne disant que tout juste ce qu'exigeaient les convenances ; et, pour Corysandre, elle parla encore moins, mais son attitude ne fut pas celle de l'indifférence, de l'ennui ou du dédain. Tout au contraire, c'était avec un sourire que Roger trouvait le plus ravissant qu'il eût jamais vu qu'elle suivait l'entretien de sa mère et de Savine, et bien qu'il fût toujours le même, ce sourire, bien qu'il ne traduisît qu'une seule impression, il était si joli, si gracieux en plissant les paupières, en creusant des fossettes dans les joues, en entr'ouvrant les lèvres, qu'on pouvait rester indéfiniment sous son charme sans penser à se demander ce qu'il exprimait et même s'il exprimait quelque chose.

Ce fut ce qu'éprouva Roger : du front et des paupières il passa aux fossettes, puis aux lèvres, puis aux dents, puis au menton, descendant ainsi aux épaules, au corsage, à la taille, aux pieds, pour remonter aux cheveux et au front, ne s'interrompant que lorsque le regard de Corysandre rencontrait le sien; encore témoignait-elle si peu d'embarras à se surprendre ainsi admirée et paraissait-elle trouver cela si naturel que c'était plutôt pour lui que pour elle, par pudeur et par respect qu'il détournait ses yeux un moment.

Le temps passa sans qu'il en eût conscience et sans qu'il eût conscience aussi de ce qui se disait autour de lui. Tout à coup, il fut surpris et comme éveillé par une main qui se posait sur son épaule — celle de Savine :

— Nous allons à Eberstein, dit celui-ci, et nous redescendrons dîner au bord de la

Murg, une partie arrangée depuis quelques jours. Voulez-vous venir avec nous, mon cher Naurouse ? ma voiture nous attend.

S'il le voulait !

Cependant, par convenance, il se défendit un peu; mais Mme de Barizel s'étant jointe à Savine et Corysandre l'ayant regardé en souriant, il accepta.

Ce n'était point une vulgaire voiture de louage qui devait servir à cette promenade, mais bien une calèche aux armes de Savine, avec un cocher et deux valets de pied portant la livrée du prince; la calèche découverte avait tout l'éclat du neuf et les chevaux, choisis parmi les plus beaux de son haras, forçaient l'attention des curieux et l'admiration des connaisseurs ; on ne pouvait pas passer près d'eux sans les regarder et, les ayant vus, on ne les oubliait pas: luxe de la voiture, beauté des chevaux, prestance du cocher et des valets de pied, richesse de la livrée, tout cela faisait partie de la mise en scène dont Savine aimait à s'entourer dans ses représentations, bien plus par besoin de briller que par goût réel du beau. Aussi ne manquait-il jamais, avant de monter en voiture, de promener un regard circulaire sur les curieux pour voir si l'effet produit était en proportion de la dépense, —ce qui, avec son esprit d'économie, était pour lui une préoccupation constante.

Lorsqu'il jeta ce regard autour de lui, en tendant la main à Mme de Barizel comme pour l'aider à monter, mais sans réellement s'occuper d'elle, il eut la satisfaction de constater qu'il avait un public : depuis une heure que la calèche attendait à la porte du jardin, elle n'avait pas pu ne pas attirer l'attention des badauds ; ceux qui avaient été insensibles à la beauté de l'attelage avaient été frappés par la taille et la carrure des valets de pied, les plus décoratifs qu'on pût trouver et qui eussent fait merveille à la tête des tambours d'un régiment ou sur la voiture d'un charlatan. A ce cercle de naïfs étrangers qui stationnaient là, s'étaient jointes quelques personnes qui s'étaient arrêtées ou qui avaient ralenti leur marche en voyant apparaître la belle Corysandre au bras du duc de Naurouse.

Quelle gloire pour Savine ! il faisait sensation.

Son bonheur fut complet, car à ce moment même Otchakoff vint à passer traînant lourdement son ennui, et ce ne fut pas sur lui que les regards s'arrêtèrent; ils ne quittèrent pas la calèche et Savine remarqua des mouvements d'yeux, des coups de coude, des chuchottements tout à fait significatifs, qui le comblèrent de joie. Quelle part la calèche, les chevaux, le cocher, les valets, la livrée avaient-ils dans cette curiosité. Pour combien la toilette de Mme de Barizel, l'éblouissante beauté de Corysandre, la mine fière du duc de Naurouse entraient-elles dans cet empressement, il ne pensa même pas à se le demander ? Il n'était sensible qu'à une seule chose : Otchakoff battu.

Jamais Roger ne l'avait vu si franchement joyeux : il redressait la tête, les épaules en bombant la poitrine, et autour de la calèche il marchait de côté tout gonflé comme un paon qui se pavane, ne faisant pas un mouvement qui ne criât :

— Vous savez c'est moi, Savine! cette voiture est à moi, ces chevaux viennent de mes haras, ces domestiques m'appartiennent, ces gens que j'admets dans ma calèche sont des amis à qui je fais grand honneur.

Enfin, après avoir bien plaffé et bien fait la roue, il monta en voiture et s'assit en face de Corysandre.

En toute autre circonstance le duc de Naurouse, qui connaissait bien son Savine, eût très probablement deviné ce qui causait cette joie débordante; mais, ne pensant qu'à la jeune fille qu'il avait devant les yeux, il s'imagina que ce qui transportait ainsi Savine était le plaisir de faire une promenade avec elle et cela l'attrista.

Savine l'aimait donc ?

Et elle, aimait-elle Savine ?

Pourquoi pas ?

Cela était possible.

En réfléchissant, il en vint à se dire que cela était même vraisemblable, au moins quant à Savine, qui n'avait pas l'habitude de promener des indifférents et encore moins de les inviter à dîner. Et puis il parlait bien haut, presque en maître, et il avait une façon de s'adresser à Mme de Barizel qui était celle de la familiarité.

Il n'eut pas le temps d'examiner à fond ces questions qui se pressaient dans son esprit, la calèche roulait sous l'ombrage des chênes des allées de Lichtental, et Mme de Barizel, qui lui faisait vis-à-vis, l'interrogeait sur ses voyages.

— Avait-il visité la Nouvelle-Orléans et le Sud des Etats-Unis ? Que pensait-il du Mississipi ?

Il fallait répondre et sans distraction, gracieusement, avec esprit si cela était possible, car ce n'était pas Mme de Barizel, l'amie de Savine qui l'interrogeait ; c'était la mère de Corysandre, et ce titre lui donnait en ce moment au moins tous les mérites.

Il parla donc, et ce fut avec enthousiasme qu'il célébra la Nouvelle-Orléans, le Mississipi, la Louisiane, la Floride, les Etats-Unis (du Sud bien entendu), le ciel, la mer, le paysage, les arbres, les bêtes, les gens.

Mais malgré sa volonté de ne pas oublier que c'était à Mme de Barizel qu'il s'adressait, il lui arriva plus d'une fois de s'apercevoir que c'était sur Corysandre qu'il tenait ses yeux attachés.

Quant à elle elle le regardait franchement, avec son beau sourire, la bouche entr'ouverte, mais sans rien dire, bien qu'il fût question de son pays natal. Quand Roger la prenait à témoin, elle se contentait d'incliner la tête en accentuant son sourire.

Ils étaient en pleine forêt, gravissant les pentes boisées d'une colline par une route en zig-zag qui de chaque côté était bordée de grands arbres, tantôt des hêtres monstrueux qui couvraient les mousses veloutées de leurs énormes racines toutes bosselées de nœuds entrelacés, tantôt des pins qui s'élançaient droit vers le ciel éteignant la lumière sous leurs branches superposées et leurs aiguilles noires. Les lacets du chemin faisaient que tantôt Corysandre était exposée en plein au soleil et que tantôt, au contraire, elle passait tout à coup dans l'ombre. C'était pour Roger un émerveillement que ces jeux de la lumière sur ce visage souriant et c'était une question qu'il se posait sans la décider, de savoir ce qui lui seyait le mieux, la pleine lumière ou les caprices de l'ombre.

Alors il se laissait distraire et ne répondait plus que tout de travers à Mme de Barizel, ou même il restait quelques instants sans parler.

Il vint un moment où il garda le silence et où dans l'air épais et chaud de la forêt on n'entendit plus que le roulement de la voiture, le craquement des harnais et le sabot des chevaux frappant les cailloux de la route.

— Après avoir été si bruyant au départ, dit Savine qui ne perdait jamais l'occasion de placer une observation désagréable, vous êtes devenu bien morne, mon cher Naurouse.

— C'est que les grands bois sombres agissent un peu sur moi comme les cathédrales, ils me portent au recueillement et au silence; instinctivement je parle bas si j'ai à parler.

— Tiens, vous faites donc de la poésie, maintenant?

— Il y a des jours ou plutôt des circonstances.

Et, s'adossant dans son coin, il se croisa les bras et resta immobile, silencieux, à demi tourné vers Corysandre qui l'avait regardé.

On arriva à Eberstein, qui est une habitation d'été des ducs de Bade libéralement ouverte aux visiteurs, et comme Mme de Barizel ne connaissait pas encore l'intérieur du château, elle voulut le parcourir; mais après avoir visité deux ou trois salles, elle trouva que ces pièces sombres, à l'ameublement gothique et aux fenêtres fermées de vitraux de couleurs, étaient trop fraîches pour Corysandre.

— J'ai peur que tu te refroidisses, dit-elle tendrement, va donc m'attendre dans le jardin; ce ne sera pas une privation pour toi, qui n'aimes guère ces antiquailles.

— Si mademoiselle veut me permettre de l'accompagner, dit Roger.

Ils sortirent tandis que Mme de Barizel continuait sa promenade avec Savine et ils gagnèrent une terrasse d'où la vue s'étend librement sur la vallée de la Murg et sur les montagnes qui l'entourent. Toujours souriante, mais toujours muette, Corysandre parut prendre intérêt au paysage qui s'étalait à ses pieds et que fermaient bientôt de hautes collines dont les sommets d'un noir violent ou d'un bleu indigo se découpaient nettement sur le ciel.

Après quelques instants de contemplation silencieuse, Roger se tourna vers elle:

— Est-il rien de plus doux, dit-il, que de laisser les yeux et la pensée se perdre dans ces profondeurs sombres? Que de choses elles vous disent! La vue qu'on embrasse de cette terrasse est vraiment admirable.

— Oui, cela est beau, très beau.

— Je garderai de ce paysage, que j'avais déjà vu plusieurs fois, mais que je ne connaissais pas, un souvenir ému.

Il attacha les yeux sur elle et la regarda longuement; elle ne baissa point les siens, mais elle ne répondit rien, se laissant regarder sans confusion.

A ce moment, Mme de Barizel et Savine vinrent les rejoindre, et l'on remonta en voiture pour descendre au village où l'on devait dîner, ce qui faisait une assez longue course.

Savine avait commandé d'avance son dîner. Lorsque la calèche arriva devant la porte du restaurant, on se précipita au-devant de Son Excellence que l'on conduisit cérémonieusement à la table qui avait été dressée dans un jardin, au bord de la rivière, dont les eaux tranquilles, retenues par un barrage, affleuraient le gazon.

— Mademoiselle n'aura-t-elle pas froid? demanda Roger, qui pensait aux précautions de Mme de Barizel dans les salles du château d'Eberstein.

Ce fut Mme de Barizel qui se chargea de répondre:

— Je crains le froid humide des appartements, dit-elle, mais non la fraîcheur du plein air.

Elle le craignait si peu qu'après le dîner elle proposa à sa fille de faire une promenade en bateau.

— Va, mon enfant, dit-elle, va mais ne fais pas d'imprudence.

Une petite barque était amarrée à quelques pas de là. Corysandre nonchalamment, se dirigea de son côté; mais Roger la suivit ot, s'étant embarqué avec elle, ce fut lui qui prit les avirons.

Pendant assez longtemps il la promena en tournant devant la table où Mme de Barizel et Savine étaient restés assis ; puis, ayant relevé les avirons, il laissa la barque descendre lentement le courant.

Corysandre était assise à l'arrière et elle restait là sans faire un mouvement, sans prononcer une parole, une main dans l'eau, le visage tourné vers Roger et éclairé en plein par la pâle lumière de la lune, qui se levait.

— Est-ce que vous avez vu plus belle soirée que celle-là ? dit-il.
— Non, dit-elle, jamais.
— Voulez-vous que nous retournions ?
— Allons encore.

Et la barque continua de suivre le courant ; mais bientôt ils touchèrent le barrage et alors Roger dut reprendre les avirons. Cette fois c'était lui qui était éclairé par la lune ; il lui sembla que Corysandre, dont les yeux étaient noyés dans l'ombre, le regardait comme lui-même quelques instants auparavant l'avait regardée.

X

Pendant le retour à Bade, qui se fit grand train, Roger n'eut qu'une pensée : dans quels termes Savine était-il avec Mlle de Barizel ? Quelles étaient ses intentions ? Voulait-il l'épouser ?

Ces questions, qui s'étaient déjà présentées à son esprit, l'agitaient maintenant bien plus profondément.

Si froid, si indifférent, si insensible que fût ordinairement Savine à l'égard des femmes, il n'avait pas pu certainement n'être pas touché par la beauté de cette admirable jeune fille.

Et il la regardait à demi renversée, bien accotée dans son coin, enveloppée dans un châle dont une des pointes était relevée par dessus la tête, le visage éclairé par la lumière de la lune qui donnait à ses yeux bruns un éclat sombre, tranquille, sereine, se laissant bercer par le doux mouvement de la voiture, ne disant rien, ne paraissant s'intéresser à rien de ce qui l'entourait, comme une jeune divinité dédaigneuse des choses de la terre, et il se disait qu'il faudrait vraiment être de glace pour vivre près d'elle sans l'aimer, sans l'adorer.

Savine l'aimait-il ?

S'il l'aimait, voulait-il la prendre pour femme ?

Pour maîtresse ? Il n'y avait même pas à examiner cette idée. Bien qu'il ne la connût pas ; bien qu'il ne sût rien ou presque rien d'elle, il était certain que cette belle Corysandre était l'honneur même ; en douter eût été un crime.

Dans le cas où Savine l'aimerait, et il y avait bien des chances pour que cela fût, il ne pouvait donc avoir qu'une intention : l'épouser.

Et elle, le voulait-elle pour mari ? Beau garçon, Savine l'était, au moins aux yeux de certaines gens pour lesquels la beauté de l'homme consiste dans une grande taille, la régularité des traits et une carnation rosée, sans s'inquiéter de savoir s'il y a des nerfs dans cette charpente, une âme sous ce visage régulier, du sang dans les veines de cette chair rose ; mais c'était surtout par son titre, par sa fortune, par sa grande situation qu'il était redoutable. Combien de jeunes filles avaient été fascinées par cette fortune et cette situation ; combien rêvaient qu'un matin elles se réveilleraient princesse Savine. Corysandre n'avait-elle pas, elle aussi, fait ce rêve et plus légitimement que tant de pauvres filles qui, sans connaître Savine, comptaient sur une heureuse chance, sur une baguette de fée qui les conduirait à l'église parce que cela leur était bien dû. Sa mère ne l'avait-elle pas fait pour elle ?

Que Corysandre aimât Savine, il ne le croyait pas, car dans leur intimité il n'y avait rien qui touchât à la tendresse : une certaine camaraderie et c'était tout, encore avec un parfait détachement de la part de Corysandre qui ressemblait beaucoup à de l'indifférence.

Pendant toute la journée, il ne l'avait pas quittée des yeux et pas une seule fois il n'avait remarqué entre eux un de ces éclairs de tendresse qui échappent irrésistiblement à ceux qui s'aiment, même quand ils ont un puissant intérêt à ne pas se trahir, ce qui n'était pas le cas ; non seulement il n'avait point surpris cet éclair de tendresse, mais encore il n'avait rien vu qui se pût comparer au regard heureux qu'elle avait attaché sur lui dans leur tête-à-tête de la terrasse d'Eberstein.

C'était ce regard, c'était leur promenade sur la rivière qui lui rendaient ces questions si intéressantes, si anxieuses.

Etait-elle libre ?

Pouvait-on l'aimer ?

Avant qu'il se laissât aller au charme qui l'entraînait vers elle, cela méritait d'être éclairci.

Rival de Savine, il ne voulait point l'être.

Et il ne voulait pas non plus laisser se développer en lui un sentiment qu'il faudrait peut-être arracher un jour de son cœur quand il y aurait pris racine.

En ce moment, ces racines n'existaient

point encore; il était donc sage de ne pas leur permettre de prendre naissance avant de savoir à quoi s'en tenir.

Sans doute Corysandre lui plaisait, elle était pour lui la plus charmante des jeunes filles, il lui reconnaissait tous les mérites, il se disait qu'il n'y avait pas d'homme au monde, si haut placé qu'il fût par le nom ou par la fortune, qui ne dût souhaiter de l'avoir pour femme, mais enfin il était temps encore de s'éloigner de Bade si un jour elle devait être la femme de Savine.

C'était donc cette question qu'il devait maintenant tâcher d'éclaircir, soit en interrogeant Savine, soit par tout autre moyen.

On arriva à Bade, et avant d'entrer dans les allées de Lichtenthal, Mme de Barizel invita très gracieusement le duc de Naurouse à les venir voir; sa fille et elle seraient heureuses de parler de la délicieuse journée qui finissait.

Pour la première fois Corysandre se mêla à l'entretien d'une façon directe et avec une certaine initiative.

— Et de la terrasse d'Eberstein, dit-elle en se penchant vers Roger.

— Alors le dîner ne mérite pas un souvenir? dit Savine d'un air bourru.

Mais Corysandre ne daigna pas répondre; ce fut sa mère qui, voyant qu'elle se taisait, prodigua les remerciements et les compliments à Savine sans que celui-ci s'adoucît.

Lorsque Mme de Barizel et sa fille furent rentrées chez elles, Savine et Roger ne se séparèrent point, car c'était sans retard que celui-ci voulait procéder à son interrogatoire.

— Faites-vous un tour? demanda-t-il d'un ton qui marquait le désir d'une réponse affirmative.

— Je voudrais voir un peu où en est la rouge.

Cela n'arrangeait pas les affaires de Roger, qui ne prenait souci ni de la noire ni de la rouge; mais il n'avait qu'à accompagner Savine à la Conversation en faisant des vœux pour qu'il gagnât, ce qui le mettrait de belle humeur.

Il ne gagna ni ne perdit, car lorsqu'il entra dans les salles de jeu, le vieux marquis de Mantailles vint vivement au-devant de lui, et après un court moment d'entretien à voix basse, Savine revint à Roger, déclarant qu'il ne jouerait pas ce soir-là.

Mais il regarda jouer et Roger dut rester près de lui attendant qu'il voulût bien sortir. Le sujet qu'il allait aborder était assez délicat, et avec un homme du caractère de Savine assez difficile pour avoir besoin du calme du tête-à-tête dans la solitude.

Enfin ils sortirent, et aussitôt qu'ils furent dans le jardin, à peu près désert, Roger commença :

— J'ai à vous remercier, cher ami, de la bonne journée que vous m'avez fait passer.

— Assez agréable en effet, dit Savine, se rengorgeant.

— Cette jeune fille est adorable ; c'est une merveille.

— Oui.

Ce « oui » fut dit d'un ton grognon : ce n'était pas de Corysandre que Savine voulait qu'on lui parlât, c'était de lui-même, de lui seul ; il le marqua bien :

— Et mes chevaux, dit-il, comment trouvez-vous qu'ils ont mené cette longue course dans des montées et des descentes et un chemin dur? Quand il y aura des courses sérieuses en France, je me charge de battre tous vos anglais avec mes russes; nous verrons si le bai à la mode ne sera pas remplacé par notre gris, qui est la vraie couleur du cheval.

— Oh! très bien, dit Roger avec indifférence. Et Mme de Barizel, vous la connaissez beaucoup ?

— Je la connais depuis que je suis à Bade, j'ai été mis en relation avec elle par Dayelle.

Puis, revenant au sujet qui lui tenait au cœur :

— Notez que la voiture était lourde; vous me direz qu'on en trouverait difficilement une mieux comprise et où chaque détail soit aussi soigné, aussi parfait ; c'est très vrai, mais enfin elle est lourde, et puis nous étions sept personnes.

— Oh! Mlle de Barizel est si légère, dit vivement Roger, se cramponnant à cette idée pour revenir à son sujet.

— Où voyez-vous ça ? Ce n'est pas une petite fille, c'est une femme.

— Vous pouvez dire la plus belle des femmes.

— Comme vous en parlez !

— Cela vous blesse ?

— Pourquoi, diable, voulez-vous que cela me blesse? Cela m'étonne, voilà tout. De la poésie, de l'enthousiasme, je ne vous savais pas si démonstratif. On a bien raison de dire que les voyages forment la jeunesse, mais ils la déforment aussi.

— Trouvez-vous d   que ce que vous appelez mon enthousiasme pour Mlle de Barizel ne soit pas justifié ?

Ce fut avec un élan d'espérance qu'il posa cette question qui allait lui apprendre ce que Savine pensait de Corysandre et comment il la jugeait.

— Parfaitement justifié, au contraire ; je partage tout à fait votre sentiment sur Mlle de Barizel : c'est une merveille.

— Ah !

— Comme vous dites cela.

— Je ne dis rien.

— Il me semblait que mon admiration vous surprenait.

— Pas du tout, elle me paraît toute naturelle; ce qui me surprendrait, ce serait que la voyant souvent...

— Je la vois tous les jours.

— ... Vous ne soyez pas sous le charme de sa beauté.

— Mais j'y suis, cher ami... comme tous ceux qui la connaissent d'ailleurs, comme vous et bien d'autres. C'est la première femme que je rencontre dont la beauté ne soit ni contestée ni journalière; tout le monde la trouve belle, et elle est également belle tous les jours.

Ces réponses n'étaient pas celles que Roger voulait, car dans leur franchise apparente elles restaient très vagues; que Savine jugeât Corysandre comme tout le monde, ce n'était pas cela qui le fixait; il essaya de rendre ses questions plus précises sans qu'elles fussent cependant brutales.

— Comment se fait-il qu'avec cette beauté admirable, un nom honorable, de la fortune, elle ne soit pas encore mariée ?

— Elle est bien jeune; elle a attendu sans doute quelqu'un digne d'elle.

— Et elle attend encore ?

— Vous voyez.

— Et l'on ne parle pas de son mariage ?

— Au contraire, on en parle beaucoup; on la marie tous les jours.

— Avec qui ?

Ce fut presque malgré lui que Roger lâcha cette question.

— Avec moi.

— Ah !

— Et avec d'autres; mais, vous savez, il ne faut pas attacher trop de valeur aux propos de gens qui parlent sans savoir ce qu'ils disent, pour parler.

— Alors, il n'y aurait donc rien de fondé dans ces propos ?

Savine haussa les épaules, mais il ne répondit pas autrement.

Roger revint à la charge, mais de nouveau Savine s'échappa par des réponses ambiguës qui disaient tout ce qu'on voulait leur faire dire, oui ou non, non et oui en même temps.

Puis à son tour Savine reprit l'éloge de Corysandre qu'il avait si souvent répété à d'autres :

— C'est une admirable jeune fille qui fera une adorable femme: bien heureux sera son mari !

Et là-dessus il alla se coucher sans se laisser retenir et entraîner par Roger, qui eût volontiers passé la nuit à parler de Corysandre, — même sans espoir d'obtenir un mot précis de Savine, — rien que pour le plaisir de parler d'elle et de prononcer son nom.

XI

Le chalet qu'occupait Mme de Barizel dans les allées de Lichtenthal était précédé d'un petit jardin: c'était dans ce jardin que Savine et Roger avaient fait leurs adieux à Mme de Barizel et à Corysandre et avant que celles-ci fussent dans la maison.

Ce fut vainement qu'elles frappèrent à la porte d'entrée, personne ne répondit; aucun bruit à l'intérieur, aucune lumière.

— Elles sont encore parties, dit Corysandre d'un ton fâché, et Bob aussi.

— Elles ne nous attendaient pas encore, répondit Mme de Barizel.

— Alors c'est une excuse?

Sans répondre Mme de Barizel abandonna la porte d'entrée et, faisant le tour du chalet, elle alla à une petite porte de derrière qui servait aux domestiques et aux fournisseurs; mais cette porte était fermée aussi. Aux coups frappés personne ne répondit.

— Ne te fatigue pas inutilement, dit Corysandre.

Mme de Barizel ne continua pas de frapper; mais, allant à un massif de fleurs bordé d'un cordon de lierre, elle se mit à tâter dans les feuilles de lierre qu'éclairait la lumière de la lune; ses recherches ne furent pas longues, bientôt sa main rencontra une clef cachée là.

— Ce qui signifie, dit Corysandre, qu'elles ne sont sorties ensemble; la première rentrée devait trouver la clef et ouvrir pour les autres.

Elle parlait lentement, avec calme; mais cependant, dans son accent, il y avait du mécontentement et aussi du mépris; il semblait que ses paroles s'adressaient aussi bien aux domestiques, qui avaient décampé, qu'à sa mère qui permettait qu'ils sortissent ainsi.

Avec la clef, Mme de Barizel avait ouvert la porte et elles étaient entrées dans la cuisine où brûlait une lampe, la mèche charbonnée. La table, noire de graisse, était encore servie et il s'y trouvait six couverts, des piles d'assiettes sales et un nombre respectable de bouteilles vides qui disaient que les convives avaient bien bu.

— Chacun de nos trois domestiques avait son invité, dit Corysandre regardant la table; on a fait honneur à ton vin.

Ce n'était pas seulement au vin qu'on avait fait honneur: c'était à un melon et à un pâté dont il ne restait plus que des débris, à des écrevisses dont les carcasses rouges encombraient plusieurs plats, à un gigot réduit au manche, à un immense fromage à la crème, à une corbeille de fraises, à une corbeille de cerises qui ne contenait plus que des queues et des noyaux, au café qui avait laissé des ronds noirs sur la table, au kirschwasser, au cassis, dont deux bouteilles étaient aux trois quarts vides.

De tout cet amas se dégageait une odeur chaude qui, mêlée à celle de la graisse et de la vaisselle, troublait le cœur et le soulevait. On eût sans doute parcouru toutes les maisons de Bade sans trouver une cuisine aussi sale, aussi pleine de gâchis et de désordre que celle-là.

Elles n'y restèrent point longtemps : Mme de Barizel avait pris la lampe d'une main, et de l'autre, relevant la traîne de sa robe, tandis que Corysandre retroussait la sienne à deux mains comme pour traverser un ruisseau, elles étaient passées dans le vestibule; mais là il n'y avait point de bougies sur la table où elles auraient dû se trouver, et il fallut aller dans le salon chercher des flambeaux.

Nulle part un salon ne ressemble à une cuisine; mais nulle part aussi on n'aurait trouvé un contraste aussi frappant, aussi extraordinaire entre ces deux pièces d'une même maison que chez Mme de Barizel. Autant la cuisine était ignoble, autant le salon était coquettement arrangé, disposé pour la joie des yeux, avec des fleurs partout : dans le foyer de la cheminée, sur les tables et les consoles, dans les embrasures des fenêtres, et ces fleurs toutes fraîches, enlevées de la serre ou coupées le matin, versaient dans l'air leurs parfums qui, dans cette pièce fermée, s'étaient concentrés.

Le flambeau à la main, elles montèrent au premier étage où se trouvaient leurs chambres, celle de Corysandre tout à l'extrémité et séparée de celle de sa mère, qu'il fallait traverser pour y accéder, par un cabinet de toilette.

Ces deux chambres, ainsi que le cabinet, présentaient un désordre qui égalait celui de la cuisine. Les lits n'étaient pas faits, les cuvettes n'étaient pas vidées; sur les chaises et les fauteuils traînaient çà et là, entassés dans une étrange confusion, des robes, des jupons, des vêtements, des bas, des cols, des bottines, tandis que les armoires et des malles ouvertes montraient le linge déplié pêle-mêle comme s'il avait été mis au pillage par des voleurs qui auraient voulu faire un choix.

Cependant il n'y avait pas besoin d'être un habile observateur pour comprendre que tout cela n'était point l'ouvrage d'un voleur, mais qu'il était tout simplement celui des habitants de cet appartement qui, en s'habillant le matin, avaient fouillé dans ces armoires pour y trouver du linge en bon état et qui avaient tout bouleversé, parce que les premières pièces qu'ils avaient atteintes dans le tas manquaient l'une de ceci, l'autre de cela; cette robe avait été rejetée parce que la roue du jupon était déchirée; ces bas avaient des trous; ces jupons n'avaient pas de cordons; les boutons de ces cols étaient arrachés.

Mme de Barizel ne parut pas surprise de ce désordre; mais Corysandre haussa les épaules avec un mouvement d'ennui et de dégoût.

— Elles n'ont pas seulement pu faire les chambres, dit-elle.

Mme de Barizel ne répondit rien et parut même ne pas entendre.

— Cela est insupportable, continua Corysandre, qui, à peu près muette tant qu'avait duré la promenade, avait retrouvé la parole en entrant chez elle et s'en servait pour se plaindre, qui va faire mon lit ?

— Tu te coucheras sans qu'il soit fait; pour une fois.

— Si c'était la première; au reste, elles ont bien raison de ne pas se gêner, tu leur passes tout.

— Quand on a besoin des gens, il faut être indulgent avec eux.

Poussant de la main un tas d'objets qui encombraient le marbre de la cheminée, Mme de Barizel était parvenue à trouver tant bien que mal une place pour son flambeau; alors elle regarda autour d'elle comme si elle cherchait une chaise pour s'asseoir; toutes étaient occupées; prenant à brassée un paquet de robes, elle le jeta à bas et s'assit sur la chaise ainsi débarrassée.

— Couche-toi, dit-elle à sa fille, j'ai à te parler.

— Il faut au moins que j'arrange un peu mon lit.

— Tu es devenue bien difficile depuis quelque temps, bien bourgeoise.

— Justement c'est le mot; c'est précisément la vie bourgeoise que je voudrais, un peu d'ordre, de régularité, de propreté, car je suis lasse et écœurée à la fin de tout ce gâchis. Ne pourrions-nous donc pas avoir des domestiques comme tout le monde, une maison comme tout le monde, une existence comme tout le monde.

Tout en parlant elle avait défait son chapeau et sa robe et les avait posés où elle avait pu et comme elle avait pu; puis, les bras nus, les épaules découvertes, elle avait commencé à arranger les draps de son lit; mais elle était malhabile dans ce travail qu'elle essayait manifestement pour la première fois.

— Je ne peux pas, dit-elle tout à coup avec dépit.

— Faut-il tant de cérémonie pour se mettre au lit, dit Mme de Barizel en haussant les épaules sans se déranger pour venir en aide à sa fille; dépêche-toi un peu, je te prie ; ou si tu ne veux pas te coucher, je vais me coucher, moi, et tu viendras dans ma chambre.

— J'aime mieux cela ; pendant ce temps-là Coralie rentrera peut-être et je lui ferai faire mon lit ; ce sera une leçon qui lui servira peut-être pour plus tard.

— Si Coralie rentre, dit Mme de Barizel nonchalamment, elle ne sera sans doute pas en état de faire ton lit.

— Et tu ne lui diras rien?

Mme de Barizel, sans répondre, passa dans sa chambre, suivie de Corysandre, qui s'était enveloppée dans un châle.

La mère n'avait pas les mêmes exigences que la fille : elle ne s'inquiéta pas de son lit, et sans se donner la peine de l'arranger, elle se déshabilla, laissant tomber çà et là ses vêtements, sans daigner se baisser pour les ramasser. Ce serait l'affaire du lendemain; pour le moment, elle était fatiguée et voulait se mettre au lit.

Il arrivait bien souvent que, lorsqu'on les rencontrait ensemble, sans savoir qui elles étaient, on ne voulait pas croire qu'elles fussent la mère et la fille ; si ceux qui pensaient ainsi avaient pu voir Mme de Barizel procéder à sa toilette de nuit ou plutôt se débarrasser de toute toilette, ils se seraient confirmés dans leur incrédulité : si cette femme avait trente-sept ou trente-huit ans, comme on le disait, elle était parfaitement conservée : pas un crêpon, pas la plus petite natte, pas un cheveu gris, pas de rides, les plus beaux bras du monde, blancs, fermes, se terminant par un poignet aussi délicat que celui d'un enfant ; avec cela une apparence de santé à défier la maladie, une solidité à résister à tous les excès. Les propos dont Rousseau s'était fait l'écho auraient été explicables pour qui l'aurait vue en ce moment : elle pouvait bien avoir des amants ; elle pouvait être la maîtresse d'Avizard et de Duplaquet, elle pouvait poursuivre l'idée de se faire épouser par Dayelle, elle pouvait être aimée. Il est vrai que si l'un de ces amants avait pénétré à cette heure dans cette chambre, il aurait pu éprouver un mouvement de répulsion, causé parce qu'il y aurait remarqué, et emporter une fâcheuse impression des habitudes de sa maîtresse ; mais Mme de Barizel n'admettait personne dans sa chambre, à l'exception du fidèle Duplaquet, que rien ne pouvait blesser, rebuter ou dégoûter. C'était dans les appartements du rez-de-chaussée qu'elle recevait ses amis ; et là, dans un milieu où tout était combiné pour parler aux yeux et les charmer, entourée de fleurs fraîches, en grande toilette, rien en elle ni autour d'elle ne permettait de deviner les dessous de son existence vraie. Ils voyaient le salon, le boudoir, la salle à manger, ces amis; ils ne voyaient ni la cuisine, ni les chambres; ils voyaient les dentelles ou les guipures de la robe, les fleurs de la coiffure, les pierreries des bijoux, ils ne voyaient pas les épingles qui rafistolaient un jupon, les trous des bas, les déchirures de la chemise, les raies noires du linge. Pour eux, comme pour Mme de Barizel d'ailleurs, ne comptaient que les dehors, — et ils étaient séduisants.

Elle fut bientôt au lit ; mais au lieu de s'allonger, elle s'assit commodément :

— Maintenant, dit-elle, causons, j'ai à te gronder.

— Ce sera long ? demanda Corysandre en faisant la moue.

— Oui.

— Alors je vais m'asseoir.

Et elle débarrassa un fauteuil en jetant sur un canapé les objets qui l'encombraient.

— Qu'ai-je fait encore? demanda-t-elle.

— Tu n'as rien fait, et c'est là justement ce que je te reproche.

La moue que Corysandre avait déjà faite en entendant parler de gronderies s'accentua.

— Ce n'est pas pour mon plaisir, continua Mme Barizel, c'est dans ton intérêt.

— Ton plaisir, non, j'en suis certaine ; mais mon intérêt ! Le tien aussi, il me semble.

— Est-ce ton mariage que je veux, oui ou non ?

— Le mien d'abord et le tien ensuite, c'est-à-dire le tien par le mien. Parce que je ne parle pas, il ne faut s'imaginer que je ne vois pas ; c'est justement parce que je ne perds pas mon temps à parler que j'en ai pour regarder.

— Ce n'est pas avec les yeux qu'on voit, c'est avec l'esprit.

— Ne me dis pas que je suis bête, tu me l'as crié aux oreilles assez souvent pour qu'il soit inutile de le répéter. Il est possible que je sois bête et quand je me compare à toi, je suis disposée à le croire : je sais bien que je n'ai ni tes moyens de me retourner dans l'embarras, ni ton assurance, ni tes idées, ni ton imagination, ni rien de ce qui fait que tu es partout à ton aise ; je sais bien que je ne peux pas parler de tout comme toi, même des choses et des gens que je ne connais pas. Si au lieu de me laisser dans l'ignorance, à ne rien faire, sans me donner des maîtres, on m'avait fait travailler, je ne serais peut-être pas aussi bête que tu crois.

— Est-ce que je sais quelque chose, moi? est-ce qu'on m'a jamais rien appris? est-ce que j'ai jamais eu des maîtres?... Et cependant!...

— Oh! toi!...

Assurément il n'y eut pas de tendresse dans cette exclamation, mais au moins quelque chose comme de l'admiration; ce fut la reconnaissance sincère d'une supériorité. Au reste rien ne ressemblait moins à la tendresse d'une mère pour sa fille, ou d'une fille pour sa mère, que la façon dont elles se parlaient; même lorsque Mme de Barizel semblait en public témoigner de la sollicitude et de l'affection à Corysandre, le ton attendri qu'elle prenait ne pouvait tromper que ceux qui s'en tiennent aux apparences; quant à Corysandre, qui ne se donnait pas la peine de feindre, son ton était celui de l'indifférence et de la sécheresse.

— Enfin, continua Corysandre, si tu veux mon mariage, c'est au moins autant pour toi que pour moi : beau-père d'une princesse, c'est quelque chose pour un parvenu.

— Cela te blesse que ta mère se remarie?

— Oh! pas du tout, et même, à dire vrai, je le voudrais si cela devait...

Elle s'arrêta.

— Si cela devait quoi? demanda Mme de Barizel.

— Rien.

— Puisque tu as commencé, pourquoi ne vas-tu pas jusqu'au bout?

— Parce que, si bête que je sois, je sens qu'il y a des choses qui deviennent plus pénibles quand on les dit que quand on les tait; les taire ne les supprime pas, mais les dire les grossit.

Et, détournant les yeux, elle les fixa sur la glace dans laquelle elle se regarda, se drapant, s'arrangeant dans son châle.

Il y eut un moment de silence, mais non de confusion ou d'embarras, au moins pour Mme de Barizel, qui se contenta de hausser les épaules avec un sourire de pitié. Évidemment les paroles de sa fille ne la blessaient pas, pas plus qu'elles ne la peinaient, et son sentiment n'était pas qu'il y a des choses qui deviennent plus pénibles quand on les dit que quand on les tait. Ces choses que Corysandre retenait, elle eût jusqu'à un certain point voulu les connaître, par curiosité, pour savoir; mais en réalité elle ne trouvait pas que cela valût la peine de les arracher. Elle avait mieux à faire pour le moment, et c'était chez elle une règle de conduite d'aller toujours au plus pressé.

— Si ton mariage doit faire le mien, dit-elle, il me semble que c'était une raison pour être aujourd'hui autre que tu n'as été.

— Qu'ai-je été?

— Morne, ennuyée, éteinte.

— Je ne me suis cependant pas ennuyée du tout.

— Combien de fois t'ai-je recommandé d'être brillante; tu t'en remets à ta beauté pour faire de l'effet et tu n'es qu'une belle statue qui marche.

— Il me semble que c'est quelque chose, dit Corysandre, se souriant, s'admirant complaisamment dans la glace.

— Ce n'est pas assez.

— Tu crois?

Et elle accentua son sourire qui disait clairement que toutes les femmes n'étaient pas des statues qui marchent.

— Il fallait parler, continua Mme Barizel, briller, être séduisante, étourdissante; dire tout ce qui te passait par la tête. Dans une bouche comme la tienne, avec des lèvres comme les tiennes, des dents comme les tiennes, des sottises même sont charmantes.

— Je n'avais rien à dire.

— Même quand le duc de Naurouse parlait de ton pays; il n'était pas difficile de trouver quelques mots sur un pareil sujet pourtant.

— Je ne pensais pas à parler, je le regardais; il est très bien, le duc de Naurouse; il a tout à fait grand air, la mine fière, l'œil doux; il me plaît.

— Personne ne doit te plaire; c'est toi qui dois plaire, s'écria Mme de Barizel, s'animant pour la première fois et montrant presque de la colère; il te plaît, un homme que tu ne connais pas!

— Il est duc.

— Et qu'est-ce que cela prouve? Sais-tu seulement quelle est sa fortune?

— Tu demanderas cela à tes amis; Duplaquet doit le connaître, M. Dayello doit savoir quelle est sa fortune.

— Si le prince Savine nous avait dit qu'il nous le présenterait, je me serais renseignée sur son compte et j'aurais pu lui parler de lui, tandis que je n'ai pu lui parler que de ses voyages, ce qui n'est pas du tout la même chose; heureusement qu'il a été en Amérique; sans cela je serais restée bouche close comme toi; nous aurions passé inaperçues.

— Je ne crois pas, dit Corysandre, continuant à se sourire dans la glace et changeant les plis de son châle.

— Mais ce n'est pas du duc de Naurouse qu'il s'agit, ce n'est pas de lui que je veux te parler : c'est de Savine, le seul qui, présentement, doit te plaire.

— Il ne me plaît point.

— Il est prince.

— Je le sais bien.

— Il est prodigieusement riche.
— Je le sais bien ; mais tout prince, tout riche qu'il est, il ne me dit rien.
— Ne vas-tu pas maintenant te mettre dans la tête que tu es libre de n'épouser que l'homme qui te plaira.
— Je le voudrais.
— Mais tu sais que c'est folie et qu'une fille ne doit voir dans un homme qu'un mari, le reste vient plus tard ; on a toute sa vie de mariage pour cela. Savine est-il ou n'est-il pas un mari désirable pour toi ?...
— Pour nous.
— Pour nous si tu veux, toute la question est là, ou plutôt il n'y a pas de question ; en voyant ta beauté se développer, j'ai rêvé pour toi...
— Pour nous.
— J'ai rêvé une haute destinée, mais jamais je n'ai espéré trouver ce que Savine t'offre......
— Nous offre.
— Ne m'agace pas ; ton mariage est assuré si tu le veux, le mien ne l'est pas quand même je mettrais tout en œuvre pour qu'il réussît.
— Mais il me semble que le prince n'offre rien jusqu'à présent : il paraît prendre plaisir à être avec nous, à se montrer avec nous partout où l'on peut le remarquer ; il nous offre beaucoup son bras, quelquefois ses voitures, plus rarement comme aujourd'hui une partie de campagne.
— Et sa fête ?
— Il se l'est offerte à lui-même ; en tout cas je ne vois pas qu'il m'offre de devenir sa femme ; à vrai dire, je ne crois même pas qu'il en ait l'idée.
— S'il ne l'a pas encore eue, cette idée, c'est ta faute ; ce n'est pas en étant ce que tu es avec lui que tu peux échauffer sa froideur. Je t'avais dit qu'il était l'orgueil même et que c'était par là qu'il fallait le prendre. L'as-tu fait ? Les compliments, les éloges les plus exagérés, il les boit avec béatitude : lui en as-tu jamais fait ?
— Cela m'ennuie.
— Et tu t'imagines qu'il n'y a pas d'ennuis à supporter pour devenir princesse, quand on est... ce que nous sommes ; tu t'imagines qu'il n'y a pas de peine à prendre, pas de fatigues à s'imposer, pas de dégoûts à avaler en souriant ; tu t'imagines que tu n'as qu'à te montrer dans la gloire de ta beauté ; eh bien ! si belle que tu sois, tu n'arriverais jamais à un grand mariage si je n'étais pas près de toi. Tu peux te préparer par ta beauté, cela est vrai ; mais le poursuivre, le faire réussir, pour cela ta beauté ne suffit pas, il faut.... ce que tu n'as pas et ce que j'ai, moi.

— Et cependant ni la beauté, ni..... ce que tu as n'ont encore décidé Savine.
— Il se décidera ou plutôt on le décidera.
— Qui on ?
— Le duc de Naurouse.
— Lui ?
— Oui, lui, qui te fera princesse.
— J'aimerais mieux qu'il me fît duchesse.
— Ne dis pas de niaiseries ; explique-moi plutôt pourquoi j'ai eu peur que tu n'aies froid dans le château d'Eberstein, qui n'est pas glacial ?
— Je te le demande.
— Explique-moi pourquoi j'ai eu l'idée de te faire faire une promenade en bateau ?
— Pour rester seule avec le prince.
Mme de Barizel se mit à rire :
— J'ai eu peur que tu n'aies froid pour te ménager un tête-à-tête avec le duc de Naurouse, je t'ai fait faire une promenade en bateau pour continuer ce tête-à-tête, ce qui deux fois a rendu le prince furieux. C'est en l'éperonnant ainsi que nous le ferons avancer malgré lui. Et c'est à cela que le duc de Naurouse nous servira : son arrivée est un coup de fortune, car je reconnais avec toi que Savine ne marchait pas et que les choses auraient pu continuer longtemps encore du même train. Maintenant ce train va changer. Tu as fait une vive, une très vive impression sur le duc de Naurouse.
— Je l'espère.
— Il te plaît, tu le dis.
— Beaucoup.
— Tout est pour le mieux : le duc de Naurouse va se montrer empressé auprès de toi, il te fera la cour ; je m'arrangerai pour qu'elle soit ostensible ; toi, de ton côté, tu seras aimable avec lui, ce qui te sera facile puisqu'il te plaît.
— Très facile.
— Seulement tu auras soin de ne pas te laisser aller trop loin, car tout cela n'aura pour objet que de forcer le prince à se prononcer, ce qu'il fera sûrement, poussé par l'envie et la jalousie qui, chez lui, ont autant de prise que la vanité et l'orgueil. Il n'y a rien de tel pour faire perdre le calme à un homme, pour lui faire oublier la raison, la prudence, les calculs, que de voir aimée par un autre la femme qu'il n'aime lui-même que faiblement ; du jour au lendemain, ce qui était faible chez lui devient violent.
— Pauvre duc de Naurouse !
— Vas-tu pas le plaindre plutôt ; il sera bien heureux, au contraire ; sans compter qu'il aura le plaisir de nous rendre un fameux service. Mais ce qui serait tout à fait aimable de sa part, ce serait d'être en situation de fortune, d'inspirer des craintes réelles à Savine et d'être, comme mari possible, un rival

redoutable. C'est ce qu'il me faut savoir et ce que je saurai demain par Duplaquet ou, en tout cas, après-demain par M. Dayelle, que j'attends. Maintenant, va dormir, car je crois bien que Coralie ne rentrera pas. Rêve du duc de Naurouse, si tu veux, de son grand air, de sa mine fière, de ses yeux doux, cela te fera trouver ton lit moins mauvais. Bonne nuit, princesse !

— Bonne nuit, financière !

XII

Quand Duplaquet n'avait pas vu Mme de Barizel le soir, il avait pour habitude de venir le lendemain matin déjeuner d'une tasse de thé avec elle pour parler de la journée écoulée et s'entendre sur la journée qui commençait : c'était l'heure des confidences, des renseignements, des conseils, des projets, où tout se disait librement, comme il convient entre associés qui n'ont qu'un même but et qui travaillent consciencieusement à l'atteindre en unissant leurs efforts.

Lorsqu'il venait ainsi, on faisait pour lui ce qui était interdit pour tout autre : on l'introduisait dans la chambre de Mme de Barizel, qui avait l'habitude de rester tard au lit, un peu parce qu'elle aimait à dormir la grasse matinée et aussi parce qu'elle trouvait qu'elle était là mieux que nulle part pour suivre les caprices de son imagination toujours en travail et échafauder ses combinaisons. Il n'y avait pas à se gêner avec Duplaquet, qui, dans sa vie de bohème, en avait vu bien d'autres et qui n'avait de dégoûts d'aucunes sortes.

Lorsqu'il entra, Mme de Barizel venait de s'éveiller, et, comme elle n'avait point été dérangée, elle était de belle humeur.

— Je t'attendais, dit-elle en sortant sa main de dessous le drap et en la tendant à Duplaquet, qui la baisa galamment, il y a du nouveau.

— Je le sais.

— Vraiment.

— Vous avez fait hier la connaissance du duc de Naurouse, qui vous a accompagnées dans votre promenade à Eberstein ; je vous ai vues monter en voiture.

— Qu'est ce duc de Naurouse ?

— Comment, vous ne le connaissez pas... un homme dont le nom a empli les journaux pendant plusieurs années et qui a retenti partout : sur le turf, dans le *high-life*, devant les tribunaux et même devant la cour d'assises.

— J'ai entendu son nom hier pour la première fois.

— Cela a dû bien vous gêner.

— Heureusement il a voyagé ; je me suis lancée sur l'Amérique. Mais que me parlez-vous de cour d'assises : il a passé en cour d'assises ?

— Oui, et pour avoir tué un homme.

— Ah ! mon Dieu ! et il s'est assis à côté de nous, dans la même voiture, il a été vu dans notre compagnie.

— Rassurez-vous, il a tué cet homme en duel et conformément aux règles de l'honneur.

— Vous m'avez fait une belle peur ; que c'est bête.

— Vous comptez donc sur lui ?

— Beaucoup.

— Alors le prince Savine est lâché ?

— Au contraire.

— Je n'y suis plus.

— Vous y serez tout à l'heure quand vous m'aurez dit ce que vous savez du duc de Naurouse, tout ce que vous savez.

— Je ne sais que ce que tout le monde sait : grand nom, noblesse solide, belle fortune.

— Ah !

— Cependant cette fortune a dû être écornée par des folies de jeunesse ; ces folies lui ont même valu un conseil judiciaire que lui ont fait nommer ses parents contre lesquels il a lutté avec acharnement pendant plusieurs années. A la fin il en a triomphé et il est aujourd'hui maître de ce qui lui reste de sa fortune.

— Qu'est ce reste ?

— Quatre ou cinq cent mille francs de rente peut-être.

Mme de Barizel eut un sourire d'approbation et d'estime.

— C'est convenable, dit-elle.

— Bien entendu je ne garantis pas le chiffre ; il faudrait voir.

— Je demanderai à Dayelle.

— Il doit bientôt venir ? demanda Duplaquet avec un certain mécontentement.

— Oui.

— Ah !

Elle ne laissa pas s'appesantir sur cette impression désagréable, et tout de suite elle continua ses questions sur le duc de Naurouse.

— Quelle a été sa vie ?

— Celle des jeunes gens qui s'amusent et dont Paris s'amuse ; pendant les derniers temps de son séjour en France il était l'amant de la duchesse d'Arvernes, et l'amant déclaré au vu et au su de tout Paris ; leurs amours ont fait scandale ; il s'est à moitié tué pour la duchesse.....

— Un passionné alors, c'est à merveille cela !

— C'est pour rompre cette liaison qu'il a entrepris son voyage autour du monde :

seulement je ne crois pas qu'elle soit rompue, car la duchesse d'Arvernes est arrivée à Bade le même jour que le duc de Naurouse, ce qui a bien l'air d'un rendez-vous, et avant-hier ils se sont promenés publiquement devant la *Conversation*. Je les ai vus ; ils paraissaient engagés dans un entretien très animé ; la duchesse d'Arvernes se tenait serrée contre le duc de Naurouse et elle le regardait avec des yeux éloquents.

— Comment est-elle, la duchesse d'Arvernes ?

— Les avis sont partagés...

— Cela suffit. Son âge ?

— La trentaine.

— Une ancienne maîtresse dont la beauté est contestée et qui n'a même pas de beauté, peut-être ?

— De l'originalité, au moins ; de l'étrangeté.

— Avec cela trente ans, je suis tranquille ; si la liaison entre elle et le duc de Naurouse n'est pas rompue, ses jours sont comptés.

A ce moment l'entretien fut interrompu par une négresse qui entra portant un plateau sur lequel était servi un déjeuner au thé pour deux personnes.

Ce fut une affaire délicate de trouver à poser ce plateau ; mais les négresses, au moins certaines négresses affinées, ont l'adresse et la souplesse des chattes pour se faufiler à travers les obstacles sans rien casser. Celle-là manœuvra si bien qu'elle parvint à trouver une place pour son plateau sans le lâcher.

— Si je n'avais trouvé la clef dans le lierre, dit Mme de Barizel d'un ton indulgent, nous étions exposées à coucher dehors.

La négresse, qui était jeune encore et toute gracieuse, au moins par la souplesse de ses mouvements et la mobilité de sa physionomie, se mit à sourire en montrant le blanc de ses yeux et ses dents étincelantes avec les mouvements flexueux et les ondulations caressantes d'une chienne qui veut adoucir son maître.

— Pas faute à moi, bonne maîtresse, convenu avec Dinah, elle rentrer ; Dinah pas faute à elle non plus ; grand machin de montre cassé, criiii, criiii ; — et elle imita le bruit d'un grand ressort brisé en riant ; — elle pas savoir l'heure, elle pas pouvoir rentrer ; elle bien fâchée ; moi, grand chagrin.

Et, après avoir ri, instantanément elle se mit à pleurer.

— Est-elle drôle, dit Duplaquet en riant.

Ce fut tout ; elle pas grondée sortit en riant.

Mme de Barizel la rappela :

— Et nos chambres ?

— Pas faute à moi ; moi oublié. Oh ! moi grand chagrin.

Et de nouveau elle se remit à pleurer ; puis doucement elle tira la porte et la ferma.

Tout en se disculpant de cette façon originale, elle avait placé un petit guéridon devant Duplaquet, et sur le lit de Mme de Barizel une de ces planchettes avec des rebords et des pieds courts qui servent aux malades.

Duplaquet s'occupa à faire le thé.

— Ainsi, dit-il, Corysandre a produit de l'effet sur le duc de Naurouse ?

— Son effet ordinaire, c'est-à-dire extraordinaire : le duc est resté en admiration devant elle. Je ne sais pas quelle était, hier matin, l'influence de la duchesse d'Arvernes ; mais hier soir cette influence n'existait plus : le duc de Naurouse aimait Corysandre, et ce matin, après une nuit pendant laquelle il n'a cessé de rêver d'elle, il sent combien il l'aime.

— Tant que cela ?

— Notez qu'à deux reprises, je leur ai ménagé quelques instants de tête-à-tête, où ils auraient pu se dire toutes sortes de choses tendres s'ils avaient été en état l'un et l'autre de parler.

— Comment, Corysandre ?

— Je l'ai confessée hier en rentrant ; elle m'a avoué ou plutôt elle m'a déclaré, car elle n'est pas fille à avouer, que le duc de Naurouse lui plaît : c'est le premier homme qui ait produit cet effet sur elle.

— Mais c'est dangereux, cela.

— Oh ! pas du tout ; si peu Américaine que soit Corysandre, et élevée par son père elle l'est très peu, elle a au moins cela de bon, et pour moi de rassurant, qu'on peut la laisser *flirter* sans danger. Elle se laissera faire la cour, elle écoutera tout ce qu'on voudra lui dire de tendre ou de passionné ; elle serrera toutes les mains qui chercheront les siennes, elle n'aura que des sourires pour ceux qui à droite et à gauche d'elle lui presseront les pieds sous la table, dans le tête-à-tête elle permettra même avec plaisir qu'on dépose un baiser sur son front, ses joues, ses cheveux ou son cou ; mais il ne faudra pas aller plus loin ; elle connaît la valeur de la dot qu'elle doit apporter en mariage et elle ne consentira jamais à la diminuer. Ce n'est pas elle qui mangera son bien en herbe ; quand il aura porté graine ce sera autre chose, mais alors je n'aurai plus à en prendre souci.

— Votre intention est donc de faire du duc de Naurouse un prétendant.

— Cela et aussi mieux que cela. Comment trouvez-vous que va le prince Savine ?

— Je trouve que, cerclé comme il l'est par

ceux d'entre nous qui l'approchent et aussi par ceux que nous pouvons faire agir sur lui, il ne va pas du tout ; et j'en suis à me demander s'il ira jamais.

— Il ira.

— Comment cela ?

— Poussé par le duc de Naurouse.

— Je comprends.

— Savine, avec son caractère orgueilleux, s'imagine qu'en étant amoureux de Corysandre il lui fait grand honneur, et comme il est à la glace, incapable de passion et d'entraînement pour ce qui n'est pas lui et lui seul, il s'en tient aux satisfactions qu'il trouve dans son intimité avec nous. Du jour où il verra que quelqu'un qui le vaut bien, sinon par le rang, du moins par la fortune, car un duc français de noblesse ancienne vaut mieux qu'un prince russe, n'est-ce pas ?

— Incontestablement.

— Du jour où il verra que ce duc français est amoureux pour de bon et parle, il parlera lui-même.

— C'est probable.

— Dites que c'est sûr. Alors, bien entendu, nous l'écouterons, parce que la noblesse du duc de Naurouse vaut mieux que celle de Savine, la fortune des Savine vaut mieux que celle des Naurouse je pense, et moi je n'ai pas de préjugés.

— Cela est beau.

— N'est-ce pas ?

— Maintenant il faut que le duc de Naurouse parle comme vous dites.

— Il parlera. Bien qu'il ne m'ait pas annoncé sa visite, je l'attends aujourd'hui ; je l'inviterai à dîner pour après-demain avec Savine, Dayelle et vous. Corysandre devant Savine sera très aimable pour le duc de Naurouse, ce qui lui sera d'autant plus facile qu'elle n'aura qu'à obéir à son impulsion, et elle ne fait bien que ce qu'elle fait naturellement. De son côté, le duc de Naurouse sera très tendre pour Corysandre ; cela, je l'espère, fondra la glace de Savine. Vous, de votre côté, c'est-à-dire vous, mon cher Duplaquet, aidé de Dayelle, vous agirez sur le duc de Naurouse. Votre concours, je ne vous le demande pas ; je sais qu'il m'est acquis, entier et dévoué. Celui de Dayelle, je l'obtiendrai après-demain.

— Voilà ce que je n'aime pas.

— Ne dis donc pas de ces naïvetés d'enfant, gros niais : tu sais bien pour qui je me donne tant de peine et pour qui je veux devenir libre.

XIII

Mme de Barizel ne s'était pas trompée en pensant que le duc de Naurouse ne manquerait pas de lui faire visite le jour même.

Après la promenade de la veille, n'était-il pas tout naturel qu'il vînt prendre des nouvelles de leur santé ? N'étaient-elles pas fatiguées ? Et puis il craignait que Corysandre n'eût eu froid sur la rivière.

Mme de Barizel le rassura : elle n'était pas fatiguée ; Corysandre n'avait pas gagné froid, elle avait été enchantée de cette promenade.

Cependant, bien que Roger prolongeât sa visite, la faisant durer plus qu'il ne convenait peut-être, Corysandre ne parut pas, car Mme de Barizel avait décidé qu'il fallait exaspérer l'envie que le duc de Naurouse aurait de voir celle qui avait la veille produit sur lui une si forte impression, et elle avait exigé que sa fille restât dans sa chambre. Corysandre avait commencé par se révolter devant cette exigence, puis elle avait fini par céder aux raisons de sa mère.

— Veux-tu qu'il pense à toi ?

— Oui.

— Veux-tu qu'il rêve de toi ?

— Oui.

— Eh bien, laisse-moi faire pour cette visite comme pour toutes choses ; on est stupide quand on écoute son cœur, on ne fait que des sottises et l'on n'arrive à rien.

— A quoi arriveras-tu ?

— A rendre le duc de Naurouse amoureux de toi, ce qui est quelque chose d'agréable et de flatteur, il me semble.

— Agréable, oui ; flatteur, cela m'est égal. Et quand il sera amoureux ?

— Tu épouseras le prince Savine.

— Et le duc de Naurouse ?

— Il restera amoureux, ce qui continuera d'être agréable pour toi et pour lui peut-être.

— Comme il n'est pas prouvé que j'épouserai le prince Savine, fais ce que tu voudras.

Et elle était restée dans sa chambre, mais en s'installant à la fenêtre, derrière un rideau, de façon à voir le duc de Naurouse quand il arriverait et repartirait.

Après une longue attente, Roger, perdant toute espérance de voir Corysandre ce jour-là, s'était levé pour se retirer ; alors Mme de Barizel, le trouvant au point qu'elle voulait, lui adressa son invitation à dîner pour le surlendemain.

— Quelques intimes seulement : le prince Savine, M. Dayelle, que vous connaissez sans doute ?

— Parfaitement.

— Et puis un bon ami à nous, un ami d'Amérique, maintenant fixé en Europe, un journaliste du plus grand talent, M. Duplaquet.

Le duc de Naurouse était parfaitement indifférent au nom et à la qualité des convives; ce ne serait pas avec eux qu'il dînerait, ce serait avec Corysandre, et tout en remerciant Mme de Barizel, il plaça ces convives : Dayelle et Savine à droite et à gauche de Mme de Barizel; le journaliste et lui de chaque côté de Corysandre : ce serait charmant.

C'était beaucoup pour Mme de Barizel de réunir à sa table le prince Savine et le duc de Naurouse; mais ce n'était pas tout : pour que cette réunion portât les fruits qu'elle en attendait, il fallait que ses deux autres convives, Dayelle et Duplaquet, jouassent bien le rôle qu'elle leur destinait; elle n'était pas femme à s'en rapporter aux hasards de l'inspiration, et à l'avance elle entendait régler chaque chose, chaque détail, chaque mot, sans rien laisser à l'imprévu, de façon à ce que tout marchât régulièrement, sûrement, pour arriver à un succès certain.

Pour Duplaquet, elle était sûre de lui : c'était un associé, un complice sans scrupules, un instrument docile, et il y avait plutôt à modérer son zèle qu'à l'exciter. Comment ne se fût-il pas employé corps et âme au mariage de Corysandre. Que d'espoirs pour lui, que de rêves, que de projets dans ce mariage qui devait, croyait-il, faire le sien! Plus de bohème, plus de travail, plus de copie, une position, des relations. Où n'arriverait-il pas?

Mais pour Dayelle il n'en était pas de même : Dayelle était un bourgeois, un homme à principes, que sa situation financière et politique rendait circonspect et timoré, lui inspirant à propos de tout ce qui ne devait pas se faire au grand jour une peur affreuse de se compromettre. Qu'attendre de bon d'un homme qui, à chaque instant, s'écriait avec la meilleure foi du monde : « Que dirait-on de moi! Un homme comme moi! » S'il était heureux d'avoir une maîtresse dont il se croyait aimé, une femme jeune encore, lui qui était un vieillard; une grande dame, lui qui était un parvenu, c'était à condition que cette liaison ne l'entraînerait pas trop loin. Déjà il trouvait que quitter Paris et ses affaires pour venir à Bade deux fois par mois était quelque chose d'extraordinaire, un témoignage de passion qu'un homme follement épris pouvait seul donner. Cela n'était ni de son âge, ni de sa position. Il perdait de l'argent, il compromettait ses intérêts pendant ces absences qui duraient trois jours. Il se fatiguait, et bien qu'il fît le voyage dans un wagon lui appartenant, il n'en était pas moins vrai que, rentré à Paris, il lui fallait plusieurs jours pour se remettre; il n'avait plus sa facilité, son application ordinaires pour le travail, sa lucidité, sa sûreté de coup d'œil. Pendant cinquante années sa vie avait été consacrée, avait été vouée au travail, sans une minute de distraction, sans plaisirs autres que ceux que lui donnaient l'amas de l'argent et les honneurs sociaux, et jusqu'au jour de sa mort, Mme Dayelle avait eu en lui le mari le meilleur et le plus fidèle. Il ne fallait pas oublier tout cela. A chaque instant, à chaque parole, il fallait se rappeler quelle avait été la vie de cet homme, qui tout à coup à l'âge où l'on fait une fin, avait fait un commencement, entraîné dans une passion qui l'étonnait au moins autant qu'elle l'inquiétait. Il fallait penser à ses anciennes habitudes, à son caractère, à ses craintes, à ses réflexions, aux reproches qu'il s'adressait lui-même sur sa propre folie.

Ce n'était point, comme Duplaquet, un associé, encore moins un complice, à qui l'on peut tout dire en lui montrant le but qu'on poursuit. Sans doute il désirait le mariage de Corysandre, et pour que ce mariage avec le prince Savine s'accomplît, il était disposé à faire beaucoup, même à verser une dot qu'il était censé avoir en dépôt, bien qu'il n'en eût jamais reçu un sou, si ce n'est en valeurs dépréciées et irréalisables qu'on ne pouvait vendre que pour le prix du papier rose, bleu, vert, jaune sur lequel elles étaient imprimées; mais en tout cas il ne ferait que ce qui lui paraîtrait délicat, droit, correct, en accord avec ses idées étroites d'honnêteté bourgeoise.

Lui demander franchement de prendre un chemin détourné, semé de pièges et de chausse-trapes était aussi inutile que dangereux ; non seulement il refuserait de s'engager dans ce chemin, mais encore il s'indignerait, il se fâcherait qu'on le lui indiquât, et cela l'amènerait à des réflexions, à des appréciations, à des inquiétudes qu'il fallait soigneusement éviter sous peine de perdre en une minute ce qu'elle avait si laborieusement préparé depuis son arrivée en France, — c'est-à-dire son mariage avec Dayelle.

Marier Corysandre et lui faire épouser Savine avait un grand intérêt pour elle, mais se marier elle-même et se faire épouser par Dayelle en avait un bien plus grand encore.

Pour gagner Savine, il ne fallait donc pas s'exposer à perdre Dayelle.

Corysandre avait seize ans. Si le mariage avec Savine manquait, elle avait le temps, belle comme elle l'était, d'en trouver un autre qui vaudrait celui-là.

Elle, elle avait trente-huit ans, et pour elle les minutes, les heures, les jours se précipitaient avec la vitesse fatale de tout ce qui est arrivé au bout de sa course et tombe de haut ; encore une année, encore deux peut-être et l'irréparable serait accompli, elle serait une vieille femme. Si son mariage avec Dayelle manquait, ce serait fini. Où trouver un autre Dayelle aussi riche, en aussi belle situation que celui-là : avec cette fortune et cette situation, elle ferait de lui un personnage dans l'État, tandis que d'Avizard et de Duplaquet, elle ne pourrait jamais rien faire, si grande peine qu'elle se donnât : l'un resterait ce qu'il était, un simple faiseur ; l'autre, ce qu'il était aussi, un bohème.

Il fallait donc ménager Dayelle et n'agir, en cette affaire, qu'avec une extrême prudence.

C'était le samedi qu'il devait arriver à Bade, par le train parti de Paris le soir. Bien que Mme de Barizel eût horreur de se lever matin, ce jour-là elle montait en wagon à neuf heures pour aller à Oos, qui est la station de bifurcation, l'attendre au passage.

Au temps où elle était jeune et où elle aimait réellement, elle n'avait jamais eu de ces attentions, mais alors les démonstrations et les preuves étaient inutiles, tandis que maintenant elles étaient indispensables. Dayelle était défiant ; de ces moments lucides où, se voyant ce qu'il était réellement, un vieillard, il se demandait s'il pouvait être vraiment aimé, si ce n'était point une illusion de le croire, un ridicule de l'espérer; et le seul moyen pour combattre ces défiances était de lui donner de telles preuves de cet amour qu'elles fissent taire les soupçons du doute aussi bien que les objections de la raison. Comment ne pas croire à la tendresse d'une femme qu'on sait paresseuse et dormeuse avec délices, et qui quitte son lit à huit heures du matin, qui s'impose la fatigue d'un petit voyage en chemin de fer pour venir au-devant de celui qu'elle attend et lui faire une surprise !

Elle fut grande, cette surprise de Dayelle, et bien agréable quand, pendant la manœuvre au moyen de laquelle on détachait son wagon du train de la grande ligne pour le placer en queue du train de Bade, il vit la portière de son salon s'ouvrir et Mme de Barizel apparaître, souriante, avec la joie et la tendresse dans les yeux.

— Eh quoi, s'écria-t-il en lui tendant les deux mains pour l'aider à monter, vous ici !

— Cela vous surprend que je vienne au-devant de vous. Vous faites cent cinquante lieues pour moi et je n'en ferais pas une pour vous. Et puis cela nous fait gagner quelques instants ; nous serons plus longtemps ensemble. Elles sont si courtes, si rares, les quelques heures que vous pouvez me donner. A Paris, vous avez vos affaires qui vous occupent, qui vous distraient; moi, à Bade, je n'ai que le souvenir et l'espérance ; je vis dans le passé ou dans l'avenir, je meurs dans le présent.

Il n'avait point été habitué à ces paroles ardentes ; elles troublaient son cœur aussi bien que sa raison et lui faisaient tout oublier.

— Pourquoi pas ? se disait-il.

XIV

La distance est courte d'Oos à Bade. Pendant ce trajet, le nom du duc de Naurouse ne fut pas prononcé. Mme de Barizel n'était pas femme à commettre cette faute. Pouvait-elle penser à un autre qu'à celui qu'elle était si heureuse de revoir ? C'était pour lui qu'elle était venue, c'était de lui seul qu'elle pouvait s'occuper.

Mais, après les premiers moments d'épanchement, il était tout naturel de parler de ce qui s'était passé depuis la dernière visite de Dayelle à Bade, et alors le nom du duc de Naurouse se présenta, amené par la force des choses.

— A propos, j'ai une nouvelle à vous annoncer, une grande nouvelle que j'allais oublier, tant je suis troublée. Il faut me pardonner, quand je vous vois, je perds la tête et ne pense plus à rien.

Et elle le regarda tendrement, ce qui le fit rougir ; son visage rosé, au front carré couronné de cheveux blancs, s'empourpra et un éclair de joie ralluma son regard éteint. Comme elle l'aimait !

— Quelle nouvelle ? dit-il.

— Vous connaissez le duc de Naurouse ?

— Je l'ai beaucoup vu chez le duc d'Avernes, à la campagne, au château de Vauxperroux ; présentement, il est en train de faire un voyage autour du monde.

— Présentement, il est à Bade, arrivant de son voyage, et j'ai tout lieu de penser qu'il est amoureux de Corysandre.

Elle dit cela joyeusement, glorieusement ; mais Dayelle ne s'associa pas à cette joie, loin de là.

— Si ce que vous supposez était vrai, dit-il gravement, il ne faudrait pas s'en réjouir ; il faudrait, au contraire, s'en affliger, au moins si Corysandre partageait cet amour, ce qui n'est pas, ce qui ne sera pas, je l'espère.

Mme de Barizel fut stupéfaite :

— La fortune du duc de Naurouse est-elle donc entièrement perdue ? s'écria-t-elle vivement.

— Je ne crois pas.

— Le duc de Naurouse ne porte-t-il pas

un des grands noms de France, de noblesse ancienne et certaine ?

— Assurément.

— N'est-il pas jeune, beau, distingué, charmant, séduisant sous tous les rapports ?

— Sa jeunesse, sa beauté, sa distinction ne sont pas en discussion, bien qu'à mon point de vue ce soient, quand il s'agit d'un mariage, des qualités négatives.

Puis, s'arrêtant et la regardant d'un air défiant :

— Trouvez-vous donc qu'on ne peut aimer et être aimé que quand on a la jeunesse, la beauté, la distinction ?

Sur ce terrain, qui n'était pas nouveau pour elle, elle était parfaitement préparée.

— Il ne s'agit pas, permettez-moi de vous le dire, mon ami, de ce que je trouve ou de ce que je ne trouve pas ; ne me faites pas intervenir là où je n'ai rien à voir ; il s'agit de ce que peut trouver, de ce que pense une jeune fille de l'âge de Corysandre, sans raison et sans expérience, qui décide sa vie d'après toutes sortes de fantaisies. Voilà pourquoi, si j'étais homme, je ne serais que peu sensible à l'amour d'une jeune fille qui ne sait rien, ni ce qui est, ni ce qu'elle veut, ni ce qu'elle est elle-même, tandis que je le serais beaucoup à l'amour d'une femme qui a l'expérience du monde et de la vie, qui donne son cœur en connaissance de cause et qui est pleine de gratitude pour la tendresse dont elle se sent l'objet. Mais, encore une fois, il ne s'agit pas de moi ; je n'ai parlé qu'en me plaçant au point de vue de Corysandre, qui a été touchée par la jeunesse, la beauté et la distinction du duc de Naurouse.

— Comment touchée ?

— Oh ! comme il convient à une fille qui sait ce qu'elle doit à son éducation et à son rang.

— Alors on peut espérer que les choses n'iront pas plus loin : M. de Naurouse ne serait nullement le mari que je souhaiterais à votre fille.

— Et pourquoi donc ? Qu'a-t-on à lui reprocher ?

Avant de répondre, Dayelle prit une pose parlementaire, la tête en arrière, les yeux à dix pas devant lui, deux doigts de la main dans la poche de son gilet, le bras gauche étendu noblement :

— Vous savez, dit-il, combien est vive l'affection que je porte à votre fille, d'abord parce qu'elle est votre fille et puis aussi parce qu'elle est charmante ; c'est sincèrement que je souhaite son bonheur.

Mme de Barizel ne répondit rien ; mais, prenant la main de Dayelle, elle la serra fortement avec émotion.

— Eh bien, continua Dayelle, profondément troublé par cette émotion maternelle, M. le duc de Naurouse n'est pas digne d'elle et je ne crois pas qu'il puisse la rendre heureuse.

— Mais pourquoi ?

— Parce que sa jeunesse s'est passée dans le désordre. Il faut que vous ayez jusqu'à ces derniers temps habité l'Amérique pour que le tapage de cette existence ne soit point arrivé jusqu'à vous ; c'est non seulement son argent que M. de Naurouse a gaspillé follement, le jetant aux quatre vents comme s'il avait hâte de s'en débarrasser, c'est aussi son cœur, sa santé. Le scandale de ses amours avec la duchesse d'Arvernes a étonné Paris qui, vous le savez, ne s'étonne pas facilement. Bref et en un mot, M. le duc de Naurouse, bien que jeune, beau, distingué, riche et noble, n'est pas mariable ; soyez sûre que s'il se présentait dans une famille honnête il serait éconduit et que pas une mère, qui le connaîtrait, ne consentirait à lui donner sa fille.

Tout Dayelle était dans ce petit discours débité avec une gravité et une lenteur emphatiques. Mme de Barizel resta un moment embarrassée, car ce qu'elle avait à répondre à cette condamnation ne pouvait pas être dit, sous peine de se faire condamner elle-même. Et cependant il fallait qu'elle répondit, car si elle renonçait à faire jouer à Dayelle le rôle qu'elle lui avait tout d'abord destiné et qu'elle avait si laborieusement travaillé, elle ne renonçait pas à celui que le duc de Naurouse devait remplir et même elle ne renonçait pas à employer Dayelle.

Mais, comme le disait Corysandre, elle avait mille moyens de se retourner quand elle était dans l'embarras ; après quelques secondes de réflexion son parti fut pris : Dayelle pouvait être utilisé.

— J'avoue, dit-elle, que ce que vous venez de m'apprendre me plonge dans l'étonnement ; mais je n'ai rien à répondre aux raisons que vous avez exposées avec cette noblesse, cette droiture, cette sûreté de conscience, cette hauteur de vues qu'on rencontre toujours en vous et en toutes circonstances, parce qu'elles sont le fond même de votre nature.

Dayelle eut un sourire d'orgueil, car il n'était pas encore blasé sur ces éloges dont elle l'accablait, et c'était pour lui un plaisir toujours nouveau de s'entendre louer par ces belles lèvres et de se voir admirer par ces beaux yeux.

Elle continua :

— Ce n'est pas à moi que je voudrais vous entendre redire ce que vous venez de si bien m'expliquer, ce serait à Corysandre d'abord, et puis ensuite à une autre personne.

— Cela est assez difficile avec Corysandre.

— Pas pour vous ; votre tact vous fera trouver juste ce que peut entendre une jeune fille, et il est nécessaire qu'elle connaisse

M. de Naurouse qui, je ne veux pas vous le cacher, a fait sur elle une impression assez vive; elle le voit ce qu'il est réellement : jeune, beau, séduisant, et il ne faut pas qu'elle reste sur ce qu'elle a vu, sur ce qu'elle voit. Quand vous lui aurez montré ce qu'il y a sous cette enveloppe brillante, elle réfléchira et M. de Naurouse ne sera plus à craindre.

— Les choses en sont-elles à ce point ? Et le prince Savine ?

— C'est justement parce que le prince Savine ne se décide pas à m'adresser sa demande que Corysandre, blessée, a eu des yeux pour le duc de Naurouse qu'elle n'eût jamais regardé si le prince avait parlé. Cela n'est pas blâmable, n'est-ce pas, mon ami ?

— Non, certes.

— Maintenant la seconde personne à laquelle je voudrais vous voir répéter ce que vous m'avez expliqué, c'est-à-dire que le duc de Naurouse n'est pas mariable, c'est..., vous allez sans doute être surpris, c'est... le duc de Naurouse lui-même.

— Le duc de Naurouse !

— Mon Dieu ! oui, et le but de ma prière est bien simple, c'est d'empêcher le duc de Naurouse de m'adresser sa demande ou, s'il me l'adresse, c'est de faciliter mon refus. A qui puis-je demander ce service si ce n'est à vous ?

Et comme Dayelle faisait un mouvement de répulsion, elle poursuivit en insistant :

— Pour tout autre ce serait là une commission délicate; mais pour vous, avec votre tact, avec l'autorité que vous donne votre caractère et votre position, il me semble que quand le duc de Naurouse vous parlera de l'impression que Corysandre a produite sur lui, et il vous en parlera, j'en suis certaine, sachant l'amitié que vous nous portez, il me semble que vous pouvez très bien lui répondre par ce que vous m'avez dit. Oh ! pas dans les mêmes termes, bien entendu, mais en lui expliquant combien de craintes sa jeunesse orageuse doit inspirer à une famille honnête et à une mère qui aime tendrement sa fille.

— Mais c'est impossible, s'écria Dayelle.

Mme de Barizel, qui avait jusque là parlé avec une douceur caressante, changea brusquement de ton, et sa parole, son geste, son regard, prirent une énergie qui rendait la contradiction difficile :

— Jusque-là, dit-elle, je ne vous ai parlé que de Corysandre; mais je crois que je dois vous parler aussi de moi, de vous, de nous. Voulez-vous que je sois toute à vous ? Aidez-moi à marier Corysandre au plus vite. Acceptez-vous, je ne dis pas que nous rompions, cela me serait impossible, mais que nous cessions de nous voir tant qu'elle ne sera pas mariée, ne m'aidez pas à la marier.

Il voulut interrompre; elle ne lui permit pas de placer un mot.

— La situation, notre situation, telle qu'elle existe maintenant, ne peut pas se prolonger plus longtemps. Vous comprenez que la vérité peut se découvrir d'un moment à l'autre, et que du jour où elle sera connue, du jour où le monde donnera son vrai nom à ce qu'il a accepté jusqu'à présent pour de l'amitié, le mariage de Corysandre sera gravement compromis, empêché peut-être pour jamais par le scandale de la conduite de sa mère. Ne serait-ce pas affreux ? Avez-vous pensé à cela ? Mais ce qui serait plus affreux encore, ce que je ne supporterais pas, ce qui me tuerait, ce serait que Corysandre elle-même découvrît cette vérité. Rougir devant ma fille, moi ! flétrir sa pureté ! perdre son respect ! plutôt la mort. Ce que je vous demande, ce n'est pas que vous m'épousiez...

Il ne fut pas maître de retenir un léger mouvement.

— Je ne vous le demande pas, et cependant si je voulais, si je poursuivais ce but, je réussirais, car une femme aimée parvient toujours à se faire épouser lorsqu'elle le veut bien. Non, ce que je demande, c'est de pouvoir vous aimer librement, c'est de me consacrer entièrement à vous, et cela ne sera possible que lorsque ma fille sera mariée. Aidez-moi donc à la marier si vous m'aimez comme je vous aime.

Malgré l'émotion que ces paroles violentes avaient soulevée en lui, il voulut réfléchir; mais dans ces paroles il y avait des points obscurs et des contradictions qui demandaient des éclaircissements.

— En quoi la mission que vous voulez que je remplisse auprès du duc de Naurouse aidera-t-elle au mariage de Corysandre ? dit-il.

Elle se mit à sourire.

— Comme les hommes les plus fins sont naïfs pour les choses de sentiment, dit-elle en reprenant le ton caressant. Comprenez donc que le duc de Naurouse ne doit nous servir qu'à décider le prince Savine, et que le prince se décidera quand il saura qu'il a un rival.

— Puisque ce rival n'aura paru que pour se retirer...

— Il se retirera écarté par vous, notre ami prudent, mais non par nous, de telle sorte qu'il peut revenir; c'est la peur de ce retour qui, je l'espère, amènera le prince Savine à réaliser enfin une résolution arrêtée dans son esprit comme dans son cœur et qu'il diffère je ne sais pourquoi.

XV

Mme de Barizel n'était pas du tout certaine, comme elle le disait, que le duc de Naurouse dût lui demander bientôt la main de Corysandre.

Que Corysandre eût produit sur lui une vive impression, cela elle l'avait vu, et elle était trop experte dans les choses de sentiment pour se tromper : Corysandre avait ébloui le duc, elle l'avait fasciné.

Mais qu'il eût la pensée et le désir de la prendre pour femme, cela elle n'en savait absolument rien. Pour être ébloui par la beauté d'une jeune fille, il ne s'ensuit pas forcément qu'on se décide instantanément et du jour au lendemain, dans un accès d'enthousiasme, à épouser cette jeune fille; les mariages ne se décident point avec cette facilité et cette rapidité; on lui avait dit que le duc de Naurouse était un passionné, et ce qu'on lui avait raconté de ses amours semblait le prouver, mais les passionnés ne font pas souvent des maris ; ce sont les faibles qui se laissent prendre par le mariage, non les violents.

C'était précisément parce qu'elle ne savait pas si cette idée de mariage s'était présentée à l'esprit du duc de Naurouse qu'elle voulait tenter de la lui suggérer.

D'un côté Duplaquet ferait l'éloge de Corysandre.

D'un autre Dayelle parlerait mariage.

Et alors si le duc de Naurouse n'avait point encore eu l'idée de demander la main de cette jeune fille qui l'avait si profondément ému, elle lui viendrait peut-être.

Sans doute il eût été beaucoup plus simple de faire dire au duc de Naurouse : « Mlle de Barizel est la femme que vous devez épouser », que de lui dire : « Il vous sera bien difficile de vous marier, et une mère honnête, un père prudent y regarderont à deux fois avant de donner leur fille à un jeune homme dont les aventures, les amours, les dettes, les pertes au jeu, les procès ont fait pendant plusieurs années un tapage scandaleux qui a occupé tout Paris. » Mais Mme de Barizel, qui avait aussi peu de confiance dans les moyens simples que dans les routes désertes, leur préférait les combinaisons compliquées, les ruses, et les détours; ce sont les heureux, les forts, ceux qui sont sûrs d'être soutenus, qui prennent le droit chemin et vont de l'avant sans souci d'un échec, pour eux peu important ou facilement réparable; les déshérités, les opprimés, les faibles, ceux qui ne peuvent compter que sur eux-mêmes sont moins superbes d'assurance, et, avant de partir, ils étudient et préparent les moyens d'arriver.

D'ailleurs la simplicité est chose relative, ce moyen qu'elle employait et qui pouvait paraître compliqué à un esprit moins habitué que le sien aux intrigues était pour elle assez simple; si le duc de Naurouse était bien l'homme que Duplaquet lui avait dépeint, il devait, quand on lui montrait une difficulté, marcher contre et la franchir coûte que coûte. Et c'était là-dessus qu'elle avait compté, — « Ah! je ne suis pas mariable, dirait-il en réponse aux objections de Dayelle, eh bien! vous vous trompez, et la preuve, c'est que je vais me marier avec Mlle de Barizel. »

Et il ferait la demande, que sans ce coup d'éperon il n'eût peut-être jamais eu l'idée de faire.

Et il mettrait d'autant plus d'ardeur à obtenir Corysandre qu'il s'imaginerait, d'après ce que Dayelle lui aurait dit, qu'on devait la lui refuser.

Si cela ne piquait pas, ne poussait pas Savine, ce serait la preuve bien évidente qu'il ne se déciderait jamais et qu'il fallait renoncer à lui.

Alors on pourrait se retourner du côté du duc de Naurouse et prendre au sérieux les offres qu'on lui aurait fait faire pour s'en jouer.

Mieux valait Savine que Naurouse, mais à défaut de Savine mieux valait Naurouse que personne.

C'était toujours un mari; c'était un gendre qui pouvait faire honneur à sa belle-mère.

Vraiment il était bien naïf ce bon Dayelle avec ses griefs contre le duc de Naurouse : pas mariable ce jeune homme riche et beau garçon, distingué, noble et cela parce qu'il avait eu une jeunesse tapageuse, parce qu'il avait aimé la femme d'un ministre, une duchesse, et qu'il avait étonné Paris du scandale de ses amours; pour cela il serait éconduit dans toute famille honnête à laquelle il voudrait s'allier, et toute mère qui le connaîtrait refuserait de le donner à sa fille.

Quel genre d'intelligence fallait-il donc pour faire fortune et se créer la plus haute position sociale, si, arrivé à cette fortune et à cette position, on débitait gravement de pareilles sornettes. Dans quel monde avait-il donc vécu ce brave Dayelle! Mais, si elle pouvait rire tout bas de cette naïveté, en somme elle ne devait pas s'en plaindre, puisque c'était elle qui lui livrait Dayelle et qui permettait que dans les circonstances présentes, elle l'employât sans qu'il comprît le rôle qu'on lui faisait jouer.

Plus tard, il est vrai, il faudrait peut-être compter avec cette vertueuse indignation, si Savine ne se décidant pas, c'était le duc de Naurouse qu'elle accepterait pour gendre, mais plus tard comme plus tard ; à ce moment elle trouverait des raisons pour convaincre Dayelle que le duc de Naurouse n'était pas un aussi mauvais mari qu'on le disait ; n'aurait-elle pas l'amour pour argument suprême, l'amour du duc pour Corysandre, l'amour de Corysandre pour le duc : « Ils s'aiment, mon ami ; est-ce vous, est-ce un cœur comme le vôtre qui peut vouloir séparer deux êtres qui s'aiment ! » Elle le ferait pleurer si cela était nécessaire, ce qui n'était pas bien difficile, et elle enlèverait son approbation à ce mariage et son consentement.

Comme c'était le soir même, après le dîner, que Dayelle devait adresser son étrange discours au duc de Naurouse, il voulut se préparer pendant la journée en répétant à Corysandre ce qu'il avait dit le matin à Mme de Barizel sur le jeune duc. Malheureusement pour son éloquence, Corysandre ne lui facilita point sa tâche, et, malgré le tact que Mme de Barizel lui avait reconnu le matin, il s'arrêta plus d'une fois, embarrassé pour continuer.

Aux premiers mots Corysandre avait souri, heureuse qu'on lui parlât du duc de Naurouse ; mais quand elle avait vu que ce n'était pas du tout l'éloge qu'elle attendait que Dayelle entreprenait, elle avait pris sa mine la plus dédaigneuse, et, malgré les signes désespérés de sa mère, elle avait répondu d'une façon peu révérencieuse aux observations qui la contrariaient.

— Alors il a fait des dettes, M. de Naurouse ?

— Des dettes considérables.

— Et il les a payées ?

— Mais sans doute.

— Eh bien ! cela ne prouve pas, il me semble, que ce soit un jeune homme désordonné, au contraire.

Sur un autre sujet plus délicat que Dayelle avait traité avec toutes sortes de ménagements, elle avait répondu sur le même ton.

— Alors il a eu des maîtresses, M. de Naurouse ?

Dayelle avait incliné la tête.

— Et il les a aimées ?

Dayelle avait répété le même signe affligé.

— Il a fait des folies pour elles ?

— Scandaleuses.

— Vraiment ! Et en quoi étaient-elles scandaleuses ? Voilà ce que je voudrais bien savoir.

— C'est là une question qui n'est pas convenable dans ta bouche, interrompit Mme de Barizel, qui, voyant la tournure que prenait l'entretien, aurait voulu le couper court, de peur que Corysandre, par quelques mots d'enfant terrible, ne fâchât Dayelle.

— Alors je la retire, ma question, dit Corysandre, jusqu'au jour où je pourrai la poser à M. de Naurouse lui-même, ce qui sera bien plus drôle.

— Corysandre !

— Si je ne dois pas avoir la fin des histoires que vous commencez pourquoi les commencez-vous ; qu'est-ce que cela me fait à moi que M. de Naurouse ait gaspillé une partie de sa fortune ; qu'est-ce que cela me fait qu'il ait eu des maîtresses et qu'il les ait aimées follement, cela prouve qu'il est capable d'amour et même de passion, ce que je trouve très beau. Quand je dis que cela ne me fait rien, ce n'est pas très vrai, et, pour être sincère, car il faut toujours être sincère, n'est-ce pas ?

Dayelle, à qui elle s'adressait, ne répondit pas.

— Pour être sincère, je dois dire que cela me fait plaisir.

— Et pourquoi ? demanda Dayelle sérieusement.

— Parce que cela confirme le jugement que j'avais porté sur M. de Naurouse en le regardant.

— Et quel jugement aviez-vous porté ? demanda Dayelle.

— Ne l'interrogez pas, dit Mme de Barizel, elle va vous répondre quelque sottise.

Habituellement, lorsque sa mère l'interrompait ainsi, ce qui arrivait assez souvent devant Duplaquet, Dayelle ou Avizard, c'est-à-dire devant des amis intimes, Corysandre se taisait en prenant une attitude où il y avait plus de dédain que de soumission, mais cette fois il n'en fut point ainsi ; au lieu de courber la tête, elle la releva.

— En quoi donc est-ce une sottise, dit-elle lentement, de répondre à une question que M. Dayelle trouve bon de me poser. Si j'ai dit que cela me faisait plaisir d'apprendre que M. de Naurouse était capable d'amour, c'est qu'en le voyant je l'avais jugé ainsi et que je suis bien aise de voir que je ne me suis pas trompée sur lui ?

S'adressant à sa mère directement :

— Je t'ai dit que M. de Naurouse me plaisait, n'est-il pas tout naturel que je sois satisfaite d'apprendre des choses qui ne peuvent qu'augmenter la sympathie que j'éprouve pour lui.

— Mais malheureuse enfant s'écria Dayelle ce n'est pas de la sympathie que ces choses doivent vous inspirer, c'est de la répulsion, de l'éloignement.

— Alors c'était pour cela que vous me les disiez ! Eh bien ! franchement mon bon monsieur Dayelle, vous n'avez pas réussi. Je vois que M. de Naurouse ne ressemble pas au commun des hommes : qu'il a un caractère à lui ; qu'il est capable d'entraînement et de passion ; qu'il a inspiré des amours extraordinaires, ce qui est quelque chose, il me semble ; qu'il a occupé tout Paris, ce qui n'est pas donné à tout le monde, et pour tout cela il me plaît un peu plus encore qu'avant que vous ne me l'ayez fait connaître. A l'âge où les petites filles jouent encore à la poupée on m'a dit : « Plais à celui-ci, plais à celui-là. » Et depuis on me l'a répété sans cesse, sans s'inquiéter jamais de savoir si celui-ci ou celui-là me plaisaient. Il semble que je sois une marchandise, une esclave qui doit plaire à l'acheteur et passer entre ses mains le jour où il voudra de moi. Je ne me suis jamais révoltée ; je ne me révolte pas. Mais je trouve enfin un homme qui me plaît, et je le dis tout haut, non à lui, mais à vous, à ma mère, à l'ami de ma mère, est-ce donc un crime ?

— Quelle sauvage ! s'écria Mme de Barizel.

Corysandre la regarda un moment ; puis avec un profond soupir :

— Ah ! si je pouvais en être une, dit-elle une vraie.

XVI

A l'exception de Savine, qui trouvait qu'il était de sa dignité de se faire toujours attendre, les convives de Mme de Barizel furent exacts.

Le dîner était pour sept heures ; à sept heures vingt minutes seulement, on entendit sur le sable du jardin le roulement d'une voiture, puis les piaffements des chevaux qu'on arrêtait, le saut lourd de deux valets qui sautaient à terre pour ouvrir la portière et se tenir respectueux sur le passage de leur maître. C'était Son Excellence le prince Savine, qui, pour venir du Graben aux allées de Lichtenthal, c'est-à-dire pour une distance qu'on franchit à pied en quelques minutes, avait fait atteler, afin d'arriver dans toute sa gloire et de faire une entrée digne de lui.

Mme de Barizel, Dayelle et Duplaquet, s'empressèrent au-devant de lui ; mais Corysandre, qui était en grande conversation avec le duc de Naurouse dans l'embrasure d'une fenêtre en tête-à-tête, ou qui plutôt écoutait le duc de Naurouse, ne se dérangea pas et elle attendit que Savine vînt à elle, sans lever les yeux, sans les tourner de son côté, toujours souriante et attentive à ce que Roger lui disait.

Quand on avait annoncé le prince, Roger avait eu un moment d'émotion. Comment allait-elle l'accueillir ? Quelle serait l'expression de leurs regards ? Et il l'avait examinée, ne sachant plus trop ce qu'il disait, mais parlant toujours cependant et parlant plus vivement, plus nerveusement. En voyant l'indifférence qu'elle témoignait et qui certainement n'était pas jouée, une joie bien douce lui emplit le cœur. Assurément, elle n'aimait pas Savine ; jamais elle n'aurait éprouvé un sentiment tendre pour lui. Et les remarques qu'il avait faites pendant leur promenade à Eberstein se trouvèrent confirmées d'une façon frappante.

Elles le furent bien mieux encore lorsqu'on dut passer dans la salle à manger.

A ce moment Savine, qui en entrant ne leur avait adressé que quelques courtes paroles sur un ton peu gracieux, revint vers Corysandre pour la conduire ; mais vivement elle tendit la main à Roger qu'elle n'avait pas quitté des yeux.

— J'accepte votre bras, monsieur le duc, dit-elle gaiement.

Et Savine, qui déjà arrondissait le bras en souriant d'un air un peu plus aimable, resta interloqué, tandis que Corysandre impassible et Roger tout heureux, tournaient autour de lui pour suivre Mme de Barizel et Dayelle.

Si Duplaquet n'avait pas été invité, Savine serait entré le dernier dans la salle à manger. Lui ! il était suffoqué.

Si Dayelle ne fut pas suffoqué, au moins fut-il fort étonné lorsque, arrivé à sa place et se retournant, il vit venir Corysandre et le duc de Naurouse, souriants l'un à l'autre, tandis que Savine, la figure empourprée et les sourcils contractés, les suivait avec Duplaquet. Eh quoi ! était-ce ainsi que cette petite sauvage devait se conduire avec le prince, son prétendant, son futur mari, celui qu'on désirait si vivement lui voir épouser ? Et, dans son mouvement de surprise, il pressa le bras de Mme Barizel pour appeler son attention sur ce scandale. Mais elle ne répondit pas à cette pression, et ses yeux ne suivirent pas la direction que l'attitude de Dayelle lui indiquait ; car il n'y avait là rien qui pût la surprendre, puisque, à l'avance, ce qui venait de se passer avait été arrêté entre elles. C'était elle, en effet, qui avait dit à Corysandre de prendre le bras du duc de Naurouse, et de se conduire avec celui-ci de telle sorte que Savine en fût piqué.

— Il faut qu'il avance, avait-elle dit, et qu'il se décide ; profitons de la présence du duc de Naurouse ; qui sait combien de temps nous l'aurons !

— Doit-il donc bientôt partir ?

— Je n'en sais rien, mais en étant aimable avec lui, tu peux le retenir au-delà du temps qu'il s'est fixé pour rester à Bade.

Et Corysandre s'était conformée et se conformait à une recommandation qui s'accordait si bien avec ses propres dispositions.

Roger ne s'était pas trompé dans ses prévisions: Dayelle et Savine se trouvèrent placés à droite et à gauche de Mme de Barizel; le journaliste et lui de chaque côté de Corysandre.

On servit, et, comme le dîner venait du restaurant, il se trouva bien; comme les domestiques ne furent pas ceux de Mme de Barizel, ils s'occupèrent convenablement de leur besogne; comme le linge était loué, il fut propre; comme l'argenterie, la vaisselle, les cristaux appartenaient à la maison et qu'ils avaient été nettoyés et essuyés par les domestiques étrangers, ils ne trahirent en rien le désordre et la malpropreté qui étaient cependant la règle ordinaire de cette maison; les fleurs de la salle à manger étaient aussi fraîches que celle du salon, et comme, pour faire le service, il fallait de la cuisine passer par le vestibule, les convives, heureusement pour leur appétit, ne pouvaient pas deviner ce qu'était cette cuisine.

D'ailleurs, à l'exception de Savine, que la mauvaise humeur rendait silencieux, aucun d'eux n'était en état de faire attention à ce qui se passait autour de lui : Duplaquet, parce qu'il veillait à entretenir la conversation, parlant lorsqu'elle tombait, se taisant lorsqu'il n'avait pas besoin de faire sa partie; Dayelle, parce qu'il n'avait d'yeux et d'oreilles que pour Mme de Barizel qui l'avait en quelque sorte magnétisé en lui posant sur le pied le bout de sa bottine; le duc de Naurouse enfin, parce qu'il était tout à Corysandre, ne prenant intérêt qu'à ce qui venait d'elle et s'appliquait à elle.

Dayelle qui avait commencé joyeusement le dîner, l'acheva assez mélancoliquement: il s'était engagé envers Mme de Barizel à présenter ses observations au duc de Naurouse ce soir-là, et, à mesure que le dîner s'avançait, le souvenir de cet engagement lui devenait plus désagréable et plus gênant. Comment dire ce qu'il avait à dire ! Evidemment cela n'était pas commode. Mme de Barizel lui avait dix fois répété que cela ne serait rien pour un homme comme lui, qu'avec son tact il s'en tirerait aisément, et il s'était laissé persuadé de cette parole qui avait tant d'influence sur lui et qui le flattait justement à l'endroit où il était le plus sensible. Mais, le moment de l'exécution approchant, il était forcé de s'avouer qu'un homme comme lui pouvait se trouver embarrassé malgré tout son tact. Il était fier ce jeune duc, d'humeur peu accommodante lorsqu'on se mêlait de ses affaires; comment prendrait-il la chose ? Quelle singulière idée Mme de Barizel avait-elle eue de le charger d'une pareille commission ? Pourquoi avait-il eu la faiblesse de l'accepter ? Mais que pouvait-il refuser à cette enchanteresse qui faisait de lui ce qu'elle voulait, et qui, il devait le reconnaître, était réellement bien discrète de ne pas exiger davantage.

La préoccupation de Dayelle et la mauvaise humeur persistante de Savine abrégèrent les causeries du dessert; on sortit de table pour aller dans le jardin, où Corysandre et Roger s'installèrent, de façon à continuer leur duo, et, au bout d'un certain temps, Savine, dont la mauvaise humeur s'était accrue, annonça qu'il était obligé de retourner au trente-et-quarante pour suivre une série qui l'intéressait.

Ce fut le signal du départ.

— Ne voulez-vous pas venir voir notre ami faire sauter la banque? demanda Roger à Corysandre, espérant ainsi rester plus longtemps avec elle; nous suivrons ses émotions sur son visage.

— Sachez, mon cher, que je n'ai pas d'émotions, dit Savine de plus en plus maussade.

— Alors, répondit Corysandre, cela n'offre aucun intérêt de vous voir jouer, et je ne sais vraiment pas pourquoi le prince Otchakoff et vous vous avez toujours une galerie si nombreuse.

— Otchakoff parce qu'il joue follement; moi, parce que mes combinaisons sont intéressantes.

— Pour moi, continua Corysandre qui n'avait jamais tant parlé, le joueur qui m'intéresse, c'est celui qui s'approche de la table en se disant : je ruine ma femme et mes enfants, si je perds je n'ai plus qu'à me tuer, et qui joue cependant; voilà celui qui me touche et que j'admire.

— Celui-là est un fou, dit Savine.

— Ou un passionné, dit Roger.

— Moi j'aime les passionnés, dit Corysandre.

Sur ce mot on se sépara et les hommes se dirigèrent tous les quatre vers la Conversation, Savine et Duplaquet allant en tête, Dayelle et Roger venant ensuite.

Arrivés à la maison de jeu, Savine et Duplaquet montèrent le perron, Roger qui voulait faire parler Dayelle sur Mme de Barizel et surtout sur Corysandre, parut peu disposé à les suivre.

— Vous n'avez pas envie de jouer, monsieur le duc? demanda Dayelle.

— Je n'ai pas joué depuis que je suis à Bade et je crois que je partirai sans avoir risqué un louis.

— Ah! vraiment.

— Le jeu ne me dit rien.

— Je ne saurais vous exprimer combien je suis heureux de vous voir dans ces dispositions, car il y a quelques années vous étiez un grand joueur, et le jeu vous a coûté cher.

— C'est peut-être ce qui m'a guéri.

Dayelle croyait avoir trouvé une ouverture

pour placer son discours, il se hâta d'en profiter :

— Enfin, je suis, je vous le répète, bien heureux de vous voir revenu si sage de votre voyage ; c'est un grand bonheur pour vous, ce sera une grande joie pour ceux qui, comme moi, vous portent un vif intérêt, car je ne doute pas que vous ne persévériez dans la bonne voie. La jeunesse a des entraînements, je comprends cela, mais il ne faut pas qu'ils se prolongent au-delà d'une certaine limite. Avec votre beau nom, avec votre grande fortune qu'elle eût été votre vie, je vous le demande, si vous aviez persévéré dans la voie que vous suiviez avant votre départ.

Roger se redressa blessé par cet étrange discours, mais, après un court moment de réflexion, il n'interrompit pas, voulant voir où il allait arriver.

— Comment auriez-vous assuré la perpétuité de ce nom par un mariage digne de la noblesse de votre race, continua Dayelle. Quelle mère de famille eût accepté pour gendre le jeune homme brillant et, passez-moi le mot, bruyant que vous étiez alors. Il y a des réputations qui font peur. Tandis que dans quelques années, quand la preuve sera faite et bien faite que ce jeune homme effrayant est devenu un homme sage, quelle famille, parmi les plus hautes, ne sera pas heureuse et fière de votre alliance. Mais il faudra du temps, soyez-en sûr, car les mauvaises impressions sont plus longues à s'effacer qu'à se former ; et ce sera le temps, le temps seul qui amènera ce résultat ; toutes les paroles, tous les engagements ne pourraient rien ; on vous répondait : « Attendons. » Voilà pourquoi je suis heureux de vous voir renoncer dès maintenant à vos anciennes habitudes pour en prendre de nouvelles qui, seules, peuvent, dans un avenir, je ne dis pas immédiat, mais prochain au moins, nous donner la vie qui convient à un duc de Nauroûse, et que personne ne vous souhaite plus sincèrement que moi, croyez-le.

Dayelle avait cessé de parler que Roger se demandait ce qu'il y avait dans ces paroles, et sous ces paroles. Que cachait leur forme entortillée et leur sens obscur ? Qui les avait inspirées ? Dans quel but ce vieux bonhomme qui était l'ami de Mme Barizel, son ami intime, les lui adressait-il ?

Ah ! s'il n'avait pas été le conseil de la mère de Corysandre comme on le ferait s'expliquer plus clairement.

Mais cette démarche était trop étrange, et elle pouvait être trop grave pour ne pas réfléchir avant de parler ou d'agir.

Et comme Dayelle se disant fatigué par le voyage, parlait de s'aller coucher, Roger lui dit adieu sans lui demander aucune explication.

Après avoir réfléchi, il verrait ce qu'il devait faire.

Mais il ne put pas réfléchir immédiatement, car il avait à peine quitté Dayelle que Duplaquet l'aborda.

Et alors s'engagea une conversation, ou plutôt un discours de Duplaquet sur Mme de Barizel et Corysandre qui dura une partie de la nuit. Par les rues désertes et silencieuses ils se promenèrent, allant et revenant sur leurs pas ; Duplaquet parlant toujours, Roger écoutant.

XVII

Malgré les savantes combinaisons de Mme de Barizel les choses continuèrent de suivre leur cours sans changement, c'est-à-dire sans que le prince Savine et le duc de Nauroûse parlassent mariage.

Leur empressement auprès de Corysandre ne laissait rien à désirer ; chaque jour c'était des parties nouvelles, des promenades à cheval et en voiture dans la Forêt-Noire, des excursions dans les villages voisins et dans les villes où il y avait quelque chose à voir, des petits voyages çà et là le long du Rhin ou dans les Vosges ; mais c'était tout.

Savine se montrait ce qu'il avait toujours été : très éloquent en témoignages d'admiration.

Il était impossible de voir des yeux plus tendres que ceux que le duc de Nauroûse attachait sur Corysandre, d'entendre une voix plus douce que la sienne lorsqu'il lui parlait, ce qu'il faisait depuis le moment où il arrivait jusqu'au moment où il partait.

Mais ce n'étaient pas les témoignages d'admiration, pas plus que les yeux tendres et les douces paroles qui pouvaient contenter Mme de Barizel.

Il n'y avait que trop longtemps qu'elle les voyait, ces témoignages d'admiration de Savine.

Et elle n'était nullement disposée à laisser le duc de Nauroûse s'éterniser dans sa tendresse platonique.

Pourquoi ne parlaient-ils pas ?

Comment Savine ne se sentait-il pas exaspéré par la cour que le duc de Nauroûse faisait à Corysandre et par la satisfaction que Corysandre montrait à se laisser courtiser ?

Comment le duc de Nauroûse n'avait-il pas été poussé par la démarche de Dayelle ? Comment ne l'était-il pas par les confidences de Duplaquet, alors que bien manifestement il écoutait ces confidences avec plaisir ? Il ne s'en lassait pas, il les recherchait, il les provoquait.

Chaque jour elle se disait : « Ce sera pour demain »; et le lendemain se passait comme s'était passée la veille.

Qui les retenait?

Était-il donc impossible d'agir sur eux?

Fatiguée d'attendre, impatiente, inquiète, pressée par toutes sortes de raisons, elle se décida enfin à faire une tentative directe sur Savine, de façon à l'obliger à se prononcer ou tout au moins à montrer quels étaient ses vrais sentiments pour Corysandre, jusqu'où ils allaient et ce qu'on en pouvait attendre.

Trop longtemps elle s'en était remise aux autres, qui l'avaient plus ou moins bien servie, plus ou moins intelligemment ; il fallait qu'elle sortît maintenant de la coulisse et qu'elle entrât en scène sans s'épargner.

Elle commencerait avec Savine.

Ensuite, si cela était nécessaire, elle passerait au duc de Naurouse.

Lorsqu'elle se fut arrêtée à cette idée, elle n'en différa pas l'exécution, si sérieuse qu'elle fût.

Savine devait venir dans la journée ; elle s'arrangea pour être seule au moment de son arrivée et aussi pour n'être point dérangée par personne tant que durerait leur entretien.

Bien qu'elle fût encore assez jeune pour inspirer des passions, elle était cependant dans la classe des mères, de sorte que ceux qui venaient pour voir Corysandre et qui, au lieu de trouver la fille, ne trouvaient que la mère, se laissaient aller bien souvent à un mouvement de déception.

— Mlle Corysandre? demanda Savine après les premiers mots de politesse.

— Elle est dans sa chambre, où elle restera, car j'ai à vous entretenir en particulier de choses graves.

En particulier! De choses graves! Savine fut inquiet. L'heure qu'il avait si souvent redoutée était-elle sonnée? Allait-on lui demander à quel but tendaient ses assiduités dans cette maison?

— Et notre entretien, continua Mme de Barizel, doit rouler sur elle, au moins incidemment, surtout sur l'un de vos amis.

Il respira. D'amis, il n'en avait réellement qu'un : lui-même ; et puisque ce n'était pas de lui qu'il allait être question, il n'avait pas à prendre souci. Les autres, ses amis, que lui importait.

Il s'installa donc commodément dans son fauteuil pour subir le supplice qu'on allait lui imposer, se disant tout bas qu'on était vraiment bien bête de s'exposer à ce que des gens pussent prétendre qu'ils étaient vos amis.

— Vous le connaissez beaucoup, M. le duc de Naurouse? commença Mme de Barizel.

— Comment, si je le connais ; c'est mon meilleur ami ; nous sommes liés depuis plusieurs années. C'est lui qui m'a assisté dans mon duel avec le duc d'Arcala, ce duel stupide où j'ai eu la sottise, par pure générosité, de me faire donner un coup d'épée par un adversaire moins naïf que moi, au moment même où je cherchais à le ménager.

C'était là un souvenir que Savine aimait à rappeler, au moins en ces termes, dont il était satisfait.

— Alors, continua Mme de Barizel qui avait entendu l'histoire de ce duel plusieurs fois déjà, il n'est personne mieux que vous qui puisse dire ce qu'est M. le duc de Naurouse?

— Personne. Cependant, par cela seul que je suis son ami...

— Oh! soyez sans crainte, je n'ai pas à me plaindre de M. de Naurouse et ce n'est pas une accusation que je veux porter contre lui : je trouve que c'est un des hommes les plus charmants que j'aie jamais rencontrés.

— Certainement, dit Savine avec une grimace, car rien ne le faisait plus cruellement souffrir que d'entendre l'éloge de ses amis.

— Distingué.

— Très distingué, et même peut-être, si cela est possible à dire, un peu trop distingué, ce qui lui donne quelque chose d'efféminé.

— Généreux.

— Généreux jusqu'à la prodigalité, jusqu'à la folie, car toute qualité poussée à l'extrême devient un défaut.

— Noble.

— De la meilleure noblesse, bien que, par sa mère, qui était une Condrieu-Revel, c'est-à-dire tout bonnement une Coudrier si le procès en ce moment pendant est fondé, il y ait une tache sur son blason.

— Beau garçon.

— Très beau garçon, quoique sa beauté ne soit pas très solide à cause de sa santé qui a été rudement éprouvée et qui même inspire des craintes sérieuses à ses amis.

— La mine fière.

— Que trop, car il y a des moments où cette fierté frise l'arrogance.

— Le caractère chevaleresque.

— A un point que vous ne sauriez imaginer. Si je vous disais ce que ce caractère chevaleresque lui a fait commettre d'extravagances, vous en seriez stupéfaite.

— Plein de cœur.

— Oh! pour cela, rien n'est plus vrai ; on peut même dire que c'est là son faible, le brave garçon. Combien de fois a-t-il été victime de son cœur ! Et ce qu'il y a de curieux, c'est que l'apparence le fait prendre pour un sceptique et un indifférent ; tandis qu'en réalité c'est un naïf et, pour toutes les choses de cœur, disons le mot… un jobard.

— Je suis heureuse de voir que vous le jugez comme moi et que vous lui rendez pleine justice.

— Je vous l'ai dit, c'est mon meilleur ami.

— Je le savais avant que vous me le disiez et cependant je n'ai pas hésité à m'adresser à vous, parce que je savais en même temps que ce n'était pas en vain qu'on faisait appel à votre honneur, à votre probité.

Les compliments débités ainsi, lâchés à bout portant, en pleine figure, provoquent ordinairement deux mouvements contraires chez ceux qui les reçoivent : les uns s'inclinent en ayant l'air de dire : « C'est trop » ; les autres se redressent et se rengorgent en disant par leur attitude : « Vous pouvez continuer ». Savine se rengorgea.

Mme de Barizel continua donc :

— Bien que nous ne vous connaissions pas depuis longtemps, nous avons pu vous apprécier, ma fille et moi, elle avec son instinct, moi avec l'expérience d'une femme qui a vu le monde et qui a souffert. Il est vrai qu'il n'y a pas grand mérite à cela. Un homme aussi droit que vous, aussi franc…

Savine se redressa encore.

— Une nature aussi ouverte, qui parle toujours haut parce qu'elle n'a rien à cacher…

Le dossier de son fauteuil craqua sous la pression de ses épaules.

— Un caractère aussi loyal, un cœur aussi bon se laissent facilement pénétrer. Ce sont les fourbes qui déroutent l'examen, les méchants ; avec eux on sait jamais à quoi s'en tenir, on a peur.

— Et on a bien raison.

— N'est-ce pas ? Enfin nous n'avons pas eu peur de vous ; je veux dire je n'ai pas eu peur, car si ma fille partage les sentiments… d'estime que je ressens, comme elle ignore la démarche que j'entreprends en ce moment, elle n'a pas eu à se prononcer sur la question de savoir si, malgré votre amitié pour M. le duc de Naurouse et les longues relations qui vous unissent, j'avais ou n'avais pas raison de compter sur une entière sincérité de votre part.

— J'espère qu'elle n'eut pas eu de doute à cet égard.

— Oh ! soyez en sûr : si Corysandre parle peu, c'est par discrétion, par réserve de jeune fille, mais elle sait regarder, elle sait voir et je ne connais pas de jeune fille de son âge qui sache comme elle aller au fond des choses et les apprécier à leur juste valeur. D'un mot elle vous juge, et bien, et justement. Le malheur est qu'en ce qui vous touche je ne puisse rien dire de cette appréciation et de ce jugement, arrêtée que je suis par le sentiment de modestie exagérée qui vous empêche d'entendre tout ce qui ressemble à un compliment.

— Oh ! je vous en prie, dit Savine, rouge de joie orgueilleuse.

— Ne craignez rien, je ne ferai pas violence à cette modestie ; d'ailleurs ce n'est pas de vous qu'il s'agit, et ce que j'ai dit n'a eu d'autre objet que d'expliquer comment j'ai eu la pensée de m'adresser à vous dans les circonstances graves, solennelles, qui sont à la veille de se produire, au moins je le suppose.

Savine, bien qu'il commençât à se rassurer et à croire — on le lui disait d'ailleurs — qu'il ne s'agissait pas de lui dans cet entretien, ne fut pas maître d'imposer silence à sa curiosité, vivement surexcitée, et de retenir une question qui lui vint aux lèvres.

— Quelles circonstances solennelles ? dit-il vivement.

Mme de Barizel le regarda bien en face, en plein dans les yeux.

— La demande de la main de Corysandre par M. le duc de Naurouse, dit-elle lentement.

I

Il n'était point habituellement démonstratif, le prince Savine ; cependant Mme de Barizel avait si bien conduit l'entretien pour produire l'effet qu'elle voulait, qu'il laissa échapper une exclamation en se levant à demi sur son fauteuil.

— Naurouse !

Ce cri retentit agréablement à l'oreille de Mme de Barizel.

— Naurouse vous a demandé la main de Mlle Corysandre ?

Elle ne répondit pas tout de suite, jouissant de cette émotion, pour elle pleine de promesses.

Elle avait donc réussi ; maintenant il ne lui restait plus qu'à poursuivre l'avantage qu'elle avait obtenu et à achever ce qu'elle avait si heureusement commencé.

— Je ne vous ai pas dit cela, répondit-elle enfin.

— Ah !

Au moins dans ces termes. Je ne vous ai pas dit que la demande était faite. Je suppose qu'elle est sur le point de se faire.

— Ce n'est pas la même chose.

— Oh ! assurément. Mais comme cette supposition repose sur des faits certains, mon devoir de mère est de prendre mes précautions. Voici ces faits : M. de Naurouse a profité de la présence ici de M. Dayelle, qui est, comme vous le savez, notre meilleur ami, notre conseil, le second père de Corysandre, pour lui parler mariage et lui prouver, ce qui véritablement n'aurait eu aucun intérêt pour M. Dayelle sans l'intimité qui nous unit, que les folies de jeune homme qu'il avait pu faire n'avaient aucune importance au point de vue de son mariage.

— Vraiment!

— Cela est caractéristique, n'est-ce pas? Ce n'est pas tout : il n'est presque pas de soirée que M. de Naurouse ne passe avec Duplaquet à l'interroger sur nous, sur M. de Barizel, sur moi, sur notre vie en Amérique, sur nos propriétés, sur Corysandre, surtout sur Corysandre. Cela a tellement frappé Duplaquet qu'il a cru devoir m'en parler en me racontant comment le duc de Naurouse, pris pour lui d'une belle amitié, l'accompagne le soir pendant des heures entières et ne peut pas le quitter. Cela aussi est caractéristique, n'est-ce pas, car il n'est pas dans les habitudes de M. de Naurouse de se lier ainsi et de montrer une telle curiosité, qui serait blessante pour nous, si elle ne s'expliquait pas par ma supposition? N'est-ce pas votre avis?

Il répondit d'un signe de main.

— Maintenant, continua Mme de Barizel, ce qu'est M. de Naurouse avec ma fille, je n'ai pas à vous en parler, vous l'avez vu, vous le voyez comme moi tous les jours.

— Oui, oui.

— Les choses étant ainsi, cette demande serait faite depuis quelque temps déjà, j'en suis certaine, si M. de Naurouse avait été et n'était retenu par notre réserve : la mienne, qui est celle d'une mère prudente, et celle de Corysandre...

— Il ne lui plaît point? s'écria Savine avec un élan de joie qu'il ne put pas contenir.

Mme de Barizel prit une figure effarouchée et jusqu'à un certain point scandalisée :

— Croyez-vous donc qu'on peut plaire ainsi à ma fille?

— Je veux dire : elle n'est point attirée vers lui par un sentiment de sympathie parfaitement innocent?

La pureté de Corysandre étant sauvegardée par l'observation qu'elle avait faite et sa dignité de mère prudente l'étant en même temps, Mme de Barizel put continuer à pousser Savine en l'attaquant aux endroits qu'elle savait être les plus sensibles chez lui.

— Qu'elle n'éprouve pas cette sympathie innocente dont vous parlez, répondit-elle, cela je n'en sais rien, car enfin on ne peut pas reconnaître que M. de Naurouse ne mérite la sympathie.

— Oh! certainement.

— Sous tous les rapports.

— Certainement.

— Ainsi il est très beau garçon.

— Je vous le disais moi-même tout à l'heure.

— Nous sommes donc d'accord. Vous me disiez aussi qu'il était plein de cœur, que son caractère était chevaleresque, enfin vous me faisiez de lui un éloge tel que toute jeune fille qui l'aurait entendu aurait souhaité que celui dont on parlait ainsi devînt son mari.

— J'ai fait quelques réserves.

— Parce que vous êtes son ami.

— Sans doute.

— Mais quel que soit votre esprit de justice ou même plutôt à cause de cet esprit de justice, vous proclamez que c'est un des hommes les plus charmants qu'on puisse rencontrer.

Savine était au supplice : chaque mot lui était une blessure cruelle. Un autre que lui méritant la sympathie; un autre beau garçon (il s'était regardé dans la glace); un autre plein de cœur; un autre chevaleresque; un autre l'un des hommes les plus charmants qu'on pût rencontrer! Quel intrigant que ce Naurouse! Quel hypocrite! Qu'avait-il donc pour qu'on parlât de lui en ces termes, pour qu'on le jugeât ainsi? Mais cette femme était une Américaine, une sauvage.

— Malgré toutes ces qualités, continua Mme de Barizel, vous devez comprendre que Corysandre n'est pas fille à ouvrir son cœur à un sentiment qui ne serait pas avouable. Le duc de Naurouse a pu lui paraître... Comment dirais-je bien? Le mot ne me vient pas. Mais peu importe. Enfin elle a pu le juger ce qu'il est réellement; mais de là à dire qu'il lui plaît, comme vous l'avez dit, il y a un abîme qu'elle ne franchira jamais. Non, jamais, jamais. Ce n'est pas la connaître que de faire une pareille supposition.

— Ce n'était pas une supposition, dit Savine, qui, à la véhémence de cette indignation maternelle, crut devoir s'excuser, c'était un cri... un cri de surprise provoqué par ce que vous m'appreniez.

Mais ce n'était pas assez pour apaiser Mme de Barizel, qui, d'ailleurs, n'était pas arrivée au bout de ce qu'elle voulait dire.

— Sans qu'on puisse prétendre, continua-t-elle, que M. de Naurouse plaît à ma fille...

— Je n'ai pas donné à ce mot la valeur que vous lui attribuez.

Elle poursuivit comme si elle n'avait pas entendu :

— Sans qu'on puisse admettre une seule minute que cette enfant si simple, si naïve, si innocente, ait éprouvé de la tendresse pour M. de Naurouse, je crois qu'elle ne serait pas insensible à sa recherche si M. de Naurouse demandait sa main.

— Ah!

— Pensez donc à ce que vous m'avez dit : à ses qualités, à sa belle figure, à sa mine fière, à ses yeux passionnés, à son caractère chevaleresque, à sa jeunesse, à son esprit, à tous les mérites que vous reconnaissez en lui et qu'un ami ne peut pas être seul à voir, car ils crèvent les yeux de tous.

Chaque mot était souligné et suivi d'un silence, de façon à ce que tous les coups portassent sans se confondre.

— Pensez donc que c'est un des hommes les plus charmants qu'on puisse rencontrer, qu'il a tout pour lui : la naissance, la fortune...

Cette fois Savine se révolta.

— La fortune?

— Ce qu'on appelle la fortune en France, et vous savez que ma fille a les idées françaises.

— Les Français sont des crève-la-faim, bredouilla Savine.

Mme de Barizel l'examina; il était rouge à éclater. Elle jugea qu'elle l'avait suffisamment exaspéré et qu'aller plus loin serait s'exposer à dépasser la mesure ; évidemment il était dans un état de colère furieuse, et s'il avait pu tordre le cou de celui dont on l'obligeait à écouter et même à faire l'éloge, il eût éprouvé un immense soulagement. Naurouse n'était plus son ami, c'était un ennemi qu'il haïssait à mort pour les douleurs qu'il venait d'endurer. Tout ce qu'elle pourrait dire maintenant du duc, de ses mérites, de ses qualités, de son titre, de son rang, de sa fortune, serait inutile ; l'envie de Savine ne pourrait en être plus vivement surexcitée qu'elle ne l'était. Ce qu'elle voulait, ce n'était pas fâcher Savine, bien loin de là: c'était tout simplement lui prouver que Corysandre pouvait être aimée et recherchée par quelqu'un qui n'était pas le premier venu, par un rival dont il devait être jaloux. Et ce résultat était obtenu : la jalousie, l'envie de Savine étaient exaspérées ; elle les voyait le gonfler à chaque parole caractéristique qu'elle assénait : il se contemplait dans la glace, il se redressait, il se bouffissait, les narines serrées, les joues ballonnées, les épaules rejetées en arrière, la poitrine bombée en avant : « Et moi, et moi! criait toute sa personne, regardez-moi donc, vous qui parlez d'un homme beau garçon. » Pour un peu, il eût raconté des histoires pour prouver que lui aussi avait du cœur, que lui aussi était chevaleresque. Surtout, il eût voulu faire l'addition de sa fortune. Et sa noblesse! N'était-il pas prince?

Maintenant qu'il était dans cet état il y avait avantage à lui montrer qu'elles voyaient aussi des mérites en lui, et de grands qui, s'ils ne supprimaient pas ceux du duc de Naurouse, les égalaient au moins et peut-être les surpassaient.

Après l'avoir fait souffrir par l'envie, il fallait l'exalter par l'orgueil.

Alors il parlerait sans doute, il se prononcerait.

Ou bien, s'il ne se prononçait point, s'il se dérobait encore, le possible étant fait de son côté et tout étant épuisé, il faudrait se retourner d'un autre côté.

— Vous voyez, dit-elle, en quelle estime je tiens le duc de Naurouse et quel cas nous faisons de lui, ma fille et moi. Mais, malgré tous les mérites que je suis disposée à lui reconnaître, il n'en est pas moins vrai que je ne sais pas ce qu'il est réellement. Ce n'est pas en quelques jours qu'on peut apprécier un homme et le juger justement, alors surtout qu'on n'est pas de son pays, qu'on n'a pas vécu de sa vie et dans son monde. Si la demande dont je vous parlais m'est faite, il faut que je puisse y répondre. Je ne peux pas plus l'accueillir à la légère que la repousser. C'est chose grave que le mariage, la plus grave de la vie, et lourde, bien lourde est ma responsabilité de mère, plus lourde même que ne le serait celle d'une autre mère. Je suis seule, je n'ai pas de mari pour me guider et toute la responsabilité de la décision que je vais avoir à prendre pèse sur moi, elle m'écrase. Songez à ce qu'est la situation de deux femmes sans homme. Et nous ne sommes pas dans notre pays, où les amitiés que M. de Barizel avait su se créer me seraient d'un si grand secours pour m'aider, pour m'éclairer, pour me guider! Si, comme tout me le fait croire, M. le duc de Naurouse me demande bientôt, demain peut-être, la main de ma fille, que dois-je lui répondre? D'un côté, il me semble, par le peu que je sais de lui, surtout par ce que je vois, que c'est un parti assez beau pour ne pas le dédaigner. Mais je n'ai pas confiance en moi, je ne suis qu'une femme, c'est-à-dire que je peux très bien me laisser prendre à des dehors trompeurs. D'autre part, je me dis que ce parti, qui me paraît beau parce que je le juge en femme, n'est peut-être pas aussi beau qu'il en a l'air. De là mon tourment, mes angoisses. Et voilà pourquoi je m'adresse à vous et vous dis : « Qu'est réellement M. le duc de Naurouse? Pour vous, qui le connaissez, est-il digne de Corysandre? »

II

— C'est à moi que vous adressez une pareille question ! s'écria Savine stupéfait.

Cette exclamation et le ton dont elle fut prononcée firent croire à Mme de Barizel qu'il allait ajouter : « Moi qui l'aime ! » c'est-à-dire le mot qu'elle attendait si anxieusement et qu'elle avait si laborieusement préparé, puisque tout ce qu'elle avait dit jusque-là n'avait eu d'autre but que de l'amener, que de le forcer.

Mais il n'en fut rien : Savine, s'étant remis de sa surprise, se tint prudemment sur la réserve et resta bouche close.

Alors elle continua, feignant de ne pas comprendre le vrai sens de cette exclamation :

— Cette demande, qui paraît vous surprendre, dit-elle, est cependant toute naturelle et bien légitime, à ce point même que, si je ne vous l'avais pas adressée, vous auriez été en droit de m'en vouloir. Il y a peu de temps que nous nous connaissons, il est vrai, trop peu ; mais il ne faut pas des années pour apprécier les gens de votre caractère, prince. Entre honnêtes gens on se juge vite, et vite aussi l'on s'aime. La sympathie que vous nous avez tout de suite témoignée, je vous l'ai tout de suite rendue ; je veux dire nous vous l'avons tout de suite rendue, car ma fille s'est associée à mes sentiments, elle les a partagés, et il n'y a personne au monde, soyez-en sûr, prince, qui vous soit plus attaché que nous, d'une affection plus sincère, plus dévouée, plus reconnaissante.

Pour un autre que Savine, ces protestations eussent peut-être été un peu grosses, un peu brutales ; mais Mme de Barizel connaissait bien celui à qui elle les adressait : elle le savait plus gourmand que délicat. D'ailleurs, il eût fallu être aveugle pour ne pas voir la joie orgueilleuse qui le gonflait, et elle n'était point aveugle, il s'en fallait de tout. A le regarder, il était évident qu'elle pouvait aller dans ce sens aussi loin qu'elle voudrait, sans avoir à craindre qu'il crût qu'on se moquait de lui.

— Comment en serait-il autrement, continua-t-elle ; depuis que nous sommes à Bade vous nous avez témoigné une amitié qui fera de notre séjour ici un des meilleurs souvenirs de notre vie : je dis notre vie, en parlant en mon nom et en celui de ma fille aussi, car nos sentiments sont les mêmes. Vous rappeler ce que vous avez fait pour nous serait blesser votre susceptibilité si prompte à s'émouvoir quand elle s'imagine qu'on veut la remercier ; je n'en dirai donc rien ; mais enfin il n'en est pas moins vrai que nous avons été profondément touchées et qu'il n'est guère de soirs où, avant de nous coucher, nous n'en ayons longuement parlé, ma fille et moi.

De toutes les faiblesses de Savine, et elles étaient nombreuses, la plus vive peut-être était la manie de la reconnaissance : il fallait qu'on lui fût reconnaissant de tout, de ce qu'il faisait aussi bien que de ce qu'il ne faisait pas, et jamais on n'arrivait à lui payer ce qu'il s'imaginait qu'on lui devait ; aussi, en entendant parler de remercîment, son visage s'était-il épanoui.

— Nous vous considérons donc comme notre ami, continua Mme de Barizel, un de nos meilleurs amis.

— Et vous avez bien raison.

— N'est-ce pas ?

— De plus, par ce que je sais, par ce que j'ai vu, moi, femme d'expérience, j'estime que votre esprit est un des plus sûrs auxquels on puisse faire appel, comme votre conscience est une des plus hautes, des plus fermes auxquelles on puisse demander un conseil. Voilà pourquoi, dans les circonstances qui se présentent, j'ai eu la pensée de m'adresser à vous pour vous poser cette demande qui tout à l'heure a provoqué en vous un moment de surprise. Ai-je eu tort ?

— Ah ! certes non.

— Non seulement vous êtes l'homme que je viens de dire — pour nous une conscience — mais, d'un autre côté, vous êtes l'ami de M. le duc de Naurouse, vous le connaissez mieux que personne, vous avez vécu de sa vie, vous l'avez vu dans mille circonstances où le caractère se montre à nu et personne mieux que vous ne peut répondre à la question que je vous posais : « Est-il digne de Corysandre ? »

Elle se tut, attendant une réponse sans le quitter des yeux.

Qu'allait-il dire ?

Bien que les hasards d'une vie tourmentée l'eussent endurcie, elle était tremblante d'émotion en cette minute solennelle qui, en faisant le sort de Corysandre, allait décider le sien.

Il s'établit un long silence.

La gêne de Savine était grande : la situation en effet se présentait sous un double aspect, et il fallait la trancher d'un mot sans pouvoir s'échapper.

D'un côté elle avait cela de bon, cette situation, qu'en saisissant l'occasion qui s'offrait il sortait de l'embarras où il était mis en affichant son enthousiasme pour Corysandre et en se laissant attribuer l'intention de l'épouser ; et ce résultat méritait d'être pris en considération, car plus d'une fois il s'était demandé comment il se tirerait de là à son avantage et jamais il n'avait trouvé de solution satisfaisante.

Mais, d'un autre côté, elle avait cela de mauvais qu'elle l'obligeait à faire l'éloge d'un ami qu'on venait de peindre sous les couleurs les plus flatteuses, ce qui, pour lui, était un supplice intolérable : sans doute il pouvait le démolir cet ami, ce qui serait facile en parlant franchement et en disant tout simplement ce qu'il pensait de lui, mais alors Mme de Barizel repousserait la demande de Roger, le mariage ne se ferait pas et il se trouverait de nouveau dans l'embarras d'où ce mariage le tirait.

Comment tout concilier : son intérêt personnel, qui lui conseillait de faire ce mariage, et son amour-propre, qui le poussait à l'empêcher ?

Vraiment la situation était cruelle, car s'il ne voulait pas de Corysandre pour sa femme, il aurait voulu au moins qu'elle ne fût pas la femme d'un autre, surtout celle d'un ami qu'on mettait sur la même ligne que lui, d'un ami qui avait su se faire aimer sans doute, ainsi que cela semblait résulter des paroles entortillées de la mère, sous lesquelles il semblait qu'on pouvait deviner les sentiments vrais de la fille.

Durant quelques secondes il balança le parti qu'il allait prendre, enfin l'intérêt l'emporta.

— Certainement Roger mérite tout ce que vous avez dit, tout ce que nous avons dit de lui ; s'il en était autrement, il ne serait pas mon ami intime. Toutes les qualités que vous lui avez reconnues, je les lui reconnais aussi ; ce n'est pas la peine de les rappeler, n'est-ce pas ?

— C'est inutile, puisque nous sommes d'accord.

— Oh ! complètement d'accord, dit Savine, soulagé de n'avoir pas à faire cette énumération ; cependant il y a un point sur lequel j'ai des réserves à poser...

— Ah !

— La fortune : je trouve que la fortune de Naurouse est assez médiocre : quatre ou cinq cent mille francs de rente. Quelle figure peut-on faire avec cela dans le monde ?

Et il haussa les épaules avec un parfait mépris.

— Et puis... j'allais oublier un autre point sur lequel j'ai aussi des réserves à faire : c'est la santé. Il n'est pas solide, ce pauvre diable de Naurouse ; son père est mort d'une maladie du cerveau ; sa mère a succombé à une maladie de poitrine, et lui-même est, je crois bien, je le crains bien, poitrinaire.

— Est-ce possible ?

— On le dit ; mais, vous savez, on vit très bien poitrinaire ; et puis, en plus des on-dit, il y a un fait : c'est la façon dont il s'est jeté à corps perdu dans des amours... ridicules ; tout poitrinaire est follement sentimental, cela est connu. Cela me peine et beaucoup de vous parler ainsi, mais la confiance que vous me témoignez me fait un devoir d'être franc et de tout dire. C'est pour cela aussi que je ne peux point passer sous silence la manie fâcheuse que Naurouse a eue de jeter son argent par les fenêtres pour faire du bruit, du tapage, pour paraître, au lieu de s'amuser pour le plaisir de s'amuser. C'est pour cela aussi que je rappelle le procès en usurpation de nom intenté à son grand-père, ce qui démolira terriblement la noblesse de Roger, si ce procès est perdu par M. de Condrieu-Revel, comme tout le fait supposer. Mais tout cela n'empêche pas que Naurouse ne soit un charmant garçon ; on n'est pas parfait, même quand la faveur publique, qui souvent est bien bête, vous fait une sorte d'auréole.

Mme de Barizel n'avait jamais entendu Savine parler si longuement, jamais elle ne l'avait vu si plein d'entrain. Où voulait-il en venir avec cette démolition en règle qui n'avait épargné ni la fortune, ni la santé, ni le nom, ni le caractère, et qui s'était terminée par une conclusion qui avait si peu de rapport avec ses attaques.

Il continua :

— Aussi, en mon âme et conscience — il se posa la main sur le cœur majestueusement — mon avis est..... c'est-à-dire le conseil que je vous donne est que vous acceptiez la demande du duc de Naurouse quand il vous l'adressera.

Bien que Mme de Barizel fût inquiète depuis quelques instants déjà, ce coup la surprit si fort qu'il la laissa un moment anéantie.

Le misérable ! le lâche ! C'était à cela qu'il arrivait. Et elle avait espéré en lui. Et elle avait bâti sur cette espérance si longtemps caressée, tant de splendides projets qui s'écroulaient en l'écrasant sous leur chute. Et elle avait obligé Corysandre à lui sourire. Et elle-même, elle l'avait complimenté, encensé, s'ingéniant à trouver des éloges nouveaux pour lui plaire.

— Car il vous adressera cette demande, continua Savine, cela ne fait pas le moindre doute pour moi. Comment aurait-il pu rester insensible à la splendide beauté de Mlle Corysandre, à son charme, à ses séductions, qui font d'elle une merveille incomparable. Pour moi il y a longtemps que je vous aurais adressé cette demande en mon nom... si je ne m'étais juré de mourir garçon.

Et il se tut, très satisfait de lui ; il avait démoli Naurouse et il s'était lui-même dégagé. Qu'eût-il pu dire de plus ?

Heureusement pour lui Mme de Barizel

s'était depuis longtemps exercée à ne pas s'abandonner à son premier mouvement, car si elle avait cédé à l'indignation furieuse qui l'avait saisie, il eût entendu des choses qui, après les éloges et les compliments auxquels elle l'avait habitué, l'eussent étrangement et bien désagréablement surpris. Par un énergique effort de volonté, elle se rendit maîtresse d'elle-même et refoula sa fureur. Ah ! s'il n'avait pas été l'ami du duc de Naurouse ! Mais il était l'ami du duc, et maintenant c'était du côté de celui-ci qu'elle devait se retourner, en lui qu'elle devait espérer, sur lui qu'elle devait échafauder ses nouveaux projets; il ne fallait donc pas se faire en ce moment de ce misérable Savine un ennemi qui pouvait être redoutable.

Elle eut la force d'amener un sourire sur ses lèvres.

— Pour compléter le service que vous venez de nous rendre avec tant de bonne grâce et dont nous serons éternellement reconnaissantes, ma fille et moi, accordez-moi ma nouvelle demande.

— Et ne suis-je pas entièrement à vous, de tout cœur, corps et âme?

— Que M. le duc de Naurouse ne sache rien de cet entretien; pas un mot; vous comprenez.

— Pas un mot, je vous le promets.

Et il tendit la main à Mme de Barizel, qui la lui prit et la serra longuement.

XVIII

Mme de Barizel, qui avait horreur du mouvement, passait sa vie couchée ou étendue, ne quittant son canapé ou son fauteuil qu'à la dernière extrémité et dans des circonstances tout à fait graves. Cependant, lorsque Savine qu'elle avait conduit jusqu'à la porte du salon, ce qui chez elle était la plus grave preuve d'estime ou d'amitié qu'elle pût donner, fut parti, au lieu de revenir s'asseoir elle se mit à marcher à grands pas, allant, revenant, sans savoir ce qu'elle faisait, poussée par les mouvements désordonnés qui l'agitaient.

— Mourir garçon, répétait-elle machinalement, mourir garçon.

Ce dernier mot de Savine retentissait toujours à son oreille, et, maintenant qu'elle était libre de s'abandonner, elle le répétait, elle le criait, les mains crispées.

Quelle chute !

Tant d'efforts, tant de combinaisons, tant de patience, tant d'espoirs pour arriver à ce résultat : — Mourir garçon !

Mais alors pourquoi s'était-il montré si empressé auprès de Corysandre ? Pourquoi ces attentions, ces prévenances, ces démonstrations d'enthousiasme? Dans quel but ces fêtes qui avaient coûté de si grosses sommes? Dans quelles intentions s'était-il posé en prétendant ?

Et maintenant : — Mourir garçon.

Était-ce possible ?

Était-il sincère ? Avait-il obtenu des renseignements qui lui avaient fait abandonner un projet de mariage tout d'abord sincèrement poursuivi ? Évidemment il y avait là un mystère, quelque chose d'inexplicable pour elle, au moins en ce moment, et qu'elle avait bien fait de ne pas vouloir approfondir quand, sous le coup de la surprise, elle avait eu la pensée de pousser Savine à bout et de l'obliger à dire ce que signifiaient ses assiduités auprès de Corysandre. Elle n'eût certainement pas réussi, n'étant pas un homme, père ou frère, qui peut parler haut et menacer. Avec son astuce, ses faux-fuyants il se serait échappé sans qu'elle pût le saisir ; elle n'était plus au temps où elle avait cru que c'était un sot, un bellâtre infatué, vain et vide. Sot, il l'était; vide, aussi pour beaucoup de choses, mais non pour ce qui le touchait directement et surtout immédiatement, très fin au contraire dans ce cas, très retors, habile en détours et en ruses.

Plus tard elle poursuivrait l'explication de ce mystère, n'étant pas femme à rien oublier, encore moins à rien pardonner.

D'ailleurs ce n'était pas du passé qu'il s'agissait maintenant, il était fini et rien ne le ferait revivre ; rien ne relèverait les espérances qui venaient de s'écrouler et qu'elle avait eu le tort de bâtir sur le sable, à la légère, sans avoir, avant tout, bien sondé son terrain ; — c'était du présent, c'était de l'avenir qu'elle devait s'occuper en leur donnant toute son attention, tous ses soins.

Savine perdu, restait au moins le duc de Naurouse.

Pendant assez longtemps encore, elle marcha par le salon; puis, un peu calmée, elle alla s'allonger sur un divan, et là elle continua de réfléchir.

Enfin, s'étant arrêtée à une résolution, elle sonna et commanda qu'on priât Corysandre de descendre.

Celle-ci ne tarda pas à arriver nonchalamment, l'air ennuyé.

— J'ai à te parler, dit Mme de Barizel, sérieusement.

— Eh bien, c'est sérieusement que je t'écoute.

Et l'air ennuyé qu'elle avait s'accentua encore, comme si on lui imposait une corvée insupportable.

— C'est de mon mariage, n'est-ce pas, qu'il va être question ? dit-elle.

— Oui.

— Hélas !
— Pourquoi hélas ! Ecoute-moi avant de te plaindre et peut-être après me remercieras-tu.
— Ce serait si tu voulais bien ne plus me parler de mariage que je te remercierais, et de bon cœur je t'assure ; si tu savais comme je suis lassée de toute ces combinaisons que tu te donnes tant de peine à chercher et qui n'aboutissent jamais, comme j'en suis humiliée.

Son beau visage s'anima, mais pour se voiler d'une expression mélancolique :

— Si tu savais comme j'en suis malheureuse.
— Je le sais.
— Eh bien alors ?
— Eh bien je ne veux pas que cela dure plus longtemps ; je ne veux pas que tu sois malheureuse, je ne l'ai jamais voulu.
— Et cependant !...
— Sois convaincue que tu n'as pas de meilleure amie que ta mère ; que je n'ai jamais voulu que ton bonheur ; que je ne veux que lui et que je suis prête à tout pour l'assurer. Ecoute-moi et tu vas le voir ; mais d'abord réponds-moi en toute sincérité, sans rien me cacher, franchement : que penses-tu du prince Savine ?
— Je te l'ai dit vingt fois, cent fois, et je te l'aurais dit bien plus encore si tu avais voulu m'écouter.
— Le temps n'a pas modifié ton impression première ?
— Oh ! si.
— Tu vois !
— Je le vois aujourd'hui plus insupportable qu'il ne m'était apparu avant de le connaître ; suffisant, vaniteux, arrogant, envieux, égoïste jusqu'à la férocité, misérablement avare, sans cœur, sans honneur, sans courage, sans esprit, fourbe, menteur, hâbleur je lui cherche vainement une qualité, car il n'est même pas beau avec son grand corps, mal dégrossi et ses grâces d'ours blanc.

C'était la première fois que sa mère la voyait parler avec cette passion véhémente, elle toujours si calme, si indifférente ; elle s'était dressée sur son fauteuil, le corps penché en avant, la tête haute, elle semblait de son bras droit, qu'elle levait et abaissait à chaque mot, asséner ces épithètes qui lui montaient aux lèvres sur Savine placé devant elle.

— Alors, continua Mme de Barizel après quelques instants, tu voudrais ne pas devenir sa femme ?

Corysandre ne répondit pas.

— Réponds-moi donc, dit Mme de Barizel en insistant.

— A quoi bon ? Je t'ai déjà répondu à ce sujet. Tu m'as dit que j'étais folle, que je ne pouvais pas céder à mes caprices de petite fille ; que ce mariage était nécessaire ; qu'il fallait qu'il se fit ; qu'il était le plus beau que je pusse souhaiter ; que le refuser c'était faire ton malheur et le mien ; que nous n'avions que ce seul moyen de sortir de la situation où nous nous trouvons ; enfin, par la prière, par le commandement, par la persuasion, de toutes les manières, tu me l'as imposé. Pourquoi viens-tu me demander aujourd'hui si je veux devenir sa femme ?

— Pour savoir.
— Tu connais mon sentiment.
— Il peut avoir changé.
— Il n'a pas plus changé sur le mariage que sur le mari.
— Enfin.
— L'un me déplait autant que l'autre : tu voulais savoir, tu sais.
— Et je ferai mon profit de ce que tu dis, tu le verras tout à l'heure. Maintenant, autre question à laquelle tu dois répondre avec la même franchise : que penses-tu du duc de Naurouse ?
— Tu le sais bien.
— Tes idées à son égard n'ont pas changé ?
— Si, elles ont beaucoup changé : maintenant que je l'ai vu de près et que j'ai appris à le connaître, je le trouve de plus en plus charmant.

Elle allait continuer ; mais tout à coup elle se tut et n'ajouta que quelques mots :

— Il me plait autant que le prince Savine me déplait ; tous les défauts de l'un sont des qualités opposées chez l'autre.

— Alors, si le duc de Naurouse te demandait en mariage, tu l'accepterais ?

Corysandre pâlit et ce fut les lèvres tremblantes qu'elle regarda sa mère ; voyant un sourire dans les yeux de celle-ci, elle poussa un cri.

— Il m'a demandée !

Et vivement elle porta la main à son cœur. Mais cette explosion de joie qui venait de se manifester par ce cri et cet élan irrésistible fut de courte durée.

— Pas encore, dit Mme de Barizel.
— Ah ! pourquoi m'as-tu fait cette joie, murmura Corysandre, se renversant dans son fauteuil.

— C'est toi qui t'es trompée ; je ne t'ai pas dit et je n'ai pas voulu te dire que le duc de Naurouse t'avait demandée, mais simplement, et cela est quelque chose, tu vas le voir, que s'il te demandait je suis disposée à te donner à lui.

Corysandre se leva vivement et, d'un bond venant à sa mère, elle la prit dans ses bras et l'embrassa.

C'était la première fois depuis qu'elle n'était plus une enfant qu'elle avait un de ces élans d'effusion.

— Oh! mère, mère, murmurait-elle.

Après le premier mouvement de trouble, Mme de Barizel la fit asseoir sur le canapé, près d'elle et, lui tenant une main dans les siennes :

— Tu vois maintenant combien tu m'as mal jugée trop souvent. Je n'ai jamais voulu que ton bonheur, et si nous n'avons pas toujours été d'accord, c'est qu'avec ton inexpérience tu ne peux pas juger le monde et la vie comme je les juge moi-même. J'ai cru que c'était assurer ton bonheur que te faire épouser le prince Savine, dont le nom, la fortune et la situation m'avaient éblouie ; et si, malgré les répugnances que tu as manifestées, j'ai persisté dans ce projet, c'est que j'ai cru que ces répugnances s'effaceraient quand tu connaîtrais mieux le prince, en qui je ne voyais pas, comme toi, un ours blanc mal dégrossi. Mais, au lieu de diminuer, les répugnances ont grandi ; aujourd'hui, le prince te paraît le monstre que tu viens de me dépeindre.

— Il l'est, sois sûre qu'il l'est.

— Qu'il le soit ou qu'il ne le soit pas, là n'est pas la question. Tu le vois ainsi, tandis que tu vois le duc de Naurouse charmant.

— Il l'est, je te jure qu'il l'est.

— Dans ces conditions, moi, ta mère, qui veux ton bonheur, je ne puis te dire qu'une chose : renonçons au prince Savine et épouse le duc de Naurouse, mais épouse-le.

— Il m'épousera, je te le promets, je te le jure !

— Dieu t'entende, mon enfant !

XIX

Savine était sorti de chez Mme de Barizel enchanté de lui-même.

C'était son habitude de trouver toujours dans ce qu'il avait dit comme dans ce qu'il avait fait, de même dans ce qu'il n'avait pas fait comme dans ce qu'il n'avait pas dit, des motifs de satisfaction qui lui permettaient de se féliciter. Il avait parlé, il avait agi, il avait été bien inspiré ; il s'était abstenu de paroles et d'actes, il avait été habile ; jamais il n'avait eu tort, jamais il n'avait commis une erreur, encore moins une maladresse ou une sottise, et quand les choses n'avaient point tourné selon son désir ou ses intérêts, c'était la faute des circonstances, ce n'était pas la sienne. Comment eût-il été en faute, lui ! Dieu, oui ; Dieu en qui il croyait quand il réussissait et en qui il ne croyait plus quand il échouait, Dieu pouvait se tromper et faire des bêtises ; mais lui Savine, non, mille fois non, cela était impossible.

Cependant ce jour-là il était plus satisfait encore, plus fier de lui qu'à l'ordinaire.

D'abord il était sorti d'une situation qui en se prolongeant eût pu devenir pleine d'embarras, d'ennuis, de tracas de toutes sortes dont il n'aurait pu se tirer que par des prodiges d'adresse ; et bien qu'il se crût, qu'il se sût parfaitement capable d'accomplir ces prodiges, il était soulagé de penser qu'il n'aurait pas à s'en occuper ; c'était une économie, et il les aimait, les économies, toutes les économies, celles de son argent aussi bien que celles de son temps et de sa peine. Puisqu'il ne voulait pas de Corysandre pour lui, il fallait bien qu'il la laissât à un autre ; plus tard ne pourrait-il pas dire : « Si j'avais voulu ; si j'en avais voulu ; » et cela serait une consolation, mieux qu'une consolation, une revanche.

Et puis il s'était vraiment bien tiré de l'éloge que Mme de Barizel lui avait en quelque sorte imposé en lui demandant son opinion sur Naurouse. Il l'avait donnée, cette opinion, avec indulgence, parce que les circonstances l'exigeaient, mais cependant sans être obligé d'attribuer à Roger certaines qualités dont la reconnaissance, s'il avait consenti à la faire, eût été pour lui une humiliation. Pour qui savait comprendre il avait fait ses réserves, et c'était dans la façon dont il avait amené ses réserves que s'était manifestée son habileté, qu'avait éclaté son esprit. Comme tout cela avait été mené finement, spirituellement ! Et il se répétait ses phrases tout en marchant, les admirant, les applaudissant. Ceux qui le voyaient passer sous les arbres des allées de Lichtenthal, allant lentement, la poitrine bombée, la tête haute, le sourire de l'orgueil sur le visage, superbe, glorieux, le front dans les nuages, se disaient : Voilà un homme heureux...

Et de fait il l'était pleinement, il avait la veine.

Cette idée fut un éclair pour lui : puisqu'il avait la veine, il devait en profiter.

Et avec cette superstition des joueurs, il se dit qu'il devait se hâter.

Aussitôt, hâtant le pas, il se dirigea vers la Graben pour prendre chez lui l'argent qui lui était nécessaire ; la banque n'avait qu'à se bien tenir ; mais que pourrait-elle contre sa chance s'unissant aux combinaisons inexorables du marquis de Mantailles ? Elle allait sauter, non pas une fois, mais deux, indéfiniment.

Et tout en riant à cette espérance, il revenait à son entretien avec Mme de Barizel, qui avait ouvert cette veine heureuse.

Quelle habileté dans ses paroles ! C'était vraiment prodigieux comme à certains jours il avait de la finesse, et naturellement, sans effort. Quel diplomate il eût été s'il avait daigné faire à son pays l'honneur de le servir !

En somme qu'avait-il dit ?

Une seule chose.
Naurouse était digne de Corysandre.
Voilà tout.
Et ce qu'il y avait d'admirable, c'est qu'il avait dit vrai.

Naurouse sans fortune, poitrinaire, dissipateur par vanité, déshonoré dans sa naissance, était parfaitement digne de devenir le mari d'une belle bête comme Corysandre et le gendre d'une intrigante comme Mme de Barizel : les deux feraient la paire, car elle n'avait que sa beauté, cette Corysandre; et quel mérite extraordinaire est la beauté chez une femme? Chez un homme (c'est-à-dire chez lui), à la bonne heure, cela compte; mais chez une femme c'est une simple nécessité sans laquelle cette femme n'existe pas.

Après avoir pris chez lui tout ce qu'il avait d'argent, car il voulait risquer un coup décisif, il entra à la Conversation.

Il n'eut pas de peine à trouver le marquis de Mantailles qui, assis comme à l'ordinaire à la table de trente-et-quarante, piquait avec une longue épingle des cartons placés devant lui. Mais si attentif qu'il fût à cette besogne, pour lui pleine d'intérêt, le vieux marquis ne manquait pas cependant, après chaque coup, de promener un regard circulaire autour de lui pour voir s'il n'apercevrait point un nouveau venu à qui il pourrait proposer quelques-unes de ses combinaisons inexorables ou même une association pour ruiner toutes les banques de jeu, ce qu'il attendait, ce qu'il espérait toujours.

Sur un signe de Savine, il quitta sa chaise et suivit celui-ci, mais de loin, et ce fut seulement lorsqu'ils furent arrivés dans un endroit écarté du jardin où il n'y avait personne qu'il l'aborda.

— Le moment est-il favorable? demanda Savine.

— On ne peut plus favorable; ainsi...

Mais Savine, brutalement, lui coupa la parole.

— Oh! vous savez, pas de blagues, n'est-ce pas.

Le marquis redressa sa grande taille voûtée et prit un air de dignité blessée; mais ce ne fut qu'un éclair, la réflexion sans doute lui dit qu'il n'était pas en état de se fâcher d'une offense.

— Parfaitement, continua Savine avec plus de dureté encore dans le ton, j'ai dit « pas de blagues » et je le répète; selon vous, quand je vous consulte, le moment est toujours on ne peut plus favorable; vous avez à m'offrir des combinaisons de plus en plus inexorables, et malgré tout cela la vérité est que je perds; je devais ruiner la banque en suivant vos conseils et, tout au contraire, depuis que je joue, ce serait elle qui m'aurait ruiné,.. si j'étais ruinable. Si elle ne m'a pas ruiné, au moins m'a-t-elle enlevé...

Le marquis l'arrêta d'un geste plein de noblesse :

— Un homme comme vous, prince, retient-il le chiffre des sommes qu'il perd au jeu?

— Parfaitement, au moins quand il joue pour gagner, ce qui est mon cas avec la banque, contre laquelle je ne me serais pas amusé à jouer si je n'avais pas poursuivi un but élevé. Eh bien, ce but, je ne l'ai pas atteint : je devais gagner, j'ai perdu.

— Parce que vous n'avez pas suivi mes conseils religieusement.

— Je ne les ai que trop suivis, car si je m'en étais rapporté à mon inspiration, j'aurais gagné.

— Ne dites pas une pareille hérésie.

— Croyez-vous donc que mon inspiration ne vaut pas tous vos calculs; enfin il y a un fait, c'est qu'avec vos calculs j'ai toujours perdu et perdu misérablement, en faisant pitié à la galerie, ce qui est abominable, de sorte que j'étais décidé à ne plus jouer.

Le marquis de Mantailles eut un sourire qui disait qu'il les connaissait bien, ces joueurs décidés à ne plus jouer, et quelle foi il avait en leurs engagements.

— Je vous dis que j'étais décidé à ne plus jouer, s'écria Savine, et quand un homme comme moi dit une chose, il n'admet pas qu'on en sourie. J'étais même décidé à quitter Bade, cependant...

— Cependant vous venez me demander un conseil.

— Parce que, aujourd'hui, j'ai la veine.

— Alors vous êtes sûr de perdre; vous savez bien qu'il n'y a pas de veine, qu'il n'y a pas de hasard, et que l'ordre règle toute chose en ce monde, le jeu comme le reste, l'ordre qui est la manifestation de la divine Providence, qui...

Savine avait entendu cinquante fois ce raisonnement sur l'ordre et la Providence; il l'interrompit :

— Je vous dis que la Providence est avec moi aujourd'hui, s'écria-t-il; mais si assuré que je sois de gagner, je veux mettre toutes les chances de mon côté; voyons donc quelle est la situation des figures que vous suivez, de façon à ce que je puisse opérer largement : je veux une série de coups extraordinaires qui fassent pousser des cris d'admiration à la galerie.

Le marquis de Mantailles expliqua cette situation des figures.

— C'est bien, dit Savine, l'interrompant avant qu'il fût arrivé au bout de ses explications, cela suffit maintenant; je vous répète que si, par extraordinaire, je ne gagnais pas aujourd'hui ce serait fini et vous ne toucheriez plus votre louis par jour, attendu que je quitterais Bade. Tout à l'heure vous avez souri quand je vous ai dit cela ; mais c'est que vous ne me connaissez pas bien en me jugeant d'après les autres joueurs ; moi je n'ai pas de passions.

— Alors, prince, je vous plains de toute mon âme.

— Encore un mot, dit Savine, ne m'accompagnez pas, je vous prie ; sans doute vous ne me parlez pas, mais cela me gêne que vous soyez dans la salle ; malgré moi, je vous cherche et cela me donne des distractions, et puis vos regards m'empêchent de suivre mes inspirations.

— Défiez-vous-en.

— Je vous dis que j'ai la veine.

Et il quitta le vieux marquis pour rentrer dans la salle de jeu, où, rien que par sa manière de se présenter, il se fit faire place.

Lorsqu'il se fut assis il promena sur les curieux qui le regardaient étaler autour de lui ses liasses de billets un sourire de superbe assurance qui disait :

— Regardez-moi bien, vous allez voir.

Et il fit son jeu.

Ce qu'on vit, ce fut une déveine constante qui le poursuivit.

Au bout d'une heure il avait perdu deux cent mille francs.

Il se leva et, promenant sur la galerie le sourire que, malgré sa colère, il était parvenu à garder sur son visage convulsé, il dit :

— Je cède ma chaise.

— Je la prends, dit une voix derrière lui.

C'était son ennemi, Otchakoff, qu'il n'avait pas vu.

Alors en étant obligé de passer au second rang tandis que son rival s'avançait au premier, il sentit en lui un mouvement de rage plus cruel que sa perte d'argent ne lui en avait fait éprouver : c'était une abdication.

Vivement il sortit de la salle, incapable de soutenir les regards qui pesaient sur lui.

XX

Ce qui consola Savine de sa perte ce fut la pensée que la responsabilité devait en remonter à ce vieux coquin de Montailles. Ah ! s'il l'avait eu sous la main ou à portée du pied, comme il l'aurait arrangé !

Pour lui, la seule faute qu'il avait commise avait été de consulter ce vieux toqué ; s'il avait suivi son inspiration, qui ne pouvait pas le tromper, il n'aurait pas perdu et très probablement même il aurait fait sauter la banque. Et encore, pourquoi l'avait-il commise, cette faute ? Par bonté d'âme, pour faire gagner à cette vieille bête les vingt francs par jour qu'il lui donnait généreusement depuis son arrivée à Bade ; voilà ce que c'est d'avoir trop de délicatesse.

Mais c'était fini, car il était bien décidé à quitter Bade, où rien ne le retenait plus.

A la *Conversation*, il ne voulait pas voir le triomphe insolent d'Otchakoff, qui continuait à gagner ou à perdre avec la même indifférence apparente.

Et il ne voulait pas assister davantage à celui de Naurouse auprès de Corysandre.

Cependant, s'il se décidait à partir ainsi, il fallait que son départ lui rapportât au moins quelque chose, ne serait-ce que la reconnaissance de Naurouse.

Lorsque cette idée se fut présentée à son esprit elle en chassa le mécontentement et la colère ; la veine lui revenait, et bien certainement elle ne l'aurait pas abandonné s'il n'avait pas eu la faiblesse de subir les conseils de ce vieux misérable.

Il se dirigeait vers le *Graben* pour rentrer chez lui, il s'arrêta, et, changeant de chemin, il alla chez le duc de Naurouse.

—Vous venez dîner avec moi ? dit celui-ci, qui allait sortir.

— Justement, mais à une condition, qui est que nous allions dîner dans un endroit où nous pourions causer ; j'ai à vous parler de choses sérieuses, et je voudrais n'être ni dérangé ni entendu.

— Vous me faites peur.

— Ne craignez rien, il n'y a rien de mauvais dans ce que j'ai à vous dire... au moins pour vous.

— Mais si c'est pour vous, cher ami, vous me faites bien plus peur encore ; vous paraissez agité.

— Je le suis, en effet ; vous saurez tout à l'heure pourquoi ; occupons-nous d'abord de dîner, le reste viendra après.

Ils montèrent en voiture et se firent conduire à l'*Ours*, qui est un restaurant établi dans une prairie à quelques minutes de Bade ; mais en route Savine ne parla de rien, pas même de la perte qu'il venait de faire.

A table non plus il n'entama pas la confidence qu'il avait annoncée, et Roger remarqua qu'il mangeait et buvait à fond en homme qui ne se laisse pas couper l'appétit par les émotions : il s'était fait servir de la bière, du champagne et du cognac qu'il mélangeait lui-même dans de certaines proportions et qu'il avalait à grands coups, car lorsqu'il ne se croyait pas malade c'était une de ses prétentions de pouvoir boire plus qu'aucun Russe, et sa réputation avait commencé à se fonder autrefois à Paris par ce talent qui lui avait valu bien des envieux parmi les jeunes gens de son monde.

Ce fut seulement au dessert, la porte close,

qu'il commença l'entretien que, tout en mangeant et en buvant, il avait préparé :

— Mon cher Roger, il faut me répondre avec franchise.

— Vous savez bien que je parle toujours franchement.

— Comme moi, mais comme moi aussi vous ne dites que ce que vous voulez, tandis que ce que je vous demande c'est de répondre à toutes mes questions sans rien taire, sans rien cacher. Comment trouvez-vous Mlle de Barizel ?

— La plus gracieuse, la plus belle, la plus charmante, la plus délicieuse, la plus séduisante des jeunes filles.

— Je m'en doutais.

Et il porta la main à son cœur avec le geste d'un homme qui vient de recevoir un coup cruel.

Puis, après un moment de silence assez long, il poursuivit :

— Maintenant autre question : Quel sentiment vous a-t-elle inspiré ?

— Mais...

— Je vous en prie, répondez-moi encore en toute franchise, comme vous venez de le faire : c'est un ami, un ami sincère, dévoué, qui vous interroge, un ami qui est prêt à faire beaucoup pour vous, je vous assure, et vous en aurez la preuve tout à l'heure.

— Cet ami ne pourrait-il pas s'exprimer plus clairement et me dire au moins à quoi tendent ces questions... étranges ?

— Étranges, j'en conviens, mais indispensables dans cette forme si étrange qu'elle vous paraisse, car elles doivent provoquer les réponses précises qui elles-mêmes décideront ma conduite : encore un coup mon cher Roger, mon cher ami — il insista sur ce dernier mot, — quel sentiment vous a-t-elle inspiré ?

— L'admiration.

— Cela c'est l'effet, mais cet effet qu'a-t-il produit lui-même ?

Roger ne répondit pas.

— Je vous en prie, dit Savine en insistant, répondez par un mot à ma question qui n'en a que deux : l'aimez-vous ?

— Comment voulez-vous que je vous réponde, puisque je ne me suis jamais posé cette question moi-même.

— Comment cela ?

— C'est ainsi : vous m'avez demandé comment je la trouvais, je vous ai répondu en toute sincérité...

— Qu'elle était pour vous la plus séduisante des jeunes filles.

— Parfaitement. Maintenant vous me demandez si je l'aime et je vous réponds avec la même sincérité que c'est une question que je n'ai pas examinée... par cette raison que je ne pouvais pas l'examiner.

— Et pourquoi ?

— Mais...

— Je vous en prie.

— Parce que je n'aurais pu le faire qu'après vous avoir posé moi-même certaines questions que pour toutes sortes de raisons il me convenait de taire.

— Et que vous ne pouvez plus taire maintenant que nous avons abordé cet entretien, qui, vous le sentez, doit être poussé jusqu'au bout ; posez-les donc ces questions et soyez sûr que j'y répondrai sans toutes les résistances que vous opposez au miennes.

— Nos conditions ne sont pas les mêmes ; vous étiez l'ami de la famille de Barizel quand je suis arrivé à Bade.

— Vos questions, vos questions ?

— Eh bien, la question que je ne voulais pas vous adresser est la même que celle que vous me posez : l'aimez-vous ?

Savine tendit ses deux mains au duc de Naurouse.

— Mon cher Roger, dit-il d'une voix émue, vous êtes l'ami le plus loyal, le cœur le plus honnête, le plus droit, que j'aie jamais connu ; mais j'espère me montrer digne de vous : à votre question je réponds donc : « Oui, je l'aime. »

— Vous voyez donc bien...

— Écoutez-moi : quand je dis « Je l'aime », je devrais plutôt dire pour être absolument dans le vrai : « Je l'ai aimée. » Quand vous êtes arrivé à Bade et quand je vous ai amené près d'elle, un peu pour que vous l'admiriez comme je l'admirais moi-même, je l'aimais et je pensais à l'épouser ; mais j'ai vu l'effet qu'elle a produit sur vous et celui que vous avez produit sur elle ; j'ai vu comment vous avez été attirés l'un vers l'autre à Eberstein ; ce que vous avez été depuis l'un pour l'autre, je l'ai vu aussi. Oh ! je ne vous fais pas de reproches, mon cher Roger ; vous êtes resté, j'en suis certain, j'en ai eu cent fois la preuve, l'ami loyal et délicat dont je serrais la main tout à l'heure. Et c'est là ce qui m'a si profondément touché, si doucement ému, moi qui n'ai pas été gâté par l'amitié. Mais enfin quelle qu'ait été votre réserve, vous n'avez pas pu ne pas vous trahir : mille petits faits, insignifiants pour un indifférent, considérables pour moi, m'ont appris chaque jour ce que vous ressentiez pour Corysandre et ce que Corysandre ressentait pour vous. Si je vous disais que les premiers moments n'ont pas été cruels, désespérés, vous ne me croiriez pas, vous qui êtes un homme de cœur. Mais si moi aussi je suis un homme de cœur, je suis en même temps un homme de raison. De plus, pardonnez-moi cet aveu brutal : je vous aime tendrement, d'une amitié solide et profonde au-dessus de tout. J'ai fait mon examen de conscience. En même temps j'ai fait le vôtre aussi... et celui de Corysandre. Je me suis demandé : « Avec qui serait-elle la plus heureuse ? » Et ma conscience m'a répondu, — je pense que ma sincérité, celle d'un homme qu'on accuse d'être orgueilleux, a quelque mérite, — « Avec Roger » ; et alors mon plan a été arrêté. J'avoue que j'en ai différé l'exécution plus que je n'aurais dû peut-être. Mais il faut me pardonner ; il y a des sacrifices auxquels on se résigne difficilement. Ce plan, vous l'avez deviné : il consistait à venir nous poser les questions que je vous ai posées et qui se résumaient dans une seule : « L'aimez-vous ? » En ne me répondant pas vous m'avez répondu mieux que vous ne l'auriez fait par la réponse la plus précise.

Il se tut et parut réfléchir douloureusement comme s'il balançait dans son cœur troublé une résolution terrible à prendre.

— Il est évident, mon cher Roger, dit-il enfin, qu'un de nous deux est de trop à Bade...

— C'est-à-dire ?

— C'est-à-dire que je vous cède la place ; dans quelques jours j'aurai quitté Bade ; plus tard quand vous penserez à moi vous verrez si j'ai été votre ami, et alors, je l'espère, votre souvenir s'attendrira.

Lui-même eut un accès d'émotion qui lui coupa la parole.

Au bout de quelques instants, il reprit :

— Si je vous ai dit avec une entière franchise ce qui se rapportait à nous et à Corysandre, je dois vous dire maintenant, pour que notre explication soit complète, que j'ai eu il y a quelques instants un entretien avec Mme de Barizel, qui, je dois en convenir, paraissait me traiter avec une certaine bienveillance et peut-être même avec une préférence marquée : n'en soyez pas jaloux, mon cher Roger, j'ai sur vous, au moins aux yeux d'une mère, une supériorité marquée : je suis plus riche que vous. Eh bien, dans cet entretien tout a fait accidentel et en l'air, j'ai annoncé à Mme de Barizel que j'avais la volonté bien arrêtée de mourir garçon. Vous pouvez donc vous présenter maintenant quand vous voudrez, mon cher Naurouse, vous ne trouverez devant vous ni mon titre de prince, ni mes mines de l'Oural. Je n'existe plus. Je suis mort... au moins pour Corysandre. Ce que je vais devenir, n'en prenez pas souci. Je vais tâcher de m'occuper de quelque chose, de me passionner pour quelque chose. Je vais fonder une chaire au Muséum, construire un observatoire, subventionner une exploration du Centre de l'Afrique, fonder un orphelinat pour les jeunes filles ; enfin, je vais chercher quelque chose qui prenne mon temps, car vous pensez bien que mourir garçon, c'est tout simplement une blague, une blague héroïque qui mériterait de faire le sujet d'une tragédie s'il y avait encore des poètes ; malheureusement il n'y en a plus ; je viens trop tard. C'est pour vous dire cela que je vous ai demandé à dîner. Maintenant, si vous le voulez bien, sonnez le garçon, qu'il nous apporte du champagne et du cognac, j'ai très soif pour avoir si longtemps parlé ; et, de plus, il est bon d'oublier.

Car pour être un héros on n'en est pas moins
  (homme,

Est-ce que ça fait un vers français, ça ? Je n'en sais rien ; ça en a l'air ; mais il faut m'excuser, je ne suis qu'un rustre ou un Russe, et entre les deux il n'y a pas grande distance... pour les vers français.

XXI

Quand Roger, rentrant seul chez lui, put réfléchir à ce que Savine lui avait appris, il fut forcé de s'avouer que les hommes les plus francs cachent souvent en eux quelque petit coin d'hypocrisie qu'ils ne veulent pas voir.

Ainsi il était bien évident, en ce qui touchait Corysandre, que lui qui se croyait franc, cependant, n'avait pas agi avec une entière franchise et qu'au lieu de porter la lumière sur les sentiments qu'elle lui avait inspirés, il l'en avait détournée.

A quoi bon s'occuper de ces sentiments, les sonder, se les avouer, puisqu'elle devait devenir la femme de Savine.

Il avait plaisir à être près d'elle ; il était heureux de la regarder, heureux de lui parler, heureux de l'entendre ; il la trouvait adorable ; il se disait qu'il n'y avait pas de plus beaux yeux que les siens, d'aussi éblouissants, d'aussi troublants, d'aussi pleins d'enivrements ; il n'avait jamais vu un front aussi pur, un nez aussi bien dessiné, une bouche aussi fraîche qui eût cet incarnat humide, des lèvres dont l'arc fût tracé avec cette finesse, un menton qui terminât mieux et par un contour aussi gracieux, l'ovale de ce suave visage ; il admirait la splendeur de ses cheveux blonds d'une nuance si franche, sans toutes ces indécisions communes aux blondes qui font qu'on ne peut les classer qu'à grand renfort d'épithètes, il admirait aussi le soyeux de ses sourcils, la sveltesse de sa taille, la grâce noble de ses attitudes... mais il s'en tenait à cet enthousiasme.

Il est vrai qu'il avait plaisir aussi, et un plaisir très doux, à constater qu'elle n'était attirée vers Savine par aucune tendresse de cœur, par aucune sympathie de caractère et qu'à cet égard il n'y avait pas grande distance entre ce futur mari et les indifférents sur lesquels elle ne daignait pas laisser tomber son regard hautain.

Il est vrai encore qu'il avait plaisir, et un plaisir qui le rendait plus heureux qu'il ne l'avait jamais été, à constater que pour lui elle paraissait ressentir cette sympathie qu'elle refusait à Savine, n'ayant jamais que de la douceur dans les yeux lorsqu'elle le regardait et un sourire engageant sur les lèvres.

Mais c'était tout.

Il s'en tenait là, se disant qu'il n'y avait pas à aller au delà, puisqu'elle devait être la femme de Savine.

Peut-être en eût-il été autrement s'il l'avait connue plus tôt; mais c'était sa faute ou, pour mieux dire, la faute d'une mauvaise destinée s'il était venu trop tard, quand déjà le mariage avec Savine était arrêté.

C'était là une fatalité qu'il devait subir, sans même avoir la pensée qu'il pouvait lui échapper.

N'était-il pas l'ami de Savine ? N'était-ce pas Savine qui l'avait introduit dans la maison de Mme de Barizel ?

Et puis, quand même il n'aurait pas été retenu par ces raisons, pour lui toutes-puissantes, il n'était ni assez fat ni assez sot pour s'imaginer que Mme de Barizel pourrait jamais le préférer à Savine. Que Corysandre aimât mieux être duchesse de Naurouse que princesse Savine, cela se pouvait admettre (et encore n'était-il pas bien certain que cela fût) ; mais enfin, si cela était, Corysandre écoutait des considérations qui, si elles pouvaient toucher une jeune fille, devaient être sans influence sur une mère. Corysandre, en lui montrant de la sympathie et en ne témoignant à Savine qu'une parfaite indifférence, obéissait à son cœur, tandis que Mme de Barizel, en étant sensible à l'espérance de marier sa fille au prince Savine et indifférente à l'idée de la marier au duc de Naurouse, obéissait à la raison. On ne trouve pas tous les jours une fortune qui approche de celle des Savine, et quand on a la chance de tenir une de ces fortunes, on ne la lâche pas. Une mère comme Mme de Barizel savait compter. Il eût fallu être naïf pour s'imaginer qu'aux nombreux millions des Savine elle irait préférer les quatre ou cinq cent mille francs de rente des Naurouse. La naissance, l'agrément personnel, le nez fin ou gros, les yeux éloquents ou vides, cela a une importance considérable pour les jeunes filles vraiment jeunes et n'en a aucune pour les mères ou les pères. Il n'y avait rien d'étonnant à ce que Mme de Barizel eût été séduite et subjuguée par le prestige de la fortune des Savine ; ce n'était pas Savine qu'elle avait vu, c'était cette fortune qui avait parlé et qui du haut de ses millions entassés avait fait entendre sa toute-puissante voix. Entièrement absorbé par la contemplation de Corysandre, Roger n'avait eu que peu d'instants à donner à l'examen de Mme de Barizel. Cependant il croyait la connaître. Évidemment, c'était une femme de tête et de volonté que les choses de cœur ne troublaient guère ; elle avait un but dans la vie vers lequel elle marchait droit sans prendre souci des obstacles ou des distractions de la route : arriver vite et sûrement était sa règle, et ce qu'elle poursuivait pour Corysandre, c'était un grand mariage. Bien certainement, en voyant la beauté de sa fille se développer et arriver à cet éclat éblouissant, elle s'était dit : « Cette belle fille est digne d'être reine ! » et, trouvant dans Savine la royauté de la richesse, elle l'avait accepté.

Pour lui, la preuve de ce raisonnement était dans la démarche de Dayelle, qui tout d'abord l'avait si fort étonné et qu'il ne s'était expliquée, soit qu'elle fût faite à l'instigation de Mme de Barizel, soit qu'elle fût à celle de Savine lui-même, que par le désir de l'empêcher de penser à Corysandre et de la demander pour femme.

Et il ne l'avait pas demandée, et il n'avait jamais pensé sérieusement qu'elle pût être sa femme : elle passerait dans sa vie comme une apparition charmante ; elle laisserait dans ses souvenirs une trace lumineuse qui égayerait à jamais son séjour à Bade, et ce serait tout.

C'était ainsi qu'il avait vécu près d'elle, n'espérant rien, heureux lorsqu'ils avaient passé une partie de la journée ensemble, mécontent et chagrin lorsqu'il ne l'avait que peu vue.

Mais voilà que la confidence de Savine changeait complètement la situation.

Il pouvait l'aimer maintenant.

Elle pouvait être sa femme.

L'aimer, cela était facile, et même il n'avait qu'à s'avouer franchement ce qu'il avait jamais voulu entendre : il l'aimait, il l'aimait depuis le jour où elle lui était apparue pour la première fois.

Mais sa femme !

Là il s'arrêtait, et tout de suite une seconde question se posait à côté de celle-là et s'imposait :

— Pourquoi Savine ne l'épousait-il pas ?
— Parce qu'il ne se sentait pas aimé.

C'était là la réponse de Savine.

Mais était-elle sincère, cette réponse ?

C'était le malheur de Savine de ne pas inspirer confiance à ceux qui le connaissaient, et Roger le connaissait bien. Tout d'abord, il avait éprouvé un moment d'émotion quand Savine lui avait dit : « J'ai fait mon examen de conscience et ma conscience m'a répondu que c'était avec Roger que Corysandre pouvait être heureuse ; » et cette émotion était devenue plus vive quand Savine, mettant la main sur son cœur, avait ajouté avec des larmes dans la voix : « Un de nous deux est de trop à Bade, je vous cède la place auprès de Corysandre. » Mais cette émotion, qui n'était pas descendue bien profondément en lui, n'avait pas étouffé la réflexion.

Comment Savine accomplissait-il un pareil sacrifice, lui qui n'était pas l'homme des sacrifices et qui n'avait jamais écouté que la voix de l'intérêt personnel le plus étroit.

Il eût fallu être d'une naïveté enfantine pour rejeter ces questions sans les examiner et les peser.

Dans tout ce que Savine avait dit et au milieu de cette explosion de sensibilité peu naturelle chez un homme comme lui, et plus faite, par son excès même, pour inspirer le doute que la confiance, il n'y avait qu'une chose certaine : sa renonciation à Corysandre.

Mais les raisons qui avaient amené cette renonciation n'étaient nullement claires et encore moins satisfaisantes, si on s'en tenait aux confidences de Savine.

Un homme qui s'est montré assidu auprès d'une jeune fille, qui a affiché pour elle l'admiration et l'enthousiasme, qui s'est posé hautement en prétendant et qui, tout à coup, se retire et renonce à elle, l'accuse.

Quelles accusations portait Savine ?
A qui s'appliquaient ces accusations ?
A Corysandre elle-même ?
A sa famille ?
A sa mère ?

Il eût été puéril d'interroger Savine à ce sujet, puisque sa renonciation, comme il le disait lui-même, était un acte d'héroïsme amical ; mais, ce qu'on ne pouvait pas lui demander, on pouvait, on devait le demander à d'autres, et les renseignements qu'il avait obtenus on pouvait les obtenir soi-même.

En réalité Roger ne savait rien de la famille de Barizel, si ce n'était ce que Duplaquet lui avait raconté ; mais ces longs récits, faits par un pareil témoin, n'étaient pas suffisants pour dire ce qu'avait été M. de Barizel, quelle situation il avait réellement occupée, ce qu'avait été, ce qu'était Mme de Barizel.

Ces récits, Roger les avait acceptés surtout parce qu'ils lui parlaient de Corysandre et lui permettaient de reconstituer par l'imagination ce qu'avait été l'enfance et la première jeunesse de celle qui occupait son esprit ; mais jamais il n'avait eu la pensée de les contrôler, n'ayant pas d'intérêt à le faire ; que lui importait, qu'ils fussent ou ne fussent pas des romans, ils n'en parlaient pas moins de Corysandre.

Mais maintenant que cet intérêt était né, ce contrôle s'imposait et il devait être poursuivi d'autant plus sévèrement que la renonciation de Savine ressemblait à une accusation.

Il pouvait reconnaître que la fortune de Savine était supérieure à la sienne; mais il ne mettait aucun nom au-dessus du sien, et ce qui n'avait pas convenu à un Savine convenait encore moins à un Naurouse.

C'était ce nom qu'il engageait en se mariant et jamais il ne le compromettrait en prenant une femme qui ne fût pas digne de le porter ou qui l'amoindrît.

Que la fortune de Corysandre ne fût pas ce qu'on disait, cela n'avait que peu d'importance à ses yeux ; mais qu'il y eût une tache sur son nom ou sur l'honneur de sa famille, cela au contraire en avait une considérable qui pouvait empêcher tout projet de mariage.

Avant de poursuivre l'exécution de ce projet, avant de s'engager avec Mme de Barizel, et même avec Corysandre, il fallait donc qu'il eût des renseignements précis sur cette famille de Barizel.

Mais ce n'était pas en France qu'on pouvait les chercher, c'était seulement en Amérique.

Le lendemain, en se levant, il employa sa matinée à écrire des lettres pour obtenir ces renseignements : l'une à l'un de ses amis, secrétaire de la légation de France à Washington, l'autre à un Américain de Saint-Louis avec qui il s'était lié dans son voyage.

XXII

Mme de Barizel avait cru qu'après le départ de Savine le duc de Naurouse prendrait la place de celui-ci, se poserait franchement en prétendant, et dans un temps qui, selon elle, ne devait pas être long, lui demanderait Corysandre.

Cela semblait indiqué, car bien certainement si le duc de Naurouse ne s'était pas encore prononcé, c'était Savine, Savine seul qui l'avait retenu ; Savine éloigné, les scrupules qui l'avaient arrêté n'existaient plus.

Il n'avait qu'à parler.
Il allait parler.

Et si ce n'était point à elle qu'il s'adressait tout d'abord, au moins voudrait-il savoir de Corysandre quels sentiments elle éprouvait à son égard. Pour lui, il l'aimait, il l'aimait passionnément, cela était évident, cela sautait aux yeux, et l'aimant ainsi il devait vouloir l'obtenir pour femme puisque maintenant elle était libre.

Chaque soir elle avait donc interrogé sa fille.

— Que t'a dit le duc de Naurouse aujourd'hui ?

— Rien de particulier.

— Je vous ai laissés en tête-à-tête exprès.

— C'est justement pour cela, je crois bien, qu'il n'a rien dit : quand tu es avec nous ou quand nous sommes en public il a toujours mille choses à me dire, et il me les dit d'une façon charmante qui les rend intimes, presque mystérieuses, quoique tout le monde puisse les entendre ; puis, aussitôt que nous sommes seuls, il ne dit plus rien ; il semble qu'il ait peur de parler et de se laisser entraîner.

— Alors ?

— Alors il me regarde.

— La belle affaire !

— Si tu savais comme ses yeux sont doux et tendres !

— Et toi ?

— Moi je le regarde aussi.

— Avec les mêmes yeux ?

— Ah ! je ne sais pas, mais je puis te dire que c'est avec un cœur bien ému, bien heureux, tout bondissant de joie par moments, et dans d'autres tout alangui, comme s'il se fondait.

— Alors cela durera toujours ainsi entre vous ?

— Je ne sais pas... mais je le souhaite de tout cœur.

— Tu es stupide.

— Alors on a joliment raison de dire : « Bienheureux les pauvres d'esprit, le royaume des cieux leur appartient. » Je l'ai sur la terre, ce royaume.

Ce n'était pas de ce royaume que Mme de Barizel avait souci, et lorsque, après quelques jours d'attente, elle vit que le duc de Naurouse ne se prononçait pas, elle projeta d'intervenir entre ce jeune homme et cette jeune fille qui mettaient leur bonheur à se regarder en silence, ne trouvant rien de mieux pour se dire leur amour. Combien de temps les choses traîneraient-elles encore si elle ne s'en mêlait pas ? Ce n'était pas du bonheur de Corysandre qu'il s'agissait, ce n'était pas de celui du duc de Naurouse, c'était de leur mariage, qui pouvait très bien ne pas se faire, s'il ne se faisait pas au plus vite.

Un soir qu'elle avait demandé comme à l'ordinaire à Corysandre : « Que t'a dit M. Naurouse aujourd'hui ? », et que celle-ci, comme à l'ordinaire aussi, avait répondu : « Rien », elle se décida :

— Veux-tu devenir duchesse de Naurouse ? s'écria-t-elle.

— C'est toute mon espérance.

— Eh bien ! si vous continuez ainsi, cette espérance ne se réalisera pas, sois-en certaine.

Corysandre leva ses beaux yeux par un mouvement qui disait clairement qu'elle n'avait aucun doute à cet égard.

— Tu ne crois pas ce que je te dis ?

— Je suis sûre de lui.

— Que t'a-t-il promis ?

— Rien.

— Que t'a-t-il demandé ?

— Rien.

— Eh bien, alors ?

— Eh bien, il n'est besoin entre nous ni de demandes ni de promesses.

— Rappelle-toi ce qui est arrivé avec don José.

— Ce n'était pas la même chose.

— Avec lord Start.

— Ce n'était pas la même chose.

— Avec Clarence Wood.

— Ce n'était pas la même chose.

— Avec Savine.

— Oh ! Savine !

Et elle haussa les épaules en poussant des exclamations de pitié.

— J'avais cru qu'avec Savine et aussi avec les autres, ta beauté suffirait pour arriver au mariage, et tu vois ce qui s'est produit.

— Heureusement.

— Eh bien ! c'était une sottise qu'une femme de mon âge et de mon expérience n'aurait pas dû commettre et que je ne répéterai pas ; je te l'ai dit déjà vingt fois : on prend les hommes avec la beauté ; mais il faut autre chose pour les attacher et les garder. Veux-tu que ce qui est arrivé avec don José, avec lord Start, avec Clarence Wood, avec Savine, se renouvelle avec le duc de Naurouse ?

— Il n'y a pas de danger, dit-elle avec une superbe assurance et l'éclair de la foi dans ses yeux ; ceux dont tu parles savaient qu'ils m'étaient indifférents ; M. de Naurouse sait que...

— Que ?...

— Que je l'aime.

— Tu ne le lui as pas dit ?

— Est-ce qu'il est besoin de se le dire, cela se voit, cela se sent ; lui, non plus, ne m'a pas dit qu'il m'aimait, et cependant je suis certaine de son amour tout aussi bien que s'il me l'avait affirmé par les serments les plus solennels ; c'est l'élan de mon cœur qui me l'affirme lorsque je le vois, c'est son anéantissement lorsque nous sommes séparés.

— J'admets cet amour, je l'admets aussi grand que tu voudras chez le duc de Naurouse ; eh bien ! à quoi a-t-il servi jusqu'à présent ?

— A nous rendre heureux.

— J'entends pour ton mariage ; si malgré

cet amour, ce grand amour, M. de Naurouse n'a point encore demandé ta main, bien qu'il sache qu'il n'a qu'un mot à prononcer pour l'obtenir, ne crains-tu pas qu'à un moment donné il se retire comme s'est retiré Savine, comme se sont retirés déjà ceux qui ont voulu t'épouser et qui, après un certain temps, ont renoncé à leur projet ?

— Non.

— Eh bien, moi, je le crains, et je vais te dire pourquoi : c'est parce que tu effraies les épouseurs ; ils viennent à toi, irrésistiblement attirés par ta beauté ; mais comme tu ne fais rien pour les retenir, ils se retirent lorsqu'ils ont appris à connaître notre situation.

— A qui la faute ?

— A personne, ni à toi, ni à moi ; on nous reproche le tapage de notre vie et je conviens qu'on n'a pas tort ; mais, cette vie, nous ne pouvons pas la changer sous peine de renoncer au grand mariage que je veux pour toi. Il est facile de blâmer le tapage de notre vie ; mais comment ceux qui nous condamnent peuvent-ils s'imaginer que c'est pour notre plaisir que nous soulevons ce tapage qui est une nécessité de notre situation ? Ceux qui ont une position bien établie, un grand nom, une belle fortune, des relations solides et brillantes, n'ont point besoin qu'on fasse du tapage autour d'eux ; on vient à eux tout naturellement, par la force même des choses. Mais nous, qui serait venu à nous si nous étions restées dans notre pauvre habitation, sans fortune, sans relations. Quand j'ai voulu un mariage digne de ta beauté, il a bien fallu prendre un parti, sous peine de te laisser devenir la femme d'un homme médiocre. J'ai pris celui que les circonstances m'imposaient et non celui que j'aurais choisi si j'avais été libre ; je t'ai placée dans un milieu brillant et je me suis arrangée pour qu'on parlât de toi. Mon calcul a réussi et les épouseurs se sont présentés, ayant un rang ou une fortune que nous ne devions pas espérer.

— Et ils se sont retirés.

— Cela est vrai, et c'est là justement ce qui fait que nous ne devons pas laisser celui que nous avons, en ce moment, suivre les autres, ce qu'il pourrait très bien faire si nous lui laissions le temps de la réflexion : il faut donc l'obliger à se prononcer et à s'engager avant que la désillusion ait parlé en lui ou qu'il ait écouté les voix malveillantes qui nous attaquent. Le duc de Naurouse est un homme d'honneur : quand il aura pris un engagement il le tiendra. J'avais cru que cet engagement, il le prendrait de lui-même ou tout au moins que tu l'amènerais à le prendre ; mais ni l'une ni l'autre de ces espérances ne s'est réalisée, et, je le crains bien, ne se réalisera si je n'interviens pas entre vous.

— Que veux-tu donc faire ? s'écria-t-elle d'une voix émue.

— Je ne veux rien faire moi-même, mais je veux que toi tu fasses.

— Oh ! je t'en prie, laisse-nous nous aimer ?

— Mais où cet amour nous conduira-t-il ?

— A être heureux.

— Il faut qu'il nous conduise au mariage, et si tu veux me laisser faire, surtout si tu fais tout ce que je te dirai, il t'y conduira. Il me semble qu'il n'y a pas là de quoi t'inquiéter : duchesse de Naurouse, femme de l'homme qu'on aime, cela vaut bien qu'on le gagne.

— Voilà le mot qui gâte tout.

— Quand comprendras-tu donc que la vie n'est pas une promenade dans des chemins doux et fleuris, mais qu'elle est un combat au milieu des précipices ? S'il y a des femmes qui n'ont qu'à étendre la main pour saisir le bonheur, elles sont rares ; en tous cas, nous ne sommes pas de celles-là ; le bonheur, tu ne l'obtiendras que si tu le gagnes ; mais tu l'obtiendras sûrement ; pour cela, tu n'auras qu'à suivre mes conseils. Le veux-tu ?

Et comme Corysandre hésitait à répondre, la figure attristée, Mme de Barizel continua :

— Ce que je te demande n'est ni difficile, ni pénible : il s'agit tout simplement de me répéter tout ce que M. de Naurouse te dira, et de ne lui dire que ce que nous aurons arrêté ensemble à l'avance.

— Alors c'est un rôle que tu m'imposes.

— Et que tu joueras admirablement, puisqu'il sera dans ta nature et que pas un mot ne sera contraire à tes sentiments.

— Ce qui sera contraire à mes sentiments ce sera de n'être pas moi.

— Veux-tu que M. de Naurouse t'épouse ? Oui, n'est-ce pas ? Eh bien, laisse-moi te diriger. Maintenant, bonne nuit, va te coucher et laisse-moi rêver à la scène que tu devras jouer demain.

XXIII

En disant à Corysandre : « Tu joueras admirablement un rôle qui sera dans ta nature. » Mme de Barizel n'était pas du tout certaine du succès de sa fille, et même elle en était inquiète, car le mot qu'elle lui adressait si souvent : « Tu es stupide, » était pour elle d'une vérité absolue.

Elle n'était point, en effet, de ces mères enthousiastes qui ne trouvent que des perfections dans leurs enfants par cela seul qu'elles sont les mères de ces enfants ; belle elle-même, mais autrement que sa fille, il lui avait fallu longtemps pour voir la beauté de Corysandre, et encore n'avait-elle pu l'admettre sans contestations que lorsqu'elle lui avait été imposée par l'admiration de tous ; mais elle n'avait pas encore pu s'habituer à l'idée que cette fille, qui lui ressemblait si peu, pouvait être intelligente. Pour elle, l'intelligence c'était l'intrigue, la ruse, le détour, l'art de mentir utilement et de tromper habilement, l'audace dans le choix des moyens à employer pour atteindre un but et la souplesse dans la mise en exécution de ces moyens, l'ingéniosité à se retourner, l'assurance dans le danger, le calme dans le succès, la fertilité de l'imagination, la fermeté du caractère, de sorte que, quand elle se comparait à sa fille et cherchait en celle-ci l'une ou l'autre de ces qualités sans les trouver, elle ne pouvait pas reconnaître qu'elle était intelligente ; stupide au contraire, aussi bête que belle.

Ah! si elle avait été à la place de Corysandre. Mais c'est là le malheur de la vie que la femme n'arrive à l'apogée de son intelligence qu'au moment où a déjà commencé le déclin de sa beauté.

Ce défaut de confiance dans l'intelligence de sa fille lui rendait sa tâche délicate. Avec une fille déliée rien n'eût été plus facile que de lui tracer le canevas d'une scène qui aurait infailliblement amené à ses pieds un homme épris et passionné comme le duc de Naurouse ; mais avec elle il n'en pouvait pas être ainsi : ce qu'on lui dirait d'un peu compliqué, elle ne le répèterait pas ; ce qu'on lui indiquerait d'un peu fin, elle ne le ferait pas. Il lui fallait quelque chose de simple, de très simple qu'elle pût se mettre dans la tête et exécuter. Mais quelque chose de très simple et de tout à fait primitif agirait-il sur le duc de Naurouse ?

Elle chercha dans ce sens ; malheureusement elle n'était à son aise que dans ce qui était compliqué, savamment combiné, entortillé à plaisir ; tout ce qui était simple lui paraissait fade ou niais, indigne de retenir son attention.

Et, cependant, c'était cela qu'il fallait, cela seulement : quelques mots, une intonation, un geste, un regard, et il était entraîné ; mais ces quelques mots, cette intonation, ce geste, ce regard, ne pouvaient produire tout leur effet que s'ils étaient en situation.

C'était donc une situation qu'il fallait trouver, et si elle était bonne, elle porterait la mauvaise comédienne qui la jouerait.

Une partie de la nuit se passa à chercher cette situation ; elle en trouva vingt, mais bonnes pour elle-même, non pour Corysandre, se dépitant, s'exaspérant de voir combien il était difficile d'être bête ; enfin, de guerre lasse, elle s'endormit.

Le lendemain, en s'éveillant, il se trouva que le calme de la nuit avait fait ce que le trouble de la soirée avait empêché : elle tenait sa situation, bien simple, bien bête et telle qu'il fallait vraiment être endormie pour en avoir l'idée.

Aussitôt elle passa un peignoir et vivement elle entra dans la chambre de sa fille.

Corysandre était levée depuis longtemps déjà, et, assise dans un fauteuil devant sa fenêtre, sous l'ombre d'un store à demi baissé, elle paraissait absorbée dans la contemplation des cimes noires de la montagne qui se trouvait en face de leur chalet.

— Que fais-tu là ? demanda Mme de Barizel.

— Rien ; je réfléchis.

— A quoi ?

— A ce que tu m'as dit hier.

— Et quel est le résultat de tes réflexions, je te prie ?

— C'est de te prier de ne pas persévérer dans ton idée et de nous laisser être heureux tranquillement.

— Tu es folle. Moi aussi j'ai réfléchi, et j'ai justement trouvé le moyen d'amener le duc de Naurouse à se prononcer aujourd'hui même. Tu comprends que ce n'est pas quand j'ai passé une partie de la nuit à chercher ce moyen et quand je suis certaine d'arriver à un résultat que je vais écouter tes billevesées : c'est à toi de m'écouter et de faire exactement ce que je vais te dire. Comprends-moi bien, suis mes instructions et avant un mois tu seras duchesse de Naurouse.

— Mais...

— Ne t'inquiète pas, rien n'est plus simple, rien n'est plus facile, et tu n'auras pas à dire un seul mot qui ne soit agréable et en même temps ne soit agréable au duc. Il doit venir tantôt, n'est-ce pas ?

— A trois heures.

— Eh bien ! tu seras seule ; je ferai la sieste après une mauvaise nuit et tu penseras que je ne dois pas me réveiller de sitôt ; mais, au lieu d'en paraître fâchée, tu t'en montreras satisfaite. Voyons, ce ne peut pas être un chagrin pour toi de rester en tête-à-tête avec le duc ?

— C'est un embarras.

— Montre de l'embarras si tu veux, cela ne fait rien. D'ailleurs, ce qu'il faut avant tout, c'est être naturelle. Donc, le duc arrive. Tu es dans un fauteuil comme en ce moment et tu lui tends la main. Attention ! Ecoute et regarde : je suis le duc.

Et, faisant quelques pas en arrière, elle alla à la porte ; puis elle revint vers Corysandre, marchant vivement, légèrement, comme le duc, les deux mains tendues en avant, le visage souriant :

— Seule ? (c'est le duc qui parle). Alors tu réponds : — Oui, ma mère a passé une mauvaise nuit, et elle fait la sieste. — Là-dessus le duc te dit quelques mots de politesse pour moi et tu réponds ce que tu veux, cela n'a pas d'importance ; ce qui en a, c'est que tu dois ajouter, écoute donc bien... — Et elle reprit la voix de Corysandre : Au reste, je suis bien aise de cette absence, qui me permet de vous adresser une prière. — Là-dessus tu as l'air aussi embarrassé que tu veux ; seulement, en même temps, tu dois aussi avoir l'air ému et attendri ; tu le regardes longuement avec des yeux doux ; plus ils seront doux, plus ils seront tendres, mieux cela vaudra. — Une prière? dit le duc surpris autant par les paroles que par ton attitude. — Oui, et que je n'oserai jamais vous dire si vous ne m'aidez pas. Asseyez-vous donc, voulez-vous? — Tu lui montres un siège près de toi, mais pas trop près cependant ; l'essentiel, c'est que le duc soit bien en face de toi, sous tes yeux, ainsi.

Disant, elle prit une chaise et, l'ayant placée à deux pas de Corysandre, vis-à-vis d'elle, elle s'assit comme si elle était le duc de Naurouse, puis elle reprit :

— Avant d'adresser ta prière au duc, tu le regardes de nouveau, toujours longuement, avec des yeux de plus en plus tendres et un doux sourire dans lequel il y a de l'embarras et de l'inquiétude ; tu prolonges cette pause aussi longtemps que tu veux, des yeux comme les tiens en disent plus que bien des paroles. Cependant, comme vous ne pouvez pas rester toujours ainsi, tu te décides enfin et tu lui dis : « C'est du steeple-chase dans lequel vous devez monter un cheval que je veux vous parler ; je vous en prie, ne montez pas ce cheval, ne prenez pas part à cette course. » Tu tâches de mettre beaucoup de tendresse dans cette prière et aussi beaucoup d'angoisse. Cependant il ne faut pas que tu en mettes trop, car le duc doit te demander pourquoi tu ne veux pas qu'il prenne part à cette course. Voyons, si le duc court, tu auras peur, n'est-ce pas ?

— Une peur mortelle.

— Tu vois bien que je te demande de n'exprimer que des sentiments qui sont en toi ; c'est cette peur que ton accent et tes regards doivent trahir. Cependant, à la demande du duc, tu ne réponds pas tout de suite ; tu hésites, tu te troubles, tu rougis, tu veux parler et tu ne le peux pas, arrêtée par ta confusion. Ne serait-ce pas ainsi que les choses se passeraient dans la réalité?

— Non : je n'hésiterais pas ; je ne me troublerais pas, je lui dirais tout de suite et tout simplement que j'ai peur pour lui.

— Cela serait trop simple et trop bête ; l'art vaut mieux que la nature. Tu es donc confuse, et ce n'est qu'après l'avoir fait attendre, après qu'il s'est rapproché de toi, comme cela — elle approcha sa chaise en se penchant en avant — ce n'est qu'alors que tu lui dis : « J'ai peur pour vous. » En même temps, tu lui tends la main par un geste d'entraînement, et s'il ne la saisit point passionnément, s'il ne tombe point à tes genoux, s'il ne te prend pas dans ses bras, c'est que tu n'es qu'une sotte. Mais tu n'en seras pas une, n'est-ce pas ; tu comprendras.

— Je comprends, s'écria Corysandre en se cachant le visage dans ses deux mains, que cela est odieux et misérable. Pourquoi veux-tu me faire jouer une comédie indigne de lui et indigne de moi.

— Parce qu'il le faut et parce que tout n'est que comédie en ce monde. Qui te révolte dans celle-là, puisqu'elle est conforme à tes sentiments?

— La comédie même.

Mme de Barizel haussa les épaules par un geste qui disait clairement qu'elle ne comprenait rien à cette réponse.

— Cette leçon que tu viens de me donner ressemble-t-elle à celles que les mères donnent ordinairement à leurs filles? dit Corysandre d'une voix tremblante, et ce que tu veux que je fasse, toi, n'est-ce pas justement ce que les autres mères défendent?

— T'imagines-tu donc que je suis une mère comme les autres! Non, pas plus que tu n'es une fille comme les autres. C'est une des fatalités de notre position de ne pouvoir pas vivre, de ne pouvoir pas agir, penser, sentir comme les autres. Crois-tu donc que les gens qui marchent la tête en bas dans les cirques ou qui dansent sur la corde au-dessus du Niagara n'aimeraient pas mieux marcher comme tout le monde : ils gagnent leur vie. Eh bien, nous, il nous faut aussi gagner la nôtre ; et pour cela tous les moyens sont bons. N'aie donc pas de ces répugnances d'enfant. En somme je ne te demande rien de bien terrible : tu as peur que le duc de Naurouse monte dans ce steeple-chase où il peut se casser le cou, dis-le-lui ; le duc t'aime, qu'il te le dise. Cela est bien simple et ta résistance n'a pas de raison d'être. Tu préférerais que les choses se fissent toutes seules ; moi aussi ; mais ce n'est ni ma faute ni la tienne si nous sommes obligées d'y mettre la main. Quel mal y a-t-il à cela? De l'ennui, oui, j'en conviens. Mais c'est tout. Et le titre de duchesse de Naurouse mérite bien que tu te donnes un peu d'ennui pour l'obtenir. Crois-en mon expérience, le duc peut t'échapper si tu laisses les choses traîner en longueur ; presse-les donc. Pour cela le meilleur moyen est celui que je viens de t'indiquer. Étudions-le donc avec soin et reprenons-le, si tu veux bien. Tu es seule, le duc arrive.

Comme elle l'avait fait une première fois, elle alla à la porte pour représenter l'entrée du duc.

Et la répétition continua exactement comme si elle avait été dirigée par un bon metteur en scène.

Tour à tour, Mme de Barizel remplissait le personnage du duc et celui de Corysandre; mais c'était à ce dernier seulement qu'elle donnait toute son application : elle disait les paroles, elle mimait les gestes et elle les faisait répéter à Corysandre, recommençant dix fois la même intonation ou le même mouvement.

— Tu dis faux, s'écriait-elle, allons, reprenons et dis comme moi.

Mais elle insistait plus encore sur les mouvements, sur les attitudes, sur les regards :

— Ne t'inquiète pas trop de ce que tu dis, ni de la façon dont tu le dis; c'est dans tes yeux qu'est le succès, c'est dans ton sourire, c'est dans tes lèvres roses, dans tes dents, dans les fossettes de tes joues ; combien de fois ai-je vu des comédiennes dire faux et se faire cependant applaudir pour la musique de leur voix ou le charme de leur personne!

XXIV

Corysandre avait longuement répété son rôle dans la scène qu'elle devait jouer avec Roger ; elle avait travaillé « ses yeux tendres », étudié « ses silences, ses intonations, ses gestes », et, au bout d'une grande heure, Mme Barizel s'était déclarée satisfaite.

— Je crois que ça marchera ; ce soir, M. de Naurouse viendra m'adresser officiellement sa demande. Quelle joie !

Mais Corysandre n'avait pas partagé cette satisfaction, car c'avait été plutôt par lassitude que par conviction, pour ne pas subir les ennuis d'une discussion sur un sujet qui la blessait, qu'elle s'était prêtée à cette comédie.

La jouerait-elle ?

Remplirait-elle le rôle qui lui avait été imposé ?

Tout en le répétant, elle avait agité cette question, et bien plus vivement encore, bien plus anxieusement lorsqu'elle avait eu la liberté de réfléchir à tête reposée.

Malgré le plaidoyer de sa mère, elle ne trouvait point que ce qu'on exigeait d'elle fût une chose toute simple et toute naturelle.

En réalité, c'était une tromperie, et celui qu'elle devait tromper était l'homme qu'elle aimait.

Comment sa mère n'avait-elle pas senti combien cela était révoltant ? Sans doute, elle n'avait vu que le résultat à obtenir; mais qu'importait la légitimité du résultat si les moyens étaient misérables et honteux !

Quelle tristesse ! Quelle inquiétude pour elle d'être toujours en désaccord avec sa mère sur de pareils sujets! Elle eût été si heureuse de n'avoir pas à discuter et à se révolter ! A qui la faute ? Elle ne voulait pas condamner sa mère, et cependant elle ne pouvait pas ne pas se rappeler qu'avec son père ces désaccords n'avaient jamais existé et que tout ce que celui-ci disait, tout ce qu'il faisait lui paraissait à elle, enfant, bien jeune encore, mais comprenant et jugeant déjà ce qui se passait autour d'elle, noble, généreux, juste, droit, élevé. Quelle différence, hélas! entre autrefois et maintenant !

Par son mariage elle échapperait à toutes les intrigues qui se nouaient autour d'elle, à toutes les discussions qu'elles soulevaient entre elle et sa mère, à tous les dégoûts qu'elles lui inspiraient; mais si pressée qu'elle fût d'arriver à ce mariage qui devait l'affranchir, pouvait-elle en hâter l'heure par des moyens tels que ceux que sa mère lui conseillait ?

Ce n'était pas seulement son honneur qui se refusait à cette comédie, c'était encore son amour lui-même qui s'indignait à cette pensée de tromperie : il n'y avait que trop de hontes et de misère dans sa vie, elle ne voulait pas que dans son amour il y eût un mauvais souvenir.

C'était en s'habillant qu'elle réfléchissait ainsi, et elle venait de terminer sa toilette lorsque sa mère rentra dans sa chambre.

— Comment, s'écria Mme de Barizel, après l'avoir regardée, c'est ainsi que tu t'habilles en un jour comme celui-ci ?

— Je me suis habillée comme tous les jours.

— C'est justement ce que je te reproche ; tu dois être irrésistible.

Corysandre glissa un regard du côté de la glace.

— Tu veux dire que tu l'es, continua Mme de Barizel, tu l'es comme tu l'étais hier, avant-hier ; mais c'est plus qu'avant-hier, plus qu'hier que tu dois l'être aujourd'hui et différemment. Ne t'ai-je pas expliqué que c'était par ta beauté, plus encore que par tes paroles, que tu devais enlever le duc de Naurouse : il faut donc que tu sois tout à ton avantage, que quelque chose de provoquant, de vertigineux qui ne lui laisse pas sa raison ; et cette toilette-là n'est pas du tout ce qui convient. C'est quelque chose d'abominable qu'à ton âge tu ne saches pas encore ce qui fait perdre la tête à un homme. Défais-moi vite cette robe-là, ce col, et puis viens là que je t'arrange les cheveux ; bas comme ils sont, ils te donnent l'air d'une fille de ministre qui va chanter des psaumes.

En un tour de main elle lui eut retroussés et relevé son admirable chevelure de façon à changer complètement le caractère de sa physionomie, qui, de calme et honnête qu'elle était, devint audacieuse.

— Maintenant, dit Mme de Barizel, voyons la robe.

Elle ouvrit les armoires et, prenant les robes qui étaient accrochées là les unes à côté des autres, elle en jeta quelques-unes sur le lit après les avoir examinées, mais sans faire son choix ; enfin, elle en garda une dans ses mains, et, l'examinant :

— Je crois que celle-là est ce qu'il nous faut : le corsage entr'ouvert, découvrant bien le cou et un peu la gorge, c'est parfait ; avec une petite croix se détachant bien sur la blancheur de la peau et qui attirera les yeux, tu seras à ravir. Essayons.

— Je ne mettrai pas cette robe-là, dit Corysandre résolument.

— Et pourquoi donc ?

— Parce qu'elle ouvre trop.

— Tu l'as bien mise pour dîner avec Savine et tu n'as jamais été aussi jolie que ce soir-là.

— Savine n'était pas Roger, et puis c'était pour un dîner ; tu étais là, il y avait du monde.

— Es-tu folle !

— Je ne la mettrai pas.

Cela fut dit d'un ton si ferme, que Mme de Barizel comprit qu'il n'y avait pas à insister.

— Alors laquelle veux-tu mettre ? demanda-t-elle ; je ne tiens pas plus à celle-là qu'à une autre ; ce que je veux, c'est que le duc perde la tête.

Sans répondre Corysandre avait ouvert une autre armoire et elle avait atteint une robe de mousseline blanche toute simple, une robe de petite fille.

— C'est toi qui perds la tête ! s'écria Mme de Barizel.

Corysandre ne répondit pas.

Tout à coup Mme de Barizel frappa ses deux mains l'une contre l'autre :

— Au fait tu as raison, dit-elle joyeusement, ton idée est excellente ; ah! ces jeunes filles ! c'est quelquefois inspiré. Je n'avais pas pensé que le duc, malgré sa jeunesse, avait déjà beaucoup vécu, beaucoup aimé ; il sera donc plus touché par l'innocence que par la provocation, et si tu réussis bien ton mouvement en lui tendant la main, le contraste entre cet élan passionné et la toilette virginale sera très puissant sur lui. Adoptons donc la robe blanche, seulement je vais être obligée de changer une fois encore ta coiffure ; mais je ne m'en plains pas, tu as eu une inspiration de génie.

Et de nouveau elle défit les cheveux de sa fille, les retroussant tout simplement et les réunissant en un gros huit ; mais ceux du front s'échappèrent en petites boucles crêpées et frisantes qui frémissaient au plus léger souffle et que la lumière dorait en les traversant.

Elle voulut aussi mettre la main à la robe, et cela malgré Corysandre qui aurait mieux aimé s'habiller seule.

Enfin, quand tout fut fini, elle recula de quelques pas, comme un peintre qui veut juger son ouvrage.

— Es-tu jolie, dit-elle ; si le duc te résiste c'est qu'il est de glace ; mais il ne te résistera pas. Si nous repassions un peu le mouvement de la main ?

Mais Corysandre se refusa à cette nouvelle répétition.

— Si tu es sûre de toi, c'est parfait, dit Mme de Barizel.

Cependant elle n'avait pas encore fini ses leçons et ses recommandations ; quand la demie après deux heures sonna elle voulut installer elle-même Corysandre dans le salon.

Elle plaça le fauteuil dans lequel elle fit asseoir sa fille, cherchant une pose gracieuse, l'essayant elle-même ; puis elle disposa la chaise sur laquelle Roger devait s'asseoir pendant cet entretien, et elle calcula la distance qu'il lui faudrait pour être bien sous les yeux de Corysandre et pour tomber aux genoux de celle-ci.

Alors elle s'aperçut que sa fille n'était pas bien éclairée, et, comme le photographe qui manœuvre ses écrans, elle remonta le store et drapa les rideaux, de façon à ce que non seulement la lumière fût favorable à Corysandre, mais encore à ce que le duc, s'il prenait souci des regards curieux du dehors, se crût à l'abri de toute indiscrétion et pût en toute sécurité s'abandonner à son élan passionné.

— Que tu es donc jolie, répétait-elle à chaque instant ; tu as un air embarrassé qui te va à merveille et qui est tout à fait en situation.

Ce n'était pas de l'embarras qui oppressait Corysandre, c'était la honte qui lui faisait baisser les yeux et l'empêchait de regarder sa mère.

Elle voulait ne rien dire cependant, mais elle ne fut pas maîtresse de retenir les paroles qui, du cœur, lui montaient aux lèvres et les serraient avec une sensation d'amertume.

— Il semble que je sois à vendre, dit-elle.
— Ne dis donc pas de ces niaiseries.
— Pour moi, ce n'est pas une niaiserie, mais je suis presque heureuse de penser que c'en est une pour toi.

Mme de Barizel la regarda un moment, puis elle haussa les épaules sans répondre, et une dernière fois elle passa l'inspection du salon pour voir si tout était bien disposé pour concourir au résultat qu'elle avait préparé et qu'elle attendait.

Cet examen la contenta, car un sourire triomphant se montra sur son visage :

— Maintenant on peut frapper les trois coups et lever le rideau, je te laisse ; allons, bon courage et bon espoir ; c'est ta vie, c'est ton bonheur, c'est le mien que je mets entre tes mains.

Et elle s'éloigna en répétant :
— Bon courage, bon espoir.

Mais comme elle arrivait à la porte, elle revint sur ses pas :

— Surtout arrange-toi pour que le geste d'entraînement par lequel tu lui tends la main, arrive bien sur ton dernier mot : « J'ai peur pour vous ». Si ta voix tremble et si tu peux mettre une larme dans tes yeux, cela n'en vaudra que mieux ; tiens, comme en ce moment même, avec l'expression émue de tes yeux mouillés. Si tu retrouves cela au moment voulu, ce sera décisif. A bientôt, je ne redescendrai que quand le duc sera parti ; à moins, bien entendu, qu'il ne veuille m'adresser sa demande tout de suite. Dans ce cas, je ne serai pas longue à arriver, tu peux en être certaine. Cependant, je crois qu'il vaut mieux qu'il diffère cette demande jusqu'à demain et qu'il me l'adresse en arrière de toi, comme s'il ne s'était rien passé entre vous. Cela sera plus digne pour moi et me permettra de mieux jouer mon rôle de mère ; je vais m'y préparer, car je dois le réussir, moi aussi ; et je ne suis pas dans les mêmes conditions que toi, je n'ai pas tes avantages.

XXV

Ces yeux mouillés dont avait parlé Mme de Barizel étaient des yeux noyés de vraies larmes que Corysandre n'avait pu retenir que par un cruel effort de volonté.

Sa mère partie, elle se cacha le visage entre ses mains et laissa couler ces larmes qui l'étouffaient.

Jamais elle n'avait éprouvé pareille émotion nerveuse et les contradictions des sentiments qui l'agitaient produisaient en elle une crise qu'elle n'avait pas la force de maîtriser.

D'un côté elle était pleine de confusion pour ce qu'elle venait d'entendre.

De l'autre elle était troublée, les nerfs tendus, le cœur serré par l'attente de ce qui allait se passer.

Qu'allait-elle faire ?
Qu'allait-elle dire ?

Elle n'était résolue à rien et cependant d'un instant à l'autre, dans quelques minutes, quelques secondes peut-être, Roger pouvait arriver.

Que penserait-il en la voyant dans cet état ? Il l'interrogerait ; elle devrait répondre. Comment ?

Il fallait qu'elle retînt ses larmes, qu'elle se calmât.

Mais avant qu'elle y fût parvenue, le gravier du jardin craqua : c'était lui qui arrivait ; elle avait reconnu son pas.

Au lieu d'aller au-devant de lui ou de l'attendre, elle se sauva dans un petit salon, dont vivement elle tira la porte sur elle, et, rapidement, avec son mouchoir, elle s'essuya les yeux et les joues sans penser qu'elle les rougissait.

Une porte se ferma : c'était Roger qu'on venait d'introduire dans le salon.

Dans le mur qui séparait ce grand salon du petit où elle s'était sauvée, se trouvait une glace sans tain placée au-dessus des deux cheminées, de sorte qu'en regardant à travers les plantes et les fleurs groupées sur les tablettes de marbre de ces cheminées on voyait d'une pièce dans l'autre.

C'était contre cette cheminée du petit salon que Corysandre s'était appuyée. Au bout de quelques instants elle écarta légèrement le feuillage et regarda où était Roger.

Il était debout devant elle, lui faisant face, mais ne la voyant pas, ne se doutant pas d'ailleurs qu'elle était à quelques pas de lui, derrière cette glace et ces fleurs.

Immobile, son chapeau à la main, il restait là, attendant et paraissant réfléchir ; de temps en temps un faible sourire à peine perceptible passait sur son visage et l'éclairait ; alors un rayonnement agrandissait ses yeux.

Sans en avoir conscience, Corysandre s'était absorbée dans cet examen qui était devenu une contemplation : elle avait oublié ses angoisses, elle avait oublié sa mère ; elle avait oublié la leçon qu'on lui avait apprise, la scène qu'elle devait jouer ; elle ne pensait plus à elle ; elle ne pensait qu'à lui ; elle le regardait ; elle l'admirait.

Quelle noblesse sur son visage ! quelle tendresse dans ses yeux ! quelle franchise dans son attitude !

Et elle le tromperait, elle jouerait la comédie, elle mentirait ! Mais jamais elle n'oserait plus tenir ses yeux levés devant ce regard honnête!

Abandonnant la cheminée, elle poussa la porte et entra dans le salon.

Roger vint au-devant d'elle, les mains tendues; mais, avant de l'aborder, il s'arrêta surpris, inquiet de lui voir les yeux rougis et le visage convulsé.

— Avez-vous donc des craintes ? demanda-t-il vivement.

Elle comprit que le domestique qui avait reçu Roger s'était déjà acquitté de son rôle et que le duc croyait Mme de Barizel malade.

— Non, dit-elle, aucune; ma mère garde la chambre tout simplement, ce n'est rien.

— Mais vous paraissez troublée ?

— Un peu nerveuse, voilà tout.

Et elle lui tendit la main qu'il serra doucement, mais sans la retenir plus longtemps qu'il ne convenait.

Ils s'assirent vis-à-vis l'un de l'autre, Corysandre dans le fauteuil, Roger sur la chaise qui avaient été disposés par Mme de Barizel.

Et alors il s'établit un moment de silence comme s'ils n'avaient eu rien à se dire.

Mais c'était justement parce qu'ils avaient trop de choses à se dire qu'ils se taisaient, aussi embarrassés l'un que l'autre :

Corysandre, parce qu'elle ne pouvait pas jouer la scène qui lui avait été apprise.

Roger, parce qu'il ne savait trop que dire, ne pouvant pas tout dire. Les paroles qui emplissaient son cœur et lui montaient aux lèvres étaient des paroles de tendresse : « Que je suis heureux d'être seul avec vous, chère Corysandre; de pouvoir vous regarder librement, les yeux dans les yeux; de pouvoir vous dire que je vous aime, non pas d'aujourd'hui, mais du jour où je vous ai vue pour la première fois, et où j'ai été à vous entièrement, corps et âme. » Voilà ce que son cœur lui inspirait et ce qu'il ne pouvait pas dire, car ce n'était là qu'un début. Après ces paroles devaient en venir d'autres qui étaient leur conclusion : « Je vous aime et je vous demande d'être ma femme; le voulez-vous, chère Corysandre ? » Et justement cette conclusion, il ne pouvait pas la formuler; cet engagement, il ne pouvait pas le prendre avant d'avoir reçu les réponses aux lettres qu'il avait écrites. Jusque là il fallait que tout en montrant les sentiments de tendresse qu'il éprouvait, il ne les avouât pas hautement, sous peine de se mettre dans une situation fausse. Quand il aurait dit : « Je vous aime », qu'ajouterait-il ? que répondrait-il aux regards de Corysandre ? Qu'il ne pouvait pas s'engager avant... avant quoi ? Cela ne serait-il pas misérable ? Il ne pouvait donc rien dire. Et cependant il fallait qu'il parlât, se trouvant ainsi condamné à ne dire que des choses fades ou niaises. Mais s'il parlait ainsi Corysandre ne s'en étonnerait-elle pas, ne s'en inquièterait-elle pas ? Si honnête qu'elle fût, si innocente, et il avait pleine ment foi dans cette honnêteté et cette innocence, elle ne devait pas croire que dans ce tête-à-tête que le hasard leur ménageait leur temps se passerait à parler de la pluie, des toilettes de Mme de Lucillière, des pertes ou des gains de d'Otchakoff. Elle devait attendre autre chose de lui. S'il ne lui avait jamais dit formellement qu'il l'aimait, il lui avait dit cent fois, mille fois, par ses regards, par son empressement auprès d'elle, par son admiration, son enthousiasme, ses élans passionnés, ses recueillements plus passionnés encore, de toutes les manières enfin, excepté des lèvres et en mots précis. C'étaient ces mots même qu'elle était en droit d'attendre, qu'elle attendait certainement maintenant; l'occasion ne se présentait-elle pas toute naturelle ? Qu'allait-elle penser s'il n'en profitait pas ? Il n'était pas de ces collégiens timides que la violence même de leur émotion rend muets; elle savait que nulle part et en aucune circonstance il n'était embarrassé; s'il ne parlait pas, s'il ne disait pas tout haut cet amour qu'il avait si souvent dit tout bas, c'était donc qu'il avait des raisons toutes-puissantes pour le taire. Lesquelles ? N'allait-elle pas s'imaginer qu'il ne l'aimait pas ? Que n'allait-elle pas croire ? Vraiment la situation était cruelle pour lui, et même jusqu'à un certain point ridicule.

Heureusement Corysandre lui vint en aide en se mettant elle-même à parler, nerveusement il est vrai, presque fiévreusement, mais assez promptement la conversation s'engagea, l'exaltation de Corysandre tomba, lui-même oublia son embarras et le temps s'écoula sans qu'ils en eussent conscience. Il semblait qu'ils avaient avaient oublié l'un et l'autre qu'ils étaient seuls, et tous deux ils parlaient avec une égale liberté, un égal plaisir. Ce qu'ils disaient n'était point préparé; c'était ce qui leur venait à l'esprit, ce qui leur passait par la tête. Que leur importait ! Ce qui charmait Corysandre, c'était la musique de la voix de Roger; ce qui enivrait Roger, c'était le sourire de Corysandre : ils étaient ensemble, ils se parlaient, ils se regardaient, c'était assez pour que leur joie fût oublieuse du reste.

Les heures sonnèrent sans qu'ils les entendissent.

Cependant il vint un moment où le soleil, en s'abaissant et en frappant le store de ses rayons obliques, leur rappela que le temps avait marché.

Roger ne pouvait pas plus longtemps prolonger sa visite, qui avait déjà singulièrement dépassé les limites fixées par les convenances. Il fallait penser à Mme de Barizel, qui, si elle ne dormait pas, devait se demander ce que signifiait un pareil tête-à-tête. Il se leva.

Alors Corysandre se leva aussi :
— Avant que vous partiez, dit-elle, j'ai une demande à vous adresser.

Cela fut dit tout naturellement, d'un ton enjoué et sans toutes les savantes préparations de Mme de Barizel, sans trouble, sans confusion, sans hésitation, sans regards de plus en plus tendres, sans doux sourire, plein d'embarras et d'inquiétude.

— Une demande à moi, une demande de vous, quel bonheur!

— Ne dites pas cela sans savoir sur quoi elle porte.

— Mais sur quoi que ce puisse être, vous savez bien qu'elle est accordée, ce serait me peiner, et sérieusement, je vous le jure, d'en douter. Qu'est-ce? Dites, je vous prie, dites tout de suite, que j'aie tout de suite le plaisir de vous répondre : — C'est fait.

Cela aussi fut dit tout naturellement, avec un accent de tendresse contenue, il est vrai, mais sans l'émotion sur laquelle Mme de Barizel avait compté.

— Eh bien, je serais heureuse que vous me disiez que vous ne monterez pas dans le grand steeple-chase.

— Et pourquoi donc?

— Parce que j'aurais peur... assez peur pour ne pas pouvoir assister à cette course si vous y preniez part.

— Vraiment?

Ils se regardèrent un moment, très émus l'un et l'autre.

Mais Corysandre ne permit pas que le silence accentuât l'embarras de cette situation.

— Vous ne voulez pas? dit-elle. Vous trouvez ma demande enfantine?

— Je la trouve...

Ces trois mots, il les avait jetés malgré lui avec un élan irrésistible et un accent passionné; mais à temps il s'arrêta.

— Je la trouve assez... — il hésita... — assez raisonnable, et je suis heureux de vous dire qu'il sera fait selon votre désir. Je ne monterai pas; je puis facilement me dégager.

Elle lui tendit la main.

Mais elle le fit si simplement, dans un mouvement si plein de spontanéité et d'innocence, qu'il ne pouvait vraiment pas se jeter à ses genoux.

Il lui prit la main qu'elle lui offrait et doucement il la lui serra.

— Merci, dit-elle, et à demain, n'est-ce pas?

— A demain, ou plutôt si je revenais ce soir.

— Oui, c'est cela, revenez, ma mère sera levée; elle sera heureuse de vous voir. A bientôt.

— A ce soir.

XXVI

Roger n'était pas sorti du jardin que Mme de Barizel se précipitait dans le salon.

— Eh bien? s'écria-t-elle.

Corysandre ne répondit pas, car l'arrivée de sa mère la ramenait brutalement dans la réalité, et elle eût voulu ne pas y revenir.

— Parle, parle donc.

Elle ne dit rien.

— Tu ne lui as donc pas adressé ta demande?

— Si.

— Eh bien alors? Il t'a répondu quelque chose. Quoi?

— Il a répondu : « Je suis heureux de vous dire qu'il sera fait selon votre désir, je ne monterai pas, je puis facilement me dégager. »

— Et puis?

— Je lui ai tendu la main.

— Ah! enfin; et alors?

— Il est parti.

— Il est parti!

— Oui.

— Mais c'est impossible, c'est invraisemblable; tu ne lui as donc pas dit que tu aurais peur.

— Si.

— Eh bien, qu'a-t-il répondu?

— Il a répondu : « Vraiment. »

Mme de Barizel leva les bras au ciel par un mouvement de stupéfaction désespérée; mais elle ne voulut pas s'abandonner.

— Voyons, voyons, dit-elle en faisant des efforts pour se calmer, prenons les choses au commencement et dis-moi comment elles se sont passées en suivant l'ordre : M. de Naurouse est arrivé, où s'est-il assis?

— Là, sur cette chaise.

— Et toi?

— J'étais dans ce fauteuil.

— Alors?

— Il m'a demandé des nouvelles de ta santé, et je lui ai répondu.

— Bien; et puis?

— Alors il s'est établi un moment de silence entre nous, et nous sommes restés en face l'un de l'autre un peu embarrassés.

— Très bien. Et puis?

— Nous nous sommes mis à parler.

— De quoi?

— De choses insignifiantes.

— Mais quelles choses?

— Ah! je ne sais pas.

— Comment, tu ne sais pas!

— Non.

— Mais tu es donc tout à fait stupide, malheureuse !
— Sans doute.
— Comment, tu ne peux pas me répéter ce que vous avez dit ?
— Nous n'avons rien dit.
— Vous êtes restés en tête-à-tête pendant plus de deux heures.
— Nous n'avons pas eu conscience du temps écoulé.
— Alors comment l'avez-vous employé ? ce temps ?
— De la façon la plus charmante.
— Comment ?
— Je ne sais pas.
— Tu te moques de moi.
— Je t'assure que non. Nous avons parlé, nous nous sommes regardés, nous avons été heureux ; mais ce que nous avons dit, les mots mêmes, les idées de notre entretien, je ne me les rappelle pas. Ce qui m'en reste seulement, c'est l'impression, qui est délicieuse.

Mme de Barizel regarda sa fille pendant quelques instants sans parler, réfléchissant. Évidemment elle était aussi bête que belle, il n'y avait rien à en tirer et la presser de questions, la secouer fortement, n'aurait aucun résultat ; mieux valait ne pas se laisser emporter par la colère et la prendre par la douceur.

— Enfin, reprit-elle, peux-tu au moins m'expliquer comment tu lui as adressé ta demande ?
— Si tu y tiens, oui.
— Comment si j'y tiens !
— Tout à coup Roger s'est aperçu que le temps avait marché et il s'est levé pour se retirer ; alors je lui ai adressé ma demande comme je te l'ai dit.
— Il était debout ?
— Oui.
— Et toi.
— J'étais debout aussi.
— Je m'explique tout ; c'est au moment même où il se retirait que tu lui as parlé ?
— Oui.
— Et pourquoi pas plus tôt ?
— Je ne sais pas... parce que nous n'avions pas eu le temps.
— En deux heures !
— Nous ne nous sommes aperçus qu'il y avait deux heures que nous étions ensemble qu'au moment de nous séparer.
— Tu dis que tu lui as tendu la main ?
— Oui.
— Qu'a-t-il fait ?
— Il l'a prise.
— Et il l'a serrée, n'est-ce pas ?

Corysandre ne répondit pas.

— Mais réponds donc ! Il l'a serrée ?
— Oui, dit-elle faiblement.

— Et puis ?
— Mais c'est tout ; il est parti en disant qu'il reviendrait ce soir.
— Et puis après ce soir, s'écria Mme de Barizel, exaspérée, il reviendra demain et puis après-demain, et toujours, jusqu'au moment où il ne reviendra plus du tout, suivant l'exemple de Savine et des autres ; mais de quelle pâte les hommes de maintenant sont-ils donc pétris !

N'osant pas trop faire tomber sa colère sur Corysandre, elle éprouva un mouvement de soulagement à la rejeter sur Roger qu'elle accabla de son mépris et de ses railleries ; mais elle n'était pas femme à sacrifier les affaires d'intérêt à de vaines satisfactions.

— Tout cela ne sert à rien, dit-elle en s'interrompant ; maintenant que la sottise est faite, il est plus utile et plus pratique de la réparer que de la pleurer. J'avais fondé de justes espérances sur ce tête-à-tête d'aujourd'hui qui pouvait te faire duchesse de Nanrouse si tu avais su jouer la scène que nous avons répétée ensemble. Tu ne l'as pas voulu ou tu ne l'as pas pu ; n'en parlons plus, et, au lieu de gémir sur le passé, préparons l'avenir. Demain nous devons aller à Fribourg avec le duc ; tu t'arrangeras pour qu'il t'offre de t'épouser ou simplement qu'il te dise qu'il t'aime, cela m'est égal. Ce qu'il faut, c'est qu'il s'engage d'une façon quelconque. Si cet engagement n'a pas lieu, je t'avertis que nous quitterons Bade et que tu ne reverras pas M. de Nanrouse.
— Roger !
— Roger, si tu aimes mieux son petit nom. Je ne laisserai pas les choses traîner en longueur pour n'arriver à rien. Encore une rupture du même genre que celle de Savine et ton mariage, le mariage que je veux, devient impossible ; tu ne trouveras pas plus de mari en Europe que tu n'en as trouvé un en Amérique. S'il ne se prononce pas, c'est nous qui nous prononcerons. Nous n'aurons pas voulu du duc de Nanrouse. Ça, c'est quelque chose.
— Mais tu l'aime !
— Eh bien, épouse-le ; je ne demande pas votre malheur, puisque c'est à votre bonheur que je travaille. Crois-tu que les filles belles comme toi, qui ont fait de grands mariages, ont réussi sans le secours de leurs mères ? Sois sûre qu'une mère intelligente et dévouée vaut mieux qu'une grosse dot. En tous cas, tu as la mère, et la dot tu ne l'aurais pas, si faible qu'elle soit, si je n'avais pas eu l'adresse de te la constituer ; encore celle que tu as ne vaut-elle pas un mari comme le duc de Nanrouse. Réfléchis à cela et arrange-toi pour ne revenir de Fribourg qu'avec un engagement formel de... de ton Roger ; sinon nous quittons Bade.

Cette promenade à Fribourg avait été arrangée depuis quelque temps déjà : il s'agissait d'aller un dimanche entendre la messe dans la cathédrale de cette capitale religieuse du pays de Bade et du Wurtemberg. On partait le samedi soir de Bade; on couchait à Fribourg; on entendait la messe le dimanche dans la matinée et le soir on revenait à Bade. Mme de Barizel et Corysandre avaient déjà visité la cathédrale avec Savine; mais elles n'avaient point entendu la messe du dimanche, dont la musique vocale et instrumentale a la réputation d'être admirable, et c'était pour cette musique qu'elles faisaient une seconde fois ce petit voyage.

La première partie du programme s'exécuta ainsi qu'elle avait été arrêtée, au grand plaisir de Roger et de Corysandre, heureux d'être ensemble et beaucoup plus sensibles à cette joie intime qu'aux merveilles gothiques de la vieille cathédrale, qu'à ses vitraux et qu'à la musique dont l'exécution se fait dans une tribune, comme dans certaines églises italiennes. Le bonheur de Corysandre était d'autant plus grand, d'autant plus complet, qu'elle pouvait le goûter sans arrière-pensée, sa mère ne lui ayant pas reparlé de Roger.

Mais après le déjeuner qui suivit la messe, Mme de Barizel, la prenant à part, revint au projet qu'elle n'avait fait qu'indiquer et le précisa :

— J'ai commandé une voiture pour que nous fassions une promenade dans la ville et dans les environs : tout d'abord, nous allons retourner à l'église, et là tu monteras à la tour avec le duc ; moi je resterai dans la calèche. Vous allez donc vous retrouver en tête-à-tête. Arrange-toi pour en profiter; quand je suis montée avec toi, à cette tour, il y a quelque temps, l'idée m'est venue que la plateforme était un endroit tout à fait propice pour des rendez-vous d'amoureux ; on est là isolé entre ciel et terre, c'est charmant, commode et poétique. Il est vrai qu'on peut être dérangé par des visiteurs, mais on peut ne pas l'être aussi. D'ailleurs en regardant de temps en temps du haut de la tour sur la place, où je serai dans la voiture découverte, tu seras fixée à cet sujet : s'il entre des visiteurs j'aurai un mouchoir à la main, s'il n'en entre pas je n'aurai rien; alors tu auras tout le temps d'obtenir l'engagement du duc. Je ne te fixe pas de marche à suivre. Prends celle que tu voudras, dis ce que tu voudras, fais ce que tu voudras, peu m'importe, pourvu que tu arrives au résultat que j'exige. Si tu n'y arrives pas, nous aurons quitté Bade avant la fin de la semaine et tu ne reverras pas M. de Naurouse. Tu sais que ce que je dis, je le fais.

Corysandre voulut se défendre, mais sa mère ne le lui permit pas; la voiture attendait ; on se fit conduire au Munster, et là Mme de Barizel, déclarant qu'elle était fatiguée, engagea Roger et Corysandre à faire l'ascension de la tour.

— Ne vous pressez pas, dit-elle, et parce que je vous attends ne vous privez pas de jouir complètement de la belle vue qu'on a de là-haut; je vais me reposer dans la voiture ; je serai là admirablement.

Et elle montra un endroit de la place abrité du soleil, où elle dit au cocher de la conduire : au pied même de la tour, elle eût été en mauvaise position pour être aperçue par Corysandre quand celle-ci se pencherait du haut du balcon; tandis qu'à l'endroit qu'elle avait adopté, elle serait facilement aperçue et en même temps elle pourrait surveiller la porte d'entrée, de façon à ne pas laisser passer des visiteurs sans les signaler aussitôt au moyen de son mouchoir.

XXVII

En montant derrière Roger l'escalier de la tour, Corysandre n'avait qu'une pensée qui était une espérance.

— Pourvu qu'il y ait des visiteurs sur la plateforme, se disait-elle.

Sans doute elle était parfaitement décidée à ne pas faire ce que sa mère lui avait demandé, mais elle désirait qu'un empêchement matériel lui fournît une justification : s'il y avait du monde! Que répondre à cela? Sa mère ne pourrait pas se fâcher ; surtout elle ne pourrait pas mettre à exécution sa menace de quitter Bade. Ce serait du temps de gagné. Et pendant ce temps...

Pendant ce temps Roger pouvait adresser sa demande. Pour qu'il ne l'eût pas fait jusqu'à ce jour, il fallait qu'il en eût été empêché par des raisons quelconques. Et ces raisons elle avait la certitude qu'elles étaient sérieuses. Quelles étaient-elles? Elle n'en savait rien, mais elles étaient, et cela suffisait; plus tard quand il aurait parlé, on verrait bien qu'elle ne s'était pas trompée.

Tout en montant elle écoutait ; mais, sur les pierres de grès rouge qui forment les marches de l'escalier, on n'entendait point d'autres pas que les leurs; de temps en temps seulement, quand ils passaient auprès d'un jour ouvert dans l'épaisse muraille de la tour, leur arrivait le croassement de quelque corneille qui revenait à son nid ou qui s'envolait.

— Il semble que nous soyons seuls dans cette église, dit Roger en se retournant vers elle.

Elle ne répondit pas.

Ils continuèrent de monter, allant lentement.

Cette tour du Münster de Fribourg, qui est une des merveilles de l'architecture gothique, est aussi large à sa base que la nef elle-même, alors elle est quadrangulaire; mais en s'élevant cette forme se rétrécit et change pour devenir octogone; puis enfin elle devient une pyramide qui se termine par une flèche hardie que couronne une croix.

C'est jusqu'au point où commence cette flèche que montent les visiteurs: là se trouve une plateforme que borde un balcon d'où la vue embrasse l'ensemble du monument et un immense panorama: à ses pieds on a la cathédrale avec sa toiture à la pente rapide, ses arcs-boutants, ses statues, ses gouttières, ses colonnes, ses clochers aux dentelures byzantines, puis par-dessus les toits et les cheminées de la ville, d'un côté la Forêt-Noire, dont les pentes sombres s'élèvent rapidement, et de l'autre la plaine du Rhin que ferme au loin la ligne bleuâtre des Vosges.

Ils restèrent longtemps sur cette plateforme, allant successivement d'un côté à l'autre de façon à embrasser entièrement la vue qui se déroulait devant eux; chaque fois que Corysandre se penchait au-dessus du balcon pour regarder la place, elle voyait sa mère, immobile dans la calèche, toute petite, et n'agitant aucun mouchoir.

Personne ne viendrait donc la tirer de son embarras qui avec le temps allait en s'accroissant.

La journée était radieuse et chaude, mais à cette hauteur la brise qui soufflait à travers les arceaux rafraîchissait l'air; cependant elle étouffait, le cœur serré par l'émotion.

Pour Roger il paraissait pleinement heureux, et à chaque instant il étendait la main vers l'horizon pour lui montrer un point qu'il lui désignait jusqu'à ce qu'elle l'eût aperçu elle-même.

— Ne trouvez-vous pas, disait-il, que c'est une douce joie, pleine de poésie et de charme de se perdre ainsi ensemble dans ces profondeurs sans bornes, cela ne vous rappelle-t-il pas Eberstein.

Ce souvenir ainsi évoqué la fit frémir de la tête aux pieds, elle se sentit prise par une molle langueur.

— Si vous voulez, dit-elle, nous pourrions redescendre.

— Déjà!

— Ma mère n'a pas une aussi belle vue que nous dans sa voiture.

— C'est vrai, descendons...

Mais comme ils arrivaient à l'escalier il se retourna:

— Voulez-vous que nous jetions un dernier regard sur ce panorama, dit-il, pour bien le graver en nous et l'emporter; c'est là un des charmes de ces belles vues de faire un cadre à nos souvenirs.

Une dernière fois ils firent le tour de la plateforme; mais Corysandre était trop émue, trop profondément troublée pour rien voir: personne n'était venu, et elle n'avait rien dit.

Ils revinrent à l'escalier, qui à cet endroit est très étroit et tourne dans une assez brusque révolution. Roger descendit le premier et Corysandre le suivit indifférente, insensible à ce qui se passait autour d'elle, marchant sans regarder à ses pieds, toute à la pensée de la séparation que sa mère allait certainement lui imposer, n'étant pas femme à revenir sur une chose qu'elle avait dite: Roger ne s'était point prononcé; il fallait quitter Bade. Quand, comment le reverrait-elle?

Tout à coup elle glissa sur une marche polie et elle se sentit tomber en avant; justement en face d'elle une petite fenêtre longue s'ouvrait sur le vide. Instinctivement elle crut qu'elle allait être précipitée par cette fenêtre, et étendant les deux mains, elle laissa échapper un cri:

— Roger!

Le bruit de la glissade lui avait déjà fait retourner la tête. Vivement il lui tendit les bras et la reçut sur sa poitrine; comme il avait le dos appuyé contre la muraille, il ne fut pas renversé.

Elle était tombée la tête en avant et elle restait sur l'épaule de Roger à demi cachée dans son cou; doucement il se pencha vers elle, et, la serrant dans ses deux bras, il lui posa les lèvres sur les lèvres. Alors à son baiser elle répondit par un baiser.

Longtemps ils restèrent unis dans cette étreinte passionnée.

Puis, faiblement, elle murmura quelques paroles:

— Vous m'aimez donc?

— Si je vous aime!

Mais à ce moment un bruit de pas et des éclats de voix retentirent au-dessous d'eux: c'étaient des visiteurs qui montaient et qui allaient les rejoindre.

Il fallut se séparer et descendre.

Mais le hasard, qui leur avait été jusque-là favorable, leur était devenu contraire: le déjeuner venait de finir dans les hôtels et c'était par bandes qui se suivaient que les visiteurs montaient à la tour; ils n'eurent pas une minute de solitude assurée dans ces escaliers déserts lors de leur ascension, et dont les voûtes sonores retentissaient maintenant de cris et de rires. Tout ce qu'ils purent donner à leur amour ce furent de furtives étreintes bien vite interrompues.

Quand Corysandre s'approcha de la voiture elle sentit les yeux de sa mère posés sur elle et la dévorant; mais elle tint les siens baissés, incapable de soutenir ces regards et plus incapable encore de leur répondre: une émotion délicieuse l'avait envahie et elle eût voulu ne pas s'en laisser distraire; tout bas elle se répétait: « Il m'aime, il m'aime, il m'aime; » et quand elle ne prononçait pas ces mots avec ses lèvres, ils résonnaient dans son cœur qu'ils exaltaient.

— Au Schlossberg, dit Mme de Barizel au cocher lorsque Roger et Corysandre eurent pris place près d'elle.

Et la voiture roula par les rues de la ville encombrées de gens endimanchés; les femmes coiffées du bonnet au fond brodé d'or et d'argent avec des papillons de rubans noirs; les jeunes filles, leurs cheveux blonds pendant en deux longues tresses entrelacées de rubans; les hommes, pour la plupart portant le chapeau à une corne ou même, malgré la chaleur, le bonnet à poil de martre à fond de velours surmonté d'une houppe en clinquant.

A entendre les observations de Mme de Barizel, c'était à croire qu'elle n'avait d'autre souci en tête que regarder les gens de Fribourg et de les étudier au point de vue du costume et des mœurs.

Corysandre et Roger ne répondaient rien; mais ils paraissaient écouter, en réalité ils se regardaient et par de brûlants éclairs leurs yeux se disaient leur bonheur.

— Je t'aime.
— Je t'aime.

A un certain moment, dans la montagne, Mme de Barizel, prise d'un accès de pitié pour les chevaux, ce qui n'était cependant pas dans ses habitudes, voulut descendre pour qu'ils pussent monter avec moins de peine la côte qui était rude.

Ce fut une joie pour Roger de prendre Corysandre dans ses bras pour l'aider à descendre et de la serrer plus tendrement qu'il n'avait osé le faire jusqu'à ce jour, et ce fut une joie pour lui comme pour elle de marcher côte à côte dans cette montée ombragée par de grands bois sombres.

Mme de Barizel était restée en arrière. Tout à coup elle appela Corysandre, qui redescendit, tandis que Roger continuait de monter.

— Eh bien ? demanda Mme de Barizel à voix basse lorsque sa fille fut à portée de l'entendre.

Corysandre, qui connaissait bien sa mère, s'attendait à cette question et elle avait préparé sa réponse:

— Il m'a dit qu'il m'aimait, murmura-t-elle.

Si faiblement qu'eussent été prononcés ces quelques mots, Mme de Barizel n'en avait pas perdu un seul; un sourire de triomphe illumina son visage, mais elle ne poussa aucune exclamation pas plus qu'elle ne laissa échapper aucun mouvement de surprise: il ne fallait pas que le duc de Naurouse, s'il se retournait, pût soupçonner ce qui se disait entre elles.

— Donne-moi le bras, dit-elle tout bas, comme si tu m'aidais à monter, cela expliquera pourquoi je t'ai appelée, et tu pourras me raconter ce qui s'est passé; l'angoisse de la joie m'empêche d'attendre à ce soir.

— Il s'est passé ce que je viens de te dire.
— Il t'a déclaré qu'il t'aimait?
— Oui.
— Et toi?
— Je n'ai rien dit.
— Mais après?
— Il n'y a pas d'après.
— Le mot mariage n'a pas été prononcé.
— Il est survenu des curieux.
— Allait-il le prononcer?
— Je ne sais pas.
— De sorte que tu ne sais pas s'il va m'adresser sa demande aujourd'hui même ou bien s'il attendra jusqu'à demain.
— Je ne sais rien.
— Enfin, peu importe; maintenant la victoire est à nous. Tu vois si j'avais raison dans mes prévisions et mes combinaisons; écoute-moi donc jusqu'au bout. Tant qu'il ne m'aura pas adressé sa demande, je te prie de t'arranger pour ne pas te trouver seule avec lui. Moi, de mon côté, je ferai en sorte que vous n'ayez pas de tête-à-tête; ceux que je vous ai ménagés étaient indispensables, maintenant ils seraient nuisibles. Le duc est monté: il vaut mieux exaspérer son désir, l'entretenir, que de le satisfaire.

La voiture, arrivée au bout de la côte, s'était arrêtée. Elles la rejoignirent.

— J'étais un peu fatiguée, dit Mme de Barizel, le bras de Corysandre m'a été agréable. Ma foi, tant pis pour les pauvres chevaux, nous ne descendrons plus.

XXVIII

Mme de Barizel attendait la demande du duc de Naurouse pour le soir même; aussi fut-elle assez vivement surprise lorsqu'en arrivant à Bade le duc prit congé d'elles sans avoir rien dit.

— Ce sera pour demain, pensa-t-elle.

Mais la journée du lendemain fut ce qu'avait été celle du dimanche, au moins quant à la demande attendue.

Le duc vint comme il venait tous les jours, il sortit avec elles, il se montra très empressé, très tendre auprès de Corysandre, et même bien souvent ses regards comme ses paroles prirent un accent passionné qui trahissait l'état de son cœur; mais ce fut tout : il les quitta le soir comme il les avait quittées la veille.

Jusqu'au dernier moment Mme de Barizel avait cru qu'il allait parler; lorsqu'elle le vit partir, elle resta stupéfaite.

Cependant elle ne fit pas d'observations à Corysandre; mais, montant à sa chambre, elle se mit tout de suite au lit pour réfléchir librement dans le silence de la nuit.

Évidemment il se passait quelque chose d'extraordinaire.

Quoi ?

Devant elle se dressait ce point d'interrogation troublant et inquiétant.

Le duc allait-il se retirer comme s'était retiré Savine ?

Savine aussi avait aimé Corysandre (au moins elle le croyait). Savine avait voulu la prendre pour femme, et cependant, au moment où il fallait parler mariage, il s'était retiré.

Assurément il avait eu des raisons pour agir ainsi. Lesquelles ?

Celles qui l'avaient déterminé étaient-elles les mêmes que celles qui fermaient maintenant la bouche au duc ?

C'était par prudence qu'elle n'avait pas voulu les chercher au moment de la rupture avec Savine; mais ce qui avait été un acte de prudence avait pu être en même temps une maladresse.

Depuis qu'elle s'était mis en tête de faire faire à Corysandre un grand mariage, elle vivait sous le coup d'une menace qui, se réalisant, pouvait anéantir ses espérances et toutes ses combinaisons : le passé. Qu'un de ces prétendants vînt à connaître ce passé, ne se retirerait-il pas ?

Savine l'avait-il connu ?

L'ayant appris, l'avait-il révélé au duc de Naurouse ?

Pour Savine la question n'avait plus qu'un intérêt théorique; mais pour le duc elle avait un intérêt immédiat et pratique ;d'une telle importance qu'il fallait coûte que coûte agir de façon à savoir à quoi s'en tenir, et surtout à voir par quels moyens on combattrait, si cela était possible, l'impression que cette révélation du passé avait produite.

Elle cherchait encore ces moyens lorsque le sommeil la prit.

Mais le lendemain, à son réveil, son plan était arrêté, et lorsque son fidèle Duplaquet fut introduit dans sa chambre pour déjeuner avec elle, elle lui en fit part.

— Eh bien ! demanda Duplaquet en entrant, le duc s'est-il prononcé ?

— Non.

— Est-ce que cela ne vous inquiète pas un peu ?

— Au contraire, cela m'inquiète beaucoup ; aussi ai-je décidé d'agir pour obliger le duc à parler enfin.

— Comment cela ?

— En lui écrivant ou plutôt en lui faisant écrire par vous.

— Comment, par moi !

— C'est-à-dire en empruntant votre plume si fine et si habile pour écrire une lettre que Corysandre recopiera et que j'enverrai.

— Ah ! par exemple, voilà qui est tout à fait original.

— Me blâmez-vous ?

— Moi ! Je n'ai jamais blâmé personne et ce ne serait pas par vous que je commencerais. Seulement vous me permettrez, n'est-ce pas, de trouver original une mère qui écrit des lettres d'amour de sa fille, car cette lettre, je ne peux l'écrire que sous votre dictée ou tout au moins sous votre inspiration, et c'est vous vraiment qui l'écrivez. Voilà ce qui est drôle. Mais quant à le blâmer, non. Je ne condamne jamais ce qui réussit, et je sais bien que vous réussirez; pour le succès je n'ai que des applaudissements.

— Vous savez que le duc a déclaré son amour à Corysandre sur la plateforme de la cathédrale de Fribourg.

— Ça c'est drôle aussi.

— En descendant, Corysandre était terriblement émue et elle n'a pas pu me cacher son trouble. Je l'ai interrogée et elle m'a, en honnête fille qu'elle est, avoué ce qui s'est passé. Le duc a assisté de loin à cet interrogatoire, et, sans savoir ce qui s'est dit entre nous, il ne trouvera pas invraisemblable que je sache la vérité ; la sachant, il est tout naturel que je ne veuille plus recevoir le duc...

— Comment !

— Cela est hardi, j'en conviens, mais le succès n'appartient pas aux timides. Hier, j'ai reçu M. de Naurouse parce que j'ai cru qu'il venait m'y demander la main de ma fille. Il ne m'a pas adressé sa demande, je ne le reçois pas aujourd'hui, ce qui va avoir lieu tantôt quand il se présentera. Corysandre, avec qui je me suis expliquée, écrit au duc pour l'avertir de ce qui se passe et pour le mettre en demeure de se prononcer.

— Et si le duc montrait cette lettre ?

— Cela n'est pas à craindre ; le duc est trop honnête homme pour cela ; d'ailleurs on doit apporter beaucoup de prudence dans la rédaction de cette lettre, et c'est pour cela que j'ai besoin de vous. Vous connaissez la situation, allez donc ; je recopierai cette lettre pour que Corysandre ne sache pas qu'elle est de vous, et après l'avoir fait copier par ma fille, je l'enverrai. Cherchez ce qu'il faut pour écrire et mettez-vous au travail.

Mais trouver ce qu'il fallait pour écrire n'était pas chose commode chez Mme de Barizel, qui n'écrivait jamais ni lettres, ni comptes, ni rien, un peu par paresse, beaucoup par prudence pour qu'on ne vit pas son écriture et surtout son orthographe. C'était même cette grave question de l'orthographe qui faisait qu'elle demandait à Duplaquet de lui écrire cette lettre, car si Corysandre en savait plus qu'elle, elle n'en savait pas beaucoup cependant, et il ne fallait pas que le duc s'aperçût que celle qu'il aimait ne savait rien.

Toutes les recherches de Duplaquet furent vaines, et il fallut faire apporter de la cuisine un registre crasseux et un encrier boueux pour qu'il pût écrire son brouillon.

— Vous comprenez la situation ? dit Mme de Barizel.

— Parfaitement.

Cependant, malgré ce « parfaitement, » il resta assez longtemps sans trouver son premier mot.

— C'est que c'est vraiment délicat, dit-il avec embarras.

— Pas pour nous, mon ami.

Cela le décida; il se mit à écrire assez rapidement sans s'arrêter; les feuillets s'ajoutèrent aux feuillets.

— Il ne faudrait pas que cela fût trop long, dit Mme de Barizel.

— Je sais bien, mais c'est que c'est le diable de faire court; il faut des préparations, des transitions.

— Chez une jeune fille ? Enfin, allez.

Il alla encore et il arriva enfin au bout de son sixième feuillet.

— Je crois que c'est assez, dit-il, voulez-vous voir ?

— Si vous voulez lire vous-même, je suivrai mieux.

Il commença sa lecture, que Mme de Barizel écouta sans interrompre, sans un mot d'approbation ou de critique. Ce fut seulement quand il se tut qu'elle prit la parole:

— C'est admirable, dit-elle, plein de belles phrases bien arrangées et de beaux sentiments merveilleusement exprimés, seulement ce n'est pas tout à fait ainsi qu'écrit une jeune fille, il me semble.

— Ah ! dit Duplaquet d'un air pincé.

— Ne soyez pas blessé de mon observation, mon ami, toutes les fois que j'ai lu des lettres de femmes dans des romans écrits par des hommes je les ai trouvées fausses ou maladroites; les hommes ne savent pas attraper le tour des femmes ni leur manière de dire qui, toute vague qu'elle paraisse, est cependant si précise. C'est là le défaut de votre lettre, qui dit trop nettement les choses, trop régulièrement, en suivant un programme raisonné: les femmes n'écrivent pas ainsi.

— Alors comment écrivent-elles ?

— Je ne suis qu'une ignorante, je ne sais pas faire des phrases d'auteur; mais voilà ce que j'aurais dit... Voulez-vous l'écrire ?

Il reprit la plume avec mauvaise humeur et écrivit ce qu'elle dictait, assez lentement, en pesant ses mots, mais cependant sans hésitation :

« Je n'aurais jamais eu la pensée que cela
» devait cesser; j'étais heureuse; je vivais
» de ma journée de la veille et de l'espérance
» du lendemain, sans rien prévoir, sans rien
» attendre, et voilà que tout à coup on me
» prouve que ce que je croyais permis est
» blâmable, que ce qui faisait ma joie est
» défendu... »

Elle s'arrêta.

— Il me semble qu'après avoir confessé son amour, il est bon que Corysandre me fasse intervenir; elle aime, mais elle cède à sa mère.

— Très bon ; continuez.

« Il va nous être interdit de nous voir;
» vous ne serez plus reçu chez ma mère, et si
» je veux rester l'honnête fille que je dois
» être, il me faudra effacer de mon souve-
» nir... »

Elle s'interrompit.

— Si nous mettions « même ! »

« ... Même de mon souvenir les doux
» moments passés ensemble; je devrai me
» dire que j'ai rêvé. Rêvé ! Rêvé notre pre-
» mière entrevue, rêvé nos promenades, nos
» heures de liberté, vos paroles, vos re-
» gards !... »

Elle s'interrompit encore :

— Est-ce distingué de mettre des points d'exclamation ?

— Pourvu qu'il n'y en ait pas trop.

— Eh bien, mettez-en juste ce que les convenances permettent.

Et elle continua de dicter :

« ... C'est ce que le monde nous impose,
» c'est ce qu'on exige de nous ; et je ne puis
» ni agir, ni lutter, je ne puis que courber la
» tête , désespérée de mon impuissance.
» Quelle navrante chose d'être obligée de
» vous parler contre mon cœur, contre ma
» volonté, et de vous dire : « Ne venez plus;
» quand je voudrais au contraire vous dire :
» « Venez, venez toujours »; mais je le dois.
» Seulement saurez-vous jamais ce qu'une
» telle démarche m'aura coûté de douleurs...»

— Soyons tendre, n'est-ce pas ? « Ce que

» j'en peux souffrir. Comprendrez-vous qu'il
» m'a fallu toute ma foi en votre honneur,
» ma confiance en vos sentiments, ma croyan-
» ce en vous pour n'être pas arrêtée au pre-
» mier mot de cette lettre et pour la termi-
» ner en vous disant... »

Elle s'arrêta :
— Qu'est-ce qu'elle peut bien lui dire ;
c'est là le point délicat, car il faut qu'elle en
dise assez sans en trop dire.

Après un moment de réflexions, elle poursuivit :

« ... En vous disant : Allez à ma mère, elle
» seule peut vous ouvrir notre maison qu'elle
» veut vous tenir fermée. »

— Et c'est tout : s'il ne comprend pas,
c'est qu'il est stupide. Maintenant, mon ami,
relisez cela ; arrangez mes phrases, donnez-
leur une bonne tournure. Je crois que l'essentiel est dit.

— Je me garderai bien de changer un seul
mot à cette lettre, qui est vraiment parfaite
et que, pour mon compte, j'admire sincèrement. Vous me démontrez une chose que je
croyais déjà : c'est qu'il n'y a que les femmes qui puissent écrire des lettres.

XXIX

Aussitôt que Duplaquet fut parti, Mme de
Barizel se mit à copier la lettre qu'elle avait
dictée ou plutôt à la dessiner, car pour son
esprit ignorant aussi bien que pour sa main
inexpérimentée l'écriture était une sorte de
dessin ; elle imitait scrupuleusement ce
qu'elle avait devant les yeux ; puis, quand elle
avait fini un mot elle comptait sur le modèle
le nombre de lettres dont il se composait ; et
elle faisait aussitôt la même opération sur sa
copie. Ne fallait-il pas que Corysandre ne pût
pas se tromper?

Enfin, après beaucoup de mal et de temps,
elle vint à bout de ce travail, et aussitôt elle
fit appeler sa fille ; mais avant que Corysandre n'entrât elle eut soin de cacher sa
copie.

— Je t'ai fait appeler, dit Mme de Barizel,
pour te parler de M. de Naurouse.

Corysandre regarda sa mère avec inquiétude ; elle eût voulu qu'on ne lui parlât pas
de Roger.

— Je t'ai dit, continua Mme de Barizel,
que s'il ne se prononçait pas nous rom-
prions toutes relations.

— Il s'est prononcé.

— Avec toi, oui ; mais avec moi ? C'est dimanche qu'il t'a déclaré son amour ; le soir
même il devait me demander ta main ou
en tous cas il devait le faire le lendemain ;
il ne l'a pas fait. Pourquoi ?

— Je ne puis pas te répondre à cela ? Mais
si je ne puis pas te donner les raisons qui
l'ont retenu, je n'en suis pas moins bien certaine que ces raisons existent.

— Quelles sont-elles ?

— Je ne sais pas.

— Si elles existent aujourd'hui, existe-
ront-elles demain ?

— Je ne sais pas.

— Après-demain, dans huit jours, dans
un an ? Tu vois donc que cette situation ne
peut pas se prolonger. Je suis décidée à ne
plus recevoir M. de Naurouse.

— Tu ne feras pas cela !

— Et pourquoi ?

— Parce que je l'aime, parce qu'il m'aime.

— C'est là justement ce qui m'oblige à
prendre cette résolution qui, si elle est
cruelle pour toi, l'est aussi pour moi, sois-
en sûre. Quelle idée te fais-tu donc de ta
mère ? Je sais que tu aimes M. de Naurouse,
je sais qu'il t'aime, et tu veux que je continue à recevoir chez moi un homme qui t'a
parlé d'amour et qui ne parle pas de mariage. Tu dois bien sentir, ma pauvre enfant, que cela est impossible. J'ai des devoirs de mère, des devoirs d'honnête femme.
Je ne veux pas me faire plus sévère que je
ne suis, mais tu comprends que je ne peux
pas tolérer cela. Je ne le peux ni pour moi,
ni pour toi. Il faut penser à l'avenir. Comment te marierais-tu si M. de Naurouse se
retirait ?

— Il ne se retirera pas.

— Nous n'en savons rien ; malgré ta foi en
lui, je ne puis pas, moi ta mère, moi femme
d'expérience, dire comme toi qu'il ne se retirera pas. En présence de son étrange conduite, je dois croire qu'au contraire, à un
moment donné, qu'il retardera le plus possible, cela est probable, il se retirera comme
s'est retiré Savine, et, alors, après cette longue cour suivie de cet abandon, tu ne seras
plus mariable. Je dois donc, quoi qu'il m'en
coûte, ne pas laisser cette cour se prolonger
plus longtemps. A partir d'aujourd'hui notre porte sera fermée au duc.

Cela fut dit d'une voix ferme qui annonçait une volonté inébranlable.

Cependant, après quelques courts instants
de silence, elle parut s'adoucir :

— Cela est terrible pour toi, ma pauvre
fille, je le comprends, je le sens ; mais que
puis-je y faire ?

— Pourquoi ne pas attendre ? essaya
Corysandre.

— Pourquoi ! Mais je viens de te l'expliquer tout à l'heure. Sois certaine que ça n'a
pas été sans de longues hésitations que je
me suis arrêtée à cette résolution. Je l'ai ba-

lancée toute la nuit, ne pouvant pas me résoudre à te briser le cœur, prévoyant bien, sentant bien quelle serait ta douleur. Un moment j'ai cru avoir trouvé un moyen pour n'en pas venir à cette terrible extrémité et pour amener le duc à me demander ta main aujourd'hui même; mais, après l'avoir longuement examiné, j'y ai renoncé.

— Et pourquoi? s'écria Corysandre en se jetant sur cette espérance qui lui était présentée.

— Pour deux raisons: la première, c'est qu'il est un peu aventureux; la seconde, c'est que tu n'en voudrais peut-être pas.

— Je voudrai tout ce qui ne nous séparera pas.

— Tu dis cela.

— Cela est ainsi.

— Au reste, je veux bien t'expliquer ce moyen; s'il n'a plus d'importance maintenant que je l'ai rejeté, au moins peut-il te montrer combien vivement je veux ton bonheur et aussi comment je m'ingénie toujours à t'éviter des chagrins. Tu écrivais au duc...

— Moi?

— Ah! tu vois, sans savoir, voilà déjà que tu m'interromps.

— C'est de la surprise, rien de plus.

— Tu écrivais au duc et tu lui disais que j'exigeais la rupture de votre intimité; puis après avoir en quelques mots exprimé combien cela t'était cruel, tu ajoutais qu'il n'y avait qu'un moyen pour que cette rupture n'eût pas lieu; et ce moyen, c'était... qu'il vînt à moi. Cela m'avait tout d'abord paru excellent, si bien que j'avais même écrit la lettre; tiens, la voici; veux-tu la lire? Tu me diras si ces sentiments sont les tiens et si je me suis mise à ta place.

Elle lui tendit la lettre, et Corysandre, l'ayant prise, commença à la lire; mais Mme de Barizel ne la laissa pas aller loin.

— Est-ce que tu n'aurais pas évoqué ces souvenirs dont je parle, si tu avais toi-même écrit? demanda-t-elle.

— Oui, je crois.

— Evidemment.

Corysandre continua sa lecture, que sa mère interrompit bientôt encore.

— N'aurais-tu pas dit toi-même que tu étais navrée de parler contre ton cœur?

— Oh! oui.

— Allons, je vois que j'ai bien deviné tes sentiments; mais n'est-il pas tout naturel qu'une mère, bien que n'étant pas près de sa fille, écrive en quelque sorte sous sa dictée; en réalité, cette lettre est de toi.

Corysandre acheva sa lecture.

— Quel malheur, dit Mme de Barizel, qu'on ne puisse pas l'envoyer au duc.

Elle fit une pause et comme Corysandre ne disait rien, elle ajouta:

— Il y aurait des chances pour que le duc accourût tout de suite; au moins cela m'avait paru probable en l'écrivant, car tu penses bien que je n'ai eu qu'un but: enlever M. de Naurouse à ses hésitations inexplicables s'il t'aime comme tu le crois.

— Et pourquoi ne pas l'envoyer, dit Corysandre lentement et en hésitant à chaque mot.

— S'il ne t'aime pas, il saisira cette occasion de rupture.

— Il m'aime.

— Si tu en es sûre cela augmente singulièrement les chances de le voir accourir; seulement moi qui n'ai pas les mêmes raisons pour me fier à cet amour j'ai dû renoncer à ce moyen que j'avais trouvé tout d'abord et qui conciliait tout: notre dignité et notre amour; car tu sens bien, n'est-ce pas, que cette question de dignité est considérable? Que nous continuions à recevoir le duc maintenant comme avant, et il s'étonnerait bien certainement des facilités que je t'accorde, peut-être même cela lui inspirerait-il des doutes pour le passé.

— Si je copiais cette lettre, répéta Corysandre, qui se perdait dans ces paroles contradictoires et qui d'ailleurs était trop profondément émue par la menace de sa mère pour pouvoir raisonner.

Puisqu'on lui disait, puisqu'on lui expliquait que cette lettre devait tout concilier, ne serait-ce pas folie à elle de refuser le moyen qui lui était offert? En elle il y avait bien quelque chose qui protestait contre l'emploi de ce moyen; mais elle n'était guère en état d'entendre la voix de sa conscience et de son cœur, troublée, entraînée qu'elle était par la voix de sa mère, qui ne lui laissait pas le temps de se reconnaître et de réfléchir.

— Je n'ai pas le droit de t'empêcher de risquer cette aventure, dit Mme de Barizel.

— Je pourrais la lui remettre quand il viendra.

— Oh! non, cela serait très mauvais; ce qu'il faut, si tu veux copier cette lettre, c'est qu'elle n'arrive au duc qu'après que nous ne l'aurons pas reçu. Aussitôt qu'il sera parti, tu la remettras à Bob, qui la portera, et il est possible que quelques minutes après nous voyions le duc accourir ou qu'il m'écrive pour me demander une entrevue. Je dis que cela est possible, mais je ne dis pas que cela soit certain. Vois et décide toi-même.

Et comme Corysandre restait hésitante, Mme de Barizel reprit:

— Pour moi, au milieu de ces incertitudes, mon devoir de mère est heureusement tracé et je n'ai qu'à le suivre tout droit: Ne plus recevoir le duc... à moins qu'il ne se présente pour me demander ta main et, quoi qu'il m'en coûte, je ne faillirai pas à ce devoir ; plus tard, quand tu ne seras plus sous le coup immédiat de la douleur, tu me remercieras de ma fermeté.

Elle se dirigea vers la porte comme pour sortir ; mais elle ne sortit pas, car tout en ayant l'air de vouloir laisser Corysandre à ses réflexions, elle tenait essentiellement, au contraire, à ce qu'elle ne pût pas réfléchir.

— A quelle heure doit venir le duc aujourd'hui.

— A une heure pour...

— Et il est ?

— Midi passé.

— Déjà. Alors tu n'as que juste le temps d'écrire... si tu veux écrire.

— Je vais écrire.

— Alors tu es sûre de lui ?

— Oui.

— Eh bien, écris. Passons dans ta chambre.

Corysandre avait chez elle, dans un buvard, à peu près ce qu'il fallait pour écrire ; elle se mit à copier la lettre de sa mère.

— Bien exactement, n'est-ce pas ? dit Mme de Barizel, j'ai pesé tous les mots et je t'engage à ne rien changer.

Mais Corysandre n'était pas en état de savoir si un mot valait mieux qu'un autre ; ce qu'elle eût voulu changer, si cela lui avait été possible, c'aurait été la lettre entière, qui, tout en exprimant ses sentiments pour Roger, la blessait par certains côtés.

Penchée sur elle, sa mère la suivait mot à mot, lettre à lettre, et il fallait qu'elle écrivît sans pouvoir s'arrêter.

Aussitôt qu'elle eut écrit la dernière ligne Mme de Barizel lui prit le papier sous la main.

— Maintenant l'enveloppe, dit-elle.

Aussitôt que l'enveloppe fut prête, elle mit la lettre dedans et la ferma.

— Je chargerai moi-même Bob de la porter, dit-elle.

Et cette fois elle sortit sans revenir sur ses pas.

XXX

Quand Roger se présenta et que Bob lui répondit que « madame la comtesse ne pouvait pas le recevoir ni mademoiselle non plus », il fut étrangement surpris. Cette heure matinale avait été choisie la veille avec Corysandre pour s'entendre à propos d'une promenade, et il était d'autant plus étonnant qu'on ne le reçût pas, que Bob, interrogé, répondait que ni « madame la comtesse ni mademoiselle n'étaient malades. »

Que se passait-il donc ?

Il posa quelques questions au valet de chambre qui, dans son patois nègre, ne fit que des réponses incohérentes ou insignifiantes.

Il dut se retirer, déconcerté, se demandant ce que cela signifiait.

Mais il ne pouvait guère examiner froidement cette question ou la raisonnant, étant agité au contraire par une impatience fiévreuse.

Les réponses aux lettres qu'il avait écrites à ses amis d'Amérique pour leur demander des renseignements sur la famille de Barizel ne lui étaient pas encore parvenues, et la veille il avait expédié des dépêches à ces deux amis pour les prier de lui faire savoir par le télégraphe s'il pouvait donner suite au projet dont il les avait entretenus dans ses lettres ; c'était à la dernière extrémité qu'il s'était décidé à employer le système des dépêches qui, en un pareil sujet et aussi bien pour les demandes que pour les réponses, ne pouvait être que mauvais par sa concision et surtout par sa discrétion obligée ; mais après ce qui s'était passé entre lui et Corysandre dans la tour de l'église de Fribourg, il ne pouvait plus attendre. Par la poste les réponses pouvaient tarder encore huit jours, peut-être plus. Quelle attitude aurait-il avec Corysandre pendant ces huit jours ? Que penserait-elle de son silence obstiné ? Qu'en pensait-elle déjà ? La surprise de Fribourg l'obligeait à parler. Se taire plus longtemps devenait tout à fait ridicule.

Qu'il n'eût pas le lundi même reçu les réponses à ses dépêches, il n'y avait rien de bien étonnant à cela ; mais qu'elles ne lui fussent pas encore arrivées le mardi à une heure, c'était là ce qui l'enfiévrait.

Etait-ce simple retard ?

Etait-ce prudence de ses amis, qui ne voulaient pas transmettre par le télégraphe une réponse compromettante ?

Pendant toute la matinée il avait tourné et retourné ces interrogations, et c'était sans les avoir résolues qu'il avait sonné à la porte de Mme de Barizel.

Revenant chez lui, elles se mêlèrent à celles que la bizarre réception de Bob suscitait, et il se trouva alors dans un état pénible de confusion et de perplexité, allant d'un extrême à l'autre, sans pouvoir raisonnablement s'arrêter à rien.

Il n'y avait pas une demi-heure qu'il était rentré, quand on lui monta la lettre de Corysandre, sans lui dire qui l'avait apportée.

Son premier mouvement fut de la jeter sur une table ; il n'en connaissait point l'écriture et il avait bien autre chose en tête que de s'occuper des lettres que pouvaient lui adresser des gens qui lui étaient indifférents.

C'étaient des dépêches qu'il attendait, non des lettres.

Comme il ne pouvait rester en place et qu'il marchait fiévreusement à travers son appartement, il passa plusieurs fois auprès de la table sur laquelle il avait jeté cette lettre ; puis à un certain moment il la prit machinalement entre ses doigts et il lui sembla que ce papier exhalait le parfum de Corysandre.

Mais sans aucun doute c'était là une hallucination de son odorat : il pensait si fortement à Corysandre, elle occupait si bien son cœur et son esprit qu'il la voyait partout. Comment admettre raisonnablement qu'entre cette lettre et Corysandre il pouvait exister le plus léger rapport ? C'était dans son imagination que se trouvait ce rapport et non dans la réalité.

Cependant il ne put s'empêcher de flairer cette lettre, et aussitôt une commotion délicieuse courut dans ses nerfs et le secoua de la tête aux pieds ; c'était bien le parfum de Corysandre, le même au moins que celui qu'il avait si souvent respiré avec enivrement.

Vivement il déchira l'enveloppe et il lut :
« Allez à ma mère... »

Évidemment il n'avait que cela à faire, et il devait le faire sans retard.

Il le devait pour lui-même.

Il le devait surtout pour elle : « Vous ne saurez jamais ce qu'une telle démarche m'aura coûté de douleurs » disait-elle ; il imaginait, il sentait ce qu'elles avaient été, ces douleurs, mais celles qu'elle endurait à cette heure en attendant qu'il se prononçât devaient être assurément plus cruelles encore.

Pouvait-il la laisser dans cette angoisse ?

Et cependant, d'autre part, pouvait-il s'engager sans savoir avec qui il s'engageait. En Corysandre il avait pleinement foi, il était sûr d'elle et cette lettre, au lieu d'ébranler cette foi ne faisait que l'affermir ; mais ce n'était pas à Corysandre seule qu'il s'alliait, c'était aussi à la famille de Barizel, et ce qu'était cette famille, il n'en savait rien.

Les dépêches qu'il attendait si anxieusement n'arriveraient donc pas !

Et telle était la situation que créait cette lettre qu'il ne pouvait pas les attendre davantage.

Pour que Corysandre ne se fût pas jusqu'à ce jour fâchée de ses hésitations et de son silence, il fallait qu'elle eût vraiment l'âme indulgente ou plutôt il fallait qu'elle l'aimât assez pour n'être sensible qu'à son amour ; mais maintenant comment ne serait-elle pas blessée d'un retard qui serait pour elle la plus cruelle des blessures en même temps que le plus injuste des outrages ? comment s'imaginer que plus tard elle pourrait s'en souvenir sans amertume.

Jamais il n'avait éprouvé pareille anxiété, car s'il avait de toutes-puissantes raisons pour attendre, il en avait de plus puissantes encore pour n'attendre pas.

Quoi qu'il décidât, il serait en faute : s'il se prononçait tout de suite, envers son nom ; s'il ne se prononçait pas, envers son amour.

Comme il agitait anxieusement ces pensées, sa porte s'ouvrit.

C'était une dépêche qu'on lui apportait.

Il sauta dessus.

« Pouvez donner suite à votre projet, mais
» plus sage serait d'attendre lettre partie
» depuis six jours. »

Plus sage !

C'était bien vraiment de ce qui pouvait être plus ou moins sage qu'il avait souci à cette heure.

D'un bond il fut à son bureau.

« Madame la comtesse,

» J'ai l'honneur de vous demander une
» entrevue ; je vous serais reconnaissant de
» me l'accorder aujourd'hui même, aussitôt
» que possible.

» On attendra votre réponse. »

Il hésita un moment pour la formule qui devait terminer ce billet écrit d'un trait ; mais celle à qui il s'adressait n'était-elle pas la mère de Corysandre ?

« Daignez agréer l'assurance de mon profond respect.

» NAUROUSE. »

Cette lettre envoyée, il attendit.

Au bout de dix minutes on lui remit sous enveloppe une carte portant ces simples mots : « Mme la comtesse de Barizel attend M. le duc de Naurouse. »

Lorsqu'il se présenta devant la comtesse, il croyait qu'il prendrait le premier la parole ; mais elle le devança :

— Vous avez dû être surpris, monsieur le duc, dit-elle cérémonieusement, de ne pas nous trouver lorsque vous avez bien voulu nous honorer de votre visite ?

— En effet.

— Je vous dois une explication à cet égard et je vais vous la donner. Ma fille et moi, monsieur le duc, nous avons beaucoup de sympathie pour vous et nous sommes l'une et l'autre très heureuses de l'agrément que vous paraissez trouver en notre compagnie, agrément qui est partagé d'ailleurs ; mais ma fille est une jeune fille, et, qui plus est, une jeune fille à marier. Tant que nos relations ont gardé un caractère de camaraderie mondaine je n'ai pas eu à m'en préoccuper ; vous paraissiez éprouver un certain plaisir à nous rencontrer, nous en ressentions un très vif à nous trouver avec vous, c'était parfait. Mais en ces derniers temps on m'a fait des observations... très sérieuses, au moins au point de vue des usages français qui désormais doivent être les nôtres, sur... comment dirais-je bien... sur votre intimité avec ma fille. Mes yeux alors se sont ouverts, mon devoir de mère a parlé haut et j'ai décidé que, quoi qu'il nous en coûtât à ma fille et à moi, nous devions rompre des relations qui plus tard pouvaient nuire à Corysandre, et qui même lui avaient peut-être déjà nui. C'est ce qui vous explique pourquoi nous n'avons pas pu recevoir votre visite tantôt. Sans doute j'aurais pu la recevoir moi-même et vous donner alors les raisons que je vous donne en ce moment, mais j'ai pensé que vous comprendriez vous-même le sentiment qui me faisait agir. Vous avez voulu une franche explication, la voilà.

— Si j'ai insisté pour être reçu, ce n'a point été dans l'intention de provoquer cette explication que vous voulez bien me donner avec tant de franchise. Il y a longtemps que j'aime Mlle Corysandre...

— Vous, monsieur le duc!

— En réalité je l'aime du jour où je l'ai vue pour la première fois. Mais si vif, si grand que soit cet amour, je n'ai pas voulu écouter ses inspirations avant d'être bien certain que je n'obéissais pas à des illusions enthousiastes; aujourd'hui cette certitude s'est faite dans mon esprit aussi bien que dans mon cœur et je viens vous demander de me la donner pour femme.

Aucune émotion, ni trouble, ni joie, ni triomphe ne se montra sur le visage de Mme de Barizel en entendant cette parole qu'elle avait cependant si anxieusement attendue et si laborieusement amenée.

Elle resta assez longtemps sans répondre, comme si elle était plongée dans un profond embarras; à la fin elle se décida, mais en hésitant.

— Avant tout je dois vous avouer que votre demande, dont je suis fort honorée, me prend tout à fait au dépourvu et me cause une surprise que je n'ai pas la force de cacher, car j'étais loin de soupçonner votre amour pour elle, — la résolution que j'ai mise à exécution aujourd'hui en est la preuve. Avant de vous répondre je dois donc tout d'abord interroger ma fille, dont je ne connais pas les sentiments et que je ne contrarierai jamais dans son choix. Et puis il est une personne aussi que je dois consulter, notre meilleur ami en France, le second père de ma fille, M. Dayelle, qui, je ne vous le cacherai pas, sera peut-être votre adversaire, au moins dans une certaine mesure, c'est-à-dire...

— M. Dayelle m'a expliqué pourquoi il me considérait comme un assez mauvais mari; mais c'est là un excès de rigorisme contre lequel je me défendrai facilement si vous voulez bien m'entendre.

— Je voudrais que ce fût notre ami Dayelle qui vous entendît, car je dois avoir égard à son opinion. Justement je l'attends. Vous pourrez donc le faire revenir de ses préventions qui, j'en suis convaincue, ne sont pas fondées; mais, jusque là il est bien entendu que la mesure que j'avais cru devoir prendre et qui s'imposait à ma prévoyance de mère n'a plus de raison d'être, et que toutes les fois que vous voudrez bien venir, nous serons heureuses, ma fille et moi, de vous recevoir.

— Alors j'aurai l'honneur de vous faire ma visite ce soir.

Et Roger se retira.

Ce fut cérémonieusement que Mme de Barizel le reconduisit; mais aussitôt qu'il fut parti elle monta quatre à quatre à la chambre de sa fille, où elle entra en dansant.

— Enfin ça y est, s'écria-t-elle, embrasse-moi, duchesse.

XXXI

Si l'annonce du mariage de Mlle de Barizel, de la belle Corysandre avec le prince Savine avait fait du tapage, celle de son mariage avec le duc de Naurouse en fit un bien plus grand encore. On avait parlé de Savine parce que Savine voulait qu'on parlât de lui et employait dans ce but toute sorte de moyens. On parlait du duc de Naurouse tout naturellement parce qu'on avait plaisir à s'occuper de lui. Savine n'était aimé de personne; Naurouse était sympathique à tout le monde, même à ceux qui ne le connaissaient que pour ce qu'on racontait sur son compte.

Et puis c'était la semaine des courses, et les anciens amis de Roger étaient arrivés à Bade : le prince de Kappel, Poupardin, Montrevault et dix autres avec leurs maîtresses présentes ou anciennes, et tous s'étaient jetés sur cette nouvelle :

— Naurouse se marie, est-ce possible?

On l'avait entouré, questionné, félicité, et tout d'abord il avait mis une certaine réserve dans ses réponses; mais lorsqu'à la suite de l'entrevue avec Dayelle et d'un nouvel entretien avec Mme de Barizel, dans lequel celle-ci, « éclairée sur les sentiments de sa fille et conseillée par son ami Dayelle », avait formellement donné son consentement, il avait très franchement montré combien il était heureux de ce mariage, n'attendant même pas les questions pour l'annoncer à ceux de ses amis qu'il estimait assez pour leur parler de son bonheur.

Les félicitations les plus vives qu'il reçut furent celles du prince de Kappel :

— Êtes-vous heureux, cher ami, de pouvoir vous marier librement et de vous choisir votre femme vous-même et tout seul ! Je crois que si j'avais la liberté de faire comme vous, je me marierais ; tandis qu'il est bien certain que je mourrai garçon pour ne pas me laisser marier à quelque princesse de sang royal, mais tuberculeux ou scrofuleux, qu'on m'imposerait au nom de la politique et à qui je devrais faire des enfants... si je pouvais. J'aime mieux ne pas essayer. D'ailleurs, un futur roi qui ne se marie pas, c'est drôle, et on est original comme on peut.

Parmi ses amis, un seul, au lieu de le féliciter, le blâma et très vivement, parlant au nom de l'amitié et de la raison, employant la persuasion et la raillerie pour empêcher ce qu'il appelait un suicide : ce fut Mautravers.

Contrairement à son habitude, Mautravers n'était point arrivé à Bade pour le commencement des courses, et quand Roger, surpris de ne le pas voir, avait demandé de ses nouvelles, on lui avait répondu qu'il ne viendrait probablement pas ; cependant il était venu, et le matin de la deuxième journée, en débarquant de chemin de fer il était tombé chez Roger encore au lit et endormi.

— Vous ! s'écria celui-ci en ouvrant les yeux.

— Il faut bien que je vienne vous chercher puisque vous ne m'écrivez pas de venir vous trouver.

Et Mautravers le prit affectueusement dans ses bras.

— Enfin vous voilà de retour et pour longtemps, j'espère.

— Pour très longtemps, pour toujours probablement.

— Comme vous me dites ça, vous me faites peur.

— Et pourquoi donc?

— Est-ce que ce qu'on raconte serait vrai?

— Que raconte-t-on?

— Que vous avez l'idée de vous marier.

— C'est vrai.

— Comment, c'est vrai?

— Rien n'est plus vrai.

— Vous marier, vous?

— Et pourquoi pas ?

— Vous marier avec une Américaine, une étrangère, vous, François-Roger de Charlus, duc de Naurouse?

— Cette Américaine est d'origine française : elle appartient à une très vieille et très bonne famille du Poitou, les Barizel.

— On m'avait dit tout cela, car on s'occupe beaucoup de vous en ce moment, et on m'a dit aussi que c'était par amour que vous vouliez épouser cette jeune fille, mais je ne l'ai pas cru.

— Vraiment!

— Qu'on me dise que vous faites un mariage de convenance avec une jeune fille de votre rang, et cela pour continuer votre nom, pour avoir une maison, je ne répondrai rien, ou presque rien, bien que le mariage soit à mon sens la chose la plus folle du monde ; mais un mariage d'amour, vous, vous Roger, jamais je ne l'admettrai.

Roger se mit à rire pour ne pas se fâcher :

— Et quand vous l'aurez vu, dit-il.

— J'espère bien ne pas le voir ; mais cela dût-il arriver, que je protesterais quand même. Je suis votre ami, votre ami le plus ancien, et cela me donne bien quelques droits peut-être. Quand un malheureux se suicide et qu'on arrive à temps pour le repêcher ou couper la corde à laquelle il est pendu, le commissaire de police, magistrat paternel, lui adresse un discours bien senti pour l'adjurer de ne pas recommencer, et le suicidé manqué écoute généralement ce discours, auquel il répond en prenant l'engagement qu'on lui demande. J'ai bien autant de droits qu'un commissaire de police, sans doute, et vous ne me fermerez pas la bouche, si je vous dis que pour tout homme qui a vécu et qui sait le fond des choses, il y a incompatibilité absolue entre l'amour et le mariage. Qui dit amour dit, vous le savez comme moi par expérience, chose éphémère et changeante ; qui dit mariage, dit chose immuable et éternelle. L'amour n'obéit à rien, pas même à notre volonté ; le mariage est régi par la religion et par la loi. Et vous voulez unir ces deux choses si différentes, et vous ne voulez pas que je crie en voyant mon ami, mon meilleur ami, mon camarade, mon frère, prêt à commettre une pareille folie.

— Vous permettez que je me lève, dit Roger, voulant interrompre ce discours qui commençait à l'exaspérer.

— Parfaitement, répondit Mautravers sans se laisser couper la parole et suivant son idée imperturbablement. Qu'on puisse aimer sa femme de cœur éternellement comme l'exige la loi du mariage, je veux bien vous le concéder ; c'est rare, cependant c'est possible. Mais à côté des sentiments du cœur, il y en a d'autres, n'est-ce pas? Eh bien, croyez-vous que ceux-là puissent être éternels ? Vous avez eu des maîtresses, et dans le nombre il y en a que vous avez aimées passionnément, eh bien, est-ce qu'à un moment donné, tout en éprouvant encore pour elles de la tendresse, vous n'avez pas été désagréablement surpris de vous apercevoir que sous d'autres rapports elles vous étaient devenues absolument indifférentes, ne vous disant plus rien, à ce point que vous vous demandiez avec stupéfaction comment elles avaient pu éveiller en vous un désir? Vous savez comme moi que cela est fatal et que ceux-là même qui sont les plus fortement maîtres de leur volonté n'échappent pas à cette loi humaine. Quand cela arrivera dans votre mariage d'amour, car il faudra bien qu'un jour ou l'autre cela arrive, et que vous resterez en présence d'une femme aigrie, d'autant plus insupportable qu'elle aura de justes raisons pour se plaindre, vous vous souviendrez de mes paroles; seulement il sera trop tard. Et notez qu'en parlant ainsi je ne calomnie pas l'amour, car je reconnais volontiers qu'on peut aimer une maîtresse indéfiniment, toujours, même vieille et cela tout simplement parce qu'elle n'est pas liée à vous, parce que vous ne lui appartenez pas; tandis qu'une femme qu'on a, ou plutôt qui vous a du matin au soir et du soir au matin, on ne peut pas ne pas s'en lasser, et alors...

Mautravers était resté dans la chambre, tandis que Roger était entré dans son cabinet de toilette, et c'était de la chambre qu'il parlait. Sur ces derniers mots, Roger sortit du cabinet, une serviette à la main, s'essuyant le cou et le visage.

— Mon cher ami, dit-il posément tout en se frottant, ce n'est pas d'aujourd'hui que vous me faites entendre des paroles du genre de celles que vous venez de m'adresser. On dirait que c'est chez vous une spécialité. Bien souvent vous m'avez fait cruellement souffrir; aujourd'hui que j'ai un peu plus d'expérience, vous m'intéressez. Aussi ne vous ai-je pas interrompu, curieux de voir où vous vouliez en venir. J'avoue que je ne le sais pas encore, car si vous avez pour but de me faire renoncer à ce mariage, vous devez comprendre qu'il est trop tard. Je suis engagé, et vous savez bien que je ne me dégage jamais. D'ailleurs, tout ce que vous venez de me dire, fût-il vrai et dût-il se réaliser, que cela ne m'arrêterait pas. J'aime celle que je vais épouser, je l'aime passionnément, et dussé-je n'avoir qu'un jour de bonheur près d'elle, pour ce jour je donnerais tout ce qui me reste de temps à vivre. Vous voyez donc que rien ne changera ma résolution... sentimentale. Mais, alors même que les sentiments qui l'ont inspirée n'existeraient pas, je la réaliserais cependant quand même, car je veux me marier, me marier tout de suite, et pour cela j'ai une raison qui, quand je vous l'aurai dite, j'en suis certain, m'approuver: cette raison, c'est que je veux avoir des enfants afin que mon nom ne puisse point passer un jour aux Condrieu.

Disant cela il regarda Mautravers en plein visage et il s'établit entre eux un assez long silence; puis il reprit:

— Ma fortune, je puis la leur enlever par un bon testament; mais pour mon nom je ne puis l'empêcher sûrement de tomber entre leurs mains que par un mariage qui me donnera des enfants... et je me marie. Au reste vous allez voir bientôt que celle que j'épouse est digne non seulement d'inspirer l'amour, mais encore de le retenir et de le fixer.

— Je n'ai rien dit qui fût personnel à Mlle de Barizel, j'ai parlé en général.

— Elle sera tantôt aux courses; je vous présenterai à elle; quand vous la connaîtrez vous serez peut-être moins absolu dans vos théories.

— Je ne crois pas, seulement je le serai beaucoup moins dans leur expression.

Puis, tout de suite, changeant de sujet:

— Est-ce que vous dînez ce soir chez Mme de Barizel? demanda-t-il.

— Non.

— Eh bien, alors, nous dînerons ensemble si vous voulez bien.

Et comme Roger faisait un mouvement pour refuser:

Bien entendu, vous aurez toute liberté pour vous en aller aussitôt que vous voudrez, de façon à faire une visite du soir à Mlle de Barizel si vous le désirez.

XXII

Roger devait aller aux courses avec Mme de Barizel et Corysandre, et il avait été convenu qu'il irait les chercher: pour lui c'était une fête de se montrer en public avec celle qui serait sa femme dans quelques semaines.

Comme il allait sortir on lui remit une lettre portant le timbre de Washington, — la lettre justement qu'annonçait la dépêche.

En la prenant il éprouva une vive émotion: « Plus sage d'attendre lettre », disait la dépêche.

Il n'avait point eu, il n'avait pas pu avoir la sagesse d'attendre.

Maintenant que cette lettre arrivait était-il sage à lui de l'ouvrir? Qu'allait-elle lui apprendre? Au point où en étaient les choses il ne pouvait pas revenir en arrière. Et le pût-il, le dût-il, il n'en aurait pas le courage: une douleur, il la supporterait si cruelle qu'elle fût; mais il ne l'imposerait jamais à Corysandre.

Son mouvement d'hésitation fut court: l'anxiété était trop poignante pour qu'il l'endurât, et d'ailleurs ce n'était point son habitude d'hésiter en face d'un danger.

Il lut:

« Mon cher Roger,
» Je voudrais répondre à votre lettre d'une
» façon simple et précise; par malheur cela
» n'est pas facile, car pour faire une en-
» quête sur la famille dont vous me parlez
» il faudrait aller dans le Sud, et je suis
» justement retenu dans le Nord sans pou-
» voir m'absenter de l'abominable résidence
» de Washington, bien faite pour donner le
» spleen à l'homme le plus gai de la terre.
» Je suis donc obligé de m'en tenir à des
» renseignements obtenus de seconde main;
» n'oubliez pas cela, cher ami, en me lisant
» et surtout en prenant une résolution d'après
» ces renseignements que j'ai le regret de ne
» pouvoir pas certifier conformes à la vérité.
» Sur le mari il y a unanimité : un gentle-
» man et, ce qui est mieux, un gentilhomme
» dans toute l'acception du mot: homme
» d'honneur et de cœur, noble des pieds à la
» tête, dans sa vie, ses manières, ses habi-
» tudes, ses mœurs. Tous ceux qui parlent
» de lui le représentent comme un type
» qu'on ne rencontre pas souvent ici. Resté
» Français bien que n'ayant jamais vécu en
» France, mais Français d'origine, Français
» de sang, et Français du 18ᵉ siècle avec
» quelque chose de brillant, de cheva-
» leresque, d'insouciant qu'on ne trouve
» plus maintenant; s'est distingué pendant
» la guerre et a accompli des actions qui
» eussent été héroïques dans un pays où
» l'on serait moins sensible au pratique et
» au but; n'a eu que des amis, et tous ceux
» qui parlent de lui le font avec sympathie
» ou admiration. J'allais oublier un point qui
» cependant a son importance : il avait hérité
» d'une grande fortune engagée dans toutes
» sortes de complications; il ne l'a point déga-
» gée, loin de là, et l'abolition de l'esclavage a
» dû lui porter un coup funeste; mais à cet
» égard je ne puis vous fixer aucun chiffre, et
» il m'est impossible de vous répondre suivant
» l'usage américain : — Vaut... tant de mille
» dollars. — Sur la mère, au lieu de l'unani-
» mité, c'est la contradiction que je rencon-
» tre : pour les uns, c'est une femme remar-
» quable; pour les autres, c'est une aventu-
» rière, et ceux-là même racontent sur elle
» toutes sortes d'histoires scandaleuses que
» je ne peux pas vous rapporter, car si elles
» étaient vraies, elles seraient invraisem-
» blables, et, je vous l'ai dit, il ne
» m'est pas possible en ce moment d'aller
» me renseigner aux sources, de façon
» à vous dire ce qu'il y a d'exagération là-
» dedans. Ce sera pour plus tard, si par un
» mot ou une dépêche vous me demandez
» de faire cette enquête. Il est entendu que,
» pour cela comme pour tout, je suis entiè-
» rement à votre disposition et que ce me
» sera un plaisir de vous obliger. Parlez
» donc; dans quinze jours, c'est-à-dire au
» moment où vous recevrez cette lettre, je
» serai libre d'aller dans le Sud, dans l'Est
» dans l'Ouest, au diable pour vous. Enfin
» sur la fille il y a la même unanimité que
» sur le père : la plus belle personne du
» monde, a provoqué l'admiration la plus
» vive, un vrai enthousiasme chez tous ceux
» qui l'ont vue. La seule chose à noter et à
» interpréter contre elle est qu'elle a man-
» qué plusieurs mariages sans qu'on sache
» pourquoi. Est-ce elle qui n'a pas voulu de
» ses prétendants? sont-ce les prétendants
» qui n'ont pas voulu d'elle? On ne peut
» pas me renseigner sur ce point; il sem-
» ble donc qu'il n'y ait rien de grave.
» Voilà pour aujourd'hui tout ce que je puis
» vous dire. Cela manque de précision, j'en
» conviens; mais je vous répète que je suis
» tout à vous, prêt à aller à la Nouvelle-
» Orléans ou ailleurs au premier signe que
» vous me ferez. »

Écrite sans alinéa, comme il est d'usage en diplomatie, et en écriture bâtarde aussi nette que si elle avait été lithographiée, cette lettre fut un soulagement pour Roger. Sans doute elle était sur un point assez inquiétante, mais il avait craint pire. En somme, elle était aussi satisfaisante que possible sur M. de Barizel et sur Corysandre, ce qui était l'essentiel : « Le père, homme d'honneur et de cœur, noble des pieds à la tête; « la fille, la plus belle personne du monde ». C'était quelque chose que cela, c'était beaucoup. Il est vrai que du côté de la mère les choses ne se présentaient plus sous le même aspect; mais ces histoires scandaleuses dont on parlait vaguement se rapportaient sans doute à des amants, et il ne pouvait pas exiger que sa belle-mère fût un modèle de vertu : ce n'est pas sa belle-mère qu'on épouse, sans quoi on ne se marierait jamais.

Cependant, comme il fallait ne rien négliger, il envoya une dépêche à son ami pour le prier d'aller sinon à la Nouvelle-Orléans poursuivre cette enquête, au moins de la confier à quelqu'un de sûr et, cela fait il se rendit chez Mme de Barizel le cœur léger, plein de confiance, ne pensant plus aux mauvaises paroles de Mautravers. Il allait passer quelques heures avec Corysandre, la voir, l'entendre, quelle préoccupation eût résisté à cette joie.

En arrivant il fut surpris de trouver un air sombre sur le visage de Mme de Barizel; avec inquiétude il interrogea Corysandre du regard, mais celle-ci ne lui répondit rien ou plutôt le regard qu'elle attacha sur lui ne parlait que de tendresse et d'amour.

Ce fut Mme de Barizel elle-même qui vint au-devant des questions qu'il n'osait pas poser

— J'aurais un mot à vous dire ? fit-elle en passant dans le petit salon.

Il la suivit.

Elle tira une lettre de sa poche :

— Voici une lettre que je viens de recevoir, dit-elle, une lettre anonyme qui vous concerne : j'ai hésité sur la question de savoir si je vous la montrerais; mais, tout bien considéré, je pense que vous devez la connaître.

Et elle la lui tendit ouverte :

« Un de vos amis, qui est en même temps
» l'admirateur de votre charmante fille, se
» trouve vivement ému par le bruit qu'on
» qu'on fait courir du prochain mariage
» de celle-ci avec M. le duc de Naurouse. Pour que vous donniez votre con-
» sentement à ce mariage il faut que vous
» ne connaissiez pas le jeune duc, ce qui
» n'est explicable que parce que vous êtes
» étrangère. Ce qu'est le duc moralement, je
» n'en veux rien dire qu'un mot : jamais il n'au-
» rait été admis par une famille française ho-
» norable qui aurait eu souci du bonheur de
» sa fille. Mais ce qu'il est physiquement, je
» veux vous l'expliquer : il est né d'un père
» qui portait en lui le germe de plusieurs
» maladies mortelles, auxquelles il a d'ail-
» leurs succombé jeune encore, et d'une
» mère qui est morte poitrinaire. Il a hérité
» et de son père et de sa mère. Si vous en
» doutez, examinez-le attentivement : voyez
» ses pommettes saillantes, ses yeux vitreux,
» son teint pâle ; surtout regardez bien sa
» main hippocratique qui, pour tous les mé-
» decins, est un des signes les plus certains
» de la tuberculose pulmonaire. Depuis son
» enfance il a été constamment malade et, en
» ces dernières années, très gravement. Si
» vous voulez que votre fille soit prochaine-
» ment veuve avec un ou deux enfants qui
» seront les misérables héritiers de leur père
» pour la santé, faites ce mariage qui, pour
» vous, maintenant avertie, serait un
» crime. »

— Vous voyez! dit Mme de Barizel.

Roger ne répondit pas ; mais silencieusement il regarda cette lettre qui tremblait entre ses doigts.

— Si nous ne vous connaissions pas depuis longtemps, continua Mme de Barizel, il est certain que cette lettre au lieu de m'inspirer un profond mépris, m'aurait jetée dans une angoisse terrible : heureusement, je sais par expérience que les craintes qu'elle voudrait provoquer ne sont pas fondées, et c'est pour cela que je vous la communique, uniquement pour cela, pour que vous vous teniez en garde contre les ennemis odieux qui recourent à de pareilles armes.

— D'ennemis, je n'en ai qu'un, dit Roger, mon grand-père, et je suis aussi certain que cette lettre est de lui que si je l'avais entendu la dicter ; il voudrait m'empêcher de me marier afin qu'un jour son autre petit-fils, celui qu'il aime, hérite de mon titre et de mon nom et pour cela il ne recule devant aucun moyen. Pour conserver ma fortune, il m'a fait nommer autrefois un conseil judiciaire ; maintenant, pour m'empêcher d'avoir des enfants, il écrit ces lettres infâmes.

Et violemment il la froissa dans sa main crispée.

— Je comprends, dit Mme de Barizel, que vous soyez profondément blessé et peiné ; mais au moins ne vous inquiétez pas, de pareilles dénonciations ne peuvent rien sur mes résolutions, et pour Corysandre, il n'est pas besoin de vous dire, n'est-ce pas, qu'elle n'en sait et n'en saura jamais rien ?

Qu'il ne s'inquiétât pas!

En voyant comment Mme de Barizel accueillait ces révélations, il pouvait ne pas s'inquiéter pour son mariage, mais pour lui-même il ne pouvait pas ne pas penser à cette lettre.

Il était vrai que son père était mort jeune ; il était vrai que sa mère était poitrinaire ; il était vrai que lui-même depuis son enfance avait été bien souvent malade. Était-il donc condamné à transmettre à ses enfants les maladies héréditaires qu'il aurait reçues de ses parents.

Une main hippocratique? Qu'était-ce que cela? Avait-il vraiment la main hippocratique ?

Sa journée, dont il s'était promis tant de bonheur, fut empoisonnée, et le charmant sourire de Corysandre, sa douce parole, ses regards tendres ne parvinrent pas toujours à chasser les nuages qui assombrissaient son front.

A un certain moment il vit dans la foule un médecin parisien qu'il avait connu autrefois et qu'on était sûr de rencontrer partout où il y avait des cocottes ; aussitôt, se levant de la chaise qu'il occupait auprès de Corysandre, il alla à lui.

— Docteur, j'ai un renseignement à vous demander, dit-il en l'emmenant à l'écart. A quels signes reconnaît-on donc ce que vous appelez la main hippocratique ?

— Au renflement en massue de la dernière phalange des doigts et à l'incurvation de l'ongle, qui devient convexe par sa face dorsale.

— Est-ce que cette main est le signe des maladies de poitrine.

— Trousseau dit qu'elle est propre aux tuberculeux ; mais cela est exagéré : elle s'observe aussi chez des individus parfaitement sains.

— Je vous remercie.

Avant de revenir auprès de Corysandre, Roger s'en alla tout à l'extrémité de l'enceinte du pesage, et là, se dégantant rapidement, il examina ses deux mains qu'il n'avait jamais regardées, en se demandant si elles étaient ou n'étaient pas hippocratiques.

Il ne remarqua ce renflement en massue, et encore assez léger qu'à un doigt de ses deux mains, l'annulaire ; quant à l'incurvation de l'ongle, il ne savait pas trop ce que cela pouvait être ; c'était sans doute un terme de médecine, il le chercherait.

Et, s'étant reganté, il revint auprès de Corysandre, sachant ce qu'était la main hippocratique, mais se demandant toujours s'il avait ou n'avait pas cette main.

XXXIII

Roger croyait dîner avec Mautravers seul ; mais quand il entra dans le salon où celui-ci l'attendait, il trouva plusieurs convives réunis : le prince de Kappel, Poupardin, Montrévault, Sermizelles, Cara, Balbine, Esther Marix et enfin Raphaëlle.

Hommes et femmes s'empressèrent au-devant de lui, lui tendant la main ; quand Raphaëlle lui tendit la sienne il ne fut pas maître de retenir un léger mouvement.

— Ne me remerciez pas d'avoir invité une ancienne amie, dit Mautravers, qui l'observait, c'est elle-même qui s'est invitée tout à l'heure quand elle a su que nous dinions ensemble.

— Ça c'est beau, dit Poupardin.

— Au moins c'est unique, répondit Raphaëlle, ce n'aurait pas été pour vous, mon cher Poupardin, que j'aurais adressé cette demande à Mautravers.

On se mit à rire et Poupardin n'osa pas se fâcher tout haut.

— Ne remarquez-vous pas une chose curieuse, dit Mautravers, c'est qu'à l'exception de Carami mort et de Savine en voyage, nous voilà tous réunis aujourd'hui pour célébrer les adieux à la vie de notre ami, comme nous étions réunis il y a cinq ans pour fêter son entrée dans la vie.

— Si cette remarque est juste, dit le prince de Kappel, elle n'est pas consolante, car elle prouve que nous tournons toujours dans le même cercle et sur place, comme des chevaux de cirque ; à Paris, comme à l'étranger, comme partout, hommes, femmes, nous sommes toujours les mêmes, et franchement ça manque de diversité. Nous allons dire les mêmes choses qu'à Paris, rire des mêmes plaisanteries, manger la même sauce brune, la même sauce rouge, la même sauce blanche ; et puis demain nous recommencerons.

On se mit à table et Raphaëlle se plaça à côté de Roger ; ce voisinage n'était guère pour lui plaire, mais il eût été maladroit et ridicule d'en rien laisser paraître. Aussi s'assit-il sans faire la moindre observation ; c'était déjà trop qu'il eût montré de la surprise en la voyant : elle ne lui était, elle ne pouvait lui être que complètement indifférente et il ne devait pas plus se rappeler qu'il l'avait aimée, qu'il ne devait se souvenir qu'elle l'avait trompé ; tout cela était si loin.

Cependant, au lieu de se tourner vers elle, il adressa la parole à Balbine, qu'il avait à sa gauche, et pendant assez longtemps il s'entretint avec elle, sans plus faire attention à Raphaëlle que s'il ne la connaissait pas.

A un certain moment, cet entretien s'étant interrompu, Raphaëlle se pencha vers lui et, parlant d'une voix étouffée de manière à n'être entendue que de lui seul :

— Cela te contrarie, dit-elle, que je me sois invitée à ce dîner.

Ce tutoiement le blessa ; se tournant vers elle vivement, il la regarda de haut, puis tout à coup se baissant de façon à lui parler à l'oreille :

— Le jour où nous nous sommes séparés, dit-il, j'étais sur le balcon et j'ai tout entendu.

— Crois-tu donc que je ne te savais pas là, dit-elle vivement.

Et, levant les yeux sur lui, elle le regarda en face longuement.

Puis, s'approchant de lui et se penchant en avant de façon à le toucher du bras et à lui effleurer la barbe, elle continua à voix basse et avec des paroles précipitées :

— Ça a été justement parce que je te savais sur le balcon du boudoir et parce que je savais aussi que de ce balcon on entendait tout ce qui se disait chez mes parents que j'ai parlé. Ne fallait-il t'amener à rompre.

Il eut un tressaillement.

— Est-ce que tu te confesses ? demanda Cara.

— Justement, répondit-elle.

— Alors cela sera long ?

— Si je disais tout, ça ne finirait pas aujourd'hui.

— Continue, mais tout haut.

— Merci.

Et elle continua comme si elle n'avait pas été interrompue, s'exprimant au milieu de ces neuf personnes à peu près aussi librement que si elle avait été seule, car c'était un de ses talents de pouvoir parler en jetant hardiment à la face des gens ce qu'elle voulait dire, sans que ses voisins l'entendissent.

— Il y a longtemps que je sentais, que

je voyais que tu te perdais pour moi, par générosité, par amour, et que si les choses continuaient ainsi ta famille te ferait interdire. Plusieurs fois déjà j'avais essayé de rompre et tout ce que je t'avais proposé tu l'avais repoussé; si tu savais comme cela m'avait été doux. Alors voyant qu'il fallait te sauver malgré toi, j'ai inventé cette comédie. Tu sais : ce n'est pas impunément qu'on fait du théâtre; j'ai pris un moyen qui m'était inspiré par mon métier, j'ai joué une scène... atroce, en me disant pour me soutenir que si tu pouvais me croire ce que je paraissais être tu souffrirais moins et te guérirais plus sûrement, plus vite.

Le maître d'hôtel l'interrompit pour placer devant elle une assiette à laquelle elle ne toucha pas.

— Je sais bien, continua-t-elle, que je ne suis pas une bien bonne comédienne; mais il paraît que ce jour-là j'ai eu du talent, car tu as cru à la scène que je jouais, tu y as cru pendant de longues années, tu y crois peut-être encore en ce moment même, te disant que j'ai été la plus misérable des femmes au lieu de voir que j'en étais la plus tendre, la plus dévouée, tendre jusqu'au sacrifice de mon amour, dévouée jusqu'au suicide.

— Que diable chuchottez-vous donc à l'oreille de Naurouse? demanda Montrévault, ça n'est pas correct cela, ma chère.

Assurément non, cela n'était pas correct; elle le sentait sans qu'il fût besoin de le lui faire observer, mais, comme elle n'avait pas dit tout ce qu'elle voulait dire, elle prit bravement son parti et se décida à achever tout haut ce qu'elle avait commencé tout bas :

— Ce que je lui dis, fit-elle en se mettant de face et en promenant sur tous les convives un regard assuré, une chose bien simple, bien élémentaire, mais qui, cependant, peut vous être utile à tous, j'entends à tous les hommes qui sont ici, et dont je veux bien vous faire part pour votre éducation. Comme je n'aurai à tromper aucun de vous, je peux parler franchement. Ce que je disais, le voici : Tout homme s'imagine, quand il est l'amant d'une femme qui lui témoigne de l'amour, qu'il doit être seul et que, s'il ne l'est pas, c'est qu'il n'est pas aimé; eh bien ! ça c'est des bêtises.

— Bravo ! cria Balbine.

— Certainement, continua Raphaëlle, une femme peut n'aimer qu'un homme et l'aimer exclusivement, si bien que tous les autres ne sont rien pour elle; mais quant à n'avoir qu'un seul amant ça c'est une autre affaire, et il n'en est pas une seule, si elle est franche, qui vous dira que c'est possible; il en faut un pour ceci, un autre pour cela, enfin des relais.

— Très bien, dit Mautravers en riant, au moins tu es franche.

— Je m'en flatte; c'était là ce que j'expliquais au duc, au petit duc, comme nous disions autrefois, quand Montrévault m'a interrompue pour me rappeler que je n'étais pas correct, ce qui este grave. Et le but de cette explication était de lui prouver... ça, j'aimerais mieux le lui dire tout bas, mais puisque je ne serais pas correcte, il faut bien que je le dise tout haut, tant pis pour ceux que ça blessera...

— Va toujours, dit Mautravers, ceux qui se blesseront de tes paroles auront mauvais caractère.

— Et puis, comme Savine ne peut pas m'entendre il m'est bien égal qu'on se fâche ou qu'on ne se fâche pas. Donc le but de mon explication était de lui prouver que bien que nous nous soyons fâchés, je l'ai aimé, tendrement, passionnément aimé, et, qu'en réalité, je n'ai jamais aimé que lui.

Il y eut une explosion de cris et d'exclamations.

— Ça, c'est aimable pour Poupardin, dit Mautravers dominant le tumulte.

— Poupardin cheval de renfort, dit Montrévault.

— Pourquoi avez-vous voulu que je dise haut ce que j'étais en train de dire bas, continua Raphaëlle sans se laisser déconcerter, ce n'est pas ma faute. Nous nous sommes fâchés, mon petit duc et moi, sans explication; après plusieurs années je le retrouve, alors je saisis l'occasion aux cheveux et je m'explique, c'est bien naturel. Dans d'autres circonstances je n'aurais pas risqué cette explication, parce qu'on aurait pu supposer que je n'entreprenais ma justification que dans un but intéressé, mais maintenant cela n'est pas à craindre, cette idée ne peut venir à personne et je suis bien aise que le petit duc sache...

— Qu'il a été l'homme aimé et non un vulgaire amant, dit Sermizelles, c'est entendu.

— Il le sait.

— Il en est fier.

— Il en rêvera.

— Ton souvenir consolera ses vieux jours.

— Blaguez tant que vous voudrez, répliqua Raphaëlle, cela m'est égal; j'ai dit ce que je voulais dire.

Elle se mit alors à manger consciencieusement comme une femme qui veut regagner le temps perdu, et, pendant le reste du dîner, elle ne chercha point à s'adresser à Roger en particulier, ne lui parlant que lorsqu'elle y était amenée naturellement par les hasards de la conversation.

Au dessert, Roger se leva et quitta la table.

— Comment, vous nous abandonnez? s'écria Balbine ; c'est scandaleux!
— Et il a joliment raison! dit le prince de Kappel.

Sans plus répondre à ceux qui l'approuvaient qu'à ceux qui le blâmaient, Roger se retira pour se rendre auprès de Corysandre, et en chemin une question qu'il s'était déjà posée lui revint : Pourquoi Raphaëlle avait-elle essayé cette justification? Il était dans des dispositions où l'on se défie de tout et de tous: les étranges paroles que Mautravers lui avait adressées le matin, puis presque aussitôt la lettre anonyme que Mme de Barizel lui avait communiquée l'avaient mis sur ses gardes ; il traversait bien évidemment une phase décisive, et des dangers, des embûches dressées par M. de Condrieu-Revel devaient l'envelopper de toutes parts. On ne reculerait devant rien pour rompre son mariage. Cela était bien certain, il le savait, il le voyait, et ses soupçons ne devaient s'arrêter devant personne ; mais enfin il lui paraissait difficile d'admettre que les explications de Raphaëlle pussent se rattacher à ces dangers, ou, si cela était, il ne voyait ni par où ni comment. Raphaëlle était trop intelligente pour croire qu'il pouvait revenir à elle, alors même qu'il croirait qu'elle s'était immolée, qu'elle s'était suicidée pour lui. Et si ce n'était pas cela qu'elle avait cherché, ce qui eût été absurde, il ne trouvait pas ce qu'elle avait pu vouloir, au moins en ce qui touchait son mariage.

Sans doute il devait être prudent, mais il ne fallait pas cependant qu'il poussât la manie de la prudence jusqu'à la folie et qu'il vît dans toute parole qu'on lui adressait un mensonge, dans toute personne qui l'approchait un ennemi ; il savait que les médecins regardaient comme fous ceux qui sont sous cette influence et qu'ils les prétendent atteints du délire de persécution.

XXXIV

Le lendemain matin, au moment où Roger allait descendre pour déjeuner, il entendit un bruit de voix dans son antichambre, et ce bruit se continuant comme s'il y avait une discussion entre Bernard et une personne qui voudrait entrer, il ouvrit sa porte.

La personne qui voulait entrer n'était autre que Raphaëlle, et Bernard, qui aimait à se substituer à son maître, s'imaginant que celui-ci ne devait pas être en disposition de recevoir une ancienne maîtresse, refusait de la recevoir :

— Puisque j'affirme à madame que M. le duc est sorti.

C'était sur ce mot que Roger avait ouvert la porte.

Sans daigner remettre le valet de chambre à sa place, Raphaëlle, passant devant lui, se hâta d'entrer, et quand la porte fut refermée :

— Est-ce toi, dit-elle, qui avais donné l'ordre de ne pas me recevoir?

— Comment aurais-je donné cet ordre pour échapper à une visite que je n'attendais pas?

— J'ai donc eu raison d'insister?

— Mais sans doute.

Elle lui tendit la main en le regardant ; il lui donna la sienne, mais ce ne fut pas bien franchement. Cette visite n'était pas pour lui plaire, pas plus que ce tutoiement auquel elle s'obstinait, bien qu'il eût évité de la tutoyer lui-même.

Elle parut ne pas s'en apercevoir et, tirant un fauteuil, elle s'assit.

— Sais-tu pourquoi j'ai tenu si fort à te présenter ma justification? lui demanda-t-elle.

— Pour te justifier probablement, répondit-il en employant de mauvaise grâce le tutoiement.

— Sans doute ; mais tu me connais mal si tu t'imagines que je n'ai été guidée que par un motif étroitement personnel. Depuis notre séparation j'ai supporté ton mépris, trouvant, je te l'avoue, une joie orgueilleuse à me dire : « Il ne saura jamais ce que j'ai fait pour lui, mais il suffit que je le sache, moi. » Et cela me suffisait réellement. Tu penses bien que dans ma vie j'ai eu des heures d'amertume, n'est-ce pas, et de dégoût? Mais quand, dans ces heures-là, je pensais à toi, j'étais tout de suite relevée et je redressais la tête quand je me disais : « Voilà ce que j'ai fait pour l'homme que j'aimais. » Eh bien ! j'aurais continué à me taire s'il n'était pas venu un moment où j'ai eu besoin de ton estime, non pour moi, mais pour toi.

Comme il la regardait avec étonnement, se demandant où tendaient ces étranges paroles, elle continua :

— Tu ne comprends rien à ce que je te dis là, n'est-ce pas? mais tu vas voir bientôt que je ne dis pas un seul mot inutile. Cependant avant d'en arriver là il faut que je te dise encore que c'est pour toi que je suis à Bade, au risque d'une scène terrible avec Savine quand il apprendra que je suis venue ici, bien qu'il m'ait demandé de rester à Paris pendant son absence, et les demandes de Savine ce sont les ordres du plus féroce des despotes. Enfin il faut que tu saches aussi que c'est moi qui ai arrangé ce dîner avec Mautravers, qui ne voulait pas m'inviter et qui ne s'est décidé qu'en pensant que j'avais sans doute l'espérance de t'entraîner à faire une infidélité à la fiancée — ce qui, pour sa nature bienveillante est un plaisir très doux.

— Maintenant que tout cela est expliqué, écoute-moi.

Elle fit une pause, se recueillant, puis elle poursuivit :

— Tu sais qu'avant ton retour en Europe le bruit a couru que Savine devait épouser Mlle de Barizel?

— Que ce nom ne soit pas prononcé entre nous, dit Roger en étendant la main par un geste énergique.

— Oh! sois tranquille, ce n'est pas d'elle que je veux parler; je n'ai rien à en dire; jamais l'idée ne me serait venue de porter un témoignage contre une jeune fille que tu aimes et dont tu veux faire ta femme; tu me calomnies si tu me juges capable d'une pareille bassesse. Rassure-toi donc et laisse-moi continuer sans m'interrompre; ce que j'ai à dire est déjà assez difficile; si tu me troubles je n'en viendrai jamais à bout.

Elle fit une nouvelle pose :

— Tu connais Savine, tu comprends donc sans qu'il soit besoin que je te le dise que je ne l'aime pas. Savine mourra sans avoir jamais aimé et sans avoir jamais été aimé; peut-être quand il sera vieux le regrettera-t-il, mais il sera trop tard. Cependant malgré son égoïsme, son avarice, sa sécheresse de cœur, sa méchanceté, sa dureté, sa lâcheté, malgré tous les défauts et tous les vices qui font de lui un des plus vilains masques qu'on puisse rencontrer, je tiens à lui... parce qu'il m'est nécessaire. Si je pouvais aimer je n'aurais jamais été sa maîtresse; mais, dans les dispositions où je suis, mieux vaut lui qu'un autre; au moins il a une qualité : la richesse, et, bien qu'il y tienne terriblement à cette richesse, on peut avec un peu d'habileté lui en extraire de temps en temps quelques bribes. De ces bribes je n'ai pas assez et il me faut quelques années encore pour atteindre le chiffre que je me suis fixé, car, avec lui, le travail d'extraction est d'un difficile que tu n'imaginerais jamais, toi qui es la générosité même. Aussi, quand j'ai appris le bruit qu'on faisait courir de son mariage, tu peux te représenter l'état dans lequel cela m'a jetée; on ne perd pas ainsi un homme qui vous fait la femme la plus enviée de Paris. Tout d'abord je me suis refusée à admettre que ce mariage fût possible, car je croyais bien connaître mon Savine, et ce qui s'est passé m'a donné raison ; mais devant la persistance de ce bruit j'ai fini par m'inquiéter un peu, puis beaucoup, et alors j'ai eu l'idée d'empêcher ce mariage si je le pouvais. Avant tout il me fallait savoir quelle était celle que Savine voulait épouser, et j'ai envoyé un homme dont j'étais sûr faire une enquête ici.

— Il suffit, dit Roger, je comprends maintenant où tend cet entretien, restons-en là; je ne veux pas en entendre davantage ; j'en ai déjà trop entendu.

Et il se leva par un brusque mouvement. Mais Raphaëlle ne l'imita pas :

— Il faut que tu m'entendes, dit elle, il le faut au nom de ton honneur.

— Mon honneur ne regarde que moi seul, et je ne permets à personne d'en prendre souci.

— Quand tu sais qu'il est en danger, oui; mais quand tu ne sais pas qu'il est menacé, ne permets-tu pas qu'on t'avertisse. Je t'ai dit que je ne voulais pas parler de... de celle que tu aimes, tu peux donc m'entendre sans craindre que mes paroles soient un outrage pour elle ; mais il y a plus : tu dois m'entendre, tu le dois pour ton nom dont tu es si justement fier, pour ton bonheur. Quand on se marie on prend des renseignements sur la famille de celle qu'on épouse, pourquoi repousserais-tu ceux que je t'apporte ?

Il eut un geste de colère; puis, d'une voix sourde :

— Parce qu'on choisit ceux à qui on demande un témoignage.

— Ah! Roger! s'écria-t-elle, tu es cruel pour une femme qui ne veut que ton bien et qui ne demande rien que d'être entendue quand elle élève la voix non pour elle, mais pour toi; tu la frappes injustement. Mais je ne veux pas me plaindre, encore moins me fâcher; je me mets à ta place, je sens ce que ma démarche doit te faire souffrir et je sais que, quand tu souffres, la colère l'emporte en toi sur la bonté et la générosité de ton caractère ; si tu regrettes le coup dont tu viens de me frapper, écoute-moi, c'est la seule réparation que je veuille.

— Mais pourquoi donc, s'écria-t-il violemment, venir m'imposer des paroles que je ne veux pas entendre, car elles s'adressent à des personnes dont il ne peut pas être question entre nous?

— Parce qu'il faut que tu les entendes, ces paroles, parce que si je ne venais pas te les dire, les sachant, je serais coupable d'une infamie et d'une lâcheté. Ce que j'ai appris, je ne l'ai pas cherché pour toi, mais maintenant que je le sais, je ne peux pas, je ne dois pas le garder pour moi. Refuserais-tu donc d'écouter une voix qui t'avertirait que tu vas tomber dans un précipice parce que tu n'aurais pas demandé cet avertissement? N'est-ce pas un devoir de te le donner, de te le crier pour qui voit ce précipice, et vas-tu me répondre que je ne suis pas digne de t'avertir? Mais ce serait de la folie.

L'insistance même de Raphaëlle avait fini par émouvoir Roger. Son premier mouvement avait été de lui fermer la bouche ; mais ne le pouvant pas, il avait été peu à peu ébranlé par l'ardeur qu'elle avait mise à vouloir parler quand même et malgré lui; et puis le souvenir de la lettre de son ami, le secrétaire de la légation de Washington, lui revenait et le troublait.

Brusquement il se décida :

— Hier tu m'as dit des choses bien étranges et bien invraisemblables, auxquelles je n'ai pas voulu répondre ; aujourd'hui l'heure est venue de me prouver que tu étais sincère hier, et pour cela c'est de m'apporter les preuves palpables, évidentes de ce que tu veux me révéler. Si tu me donnes ces preuves, je te croirai non seulement pour aujourd'hui, mais encore pour hier ; au contraire, si tu ne me les donnes pas, je te traiterai comme la dernière des misérables.

Vivement elle étendit le bras :

— Alors mets ta main dans la mienne, s'écria-t-elle, la condition que tu m'imposes je la tiens, et les preuves que tu exiges je te les donnerai, non pas dans un délai que je pourrais allonger, non pas demain, mais tout de suite, car ces preuves je les ai là, les voici :

Disant cela, elle tira une liasse de papiers de la poche de sa robe et la présenta à Roger qui, prêt à la prendre, eut un mouvement de répulsion.

— Mais avant de te les mettre sous les yeux, continua-t-elle, il faut que je t'explique comment elles sont venues entre mes mains. Je t'ai dit que voulant empêcher Savine de m'abandonner pour se marier, j'avais envoyé ici un homme sûr, habitué à ce genre de recherches qui devait faire une enquête sur ce qu'était celle que Savine allait épouser, disait-on, et sur la famille de celle-ci. Mon homme me confirma ce mariage qui lui parut décidé ; mais les renseignements qu'il me donna n'eurent pas une grande importance. Ils m'apprirent ce que tu as dû voir toi-même sur l'intérieur, les habitudes, les relations de Mme de Barizel, qui n'ont rien de respectable et qui sentent terriblement la bohème.

Roger voulut l'interrompre.

— Il faut bien, dit-elle, que j'appelle les choses par leur nom ; d'ailleurs, Mme de Barizel étant une étrangère, il n'y a rien d'extraordinaire à ce qu'elle ne vive pas comme tout le monde. Si je n'avais à parler que de cela, je n'en dirais rien. Sans me rapporter rien de précis, mon homme m'en dit assez cependant pour me faire comprendre que si je voulais poursuivre mon enquête en Amérique, je pouvais en apprendre assez sur Mme de Barizel pour empêcher Savine de devenir son gendre. C'était grave d'envoyer un agent en Amérique et de poursuivre là-bas des recherches de ce genre ; cela exigeait de grands frais. Mais, d'autre part, c'était grave aussi de perdre Savine, et les risques que je courais d'un côté n'étaient nullement en rapport avec les chances que je pouvais m'assurer d'un autre. J'envoyai donc mon homme en Amérique.

— Ah !

Il eut voulu retenir cette exclamation qui trahissait son émotion, mais en voyant la tournure que prenaient les choses il n'avait pas été maître de ne pas la laisser échapper, car ce n'était pas, comme il l'avait supposé tout d'abord, de bavardages mondains qu'il allait être question, de racontages ramassés à Paris ou à Bade ; ce que Raphaëlle avait fait pour son intérêt à elle, c'était ce qu'il aurait voulu, ce qu'il aurait dû faire lui-même pour son honneur.

— Et ce que je t'apporte, dit-elle, c'est le résultat des recherches que mon homme a faites en Amérique, avec preuves à l'appui, car il me fallait ces preuves pour Savine, et j'avais recommandé qu'on ne recueillit aucun bruit sans le faire appuyer par un témoignage certain ; tous les renseignements qu'on a recueillis n'ont pas été prouvés, mais ceux qui l'ont été suffiront et au delà, pour t'éclairer.

Au lieu de continuer, Raphaëlle s'arrêta, et son visage, qu'avait animé l'ardeur de la discussion, prit une expression désolée :

— Si tu savais, dit-elle, comme je suis peinée de te causer une douleur, moi qui voudrais tant t'éviter tout chagrin, moi qui aurais voulu que mon souvenir ne fût pas associé à de mauvais souvenirs. Mais je suis comme une mère qui doit avoir le courage de frapper l'enfant qu'elle aime.

— Au fait, dit Roger, ces renseignements, ces preuves...

Après avoir résisté pour ne pas l'entendre c'était lui maintenant qui la pressait de parler.

— Tu sais le nom de Mme de Barizel, son nom de famille ?

— Non.

— C'est fâcheux, car cela t'aurait permis de suivre les renseignements et les témoignages que je vais successivement te donner sur sa jeunesse, qui est la partie intéressante de sa vie ; mais tu pourras savoir facilement ce nom même sans le lui demander. Elle a acheté un terrain aux Champs-Elysées, soi-disant pour construire dessus un hôtel, mais en réalité et tout simplement pour éblouir les épouseurs, et son nom de fille se trouve dans cet acte : Olympe de Boudousquié ou plutôt sans *de*, Olympe Boudousquié tout court, ainsi que le prouve ce certificat de baptême, revêtu, comme tu le vois, de toutes les signatures et de tous les cachets qui peuvent affirmer son authenticité.

Disant cela, elle prit dans sa liasse un papier qu'elle présenta à Roger, et, pendant qu'il lisait, elle continua :

— Tu vois : le père, Jérôme Boudousquié,

professeur de musique; la mère, Rosalie Attie, modiste, cela n'indique guère que la fille de ces gens-là ait droit à la particule, n'est-ce pas? Au reste, cette Rosalie Attie était une personne remarquable par sa beauté, à laquelle il n'a manqué pour faire fortune qu'un autre théâtre que Natchez, qui est une petite ville de trois à quatre mille habitants, où une femme, même de talent (et il paraît qu'elle était douée), ne peut pas briller, et puis il y avait en elle un vice qui devait l'empêcher de s'élever : son sang ; elle était d'origine noire bien que parfaitement blanche...

Et comme Roger avait laissé échapper un mouvement, elle s'interrompit pour prendre deux pièces qu'elle lui tendit :

— Ceci aussi est prouvé ; la mère de Rosalie Attie était, tu le vois, une esclave.

Elle fit une pause pour que Roger eût le temps de lire les papiers qu'elle lui avait présentés ; puis, sans le regarder, pour ne pas augmenter sa confusion qu'elle n'avait pas besoin d'examiner attentivement, car elle se trahissait par un tremblement des mains, elle continua :

— M. Jérôme Boudousquié disparut quand sa fille Olympe était encore toute enfant. Mourut-il? se sauva-t-il pour fuir sa femme? Les renseignements manquent; mais cela n'a pas une grande importance, pas plus que la lacune qui existe entre le moment où Mme Boudousquié quitte Natchez et celui où nous la retrouvons à la Nouvelle-Orléans, tenant l'emploi des mères nobles ou pas du tout nobles auprès de sa fille Olympe, lancée dans la haute cocotterie, et déjà Mlle de Boudousquié pour ceux qui ne savent pas d'où elle vient. Elle a un succès de tous les diables, succès dû autant à sa beauté qu'à son habileté, car tout le monde s'accorde à reconnaître que c'est une femme très forte. Malheureusement, sur cette période, les renseignements manquent aussi, c'est-à-dire les renseignements avec preuve à l'appui, les seuls dont nous ayons à nous occuper, tandis que les histoires au contraire abondent.

— Passons.

— Parfaitement. Cependant je dois en citer une seule : on raconte qu'elle assassina un de ses amants qui allait lui échapper en s'embarquant et qu'elle lui vola les débris de la fortune qu'il emportait avec lui ; le coup de revolver fut mis au compte de la jalousie par des juges complaisants.

— Ceci est absurde, s'écria Roger, et c'est se moquer de moi que de me raconter de pareilles histoires.

— Je ne l'ai raconté que pour que tu voies ce qu'on dit de Mme de Barizel et quelle est sa réputation. N'est-ce pas chose grave qu'on puisse parler ainsi d'une femme, même alors que cette femme serait innocente ? Pour la charger d'un pareil crime, ne faut-il pas qu'on la juge capable de le commettre ? Enfin je n'insiste pas là-dessus. Une seule chose est certaine, c'est qu'après la mort de ce personnage, qui s'appelait Jose Granda et qui était Espagnol, elle quitta la Nouvelle-Orléans pour Charlestown, où un riche commerçant se ruine et se tue pour elle : William Layton. Justement le jeune frère de William Layton, qui l'a alors connue comme la maîtresse de son frère et qui a été le témoin de cette ruine et de ce suicide, est établi à Paris, 45, rue de l'Echiquier, et il peut donner, il donne volontiers tous les renseignements qu'on lui demande sur la femme qui a causé la mort de son frère et la ruine de sa famille. Tu n'as qu'à l'interroger pour qu'il parle : c'est un témoin vivant et qui, par son honorabilité, mérite toute confiance. Tu retiens l'adresse, n'est-ce pas : M. Daniel Layton, 45, rue de l'Echiquier?

Il répondit par un signe de tête, car une émotion poignante le serrait à la gorge : ce n'était plus une histoire absurde qu'on lui racontait. Pour avoir la preuve de celle-ci, il n'avait qu'à interroger un témoin, un témoin vivant et honorable. Mme de Barizel serait donc l'aventurière dont parlait la lettre de Washington et les histoires invraisemblables dont il était question dans cette lettre seraient vraies ? Etait-ce possible ? Il se débattait contre cette question, et son amour pour Corysandre se révoltait à cette pensée.

— Après Charlestown, continua Raphaëlle, il y a encore une disparition. On la retrouve à Savannah menant grande existence, maîtresse d'un négociant qui, ruiné par elle, est venu se refaire une fortune en France, où il a réussi : M. Henry Urquhart au Havre. Lui aussi parle volontiers d'Olympe Boudousquié, car elle n'a laissé que de mauvais souvenirs à ses amants et ils la traitent sans ménagement ; il n'y a qu'à interroger aussi celui-là. Nouvelle disparition. Elle va à La Havane, d'où la ramène le comte de Barizel, qui la présente et la traite comme sa femme. L'a-t-il véritablement épousée ? On n'en sait rien : mon homme n'a pas pu se procurer le certificat de mariage. C'est possible cependant, car le comte était un homme passionné, un parfait gentilhomme français dont on dit le plus grand bien ; il n'y a contre lui qu'une mauvaise chose ou plutôt contre sa fortune : en mourant il n'a laissé que de grosses dettes, de sorte qu'on se demande comment sa veuve peut mener le train qui est le sien depuis qu'elle est à Paris. Il est vrai que les réponses ne manquent pas à ces questions pour ceux qui veulent prendre la peine d'ouvrir les yeux et de voir comment Mme de Barizel manœuvre entre Dayelle et Avizard. Mais ceci n'est pas mon affaire. Tu peux là-dessus en voir autant que moi, ou si tu ne peux pas en voir autant parce que tu n'es pas du métier, tu peux en voir assez cependant pour te faire une opinion. Enfin je ne m'occupe pas de ce qui se passe à Paris ou à Bade, et je ne suis venue à toi que pour te parler de ce que je savais sur la vie de Mme de Barizel en Amérique. Le hasard ou plutôt mon intérêt m'ayant amenée à rechercher ce qu'était cette femme qui, par son habileté et surtout par son audace, est parvenue à prendre place dans le monde, et une place si haute qu'elle croit pouvoir, par sa fille, se rattacher aux plus grandes familles; il m'a paru que je me ferais en quelque sorte sa complice si je ne t'avertissais pas de ce que j'avais appris. Si je ne t'ai pas tout dit, tu en sais cependant assez maintenant pour ne pas continuer ta route en aveugle. Ce que tu feras, je ne me permets pas de te le demander. Je n'ai plus qu'une chose à ajouter, c'est que jamais personne au monde ne saura un mot de ce que je viens de te dire. Je te laisse ces papiers, pour moi inutiles; tu en feras ce que ton honneur t'indiquera.

Elle se leva, tandis que Roger restait assis, anéanti, écrasé par ces terribles révélations.

Mais après s'être dirigée vers la porte elle revint sur ses pas et, lui prenant la main qu'elle embrassa avant qu'il eût deviné ce qu'elle voulait faire ;

— Oh! mon pauvre Roger, dit-elle avec des larmes dans la voix, je te plains de toute mon âme ; mais je vois bien que tu n'as que faire de ma sympathie en ce moment. Quand tu voudras de moi, fais un signe et tu verras accourir la plus dévouée, la plus tendre de tes amis.

Et elle sortit.

Le premier mouvement qu'il fit longtemps, très longtemps après le départ de Raphaëlle, fut d'étendre la main pour prendre un *Indicateur des chemins de fer* qui était là sur une table; mais il lui fallut plusieurs minutes pour trouver ce qu'il cherchait; les lettres dansaient devant ses yeux troublés et les filets noirs qui séparent les trains se brouillaient ; enfin il parvint à voir que le premier train pour Paris était à trois heures, ce serait ce train-là qu'il prendrait.

Mais avant de partir il voulut voir Corysandre, et aussitôt il se rendit aux allées de Lichtenthal.

Ce fut Corysandre qui descendit pour le recevoir :

— Quel bonheur ! dit-elle, le visage radieux, je ne vous attendais pas de sitôt ; quelle bonne surprise !

Il se raidit pour ne pas se trahir :

— C'est une mauvaise nouvelle que je vous apporte ; je suis obligé de partir pour Paris par le train de trois heures.

— Partir !

Et elle le regarda en tremblant : instantanément son beau visage s'était décoloré.

— Et pourquoi partir ? demanda-t-elle d'une voix rauque.

— Pour une chose très grave..., mais rassurez-vous, chère mignonne, et dites-vous que je n'ai jamais mieux senti combien profondément, combien passionnément je vous aime qu'à ce moment où je suis obligé de m'éloigner de vous... pour quelques jours seulement, je l'espère.

Tendrement elle lui tendit la main et, le regardant avec des yeux doux et passionnés :

— Alors partez, dit-elle, mais revenez vite, n'est-ce pas, très vite ? Si courte que soit votre absence, elle sera éternelle pour moi.

A ce moment Mme de Barizel ouvrit la porte et entra dans le salon; vivement Corysandre courut au-devant d'elle :

— Si tu savais qu'elle mauvaise nouvelle, dit-elle.

— Quoi donc ?

Roger voulut répondre lui-même :

— Je suis obligé de partir pour Paris à trois heures et je viens vous faire mes adieux.

— Comment partir ! Vous n'assistez pas aux dernières journées de courses ?

— Cela m'est impossible.

— Mais vous ne nous aviez pas parlé de ce départ.

— C'est que je ne savais pas moi-même que je partirais ; c'est ce matin, il y a quelques instants, que ce départ a été décidé.

Avec Corysandre il s'était senti le cœur brisé; mais avec Mme de Barizel ce n'était pas un sentiment de lâcheté qui l'anéantissait, c'était un sentiment d'indignation et de fureur qui le soulevait. Etait-elle vraiment la femme que Raphaëlle venait de lui montrer ? Il pouvait le savoir.

Il fit quelques pas vers la porte.

— C'est justement avec deux de vos compatriotes, dit-il en regardant Mme de Barizel, que j'ai à traiter l'affaire... capitale qui m'appelle à Paris, deux Américains, M. Layton, de Charlestown...

Elle pâlit.

— ... Et M. Henry Urquhart, de Savannah.

Il crut qu'elle allait défaillir; mais elle se redressa :

— Bon voyage, dit-elle.

XXXV

Le trouble de Mme de Barizel avait été le plus terrible des aveux.

Cependant Roger partit pour Paris, et après avoir vu M. Layton, le frère du suicidé de Charlestown, il alla au Havre pour voir M. Urquhart.

Si effroyable que fût pour lui la vérité, il fallait qu'il la connût.

Et il la connut entière, au moins en ce qui se rapportait au séjour qu'Olympe Boudousquié avait fait à Charlestown et à Savannah.

Une fille ! La mère de celle qu'il aimait avait été une fille !

Il revint à Paris écrasé, mais cependant ferme dans sa résolution.

Jamais il ne reverrait Corysandre.

Comment supporteraient-ils l'un et l'autre cette affreuse séparation ? Il n'en savait rien, il ne se le demandait même pas, car ce n'était pas de l'avenir qu'il pouvait s'occuper, c'était du présent, du présent seul.

Et dans ce présent il n'y avait qu'une chose : la fille d'Olympe Boudousquié ne pouvait pas être duchesse de Naurouse.

Ce que souffrirait Corysandre, ce qu'il souffrirait lui-même, il devait pour le moment écarter cela de sa pensée et tâcher de ne voir que ce que l'honneur de son nom lui imposait.

Il se serait fait tuer pour l'honneur de ce nom : cette résolution serait un suicide.

Et dans le wagon qui le ramenait du Havre à Paris, il arrêta la mise à exécution de cette résolution, s'y reprenant à vingt fois, à cent fois, ne restant fixé qu'à un seul point, qui était qu'il ne devait pas retourner à Bade, car il sentait bien que s'il revoyait Corysandre, il n'y aurait ni volonté, ni dignité, ni honneur qui tiendraient contre elle ; et puis, que lui dirait-il, d'ailleurs ? Il ne pouvait pas lui parler de sa mère, il faudrait qu'il inventât des prétextes ; lesquels ? Elle le verrait mentir, et cela il ne le voulait pas.

Il écrirait donc.

A Mme de Barizel, cela serait assez facile.

Mais à Corysandre !

Et puis il faudrait qu'il lui fît remettre sa lettre.

Comment ?

Il fut emporté dans un tel trouble, un tel émoi, une telle angoisse, un tumulte si vertigineux, qu'il fut tout surpris de se trouver arrivé à Paris : le temps, la distance étant chose inappréciable pour lui.

Immédiatement il se rendit chez lui et tout de suite il écrivit ses lettres, dont les termes étaient arrêtés dans sa tête.

« Madame la comtesse,

» En vous disant que je partais pour voir
» MM. Layton et Urquhart vous avez compris
» qu'il me serait impossible de donner suite
» au projet de mariage dont je vous avais
» entretenu. Après avoir vu ces deux mes-
» sieurs, je vous confirme cette impossibilité.
» Croyez à tous mes regrets.

» NAUROUSE. »

Puis il passa à la lettre de Corysandre ; mais avant de pouvoir poser la plume sur le papier il la laissa tomber plus de dix fois l'esprit affolé, le cœur défaillant :

« Je vous aime, chère Corysandre, et c'est
» sous le coup de la plus affreuse, de la plus
» grande douleur que j'aie jamais éprouvée
» que je vous écris.
» Nous ne nous verrons plus.
» Cependant mon amour pour vous est ce
» qu'il était hier, plus profond même, et ce
» que je vous disais en me séparant de vous,
» je vous le répète en toute sincérité : Je
» vous aime, je vous adore.
» Mais l'implacable fatalité nous sépare et
» et il n'y a pas de volonté humaine qui
» puisse nous réunir.
» Adieu ; mon dernier mot sera celui qui a
» commencé cette lettre, celui qui remplit
» ma vie : je vous aime, chère Corysandre.

» ROGER. »

Cette lettre écrite, il la relut, et il voulut la déchirer, car elle ne disait nullement ce qu'il voulait dire ; mais quand il la recommencerait dix fois, vingt fois, à quoi bon, puisque ce qui était dans son cœur il ne pouvait justement pas l'exprimer.

Il avait décidé que ce serait Bernard qui porterait ces deux lettres, et en les envoyant à celui-ci, il lui donna ses instructions qu'il précisa minutieusement : tout d'abord, Bernard devait porter la lettre adressée à Corysandre et la remettre lui-même aux mains de Mlle Barizel ; quant à celle de Mme de Barizel, il était mieux qu'il la remît à quelqu'un de la maison sans explication.

Lorsque l'enveloppe dans laquelle il avait placé ces lettres fut fermée, il la garda longtemps devant lui, ne pouvant pas l'envoyer à la poste : c'était sa vie, son bonheur, qu'il allait sacrifier, son amour.

Jamais il n'avait éprouvé pareille douleur, pareille angoisse, et si son cœur ne défaillait pas dans les faiblesses de l'irrésolution, il se brisait sous les efforts de la volonté.

Il fallait qu'il renonçât à celle qu'il avait aimée, qu'il aimait si passionnément, et il y renonçait; mais au prix de quelles souffrances accomplissait-il ce devoir!

Enfin l'heure du départ des courriers approcha; il ne pouvait plus attendre; il prit la lettre et la porta lui-même au bureau de la rue Taitbout, marchant rapidement, résolument; mais lorsqu'il la jeta dans la boîte, il eut la sensation qu'il lui en aurait moins coûté de presser la gâchette d'un pistolet dont la gueule eût été appuyée sur son cœur.

Où aller, que faire?

Il était près de la rue Le Peletier; le souvenir de Harly se présenta à son esprit, non de Harly son ami, — il n'avait point d'ami à cette heure et l'humanité entière lui était odieuse, — mais de Harly médecin; il monta chez lui.

En le voyant entrer, Harly vint à lui vivement.

— Quelle joie, mon cher Roger...

Mais en remarquant combien il était pâle et comme tout son visage portait les marques d'un profond bouleversement, il s'arrêta.

— Qu'avez-vous donc? Êtes-vous malade? s'écria-t-il.

— Malade, non; mort: je viens de rompre mon mariage.

Plusieurs fois Roger avait écrit à Harly pour lui parler de ce mariage et lui dire combien il aimait Corysandre.

— J'ai rompu, continua Roger, et j'aime celle que je devais épouser plus que je ne l'ai jamais aimée; de son côté elle m'aime toujours, c'est vous dire ce que je souffre. Plus tard, je vous expliquerai les raisons de cette rupture; aujourd'hui je viens demander au médecin un remède pour oublier et dormir, car si j'ai eu le courage d'accomplir cette rupture, j'ai maintenant la lâcheté de ne pas pouvoir supporter ma douleur.

— Mais que voulez-vous?

— Je vous l'ai dit: oublier, dormir, ne pas penser, ne pas souffrir.

— Mais, mon ami, la douleur morale s'use par le temps; on ne la supprime pas. Si je la suspends par le sommeil, au réveil vous la retrouverez aussi intense qu'en ce moment.

— J'aurai dormi, j'aurai échappé à moi-même, à mes pensées, à mes souvenirs.

— Et après?

— Ce n'est pas demain qui m'occupe en ce moment, c'est aujourd'hui. Demain nous verrons.

— Vous avez raison; je vais vous ordonner une potion que Bernard vous fera prendre de quart d'heure en quart d'heure.

— Je n'ai pas Bernard, il est resté à Bade, je suis seul chez moi.

— Eh bien, je vais m'installer près de vous.

— Non... je vous remercie.

— Cela ne me gênera nullement, je puis bien passer une nuit auprès d'un malade.

— Laissez-moi vous dire franchement qu'en ce moment je voudrais ne pas avoir un ami près de moi.

— Alors je vais vous donner mon domestique, dont je peux très bien me passer; vous le garderez jusqu'au retour de Bernard.

Harly aurait mieux aimé veiller lui-même Roger que de le laisser aux soins d'un domestique, quelle que fût sa confiance en ce domestique qui était à son service depuis plusieurs années; mais devant ce refus si nettement exprimé, il ne pouvait pas insister. Évidemment le duc de Naurouse était dans un état grave qui exigeait des précautions et surtout une grande surveillance.

Il ne l'avait pas vu depuis deux ans et il le trouvait plus pâle, plus maigre que lorsqu'il l'avait quitté. Ce long voyage ne lui avait pas été salutaire. La fièvre bien certainement ne le quittait pas.

Dans ces conditions comment allait-il supporter la crise qu'il traversait? Par les lettres qu'il avait reçues Harly savait que Roger avait mis toutes les espérances de sa vie dans ce mariage qui, pour lui, était le point de départ d'une existence nouvelle, sérieusement, utilement remplie, avec toutes les joies de l'amour et de la famille, ces joies qu'il n'avait jamais connues et après lesquelles il aspirait si ardemment. Dans cette existence tranquille et régulière, il aurait pu trouver le rétablissement de sa santé, tandis que s'il reprenait ses anciennes habitudes il y trouverait sûrement l'aggravation et une aggravation rapide de sa maladie.

Comment l'empêcher de les reprendre?

L'envoyer de nouveau en voyage, il n'y fallait pas songer; dans toutes ses lettres datées de l'Amérique, de l'Asie, il s'était expliqué sur ces voyages entrepris sans autre but que la distraction et qui deviennent alors presque toujours une cause d'ennui exaspérant, de fatigue et de dégoût.

L'envoyer à la campagne, à Varages ou à Naurouse? Qu'y ferait-il? Ne s'y dévorerait-il point dans les regrets. Ne s'y consumerait-il pas dans la mélancolie?

C'étaient là des questions qui s'imposaient au médecin et plus encore à l'ami.

Que faire de lui?

A quoi l'occuper?

Quel ressort mettre chez lui en jeu pour le soutenir?

XXXVI

Ce que Harly avait prédit se réalisa : quand Roger sortit de son assoupissement il trouva sa douleur aussi intense que la veille et même plus lourde, plus accablante, car il n'était plus enfiévré par la résolution à prendre puisque l'irréparable était accompli, et c'était le sentiment de cet irréparable qui pesait sur lui de tout son poids.

C'était fini il ne la verrait plus, et cependant elle était là devant ses yeux plus belle, plus radieuse, plus éblouissante qu'il ne l'avait jamais vue ; ce n'était pas la mort qui la lui enlevait mais sa propre volonté. Cette séparation il l'avait voulue, il la voulait et cependant il en était à se demander s'il n'était pas plus coupable envers Corysandre en l'abandonnant qu'il ne l'eût été envers l'honneur de son nom en l'épousant. Que lui avait-il valu jusqu'à ce jour, ce nom dont il avait été, dont il était si fier ? La guerre avec sa famille, qui avait empoisonné sa jeunesse, et maintenant le sacrifice de son bonheur.

Qui lui tiendrait lieu de ce bonheur ?

Qui remplirait le vide qui se faisait dans sa vie ?

Ces deux questions se dressaient devant lui effrayantes, vertigineuses.

Et quoi qu'il fît pour les écarter, elles revenaient toujours.

Il voulut sortir.

Où aller ?

Chez qui ?

De quoi parler ?

Une seule pensée occupait son esprit et son cœur, l'occupait entièrement : son amour.

Une seule personne au monde existait pour lui : Corysandre.

Et il ne pouvait pas plus parler de son amour que de Corysandre.

Que répondre si par sympathie ou autrement on l'interrogeait ?

— Votre mariage...

— Rompu.

— Comment !

Pouvait-il expliquer ce comment ?

Et s'il n'allait chez aucun de ses amis, ne rencontrerait-il personne dans ses sorties, personne qui lui témoignât de la sympathie ou de la curiosité — ce qui lui était également odieux ?

Cependant il ne pouvait pas rester enfermé toute la journée, tournant et retournant la même pensée, voyant et revoyant toujours la même image.

Il envoya le domestique de Harly lui chercher une voiture :

— Où faut-il aller ?

— Faites-moi faire le tour de Paris par les boulevards extérieurs.

Au moins personne ne le dérangerait, ne l'interrogerait.

En arrivant pour la seconde fois à la Porte-Maillot, le cheval de sa victoria n'en pouvait plus ; il descendit de voiture, en prit une autre et recommença sa promenade.

A sept heures, il se fit conduire chez Bignon ; mais au lieu d'entrer au rez-de-chaussée, il monta à l'entresol pour dîner seul dans un salon particulier.

— Combien monsieur le duc veut-il de couverts ? demanda le maître d'hôtel, qui le reconnut.

— Un seul, le mien.

— Que commande monsieur le duc ?

— Ce que vous voudrez.

Il toucha à peine aux mets qu'on lui servit.

A huit heures il entra à l'Opéra.

C'était une salle d'automne, toute garnie d'étrangers et de provinciaux ; personne ne lui adressa la parole, personne ne le regarda.

Il ne tarda pas à ne pas pouvoir rester en place ; la musique l'exaspérait.

Il sortit et s'en alla aux Bouffes.

Mais il n'y resta pas davantage.

Alors il se fit conduire aux Folies-Dramatiques, d'où il se sauva au bout d'un quart d'heure.

Ces gens qui paraissaient s'amuser, ces comédiens qui jouaient sérieusement, la foule, le bruit, les lumières, tout lui faisait horreur.

Il rentra chez lui, se disant que le lendemain ce serait la même chose, puis le surlendemain, puis toujours ainsi.

Mais le lendemain justement il n'en fut pas ainsi.

Le matin, comme il allait sortir, pour sortir, sans savoir où aller, le valet de chambre de Harly, entrant dans son cabinet, lui demanda s'il pouvait recevoir Mme la comtesse de Barizel.

La comtesse à Paris ! Il resta un moment abasourdi.

Mais il fallait répondre.

— Avez-vous dit que j'étais chez moi ? demanda-t-il.

— J'ai dit que j'allais voir si M. le duc pouvait recevoir.

Son parti fut pris.

— Faites entrer, dit-il.

Et il passa dans son salon, s'efforçant de se calmer. Ce n'était que la comtesse, il n'avait pas de ménagements à garder avec elle ; il haïssait, il méprisait cette misérable femme qui le séparait de Corysandre.

Elle entra la tête haute, avec un sourire sur le visage, et comme Roger, stupéfait, ne pensait pas à lui avancer un siège, elle prit un fauteuil et s'assit. Elle eût fait une visite insignifiante qu'elle n'eût certes pas paru être plus à son aise.

— J'ai reçu votre lettre hier matin, dit-elle, et aussitôt je me suis mise en route pour venir vous demander ce qu'elle signifie.

— Que je renonce à la main de Mlle de Barizel.

— Oh! cela je l'ai bien compris; mais pourquoi renoncez-vous à la main de ma fille ?

Il avait eu le temps de se remettre, et en voyant cette assurance qui ressemblait à un défi, un sentiment d'indignation l'avait soulevé.

— Parce qu'un duc de Naurouse ne donne pas son nom à la fille de Mlle Olympe Boudousquié.

Il croyait la faire rentrer sous terre, elle se redressa au contraire et son sourire s'accentua :

— Je crois, dit-elle, que vous êtes victime d'une étrange confusion de nom que des malveillants, des jaloux ont inventée dans un sentiment de haine stupide et de basse envie pour ma fille : je me nomme, il est vrai, de Boudousquié, du nom de mon père; mais de Boudousquié et Boudousquié sont deux. Lorsqu'avec des yeux égarés vous êtes venu m'annoncer que vous partiez pour voir MM. Layton et Urquhart, j'ai été pour vous avertir qu'on tendait un piège à votre crédulité, comme on avait essayé d'en tendre un à la mienne lorsqu'on m'avait écrit pour m'avertir qu'il y avait en vous le germe de je ne sais quelle maladie mortelle, car déjà on m'avait menacée, pour m'escroquer de l'argent, de me rattacher à cette famille Boudousquié avec laquelle je n'ai rien de commun ; mais je ne l'ai point fait, pensant que vous ne donneriez pas dans cette invention grossière. Je crois que j'ai eu tort ; je vois que ces gens ont su troubler votre jugement, cependant si ferme et si droit d'ordinaire, et je viens me mettre à votre disposition pour vous fournir toutes les explications que vous pouvez désirer. Il s'agit de ma fille, de son bonheur, de son honneur, et je n'écoute, moi sa mère, que cette seule considération. Que vous a-t-on dit?

— Vous le demandez!

— Certes.

— M. Layton m'a dit qu'Olympe Boudousquié, après avoir ruiné son frère dont elle était la maîtresse, avait amené celui-ci à se tuer. M. Urquhart m'a dit que la même Olympe Boudousquié, qui l'avait trompé et ruiné, était la dernière des filles.

— Eh bien! en quoi cela a-t-il pu vous toucher? Il n'y a jamais eu rien de commun entre la famille Boudousquié, à laquelle appartenait cette... fille, et la famille de Boudousquié d'où je sors.

— Alors comment se fait-il que le portrait d'Olympe Boudousquié, que M. Urquhart a conservé et m'a montré, soit... le vôtre?

Du coup, Mme de Barizel, si pleine d'assurance, fut renversée ; une pâleur mortelle envahit son visage et Roger crut qu'elle allait défaillir. Se voyant observée, elle se cacha la tête entre ses mains, mais le tremblement de ses bras trahit son émotion.

Cependant elle se remit assez vite, au moins de façon à pouvoir reprendre la parole :

— Je n'essaierai pas de cacher ma confusion et ma honte, dit-elle, car je veux vous avouer la vérité, toute la vérité. Que ne l'ai-je fait plus tôt! Je vous aurais épargné les douleurs par lesquelles vous avez passé et que vous nous avez imposées, à ma fille et à moi. J'avoue donc que, tout à l'heure, en vous disant qu'il n'y avait rien de commun entre Olympe Boudousquié et ma famille, j'ai manqué à la vérité : en réalité cette Olympe était la fille de mon père, fille naturelle, née de relations entre mon père et une jeune femme...

— Mlle Attie, modiste à Natchez; j'ai le certificat de baptême d'Olympe Boudousquié et beaucoup d'autres pièces authentiques la concernant et concernant aussi sa mère.

Mme de Barizel eut un mouvement d'hésitation, cependant elle continua :

— Vous savez comme ces liaisons se font et se défont facilement. Mon père eut le tort de ne pas s'occuper de cette fille qui, devenue grande, suivit les traces de sa mère; c'est à elle que se rapportent sans doute les pièces dont vous parlez, à elle aussi que se rapportent les récits qui vous ont été faits par MM. Layton et Urquhart, et si vous trouvez qu'une certaine ressemblance existe entre le portrait qu'on vous a montré et moi, vous devez comprendre que cette ressemblance est assez naturelle puisque celle qui a posé pour ce portrait était,.... ma sœur.

— Et cette sœur naturelle, puis-je vous demander ce qu'elle est devenue?

— Morte.

— Il y a longtemps ?

— Une quinzaine d'années.

— Vous avez un acte qui constate sa mort.

— Non, mais on pourrait sans doute le trouver... en le cherchant.

— Eh bien, je puis vous éviter cette peine, car j'ai une série d'actes s'appliquant à cette Olympe Boudousquié qui permettent de la suivre jusqu'au moment où M. le comte de Barizel l'a ramenée de la Havane.

— Monsieur le duc !

Mais Roger ne se laissa pas interrompre,

vivement il se leva et étendant le bras vers la porte :

— Je vous prie de vous retirer.

— Mais je vous jure...

— Me croyez-vous donc assez naïf pour avoir foi aux serments d'Olympe Boudousquié.

Elle se jeta aux genoux de Roger et lui saisissant une main malgré les efforts qu'il faisait pour se dégager :

— Eh bien ! je partirai, s'écria-t-elle avec un accent déchirant, je retournerai en Amérique, vous n'entendrez jamais parler de moi, je serai morte pour le monde, pour vous, même pour ma fille ; mais je vous en conjure à genoux, à mains jointes en vous priant, en vous suppliant comme le bon Dieu, ne l'abandonnez pas, ne renoncez pas à ce mariage. Elle est innocente, elle est la fille légitime du comte de Barizel dont la noblesse est certaine ; elle vous aime, elle vous adore. La tuerez-vous par votre abandon ? C'est sa douleur qui m'a poussée à cette démarche. Ne vous laisserez-vous pas émouvoir, vous qui l'aimez ? l'amour ne parlera-t-il pas en vous plus haut que l'orgueil ?

— Que l'orgueil, oui ; que l'honneur, non, jamais!

XXXVII

Mme de Barizel était partie depuis longtemps et Roger n'avait pas quitté son salon, qu'il arpentait en long et en large, à grands pas, fiévreusement, quand le domestique entra de nouveau.

— Il y a là une dame, dit-il, qui veut à toute force voir monsieur le duc ; elle refuse de donner son nom.

— Ne la recevez pas.

— Elle est jeune, et sous son voile elle paraît très jolie.

Roger ne fut pas sensible à cette raison qui, dans la bouche du domestique, paraissait toute-puissante :

— Ne la recevez pas, dit-il, ne recevez personne.

Mais avant que le domestique fût sorti, la porte du salon se rouvrit et la jeune dame qui paraissait très jolie sous son voile entra.

Roger n'eut pas besoin de la regarder longuement pour la reconnaître ; son cœur avait bondi au-devant d'elle :

— Vous !

— Roger !

Le domestique sortit vivement.

Elle se jeta dans les bras de Roger.

— Chère Corysandre !

Ils restèrent longtemps sans parler, se regardant, les yeux dans les yeux, perdus dans une extase passionnée ; ce fut elle qui la première prit la parole :

— Ma présence ici vous explique que je ne vous en veux pas de votre lettre, j'ai été foudroyée en la lisant, je n'ai pas été fâchée. Fâchée contre vous, moi !

Et elle s'arrêta pour le regarder, mettant toute son âme, toute sa tendresse, tout son amour dans ce regard, frémissante de la tête aux pieds, éperdue, anéantie ; ce n'était plus l'admirable et froide statue qu'il avait vue en arrivant à Bade, mais une femme que la passion avait touchée et qu'elle entraînait.

Tout à coup un flot de sang empourpra son visage et elle se cacha la tête dans le cou de Roger.

— Si je viens à vous, dit-elle faiblement, chez vous, ce n'est pas pour vous demander les raisons qui vous empêchent de me prendre pour femme.

— Mais...

— Ces raisons, ne me les dis pas, s'écria-t-elle dans un élan irrésistible, je ne veux pas les connaître... au moins je ne veux pas que tu me les dises.

Et de nouveau, elle se cacha le visage contre lui.

Puis après quelques instants elle poursuivit sans le regarder :

— Si un homme comme vous ne tient pas l'engagement qu'il a pris... librement, c'est qu'il a pour agir ainsi des raisons qui s'imposent à son honneur ; je sens cela. Lesquelles ? Je ne le sais pas, je ne veux pas les savoir, je ne veux pas qu'on me les dise.

Elle jeta ses mains sur ses yeux et ses oreilles comme si elle avait peur de voir et d'entendre.

— Tu as pensé à moi, n'est-ce pas, demanda-t-elle, avant de prendre cette résolution, à ma douleur, à mon désespoir ; tu as pensé que je pouvais en mourir.

Il inclina la tête.

— Et cependant tu l'as prise ?

— J'ai dû la prendre.

— Tu as dû ! C'est bien cela, je comprend ; mais tu m'aimes, n'est-ce pas ; tu m'aimes encore ?

— Si je t'aime!

Et la prenant dans ses bras il l'étreignit passionnément ; ils restèrent sans parler, les lèvres sur les lèvres.

Mais doucement elle se dégagea :

— Ce que je te demande, je le savais avant que tu me le dises, je l'avais senti, je l'avais deviné, et c'est parce que je sentais bien que tu m'aimais, que tu m'aimes toujours que je suis venue à toi, car enfin nous ne pouvons pas être séparés, — j'en mourrais. Et toi, supporterais-tu donc cette douleur ? vivrais-tu sans moi ? Pour moi, je ne peux pas vivre sans toi, sans ton amour. Je le veux, il me le faut et je viens te le demander. Ce que disait ta lettre, n'est-ce pas, c'était que je ne pouvais pas être ta femme?

Il baissa la tête, ne pouvant pas répondre.

— Pourquoi ne réponds-tu pas? s'écria-t-elle, pourquoi ne parles-tu pas franchement? Tu as peur que je t'adresse des questions. Mais ces questions m'épouvantent encore plus qu'elles ne peuvent t'épouvanter toi-même. En me disant que tu m'aimais toujours et que tu ne pouvais pas faire de moi ta femme, tu m'as tout dit. Je ne veux pas en savoir davantage. Il y a là quelque mystère, quelque secret terrible que je ne dois pas connaître puisque tu ne me l'as pas dit et que tu montres tant d'inquiétude à la pensée que je peux te le demander. Je ne suis qu'une pauvre fille sans expérience, je ne sais que peu de chose de la vie et du monde; mais, pour mon malheur, j'ai appris à regarder et à voir, et ce que bien souvent je ne comprends pas, je le devine cependant. Ce que j'ai deviné c'est qu'après avoir voulu me prendre pour ta femme, tu ne le veux plus maintenant.

— Je ne le peux plus.

— Mais tu peux m'aimer cependant, tu m'aimes. Eh bien, ne nous séparons plus. Me voici; prends-moi, garde-moi.

Elle lui jeta les bras autour du cou, et le regardant sans baisser les yeux:

— Me veux-tu?

— Et j'ai pu t'écrire que nous ne nous verrions plus! s'écria-t-il.

— Oh! ne t'accuse pas. A ta place j'aurais agi comme toi sans doute; à la mienne tu ferais ce que je fais; tu as eu la douleur de résister à ton amour, moi j'ai la joie d'obéir au mien. Et sens-tu comme elle est grande, sens-tu comme elle m'exalte, comme elle m'élève au-dessus de toutes les considérations si sages et si petites de ce monde? Jusqu'à ce jour je n'ai eu qu'un orgueil, celui de ma beauté; on m'a tant dit que j'étais belle, on m'a montré tant d'enthousiasme, tant d'admiration que j'ai cru... quelquefois que j'étais au-dessus des autres femmes; au moins je l'ai cru pour la beauté, car pour tout le reste je savais bien que je n'étais qu'une fille très-ordinaire. Mais voilà que tu m'aimes, voilà que je t'aime, que je t'aime passionnément, plus que tout au monde, plus que ma réputation, plus que mon honneur, plus que toi, et voilà que c'est par mon amour que je deviens supérieure aux autres, puisque je fais ce que nulle autre sans doute n'oserait faire à ma place et m'en glorifie.

Elle le regarda un moment; ses yeux lançaient des flammes, sa poitrine bondissait, elle était transfigurée par la passion.

— C'est que j'ai foi en toi, continua-t-elle, et que je sais que tu m'acceptes comme je me donne — entièrement. Où tu voudras que j'aille, j'irai; ce que tu voudras, je voudrai. Je n'aurai pas d'autre volonté que la tienne, d'autres désirs que les tiens, d'autre bonheur que le tien; heureuse que tu m'aimes, ne demandant rien, n'imaginant rien, ne souhaitant rien que ton amour. Si tu savais comme j'ai besoin d'être aimée; si tu savais que je ne l'ai jamais été... par personne, tu entends, par personne, et que mon enfance a été aussi triste, aussi délaissée que la tienne.

Comme il la regardait dans les yeux, elle détourna la tête.

— Ne parlons pas de cela, dit-elle, je veux plutôt t'expliquer comment j'ai pris cette résolution.

Elle avait jusqu'alors parlé debout; elle attira un fauteuil et s'assit, tandis que Roger prenait place devant elle sur une chaise, lui tenant les mains dans les siennes, penché vers elle, aspirant ses paroles et ses regards.

— C'est aussitôt après avoir lu ta lettre et quand ma mère m'a donné celle que tu lui écrivais que je me suis décidée. Comme elle m'annonçait qu'elle venait à Paris pour dissiper le malentendu qui s'était élevé entre vous, je lui ai demandé à l'accompagner, devinant bien qu'il ne s'agissait point d'un malentendu comme elle disait et que rien ni personne ne te ferait revenir sur cette rupture, que tu n'avais pu arrêter qu'après de terribles combats, forcé par des raisons qui ne changeraient pas. Elle a consenti à mon voyage. Nous sommes arrivées ce matin, et elle m'a dit qu'elle venait chez toi. J'ai attendu son retour, mais sans rien espérer de bon de sa visite. Lorsqu'elle est rentrée, dans un état pitoyable de douleur et de fureur, elle m'a dit que tu persistais dans ta résolution. Alors je suis sortie doucement de notre appartement inhabité; dans la rue j'ai appelé un cocher qui passait et je lui ai dit de m'amener ici. Il a fallu subir l'examen de ton concierge et de ton valet de chambre. Mais qu'importe. Pouvais-je être bien sensible à cela en un pareil moment. Me voici, près de toi, à toi, cher Roger; ne pensons qu'à cela, au bonheur d'être ensemble. Moi, je me suis faite à l'idée de ce bonheur puisque, depuis hier, je savais que ces mots que tu as dû avoir tant de peine à écrire : « Nous ne nous verrons plus », n'auraient pas de sens aujourd'hui; mais toi, ne te surprend-il pas?

Glissant de son siège, il se mit à genoux devant elle, et dans une muette extase, il la contempla, la regardant des pieds à la tête, tandis qu'il promenait dans de douces caresses ses mains sur elle, sur ses bras, sur son corsage, la serrant, l'étreignant comme s'il avait besoin d'une preuve matérielle pour se persuader qu'il n'était pas sous l'influence d'une illusion.

— Que ne puis-je te garder toujours ainsi, à mes pieds, dit-elle en souriant; mais nous ne devons pas nous oublier. Il est impossible que ma mère ne s'aperçoive pas bientôt de mon départ. Elle me cherchera. Ne me trouvant pas, la pensée lui viendra bien certainement que je suis ici, car elle sait combien je t'aime. Il ne faut pas qu'elle puisse me reprendre, car elle saurait bien nous séparer, dût-elle me mettre dans un couvent jusqu'au jour où elle aurait arrangé un autre mariage pour moi. Ce mariage, je ne l'accepterais pas; cela, tu le sais. Mais je ne veux pas de luttes, je ne veux pas d'intrigues. Arrache-moi à cette existence... misérable. Partons, partons aussitôt que possible.

— Tout de suite. Où veux-tu que nous allions?

— Et que m'importe! J'aurais voulu aller à Varages, à Naurouse, là où tu as vécu, où tu devais me conduire. Mais ce serait folie en ce moment; on nous retrouverait trop facilement, et il ne faut pas qu'on nous retrouve, il ne le faut pas, aussi bien pour toi que pour moi. Allons donc où tu voudras; moi, je ne veux qu'une chose : être ensemble. Tous les pays me sont indifférents; ils me deviendront charmants quand nous les verrons ensemble.

— L'Écosse?

— Si tu veux.

— En passant, nous trouverons à Londres tout ce qui nous sera nécessaire.

— Il est vrai, dit-elle en riant, que je suis un peu à la légère et singulièrement à court pour un long voyage.

— Nous serons à Londres demain et peut-être même cette nuit.

— Partons.

— Le temps d'envoyer chercher une voiture.

Mais au moment où il se dirigeait vers la porte, un bruit de voix retentit dans le vestibule, comme si une altercation venait de s'élever entre plusieurs personnes.

XXXVIII

Roger courut à la porte pour la fermer, et en même temps, se tournant vers Corysandre, il lui fit signe d'entrer dans la pièce voisine qui était sa chambre.

Il n'avait pas tourné le pène qu'on frappa à la porte, non avec le doigt, mais avec la main pleine, trois coups assez forts.

— Au nom de la loi ouvrez, cria une voix assurée.

Évidemment c'était Mme de Barizel qui venait reprendre Corysandre.

Au lieu d'ouvrir, Roger traversa le salon en courant et entra dans sa chambre, où il trouva Corysandre.

— Ma mère, murmura-t-elle d'une voix épouvantée.

— Oui.

— Qu'allez-vous faire?

— Nous allons descendre par l'escalier de service; vite.

Et, la prenant par la main, il l'entraîna de la chambre dans le cabinet de toilette, du cabinet de toilette dans un couloir de dégagement au bout duquel se trouvait la porte de l'escalier de service; mais cette porte était fermée à clef, et la clef ne se trouvait pas dans la serrure.

Roger n'avait pas pensé à cela, il fut déconcerté. Où chercher cette clef? Il n'en avait pas l'idée.

Avant qu'il eût pu réfléchir, un bruit de pas retentit au bout du couloir. Alors, tenant toujours Corysandre par la main, il rentra dans le cabinet de toilette dont il verrouilla la porte. C'était se faire prendre dans une souricière; mais ils n'avaient aucun moyen de sortir.

Corysandre étreignit Roger dans ses deux bras, et comme il se baissait vers elle, elle l'embrassa passionnément, désespérément, comme si elle avait conscience que c'était le dernier baiser qu'elle lui donnait et qu'elle recevait de lui.

— Entrons dans ta chambre, dit-elle, et ouvre la porte; ne nous cachons pas.

Mais il n'eut pas à aller tirer le verrou : au moment où ils arrivaient dans la chambre, la porte opposée à celle par laquelle ils entraient s'ouvrait, et derrière un petit homme à lunettes, vêtu de noir, ils aperçurent Mme de Barizel.

Le petit homme entr'ouvrit sa redingote et Roger aperçut le bout d'une écharpe tricolore.

— Monsieur le duc, dit le commissaire de police, je suis chargé de rechercher chez vous Mlle Corysandre de Barizel, mineure au-dessous de seize ans, que sa mère Mme la comtesse de Barizel, ici présente, vous accuse d'avoir enlevée et détournée.

Roger s'était avancé, tandis que Corysandre était restée en arrière, mais sans chercher à se cacher, la tête haute, ne laissant paraître sa confusion que par le trouble de ses yeux et la rougeur de son visage.

Sur ces derniers mots du commissaire, elle

s'avança à son tour et vint se placer à côté de Roger :

— Je n'ai été ni enlevée, ni détournée, dit-elle en s'efforçant d'affermir sa voix, qui malgré elle trembla, je suis venue volontairement.

Le commissaire salua de la tête sans répondre, tandis que Mme de Barizel levait au ciel ses mains indignées et frémissantes.

— Prétendez-vous, monsieur le duc, dit le commissaire, s'adressant à Roger, que mademoiselle est venue chez vous simplement en visite?

Roger ne répondit rien.

— S'enferme-t-on au verrou pour recevoir des visites? s'écria Mme de Barizel; cherche-t-on à so sauver? Enfin une jeune fille va-t-elle faire une visite à un jeune homme? Cette défense est absurde.

— Me suis-je donc défendu? demanda Roger avec hauteur.

— M. de Naurouse n'a pas à se défendre, dit vivement Corysandre, il n'a rien fait ; s'il faut un coupable, ce n'est pas lui.

Toutes ces paroles, celles de Corysandre, de Roger et de Mme de Barizel, étaient parties irrésistiblement, sans réflexion, sous le coup de l'émotion; seul, le commissaire, qui en avait vu bien d'autres et qui d'ailleurs n'était point partie intéressée, avait su ce qu'il disait.

Cependant le temps avait permis à Roger de se reconnaître, au moins jusqu'à un certain point, c'est-à-dire qu'il ne comprenait rien à ce qui se passait.

Pourquoi cette intervention du commissaire de police?

Que signifiait cette accusation d'enlèvement et de détournement de mineure formulée par le commissaire?

A quoi tout cela tendait-il?

Toutes ces questions se pressaient dans son esprit sans que son ignorance des choses de la loi lui permit de leur trouver une réponse.

Et cependant il fallait qu'il parlât, qu'il se défendit, ou s'il ne se défendait pas, qu'il sût à quoi cela l'entraînait. Mme de Barizel, habile et avisée comme elle l'était, n'avait certes pas décidé une pareille aventure à la légère.

Elle savait.

Lui ne savait rien.

La partie n'était pas égale.

— Monsieur le commissaire, dit-il, je voudrais avoir quelques instants d'entretien avec vous, dit-il.

— Je suis à votre disposition, monsieur le duc, répondit le commissaire, qui paraissait beaucoup mieux disposé en faveur des accusés que de l'accusateur.

— Mais, monsieur... s'écria Mme de Barizel.

— Ne craignez rien, madame, la porte est gardée.

Avant de sortir, Roger regarda Corysandre comme pour lui demander pardon de la laisser seule; mais elle lui fit signe qu'elle avait compris. Alors il passa dans le salon avec le commissaire.

— Monsieur le commissaire, dit-il, c'est une question que je voudrais vous adresser si vous le permettez : vous avez parlé d'accusation tout à l'heure, cette accusation est-elle sérieuse? sur quoi porte-t-elle? à quoi expose-t-elle?

— Vous avez un code, monsieur le duc?

— Non.

— C'est cependant un livre qui devrait se trouver chez tout le monde, dit-il sentencieusement; enfin, puisque vous n'en avez pas, je vais tâcher de répondre à vos questions. Vous demandez si cette accusation est sérieuse? Oui, monsieur le duc, au moins par ses conséquences possibles. Les articles sous le coup desquels elle vous place sont les 354, 355, 356, 357 du code pénal, qui disent que quiconque aura enlevé ou détourné une fille au-dessous de seize ans subira la peine des travaux forcés à temps.

Roger ne fut pas maître de retenir un mouvement.

— C'est ainsi, monsieur le duc ; on ne sait pas cela dans le monde, n'est-ce pas? Cependant telle est la loi. Elle dit aussi que, quand même la fille aurait consenti à son enlèvement ou suivi volontairement son ravisseur, si celui-ci est majeur de vingt-un ans ou au-dessus, il sera condamné aux travaux forcés à temps. Mlle de Barizel, en affirmant qu'elle était venue librement chez vous, a paru vouloir vous innocenter ; vous voyez qu'elle s'est trompée. N'oubliez pas cela, monsieur le duc. De même n'oubliez pas non plus le dernier article que je signale tout particulièrement à votre attention, et qui dit que dans le cas où le ravisseur épouserait la fille qu'il a enlevée, il ne pourrait être condamné que si la nullité de son mariage était prononcée. Dans l'espèce, vous sentez, n'est-ce pas, l'importance de cet article?

Et, baissant la tête, le commissaire adressa à Roger par-dessus ses lunettes un sourire qui en disait long.

— Vous avez deviné qu'on voulait me contraindre à ce mariage? dit Roger.

— Hé! hé! hé!

Il n'en dit pas davantage; mais il se frotta les mains, satisfait sans doute d'avoir été compris.

— J'ai un procès-verbal à dresser, dit-il, je puis m'installer ici, n'est-ce pas?

Et il s'assit devant la table.

— Ce procès-verbal doit constater la porte

fermée à clef, la tentative de fuite par l'escalier de service, le désordre de la toilette de la jeune personne. Pourquoi donc avez-vous fermé cette porte, monsieur le duc?

— Je n'ai pensé qu'à la mère et j'ai voulu lui échapper.

— Fâcheux.

Abandonnant le commissaire, Roger rentra dans la chambre; Corysandre était assise à un bout, Mme de Barizel à un autre.

— Eh bien, monsieur le duc, demanda-t-elle, vous êtes-vous fait renseigner par M. le commissaire sur les conséquences de ce que la loi française appelle un détournement de mineure?

Comme Roger ne répondait pas, elle continua :

— Oui, n'est-ce pas. Alors vous savez que ces conséquences sont un procès en cour d'assises et une condamnation aux travaux forcés.

Corysandre se leva et d'un bond vint à Roger.

— Je pense, poursuivit Mme de Barizel, que cela vous a donné à réfléchir et que vous pouvez me faire connaître vos intentions. Vous aimez ma fille. De son côté, elle vous aime passionnément, follement; sa démarche le prouve. L'épousez-vous?

Avant qu'il eût pu répondre, Corysandre s'était jetée devant lui et, s'adressant à sa mère :

— M. le duc de Narouse ne peut pas m'épouser, dit-elle.

— Je ne te parle pas, s'écria Mme de Barizel.

— Je réponds pour lui.

Puis se tournant vers Roger :

— Si à la demande qu'on t'adresse sous le coup de cette pression infâme, dit-elle, tu répondais : « Oui », tu ne serais plus le duc de Naurouse que j'aime. Tu ne pouvais pas me prendre pour ta femme hier, tu le peux encore moins aujourd'hui.

Mme de Barizel parut hésiter un moment; mais presque aussitôt ses yeux lancèrent des éclairs, tandis que ses narines retroussées et ses lèvres minces frémissaient : elle se leva et s'avançant :

— Et pourquoi donc M. le duc de Naurouse ne peut-il pas l'épouser? dit-elle d'un air de défi; s'il a des raisons à donner pour justifier son refus, j'entends des raisons honnêtes et avouables, qu'il les donne tout haut. Parlez, monsieur le duc, parlez donc.

Une fois encore Corysande intervint en se jetant au-devant de Roger :

— Ah! vous savez bien qu'il ne parlera pas, s'écria-t-elle, et que je n'ai pas à lui demander, moi, votre fille, de se taire.

Malgré sa fermeté, Mme de Barizel dé-concertée; mais son trouble ne dura qu'un court instant :

— Vous réfléchirez, monsieur le duc, dit-elle; — votre femme ou vous ne la reverrez jamais.

Sans répondre, Corysandre se jeta sur la poitrine de Roger.

— A toi pour la vie, s'écria-t-elle, pour la vie, je te le jure.

La porte du salon s'ouvrit :

— Si monsieur le duc de Naurouse veut signer le procès-verbal? dit le commissaire de police.

— Y suis-je obligé?

— On ne peut pas vous y contraindre, cependant...

— Alors je ne signe rien.

XXXIX

Quel usage Mme de Barizel allait-elle faire de son procès-verbal?

Ce fut la question que Roger se posa quand il put réfléchir.

Il ne lui fallut pas longtemps pour voir qu'il ne lui était pas possible, non seulement de la résoudre, mais même de l'examiner, et tout de suite il pensa à Nougaret. Il croyait cependant bien en avoir fini avec les avoués, les avocats et les gens d'affaires.

Bien que les tribunaux fussent en vacances, Nougaret était au travail. Les vacances étaient pour lui son temps le plus occupé; il mettait à jour son arriéré.

Il fit raconter à Roger comment les choses s'étaient passées, minutieusement, et il exigea un récit complet non seulement sur le fait même du procès-verbal du commissaire, mais encore sur les antécédents de Mme de Barizel.

— C'est le caractère du personnage qui nous expliquera ce dont il est capable, dit-il pour décider Roger, qui hésitait.

Il fallut donc que Roger répétât le récit de Raphaëlle et les témoignages de MM. Layton et Urquhart.

— Et la jeune personne, demanda l'avoué, elle n'est pas complice de sa mère?

— Elle!

— Ça s'est vu.

Ce fut un nouveau récit, celui de l'intervention de Corysandre.

— C'est très beau, dit l'avoué; seulement cela serait plus beau encore si c'était joué, car il est bien certain que par la venue chez vous de cette jeune fille qui vous dit : « Ne me prenez pas pour votre femme, puisque je ne suis pas digne de vous; mais gardez-moi pour votre maîtresse, puisque nous nous aimons, » vous avez été profondément touché.

— C'est l'émotion la plus forte que j'aie éprouvée de ma vie.

— Il est bien certain aussi, n'est-ce pas, qu'en se jetant entre sa mère et vous pour dire : « Il ne peut pas m'épouser, » elle vous a paru très belle.

— Admirable d'héroïsme.

— C'est bien cela ; de sorte que vous l'aimez plus que vous ne l'avez jamais aimée.

— Au point que je me demande si je ne commets pas la plus abominable des lâchetés en ne l'épousant pas.

— C'est bien cela. Certes, monsieur le duc, je serais désespéré de dire une parole qui pût vous blesser dans votre amour. Je comprends que vous admiriez cette belle jeune fille pour son sacrifice plus encore que pour sa beauté ; mais enfin je ne peux pas ne pas vous faire observer que ce sacrifice arrive bien à point pour peser sur vos résolutions. Et notez que je ne veux pas insinuer qu'elle n'a pas été sincère ; je n'insinue jamais rien, je dis les choses telles quelles sont. Et ce que je dis présentement, c'est que nous avons affaire à une mère très forte qui a bien pu pousser sa fille, sans que celle-ci ait vu ou senti la main qui la faisait agir.

— Je vous affirme que tout en elle a été spontané, inspiré seulement par le cœur.

— Je veux le croire ; mais il est possible que le contraire soit vrai, et cela suffit pour vous avertir d'avoir à vous tenir sur vos gardes. D'ailleurs les raisons qui vous empêchaient hier d'épouser Mlle de Barizel existent encore aujourd'hui, il me semble, et je ne crois pas que par sa démarche auprès de vous, pas plus que par la mise en mouvement du commissaire de police, Mme de Barizel se soit réhabilitée ; elle est ce qu'elle était, et elle a pris soin de vous prouver elle-même qu'on ne l'avait pas calomniée en vous la représentant comme une aventurière dangereuse. Maintenant quel parti va-t-elle tirer de son procès-verbal. C'est là qu'est la question pressante.

— Justement. A ce sujet je voudrais vous faire observer que je crois que Mlle de Barizel a plus de seize ans.

— C'est quelque chose ; mais ce n'est pas assez pour vous mettre à l'abri. Si la loi punit des travaux forcés le ravisseur d'une fille au-dessous de seize ans, elle punit de la réclusion le ravisseur d'une mineure ; or si Mlle de Barizel a plus de seize ans, elle a toujours moins de vingt-un ans et, par conséquent, la plainte peut être déposée et le procès peut être fait. Le fera-t-elle ?

— Elle est capable de tout, et l'histoire du coup de revolver tiré sur un amant qui se sauvait d'elle, que je n'avais pas voulu admettre lorsqu'on me l'avait racontée, me paraît maintenant possible.

— En disant : le fera-t-elle ? ce n'est pas à elle que je pense, c'est aux avantages qu'elle peut avoir à le faire. A vous en menacer, les avantages sautent aux yeux : elle espère vous faire peur ; avant de se laisser amener sur le banc des assises ou de la police correctionnel, un duc de Naurouse réfléchit, et entre deux hontes il choisit la moindre.

— La moindre serait la condamnation.

— C'est elle qui raisonne et elle pense bien que la moindre pour vous serait de devenir son gendre. C'est là son calcul : tout a été préparé pour vous effrayer et vous amener au mariage par la peur. C'est un chantage comme un autre et, à vrai dire, je suis surpris que celui-là ne soit pas plus souvent pratiqué ; mais voilà, les coquins n'étudient le code que pour échapper aux conséquences de leurs coquineries et non pour en préparer de nouvelles. S'ils savaient quelles armes la loi tient à la disposition des habiles !

— Si Mme de Barizel n'a pas étudié le code, soyez sûr qu'elle se l'est fait expliquer par des gens qui le connaissent.

— J'en suis convaincu, car le coup qu'elle a risqué part d'une main expérimentée ; mais justement parce qu'elle n'a pas agi à la légère, elle doit savoir que vous pouvez très bien, au lieu d'avoir peur du procès, l'affronter. S'il en est ainsi, sa fille, qui présentement est encore mariable, devient immariable. Si belle, si séduisante que soit une jeune fille, qui ne trouve pas de mari quand elle a été enlevée ou détournée et quand un procès retentissant a fait un scandale épouvantable autour de son nom. Que devient Mme de Barizel si elle ne marie pas sa fille ? Une aventurière vieillie qui n'a plus un seul atout dans son jeu, puisqu'elle a perdu le dernier. Vous pouvez donc être certain qu'avant de déposer sa plainte, elle y regardera à deux fois. Elle a joué ses premières cartes et elle a gagné, c'est-à-dire qu'elle a gagné son procès-verbal sur lequel elle peut échafauder une action... si vous avez peur ; mais si vous n'avez pas peur, que va-t-elle en faire de son procès-verbal ? Voyez-vous son embarras avant de risquer une aussi grosse partie ? Mon avis est donc de ne pas bouger et de laisser venir. Soyez assuré qu'il viendra quelqu'un, qu'on cherchera à vous tâter, qu'on vous fera même des propositions. Nous verrons ce qu'elles seront. Pour le moment, tout cela ne nous regarde pas.

— Hélas !

— C'est en homme d'affaires que je parle, car je devine très bien ce que vous devez souffrir.

— Ce n'est pas à moi que je pense, c'est à... elle.

Le quelqu'un qui devait venir et que Nougaret avait annoncé avec sa sûreté de diagnostic, ce fut Dayelle.

Un matin, au bout de huit jours, pendant lesquels Roger avait vainement cherché à apprendre ce que Corysandre était devenue, retenu qu'il était par la réserve que Nougaret lui avait imposée, Bernard, de retour de Bade, annonça M. Dayelle, et celui-ci fit son entrée, grave, majestueux, s'étant arrangé une tête et une tenue pour cette visite, plus imposant, plus important qu'il ne l'avait jamais été, serré dans sa redingote noire, son menton rasé de près relevé par son col de satin.

Après les premières paroles de politesse, Roger attendit, s'efforçant d'imposer silence à son émotion et de ne pas crier le mot qui lui montait du cœur : — Où est Corysandre ?

— Monsieur le duc, dit Dayelle, je viens vous demander quelles sont vos intentions.

— Mes intentions ? A propos de quoi ? Au sujet de qui ?

— Au sujet de Mlle de Barizel, de qui je suis l'ami le plus ancien... un second père.

— J'ai fait connaître ces intentions à Mme la comtesse de Barizel ; il m'est, à mon grand regret, impossible de donner suite au projet que j'avais formé et dont je vous avais entretenu.

— Mais depuis que vous avez fait connaître vos intentions à Mme de Barizel, il s'est passé un... incident grave qui a dû les modifier.

— Il ne les a point modifiées.

— Vous m'étonnez, monsieur le duc ; c'est un honnête homme qui vous le dit.

Roger ouvrit la bouche pour remettre cet honnête homme à sa place ; mais il ne pouvait le faire qu'en accusant Mme de Barizel, et il ne le voulut pas.

— Monsieur le duc, continua Dayelle, qui paraissait éprouver un réel plaisir à prononcer ce mot, monsieur le duc, c'est de mon propre mouvement que je me suis décidé à cette démarche auprès de vous, dans l'intérêt de Corysandre que j'aime d'une affection paternelle très vive ; je viens de voir Mme de Barizel décidée à demander aux tribunaux la réparation de l'injure sanglante que vous lui avez faite, je l'ai arrêtée en la priant de me permettre de faire appel à votre honneur...

— C'est justement l'honneur qui m'empêche de poursuivre ce mariage, dit Roger, incapable de retenir cette exclamation.

— Monsieur le duc, cela est grave ; il y a dans vos paroles une accusation terrible. Qui la justifie ? Vous ne pouvez pas laisser mes amies, Mme de Barizel aussi bien que sa fille, sous le coup de cette accusation tacite.

— J'ai donné à Mme de Barizel les raisons qui me font rompre un mariage que je désirais ardemment.

— Vous avez écouté de basses calomnies, monsieur le duc.

Roger ne répondit pas.

Dayelle le pressa ; Roger persista dans son silence, et il eût rompu l'entretien s'il n'avait espéré pouvoir trouver le moyen de savoir où était Coryzandre.

— Je suis surpris, monsieur le duc, que vous persistiez dans votre inqualifiable refus de me donner des explications que je me croyais en droit de demander à votre loyauté. Je venais à vous en conciliateur. Vous avez tort de me repousser, car vous perdez Corysandre que vous dites aimer.

— Que j'aime et qui m'aime.

— Sa mère a dû la faire entrer dans un couvent, et si vous ne l'en faites pas sortir en l'épousant, elle y restera enfermée jusqu'à sa majorité, car vous sentez bien qu'après ce procès elle ne pourrait jamais se marier.

Roger, se raidissant contre son émotion, voulut essayer de suivre les conseils de Nougaret :

— Alors nous attendrons cette majorité, dit-il, j'ai foi en elle comme elle a foi en moi ; par ce procès, Mme de Barizel déshonorera sa fille, voilà tout.

XL

« Nous attendrons », avait dit Roger à Dayelle.

Mais c'était une parole de défense, une bravade, un défi qui n'avait d'autre but que de montrer qu'il n'était pas plus effrayé par la menace du procès que par celle du couvent.

En réalité, il espérait bien n'avoir pas à attendre longtemps ; Corysandre trouverait certainement un moyen pour lui faire savoir dans quel couvent elle était ; et lui, de son côté, en trouverait un pour la tirer de ce couvent. Réunis, ils partiraient, et bien adroite serait Mme de Barizel si elles les rejoignait.

Quant aux poursuites en détournement de mineure, il semblait, après la visite de Dayelle, qu'il ne devait pas s'en inquiéter ; jamais Mme de Barizel ne poursuivrait ce procès qui perdrait sa fille, et à la vengeance elle préférerait son intérêt.

Il se trouva avoir raisonné juste pour les poursuites, mais non pour Corysandre.

Des poursuites il n'entendit pas parler, si ce n'est par Nougaret, qui lui apprit que Dayelle avait fait des démarches auprès du commissaire de police et auprès de quelques autres personnes pour qu'on gardât le silence sur le procès-verbal, qui serait enterré.

De Corysandre il ne reçut aucune nouvelle; le temps s'écoula; la lettre qu'il attendait n'arriva pas.

Où était-elle? Que faisait-elle? Ne pouvait-elle pas écrire? Ne le voulait-elle pas?

Cette dernière hypothèse ne lui paraissait guère admissible; puisqu'elle avait bien osé venir à lui, elle ne devait pas se laisser arrêter par la peur d'écrire, et il était plutôt à croire qu'elle ne pouvait pas faire sortir ses lettres de son couvent.

Il devait donc la chercher, la trouver; mais comment?

Mme de Barizel avait quitté Paris pour s'installer chez Dayelle, dans un château que celui-ci possédait aux environs de Poissy, et où il passait tous les ans la saison d'automne avec son fils et tout un cortège d'invités qui se renouvelaient par séries; en la surveillant adroitement, en la suivant, elle devait vous conduire au couvent où Corysandre était enfermée.

Mais il ne lui convenait pas de remplir ce rôle d'espion, et d'ailleurs il eût suffi que Mme de Barizel pût soupçonner qu'elle était espionnée pour dérouter toutes les recherches; il lui fallait donc quelqu'un qui pût exercer cette surveillance avec autant de discrétion que d'habileté.

Qui?

L'idée lui vint de demander à Raphaëlle de lui donner l'homme qu'elle avait envoyé en Amérique; sans doute il éprouvait bien une certaine répugnance à s'adresser à Raphaëlle; mais cet homme, en obtenant les renseignements relatifs à Mme de Barizel, avait donné des preuves incontestables d'activité et d'habileté; il connaissait déjà celle-ci, et c'étaient là des considérations qui devaient l'emporter, semblait-il, sur sa répugnance; puisque c'était par Raphaëlle seule qu'il pouvait savoir qui était cet homme, il fallait bien qu'il le lui demandât.

Aux premiers mots qu'il lui adressa à ce sujet, elle parut embarrassée; mais bientôt elle prit son parti.

— C'est que la personne dont tu me parles, dit-elle, ne fait pas son métier de ces sortes d'affaires; c'est par amitié qu'elle a bien voulu me rendre ce service; en un mot c'est mon père.

— Ah!

— Tu vois combien il   délicat que je lui demande de faire p   tôt ce qu'il a bien voulu faire pour moi. E puis ce qui est délicat aussi c'est de lui donner des raisons pour justifier à ses propres yeux son intervention. Ces raisons je ne te les demande pas, elles ne me regardent pas. Mais lui, avant d'agir, voudra savoir pourquoi il agit. C'est un homme méticuleux, qui pousse certains scrupules à l'exagération; le type du vieux soldat. Enfin je vais tâcher de te l'envoyer; tu t'arrangeras avec lui.

Raphaëlle réussit dans sa mission qu'elle présentait comme si délicate, si difficile, et le lendemain matin Roger vit entrer M. Houssu, sanglé dans sa redingote boutonnée comme une tunique, les épaules effacées, la poitrine bombée, avec un large ruban rouge sur le cœur. Il salua militairement et, d'une voix brève:

— Monsieur le duc, je viens à vous de la part de ma fille... à qui je n'ai rien à refuser. Elle m'a dit que vous aviez besoin de mes services pour rechercher une jeune fille que sa mère ferait retenir injustement dans un couvent. Je me mets donc à votre disposition, d'abord pour avoir le plaisir de vous obliger — il salua — ensuite pour être agréable à ma fille, — il mit la main sur son cœur d'un air attendri — enfin parce que mes principes d'homme libre s'opposent à ces séquestrations dans les couvents.

Comme Roger se souciait peu de connaître les principes de M. Houssu, il se hâta de parler de la question de rémunération.

— À la vacation, monsieur le duc, dit Houssu avec bonhomie, à la vacation, je vous compterai le temps passé à cette surveillance... et mes frais, au plus juste.

Soit que Houssu voulût tirer à la vacation, soit toute autre raison, le temps s'écoula sans qu'il apportât aucun renseignement sur Corysandre; cependant il était bien certain qu'il s'occupait de cette surveillance avec activité, car s'il était muet sur Corysandre, il était d'une prolixité inépuisable sur Mme de Barizel dont Roger pouvait suivre la vie comme s'il l'avait partagée.

Mais ce n'était pas de Mme de Barizel qu'il s'inquiétait, c'était de Corysandre.

Que lui importait que Mme Barizel quittât, deux fois par semaine, le château de Dayelle pour venir à Paris et qu'en arrivant elle allât déjeuner avec Avizard dans un cabinet, tantôt de tel restaurant, tantôt de tel autre; puis qu'après avoir quitté Avizard elle allât passer une heure avec Duplaquet dans une chambre d'un des hôtels qui avoisinent la gare Saint-Lazare; cela confirmait ce que Raphaëlle lui avait raconté, mais que lui importait. Son opinion sur Mme de Barizel était faite, et il n'était d'aucun intérêt pour lui qu'on la confirmât ou qu'on la combattît.

Et cependant il fallait qu'il écoutât tous ces rapports de Houssu, de même qu'il fallait qu'il autorisât celui-ci à continuer sa surveillance, car c'était en la suivant qu'on pouvait espérer arriver à Corysandre.

Mais les journées s'ajoutaient aux journées et Houssu ne trouvait rien.

Que devait penser Corysandre ? Ne l'accusait-elle point de l'abandonner ?

L'automne se passa et Mme de Barizel revint à Paris.

— Maintenant, dit Houssu, nous la tenons.

Mais ce fut une fausse espérance; elle n'alla point voir sa fille et ses domestiques, interrogées, ne purent rien dire de satisfaisant. Les uns pensaient que mademoiselle était retournée en Amérique, une autre croyait qu'elle était à Paris ; la seule chose certaine était qu'elle n'écrivait pas à sa mère et que sa mère ne lui écrivait pas. Quant à celle-ci, on parlait de son prochain mariage avec Dayelle.

Ce mariage inspira à Houssu une idée que Roger n'accepta pas ; elle était cependant bien simple : c'était de faire savoir à Mme de Barizel que si elle ne rendait pas la liberté à sa fille, on ferait manquer son mariage avec Dayelle en communiquant à celui-ci les renseignements avec pièces à l'appui qui racontaient la jeunesse d'Olympe Boudousquié.

Houssu fut d'autant plus surpris que ce moyen fût repoussé, qu'il voyait combien était vive l'impatience, combien étaient douloureuses les angoisses du duc.

C'était non seulement pour Corysandre que Roger s'exaspérait de ces retards, mais c'était encore pour lui-même.

En effet, avec la mauvaise saison son état maladif s'était aggravé, et il ne se passait guère de jour sans que Harly le pressât de partir pour le Midi.

— Allez où vous voudrez, disait Harly, la Corniche, l'Algérie, Varages si vous le préférez, mais je vous en prie comme ami, je vous l'ordonne comme médecin, quittez Paris dont la vie vous dévore.

— Bientôt, répondait Roger, dans quelques jours.

Car il espérait qu'au bout de ces quelques jours il pourrait partir avec Corysandre, et puisqu'on lui ordonnait le Midi, s'en aller avec elle en Égypte, dans l'Inde, au bout du monde.

Mais les quelques jours s'écoulaient ; Houssu n'apportait aucune nouvelle de Corysandre, le mal faisait des progrès, la faiblesse augmentait et Harly revenait à la charge et répétait son éternel refrain : « Partez ». Partir au moment où il allait enfin savoir dans quel couvent se trouvait Corysandre, quitter Paris quand elle pouvait arriver chez lui tout à coup ! Puisqu'elle était venue une fois, pourquoi ne viendrait-elle pas une seconde? Et il attendait.

Un matin Houssu se présenta avec une figure joyeuse.

— Cassez-moi aux gages, monsieur le duc, je n'ai été qu'un sot : j'ai surveillé madame de Barizel, tandis que c'était monsieur Dayelle qu'il fallait filer.

— Mademoiselle de Barizel, interrompit Roger.

— Elle est à Paris, au couvent des dames irlandaises, rue de la Glacière, où monsieur Dayelle va tous les jours la voir avec son fils. On dit... Mon Dieu, je ne sais pas si je dois le répéter à monsieur le duc...

— Allez donc.

— On dit que le fils doit épouser la fille en même temps que le père épousera la mère ; c'est un moyen que monsieur Dayelle a trouvé afin de ne pas perdre l'argent qu'il a donné à madame de Barizel pour constituer la dot de sa fille.

— C'est insensé.

— Évidemment... Seulement on le dit, et j'ai cru que mon devoir était de le répéter à monsieur le duc.

— Il faut que vous fassiez parvenir aujourd'hui même à mademoiselle de Barizel la lettre que je vais vous donner.

— Cela sera bien difficile.

— Je paierai l'impossible.

— On tâchera.

Et tout de suite Roger se mit à écrire cette lettre, qui fut longuement explicative et surtout ardemment passionnée ; mais qui ne dit pas un mot des projets de mariage avec Dayelle fils.

Comment eût-il parlé de ces bruits auxquels il ne croyait pas, non seulement parce qu'il avait foi en Corysandre, mais parce Léon Dayelle était un grand dadais que son père avait tenu dans une dépendance si étroite qu'elle avait fait de lui un être nul et ridicule. Quel beau mari vraiment pour Corysandre.

Tandis que Houssu emportait cette lettre, il alla lui-même rue de la Glacière pour voir le couvent où elle était enfermée ; mais il ne vit rien que des grands murs, des grands arbres et une grande porte aussi bien fermée que celle d'une prison.

Comme il restait devant cette porte, la regardant mélancoliquement, un bruit de voiture lui fit tourner la tête : c'était un coupé attelé de deux chevaux qui arrivait grand train, conduit par un cocher à livrée vert et argent — celle de Dayelle.

Il s'éloigna pour n'être pas reconnu et, s'étant retourné, il vit descendre du coupé Dayelle accompagné de son fils ; le valet de pied avait sonné. La porte si bien fermée s'ouvrit ; ils entrèrent.

XLI

Evidemment c'était folie d'admettre que Léon Dayelle pouvait devenir le mari de Corysandre.

Mais alors pourquoi venait-il la voir avec son père ?

Que le père vint dans ce couvent, cela s'expliquait jusqu'à un certain point.

Mais le fils ?

C'était une terrible femme que Mme de Barizel, de qui l'on pouvait tout attendre, de qui l'on devait tout craindre ! Si elle se pouvait faire épouser par Dayelle, ne pouvait-elle pas faire épouser Corysandre par Léon ? Il est vrai qu'elle voulait ce mariage avec le père, tandis que Corysandre ne voudrait jamais le fils. Ce serait lui faire une mortelle injure que la croire capable d'une pareille trahison. Il avait foi en elle, en sa fidélité, en son amour.

Et cependant cette visite du père et du fils dans le couvent se prolongeait bien longtemps. Que pouvaient-ils dire ? Comment Corysandre pouvait-elle les écouter ?

C'était embusqué sous la porte d'un mégissier que Roger agitait fiévreusement ces questions, attendant qu'ils sortissent.

Enfin il les vit paraître ; ils montèrent en voiture, et il put à son tour partir et rentrer chez lui, où il attendit Houssu. Mais Houssu ne vint pas ce jour-là. Ce fut seulement le lendemain qu'il arriva, la mine longue : il n'avait pas réussi à trouver quelqu'un pour se charger de la lettre, et il craignait bien de n'être pas plus heureux. Les difficultés étaient grandes ; il voulut les énumérer, mais Roger l'interrompit en lui disant qu'il fallait, coûte que coûte, que cette lettre fût remise au plus vite dans les mains de Mlle de Barizel. Avec du zèle et de l'argent, on devait réussir.

— Soyez sûr que je n'économiserai ni l'un ni l'autre, dit Houssu.

Le lendemain il vint annoncer qu'il avait des espérances, le surlendemain qu'il n'en avait plus, puis deux jours après qu'il en avait de nouvelles et d'un autre côté.

Le temps recommença à s'écouler sans résultat, et Roger, exaspéré, voulut agir lui-même. Il pensa à s'adresser à Mlle Renée de Queyras, la tante de Christine, qui devait être en relation avec les dames irlandaises de la rue de la Glacière, comme elle l'était avec toutes les congrégations religieuses de Paris. Mais que lui dirait-il quand elle lui demanderait dans quel but il voulait avoir des nouvelles de Mlle de Barizel :

— C'est une fille que vous aimez ? — Oui.
— Que vous voulez épouser ? — Non, que je veux enlever.

C'était là une des fatalités de sa position qu'il ne pouvait trouver d'aide qu'auprès de gens comme Houssu. Il se cachait de Harly et de Nougaret ; à plus forte raison ne pouvait-il pas s'ouvrir à Mlle Renée.

Et cependant il fallait qu'il se hâtât d'agir, car dans le monde, autour de lui, on commençait à parler du mariage de Mlle de Barizel avec Léon Dayelle. Ce bruit, qui tout d'abord lui avait paru absurde, s'imposait maintenant à lui quoi qu'il fît pour le repousser. Il y avait des gens qui le regardaient d'une façon étrange, ceux-ci avec curiosité, ceux-là d'un air énigmatique. Il y en avait d'autres qui, plus naïfs ou plus cyniques, l'interrogeaient directement :

— Est-ce vrai que la belle Corysandre épouse le fils du père Dayelle ?

Et quand il ne répondait pas il y avait des gens qui répondaient pour lui, expliquant les raisons qui justifiaient ce mariage : la rouerie de Mme de Barizel, la beauté de Corysandre, ses mariages manqués jusqu'à ce jour, la nullité de Léon Dayelle, l'avarice du père Dayelle qui voulait faire passer aux mains de son fils l'argent qu'il avait eu la faiblesse de se laisser arracher par Mme de Barizel, ce qui était une opération véritablement habile.

Ainsi pressé, il allait se décider à chercher un nouvel agent pour l'adjoindre à Houssu, quand celui-ci vint l'avertir tout triomphant qu'il avait enfin trouvé une personne sûre pour faire remettre à Mlle de Barizel la lettre dont il était chargé.

— Et la réponse à cette lettre ? demanda Roger.

— Si la jeune personne en fait une, j'ai pris mes précautions pour qu'elle nous parvienne demain ; mais monsieur le duc doit comprendre que je ne peux pas savoir si Mlle de Barizel répondra.

Si elle répondait !

Cela pouvait, en effet, faire l'objet d'un doute pour Houssu, mais non pour Roger, qui était bien certain qu'à sa lettre elle répondrait par une lettre non moins tendre, non moins passionnée. Maintenant que le moyen de correspondre était trouvé, ils s'écriraient, ils s'entendraient, et dans quelques jours elle serait à lui ; si ce n'était pas dans quelques jours, ce serait dans quelques semaines ; le temps n'avait plus d'importance pour eux.

Grande fut sa surprise ou plutôt sa stupéfaction quand le lendemain, au moment où il attendait Houssu, Bernard lui annonça que Mme la comtesse de Barizel lui demandait un entretien et qu'elle était dans son salon, l'attendant.

Mme de Barizel chez lui ! Que pouvait signifier cette visite ?

Et après quelques secondes de réflexion, il

se dit qu'elle venait sans doute pour obtenir de lui les pièces compromettantes qu'elle savait entre ses mains et au moyen desquelles il pouvait empêcher son mariage avec Dayelle s'il voulait s'en servir.

Il entra dans son salon le sourire aux lèvres, décidé à se montrer bon prince et à ne pas abuser des avantages de sa position ; malgré tout elle était la mère de Corysandre.

Mais, ayant jeté sur elle un rapide coup d'œil, il remarqua qu'elle aussi était souriante et que son attitude, au lieu d'être celle d'une suppliante, était plutôt celle d'une femme sûre d'elle-même, qui peut parler haut.

C'était à elle d'entamer l'entretien et d'expliquer le but de sa visite — ce qu'elle fit sans aucun embarras.

— C'est une lettre que je vous apporte, dit-elle.

— Je vous remercie, madame, de la peine que vous avez prise.

— Une lettre de la part de ma fille.

Et, avant de tendre cette lettre qu'elle tenait cachée, elle le regarda avec un sourire ironique ; ce ne fut qu'après une pause assez longue qu'elle la sortit de sa poche.

Il reconnut celle qu'il avait remise à Houssau et ne fut pas maître de retenir un mouvement.

— Mon Dieu oui, monsieur le duc, c'est la vôtre, dit-elle en accentuant son sourire ; l'agent que vous employez a payé des gens pour la faire parvenir à ma fille, et celle-ci, ayant reconnu l'écriture de l'adresse, n'a pas cru devoir l'ouvrir : elle me l'a remise pour que je vous la rapporte.

Disant cela, elle lui tendit la lettre en ajoutant :

— Vous voyez que le cachet est intact, n'est-ce pas ?

Puis, après avoir joui pendant quelques instants de la confusion de Roger, elle poursuivit :

— Comment n'avez-vous pas compris, monsieur le duc, que cet accueil était le seul que pouvait recevoir votre lettre ? Elle serait arrivée le lendemain de la visite de ma fille ici, il en eût été sans doute autrement. Encore sous l'influence de son coup de tête, Corysandre n'eût pas réfléchi et elle aurait été peut-être entraînée. Vous savez comme on persiste facilement dans une folie ; même quand on sait que c'est une folie on s'y obstine. Mais après le temps qui s'est écoulé, après votre long silence, elle a pu réfléchir ; elle a envisagé la situation, elle vous a jugé, mal peut-être, mais enfin elle vous a jugé tel que les circonstances vous montraient et, à vrai dire, non à votre avantage. Songez donc qu'elle avait été prodigieusement étonnée et même assez profondément blessée de votre lenteur à vous déclarer à Bade, ne comprenant rien à votre réserve et se disant que vous étiez un amant bien compassé, bien froid, ce que vous appelez, je crois, un amoureux transi. Est-ce le mot ?

Elle le regarda toujours souriante, montrant ses dents blanches pointues ; puis comme il ne répondait pas, elle continua :

— Lorsqu'après son départ d'ici et dans la solitude du couvent où je l'avais placée, elle a vu que vous ne faisiez rien pour l'arracher à ce couvent et que vous continuiez à vous enfermer dans votre prudente réserve, elle a trouvé que de transi vous deveniez tout à fait glacé. La situation que vous me faisiez était vraiment trop belle pour que je n'en profite pas, et je vous avoue que j'en ai tiré parti. Aux réflexions que faisait ma fille j'ai ajouté les miennes, qui, je l'avoue encore, n'ont pas été à votre avantage. Croyez-vous qu'il a été difficile de prouver à ma fille que vous ne l'aimiez pas que vous ne l'aviez jamais aimée. Est-ce que quand on aime une jeune fille, belle, honnête, tendre comme Corysandre, on ne l'épouse pas malgré tout ? Est-ce qu'on se laisse arrêter par je ne sais quelles considérations d'orgueil ? Quand on aime, il n'y a pas de considérations, il n'y a que l'amour. Est-ce que quand cette jeune fille est mise dans un couvent, on la laisse s'y morfondre et s'y désespérer ? Si elle commence par là, elle finit par se consoler et se laisser consoler. C'est ce qui est arrivé. Après avoir écouté la voix de la raison, Corysandre, qui ignorait que vous aviez chargé un agent de la découvrir, a écouté celle de la tendresse. Vous dites ?

— Rien, madame ; je vous écoute, je vous admire.

— N'allez pas croire au moins que j'exagère. Il ne faut pas juger Corysandre sur son coup de tête et voir en elle une fille exaltée et passionnée, capable de tout dans un élan d'amour. Songez qu'elle a pu être poussée à ce coup de tête par une volonté au-dessus de la sienne, qui croyait ainsi assurer son mariage.

— Ah ! vous le reconnaissez ?

— J'explique, rien de plus. Mais ce que je veux surtout vous faire comprendre c'est la nature de ma fille. En réalité c'est une personne raisonnable, douce, tendre, qui a horreur des aventures, du désordre, de la lutte et qui désire par-dessus tout une existence régulière et calme. L'eût-elle trouvée auprès de vous, cette existence ? En devenant votre femme, oui, sans doute ; mais votre maîtresse. On la lui a offerte... elle l'a acceptée avec un cœur ému, plein de reconnaissance pour le galant homme qui voulait bien oublier qu'elle avait eu une minute d'égarement...

rien qu'une minute. Aujourd'hui elle aime ce galant homme, — la façon dont elle répond à votre lettre vous le prouve, — et dans quelques jours elle devient la femme de M. Léon Dayelle.

Sur ce mot elle se leva.

Roger, qui tout d'abord avait été foudroyé, se leva aussi et par un effort désespéré de volonté, il se tint la tête haute et ferme.

— Votre visite a devancé la mienne, dit-il; j'ai là certains papiers qui vous concernent; ce sont les pièces qui se rapportent à l'enquête faite à Natchez, la Nouvelle-Orléans, Charlestown, Savannah.

— Ces pièces n'ont aucun intérêt pour moi, dit-elle avec audace.

— Même si je vous les remets.

— Ah!

— Vous voyez bien.

Il passa dans son cabinet et presque aussitôt il revint avec les papiers qui lui avaient été remis par Raphaëlle.

Mme de Barizel sauta dessus plutôt qu'elle ne les prit, et violemment elle les jeta dans la cheminée, où brûlait un grand brasier; ils se tordirent et s'enflammèrent.

Alors elle passa devant Roger et s'arrêtant un court instant:

— Monsieur le duc, vous êtes un homme d'honneur.

Il resta impassible, mais lorsqu'elle fut sortie en fermant la porte, il se laissa tomber sur un fauteuil et se cacha la tête entre ses mains.

XLII

Bien que Roger n'eût plus à attendre Corysandre, il n'avait pas voulu, cependant, obéir aux prescriptions de Harly et quitter Paris.

Au lieu de chercher le calme et la tranquillité qui lui eussent permis de se soigner, il s'était lancé à corps perdu dans la vie tapageuse qui avait été celle des premières années de sa jeunesse. Après une longue disparition le monde qui s'amuse l'avait retrouvé partout où il y avait un plaisir à prendre et où il était de bon ton de se montrer: au bois, chaque jour, quelque temps qu'il fît, montant un cheval brillant ou dans une voiture qui attirait les regards des connaisseurs; aux courses si éloignées qu'elles fussent dans la banlieue de Paris; à toutes les premières représentations si tard qu'elles finissent; dans tous les petits théâtres à la mode si enfumés, si étouffants qu'ils fussent. Où qu'on allât et toujours au premier rang, avec quelques amis, Mautravers, Sermizelles, le prince de Kappel, tantôt l'un, tantôt l'autre, car ils étaient obligés de se relayer pour le suivre, eux solides et bien portants, on était sûr d'apercevoir sa tête pâle aux joues creuses, aux yeux ardents qui, se promenant partout, sur toutes choses et sur tous indifféremment, ne trahissaient que l'ennui, le dégoût ou la raillerie.

Chaque matin Harly venait le voir et avant tout il l'interrogeait sur sa journée de la veille.

— A quelle heure êtes-vous rentré cette nuit?

— A trois heures.

— C'est fou.

— Mais non, c'est sage. Pourquoi voulez-vous que je rentre? Pour ne pas dormir, pour réfléchir, pour songer; le bruit m'occupe.

— Au moins vous êtes-vous amusé?

— Je ne m'amuse pas; je m'étourdis, je m'use, je me fatigue.

— Vous vous tuez.

— Qu'importe. Pourquoi voulez-vous que je vive? A quoi bon? Qu'ai-je à faire en ce monde? A qui suis-je utile? Ai-je une famille, une femme, des enfants?

— Aujourd'hui non; mais demain.

— On se fait facilement illusion quand on est heureux, on voit tout en beau; mais le malheur rend clairvoyant et remet les choses à leur vraie place. Je comprends maintenant combien j'ai été fou de vouloir des enfants; dans ma condition c'eût été un crime. Quand on descend d'un père mort de tubercules dans le cerveau et d'une mère morte de tubercules dans le poumon on n'a pas le droit d'avoir des enfants, auxquels on transmettrait fatalement la maladie héréditaire de sa famille; la lettre dans laquelle on dénonçait ma main hippocratique m'a donné à réfléchir.

— N'allez-vous pas croire à ces fantaisies!

— Je crois à tout ce qui est mauvais, et je ne crois à rien de ce qui est bon. Mais, je vous en prie, ne parlons pas médecine; nous ne nous entendons pas; il me peine d'être en dissentiment avec vous, que j'aime comme ami, mais que je crains comme médecin.

Il dit ces derniers mots avec une énergie voulue et comme avec une intention.

— Ce que vous me dites là est grave pour moi, car si vous ne voulez pas faire ce que je vous ordonne je suis obligé de me retirer... Oh! comme médecin, non comme ami.

Roger garda le silence un moment:

— Eh bien, dit-il, donnez-moi un de vos confrères, celui que vous appelleriez si vous étiez malade; je ne veux pas de cause de division entre nous; je vous aime trop.

S'il ne s'était pas laissé soigner par Harly, il n'avait pas été plus docile avec le médecin que celui-ci lui avait donné, et ce fut seulement quand il fut abattu tout à fait sur son lit, sans forces, qu'il s'arrêta et se livra à son nouveau médecin.

Ceux qui avaient été ses compagnons de plaisir furent presque tous ses compagnons de douleur. Du jour où il fut obligé de garder la chambre, il vit arriver chez lui ses anciens amis : Mautravers, le prince de Kappel, Sermizelles, Montrévault, Savine, et aussi les femmes de son ancien monde : Cara, Balbine, Raphaëlle. On se donnait rendez-vous chez lui pour déjeuner, dîner ou souper, et sa cuisine, qui n'avait jamais vu une casserole, fut garnie de tous les ustensiles que pourrait désirer le cordon bleu le plus exigeant.

Quand il était en état de se mettre à table, l'on déjeunait ou l'on dînait avec lui; quand il était trop souffrant ou quand il dormait, on se faisait servir comme s'il avait été là. Bernard prenait soin seulement de tenir fermées les portes du salon, de façon à ce que le tapage de la salle à manger n'arrivât pas jusqu'à la chambre à coucher; on causait, on riait, et de temps en temps on le plaignait : — Pauvre petit duc. — Chut, s'il nous entendait. — C'est vrai. — Et l'on recommençait à plaisanter et à s'amuser, pour ne pas l'inquiéter. Bien souvent, après le déjeuner ou après le souper, on remplaçait la nappe blanche par un tapis en drap vert et une partie de la journée ou de la nuit on restait là à jouer; les hommes arrivaient en sortant de leur cercle, les femmes après que leur théâtre était fini, si elles n'avaient rien de mieux à faire; c'était une maison qu'on avait la certitude de trouver toujours ouverte, avec table servie, ce qui est commode.

Si Roger se réveillait, on allait lui faire une visite à tour de rôle, courte pour ne pas le fatiguer, et l'on revenait bien vite prendre sa place devant la nappe ou le tapis vert. Quand les portes s'entr'ouvraient, de son lit il entendait le cliquetis de la vaisselle et de l'argenterie, ou le tintement des louis; il s'informait des noms de ceux ou celles qui était là, et il faisait appeler ceux ou celles qu'il voulait voir, les renvoyant sans colère lorsqu'il les trouvait impatients d'aller finir le morceau servi dans leur assiette ou la partie commencée.

Seules ses matinées étaient solitaires, car c'était le moment du sommeil pour tous et pour toutes. Il est vrai que pour lui c'était le moment des tristes réflexions qui suivent ordinairement une nuit de fièvre; mais après lui avoir donné la journée ou la soirée, il n'était que juste de prendre le matin pour dormir. Pour le soigner et l'égayer, devait-on se rendre malade?

Un matin qu'il sommeillait à moitié, il entendit un bruit de pas sur le tapis; mais il n'y prit pas attention, croyant que c'était la garde de jour qui venait relever la garde de nuit. Tout à coup un fracas de verrerie lui fit brusquement tourner la tête pour voir qui venait de renverser cette verrerie, et il aperçut au milieu de la chambre, se tenant sur la pointe des pieds sans oser avancer ou reculer, son ancien professeur Crozat.

— Eh quoi! c'est vous, mon cher Crozat?

— Excusez-moi, je voulais ne pas faire de bruit.

— Et vous avez renversé le guéridon.

— Mon Dieu! oui, ça n'arrive qu'à moi, ces maladresses-là.

— Ce n'est rien ; avancez et donnez-moi la main, que je vous dise combien je suis content de vous voir.

— Vrai?

— En doutez-vous?

— Non, et c'est pour cela que je suis venu quand j'ai appris par Harly que vous étiez malade, pour vous voir d'abord et puis pour me mettre à votre disposition, vous faire la lecture, si cela peut vous être agréable, écrire vos lettres.

— Merci, mon bon Crozat.

— Seulement je débute mal dans la chambre d'un malade.

Et, d'un air piteux, il regarda les débris qui jonchaient le tapis.

— Ne vous inquiétez donc pas de cela. Dites-moi plutôt comment vous allez. Parlez-moi du *Comte et la Marquise*.

— Je viens de le transformer en opéra-comique pour un musicien influent qui va le faire jouer... sûrement. Il est vrai que la musique nuira au poème, mais que voulez-vous.

Et Crozat raconta les mésaventures de sa pièce. Cela fut long et dura jusqu'au moment où Mautravers, qui était toujours le premier arrivé, entra ; alors il se retira.

Le lendemain, il revint à la même heure, et Roger le vit entrer portant un livre sous son bras.

— Qu'est-ce que cela?

— L'*Odyssée* en grec ; j'ai pensé qu'après les journaux, qui sont bien vides, vous seriez peut-être satisfait que je vous fasse une bonne lecture; alors j'ai apporté l'*Odyssée*, que nous n'avons pas eu le temps de bien lire quand nous travaillions ensemble à Varages.

— En grec?

— Oh! je vais vous le traduire, bien entendu ; parce que les traductions imprimées sont ridicules. — Il ouvrit le volume. — Ainsi si je vous dis, comme dans toutes les traductions, que Télémaque « s'assoit sur un siège élégant, » cela ne vous fait rien voir, car il y a vingt façons d'être élégant pour un siège ; tandis que si je traduis « sur un siège sculpté », vous voyez tout de suite ce siège. Le mot propre, il n'y a que cela.

Et tout de suite il commença sa traduction ; et ce fut seulement quand Mautravers arriva qu'il ferma son livre et s'en alla.

— Ça vous amuse? demanda Mautravers à Roger d'un air méprisant.

— Lui, ça l'amuse, et moi ça me fait plaisir de lui laisser croire qu'il me fait plaisir.

Mautravers se promit de rendre la place impossible à ce cuistre, de façon à l'empêcher de revenir.

En effet il lui déplaisait qu'on entourât son ami, qu'il eût voulu être le seul à soigner et à visiter.

Dans chaque personne qui venait il voyait un coureur d'héritage, et il espérait bien, il voulait que la fortune du duc de Naurouse ou tout au moins la plus grosse part de cette fortune fût pour lui. N'était-ce pas tout naturel, puisque Roger déshériterait sa famille, et puisque lui Mautravers était son plus ancien ami? A qui laisser cette fortune, si ce n'est à lui? Le prince de Kappel n'en avait pas besoin, Sernizelles était impossible, Montrévault aussi, Savine encore plus, Harly était incapable de recevoir en sa qualité de médecin ; les femmes, Balbine, Cara et même Raphaëlle, malgré son avidité et sa rouerie, ne recueilleraient certainement qu'un souvenir. Lui seul pouvait hériter et s'imposait au choix de Roger, qui avait si souvent exprimé sa volonté de soustraire sa fortune aux Condrieu.

Et il se croyait déjà si bien maître de cette fortune, qu'il veillait à ce qu'il n'y eût pas trop de gaspillage dans la maison et même à ce qu'on ne détériorât pas le mobilier.

En ces derniers temps, Roger avait renouvelé ce mobilier et il avait rapporté de Londres un meuble de chambre à coucher qui plaisait tout particulièrement à Mautravers : l'étoffe des rideaux du lit et des fenêtres, du canapé et des fauteuils était en satin bleu de ciel, à grands dessins brochés camaïeu du gris au blanc ; le bois des meubles était en citronnier des îles, d'un grain serré et poli dont la teinte claire était relevée par des filets en acajou au-dessus desquels courait une petite peinture mignarde qui faisait l'effet d'une marqueterie ; le tout était parfaitement harmonieux, d'une décoration correcte, bien ordonnée, et les nuances du bois et de l'étoffe produisaient un effet doux et gracieux.

C'était justement la fraîcheur et la douceur de ces nuances qui inquiétaient Mautravers; il avait peur qu'on les défraîchit; il veillait sur les visiteurs, les examinant de la tête aux pieds, surtout aux pieds, et les jours de pluie il faisait des prodiges de diplomatie pour qu'on ne s'assît pas sur ce satin. Si l'on n'était pas venu en voiture, il se montrait impitoyable.

— Notre ami est bien fatigué, disait-il.

Son inquiétude alla si loin qu'un beau jour il apporta dans la chambre deux chaises du cabinet de toilette ; une pour lui et l'autre qu'il trouvait toujours moyen d'offrir quand il était là et qu'il n'oubliait jamais de placer au pied du lit quand il s'en allait.

XLIII

Mais il s'en allait aussi peu que possible, voulant veiller de près son ami, de manière à voir tous ceux qui venaient et entendre tout ce qui se disait.

Et cependant il avait l'horreur de la maladie aussi bien que des malades : la maladie le dégoûtait, les malades l'exaspéraient. Ce sentiment était si vif chez lui que, malgré tout le désir qu'il avait de ne pas blesser Roger, il ne pouvait pas bien souvent ne pas montrer sa mauvaise humeur. Cela arrivait surtout à l'occasion des accès de toux qui, à chaque instant, prenaient le malade ; suffoqué, étouffé par ces accès, à bout de respiration, Roger, au lieu de se retenir, toussait quelquefois volontairement pour faire entrer un peu d'air dans ses poumons.

— Retenez-vous donc, disait Mautravers exaspéré ; vous vous faites mal.

— Mais non, cela me fait respirer.

— Cela vous épuise, au contraire.

Si ces paroles étaient brutales, le ton sur lequel elles étaient dites était plus dur encore ; alors Roger se tournait du côté opposé à celui où se tenait son ami et il s'efforçait de ne pas tousser ; mais si l'on peut tousser volontairement, on ne peut pas ne pas tousser à volonté. Quand il sentait l'accès venir, il renvoyait Mautravers, tantôt sous un prétexte, tantôt sous un autre, s'ingéniant à en chercher.

Mais où il désirait surtout se débarrasser de lui, c'était quand Harly devait venir, afin d'avoir quelques instants de causerie intime et affectueuse qui le reposât.

Bien qu'il ne fît plus fonction de médecin, Harly n'en venait pas moins voir Roger tous les matins, et s'il ne lui prescrivait plus des remèdes qui, au point où en était arrivée la maladie, ne pouvaient pas avoir grande efficacité, il le réconfortait au moins par des paroles d'espérance et d'amitié aussi bonnes pour le cœur que pour l'esprit.

Ces heures du matin entre Harly et Crozat étaient les meilleures de la journée pour le malade, celles au moins qui lui faisaient oublier sa maladie et la gravité de son état.

Un jour Harly n'arriva pas seul ; il amenait par la main une petite fille de dix à onze ans, qui portait une corbeille recouverte de feuilles.

— C'est ma fille, dit-il, qui a voulu malgré moi vous apporter la première cueille de son cerisier. Vous savez, votre cerisier ?

— Comment si je sais ; mais c'est là un des meilleurs souvenirs de ma vie. J'ai eu la joie de faire ce jour-là une heureuse, et c'est là un plaisir qui m'a été donné... ou que je me suis donné trop rarement ; il est vrai qu'il est encore possible de rattraper le temps perdu.

— Certainement, dit Crozat.

— En se pressant, ajouta Roger avec un triste sourire.

Puis, pour ne pas rester sous cette dernière impression, il demanda à la petite fille de lui donner sa main pour qu'il l'embrassât, et il voulut qu'elle mangeât quelques cerises avec lui ; mais, pour lui, il n'en put manger que trois ou quatre, leur acidité l'ayant fait tousser.

— Ce sera pour tantôt, dit-il.

Puis, comme Harly et sa fille allaient se retirer, il rappela celle-ci :

— Claire est votre nom, n'est-ce pas ? demanda-t-il, et vous n'en avez pas d'autre ?

— Non.

— C'est un très joli nom.

S'il y avait des visites qui rendaient Roger heureux, il y en avait d'autres qui l'exaspéraient, bien qu'il ne les reçût pas : celles du comte de Condrieu et de Ludovic de Condrieu, qui chaque jour venaient ensemble se faire inscrire.

— Quelle belle chose que l'hypocrisie, disait-il, voilà des gens qui savent que je les exècre et qui cependant viennent tous les jours à ma porte pour qu'on ne les accuse pas de me laisser mourir dans l'abandon ; si j'en avais la force je voudrais les recevoir un jour moi-même pour leur dire leur fait ; ils doivent cependant être bien convaincus qu'ils n'auront rien de moi.

— Cela serait trop bête, dit Mautravers.

— Alors il n'y aurait plus de justice en ce monde, dit Raphaëlle.

— L'avantage d'avoir des parents de ce genre, continua Mautravers, c'est qu'on peut les déshériter sans remords.

— Je voudrais plus et mieux, dit Roger.

S'il ne pouvait pas plus et mieux que les déshériter, il pouvait au moins leur faire peur, les tourmenter, les exaspérer de façon à ce qu'ils ne vinssent plus. Cette idée qui avait traversé son esprit devint bientôt chez lui une manie de malade et il voulut la mettre à exécution, ce qu'il fit un soir qu'il avait presque tous ses amis réunis autour de lui :

— Savez-vous une idée qui m'est venue, dit-il, c'est de me marier.

Et comme on le regardait pour voir s'il ne délirait point.

— De me marier *in extremis* avec une jeune fille de bonne maison qui aurait eu un enfant. Je légitimerais cet enfant par ce mariage et je lui assurerais mon nom, mon titre et ma fortune.

— Elle est absurde votre idée, s'écria Mautravers.

— Mais non, je sauverais mon nom et mon titre, ce qui n'est pas absurde, il me semble. Montrévault, vous qui avez tant de relations et qui connaissez tout le monde en France et à l'étranger, vous devriez me chercher cette jeune fille.

— On peut la trouver.

— Vous lui direz que je ne serai pas un mari gênant.

Il espérait bien que ces paroles seraient rapportées à M. de Condrieu ; mais il était loin de prévoir ce qu'elles produiraient.

Quelques jours après il vit entrer dans sa chambre Bernard, qui avait un air embarrassé :

— C'est deux religieuses, dit-il.

— Qu'on leur donne une offrande.

— Mais l'une de ces religieuses veut voir M. le duc.

— C'est impossible ; il faut le lui expliquer poliment.

— Je l'ai fait ; mais elle a insisté et elle a voulu que je vienne dire à M. le duc que celle qui désirait le voir était la sœur Angélique.

Sœur Angélique ! Mais c'était le nom en religion de Christine. Christine chez lui ; Christine qui voulait le voir. Était-ce possible ?

L'émotion fit trembler sa voix :

— Quel est le costume de cette religieuse ? demanda-t-il. Une robe noire, une ceinture en cuir noir, une coiffe blanche à fond plissé ?

— Oui.

— Qu'elles entrent.

Et pendant que Bernard allait les chercher, il s'efforça de calmer les mouvements tumultueux de son cœur : Christine à laquelle il avait si souvent pensé ! Christine qu'il avait si ardemment désiré revoir avant de mourir ! son amie d'enfance ! sa petite Christine !

Elle entra : elle était seule.

— Toi ! s'écria-t-il tandis qu'elle s'avançait vers son lit.

Et il lui tendit ses deux mains décharnées ; mais elle ne les prit point, répondant seulement à son élan par un sourire qui valait le plus doux, le plus tendre des baisers.

— Voilà que je te dis toi sans savoir si je peux te tutoyer ; mais, tu vois ma chère Christine, je ne suis plus qu'une âme, et dans le ciel, n'est-ce pas, les âmes amies doivent se tutoyer? Pourquoi ne se tutoieraient-elles pas sur la terre?

— J'ai appris que tu étais malade.

— Plus que malade, mourant.

— J'ai voulu te voir et j'en ai obtenu la permission de notre mère.

— Chère Christine, tu me donnes la plus grande des joies que je puisse goûter, et quand je n'espérais plus rien.

— Pourquoi parles-tu ainsi?

— Parce que c'est fini. Serais-tu là, près de moi, s'il en était autrement? C'est au mourant que tu viens dire adieu; c'est le mourant que tu viens consoler par ta chère présence, et c'est plus que la consolation que tu lui apportes: c'est l'oubli du présent, c'est le retour dans le passé, dans la jeunesse, — la nôtre, où je te trouve partout près de moi, avec moi, mon amie, ma sœur, mon bon ange.

Elle détourna la tête pour cacher son attendrissement; mais, après un moment de silence recueilli, elle attacha sur lui ses yeux émus, tandis que lui-même la regardait longuement, l'admirait, fraîche, jeune, belle d'une beauté séraphique sous la coiffe qui lui faisait une sorte d'auréole de sainte et de vierge.

Ils restèrent assez longtemps ainsi; puis tout à coup, en même temps, les larmes roulèrent dans leurs paupières et coulèrent sur leurs joues, sans qu'ils pensassent à les retenir ou à les cacher.

— Ah! Roger!

— Chère Christine.

Ce fut elle qui se remit la première, au moins ce fut elle qui parla:

— Ce retour dans le passé ne t'inspirera-t-il pas un souvenir pour ta famille? dit-elle d'une voix vibrante.

— Ma famille, c'est toi.

— Je ne suis pas seule.

— Ah! ne me parle ni de ton grand-père, ni de ton frère.

— Je le veux cependant, je le dois: à cette heure suprême ton cœur si bon, si droit, ne t'inspirera-t-il pas une parole de réconciliation.

— Ah! s'écria-t-il d'une voix rauque en se frappant la poitrine, quel coup tu viens de lui porter à ce cœur. Ce mot que tu as prononcé: « Je le dois, » m'a fait tout comprendre. Et je m'imaginais que c'était de ton propre mouvement que tu étais venue.

Un accès de toux lui coupa la parole; mais assez vite il reprit, les joues rougies, les yeux étincelants:

— Tu ne savais pas hier que j'étais malade, j'en suis sûr, car les bruits de ce monde ne passent pas vos portes; c'est ton grand-père qui t'a prévenue en allant t'avertir que tu devais veiller à mon salut et aussi à assurer ma fortune à ton frère. Oh! tu sais que je le connais bien; je le vois d'ici avec sa mine paterne. Eh bien! pour mon salut, ne sois pas en peine: envoie-moi ton confesseur; tu seras en paix, n'est-ce pas? Mais pour ma fortune, jamais, tu entends, jamais ta famille n'en aura que ce que je ne puis pas lui enlever. Ah! si j'avais pu te la laisser sans craindre qu'elle passe à ton frère!

Elle l'interrompit:

— Tu juges mal notre grand-père, ce n'est point à ta fortune comme tu le dis qu'il a pensé, c'est à l'honneur de ton nom.

A son tour il lui coupa la parole:

— Et tu as pu croire à cette histoire, toi qui me connais. Que ton grand-père y ait cru; ça c'est ma vengeance et ma joie; mais toi, Christine, toi, ma petite sœur, tu as pu croire que moi, duc de Naurouse, prêt à paraître devant Dieu, je ferais un mensonge; que la main de la Mort sur ma tête, — et elle y est, tu la vois bien sur ce front décharné, — tu as pu croire que je me parjurerais et que je reconnaîtrais un enfant qui ne serait pas de moi! Ah! tu ne sais pas ce qu'il me coûte ce nom; et c'est là ton excuse. Aussi, malgré cet accès de colère, sois bien certaine que je ne t'en veux pas; mais à ceux qui t'envoient, à ceux-là...

De nouveau la toux lui coupa la parole et il eut une crise, suivie d'une faiblesse.

Christine éperdue voulut appeler, mais d'un signe il la retint.

— Que faut-il faire?

De sa main vacillante il lui montra une fiole, puis une cuiller; et vivement elle lui donna ce qu'il paraissait demander.

Un peu de calme se produisit, mais en même temps l'abattement, l'anéantissement.

Elle se mit à genoux et appuyant ses mains jointes sur le lit, longuement elle pria en le regardant.

Puis, se relevant:

— Je demanderai à notre mère de venir te voir demain, dit-elle, le temps qu'on m'avait accordé est plus qu'écoulé.

Il lui saisit la main et l'attirant par un mouvement irrésistible:

— Dis-moi adieu, Christine, et maintenant prie pour moi; jusqu'à ma dernière heure, ce me sera une joie de penser que tu prononces mon nom en t'adressant à Dieu. Dans le ciel tu sauras combien je t'ai aimée.

XLIV

Les médecins avaient déclaré qu'il ne devait point passer la semaine et même qu'il pouvait mourir d'un moment à l'autre, tout à coup, sans qu'on s'en aperçût, si on ne le veillait pas attentivement et sans le quitter.

Mautravers avait fait de cet avertissement un ordre, et il s'était installé rue Auber, y mangeant, y couchant, agissant en véritable maître de la maison, pour tout ordonner et diriger aussi bien que pour recevoir à sa table ceux qui, malgré l'imminence du danger, continuaient à venir s'y asseoir, chaque jour, déjeunant là, dînant, soupant, jouant comme s'ils avaient été dans un cercle ou un restaurant.

Malgré l'extrême faiblesse dans laquelle il était tombé Roger avait conservé sa pleine connaissance et, contrairement à ce qui arrive avec la plupart des poltrinaires, il se rendait compte de son état : à l'entendre on pouvait croire qu'il calculait l'instant précis de sa mort, et à tout ce qu'on lui disait pour le tromper, il se contentait de secouer la tête avec un triste sourire.

— Ce qu'il y a d'affreux dans la mort, répétait-il quelquefois, ce n'est pas de renoncer à l'avenir, c'est de regretter le passé : bien heureux sont ceux qui n'ont pas un passé.

Mais ce n'était pas à tous ses amis qu'il parlait ainsi, seulement à quelques-uns : Harly, Crozat.

Un matin, au petit jour, il fit appeler Mautravers qui, s'étant couché tard après une soirée de déveine, arriva l'air maussade, aussi furieux d'être réveillé de bonne heure que d'avoir perdu la veille.

— Eh bien! que se passe-t-il? demanda-t-il en bâillant.

— Le moment approche.

— Ne dites donc pas de pareilles niaiseries, vous avez déjà surmonté plus d'une faiblesse, vous surmonterez celle-là. Voulez-vous quelque chose? ajouta-t-il de l'air d'un homme pressé d'aller se remettre au lit.

— Oui, donnez-moi mon pupitre; l'heure est venue de s'occuper de mon testament.

Instantanément le mot changea la physionomie de Mautravers, qui se fit bienveillante et affectueuse.

— Tout de suite, cher ami.

Avec empressement il alla chercher ce pupitre qui était fermé à clef, et il l'apporta à Roger.

— Obligez-moi d'ouvrir les rideaux, dit Roger, on n'y voit pas.

Et aussitôt les rayons rouges du soleil levant éclairèrent la chambre.

Alors Roger de sa main vacillante tâtonna sous son oreiller, et ayant trouvé un trousseau de clefs il ouvrit le pupitre.

Il chercha un moment parmi les papiers qui s'y trouvaient enfermés et ayant trouvé deux larges enveloppes scellées d'un cachet rouge il en prit une, après l'avoir attentivement examinée; il remit l'autre dans le pupitre qu'il referma à clef.

Sans en avoir l'air Mautravers ne perdait rien de ce qui se passait; il s'était placé en face d'une fenêtre comme pour regarder le levant, mais au moyen de la psyché il n'avait d'yeux que pour le lit.

Ce fut ainsi qu'il vit Roger ouvrir l'enveloppe qu'il avait prise, déplier une feuille de papier timbré, la lire puis la déchirer en petits morceaux : un testament qu'il annulait sans doute ; l'autre, le sien assurément, était donc le bon.

Roger l'appela; vivement il alla à lui, il n'était plus maussade, il n'avait plus perdu.

— Voulez-vous anéantir ces papiers? dit Roger, montrant les morceaux.

— Comment ?

— Puisque nous n'avons pas de feu allumé, jetez-les dans les cabinets et faites couler de l'eau.

Mautravers ramassa scrupuleusement tous ces morceaux et les emporta, mais en sortant il laissa la porte de la chambre ouverte.

Debout, sur son séant, Roger écoutait; n'entendant rien, il appela :

— Je n'entends pas l'eau couler, cria-t-il faiblement.

C'est qu'avant de faire disparaître ces morceaux de papier, Mautravers avait voulu voir ce qui était écrit dessus ; ayant lu plusieurs fois le mot « hospices » et les noms de Harly, de Corysandre et de Crozat, il fut convaincu que le testament conservé était bien décidément le bon, c'est-à-dire le sien, et alors il fit couler l'eau abondamment, bruyamment.

— Mon testament est dans ce pupitre, dit Roger lorsqu'il rentra, vous le remettrez à M. Le Genest de la Crochadière ; je vous le recommande : il déshérite les Condrieu qui ont été indignes pour moi. Vous comprenez combien je tiens à ce qu'il soit exécuté.

— Il sera sacré pour moi, s'écria Mautravers avec enthousiasme et je vous jure que je ferai tout pour qu'il soit exécuté.

— Merci ; maintenant je vais être plus tranquille.

Et il tourna le dos à la lumière crue du matin, tandis que Mautravers, qui n'avait plus envie de dormir s'installait dans un fauteuil, ne voulant pas qu'un autre que lui veillât un si brave garçon.

Il avait une heure à peu près que Mautravers se promenait dans ses terres de Varages et de Nautouse, lorsqu'il crut remarquer que, depuis quelque temps déjà, Roger n'avait pas remué; il écouta et, n'entendant plus sa respiration, il s'approcha du lit : il était mort, tout à coup, comme avaient dit les médecins, sans qu'on s'en aperçût.

Aussitôt Mautravers réveilla toute la maison.

— Qu'on aille vite chercher M. Le Genest de la Crochardière, dit-il, qu'on le fasse lever, qu'il vienne tout de suite ; avertissez-le que c'est pour recevoir le testament du duc de Naurouse, qui vient de mourir.

Et il attendit, suant d'impatience ; mais ce ne fut pas le notaire qui arriva tout d'abord, ce fut Raphaëlle, qu'il n'avait pas dit de prévenir.

— Tu sais, dit-elle après la première explosion du chagrin, que le duc m'avait donné son argenterie et ses bijoux.

— Non, je n'en sais rien ; mais il a fait un testament qu'on va ouvrir tout à l'heure, nous verrons cela.

— Je n'ai pas besoin du testament pour ce qui m'a été donné.

— Attendons.

Il n'y eut pas longtemps à attendre : le notaire arriva bientôt, Mautravers espérait qu'on allait ouvrir le testament tout de suite, mais il n'en fut rien.

— Je vais le déposer au président du tribunal, dit le notaire.

— Quand en connaîtra-t-on le contenu ? s'écria Mautravers.

Puis, comprenant qu'il montrait trop franchement son impatiente curiosité :

— Il peut y avoir dans ce testament que je ne connais pas, dit-il, des prescriptions relatives aux obsèques et il est important que nous soyons fixés là-dessus.

— Vous le serez dans la journée, dit le notaire.

Le notaire parti, Mautravers déclara à Raphaëlle qu'ils devaient se retirer, et celle-ci ne fit pas d'observation.

Ils sortirent ensemble et se quittèrent à la porte, Raphaëlle tournant à gauche et Mautravers à droite ; mais il n'alla pas plus loin que la Chaussée-d'Antin et, revenant sur ses pas, il remonta l'escalier de Roger. Quand il entra dans la salle à manger, il trouva Raphaëlle, qui était revenue, elle aussi, au plus vite, en train d'emballer l'argenterie dans des serviettes. Déjà elle avait fourré plusieurs pièces dans ses poches.

— Je ne permettrai pas cela, s'écria Mautravers en sautant sur les serviettes qui étaient déjà nouées.

— De quoi te mêles-tu ?

— J'ai juré de faire exécuter le testament de ce pauvre Roger.

— Tu espères donc bien hériter ! Ce pauvre Roger ! C'était de son vivant qu'il fallait le plaindre, au lieu de se faire son espion au profit du vieux Condrieu.

— Si quelqu'un a tiré parti du vieux Condrieu, n'est-ce pas toi, qui lui as vendu tes papiers pour faire manquer le mariage de Corysandre ?

La querelle allait s'envenimer ; mais la porte s'ouvrit et M. de Condrieu entra, pouvant à peine se tenir, appuyé sur le bras de Ludovic :

— Oh ! mon pauvre petit-fils, s'écria-t-il d'une voix brisée, plus hésitante que jamais, mon cher petit-fils, où est-il ?

Il se heurtait aux meubles, aveuglé par les larmes. Heureusement Ludovic, guidé par Mautravers, put le conduire à la chambre mortuaire et le faire agenouiller auprès du lit, où il resta longtemps en prière, écrasé par la douleur, poussant des sanglots et criant :

— Mon cher petit-fils !

Peu à peu arrivèrent les amis de Roger : Harly, Crozat et les autres ; puis, vers midi, Mme d'Arvernes, accompagnée d'un jeune homme plus jeune, plus frais, plus beau garçon encore que le vicomte de Baudrimont.

Elle voulut voir Roger et elle entra dans la chambre, ne faisant rien pour cacher les larmes qui coulaient sur ses joues. Se penchant sur lui, elle l'embrassa au front.

— Pauvre Roger, dit-elle.

Et elle sortit, éclatant en sanglots. Dans la salle à manger, elle prit le bras du jeune homme qui l'accompagnait et, se serrant contre lui :

— N'est-ce pas qu'il était beau, dit-elle, mais c'étaient ses yeux qu'il fallait voir, ces pauvres yeux qui n'ont plus de regard.

Les visites se continuèrent ainsi, reçues par M. de Condrieu et par Mautravers aussi bien que par Mautravers, qui agissait de plus en plus comme s'il était chez lui. N'était-ce pas maintenant une affaire de quelques minutes seulement ; le notaire allait arriver.

Il se fit attendre longtemps encore ; mais enfin il arriva, accompagné de Harly et de Nougaret, que M. de Condrieu regarda comme s'il voulait les mettre à la porte ; mais il avait autre chose à faire pour le moment.

— Le testament de mon petit-fils, de mon cher petit-fils, a-t-il été ouvert ? demanda-t-il au notaire :

— Oui, monsieur le comte, et en voici la copie.

— Veuillez la lire, dit M. de Condrieu.

— Mais, monsieur le comte...

— Veuillez la lire, répéta M. de Condrieu.

— Lisez, dit Mautravers, mon ami Roger m'a chargé de veiller à l'exécution de son testament ; je dois le connaître.

Le notaire lut :

« Ceci est mon testament; il m'a été inspi-
» ré par le désir de faire après moi ce que je
» n'ai pu faire de mon vivant — le bonheur
» d'une personne qui en soit digne.
» Je déshérite donc autant que la loi me
» le permet la famille de Condrieu, qui a été
» mon ennemie, et je laisse ma fortune à
» Mlle Claire Harly, fille de mon ami Harly,
» à charge par elle de donner :
» 1° A mon ancien maître, M. Crozat, qui
» m'a appris le peu que je sais, deux cent
» mille francs;
» 2° Aux pauvres de Naurouse cent mille
» francs;
» 3° Aux pauvres de Varages cent mille
» francs;
» 4° A mes domestiques cent mille francs,
» sur lesquels Bernard, mon valet de cham-
» bre, en prélèvera quarante mille pour sa
« part.
 » François-Roger de CHARLUS,
 » duc de NAUROUSE. »
— Voilà un testament qui est nul, s'écria M. de Condrieu ; l'article 909 du code ne per- met pas aux médecins de profiter des dis- positions testamentaires faites en leur fa- veur par un malade qu'ils ont soigné pen- dant la maladie dont il meurt, et l'article déclare que les enfants de ces médecins sont personnes interposées et par conséquent in- capables de recevoir.

Nougaret s'avança :

— Monsieur le comte de Condrieu oublie, dit-il, que depuis quatre mois le docteur Harly n'était plus le médecin de M. de Nau- rouse.

— N'a-t-il pas été le médecin de la der- nière maladie ?

— Il n'était plus le médecin de M. de Nau rouse quand ce testament a été fait ; c'est ce que prouve la date, qui remonte à six se- maines seulement.

— Ce n'est pas le lieu de décider cette question, dit Harly.

— Ce seront les tribunaux qui la décide- ront, dit M. de Condrieu.

FIN DE LA BOHÊME TAPAGEUSE.

Paris. — Imprimerie J. Voisvenel, rue Chauchat, 21.

A NOS ABONNÉS.

PUBLICATIONS DE LA LIBRAIRIE DU SIÈCLE.

Œuvres complètes de Voltaire (édition du *Siècle*), annotées par G. AVENEL. — 9 beaux volumes in-4° de 1000 pages à 2 colonnes. — Prix : 3 fr. le volume broché. Ajouter 1 fr. 75 par chaque volume pour les recevoir par la poste. Port de l'ouvrage complet, par la poste, 15 fr.; par les messageries, 7 fr. 50.

Correspondance de Proudhon. — Quatorze beaux volumes in-4°. — Prix, 20 fr. — Pour les recevoir par la poste, 27 fr.; par les messageries, 24 fr. 50.

La Révolution, par EDGARD QUINET. — Deux grands volumes in-8°. — Prix, 7 fr. 50 au lieu de 15 fr. — Par la poste, 9 fr. 50.

Histoire de France, par J. MICHELET. — 17 beaux volumes in-8°. L'ouvrage pris dans nos bureaux, 51 fr. au lieu de 102 fr.; envoyé par la poste, 61 fr.; par les messageries, 55 fr. 50.

Histoire de la Révolution Française, par J. MICHELET. — 6 beaux volumes in-8°. — Prix, 18 fr. au lieu de 36 fr. — Pour recevoir par la poste, ajouter 60 c. par volume. Port de l'ouvrage complet, par les messageries, 2 fr. 50 c.

Histoire de la Révolution Française, par LOUIS BLANC. — 15 forts volumes, format Charpentier. — Prix, 26 fr. au lieu de 46 fr. 50 c. — Pour les recevoir par la poste, 31 fr.; par les messageries, 29 fr.

Les grands Poëtes français, par ALPHONSE PAGES. Un très-beau volume grand in-4° orné de portraits, au lieu de 15 fr. 7 fr. Ajouter 1 fr. 20 pour le recevoir par la poste.

Papiers et correspondances du second Empire (Onzième édition). Imprimée sur papier de belle qualité, elle forme un volume grand in-8° de 443 pages, contenant en outre de nombreux *fac-simile*. Le prix pour Paris est de 2 fr., au lieu de 6 fr., et pour les départements, par la poste, 2 fr. 75.

Cours d'agriculture, par DE GASPARIN, 6 volumes in-8°, avec 223 gravures. Prix, 43 fr. broché; net, 29 fr. Ajouter 5 fr. pour recevoir franco par la poste, 3 fr. 75 par les messageries. — On peut se procurer cet ouvrage par fraction de trois volumes.

Œuvres complètes de Shakespeare, traduction de BENJAMIN LAROCHE. Deux volumes grand in-4°, à deux colonnes, illustrés, 6 fr. au lieu de 13 fr. Ajouter 2 fr. pour les recevoir par la poste, et 1 fr. 75 par les messageries.

Atlas de Géographie moderne, par A. *Brué*, revu par *Levasseur*, membre de l'Institut, comprenant 21 belles cartes parfaitement gravées. Très bien relié, coûtant 25 fr. en librairie. Prix, dans nos bureaux, 15 fr.; par les messageries, 16 fr. 75 c. Dimensions de l'atlas, 47 c. sur 33 c.

Walter Scott, œuvres complètes en 28 vol. in-8°, avec 120 gravures, coûtant 40 fr; prix, dans nos bureaux, 28 fr.; par la poste, 38 fr ; par les messageries, 33 fr. On peut prendre l'ouvrage par fractions de 7 volumes.

Journal officiel de la Commune. — Collection complète du Journal officiel de la Commune. Un très-beau volume in-4°. — Prix, 4 fr. 50 broché, et 5 fr. 50 cartonné, au lieu de 8 et 10 fr. — 1 fr. 50 en plus pour le port.

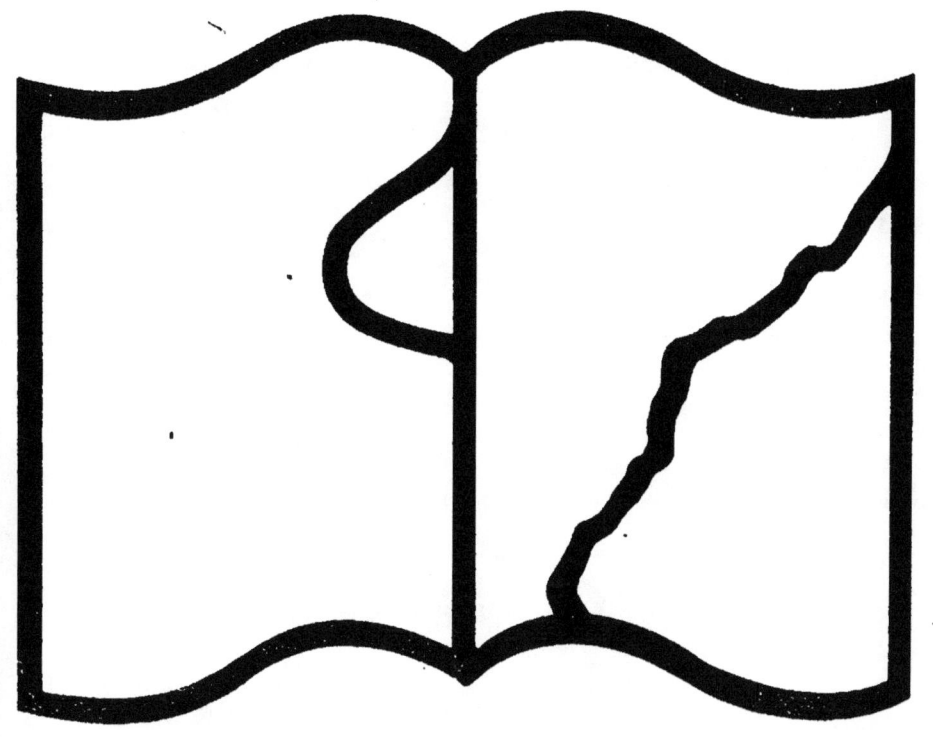

Texte détérioré — reliure défectueuse

NF Z 43-120-11

www.ingramcontent.com/pod-product-compliance
Lightning Source LLC
Chambersburg PA
CBHW050755170426
43202CB00013B/2434